Deutschland

das Kochbuch

INHALTSVERZEICHNIS

Von Semmelknödel bis Heringshäckerle – *ein Streifzug durch Deutschlands Küchen*

Deutschlands Küche ist bunt und vielfältig. Allein schon die regionalen Unterschiede prägen das große Land in Mitteleuropa in kulinarischer Hinsicht. So schmeckt ein „rheinischer" Sauerbraten deutlich anders als ein „fränkischer", und das „Berliner Eisbein" hat anderswo in Deutschland noch immer kaum Verbreitung gefunden. Hinzu kommen Einflüsse aus den Nachbarländern: Gänsebraten ist in Mecklenburg-Vorpommern so beliebt wie in Polen, und wer im Südschwarzwald eine Schlachtplatte bestellt, findet sie nur leicht abgewandelt in Straßburg wieder, als „choucroute garni".

Natürlich verfeinert und variiert jede Köchin und jeder Koch die einzelnen Rezepte noch einmal, und alle Familien und Haushalte pflegen ihre eigenen Traditionen. Vielleicht verfährt also die deutsche Küche mit ihren „Klassikern" etwas freimütiger als die französische oder italienische Küche – deren Rezepte wirken oft unverrückbar, und wie in Stein gemeißelt. Hitzige Debatten darüber, welches Stück vom Schwein den Speck für die Rindsroulade liefert, sind zwischen Kiel und Konstanz eher selten. Das bedeutet aber nicht gleich, dass den Deutschen die heimische Küche nicht am Herzen läge. Vielmehr sind es, bei unzähligen Zubereitungsorten, immer auch ganz bestimmte Gerichte, die für die „typisch deutsche" Küche stehen.

Alfons Schuhbeck, Sternekoch und früherer Schüler des „Jahrhundertkochs" Eckart Witzigmann, hat es unternommen, für dieses Buch mehr als 500 Rezepte zu kuratieren. So entstand eine inspirierende Gesamtschau der deutschen Küche, die einfach Lust darauf macht, wieder mal zum Kochlöffel zu greifen und – ja! – „Hausmannskost" auf den Tisch zu bringen. Natürlich in höchster Güte. Denn Gerichte, die eine lange Familienüberlieferung „adelt", finden verlässlich ihren Anklang im Freundes- und Verwandtenkreis – bei aller Wertschätzung für fremdländische Exotik, die im Zuge der Globalisierung den kulinarischen Alltag in Deutschland immer stärker bereichert. Aber die Jahre, als die deutsche Kochkunst als Stiefkind galt und Feinschmecker grundsätzlich nur in Frankreich aßen und tranken, die liegen heute weit, weit zurück. „Die deutschen Lande" bieten Lebensmittel aus heimischer Erzeugung in überreicher Auswahl. Sie stellt jeden ehrgeizigen Küchenchef, aber auch alle, die Kochen „nur" als leidenschaftliches Hobby pflegen, vor Herausforderungen. Und hat man die in allen Einzelheiten gemeistert, werden Menschen glücklich – sowohl die am Herd als auch die rund um den Esstisch.

Dieses Buch hilft dabei, die deutsche Küche, ihre Spezialitäten und Qualitäten kennenzulernen oder wiederzuentdecken. Den darin schon Bewanderten werden liebe alte Bekannte begegnen. Und wer sich der Kulinarik „made in Germany" zum ersten Mal öffnet, könnte sich darin schneller zu Hause fühlen, als er denkt.

Guten Appetit!

Grüß Gott, Hallo und Moin, Moin

01

Tradition und Moderne — *Brauchtum*

Stammtische gibt es überall, aber Kaffeekränzchen? Das Verhältnis der Frau zur Zusammenkunft mit Filterkaffee und Kuchen ist typisch deutsch. Selbst gebacken muss das Backwerk dabei sein, und das voller Liebe.

02
03

Das klassische Damenkränzchen zum Plaudern bei Erdbeer-Sahne-Schnittchen und Guglhupf ist allerdings fast ausgestorben. Seit dem 17. Jahrhundert fand es nämlich nachmittags statt, wenn die Männer arbeiteten. Dafür liegt das Abendbrot wieder im Trend. Das ist so schön puristisch. Unkompliziert wäre das falsche Wort. Zwar verkünsteln sich immer weniger Deutsche bei Röschen aus Radieschen zu Butterstulle und Käse, doch dafür sind die schnell inszenierten Zutaten oft Feinschmeckerdelikatessen: mehrere Käse- und Schinkensorten, Gürkchen, Gemüse und Salate, gutes Bier und teurer Wein, bis sich der Tisch biegt. Auch vegane Pasten werden neuerdings beim Abendbrot geduldet, denn das bedient gern alle und ermöglicht selbst Familien aus Fleischliebhabern, Flexitarier und Veggies zusammen zu essen. Was beim klassischen Sonntagsbraten vom Schwein oder Kalb schon schwieriger wird.

Sogar Osterbräuche kommen langsam in Bedrängnis. Deutsche Kinder suchen am Ostersonntag nach bunten, hart gekochten Eiern, die ein Hase versteckt. Wie es dazu kommen konnte? Ist umstritten. Bemalte Eier zeigten früher drei Hasen mit insgesamt drei Ohren, weil jedes doppelt verwendet wurde. So standen sie für die christliche Dreifaltigkeit. Aber schon der germanischen Fruchtbarkeitsgöttin Ostara hopste ein Hase hinterher, der bekannt dafür ist, dass er höchst erfolgreich für Nachwuchs sorgt. Auch das Ei ist ein Symbol für Leben, selbst wenn es heute süß aus Schokolade im Osternest liegt. Doppelt gemoppelt hält besser.

Für Glück kann ja nie zu viel getan werden. Oder für mehr Geld. Der Deutsche isst zu Neujahr Linsensuppe, damit sich das Portemonnaie mit barer

04
05

01 Beim Erntedankfest werden Getreide, Obst und Gemüse schön inszeniert.

02 Der geschmückte Maibaum wird am 1. Mai aufgestellt, aber manchmal auch gestohlen.

03 Almabtrieb – nach der Sommerweide in den Bergen kommen die Tiere wieder ins Dorf.

04 Ostereier suchen vor allem die Kinder an Ostern.

05 Hasen mit drei Ohren stehen für die Dreifaltigkeit.

Münze füllt. Wer keine Linsen mag, kann aber genauso gut eine Karpfenschuppe reinlegen, bevor mit „Prosit" und Sekt oder Champagner um Mitternacht auf das neue Jahr angestoßen wird. Die Schuppe ist vielleicht vom Karpfenessen am Heiligabend aufgehoben. Der gilt noch als fleischloser Fastentag, aber Karpfen lang nicht als Fleisch. Weswegen sich in Deutschland outende Vegetarier bis heute nicht über die Frage: „Aber Fisch essen Sie schon, oder?" zu wundern brauchen. Der Karpfen wird traditionell lebend gekauft, möglichst tagelang in einer Wanne gewässert und später in Butter goldbraun gebraten. Ein anderes typisch deutsches Traditionsessen am 24. Dezember sind Kartoffelsalat und Würstchen – genau, Sie denken es. Vielleicht weil man nicht sieht, was drin ist?

Der kulinarische Gründonnerstagsbrauch sieht dagegen ganz ehrlich kein Fleisch vor und ist auch optisch nahe liegend umgesetzt: In Hessen fließt grüne Sauce aus sieben Kräutern über Pellkartoffeln. Im Schwarzwald leuchtet der Pfannkuchen mit Dill, Petersilie und Schnittlauch grün. In Schwaben beißt man in die grünen Füllungen von Maultaschen. Avocados, Brokkoli, Erbsen, Spinat, grüner Spargel etc. sind zwar nicht alle altbewährt, aber erlaubt. Und wenn Ostern spät im Jahr gefeiert wird, gibt's vielleicht auch eine grüne Maibowle dazu aus frischem Waldmeister. Doch wer den nach altem Brauch am 1. Mai im Grünen sammeln will, findet inzwischen keinen mehr, der noch nicht blüht. Das darf er nämlich nicht, damit der kühle Mix aus Weißwein, Zitrone und Sekt erfrischend gut schmeckt. Prost!

Helau und O'zapft is' — *Deutschlands Volksfeste*

01 Schwäbische Fasnacht: Maskenpracht zum Vertreiben des Winters.

02 Landshuter Hochzeit: Historienspektakel, und die ganze Stadt spielt mit.

03 Weltberühmt: das Oktoberfest in München

04 Johannifeuer – Sonnwendfeier in den Bergen

05 Kieler Woche: Windjammerparade im hohen Norden

06 Karneval – Narrengilden regieren die Stadt.

01

Ob eine Kirmes in kleineren Gemeinden oder die Kieler Woche an der Ostsee – was wäre Deutschland ohne seine Volksfeste?

02
03

Doch Weltruhm hat nur die „Wiesn". Das Münchner Oktoberfest ist angeblich das größte Volksfest dieser Erde, wenn man die Besucherzahlen zum Maßstab nimmt. Wobei es sehr wahrscheinlich ist, dass in China eine Oktoberfest-Kopie – es gibt sie weltweit – längst mehr Millionen anzieht als das Original. 1810 war es wenig mehr als ein Pferderennen zu Ehren einer königlichen Hochzeit im bayerischen Adelshaus der Wittelsbacher. Heute ist das Oktoberfest der wichtigste Faktor in der Fremdenverkehrsbilanz einer Stadt, der es eigentlich nie an Touristen fehlt. Der Literkrug Bier (die „Mass") ist auf dem „Cannstatter Wasen" in Stuttgart oft sogar teurer als auf der „Wiesn". Beide Städte feiern auf demselben Gelände übrigens auch ein „Frühlingsfest", wie es ganz viele Gemeinden, gleich welcher Größe, begehen. Schützenfeste, Sonnwendfeuer, „Jahrmärkte" sind Volksbelustigungen, die sich von Region zu Region nur wenig unterscheiden. Anders der Karneval – der findet in den rheinischen Hochburgen Köln, Mainz und Düsseldorf in intensiver Form statt: lange Züge an Themenwagen, die oft Zeiterscheinungen oder Ereignisse aus

06

04
05

der aktuellen Politik „durch den Kakao ziehen". Von den Wagen hinunter werfen die „Jecken" („Narren") dann „Kamellen", also Bonbons, in die Menge, die zu Hunderttausenden Spalier steht und jubelt, oft schon angeheitert seit den frühen Morgenstunden. Jeder ist „verkleidet", trägt also irgendetwas Lustiges. In den überwiegend katholischen Regionen läutet der Karneval die Fastenzeit bis Ostern ein, vielleicht ist er deshalb am Rhein ein so selbstverständlicher Termin im Jahreskalender. (Umzüge zu Karneval veranstalten aber auch alle anderen Gemeinden.) Historische Stadtfeste wie die „Landshuter Hochzeit" oder der „Further Drachenstich" nehmen natürlich Bezug auf Ereignisse aus den Stadt- oder Gemeindechroniken, gern kleiden sich die Teilnehmer am Umzug dann in zeitgenössische Gewänder. Die sind sehr teuer und aufwendig herzustellen, die Volkstumsvereine wachen streng über die geschichtlich genaue Nachbildung. Ein solcher Trachtenumzug geht auch der „Wiesn" in München voraus, Hunderte von Trachtenvereinen ziehen auf die Theresienwiese ein, unter Beteiligung vieler Gruppen aus Bayerns Nachbarländern. Sobald aber der Ruf des Münchner Oberbürgermeisters am ersten „Wiesn"-Samstag, der ungefähr auf Mitte September fällt, verkündet, es sei nun das erste Fass „o'zapft", also angestochen, verdrängen Fantasiedirndl und Lederhosen des Country-Style-Segments die „echten Trachtler", und alles läuft herum, wie es in ländlichen Gegenden Bayerns bestimmt nicht anzuraten wäre. (Da käme schnell Unmut auf.) Überhaupt: Das Oktoberfest war in den Jahrzehnten vor Ausbruch des Landhausstils immer eine Sache der Münchner, die als Städter natürlich keine Dirndl oder Lederhosen trugen. Die, die vom Land hereinkamen, waren deutlich in der Minderheit – hatten, wenn überhaupt, dafür aber echte Tracht angelegt.
Die „Fahrgeschäfte" sind im Prinzip die gleichen wie auf jeder Kirmes oder jedem fahrenden Jahrmarkt. Nur präsentieren die Schausteller auf der „Wiesn" jedes Jahr auch etwas Neues, möglichst noch Spektakuläreres als beim letzten Mal. Und alle Jahre wieder entbrennt in den Boulevardzeitungen ein Streit um den Bierpreis auf dem Oktoberfest. Ein Limit nach oben – ähnlich wie beim Tempo auf den Autobahnen – kommt aber nie zustande. Da sind die Münchner Brauereien vor – und die internationalen Getränkekonzerne, zu denen die meisten von ihnen heute gehören.

Prost und auf Ihr Wohl! — *Trinkkultur*

Deutschland gilt als Land der Biertrinker. Und das, obwohl der Verbrauch im Inland zusehend sinkt. Allerdings bleibt deutsches Bier ein Exportschlager.

Deutschland führt rund doppelt so viel Bier aus, wie es einführt. Wobei die Zahl der Brauereien in Deutschland steigt – die Brauer verlegen sich auf hochwertige sogenannte Craft-Biere, unverwechselbare und von der Menge her kleine Abfüllungen werden auf dem Weltmarkt immer beliebter. Der Trend geht ins Individuelle und weg von den Riesenmarken. Franken etwa bietet eine reizvolle Vielfalt an kleinen Brauereien, die oft nur für die eigene Region produzieren. Mehr als die Hälfte des getrunkenen Biers in Deutschland ist das nach Pilsener Brauart. (Auch eingeschworene Freunde des deutschen Biers gestehen, dass es das beste Bier weltweit wohl in Böhmen gibt.) Für die deutschen „Pils"-Biere gilt die Faustregel: Je nördlicher, desto herber, also bitterer. Münchner Biere sind eher leicht und süß – außer auf der „Wiesn", da sind sie schwer und süß.

„Kölsch", das zu Köln in kleinen Stangengläsern ausgeschenkt wird, und das Düsseldorfer „Alt" sind „obergärige Biere", bayerische Exportsorten meistens „untergärig". Den Unterschied machen die Wahl der Bierhefe und deren chemische Reaktion während des Gärprozesses.

01

02

03

05

Unzählig sind die Sorten und Varianten: Weizenbiere („Weißbiere"), ob dunkel oder hell, Export, Schwarz-, Braunbier, alkoholarm bis alkoholfreie Biere, Märzen-, Bock- und Starkbiere, die meistens saisonal gebraut werden.

Und der Wein? War lange Zeit noch nach dem Krieg ein Stiefkind der deutschen Lebensmittelproduktion und bestand aus meist zu süßen Massenweinen.

04

06

01 Der Rhein – einst „völkisches" Symbol, heute Weingegend erster Güte

02 Zwetschgenwasser – Edelbrand mit betörend fruchtigem Aroma

03 „Bembel" – das typische Behältnis aus Steingut für Frankfurter „Äbbelwoi"

04 Hopfen – ohne das „grüne Gold" kein Bier

05 Biergarten – Mitgebrachtes darf verzehrt werden, aber das Bier kommt vom Wirt!

06 Straußenwirtschaft – hier geht's zur Schankwirtschaft des Winzers.

Inzwischen aber bringen die Winzer am Rhein und an der Mosel, an der Saar, in Franken und Baden Spitzenweine hervor. Manche Rieslinge oder Dornfelder aus der Pfalz, aus dem Kaiserstuhl oder auch aus Sachsen nehmen es locker mit vielen hochgepriesenen ausländischen Weinen auf. Qualität setzt sich auf Dauer auch durch. Das hat sich nicht nur in Deutschland, sondern auch in anderen Weinländern gezeigt.

Dabei bleibt Deutschland der weltweit größte Weinimporteur. Und bezieht Weine längst nicht mehr nur aus den klassischen EU-Partnerländern wie Spanien, Italien, Frankreich und Österreich. Aus mehr als 50 Ländern kommt Wein in deutsche Gläser, wobei das Angebot an Überseeweinen immer größer wird.

Gleiches gilt für Hochprozentiges: „Grappa", also italienischer Tresterbrand, ist schwer in Mode, genauso wie es der moussierende „Prosecco" aus Venetien zum beliebten Aperitif in Deutschland gebracht hat. Umgekehrt ist der deutsche Kräuterlikör „Jägermeister" – mit dem „Waidmanns-Ehrenschild-Gedicht" umlaufend auf dem Etikett – in Italien als Long- oder Partydrink der letzte Schrei. Apfelkorn, nicht zu verwechseln mit dem in und um Frankfurt ausgeschenkten, cider- oder cidreähnlichen „Äbblewoi", Eierlikör, Kroatzbeere und Underberg sind sehr verbreitete deutsche Digestif-Spirituosen. Aber viele Städte und Regionen halten sich an die eigenen Traditionen: Den „Bär"- oder „Blutwurz" in Niederbayern, in Düsseldorf den „Killepitsch", in Berlin an „Klaren" oder „Kümmel" und in Hamburg womöglich an einen „Aquavit", der es vor langer, langer Zeit über die dänische Grenze zu uns herüber geschafft hat.

An Isar, Rhein und Spree — *die Großstädte*

01

Nach London ist Berlin in puncto Einwohnern die zweitgrößte Stadt in Westeuropa. Aber als Hauptstadt, mit Regierungssitz und Botschaftsviertel, präsentiert sich Berlin erst seit dem Ende des 20. Jahrhunderts wieder.

Denn erst die deutsche Wiedervereinigung beendete den Vier-Mächte-Status und die Teilung der Stadt. Großstädtisch fühlten sich die Berliner aber immer.

Hier residierten die Könige von Preußen und Kaiser des Deutschen Reiches, von hier aus regierten gleich zwei deutsche Diktaturen. Das Entstehen des Stadtproletariats ausgangs des 19. Jahrhunderts prägte in Groß-Berlin eine Küche aus, die angesichts der Arbeiterklasse mehr der Versorgung dienen musste denn dem Genuss. Und dass der Normalverbraucher in Berlin nicht das Beste aus deutschen Landen vorgesetzt bekam, galt zumindest bis zur Wende zum 21. Jahrhundert.

Dagegen scheint die Hansestadt Hamburg dem Rest Deutschlands ein wenig den Rücken zuzuwenden. Der Hafen blickt gewissermaßen in die Welt hinaus. Und Hanseaten gelten – den anderen Deutschen – als steif und stolz: Gemäß alter Tradition nehmen sie keine Ehrung durch die Republik an, wie etwa das Bundesverdienstkreuz. Der Hafen führte den Hamburgern Köstlichkeiten aus entlegenen Teilen der Welt früher vor Augen als den anderen Deutschen. Auch das trägt seit jeher bei zum Nimbus von Hamburgs Weltläufigkeit.

Frankfurt am Main hat als Börsenplatz und Bankensitz weit mehr Bedeutung als seine eher geringe Einwohnerzahl das vermuten ließe. Kaum jemand weiß – außer den „hellen Hessen" natürlich –, dass nicht Frankfurt Hauptstadt des Bundeslands Hessen ist, sondern Wiesbaden, gleich gegenüber. Bis zur Moderne stand Frankfurt – als Krönungsort für die Kaiser des Heiligen Römischen Reiches Deutscher Nation – für einen Bezugspunkt des Deutschtums in einem Land, das in Kleinstaaten und Regionalinteressen zergliedert war.

Nach der „Reichsgründung" unter preußischer Vorherrschaft im Jahr 1871 konnte ein Symbol der nationalen Einigung nach 500 Jahren Bauzeit vollendet werden: der Dom zu Köln am Rhein. Von hier aus liegen

02

04
05

03

01 Frankfurt am Main: berühmt für Banken-Skyline und die Buchmesse

02 Hamburg, das „Tor zur Welt“, mit Handelshafen, Elbphilharmonie und „Reeperbahn“-Rotlichtviertel

03 Köln – Domstadt am Rhein mit fröhlich-freundlichen Leuten

04 Berlin – ist seit der Wiedervereinigung Deutschlands einzige Metropole.

05 München nennt sich selbst die „Weltstadt mit Herz“.

Belgien, die Niederlande und Frankreich nicht weit – und üben gerade im Kulinarischen entsprechende Einflüsse aus. Die Kölner und die Rheinländer allgemein gelten als lebenslustig und leutselig. Als Grantler und Eigenbrötler, ja, als Hinterwäldler, gelten dagegen die Bayern. Und trotzdem nennt man die bayerische Landeshauptstadt München die „nördlichste Stadt“ Italiens. Die Schickeria, die Bussi-Bussi-Gesellschaft und den Geldadel nehmen „echte“ Münchner grummelnd, aber trotzdem in Kauf. Schließlich hat es nicht unbeträchtliche Vorteile, in Boomtown zu leben. Hingegen hat sich die Hauptstadt die Maxime eines ihrer regierenden Bürgermeister zu eigen gemacht hat: „Berlin ist arm, aber sexy.“

Alpenglühen und Waterkant – *Landschaften*

Als Beleg für die Vielfalt deutscher Landschaften weisen viele Reiseführer auf den Bodensee hin – auf den Inseln Mainau und Reichenau wachsen tatsächlich Palmen und Zitronenbäume. Hier setzt die Pflanzenblüte auch Wochen früher ein als im Rest des Landes.

Bayern und das württembergische Allgäu bilden den kleinen deutschen Anteil am Hochgebirge der Alpen. Die Gipfel der Mittelgebirge wie Hunsrück, Eifel, Taunus oder Harz liegen dagegen nur zwischen 500 und 1500 Meter hoch. Die sogenannte „Mittelgebirgsschwelle", zu der mehr als die Hälfte aller deutschen Mittelgebirge gehören, trennt den Süden des

01

01 Das Wattenmeer ist ein einzigartiges Küstenbiotop.

02 Raps und Windräder – neue Energiespender prägen die Landschaft.

03 Die Saarschleife, ein Wanderparadies nahe der französischen Grenze

04 Bayerns Märchenschlösser – Traumbauten eines verwirrten Bayernkönigs

02

03

04

05 Laubwälder – Sehnsuchts-räume deutscher Naturliebe

06 In der Lüneburger Heide weidet die „Heidschnucke“

07 Die Walhalla – “Ruhmes-halle” deutscher Geistes-größen über der Donau

08 Die malerischen Kreide-felsen auf Rügen

09 Sehr imposant: Elbsand-steingebirge in der Sächsischen Schweiz

05

06

Landes vom Norden. Je weiter nordwärts, desto flacher wird das Land. Denn über das norddeutsche Tiefland hinweg geht es zu den Küsten der Nord- und der Ostsee, mit ihren jeweils vorgelagerten Inseln. Eine Hallig in der Nordsee bildet natürlich einen sehr deutlichen Kontrast zur Alpe eines Allgäuer Senners. Dass beide (Grenz-)Regionen ihre Bewohner formen und Landschaften auch Charaktere hervorbringen, bedingt, dass ein Mecklenburger wohl mehr Gemeinsamkeiten mit Dänen, Schweden oder Balten aufweist, wohingegen ein Oberbayer mit Tirolern und Südtirolern prächtig zurechtkommt.

Aber es prägen nicht nur Landschaften die Menschen – im Industriezeitalter ist auch der Mensch imstande, die Landschaft zu verändern. Wer sich unter den Kohlerevieren von einst – dem „Ruhrpott“, wo sich Städte wie Essen, Dortmund, Bochum, Gelsenkirchen, Bottrop etc. aneinanderreihen – heute noch rauchende Schlote und flächendeckenden Untertage-Bergbau vorstellt, wäre bei einem Ortstermin erstaunt: Das Ende der Steinkohleförderung hat längst einen bedeuteten Strukturwandel bewirkt, aus einem Wahlkampfslogan der SPD in den Sechzigerjahren ist Wirklichkeit geworden: „Blauer Himmel über der Ruhr!“ Und in der früheren DDR? Die Umweltkatastrophe, für die der Steinkohle-Tagebau in Bitterfeld nahe Halle an der Saale stellvertretend stand, ist behutsam beseitigt worden, oder zumindest auf dem Weg dahin. Aber das Ende der Teilung hat zwei Dinge nicht vermocht: die Menschen, die das einstige Grenzgebiet, das „Niemandsland“, verließen, wieder zurückzuholen. Und: den Drang der Menschen in Mittel- und Ostdeutschland zu stoppen, nach Westen zu gehen, wo die Jobs sind. Es sind einerseits wirklich blühende Landschaften entstanden, ganz so, wie das Einheitskanzler Helmut Kohl einst vorausgesagt hatte. Andererseits wirken ganze Regionen aber wie entvölkert. So muss man nur ein paar Kilometer von Berlin hinausfahren und findet in der

07

Mark Brandenburg idyllische, naturbelassene Erholungsgebiete vor; oder an den mecklenburgischen Seen den einen oder anderen Geheimtipp für einen preiswerten Urlaub. Deutsche sagen sich selbst ja einen sehr innigen Bezug zum Wald nach. Und in der Tat: Die Waldfläche wächst, wie in der gesamten EU, und macht in Deutschland fast genau ein Drittel der Landesfläche aus. Zusammen mit den vielen Landschaftsschutzgebieten

08

oder Naturschutzparks hilft das, Flora und Fauna zu bewahren. Geht es aber um konkrete Wirtschaftsinteressen, wie bei der Erweiterung eines Flughafens um eine Startbahn oder um ein architektonisches Großprojekt wie „Stuttgart 21", muss schon eine Bürgerinitiative her, um der Natur und ihren Bedürfnissen zu Stimme und Recht zu verhelfen. Allerdings ist auch einigermaßen Verlass darauf, dass die Protestbewegung zustande kommt.

09

Land der Dichter und Denker *— unsere Kultur*

01

Wo Deutsche im Ausland einen guten Ruf genießen, gelten sie als vernunftgesteuert, gründlich und zuverlässig. Aber nicht als humorvoll, spontan oder leidenschaftlich.

Deutsche tun sich beim liebenswerten Smalltalk schwer, wenn der für ihre Begriffe zu lange dauert. Und sie erwarten, anders als Briten, Franzosen oder Italiener, auf die Frage nach dem werten Befinden eine Antwort. Noch dazu eine aufrichtige! Was andere Kulturnationen als indiskrete Zumutung verbuchen, ist für Deutsche das Ergebnis von Ernst und Genauigkeit.

Wenn die Philosophie der Aufklärung mit dem Amsterdamer Spinoza und dem Franzosen Descartes begann, dann setzten sie deutsche Denker fort wie Leibniz, Kant, Hegel, Schleiermacher und Nietzsche. Wobei schon die aus Frankreich nach Preußen zugewanderten Hugenotten aufklärerische Ideen nach Potsdam mitbrachten, noch bevor Friedrich II. Voltaire in sein Tabakskolleg aufnahm, um ein „aufgeklärter" Regent zu werden. „Den Dingen auf den Grund zu gehen" – im Positiven wie Negativen – ist eine Art Nationalsport der Deutschen: „Deutsch" sei es, „eine Sache um ihrer selbst willen zu tun", meinte Richard Wagner, bestimmt der deutscheste unter allen deutschen Komponisten. Vielleicht stammt daher das Motiv der Verspätung

02

in der deutschen Geschichte. Nach dem Motto: „Langsam, aber gründlich". Bayernkönig Ludwig II. kam mit seinen imposanten Schlossbauten, die heute die Touristen anziehen, jedenfalls hoffnungslos zu spät.

Rekordverdächtige Wolkenkratzer gibt es immer noch wenige, den neuen „Potsdamer Platz" in Berlin und die Bankentürme in Frankfurt vielleicht mal ausgenommen. Wenn in Deutschland die öffentliche Hand baut und nicht ein großes Bankhaus,

03 | 04

01 Einst Nationalauto: VW Käfer – der „Volkswagen“ aka „Kugelporsche“

02 An Gartenzwergen scheiden sich die Geister – es bleibt eine typisch deutsche Rasenzier.

03 Eine Herzensangelegenheit: Nationalsport Fußball

04 Marlene Dietrich – Deutschlands erster Weltstar

05 Exportschlager: die Schwarzwälder Kuckucksuhr

05

ist immer noch eine gewisse Bescheidenheit am Platze. Bauen in Deutschland war nach dem Zweiten Weltkrieg noch lange Zeit erst mal Wiederaufbau – die betont sachlich gehaltenen Fußgängerzonen in den Stadtzentren der Siebzigerjahre stehen in dieser Tradition. Anders bei historischen Bauten: Im beschaulich-schwäbischen Ulm an der Donau steht der höchste Kirchturm der Welt – der des evangelischen Münsters.

Spitzenleistungen wie diese ringt sich seit Jahrzehnten die deutsche Autoindustrie ab. Rudolf Diesel, Carl Benz, Gottlieb Daimler oder August Horch – Namen, die für die Ingenieurskunst der deutschen Gründerzeit stehen und in Autos des Premiumsegments weiterleben, das das deutsche Außenhandelsplus absichert. BMW, Audi, Mercedes und Porsche sind alle im Süden der Republik beheimatet – Volkswagen (gegründet während der Nazidiktatur) und Opel nördlich der Mainlinie. Auf diese Konzerne und die damit verbundenen Jobs (auch in der Zulieferindustrie) geht wohl zurück, dass Deutschland immer noch weit und breit das einzige Land ohne Tempolimit auf Autobahnen ist. Freie Fahrt für freie Bürger – dieser Grundsatz ist für die meisten Deutschen eine heilige Kuh. Eine Regierung, die das Tempolimit einführte, wäre wohl am nächsten Tag abgewählt. Denn beim Autofahren (und beim Fußball) sind Deutsche dann doch sehr leidenschaftlich.

Brotzeit & kleine Gerichte

Radi (Rettich) mit Schnittlauchbrot
für 4 Personen

HERKUNFT Bayern
ZUBEREITUNGSZEIT 20 Minuten

Zutaten für den Rettich

1–2 weiße oder rote Rettichwurzeln
Salz

Zutaten für das Schnittlauchbrot

1 Bund Schnittlauch
4 Scheiben Bauernbrot
2–3 EL Butter
Salz

1 — Für den Radi den Rettich putzen und waschen. Für den Ziehharmonika-Schnitt die Schraube vom Radischneider mittig in die Schnittfläche des Radis drehen. Den Stab aufsetzen und das Messer bis zum Ende des Stabs drehen.

2 — Für den Münchner Schnitt die Wurzelspitze abschneiden und den Rettich auf dem Gemüsehobel oder der Mandoline längs in feine Streifen hobeln. Fächerförmig auf einen Teller legen.

3 — Vor dem Servieren den Rettich mit Salz würzen und 10 Minuten ziehen lassen.

4 — Für das Schnittlauchbrot den Schnittlauch waschen, trocken schütteln und in Röllchen schneiden. Die Brotscheiben mit Butter bestreichen. Die Schnittlauchröllchen darauf verteilen und mit Salz bestreuen.

5 — Das Schnittlauchbrot mit dem Rettich servieren.

Kräuterquark mit Ei und Gurke
für 4 Personen

HERKUNFT Alle Regionen
ZUBEREITUNGSZEIT 20 Minuten

Zutaten

1 Ei
500 g Magerquark
2 EL mildes Olivenöl
3 EL Gemüsebrühe
1 TL Dijon-Senf
2–3 EL gehackte Kräuter (z.B. Basilikum, Kerbel, Petersilie, wenig Dill)
Salz
1 Msp. geriebener Knoblauch
¼ Salatgurke
5 Radieschen

1 — Das Ei etwa 10 Minuten hart kochen, kalt abschrecken, pellen und klein hacken. Den Quark mit dem Olivenöl und der Brühe glatt rühren. Den Senf und die Kräuter unterrühren und den Kräuterquark mit Salz und Knoblauch würzen.

2 — Die Gurke putzen, schälen und der Länge nach halbieren. Die Kerne mit einem Teelöffel entfernen. Gurkenhälften auf der Reibe grob raspeln. Die Radieschen putzen, waschen und in kleine Würfel schneiden.

3 — Das Ei, die Gurke und die Radieschen unter den Kräuterquark rühren und, falls nötig, noch etwas nachwürzen. Den Quark mit Bauern- oder Weißbrot oder zu Pellkartoffeln servieren.

Griebenschmalz
für 3 Gläser (à ca. 200 g)

HERKUNFT Bayern
ZUBEREITUNGSZEIT 30 Minuten

Zutaten

- 500 g fetter Rückenspeck (ohne Schwarte)
- 2 Zwiebeln (ca. 200 g)
- 1 Apfel (z. B. Elstar)
- 1 TL getrockneter Majoran
- gemahlener Kümmel
- Salz
- Pfeffer aus der Mühle

1 — Den Speck in ½ cm große Würfel schneiden. In einer Pfanne bei mittlerer Hitze unter Rühren 10 bis 15 Minuten sanft garen, bis das Fett ausgetreten ist und hell gebräunte Grieben entstehen. Das Fett zwischendurch immer wieder durch ein Sieb abgießen und beiseitestellen.

2 — Die Grieben zum Schluss im übrigen Fett knusprig braten. Herausnehmen und auf Zimmertemperatur abkühlen lassen. Das abgegossene Fett ebenfalls abkühlen lassen und kühl stellen.

3 — Die Zwiebeln schälen und in Würfel schneiden. Den Apfel schälen, entkernen und ebenfalls in Würfel schneiden. Die Zwiebeln in 2 EL ausgelassenem Fett bei milder Hitze goldbraun braten, Apfelwürfel kurz mitdünsten.

4 — Majoran und 1 Prise Kümmel hinzufügen, die Mischung abkühlen lassen und in das abgekühlte Fett rühren. Die Grieben dazugeben und das Schmalz mit Salz und Pfeffer würzen. Das Schmalz in sterilisierte Gläser füllen und kühl stellen. Das Griebenschmalz hält sich bei kühler Zimmertemperatur (z. B. Speisekammer) etwa 6 Monate.

Kartoffelkäs
für 4 Personen

HERKUNFT Bayern
ZUBEREITUNGSZEIT 15 Minuten
GARZEIT 25 Minuten

Zutaten

- 400 g vorwiegend festkochende Kartoffeln
- Salz
- ca. 1 ¼ EL ganzer Kümmel
- 1 Zwiebel
- 2 EL Butter
- je 1 EL Koriander- und schwarze Pfefferkörner
- 200 g saure Sahne
- 4 EL Nussbutter → S. 125
- getrockneter Majoran
- frisch geriebene Muskatnuss
- 2 EL Schnittlauchröllchen

1 — Kartoffeln waschen und in einem Topf in Salzwasser mit ½ TL Kümmel 20 bis 25 Minuten weich kochen. Abgießen, die Kartoffeln möglichst heiß pellen und durch die Kartoffelpresse in eine Schüssel drücken.

2 — Die Zwiebel schälen und in kleine Würfel schneiden. Die Butter in einer Pfanne zerlassen und die Zwiebel darin bei schwacher Hitze gleichmäßig hell bräunen. Den Koriander, den Pfeffer und den restlichen Kümmel in eine Gewürzmühle füllen.

3 — Die Zwiebel, die saure Sahne und die Nussbutter zu den Kartoffeln in die Schüssel geben und alles gut verrühren. Den Kartoffelkäs mit Salz, Majoran, Muskatnuss und der Mischung aus der Gewürzmühle würzen. Zum Schluss die Schnittlauchröllchen unter den Brotaufstrich rühren. Der Aufstrich schmeckt am besten auf dunklem Bauernbrot.

Obatzda
für 4 Personen

HERKUNFT Bayern
ZUBEREITUNGSZEIT 10 Minuten

Zutaten

½ Bund Schnittlauch
200 g reifer Camembert (gut gekühlt)
250 g Frischkäse
3–4 EL Milch
10 g Nussbutter → S. 125
1 kleiner Schuss Birnenbrand (z.B. Williams) oder Weißbier
Salz
Pfeffer aus der Mühle
Paprikapulver (rosenscharf)
gemahlener Kümmel
frisch geriebene Muskatnuss

1 — Den Schnittlauch waschen, trocken schütteln und in Röllchen schneiden. Den Camembert in kleine Würfel schneiden. Den Frischkäse mit der Milch glatt rühren und Schnittlauch und Camembert untermischen.

2 — Die Nussbutter zerlassen und mit Birnenbrand oder Weißbier unter die Käsemasse rühren. Mit Salz, Pfeffer, je 1 Prise Paprikapulver, Kümmel und Muskatnuss abschmecken. Die Masse sollte schön cremig sein und eine leicht rosa Farbe haben. Falls nötig, noch Paprikapulver unterrühren.

3 — Den Obatzdn auf einen Teller streichen und am besten zimmerwarm servieren. Nach Belieben mit roten Zwiebelringen belegen. Frisches Bauernbrot, Brezen sowie Radieschen dazu reichen.

Spundekäs
für 4 Personen

HERKUNFT Rheinhessen
ZUBEREITUNGSZEIT 5 Minuten
KÜHLZEIT 2 Stunden

Zutaten

200 g Frischkäse
300 g Sahnequark
1 Zwiebel
1 große Knoblauchzehe
1 EL Paprikapulver (edelsüß)
Salz
Pfeffer aus der Mühle

1 — Den Frischkäse mit dem Quark verrühren. Die Zwiebel und den Knoblauch schälen und in möglichst feine Würfel schneiden.

2 — Zwiebel und Knoblauch mit dem Paprikapulver unter die Käsemasse mischen und mit Salz und Pfeffer abschmecken. Den Spundekäs 2 Stunden im Kühlschrank durchziehen lassen und nach Belieben mit kleinen Salzbrezeln servieren.

Kochkäse
für 4 Personen

HERKUNFT Hessen/Bayern
ZUBEREITUNGSZEIT 2 Minuten
GARZEIT 6 Minuten

Zutaten

250 g Handkäse
250 g Butter
200 g Schmelzkäse
200 g Sahne
250 g Magerquark

1–2 TL ganzer Kümmel
1 TL Natron
Salz

1 — Handkäse mit Butter, Schmelzkäse und Sahne im heißen Wasserbad oder in der Mikrowelle bei 300 Watt etwa 6 Minuten schmelzen und mit dem Schneebesen glatt rühren.

2 — Quark, Kümmel und Natron unterrühren und mit Salz abschmecken. Mit dunklem Mischbrot oder Weißbrot servieren.

Handkäs mit Musik
für 4 Personen

HERKUNFT Hessen/Rhein-Main-Gebiet/Pfalz
ZUBEREITUNGSZEIT 10 Minuten
MARINIERZEIT 1 Stunde

Zutaten

2 Zwiebeln
2 EL Weißweinessig
2 EL Apfelwein
Salz
Pfeffer aus der Mühle
1 TL ganzer Kümmel
2 EL Öl
400 g Handkäse oder Harzer Käse
4 große Scheiben dunkles Brot

1 — Die Zwiebeln schälen und in kleine Würfel schneiden.

2 — Für die Marinade 150 ml Wasser mit Essig und Apfelwein verrühren. Mit Salz, Pfeffer und Kümmel würzen. Das Öl unterrühren. Die Zwiebeln mit der Marinade vermischen. Etwa 1 Stunde marinieren.

3 — Den Käse in Scheiben schneiden und mit der Marinade übergießen. Den Handkäs mit Musik mit Brot und Butter servieren. (Abbildung → S. 29)

Gebackener Camembert
für 4 Personen

HERKUNFT Alle Regionen
ZUBEREITUNGSZEIT 15 Minuten

Zutaten

2 Eier
Salz
Pfeffer aus der Mühle
4 junge Camemberts (à 125 g)
125 g Semmelbrösel
1 l Öl zum Frittieren
einige Kopfsalatblätter
Preiselbeeren (aus dem Glas)

1 — Die Eier in einer Schüssel mit dem Schneebesen gut verquirlen und mit Salz und Pfeffer würzen.

2 — Die Camemberts einzeln durch die verquirlten Eier ziehen und mit den Semmelbröseln panieren. Diesen Vorgang jeweils wiederholen.

3 — Das Öl in einem Topf auf 180 °C erhitzen. Es ist heiß genug, wenn sich an einem hineingehaltenen Holzlöffelstiel Blasen bilden. Die Camemberts darin 3 bis 4 Minuten ausbacken, mit dem Schaumlöffel herausnehmen und auf Küchenpapier gut abtropfen lassen.

4 — Die gebackenen Camemberts mit Salatblättern und Preiselbeeren auf Tellern anrichten. Dazu passt Brot oder Toast mit Butter.

Halve Hahn
für 4 Personen

HERKUNFT Rheinland
ZUBEREITUNGSZEIT 5 Minuten

Zutaten

1 Zwiebel
4 Essiggurken
4 Roggenbrötchen
4 kleine Stückchen Butter (à ca. 15 g)
4 Scheiben mittelalter Gouda (à ca. 120 g)
4 EL mittelscharfer Senf
¼–½ TL Paprikapulver (edelsüß)

1 — Die Zwiebel schälen und in Ringe schneiden. Die Gurken nach Belieben in Scheiben schneiden.

2 — Die Roggenbrötchen aufschneiden, 4 Hälften mit Butter bestreichen und die Käsescheiben darauflegen. Mit Senf bestreichen. Zwiebeln und Gurken darauf verteilen und mit Paprika bestreuen. Nach Belieben mikt den oberen Brötchenhäften bedecken. (Abbildung rechts)

Heringshäckerle
für 4 Personen

HERKUNFT Schlesien, Sachsen
ZUBEREITUNGSZEIT 15 Minuten

Zutaten

8 zarte Matjesfilets
50 g Kapern
1–2 säuerliche Äpfel
1 kleine gekochte Pellkartoffel
1 Bund Schnittlauch
2 EL Olivenöl
1 EL Crème fraîche
1–2 EL gehackter Kerbel
1 TL Senf
Salz
Pfeffer aus der Mühle
einige Salatblätter zum Anrichten

1 — Die Matjesfilets sehr fein hacken. In eine Schüssel füllen und diese in eine größere, mit Eis gefüllte Schüssel stellen. Die Kapern ebenfalls fein hacken.

2 — Den Apfel schälen, halbieren, entkernen, die Kartoffel pellen und beides in kleine Würfel schneiden. Die Kartoffelwürfel in 1 EL Olivenöl goldbraun und kross braten, dann abkühlen lassen.

3 — Schnittlauch waschen, trocken schütteln, in Röllchen schneiden. Apfel- und Kartoffelwürfel, Crème fraîche, Kräuter, restliches Olivenöl, Kapern und Heringe vermischen, mit Senf, Salz und Pfeffer abschmecken.

4 — Die Masse vierteln, auf Tellern anrichten und mit einigen Salatblättern garnieren.

Fischbrötchen
für 4 Personen

HERKUNFT Norddeutschland
ZUBEREITUNGSZEIT 5 Minuten

Zutaten

1 Zwiebel
1–2 Essiggurken
4 Brötchen
4 Bismarckhering-Doppelfilets

1 — Die Zwiebel schälen und in dünne Ringe schneiden. Die Essiggurken in Scheiben schneiden.

↓
Halve Hahn S. 28, Handkäs mit Musik S. 27, Mettbrötchen S. 30

2 — Die Brötchen aufschneiden, die Heringsfilets mit den Gurkenscheiben belegen, einmal quer zusammenfalten, in das Brötchen legen und mit den Zwiebelringen belegen, Brötchendeckel daraufsetzen.

3 — Nach Belieben kann das Brötchen auch mit Matjesfilets, Rollmops, Brathering, Nordseekrabben oder in Teig gebackenem Fisch gefüllt werden.

Fischburger
für 4 Personen

HERKUNFT Alle Regionen
ZUBEREITUNGSZEIT 15 Minuten
GARZEIT 10 Minuten

Zutaten

500 g Fischfilet (z.B. Lachs, Zander, Kabeljau; ohne Haut und Gräten)
50 g Weißbrot
½ Bund Frühlingszwiebeln
1 EL scharfer Senf
1 Ei
50 g Semmelbrösel
frisch geriebene Muskatnuss
Salz
Pfeffer aus der Mühle
4 EL Öl
4 Sesambrötchen
1 EL Butter
1–2 Zweige Thymian

1 — Das Fischfilet waschen, trocken tupfen und wie das Weißbrot in kleine Würfel schneiden. Die Frühlingszwiebeln putzen, waschen und in Ringe schneiden. Die Fisch- und Weißbrotwürfel mit dem Senf, dem Ei, der Hälfte der Semmelbrösel, Muskatnuss, Salz und Pfeffer mischen.

2 — Aus der Fischmasse mit angefeuchteten Händen Buletten formen und diese in den restlichen Semmelbröseln wenden. In einer Pfanne das Öl erhitzen und die Fischbuletten darin bei mittlerer Hitze langsam auf beiden Seiten braten.

3 — Die Sesambrötchen halbieren. Die Butter in einer Pfanne erhitzen und die Brötchen darin auf den Schnittflächen mit dem Thymian hell rösten. Die unteren Brötchenhälften nach Belieben mit Tomaten- und Gurkenscheiben belegen, je 1 EL Remoulade → S. 126 daraufgeben, die Fischbuletten darauflegen und mit der oberen Brötchenhälfte bedecken. Remoulade dazu servieren.

Mettbrötchen (Hackepeter)
für 4 Personen

HERKUNFT Norddeutschland
ZUBEREITUNGSZEIT 10 Minuten

Zutaten

400 g Schweinehals (oder 300 g Schweine-Oberschale und 100 g Schweinebauch)
1 Zwiebel
1 gestr. TL Salz (ca. 8 g)
Pfeffer aus der Mühle
½ TL Paprikapulver (edelsüß)
1 Msp. gemahlener Piment
4 Brötchen
1 große Essiggurke
Zwiebelringe nach Belieben

1 — Das Schweinefleisch durch die grobe Scheibe des Fleischwolfs drehen. (Wer keinen Fleischwolf hat, kann sich das Fleisch auch beim Metzger durchdrehen lassen.)

2 — Die Zwiebel schälen, fein würfeln und zum Hackfleisch geben. Mit Salz, Pfeffer, Paprika und Piment kräftig würzen und alles gut vermischen.

3 — Die Brötchen aufschneiden, das Mett auf den Brötchenboden streichen, die Essiggurke in Scheiben schneiden, darauflegen, nach Belieben zusätzlich noch ein paar Zwiebelringe darauflegen und den Brötchendeckel daraufsetzen.
(Abbildung → S. 29)

Hausmacher-Leberwurst
für 5 Gläser (à ca. 200 ml)

HERKUNFT Alle Regionen
ZUBEREITUNGSZEIT 30 Minuten
GARZEIT 4 Stunden

Zutaten

300 g Kalbs- oder Geflügelleber
5 g Pökelsalz (vom Metzger)
2 Zwiebeln
1 Lorbeerblatt
3 Gewürznelken
Salz
750 g fetter Schweinebauch (50–70 % Fettanteil)
¼ Apfel (ca. 50 g)
½ TL Knoblauchpulver
2 TL Zucker
2 schwach geh. EL getrockneter Majoran
½ TL Pfeffer aus der Mühle
je ½ TL gemahlener Fenchel und Piment
½ TL gemahlener Koriander
frisch geriebene Muskatnuss

1 — Die Leber putzen und in Würfel schneiden. Mit dem Pökelsalz pürieren, bis die Masse Blasen wirft. Kühl stellen.

2 — 1 Zwiebel schälen, das Lorbeerblatt mit den Nelken daran feststecken. Salzwasser aufkochen, Zwiebel und Schweinebauch hineinlegen – es sollte gut mit Wasser bedeckt sein. Den Schweinebauch leicht siedend etwa 2½ Stunden weich garen, den Schaum immer wieder abschöpfen.

3 — Die übrige Zwiebel schälen und in Würfel schneiden. Den Apfel schälen, entkernen und in Würfel schneiden. Beides in einer Pfanne in 100 ml Kochbrühe dünsten, bis die Flüssigkeit verkocht ist. Abkühlen lassen und mit dem Stabmixer pürieren.

4 — Den Backofen auf 80 °C vorheizen. Ein tiefes Backblech auf der untersten Schiene im Ofen 2 cm hoch mit heißem Wasser füllen und zwei Lagen Küchenpapier hineinlegen.

5 — Den Schweinebauch aus dem Kochsud heben, zerkleinern und zweimal durch die feine Scheibe des Fleischwolfs drehen. Das heiße Fleischpüree mit Apfel-Zwiebel-Mus und kaltem Leberpüree verrühren. 100 ml heiße (!) Kochbrühe vom Schweinebauch hinzufügen. Mit Knoblauch, Zucker, Majoran, Pfeffer, Fenchel, Piment, Koriander und Muskatnuss und etwa 10 g Salz würzen.

6 — Die Masse bis 1½ cm unter den Rand in sterilisierte Gläser füllen. Die Gläser gut verschließen, mit etwas Abstand zueinander in das Wasserbad im Ofen stellen und die Leberwurst 1 bis 1½ Stunden einkochen.

7 — Die Gläser aus dem Ofen nehmen und abkühlen lassen. Die Leberwurst hält sich bei kühler Zimmertemperatur mehrere Monate.

↓
Tellersülze S. 40

Rindertatar
für 4 Personen

HERKUNFT Alle Regionen
ZUBEREITUNGSZEIT 15 Minuten

Zutaten

500 g Rinderfilet
1 kleine Essiggurke
1–2 TL eingelegte Kapern
3 eingelegte Sardellenfilets
½ Zwiebel
1 EL Öl
2 EL Olivenöl
1 EL süßsaure Chilisauce
1 EL Tomatenketchup
1 Msp. Paprikapulver (edelsüß)
2 EL Schnittlauchröllchen
1 Spritzer Zitronensaft
Salz
Pfeffer aus der Mühle
Zucker

1 — Das Rindfleisch von Fett und Sehnen befreien und durch den Fleischwolf drehen. Die Essiggurke, die Kapern und die Sardellenfilets fein hacken. Die Zwiebel schälen und in kleine Würfel schneiden. Das Öl in einer Pfanne erhitzen, die Zwiebelwürfel darin bei milder Hitze glasig andünsten und abkühlen lassen.

2 — Das Rinderhack mit Zwiebelwürfeln, Essiggurke, Kapern, Sardellen, Olivenöl, Chilisauce, Ketchup, Paprikapulver und Schnittlauch vermischen. Mit Zitronensaft, Salz, Pfeffer und 1 Prise Zucker herzhaft abschmecken.

3 — Aus dem Rindertatar 4 Hacksteaks formen (davor nach Belieben 1 sehr frisches Eigelb unter die Fleischmasse mischen) und auf Tellern anrichten. Nach Belieben mit Essiggurken- und Zwiebelwürfelchen bestreuen und mit Brot, Toast oder Rösti → S. 331 servieren.

Leberkäseaufschnitt-Semmel
für 4 Personen

HERKUNFT Süddeutschland
ZUBEREITUNGSZEIT 3 Minuten

Zutaten

4 Semmeln (Brötchen)
30 g streichfähige Butter
8 Scheiben Leberkäseaufschnitt
Senf nach Belieben (mittelscharf, scharf oder süß)
1 große Essiggurke

Die Semmeln aufschneiden, den Boden mit Butter bestreichen, mit den Leberkäsescheiben belegen. Nach Belieben etwas Senf daraufgeben. Die Essiggurke in Scheiben schneiden und darauf verteilen. Zum Schluss den Semmeldeckel zuklappen.

Warme Leberkäsesemmel
für 4 Personen

HERKUNFT Süddeutschland
ZUBEREITUNGSZEIT 2 Minuten

Zutaten

4 Semmeln (Brötchen)
4 dicke Scheiben warmer Leberkäse (à ca. 150 g)
4 EL Senf (nach Belieben süß, mittelscharf oder scharf)

Die Semmeln aufschneiden, je eine Scheibe warmen Leberkäse hineinlegen, etwas Senf darauf verteilen und den Deckel zuklappen.

Eingelegte Gurken
für 1 Einmachglas (1 l Inhalt)

HERKUNFT Alle Regionen
ZUBEREITUNGSZEIT 20 Minuten
ZIEHDAUER 4–6 Wochen

Zutaten

1 kg reife, leicht gelbe Salatgurken (Schmorgurken)
Salz
1 weiße Zwiebel
50 Senfkörner
15 schwarze Pfefferkörner
1 Lorbeerblatt
1 Dill-Blütendolde
375 ml Weißweinessig
100 g Zucker

1 — Die Gurken schälen, der Länge nach halbieren und die Kerne mit einem Löffel herausschaben. Die Hälften mit Salz bestreuen, mit einem Tuch bedecken und einige Stunden, am besten über Nacht, stehen lassen.

2 — Die Gurken gut trocken tupfen und in fingerdicke Scheiben schneiden. Die Zwiebel schälen und in feine Ringe schneiden. Mit den Senf- und Pfefferkörnern sowie dem Lorbeerblatt abwechselnd mit den Gurkenstücken in ein großes Einmachglas schichten. Die Dilldolde darauflegen.

3 — Essig und Zucker kurz aufkochen, dann erkalten lassen. Die Mischung über den Gurken verteilen und zugedeckt 24 Stunden ziehen lassen.

4 — Danach die Flüssigkeit abgießen, erneut zum Kochen bringen und kochend heiß über die Gurken gießen. Diesen Vorgang nach 14 Tagen noch einmal wiederholen. Dann die Gläser fest verschließen und dunkel und kühl aufbewahren. Nach etwa 4 bis 6 Wochen sind die Gurken zum Verzehr geeignet.

Eingelegter Kürbis
für 1 Einmachglas (1 l Inhalt)

HERKUNFT Alle Regionen
ZUBEREITUNGSZEIT 15 Minuten
ZIEHDAUER 1 Woche

Zutaten

1 kg Kürbisfruchtfleisch
1 kleines Stück Ingwerwurzel
400 ml Weißweinessig
600 g Zucker
etwas Salz
4 Gewürznelken
10 Pfefferkörner
1 EL Senfkörner

1 — Das Kürbisfleisch in 2 cm große Würfel schneiden und in ein Einmachglas füllen. Die Ingwerwurzel schälen und in sehr kleine Würfel schneiden.

2 — 200 ml Wasser mit Essig, Zucker, Salz, Ingwer, Nelken, Pfeffer- und Senfkörnern 5 Minuten kochen lassen.

3 — Den Sud heiß über die Kürbiswürfel gießen, sie sollen vollständig damit bedeckt sein. Das Glas gut verschließen und mindestens 1 Woche im Kühlschrank ziehen lassen.

Schinkenröllchen
für 4 Personen

HERKUNFT Alle Regionen
ZUBEREITUNGSZEIT 15 Minuten

Zutaten

8 Stangen weißer Spargel
Salz
Zucker
8 dünne Scheiben gekochter Hinterschinken

1 — Den Spargel schälen, holzige Enden entfernen und die Spargelstangen in Wasser, das mit Salz und Zucker gewürzt wird, etwa 8 Minuten noch leicht bissfest kochen. Herausheben, in kaltem Wasser abschrecken, abtropfen lassen und auf Küchentüchern gut trocken tupfen.

2 — Je 1 Spargelstange in eine Schinkenscheibe wickeln und dabei die Spargelspitze herausstehen lassen.

3 — Die Schinkenröllchen auf eine Servierplatte legen und mit Remouladensauce → S. 126 servieren.

Gänseweißsauer
für 4 Personen

HERKUNFT Mecklenburg-Vorpommern, Berlin
ZUBEREITUNGSZEIT 20 Minuten
GARZEIT 2 Stunden
KÜHLZEIT 5–6 Stunden

Zutaten

4 Gänsekeulen
1 Zwiebel
2 Lorbeerblätter
1 Gewürznelke
10 Pfefferkörner
1 Stange Lauch
2 Möhren
etwas Petersilie zum Garnieren
5 Blatt weiße Gelatine
75 ml Rotweinessig
Salz
Zucker

1 — Die Gänsekeulen waschen. Die Zwiebel schälen und in Scheiben schneiden. Gänsekeulen, Zwiebeln, Lorbeerblätter, Nelke und die Pfefferkörner in einen Topf geben und mit Wasser bedecken. Aufkochen lassen und anschließend etwa 1 ½ bis 2 Stunden sanft köcheln lassen.

2 — Vom Lauch die Wurzeln und das grüne Ende entfernen, die Stange der Länge nach halbieren und gut waschen. Die Möhren schälen und erst der Länge nach in dünne Scheiben, dann wie die Lauchblätter in gleich große Rauten schneiden.

3 — Die Gänsekeulen kurz unter kaltem Wasser abschrecken. Die Haut entfernen und das Fleisch vorsichtig vom Knochen lösen. Die Gemüserauten in der Gänsebrühe bissfest kochen.

4 — Gemüse und Gänsefleisch auf vier Suppenteller verteilen und mit Lorbeerblättern, Pfefferkörnern und Petersilie garnieren. Die Gelatine in kaltem Wasser einweichen.

5 — Den Gänsefond entfetten und die ausgedrückte Gelatine in dem warmen Fond auflösen. In einer Schüssel auf Eiswasser kalt rühren. Bevor der Gänsefond zu gelieren beginnt, mit Essig, Salz und Zucker abschmecken und über dem Fleisch verteilen. Im Kühlschrank etwa 5 bis 6 Stunden erstarren lassen.

Salz und Brot macht Wangen rot

„Salz und Brot macht Wangen rot." Der Kindervers spricht vom heute längst veralteten Ideal der „Wohlgenährtheit". Er stammt also aus Zeiten, als Hunger in Deutschland noch verbreitet war: Im Grunde endete dies erst mit dem „Wirtschaftswunder" in der Nachkriegszeit. Natürlich ist das „tägliche Brot" – wie fast überall – immer noch ein wichtiges Nahrungsmittel. Dass es Brot ganz ohne Salz bei Deutschen schwer hat, ahnt jeder, der einmal das salzlose Brot aus Teilen Italiens probiert hat. Die ganze Palette deutscher Brotwaren beschert dem Verbraucher eine ungeheure Auswahl, und kaum ein Freund des deutschen Brots vermisst es bei längeren Auslandsaufenthalten nicht. Übrigens: „Müller" ist der häufigste deutsche Familienname. Und „Becker", der auf die Berufsbezeichnung des Bäckers zurückgeht, weitverbreitet.

Mit Laib und Seele *— Vielfalt mit rund 300 Brotsorten*

01

02

Deutsche sind stolz auf ihr Brot. Und das zu Recht. Brot wird in einer Vielfalt und Güte angeboten, wie sie weltweit kein zweites Mal zu finden sind.

Aber auch auf dieses Feld drängen die Billiganbieter und Discounter, die Backshops und Großbäckereien mit Dumpingpreisen und „Teiglingen", die von so weit her wie China stammen. Eine noch handwerklich arbeitende Bäckerei bietet das Jahr über standardmäßig Brot, Brötchen, Kuchen und Torten an, während Pralinen und Baumkuchen in den Konditoreien zu finden sind. (Viele Geschäfte sind natürlich sowohl das eine wie das andere.)

Das typisch deutsche „Graubrot" ist ein Roggenmischbrot und jeder vierte Laib des täglichen Bedarfs landesweit. Goethe machte den Unterschied zwischen Franzosen und Deutschen am Brot fest – Deutsche äßen nun mal Schwarz-, Franzosen bevorzugt Weißbrot. Und das gilt – grob gesagt – noch heute. Wobei der gemeinsame Markt in der EU dafür sorgte, dass sich Geschmäcker und Vorlieben in den vergangenen Jahrzehnten ein wenig anglichen. Allerdings bleibt noch genug deutsche Backware übrig, die im Ausland bis dato völlig unbekannt ist: Pumpernickel aus mühlenwarmem Schrot etwa, dessen Name etymologisch von einem Wort kommt, das auf die verdauungsanregende Sofortwirkung dieser Spezialität hinweist. Mohn-, Kümmel- oder Kartoffel„brötchen" (im Süden „Semmel" von lat.: „semola", das Weißmehl, in Berlin „Schrippen"), Salzstangerl (im Schwäbischen auch „Seelen") und vor allem Brezen sind für Besucher aus dem Ausland fast schon exotisch. Wobei das Laugengebäck in der eigenwilligen Form eine bemerkenswerte Geschichte hat: Die frühen Christen beteten, indem sie die Arme vor der Brust verschränkten, zum Zeichen der inneren Sammlung. Arm heißt auf lateinisch „bracchium", und daraus entwickelte sich das bayerische „Breze" oder „Brez'n". Die besten hiervon gibt es heute in

03

04

05

01 Handwerksbäckereien bieten höchste Qualität.

02 Herzensangelegenheit: Die große Brotauswahl lässt nichts zu wünschen übrig.

03 Pumpernickel – schwärzer geht's nicht, schrotiger auch nicht.

04 Alte Mehlmühlen sind ein seltener Anblick.

05 Zwieback ist weit mehr als nur Krankenkost.

Baden-Württemberg und Bayern, in Norddeutschland kann man mit dem Laugengebäck dagegen wenig anfangen.

Wer seinem Magen etwas zu viel zugemutet hat, greift klassischerweise zu Zwieback und Kamillentee. Zwieback ist, wie der Name sagt, zweimal gebacken und doch ganz anders als „Biskuit" – was ja dasselbe bedeutet: Beim Biskuit kommen getrennt geschlagene Eiweiße und Dotter in den Teig, und die halten den Teig locker und leicht, feucht auch nach dem zweiten Backgang. Zwieback soll, der besseren Verträglichkeit und längeren Haltbarkeit wegen, aber gerade trocken werden. Er muss eineinhalb Tage auskühlen, wird dann in Scheiben geschnitten, und die werden noch zweites Mal geröstet: Dann liegt sein Wasseranteil nur noch bei drei bis fünf Prozent. Und das tut angegriffenen Mägen besonders gut.

Alleinstellungsmerkmal und Exportschlager des deutschen Bäckerhandwerks ist und bleibt der „Sauerteig". Das ist ein in Gärung befindlicher Vorteig mit natürlichen Hefen, der Roggen erst backfähig macht, indem er dessen pH-Wert senkt. Sauerteigbrot wird von Auslandsdeutschen in vielen Ländern der Welt schmerzlich vermisst. Aber es gibt Lichtblicke: Die Akademie des deutschen Bäckerhandwerks lehrt in vielen Teilen der Welt die richtige Behandlung („Führung") eines Sauerteigs.

Tellersülze
für 4 Personen

HERKUNFT Süddeutschland
ZUBEREITUNGSZEIT 30 Minuten
GARZEIT 2½ Stunden
KÜHLZEIT 5 Stunden

Zutaten

- 3 l Hühnerbrühe
- 100 ml Weißweinessig
- 1 Zwiebel
- 1 Lorbeerblatt
- 1 Gewürznelke
- Zucker
- 1 gepökelte Schweinshaxe (ca. 1½ kg; mit Schwarte)
- 1 Möhre
- 100 g Knollensellerie
- 3 Wacholderbeeren
- ½ TL schwarze Pfefferkörner
- 2 Pimentkörner
- 10 Blatt weiße Gelatine
- Pfeffer aus der Mühle
- frisch geriebene Muskatnuss
- 1 Gewürzgurke
- 1 gekochtes Ei

1 — Die Brühe mit 80 ml Essig in einen großen Topf geben. Die Zwiebel schälen und halbieren, 1 Zwiebelhälfte mit dem Lorbeerblatt belegen, mit Gewürznelke feststecken und in den Sud legen. 1 TL Zucker hinzufügen und den Sud einmal aufkochen. Die Haxe in den Sud geben und bei milder Hitze etwa 2½ Stunden weich garen, bis sich das Fleisch vom Knochen lösen lässt.

2 — Möhre und Sellerie putzen, schälen und mit der restlichen Zwiebelhälfte nach 30 Minuten Garzeit dazugeben. Nach weiteren 30 Minuten die Wacholderbeeren, Pfeffer- und Pimentkörner in ein Gewürzsäckchen füllen, verschließen und in den Sud geben.

3 — Die Haxe aus dem Sud nehmen, die Schwarte entfernen und das Fleisch vom Knochen lösen. Das magere Fleisch gegen den Faserverlauf in Scheiben schneiden. Den Sud mit Küchenpapier entfetten und durch ein mit einem Küchentuch ausgelegtes Sieb gießen. Das Gemüse klein schneiden und beiseitestellen.

4 — Die Gelatine in kaltem Wasser einweichen. In einem Topf 1 l Sud erhitzen und die gut ausgedrückte Gelatine darin auflösen. Mit dem restlichen Essig, 1 Prise Zucker, Pfeffer, Muskatnuss und etwas Salz würzen und bei Zimmertemperatur abkühlen lassen.

5 — Die Gewürzgurke in Scheiben schneiden. Das Ei quer in Scheiben schneiden. Die Eier- und Gurkenscheiben mit dem Fleisch und dem Gemüse auf tiefe Teller verteilen. Den Sülzenstand darübergeben und im Kühlschrank mehrere Stunden fest werden lassen. Mit Bratkartoffeln → S. 321 servieren. (Abbildung → S. 32)

Weißwürste
für 4 Personen

HERKUNFT Bayern
ZUBEREITUNGSZEIT 20 Minuten

Zutaten

- 8 Weißwürste
- Salz
- 2–3 Streifen Zitronenschale
- 2–3 Stiele Petersilie

1 — So viel Wasser in einen Topf geben, dass die Würste gut davon bedeckt werden. Das Wasser auf 75 bis 80 °C erhitzen und salzen.

2 — Die Weißwürste in das Wasser geben, die Zitronenschale und Petersilienstiele hinzufügen.

3 — Die Würste etwa 15 Minuten ziehen lassen (nicht kochen, sonst platzen sie). Wenn die Weißwürste nach oben steigen, sind sie gar. Mit Laugenbrezeln und süßem Senf servieren. Als spätes Frühstück traditionell Weißbier dazu reichen.

Saure Zipfel
für 4 Personen

HERKUNFT Franken/Oberpfalz
ZUBEREITUNGSZEIT 25 Minuten

Zutaten

2 Zwiebeln
1 kleine Möhre
100 g Knollensellerie
1 EL Öl
1–2 TL Puderzucker
4 EL Rotweinessig
1 l Hühnerbrühe
1 TL Wacholderbeeren
je 1 TL Piment-, Senf- und schwarze Pfefferkörner
1 kleines Lorbeerblatt
1 EL Zucker
Salz
500 g fränkische Bratwürste
1–2 Stiele Petersilie
frisch geriebene Muskatnuss

1 — Die Zwiebeln schälen, die Möhre und den Sellerie putzen und schälen. Das Gemüse in etwa ½ cm große Würfel schneiden.

2 — Das Öl in einem Topf erhitzen und die Gemüsewürfel darin bei milder Hitze glasig dünsten. Den Puderzucker darüberstäuben und kurz mitdünsten. Mit dem Essig ablöschen und die Brühe dazugießen.

3 — Wacholderbeeren, Piment-, Senf- und Pfefferkörner in ein Gewürzsäckchen füllen, verschließen und mit dem Lorbeerblatt in die Brühe geben. Die Brühe mit Zucker und Salz würzen.

4 — Die Bratwürste mit der Petersilie hinzufügen und 10 bis 15 Minuten bei schwacher Hitze ziehen lassen. Die Brühe mit Muskatnuss würzen. Das Gewürzsäckchen und das Lorbeerblatt entfernen.

5 — Die Würste auf tiefe Teller verteilen und mit dem heißen Sud übergießen. Das Gemüse darauf verteilen. Bauernbrot oder Brezen dazu servieren.

Würstchen im Schlafrock
für 4 Personen

HERKUNFT Alle Regionen
ZUBEREITUNGSZEIT 10 Minuten
GARZEIT 20 Minuten

Zutaten

250 g Tiefkühl-Blätterteig
Mehl zum Bearbeiten
4 Wiener Würstchen
1 Eigelb
1 EL Sahne

1 — Den Backofen auf 220 °C vorheizen. Den Blätterteig auf einer bemehlten Arbeitsfläche zu einem Rechteck von etwa 30 × 15 cm ausrollen. Den Teig halbieren, sodass 2 Quadrate à etwa 15 cm entstehen. Quadrate diagonal halbieren.

2 — Je 1 Würstchen an die lange Seite der Teigquadrate legen und in den Teig wickeln. Mit der Nahtseite nach unten auf ein mit Backpapier belegtes Backblech setzen. Das Eigelb mit der Sahne verrühren und den Blätterteig damit bestreichen.

3 — Im vorgeheizten Ofen auf der untersten Schiene 15 bis 20 Minuten goldbraun backen. Nach Belieben mit Ketchup servieren.

Currywurst mit Ketchup
für 4 Personen

HERKUNFT Berlin
ZUBEREITUNGSZEIT 15 Minuten
GARZEIT 45 Minuten

Zutaten

4 rote oder weiße Bratwürste
1 EL Öl
1 Zwiebel
1 EL brauner Zucker
1 EL mildes Currypulver
1 Zimtrinde
1 getrocknete rote Chilischote
40 ml Ananassaft
100 ml Gemüsebrühe
2 EL Tomatenmark
500 g stückige Tomaten (aus der Dose)
1 EL Weißweinessig
5 EL Olivenöl

1 — Die Bratwürste mit einem scharfen Messer mehrmals quer einschneiden. Das Öl in einer Pfanne erhitzen und die Bratwürste darin bei mittlerer Hitze langsam rundum braten.

2 — Die Zwiebel schälen, in feine Würfel schneiden und in einem Topf bei mittlerer Hitze ohne Fett glasig dünsten. Den braunen Zucker hinzufügen und karamellisieren.

3 — Die Gewürze dazugeben, kurz mitdünsten und den Ananassaft dazugießen. Die Brühe, das Tomatenmark, die Tomaten und den Essig unterrühren und das Ketchup 30 bis 45 Minuten köcheln lassen.

4 — Anschließend durch ein Sieb streichen und das Olivenöl mit dem Stabmixer unterrühren.

5 — Die Bratwurst mit Tomatenketchup und Brötchen anrichten. Nach Belieben Pommes frites dazu servieren. (Abbildung → S. 44)

Nürnberger Rostbratwürstel mit Kraut im Weggla
für 4 Personen

HERKUNFT Franken
ZUBEREITUNGSZEIT 15 Minuten
GARZEIT 35 Minuten

Zutaten

½ kleine Zwiebel
1 EL Nussbutter → S. 125
200 g Sauerkraut (aus der Dose)
3 EL trockener Weißwein
¼ l Gemüsebrühe
5 schwarze Pfefferkörner
2 Wacholderbeeren (leicht angedrückt)
je ¼ TL Korianderkörner und ganzer Kümmel
½ Lorbeerblatt
1 EL Apfelmus
2 EL Sahne
1 EL kalte Butter
1–2 EL Öl
12 Nürnberger Rostbratwürste
4 Weggla (Brötchen)

1 — Die Zwiebel schälen und in feine Würfel schneiden. Die Nussbutter in einem Topf erhitzen und die Zwiebel darin bei milder Hitze andünsten. Das Sauerkraut in einem Sieb unter kaltem Wasser waschen, ausdrücken, zur Zwiebel geben und kurz mitdünsten. Den Wein und die Brühe angießen.

2 — Die Pfefferkörner, die Wacholderbeeren, Korianderkörner, Kümmel und das Lorbeerblatt in ein Gewürzsäckchen füllen, das Säckchen verschließen und in das Kraut geben. Ein Blatt Backpapier darauflegen und das Kraut bei milder Hitze etwa 35 Minuten ziehen lassen.

3 — Das Gewürzsäckchen zum Ende der Garzeit entfernen. Das Apfelmus, die Sahne und die kalte Butter unter das Kraut rühren und, falls nötig, mit Salz abschmecken.

4 — Eine Pfanne bei mittlerer Temperatur erhitzen und das Öl darin erhitzen. Die Rostbratwürste darin auf beiden Seiten braun braten.

5 — Die Weggla aufschneiden und in einer Pfanne ohne Fett etwas anrösten. Jeweils 1 Brötchenhälfte mit etwas Rahmkraut und je 3 Rostbratwürsteln belegen. Zum Schluss mit der anderen Brötchenhälfte bedecken.

Strammer Max
für 4 Personen

HERKUNFT Sachsen/Berlin
ZUBEREITUNGSZEIT 15 Minuten

Zutaten

- 4 Scheiben Bauernbrot
- 1–2 EL Butter
- Salz
- 4 Eier
- 4 Salatblätter
- 3–4 EL Joghurtdressing → S. 65
- 8 Scheiben gekochter Hinterschinken
- Pfeffer aus der Mühle
- 1 EL Schnittlauchröllchen

1 — Die Brotscheiben in einer Pfanne ohne Fett auf beiden Seiten leicht rösten und warm halten.

2 — Die Butter in einer beschichteten Pfanne zerlassen und und leicht salzen. Die Eier aufschlagen und in die Pfanne gleiten lassen, dabei die Eigelbe nicht verletzen. Bei schwacher Hitze mehr ziehen als braten lassen.

3 — Die Salatblätter waschen und gut trocken tupfen. Die Brotscheiben auf vorgewärmte Teller legen. Die Salatblätter mit dem Dressing marinieren und auf die Brotscheiben verteilen. Jedes Brot mit 2 Scheiben Schinken belegen und je 1 Spiegelei daraufsetzen. Den strammen Max mit Pfeffer würzen und mit den Schnittlauchröllchen bestreuen.

Toast Hawaii
für 4 Personen

HERKUNFT Alle Regionen
ZUBEREITUNGSZEIT 10 Minuten
GARZEIT 10 Minuten

Zutaten

- 4 Ananasscheiben (aus der Dose)
- 4 Scheiben Toastbrot
- 4 TL Butter
- 4 große, dünne Scheiben Kochschinken
- 4 Scheiben Emmentaler oder anderer Schnittkäse
- 4 Cocktailkirschen (wahlweise 4 TL Preiselbeerkompott)

1 — Den Backofen auf 220 °C vorheizen. Die Ananasscheiben abtropfen lassen. Die Toastscheiben auf beiden Seiten toasten, mit Butter bestreichen und auf ein Backblech legen. Die Schinkenscheiben darauflegen, je 1 Scheibe Ananas darauflegen und mit je 1 Scheibe Käse bedecken.

2 — Den Toast im Ofen auf der mittleren Schiene etwa 10 Minuten backen, bis der

↓
Currywurst mit Ketchup S. 42

Käse schmilzt und die Ananasscheiben fast vollständig bedeckt.

3 — Die Toastscheiben auf Teller setzen und in die Vertiefung in der Mitte je 1 Cocktailkirsche oder Preiselbeeren setzen.

Gefüllte Eier
für 4 Personen

HERKUNFT Alle Regionen
ZUBEREITUNGSZEIT 10–15 Minuten

Zutaten für das Grundrezept

4 hart gekochte Eier
80 g Frischkäse
Salz

Zutaten für gefüllte Eier mit Kaviar

1 Grundrezept (siehe oben)
2 Kopfsalatblätter
6–8 Cocktailtomaten
4 TL Forellenkaviar

Zutaten für gefüllte Eier mit Curry

1 Grundrezept (siehe oben)
½ TL mildes Currypulver
1 EL heiße Gemüsebrühe
Kräuterblätter zum Garnieren (z.B. Basilikum, Petersilie)

Zutaten für gefüllte Eier mit Kräutern

1 Bund Petersilie
1 Handvoll Babyspinat
Salz
1 Msp. geriebener Knoblauch
1 TL geriebener Parmesan
1 TL geröstete Mandelblättchen oder Pinienkerne
20 g warme Nussbutter → S. 125
2 EL Olivenöl
frisch geriebene Muskatnuss
1 Grundrezept (siehe oben)
1 EL Parmesanspäne

1 — Für das Grundrezept die Eier pellen, halbieren und das Eigelb herausnehmen. Das Eigelb durch ein Sieb streichen oder klein hacken, mit dem Frischkäse glatt rühren und mit Salz würzen. Die Masse in einen Spritzbeutel mit Sterntülle geben und die Eierhälften damit füllen.

2 — Für gefüllte Eier mit Kaviar die Salatblätter putzen, waschen und trocken tupfen. Die Blätter in Streifen schneiden und auf vier Teller verteilen. Die Cocktailtomaten waschen, achteln und auf den Salatstreifen anrichten. Die gefüllten Eier daraufsetzen und mit je ½ TL Forellenkaviar garnieren.

3 — Für gefüllte Eier mit Curry ebenfalls die Eier pellen, halbieren, die Eigelbe herausnehmen und durch ein Sieb streichen. Das Currypulver mit der heißen Brühe verrühren, mit Eigelben und Frischkäse glatt rühren und mit Salz würzen. Die Masse in einen Spritzbeutel mit Sterntülle geben, die Eierhälften damit füllen und mit den Kräuterblättern garnieren.

4 — Für gefüllte Eier mit Kräutern die Petersilienblätter von den Stielen zupfen. Den Spinat verlesen und mit den Petersilienblättern waschen. Beides in kochendem Salzwasser 2 Minuten blanchieren, in ein Sieb abgießen, kalt abschrecken und abtropfen lassen. Das Wasser aus den Blättern herausdrücken, die Blätter fein schneiden und in einen Mixer geben. Knoblauch, Parmesan, Mandeln, Nussbutter und Olivenöl dazugeben, mit 1 Prise Muskatnuss würzen und alles zu einer Paste mixen.

5 — Die Eier pellen, halbieren, das Eigelb herausnehmen und durch ein Sieb streichen. Eigelbe mit dem Frischkäse und 1 EL Kräuterpaste glatt rühren und mit Salz würzen.

Die Masse in einen Spritzbeutel mit Sterntülle geben, die Eierhälften damit füllen und mit Parmesanspänen garnieren.

Pochiertes Ei
für 4 Personen

HERKUNFT Alle Regionen
ZUBEREITUNGSZEIT 15 Minuten
GARZEIT 15 Minuten

Zutaten

- 8 EL Essig
- 6 Eier (möglichst frisch)
- 2 EL doppelgriffiges Mehl (z.B. Wiener Grießler)
- 5 EL Weißbrotbrösel
- Salz
- Öl zum Braten

1 — In einem breiten Topf 2 l Wasser aufkochen und 4 EL Essig dazugießen. In vier kleine Schälchen je 1 EL Essig geben. 4 Eier nacheinander vorsichtig aufschlagen und hineingleiten lassen, dabei die Dotter möglichst nicht verletzen.

2 — Das siedende Wasser vom Herd nehmen, mit einem Kochlöffel kreisförmig in eine Richtung rühren, bis sich das Wasser dreht. Dann die Eier nacheinander aus den Schälchen in das sich drehende Wasser gleiten lassen, dabei weiterrühren, bis das Eiweiß sichtbar zu stocken beginnt. Das Eiweiß wickelt sich dabei um das Eigelb.

3 — Je nach Temperatur des Wassers die Eier unter Rühren 8 bis 10 Minuten pochieren (das Wasser sollte eine Temperatur von 85 bis 90 °C aufweisen, bei Bedarf wieder leicht erhitzen). Dann mit dem Schaumlöffel vorsichtig aus dem Wasser heben, abtropfen und etwas abkühlen lassen.

4 — Das Mehl und die Weißbrotbrösel jeweils in tiefe Teller geben. Die übrigen 2 Eier mit 1 Prise Salz in einem tiefen Teller verquirlen. Die pochierten Eier zuerst im Mehl wenden, dann durch das Ei ziehen und zuletzt in den Weißbrotbröseln wenden. Nochmals durch das Ei ziehen und in den Weißbrotbröseln wenden.

5 — In einer Pfanne 4 bis 5 EL Öl erhitzen und die panierten Eier darin bei mittlerer Hitze rundum goldbraun anbraten. Herausnehmen und auf Küchenpapier abtropfen lassen. Die Eier auf Rahmspinat → S. 367 anrichten.

Soleier
für 4–6 Personen

HERKUNFT Berlin/Rheinland
ZUBEREITUNGSZEIT 20 Minuten
ZIEHDAUER 2 Tage

Zutaten

- 6 Eier
- 80 g Salz
- 1 Lorbeerblatt
- 1 TL Senfkörner
- ½ TL Pfefferkörner
- Essig
- scharfer Senf
- Öl
- Pfeffer aus der Mühle

1 — Die Eier etwa 10 Minuten hart kochen. In kaltem Wasser abschrecken und die Schale leicht anschlagen, sodass sie rundum Risse bekommt. Die Eier in ein Einmachglas schichten.

2 — Salz, Gewürze und ¾ l Wasser einige Minuten kochen, dann erkalten lassen und über die Eier gießen. Kühl gestellt mindestens 1 bis 2 Tage ziehen lassen.

3 — Zum Verzehr die Soleier schälen, halbieren und die Eigelbe herausdrücken. In die Mulde etwas Essig, scharfen Senf und einige Tropfen Öl geben, mit Pfeffer bestreuen und das Eigelb wieder daraufsetzen. In einem Bissen verzehren. Alternativ die Soleier auch als Füllung in einen Hackbraten → S. 280 geben.

Omelett mit Krabben
für 1 Person

HERKUNFT Norddeutschland
ZUBEREITUNGSZEIT 10 Minuten

Zutaten

- 200 g Krabben (in Salzlake)
- ¼ Bund Dill
- etwas Limettensaft
- etwas abgeriebene unbehandelte Limettenschale
- 2 EL Olivenöl
- Paprikapulver (edelsüß)
- 3 Eier
- 1 TL Butter
- Salz
- Pfeffer aus der Mühle
- frisch geriebene Muskatnuss

1 — Die Krabben etwas abtropfen lassen. Den Dill waschen, trocken schütteln und grob hacken. Beides in eine Schüssel geben und mit Limettensaft, -schale und Öl verrühren. Mit 1 Prise Paprikapulver würzen.

2 — Die Eier in einer Schüssel mit dem Schneebesen verquirlen. Die Butter in einer beschichteten Pfanne erhitzen. Die Eier hineingießen und darin bei milder Hitze stocken lassen.

3 — Das Omelett mit Salz, Pfeffer und Muskatnuss würzen. Auf einen Teller gleiten lassen, die Krabbenfüllung daraufgeben und das Omelett zusammenklappen.

Eier in Senfsauce
für 4 Personen

HERKUNFT Berlin/Norddeutschland
ZUBEREITUNGSZEIT 5 Minuten
GARZEIT 15 Minuten

Zutaten

- 80 g festkochende Kartoffeln
- 300 ml Gemüsebrühe
- 80 g Sahne
- 20 g kalte Butter
- 2 EL Dijon-Senf
- Salz
- Pfeffer aus der Mühle
- Zucker
- 8 Eier

1 — Die Kartoffel schälen, waschen, in 1 cm große Würfel schneiden und die Kartoffelwürfel in der Brühe etwa 15 Minuten weich garen.

2 — Die Sahne mit Butter und Senf dazugeben und mit dem Stabmixer pürieren. Mit Salz, Pfeffer und 1 Prise Zucker abschmecken. Die Sauce sollte leicht dicklich sein.

3 — Die Eier 6 bis 7 Minuten wachsweich kochen, kalt abschrecken, pellen, halbieren und in die Sauce legen. Falls nötig, noch mal erwärmen. Die Sauce mit Kresse oder klein geschnittenem Schnittlauch bestreuen.

4 — Dazu passen Salzkartoffeln → S. 316 oder Pellkartoffeln → S. 316.

Quark mit Leinöl
für 4 Personen

HERKUNFT Berlin/Brandenburg/Sachsen
ZUBEREITUNGSZEIT 5 Minuten
GARZEIT 20 Minuten

Zutaten

- 500 g Magerquark
- 2 EL Leinöl
- Salz
- Paprikapulver (edelsüß)
- 100 ml Gemüsebrühe
- 1–2 EL Kräuterquark-Gewürzmischung (z.B. mit Knoblauch, Röstzwiebeln, Ingwer, Paprikapulver)
- 1–2 EL gehackte Kräuter (z.B. Petersilie, Schnittlauch, Kerbel)

1 — Den Quark mit dem Leinöl, etwas Salz und Paprikapulver in eine Schüssel geben und verrühren.

2 — Die Brühe in einem kleinen Topf erwärmen, die Gewürzmischung dazugeben und 1 bis 2 Minuten quellen lassen.

3 — Die Mischung mit dem Stabmixer unter den Quark rühren, bis er glänzt. Die Kräuter untermischen und nochmals abschmecken.

4 — Dazu werden Pellkartoffeln → S. 316 oder Ofenkartoffeln → S. 317 serviert.

Grünkernbratlinge
für 4 Personen

HERKUNFT Alle Regionen
ZUBEREITUNGSZEIT 10 Minuten
GARZEIT 30 Minuten

Zutaten

- 1 Zwiebel
- 375 ml Gemüsebrühe
- 100 g grober Grünkernschrot
- 1 fein geriebene Knoblauchzehe
- 50 g extra zarte Haferflocken
- 75 g fein geriebener Emmentaler
- 1 Ei
- 1 EL frisch gehackte Kräuter (z.B. Petersilie, Kerbel, Dill)
- Salz
- Pfeffer aus der Mühle
- frisch geriebene Muskatnuss
- Öl zum Braten

1 — Die Zwiebel schälen und in feine Würfel schneiden. Die Zwiebel mit der Brühe und dem Grünkernschrot in einem Topf verrühren und unter Rühren 15 bis 20 Minuten köcheln lassen, bis ein dicker Brei entsteht. Zum Schluss den Knoblauch unterrühren. In eine Schüssel umfüllen und vollkommen auskühlen lassen.

2 — Die Haferflocken mit Käse, Ei und Kräutern unter die Grünkernmasse mischen und mit Salz, Pfeffer und Muskatnuss würzen. Mit angefeuchteten Händen aus der Masse Küchlein formen.

3 — Das Öl in einer großen Pfanne erhitzen und die Küchlein darin bei mittlerer Hitze etwa 4 Minuten goldbraun braten, wenden und auf der zweiten Seite weitere 4 Minuten braten. Auf Küchenpapier abtropfen lassen.

Bauernfrühstück mit Schinken
für 4 Personen

HERKUNFT Alle Regionen
ZUBEREITUNGSZEIT 15 Minuten
GARZEIT 35 Minuten

Zutaten

400 g festkochende Kartoffeln
Salz
1 Zwiebel
100 g gekochter Hinterschinken
80 g breite Bohnen
1 Möhre
150 g Brokkoli
100 g Cocktailtomaten
1 EL Öl
Pfeffer aus der Mühle
Paprikapulver (edelsüß)
getrocknetes Bohnenkraut
1 EL gehackte Petersilie
½ gehackte Knoblauchzehe
5 Eier
150 ml Milch
frisch geriebene Muskatnuss
80 g geriebener Käse (z.B. Bergkäse)

1 — Die Kartoffeln schälen, waschen und in ½ cm dicke Scheiben schneiden. In reichlich Salzwasser 15 bis 20 Minuten garen, in ein Sieb abgießen und ausdampfen lassen.

2 — Die Zwiebel schälen und in kleine Würfel schneiden. Den Schinken in kleine Würfel schneiden. Die Bohnen putzen, waschen und schräg in etwa 1 ½ cm breite Stücke schneiden. Die Möhre putzen, schälen und in Scheiben schneiden. Den Brokkoli putzen, waschen und in kleine Röschen teilen. Bohnen, Möhre und Brokkoli nacheinander in kochendem Salzwasser bissfest blanchieren. Mit dem Schaumlöffel herausheben, kalt abschrecken und abtropfen lassen. Die Cocktailtomaten waschen und halbieren.

3 — Den Backofen auf 180 °C vorheizen. Das Öl in einer ofenfesten Pfanne erhitzen. Die Kartoffeln und die Zwiebel darin bei mittlerer Hitze goldbraun braten. Schinken, Bohnen, Möhre, Brokkoli und Cocktailtomaten hinzufügen. Mit etwas Salz, Pfeffer und je 1 Prise Paprikapulver und Bohnenkraut würzen. Petersilie und Knoblauch hinzufügen.

4 — Die Eier und die Milch in einem hohen Rührbecher mit dem Stabmixer verquirlen. Die Eiermilch mit etwas Muskatnuss, Salz, Pfeffer und Paprikapulver würzen und über dem Gemüse verteilen. Die Pfanne noch etwa 30 Sekunden auf dem Herd lassen, dann das Omelett im Ofen auf der mittleren Schiene etwa 20 Minuten garen.

5 — Das Omelett nach 15 Minuten Garzeit mit dem geriebenen Käse bestreuen. Das Omelett zum Servieren aus der Pfanne auf eine Platte stürzen und in Stücke schneiden.

Speckpfannkuchen
für 1 Person

HERKUNFT Rheinland
ZUBEREITUNGSZEIT 5 Minuten
GARZEIT 10 Minuten

Zutaten

50 g Mehl
125 ml Milch
1 Ei
Salz
frisch geriebene Muskatnuss
1–2 TL Öl
5 Scheiben Frühstücksspeck
1–2 TL Schnittlauchröllchen

1 — Den Backofengrill einschalten. Das Mehl mit der Milch glatt rühren. Das Ei trennen und das Eigelb unterrühren. Mit etwas Salz und Muskatnuss würzen.

2 — Das Eiweiß mit 1 Prise Salz zu einem cremigen Schnee schlagen und unter die Mehl-Milch-Masse heben.

3 — Das Öl in einer großen ofenfesten Pfanne erhitzen und die Speckscheiben darin etwas anbraten. Den Pfannkuchenteig darauf verteilen und die Unterseite des Pfannkuchens hellbraun backen.

4 — Den Pfannkuchen auf der untersten Schiene im Ofen goldbraun backen, auf einen Teller gleiten lassen und mit Schnittlauch bestreut servieren.

Buchweizenpfannkuchen mit Schinken
für 4 Personen

HERKUNFT Niedersachsen
ZUBEREITUNGSZEIT 30 Minuten
ZIEHDAUER 30 Minuten

Zutaten

- ¼ l kalter Kaffee
- 125 ml kalte Milch
- 250 g Buchweizenmehl
- 2 Eier
- Salz
- 4 EL Nussbutter → S. 125
- 16 dünne Scheiben westfälischer Schinken

1 — Den Kaffee mit der Milch und 125 ml kaltem Wasser verrühren, das Mehl dazugeben und zu einem glatten Teig verrühren. Die Eier nacheinander untermischen, den Teig mit Salz würzen und zugedeckt 30 Minuten quellen lassen.

2 — Etwas Nussbutter in einer Pfanne (etwa 24 cm Ø) erhitzen. 2 Schinkenscheiben nebeneinander in die Pfanne geben, ein Achtel des Teigs darauf verteilen und zu einem goldbraunen Pfannkuchen backen.

3 — Den Pfannkuchen wenden und auch die zweite Seite kurz backen. Nacheinander insgesamt 8 Pfannkuchen mit Schinken backen. Die Buchweizenpfannkuchen nach Belieben mit grünem Blattsalat servieren.

Panhas
für ca. 1½ kg

HERKUNFT Westfalen/Rheinland
ZUBEREITUNGSZEIT 30 Minuten
GARZEIT 3 Stunden
KÜHLZEIT 12 Stunden

Zutaten

- 250 g Schweinebauchfleisch
- 250 g Schweinshaxenfleisch
- 25 g Salz
- 350 g Blutwurst
- 1 TL fein geriebene Muskatnuss
- 1 TL schwarzer Pfeffer aus der Mühle
- 1 TL gemahlener Piment
- 1 TL getrockneter Majoran
- 250–300 g feines Buchweizenmehl
- 1 EL Öl

1 — Schweinebauch und Schweinshaxe in einen passenden Topf geben und mit 600 ml Wasser auffüllen. 1 TL Salz hinzufügen, den Deckel so auflegen, dass noch ein Spalt offen bleibt, und das Fleisch knapp unter dem Siedepunkt etwa 3 Stunden weich garen.

2 — Das Fleisch herausnehmen, etwas abkühlen lassen und in kleinere Stücke schneiden (3 bis 4 cm). Die Blutwurst häuten, längs halbieren und in Scheiben schneiden. Fleisch und Blutwurst durch die grobe Scheibe des Fleischwolfs (4 bis 5 mm) drehen und mit dem Kochfond im Topf verrühren. Übriges Salz und die Gewürze hinzufügen und unter ständigem Rühren bis unter dem Siedepunkt erhitzen. Dabei nach und nach das Buchweizenmehl einrühren, bis ein fester Brei

↓
Roggenbrot S. 55

entsteht. Nach Bedarf nochmals nachwürzen, es sollte kräftig gewürzt werden, da die Masse noch nachzieht.

3 — Die Masse in Kunstdärme oder Kunststoffdosen füllen, auskühlen lassen, verschließen und über Nacht im Kühlschrank durchkühlen lassen.

4 — Panhas in 1 bis 1 ½ cm dicke Scheiben schneiden und in einer Pfanne in etwas Öl auf beiden Seiten etwas anbraten. Dazu passt Schwarzbrot, Bratkartoffeln → S. 321 oder Kartofffelpüree → S. 316.

Stippgrütze
für 4 Personen

HERKUNFT Westfalen
ZUBEREITUNGSZEIT 30 Minuten
GARZEIT 4 Stunden

Zutaten

- 2 Zwiebeln
- 1 Lorbeerblatt
- 3 Gewürznelken
- 350 g Schweinekopffleisch (Backen und Maske)
- 100 g Rinderschulter oder -schlegel
- 150 g Schweineherz
- ½ l Hühnerbrühe
- 50 g Gerstengrütze (Perlgraupen)
- 1 EL Salz
- ½ TL gemahlener Piment
- ¼ TL frisch geriebene Muskatnuss
- 1 TL Worcestershiresauce

1 — 1 Zwiebel mit 1 Lorbeerblatt belegen und mit den Gewürznelken festspicken. Schweinefleisch, Rindfleisch, Schweineherz mit der gespickten Zwiebel und der Brühe in einen Topf geben. Einen Deckel so auflegen, dass noch ein Spalt offen bleibt und das Fleisch am Siedepunkt etwa 3 Stunden vollkommen weich garen.

2 — Die Zwiebel entfernen, alle Fleischstücke herausheben, etwas abkühlen lassen und grob zerkleinern. 150 ml Brühe abmessen und beiseitestellen.

3 — Die andere Zwiebel schälen, in feine Würfel schneiden und mit der Gerstengrütze in die Brühe im Topf geben und unter häufigerem Rühren am Siedepunkt etwa 45 Minuten weich kochen.

4 — Inzwischen die Fleischstücke durch die feine Scheibe des Fleischwolfs drehen. Das Hack unter die weich gekochte Grütze rühren, salzen und unter Rühren am Siedepunkt weitere 45 Minuten kochen. Bei Bedarf zwischendurch etwas von der Brühe hinzufügen. Mit Salz, den Gewürzen und der Worcestershiresauce abschmecken.

5 — Die Masse in große Wurstdärme (8 bis 10 cm) oder in eine Kunststoffdose füllen, auskühlen lassen, verschließen und über Nacht im Kühlschrank ruhen lassen. Die Stippgrütze vor dem Servieren in dicke Scheiben schneiden und in einer Pfanne ohne Fett anbraten. Nach Belieben zu einem Brei verrühren und mit Roggenbrot und Gewürzgurke servieren.

Gebackene Milzwurst
für 4 Personen

HERKUNFT Bayern
ZUBEREITUNGSZEIT 5 Minuten
GARZEIT 10 Minuten

Zutaten

- 50 g doppelgriffiges Mehl (z.B. Wiener Grießler)
- 50 g Weißbrotbrösel

4 Scheiben Milzwurst (à ca. 125 g; 1–1 ½ cm dick)
1 Ei
Öl zum Braten

1 — Das Mehl und die Weißbrotbrösel jeweils in einen tiefen Teller füllen. Das Ei in einem tiefen Teller verquirlen. Die Milzwurstscheiben nacheinander im Mehl wenden, durch die verquirlten Eier ziehen und mit den Weißbrotbröseln panieren.

2 — Reichlich Öl in einer großen Pfanne bei mittlerer Temperatur erhitzen und die panierten Milzwurstscheiben darin auf beiden Seiten goldbraun ausbacken. Herausnehmen und kurz auf Küchenpapier abtropfen lassen. Mit Senf und Kartoffelsalat → S. 68 oder → S. 70 servieren.

Münsterländer Tuert
für 4 Personen

HERKUNFT Nordrhein-Westfalen/Münsterland
ZUBEREITUNGSZEIT 30 Minuten
BACKZEIT 50 Minuten

Zutaten

150 g Blattspinat
Salz
80 g Toastbrot
70 ml Milch
4 EL Sahne
½ kleine Zwiebel
1 EL Öl
2 Eier
Pfeffer aus der Mühle
2 TL scharfer Senf
frisch geriebene Muskatnuss
abgeriebene Schale von ½ unbehandelten Zitrone
1 Knoblauchzehe
je 250 g Kalbs- und Schweinehackfleisch
2 TL getrockneter Majoran
2 EL gehackte Petersilie
Butter für die Form
500 g Blätterteig (aus dem Kühlregal)
Mehl zum Ausrollen
1 Eigelb

1 — Die Spinatblätter verlesen, waschen und trocken schleudern, grobe Stiele entfernen. Den Spinat in kochendem Salzwasser blanchieren, in ein Sieb abgießen, kalt abschrecken und abtropfen lassen. Mit den Händen das Wasser gut ausdrücken und den Spinat klein schneiden.

2 — Das Brot in Würfel schneiden und mit der Milch und 3 EL Sahne mischen. Die Zwiebel schälen und in feine Würfel schneiden. Das Öl in einer Pfanne erhitzen und die Zwiebel darin bei milder Hitze glasig dünsten. Die Eier mit Salz, Pfeffer, Senf, Muskatnuss und Zitronenschale verquirlen. Den Knoblauch schälen und fein würfeln.

3 — Beide Hackfleischsorten mit dem eingeweichten Brot, den verquirlten Eiern, dem Spinat, den Zwiebelwürfeln, dem Majoran, Knoblauch und der Petersilie mischen.

4 — Eine Springform (26 cm Ø) mit Butter einfetten. Den Backofen auf 200 °C vorheizen.

5 — Die Hälfte des Blätterteigs auf der bemehlten Arbeitsfläche zu einer runden Platte von etwa 35 cm Durchmesser ausrollen und die Springform damit auslegen. Die Hackfleischmasse hineinfüllen, glatt streichen und den überstehenden Teig nach innen schlagen.

6 — Das Eigelb mit der restlichen Sahne verrühren und den Teigrand damit bestreichen. Den übrigen Blätterteig zu einer runden Platte von 26 cm Durchmesser ausrollen und auf die Hackfleischmasse legen. Die Oberfläche mit der Ei-Sahne-Mischung bestreichen und mit einem Messerrücken oder einer Gabel nach Belieben Muster ziehen.

7 — Die Fleischtorte im Ofen auf der mittleren Schiene etwa 50 Minuten goldbraun backen. Zum Servieren in Stücke schneiden.

Schneckenragout in Blätterteig für 4 Personen

HERKUNFT Baden-Württemberg
ZUBEREITUNGSZEIT 30 Minuten
BACKZEIT 15 Minuten

Zutaten für die Pasteten

- 500 g Blätterteig (aus dem Kühlregal)
- Mehl zum Ausrollen
- 1 Eigelb
- 1 EL Sahne

Zutaten für das Ragout

- 2 Schalotten
- 1 EL Öl
- 50 ml badischer Weißwein
- ¼ l Gemüsebrühe oder Geflügelfond
- 80 g Sahne
- 1 TL Speisestärke
- 50 g Champignons
- 1 Lorbeerblatt
- 2 Knoblauchzehen (in Scheiben)
- 2 EL gehackte Kräuter (z.B. Petersilie, Estragon, Dill, Basilikum, Kerbel)
- 1 Msp. abgeriebene unbehandelte Zitronenschale
- einige Spritzer Zitronensaft
- 180 g Weinbergschnecken (aus dem Glas; abgetropft)
- Salz
- Pfeffer aus der Mühle

1 — Für die Pasteten den Backofen auf 210 °C vorheizen. Den Blätterteig auf der bemehlten Arbeitsfläche etwa 3 mm dünn ausrollen. Mit einem gezackten Ausstecher aus dem Teig 12 Kreise (à etwa 8 cm Ø) ausstechen.

2 — Ein Backblech mit Backpapier auslegen. 4 Teigkreise daraufsetzen und mit kaltem Wasser bestreichen.

3 — Von den restlichen 8 Teigkreisen mit einem kleineren Ausstecher aus der Mitte Teigkreise von 5 cm Durchmesser ausstechen und beiseitelegen. 4 der so entstandenen Teigringe auf die Teigkreise legen, leicht mit Wasser bestreichen und die anderen 4 Ringe direkt darauflegen, sodass jeweils 2 Ringe aufeinanderliegen. Den Teigboden in der Mitte der Kreise mit einer Gabel einstechen, damit er nicht so stark aufgeht. Die beiseitegelegten kleineren Teigkreise danebenlegen und ebenfalls einstechen, sie dienen beim Anrichten als Deckel.

4 — Das Eigelb mit der Sahne verquirlen und die Oberfläche der Teigkreise und die kleinen Kreise damit mit einem feinen Pinsel bestreichen (dabei darauf achten, dass das Eigelb an der Seite nicht herunterläuft, da das Gebäck dann einseitig aufgehen würde). Pasteten im Ofen auf der mittleren Schiene 10 bis 15 Minuten goldbraun backen.

5 — Für das Schneckenragout die Schalotten schälen und in feine Würfel schneiden. Das Öl in einem Topf erhitzen und die Schalotten darin bei milder Hitze glasig dünsten. Den Wein dazugießen und fast vollständig einköcheln lassen. Die Brühe und die Sahne dazugeben. Die Speisestärke mit wenig kaltem Wasser glatt rühren und nach und nach unter die köchelnde Sauce rühren, bis sie leicht sämig bindet.

6 — Die Champignons putzen, trocken abreiben, vierteln und in die Sauce geben. Mit Lorbeerblatt, Knoblauch, Kräutern, Zitronenschale und Zitronensaft würzen.

Die Schnecken hinzufügen und in der Sauce erhitzen. Die Sauce mit Salz und Pfeffer abschmecken. Zum Schluss die ganzen Gewürze wieder entfernen.

7 — Die Pasteten, falls nötig, im Ofen leicht anwärmen, das Ragout darin verteilen, die Teigdeckel daraufsetzen und servieren.

Roggenbrot
für 1 Brotlaib

HERKUNFT Alle Regionen
ZUBEREITUNGSZEIT 20 Minuten
GEHZEIT 12 Stunden
BACKZEIT 1 Stunde

Zutaten

- 1 Würfel frische Hefe (42 g)
- 300 g feines Roggenmehl (Type 1150)
- 200 g Weizenmehl (Type 405)
- je ½ TL ganzer Kümmel, Korianderkörner und Fenchelsamen
- Salz
- 1 TL Honig
- 75 g Natursauerteig (Fertigprodukt aus dem Reformhaus oder Bio-Laden; als Pulver oder in Teigform erhältlich)
- Mehl zum Verarbeiten

1 — Am Vortag für den Teig die Hefe in 50 ml lauwarmem Wasser glatt rühren. Beide Mehlsorten in eine Schüssel sieben. Kümmel, Koriander und Fenchel im Mörser fein zerstoßen und mit 2 TL Salz unter das Mehl mischen. In die Mitte eine Mulde drücken.

2 — ¼ l lauwarmes Wasser, den Honig, die angerührte Hefe und den Sauerteig in die Mulde geben und alles mit den Knethaken des Handrührgeräts, in der Küchenmaschine oder mit den Händen etwa 5 Minuten zu einem glatten Teig verkneten. Mit Frischhaltefolie bedecken und über Nacht im Kühlschrank gehen lassen.

3 — Am nächsten Tag den Teig nochmals gut durchkneten und 20 Minuten gehen lassen. Den Teig ein weiteres Mal kurz durchkneten, zu einem länglichen Laib formen und auf ein mit Backpapier belegtes Backblech legen. Mit Mehl bestäuben, mit Frischhaltefolie bedecken und 1 Stunde gehen lassen.

4 — Den Backofen auf 250 °C vorheizen. Den Laib viermal schräg einritzen. Den Backofen großzügig mit Wasser einsprühen, sodass im Ofen eine hohe Luftfeuchtigkeit entsteht. Das Brot im Ofen auf der mittleren Schiene 15 Minuten backen.

5 — Anschließend das Brot mit Wasser bestreichen. Die Temperatur auf 200 °C reduzieren und das Brot weitere 40 bis 45 Minuten fertig backen, dabei alle 10 bis 15 Minuten mit Wasser bestreichen. (Abbildung → S. 51)

Laugenbrezen
für ca. 12 Stück

HERKUNFT Bayern/Süddeutschland
ZUBEREITUNGSZEIT 20 Minuten
GEHZEIT 35 Minuten
BACKZEIT 20 Minuten

Zutaten

- 40 g Hefe
- 150 ml kalte Milch
- 500 g Mehl
- 15 g Salz
- 35 g weiche Butter
- Mehl zum Verarbeiten
- 12,5 g Brezenlauge (Natriumhydroxid; aus der Apotheke)
- 1 EL Brezensalz
- Mehl für die Arbeitsfläche

↓
Zwiebelkuchen S. 60

1 — Die Hefe in wenig kalter Milch auflösen. Das Mehl in eine Schüssel sieben, Salz, Butter, 130 ml kaltes Wasser, restliche Milch und angerührte Hefe dazugeben und alles mit den Knethaken des Handrührgeräts zu einem glatten Teig kneten. Zugedeckt etwa 15 Minuten gehen lassen.

2 — Den Teig in 12 gleich große Stücke teilen, mit wenig Mehl zu Kugeln formen und bei Zimmertemperatur zugedeckt 10 Minuten ruhen lassen.

3 — Den Backofen auf 180 °C vorheizen und etwas Wasser hineinsprühen. Das Natriumhydroxid mit größter Vorsicht (Anweisung der Apotheke befolgen) mit 300 ml kaltem Wasser verrühren und etwa 10 Minuten stehen lassen, bis es sich vollständig gelöst hat. In eine Auflaufform oder eine andere flache, tiefe Form gießen.

4 — Die Teigkugeln auf einer leicht bemehlten Arbeitsfläche zu etwa 30 cm langen Rollen formen, die zu den Enden hin spitz auslaufen, zu Brezen schlingen und mit etwas Abstand nebeneinander auf ein mit Backpapier belegtes Backblech legen.

5 — Die Brezen mit der Lauge einpinseln (dabei unbedingt Einweghandschuhe tragen!) und weitere 10 Minuten gehen lassen. Mit Brezensalz bestreuen und 15 bis 20 Minuten im Ofen backen. Lauwarm oder kalt genießen.

Dortmunder Salzkuchen
für ca. 20 Stück

HERKUNFT Nordrhein-Westfalen
ZUBEREITUNGSZEIT 15 Minuten
GEHZEIT 1 Stunde 10 Minuten
BACKZEIT 25 Minuten

Zutaten

- 500 g Mehl
- ½ Würfel Hefe (21 g)
- 125 ml Milch
- 1 TL Zucker
- 20 g Salz
- 4 EL Milch zum Bestreichen
- 2 EL grobes Salz (Brezensalz oder Fleur de Sel)
- 4 EL ganzer Kümmel

1 — Das Mehl in eine Schüssel sieben und in die Mitte eine Mulde drücken. Die Hefe mit 125 ml lauwarmem Wasser glatt rühren, in die Mulde gießen, mit etwas Mehl verrühren und zugedeckt an einem warmen Ort 10 Minuten gehen lassen.

2 — Milch, Zucker und Salz hinzufügen und alles mit den Knethaken des Handrührgeräts zu einem glatten Teig verkneten. In einer Schüssel mit Frischhaltefolie bedeckt an einem warmen Ort 30 Minuten gehen lassen.

3 — Den Teig auf der bemehlten Arbeitsfläche zu einer 5 bis 6 cm dicken Rolle formen und in 20 Scheiben schneiden. Mit leicht bemehlten Händen jeweils in die Mitte ein Loch drücken, einen Kringel formen und darauf achten, dass dieser dabei nicht viel größer, als die Scheibe wird.

4 — Die Teigkringel mit etwas Abstand auf mit Backpapier belegte Backbleche setzen, mit einem Küchentuch bedecken und 30 Minuten gehen lassen.

5 — Den Backofen auf 220 °C vorheizen. Die Kringel mit Milch bestreichen, mit grobem Salz und Kümmel bestreuen und im Ofen auf der zweiten Schiene von unten 20 bis 25 Minuten backen.

6 — Abkühlen lassen, waagerecht halbieren und mit Mett und Zwiebelringen belegen.

Allgäuer Speckplätz
für 4 Personen

HERKUNFT Bayern/Baden-Württemberg
ZUBEREITUNGSZEIT 20 Minuten
RUHEZEIT 15 Minuten
BACKZEIT 15 Minuten

Zutaten

- 50 g Magerquark
- 2 ½ EL Sonnenblumenöl
- 3 EL Milch
- Salz
- 150 g Mehl
- 1 gestr. TL Backpulver
- 1 Zwiebel
- Mehl für die Arbeitsfläche
- 150 g saure Sahne
- Pfeffer aus der Mühle
- getrocknetes Bohnenkraut
- 100 g Frühstücksspeck (in Scheiben)
- 80 g Allgäuer Emmentaler (am Stück)

1 — Den Quark mit dem Öl, 3 ½ EL Wasser, der Milch und 1 Prise Salz verrühren. Das Mehl mit dem Backpulver darübersieben und alle Zutaten zu einem geschmeidigen Teig verkneten. Den Teig in Frischhaltefolie wickeln und bei Zimmertemperatur 15 Minuten ruhen lassen.

2 — Die Zwiebel schälen und in feine Streifen schneiden. In Salzwasser 2 Minuten blanchieren, in ein Sieb abgießen, kalt abschrecken und abtropfen lassen.

3 — Den Backofen auf 200 °C vorheizen. Den Teig in 4 Portionen teilen und auf der bemehlten Arbeitsfläche dünn zu ovalen Fladen ausrollen, dabei mit etwas Mehl bestäuben. Die Fladen auf ein mit Backpapier ausgelegtes Backblech legen.

4 — Die saure Sahne glatt rühren und mit Salz, Pfeffer und 1 Prise Bohnenkraut würzen. Auf den Fladen verteilen, dabei einen 1 bis 2 cm breiten Rand frei lassen. Den Speck in 1 cm breite Streifen schneiden und mit den Zwiebelstreifen auf der sauren Sahne verteilen. Den Emmentaler grob reiben und darüberstreuen. Die Speckplätz im Ofen auf der untersten Schiene etwa 15 Minuten goldbraun backen.

Lauchkuchen
für 4 Personen

HERKUNFT Süddeutschland
ZUBEREITUNGSZEIT 30 Minuten
RUHEZEIT 1 Stunde
BACKZEIT 1 Stunde

Zutaten für den Mürbeteig

- 200 g weiche Butter
- 2 Eigelb
- 2 EL Milch
- Zucker
- Salz
- 350 g Mehl
- Butter für das Blech
- Mehl für die Arbeitsfläche

Zutaten für den Belag

- 3 Zwiebeln (ca. 300 g)
- 2 Stangen Lauch

1 EL Öl
Salz
Pfeffer aus der Mühle
gemahlener Kümmel
200 ml Milch
200 g Sahne
4 Eier
Paprikapulver (edelsüß)
frisch geriebene Muskatnuss

1 — Für den Mürbeteig die Butter mit den Eigelben, der Milch, 1 Prise Zucker und 1 TL Salz gut verrühren. Nach und nach das Mehl dazugeben und alles mit den Knethaken des Handrührgeräts rasch zu einem glatten Teig verkneten. Den Teig zu einem flachen Ziegel formen, in Frischhaltefolie wickeln und im Kühlschrank mindestens 1 Stunde ruhen lassen.

2 — Den Backofen auf 175 °C vorheizen. Ein tiefes Backblech mit Butter einfetten. Den Mürbeteig mit den Händen nochmals kurz durchkneten und auf der bemehlten Arbeitsfläche dünn auf die Größe des Backblechs ausrollen. Das Blech mit dem Teig auslegen und den Teigboden mit einer Gabel mehrmals einstechen. Den Teigboden im Ofen auf der mittleren Schiene 8 bis 10 Minuten hell vorbacken.

3 — Für den Belag die Zwiebeln schälen und in feine Würfel schneiden. Den Lauch putzen, längs halbieren, waschen und quer in dünne Streifen schneiden. Das Öl in einer Pfanne erhitzen, Zwiebeln und Lauch darin bei milder Hitze andünsten. Mit Salz, Pfeffer und 1 Prise Kümmel würzen und abkühlen lassen. Die Zwiebel-Lauch-Mischung auf dem Mürbeteigboden verteilen.

4 — Die Milch mit der Sahne und den Eiern verquirlen, mit Salz, Pfeffer, 1 Prise Paprikapulver und Muskatnuss würzen. Die Milch-Eier-Mischung auf dem Belag verteilen und den Lauchkuchen im Ofen auf der mittleren Schiene etwa 50 Minuten goldbraun backen.

Flammkuchen mit Zwiebeln und Speck
für 4 Personen

HERKUNFT (Rheinland-)Pfalz, Baden(-Württemberg)
ZUBEREITUNGSZEIT 30 Minuten
GEHZEIT 30 Minuten
BACKZEIT 20 Minuten

Zutaten für den Teig

250 g Mehl
¼ Würfel Hefe (ca. 10 g)
2 EL Olivenöl
1 gestr. TL Salz
Olivenöl für das Blech
Mehl für die Arbeitsfläche

Zutaten für den Belag

3 Zwiebeln
2 EL Öl
100 ml Gemüsebrühe
2 Tomaten
300 g saure Sahne
Salz
Paprikapulver (edelsüß)
1 TL getrocknetes Bohnenkraut
je 1 TL ganzer Kümmel, Koriander- und schwarze Pfefferkörner
200 g Frühstücksspeck (in Scheiben)

1 — Für den Teig das Mehl in eine Schüssel sieben und in die Mitte eine Mulde drücken. 5 EL Wasser leicht erwärmen und die Hefe darin auflösen. Die Mischung in die Mulde geben und mit etwas Mehl verrühren. Das Olivenöl, das Salz und 7 EL Wasser dazugeben und alles zu einem glatten Teig verkneten. Den Hefeteig mit Frischhaltefolie zugedeckt an einem warmen Ort 30 Minuten gehen lassen.

2 — Für den Belag die Zwiebeln schälen und in Streifen schneiden. In einer Pfanne

1 EL Öl erhitzen und die Zwiebeln darin andünsten. Mit der Brühe ablöschen und einköcheln lassen. Die Tomaten kreuzweise einritzen, überbrühen, kalt abschrecken, häuten, vierteln und entkernen. Die Tomatenviertel in 1 cm große Würfel schneiden. Die saure Sahne mit Salz, Paprikapulver und Bohnenkraut würzen.

3 — Den Backofen auf 210 °C vorheizen. Ein Backblech mit Olivenöl einfetten. Den Hefeteig auf der bemehlten Arbeitsfläche auf die Größe des Backblechs ausrollen und das Blech mit dem Teig auslegen. Kümmel, Koriander und Pfeffer in einer Gewürzmühle mischen und den Teig etwas damit würzen. Die saure Sahne gleichmäßig auf dem Teig verstreichen, dabei einen 1 cm breiten Rand frei lassen. Die Zwiebeln und die Tomaten darauf verteilen und den Flammkuchen im Ofen auf der untersten Schiene etwa 20 Minuten goldbraun backen.

4 — Den Speck in 2 cm breite Streifen schneiden. Das restliche Öl in einer Pfanne erhitzen und den Speck darin kross braten. Aus der Pfanne nehmen und auf Küchenpapier abtropfen lassen.

Fränkischer Zwiebelkuchen
für 1 Backblech

HERKUNFT Bayern/Franken
ZUBEREITUNGSZEIT 25 Minuten
GEHZEIT 45 Minuten
BACKZEIT 45 Minuten

Zutaten für den Hefeteig

125 ml Milch
½ Würfel Hefe (21 g)
300 g Mehl
2 Eigelb
Salz
Pfeffer aus der Mühle
Zucker
gemahlener Kümmel und Koriander (nach Belieben)
50 g weiche Butter
Butter für das Blech
Mehl zum Verarbeiten

Zutaten für den Belag

1 kg Zwiebeln
150 g Frühstücksspeck (in Scheiben)
2 EL Butter
250 g Crème fraîche
250 g saure Sahne
4 Eier
½ TL abgeriebene unbehandelte Zitronenschale
Salz
Paprikapulver (rosenscharf)
frisch geriebene Muskatnuss
getrockneter Majoran
gemahlener Kümmel
1 Bund Schnittlauch

1 — Für den Hefeteig die Milch in einem Topf lauwarm (etwa 30 °C) erhitzen. Die Hefe mit den Fingern zerbröckeln und in der Milch auflösen. Die Hefemilch mit dem Mehl, den Eigelben, ½ bis 1 TL Salz, Pfeffer sowie jeweils 1 Prise Zucker, Kümmel und Koriander mit den Händen oder mit den Knethaken des Handrührgeräts zu einem Teig verkneten. Die weiche Butter hinzufügen und den Teig einige Minuten weiterkneten, bis er glatt und geschmeidig ist.

2 — Den Hefeteig zu einer Kugel formen und in einer Schüssel mit Frischhaltefolie bedeckt an einem warmen Ort etwa 30 Minuten gehen lassen.

3 — Ein tiefes Backblech mit Butter einfetten und mit Mehl bestäuben. Den Hefeteig auf der bemehlten Arbeitsfläche dünn auf

die Größe des Backblechs ausrollen und das Blech damit auslegen. Den Teigboden nochmals 15 Minuten gehen lassen. Den Backofen auf 175 °C vorheizen.

4 — Für den Belag die Zwiebeln schälen, halbieren oder vierteln und ebenso wie den Speck in Streifen schneiden. Die Butter in einer Pfanne erhitzen und die Zwiebelstreifen darin bei milder Hitze glasig dünsten. Die Speckstreifen dazugeben und mit anbraten.

5 — Die Crème fraîche mit der sauren Sahne und den Eiern glatt rühren. Die Zitronenschale hinzufügen. Die Eiermasse mit Salz, Paprikapulver, Muskatnuss sowie je 1 Prise Majoran und Kümmel würzen.

6 — Die Zwiebeln und den Speck auf dem Teig verteilen und die Eiermasse darübergießen. Den Zwiebelkuchen im Ofen auf der mittleren Schiene etwa 35 Minuten goldbraun backen. Aus dem Ofen nehmen und lauwarm abkühlen lassen.

7 — Den Schnittlauch waschen, trocken schütteln und in feine Röllchen schneiden. Den Zwiebelkuchen in Stücke schneiden und mit dem Schnittlauch bestreut servieren. (Abbildung → S. 56)

Deie
für 4 Personen

HERKUNFT Schwaben/Baden-Württemberg
ZUBEREITUNGSZEIT 20 Minuten
GEHZEIT: 30 Minuten
BACKZEIT 15 Minuten

Zutaten für den Teig

¼ Würfel Hefe (10 g)
250 g Mehl
1 gestr. TL Salz
2 EL Olivenöl
Mehl für das Blech

Zutaten für den Belag

1 Zwiebel
Salz
Mehl für die Arbeitsfläche
200 g saure Sahne
Pfeffer aus der Mühle
120 g Frühstücksspeck (in Scheiben)
80 g Allgäuer Emmentaler (am Stück)

1 — Für den Teig die Hefe in 125 ml lauwarmem Wasser auflösen. Mit dem Mehl, dem Salz und dem Olivenöl in einer Schüssel zu einem glatten Teig verkneten. In 4 gleich große Stücke teilen, nebeneinander auf ein leicht bemehltes Blech setzen und zugedeckt an einem warmen Ort 30 Minuten gehen lassen.

2 — Für den Belag die Zwiebel schälen und in feine Streifen schneiden. In Salzwasser 2 Minuten blanchieren, in ein Sieb abgießen, kalt abschrecken und abtropfen lassen.

3 — Den Backofen auf 250 °C vorheizen. Den Teig auf der bemehlten Arbeitsfläche zu ovalen Fladen ausrollen, dabei mit etwas Mehl bestäuben. Die Fladen auf ein mit Backpapier ausgelegtes Backblech legen.

4 — Die saure Sahne glatt rühren und mit Salz und Pfeffer würzen. Auf den Fladen verteilen, dabei einen 1 bis 2 cm breiten Rand frei lassen. Den Speck in 1 cm breite Streifen schneiden und mit den Zwiebelstreifen auf der sauren Sahne verteilen. Den Emmentaler grob reiben und darüberstreuen. Die Deie im Ofen auf der untersten Schiene etwa 15 Minuten goldbraun backen. Sofort servieren.

Salate

Feldsalat mit Speck und knusprigen Brotwürfeln
für 4 Personen

HERKUNFT Baden-Württemberg
ZUBEREITUNGSZEIT 20 Minuten

Zutaten

- 70 ml Gemüsebrühe
- 1 EL Apfel- oder Weißweinessig
- 1 EL Olivenöl
- Salz
- Pfeffer aus der Mühle
- Zucker
- 2 Schalotten
- 350 g kleiner Feldsalat
- 150 g Frühstücksspeck
- 1 TL Öl
- 2 Scheiben Toastbrot (oder anderes Weißbrot)
- 1–2 EL Butter

1 — Die Brühe mit Essig und Olivenöl verrühren und mit Salz, Pfeffer und 1 Prise Zucker würzen.

2 — Den Feldsalat verlesen, waschen und trocken schleudern.

3 — Die Schalotten schälen und in feine Würfel schneiden. Den Speck in kleine Würfel schneiden.

4 — Das Öl in einer großen Pfanne erhitzen und den Speck darin bei mittlerer Hitze knusprig braten. Auf Küchenpapier abtropfen lassen. Die Schalotten im Öl glasig dünsten.

5 — Für die Brotwürfel das Toastbrot in ½ bis 1 cm große Würfel schneiden. Die Butter in einer Pfanne erhitzen und die Brotwürfel darin goldbraun rösten.

6 — Den Feldsalat kurz vor dem Servieren in der Marinade wenden, auf Teller verteilen und mit Speck, Zwiebeln und Brotwürfeln bestreuen. (Abbildung → S. 79)

Grüner Salat mit Vinaigrette
für 4 Personen

HERKUNFT Alle Regionen
ZUBEREITUNGSZEIT 15 Minuten

Zutaten

- 1 grüner Salat (z.B. Kopfsalat, Endivien-, Frisée- oder Romanasalat)
- 80 ml Gemüsebrühe
- 2 EL Weißweinessig
- 1 TL Senf
- Salz
- Pfeffer aus der Mühle
- Zucker
- 3 EL Öl

1 — Vom Salat die äußeren Blätter entfernen. Den Salat in die einzelnen Blätter teilen, waschen und trocken schleudern. Die Blätter in mundgerechte Stücke zupfen oder schneiden.

2 — Brühe, Essig, Senf, Salz, Pfeffer und 1 Prise Zucker in einen hohen Rührbecher geben und das Öl mit dem Stabmixer untermixen.

3 — Den Salat mit dem Dressing mischen und servieren.

Gurkensalat mit Joghurtdressing
für 4 Personen

HERKUNFT Alle Regionen
ZUBEREITUNGSZEIT 10 Minuten

Zutaten

1 große Salatgurke
150 g Naturjoghurt
2 EL Gemüsebrühe
1 EL Essig oder Zitronensaft
1–2 EL Öl
Salz
Zucker
1 EL gehackte Dillspitzen

1 — Die Gurke putzen, schälen und in feine Scheiben schneiden.

2 — Joghurt, Brühe, Essig und Öl verrühren und mit Salz und 1 Prise Zucker würzen. Zum Schluss das Öl und den Dill unterrühren.

3 — Das Dressing kurz vor dem Servieren mit den Gurkenscheiben mischen und etwas ziehen lassen.

Löwenzahnsalat
für 4 Personen

HERKUNFT Saarland
ZUBEREITUNGSZEIT 5 Minuten

Zutaten

200 g junger Löwenzahn
2 TL Zitronensaft
2 TL Öl
Salz
Pfeffer aus der Mühle
Zucker
100 g Weißbrot
1–2 EL Butter
½ Bund Schnittlauch

1 — Den Löwenzahn putzen, waschen und trocken schleudern. In mundgerechte Stücke zupfen.

2 — Zitronensaft, Öl, Salz, Pfeffer und 1 Prise Zucker gründlich vemischen und den Salat damit marinieren.

3 — Das Weißbrot entrinden und in kleine Würfel schneiden. Die Butter in einer Pfanne zerlassen und die Weißbrotwürfel darin unter Rühren goldbraun rösten. Auf Küchenpapier abtropfen lassen.

4 — Den Schnittlauch waschen, trocken schütteln und in Röllchen schneiden. Weißbrot und Schnittlauch über den Salat streuen und servieren.

Möhren-Apfel-Salat
für 4 Personen

HERKUNFT Alle Regionen
ZUBEREITUNGSZEIT 10 Minuten
ZIEHDAUER 10 Minuten

Zutaten

500 g Möhren
250 g säuerliche Äpel (z.B. Elstar, Cox Orange)
125 ml Orangensaft
1–2 EL Zitronensaft
1–2 EL Öl
Salz
Pfeffer aus der Mühle
Zucker

1 — Die Möhren putzen, schälen und und auf einer Reibe grob raspeln. Äpfel schälen, vierteln und entkernen. Ebenfalls grob raspeln und beides in eine Schüssel geben.

2 — Orangensaft mit Zitronensaft und Öl verrühren. Mit Salz, Pfeffer und Zucker würzen.

3 — Möhren und Äpfel mit der Marinade vermischen. Mindestens 10 Minuten ziehen lassen, nach Geschmack nachwürzen.

Tomaten-Zwiebel-Salat
für 4 Personen

HERKUNFT Alle Regionen
ZUBEREITUNGSZEIT 10 Minuten

Zutaten

- 1 rote Zwiebel
- 8 Tomaten
- Salz
- Pfeffer aus der Mühle
- 4 EL Rotweinessig
- 8 EL Olivenöl

1 — Die Zwiebel schälen und in feine Würfel schneiden. Die Tomaten waschen und in Scheiben schneiden, dabei die Stielansätze entfernen. Die Tomatenscheiben leicht überlappend auf große flache Teller legen, mit den Zwiebelwürfeln bestreuen und mit Salz und Pfeffer würzen.

2 — Den Essig, das Olivenöl, Salz und Pfeffer in einen hohen Rührbecher geben und mit dem Stabmixer verrühren. Die Marinade über den Tomatensalat träufeln und den Salat servieren.

Grüner Bohnensalat
für 4 Personen

HERKUNFT Alle Regionen
ZUBEREITUNGSZEIT 15 Minuten
GARZEIT 15 Minuten

Zutaten

- 200 g breite Bohnen
- 200 g feine grüne Bohnen
- Salz
- 80 ml Gemüsebrühe
- 1 EL Rotweinessig
- 2 EL Öl
- Pfeffer aus der Mühle
- Zucker
- ½ Zwiebel
- 1–2 Zweige Bohnenkraut

1 — Die breiten Bohnen putzen, waschen und schräg in 1 bis 1 ½ cm breite Stücke schneiden. Die grünen Bohnen putzen, waschen und schräg in 2 bis 3 cm lange Stücke schneiden.

2 — Beide Bohnensorten nacheinander in kochendem Salzwasser fast weich garen. Mit dem Schaumlöffel herausnehmen, kalt abschrecken und abtropfen lassen. In eine Schüssel geben.

3 — Für das Dressing die Brühe mit Essig und Öl verrühren und mit Salz, Pfeffer und 1 Prise Zucker würzen.

4 — Die Zwiebel schälen und in feine Würfel schneiden, zusammen mit den Bohnenkrautzweigen unter das Dressing rühren und die Bohnen damit marinieren. Das Bohnenkraut vor dem Anrichten entfernen.

Gebrühter Weißkohlsalat
für 4 Personen

HERKUNFT Süddeutschland
ZUBEREITUNGSZEIT 15 Minuten
ZIEHDAUER 10 Minuten

Zutaten

500 g junger Weißkohl
Salz
1 EL Puderzucker
5 EL Rotweinessig
125 ml Gemüsebrühe
3 EL Öl
Pfeffer aus der Mühle
gemahlener Kümmel
Zucker
50 g durchwachsener Speck

1 — Den Weißkohl putzen, die äußeren Blätter entfernen und den Strunk herausschneiden. Den Kohl in feine Streifen hobeln, in eine Metallschüssel geben und leicht mit Salz würzen.

2 — Den Puderzucker in einer Pfanne bei mittlerer Hitze hell karamellisieren. Mit dem Essig ablöschen und auf die Hälfte einköcheln lassen. Die Brühe angießen und einmal aufkochen lassen, den heißen Sud über den Kohl gießen und damit vermischen. 2 EL Öl unterrühren und mit Salz, Pfeffer und 1 Prise Kümmel sowie etwas Zucker abschmecken. Den Weißkohlsalat 10 Minuten ziehen lassen.

3 — Den Speck in kleine Würfel schneiden. Das restliche Öl in einer Pfanne erhitzen und die Speckwürfel darin bei milder Hitze kross braten. Speckwürfel aus der Pfanne nehmen und auf Küchenpapier abtropfen lassen. Den Weißkohlsalat mit den Speckwürfeln bestreuen.

Krautsalat mit Radieschen
für 4 Personen

HERKUNFT Süddeutschland
ZUBEREITUNGSZEIT 15 Minuten
ZIEHDAUER 15 Minuten

Zutaten

1 kleiner Weißkohl (500–600 g)
Salz
Zucker
5 Radieschen
1 Möhre
2 EL Weißweinessig
2 EL Öl
1 EL gehackte Petersilie
¼–½ TL gemahlener Kümmel

1 — Den Weißkohl putzen, vierteln und fein hobeln, den Strunk entfernen. Das gehobelte Kraut mit je 1 TL Salz und Zucker bestreuen, locker untermischen und 10 bis 15 Minuten ziehen lassen.

2 — Die Radieschen putzen, waschen und in Scheiben hobeln. Die Möhre schälen und in Scheiben hobeln.

3 — Radieschen, Möhre, Essig und Öl unter den Weißkohl mischen, die Petersilie unterheben und mit Kümmel abschmecken. Weitere 10 bis 15 Minuten ziehen lassen und, falls nötig, nochmals etwas nachwürzen. Passt gut zu Krustenbraten → S. 262, 265.

Rotkohlsalat
für 4 Personen

HERKUNFT Alle Regionen
ZUBEREITUNGSZEIT 10 Minuten
ZIEHDAUER 10 Minuten

Zutaten

600 g Rotkohl
2 EL Saft von eingemachten Preiselbeeren
100 ml Orangensaft (frisch gepresst)
5 EL Rotweinessig
Salz
Pfeffer aus der Mühle
1 TL Zucker
4 EL Öl

1 — Für das Kraut den Rotkohl putzen, die äußeren Blätter entfernen und den Strunk herausschneiden. Das Kraut in feine Streifen schneiden oder hobeln, in eine Schüssel geben und mit dem Preiselbeersaft und dem Orangensaft vermischen.

2 — Den Essig mit etwas Salz, Pfeffer, Zucker und dem Öl verrühren. Das Dressing gut mit dem Rotkohl vermischen. Den Rotkohlsalat mindestens 10 Minuten ziehen lassen und nochmals mit Salz und Pfeffer abschmecken.

Kartoffelsalat mit Mayonnaise
für 4 Personen

HERKUNFT Norddeutschland
ZUBEREITUNGSZEIT 30 Minuten
GARZEIT 25 Minuten

Zutaten

1 kg festkochende Kartoffeln
Salz
4 Eier
150 g gekochter Schinken
3 große Gewürzgurken
100 g gepalte Erbsen (oder Tiefkühl-Erbsen)
4 Frühlingszwiebeln
¼ l heiße Fleischbrühe
6 EL Weißweinessig
Pfeffer aus der Mühle
1 Eigelb
etwa 125 ml Öl
Paprikapulver (edelsüß)
1–2 EL gehackte Kräuter
(z.B. Schnittlauch, Kresse)

1 — Die Kartoffeln waschen und 20 bis 25 Minuten in Salzwasser garen. Abdampfen lassen, noch warm pellen und in dünne Scheiben schneiden. Die Eier 8 bis 10 Minuten hart kochen, abschrecken, abkühlen lassen und pellen.

2 — Schinken, Gewürzgurken und Eier in kleine Würfel schneiden. Die Erbsen wenige Minuten in Salzwasser blanchieren und kalt abschrecken. Die Frühlingszwiebeln putzen und in dünne Scheiben schneiden.

3 — Die Brühe mit 4 EL Essig, Salz und Pfeffer verquirlen und über die Salatzutaten gießen. Mit einem Salatbesteck locker vermischen und etwa 10 Minuten durchziehen lassen.

4 — Das Eigelb mit einem Schneebesen verrühren und unter ständigem Rühren das Öl tröpfchenweise dazugießen. (Schneller geht es im Mixer oder mit dem Stabmixer.) Die Mayonnaise mit Salz, Paprikapulver und dem restlichen Essig abschmecken und unter den Kartoffelsalat ziehen. Falls nötig, ein wenig Brühe oder Sud der Gewürzgurken dazugeben. Mit Kräutern bestreuen und servieren.

↓
Kartoffelsalat mit Brühe und Essig S. 70

Kartoffelsalat mit Brühe und Essig
für 4 Personen

HERKUNFT Süddeutschland
ZUBEREITUNGSZEIT 30 Minuten
GARZEIT 25 Minuten

Zutaten für den Salat

- 1 kg vorwiegend festkochende Kartoffeln
- Salz
- ½ EL ganzer Kümmel
- 1 kleine Zwiebel
- 1 EL Öl
- 2 EL Nussbutter → S. 125
- 1–2 EL Schnittlauchröllchen

Zutaten für das Dressing

- 400 ml Hühnerbrühe
- 3 EL Rotweinessig
- 1 EL scharfer Senf
- Salz
- Zucker

1 — Die Kartoffeln waschen und in reichlich Salzwasser mit dem Kümmel weich kochen. Abgießen, möglichst heiß pellen und in 4 bis 5 mm dicke Scheiben schneiden. Die Kartoffelscheiben in eine Schüssel geben.

2 — Für das Dressing die Brühe erhitzen, mit Essig und Senf verrühren und mit Salz und Zucker würzen. 1 Handvoll Kartoffelscheiben hinzufügen und mit dem Stabmixer pürieren. Das Dressing nach und nach unter die Kartoffelscheiben mischen, bis die Flüssigkeit vollständig gebunden ist.

3 — Die Zwiebel schälen und in kleine Würfel schneiden. In einer Pfanne das Öl erhitzen und die Zwiebelwürfel darin bei milder Hitze glasig dünsten. Die Nussbutter und die Zwiebel unter den Kartoffelsalat heben. Nach Belieben Pfeffer grob darübermahlen. Zum Schluss den Schnittlauch unterrühren. (Abbildung → S. 70)

4 — Der Kartoffelsalat schmeckt auch sehr gut mit Radieschen und Salatgurke oder nur mit einem von beiden. Dafür ½ Bund Radieschen putzen, waschen und in Scheiben schneiden. ½ Salatgurke putzen, schälen und in Scheiben schneiden. Statt Schnittlauch 1 EL gehackte Petersilie untermischen.

Kartoffel-Grünkohl-Salat
für 4 Personen

HERKUNFT Alle Regionen
ZUBEREITUNGSZEIT 25 Minuten
GARZEIT 25 Minuten

Zutaten

- 1 kg vorwiegend festkochende Kartoffeln
- Salz
- ½ EL ganzer Kümmel
- 1 kleine Zwiebel
- 2 EL Öl
- 400 ml Hühnerbrühe oder Geflügelfond
- 3 EL Rotweinessig
- 1 EL scharfer Senf
- Zucker
- 3 EL Nussbutter → S. 125
- 400 g Grünkohl

1 — Die Kartoffeln waschen und in Salzwasser mit dem Kümmel weich garen. Abgießen und kurz ausdampfen lassen. Die Kartoffeln möglichst heiß pellen und in dünne Scheiben schneiden.

2 — Die Zwiebel schälen und in feine Würfel schneiden. In einer Pfanne 1 EL Öl erhitzen und die Zwiebel darin bei milder Hitze glasig dünsten. Die Zwiebelwürfel zu den Kartoffeln geben. Die Brühe erhitzen, mit Essig und Senf verrühren und mit Salz sowie

1 Prise Zucker würzen. In eine Schüssel geben. 1 Handvoll Kartoffeln unterrühren. Dann nach und nach die restlichen Kartoffelscheiben untermischen, bis die Flüssigkeit vollständig aufgenommen worden ist. Zuletzt die Nussbutter untermischen.

3 — Den Grünkohl waschen, die Blätter von den Stielen zupfen und in kochendem Salzwasser 3 bis 4 Minuten blanchieren. Abgießen, kalt abschrecken und abtropfen lassen. Aus den Blättern das Wasser gut ausdrücken und den Grünkohl klein schneiden. Unter den Kartoffelsalat ziehen. Falls nötig, noch etwas nachwürzen.

Spargelsalat
für 4 Personen

HERKUNFT Alle Regionen
ZUBEREITUNGSZEIT 15 Minuten
GARZEIT 10 Minuten

Zutaten für den Salat

je 250 g weißer und grüner Spargel
2 Möhren
1 Bund Frühlingszwiebeln
200 ml Gemüsebrühe
2 Tomaten

Zutaten für die Marinade

2 EL Estragonessig
1 TL Dijon-Senf
Zucker
Salz
je 2 EL Oliven- und Rapsöl
1 EL Schnittlauchröllchen
1 EL gehackte Petersilie
einige klein gezupfte Basilikumblätter

1 — Für den Salat den weißen Spargel schälen, den grünen Spargel waschen und nur im unteren Drittel schälen. Jeweils die holzigen Enden entfernen, die Spargelstangen längs halbieren und schräg in etwa 5 cm lange Stücke schneiden. Die Möhren putzen, schälen und längs vierteln. Die Frühlingszwiebeln putzen und waschen. Beides schräg in etwa 5 cm lange Stücke schneiden.

2 — Die Spargel- und Möhrenstücke mit der Brühe in einen Topf geben und zugedeckt knapp unter dem Siedepunkt etwa 10 Minuten gar ziehen lassen. Nach 5 Minuten die Frühlingszwiebeln dazugeben und mitgaren. Das Gemüse in ein Sieb abgießen, dabei die Brühe auffangen. 120 ml Brühe abmessen und beiseitestellen.

3 — Die Tomaten kreuzweise einritzen, überbrühen, kalt abschrecken und häuten. Die Tomaten vierteln, entkernen und in kleine Würfel schneiden.

4 — Für die Marinade die beiseitegestellte Brühe mit Essig, Senf, 1 Prise Zucker und Salz mit dem Stabmixer verrühren. Nach und nach beide Ölsorten dazugeben und untermixen. Das lauwarme Gemüse mit der Marinade und den Tomatenwürfeln mischen. Den Schnittlauch, die Petersilie und das Basilikum untermischen.

Heringssalat mit Roter Bete
für 4 Personen

HERKUNFT Norddeutschland
ZUBEREITUNGSZEIT 15 Minuten
GARZEIT 1 Stunde

Zutaten

1 Rote Bete (ca. 200 g)
Salz
ganzer Kümmel
1 Apfel

1 kleine Zwiebel
1 Gewürzgurke
8 eingelegte Heringsfilets
200 g Schmand
1 EL Sahnemeerrettich (aus dem Glas)
1 Msp. abgeriebene unbehandelte Zitronenschale
1 EL Gewürzgurkensud
Pfeffer aus der Mühle
Zucker

1 — Die Rote Bete falls nötig waschen, und frische Blätter vorsichtig abschneiden, ohne dabei die Knolle zu verletzen. Rote Bete in kochendem Salzwasser mit 1 Prise Kümmel etwa 1 Stunde weich garen. Etwas abkühlen lassen, schälen, vierteln und in Würfel schneiden. (Tipp: Bei der Vorbereitung Einmalhandschuhe tragen, um sich vor Verfärbungen zu schützen. Schneller geht es, wenn man vorgegarte, vakuumverpackte Rote Bete verwendet.)

2 — Den Apfel schälen und vierteln, entkernen und den Apfel in ½ cm dicke Scheiben oder in Würfel schneiden. Die Zwiebel schälen und in kleine Würfel schneiden. Die Gewürzgurke in Würfel schneiden. Die Heringsfilets abtropfen lassen und in 1 ½ bis 2 cm breite Stücke schneiden.

3 — Den Schmand mit dem Meerrettich, der Zitronenschale und dem Gewürzgurkensud verrühren und mit Salz, Pfeffer sowie 1 Prise Zucker würzen.

4 — Die Rote Bete, den Apfel, die Zwiebel, die Gewürzgurke und die Heringsstücke mit dem Schmand mischen. Falls nötig, nochmals etwas nachwürzen. Den Heringssalat nach Belieben mit Schnittlauchröllchen garnieren. (Abbildung → S. 74)

5 — Tipp: Statt Apfel kann auch Birne verwendet werden und die Zwiebel durch 2 Frühlingszwiebeln ersetzt werden.

Bohnensalat mit Flusskrebsen
für 4 Personen

HERKUNFT Westfalen
ZUBEREITUNGSZEIT 25 Minuten

Zutaten

200 g gelbe Wachsbohnen
200 g grüne Bohnen
Salz
1 Zwiebel
4 EL Öl
Pfeffer aus der Mühle
1 TL abgezupfte Bohnenkrautblätter
1–2 EL Rotweinessig
20 gekochte Flusskrebsschwänze mit Sud (ersatzweise Shrimps)

1 — Von den Bohnen die Enden abknipsen, falls nötig entfädeln und in gleich große Stücke schneiden. Die Bohnen etwa 7 Minuten in kochendem Salzwasser garen. Dann in ein Sieb abgießen und sofort in Eiswasser abschrecken, damit die frische Farbe erhalten bleibt.

2 — Die Zwiebel schälen und in kleine Würfel schneiden. 1 EL Öl erhitzen und die Zwiebel darin glasig dünsten. Mit Salz und Pfeffer abschmecken.

3 — Die Bohnenkrautblätter fein hacken und mit den Zwiebeln in eine Schüssel geben. Rotweinessig und das übrige Öl dazugeben, gut verrühren und mit Salz und Pfeffer würzen. Die Marinade über die Bohnen gießen und alles gut vermischen. Mindestens 15 Minuten ziehen lassen.

4 — Die Flusskrebsschwänze im eigenen Sud erwärmen. Den lauwarmen Bohnensalat auf vier Teller verteilen und mit den Flusskrebsen belegen.

Krabbensalat
für 4 Personen

HERKUNFT Norddeutschland
ZUBEREITUNGSZEIT 15 Minuten
GARZEIT 10 Minuten

Zutaten

1 Ei
1 Gewürzgurke (ca. 30 g)
1 Zwiebel
80 ml Gemüsebrühe
100 g Frühstücksspeck
1 EL Öl
400 g Schmand
250 g vorgegarte Krabben (gepult)
1–2 EL Schnittlauchröllchen
1 TL scharfer Senf
Salz
Pfeffer aus der Mühle

1 — Das Ei etwa 10 Minuten hart kochen, kalt abschrecken, pellen und in kleine Würfel schneiden. Die Gewürzgurke in sehr kleine Würfel schneiden. Die Zwiebel schälen, in feine Würfel schneiden und in der Brühe weich dünsten, bis die Flüssigkeit verdampft ist.

2 — Den Speck in kleine Würfel schneiden. Das Öl in einer Pfanne erhitzen und die Speckwürfel darin anbraten. Aus der Pfanne nehmen und auf Küchenpapier abtropfen lassen.

3 — Den Schmand mit den Krabben, dem gehackten Ei, den Gurkenwürfeln, den Zwiebeln, dem Speck, dem Schnittlauch und dem Senf glatt rühren. Mit Salz und Pfeffer herzhaft würzen. Den Krabbensalat nach Belieben mit einigen Scheiben Pumpernickel oder geröstetem Toastbrot servieren.

Eiersalat
für 4 Personen

HERKUNFT Alle Regionen
ZUBEREITUNGSZEIT 20 Minuten

Zutaten für das Dressing

1 sehr frisches Eigelb
½–1 TL scharfer Senf
1 EL Weißweinessig
1 Msp. gehackter Knoblauch
Salz
Zucker
75 ml Öl
50 ml Gemüsebrühe
50 g Sahne

Zutaten für den Salat

6 Eier
1 EL Öl
4 Scheiben Frühstücksspeck
2 Kästchen Gartenkresse
1 Handvoll gemischte Sprossen (z.B. Alfalfa, Mungbohnensprossen)

1 — Für das Dressing Eigelb, Senf, Essig und Knoblauch mit je 1 Prise Salz und Zucker in den Küchenmixer geben. Alles auf niedriger Stufe verrühren und das Öl nach und nach in einem feinen Strahl dazugießen, sodass eine glatte gebundene Sauce entsteht. Die Brühe und die Sahne untermixen und das Dressing abschmecken.

2 — Für den Salat die Eier 10 Minuten hart kochen, kalt abschrecken, pellen und vierteln. Das Öl in einer Pfanne erhitzen und den Frühstücksspeck darin bei mittlerer Hitze auf beiden Seiten langsam knusprig braten. Auf Küchenpapier abtropfen lassen und in Streifen schneiden.

↓
Heringssalat mit Roter Bete S. 71

3 — Die Kresse vom Beet abschneiden, waschen und trocken tupfen. Die Sprossen in einem Sieb abbrausen und abtropfen lassen. Das Dressing in tiefe Teller geben, die Kresse mit den Sprossen mischen und in die Mitte setzen. Die Eierviertel darum herumlegen und alles mit dem Speck bestreuen.

Nudelsalat
für 4 Personen

HERKUNFT Alle Regionen
ZUBEREITUNGSZEIT 25 Minuten

Zutaten

- 300 g kurze Nudeln (z.B. Penne, Farfalle, Makkaroni)
- Salz
- 1–2 EL Öl
- je ½ Bund weißer und grüner Spargel
- je 1 rote und gelbe Paprikaschote
- 100 g Cocktailtomaten
- 150 ml Gemüsebrühe
- 2–3 EL Weißweinessig
- 1 TL Dijon-Senf
- Salz
- Zucker
- 2–3 EL mildes Olivenöl
- 1–2 TL gehackte Kräuter (z.B. Basilikum, Dill, Kerbel, Minze, Petersilie)
- ½ Bio-Limette
- Kräuterblätter zum Garnieren (z.B. Basilikum oder Kerbel)

1 — Die Nudeln in reichlich kochendem Salzwasser nach Packungsanweisung bissfest garen. In ein Sieb abgießen und kurz abtropfen lassen. Die Nudeln auf einem Backblech verteilen und wenige Minuten ausdampfen lassen. Das Öl darüberträufeln und untermischen.

2 — Die weißen Spargelstangen ganz, die grünen nur im unteren Drittel schälen und waschen, jeweils die holzigen Enden abschneiden. Die Spargelstangen schräg in Scheiben schneiden. Die Paprikaschoten längs halbieren, entkernen, waschen und in etwa gleich große Stücke schneiden. Die Cocktailtomaten waschen und halbieren.

3 — Die Brühe in einem Topf erhitzen und die Spargelscheiben darin etwa 4 Minuten bissfest garen. In ein Sieb abgießen und dabei die Spargelbrühe auffangen.

4 — Die Spargelbrühe mit dem Essig und dem Senf in einen hohen Rührbecher geben. Mit Salz und 1 Prise Zucker würzen und das Olivenöl mit dem Stabmixer unterrühren.

5 — Die warmen Nudeln mit Spargel, Paprika und Cocktailtomaten in eine Schüssel geben, mit dem Dressing mischen und die Kräuter hinzufügen. Die Limette heiß waschen, trocken reiben und etwas Schale über den Salat reiben. Den Salat kurz ziehen lassen und, falls nötig, nochmals abschmecken. Mit den Kräuterblättern garnieren.

Bayerischer Wurstsalat
für 4 Personen

HERKUNFT Süddeutschland/Bayern
ZUBEREITUNGSZEIT 10 Minuten
ZIEHDAUER 20 Minuten

Zutaten

- 500 g Fleischwurst (Regensburger oder Lyoner)
- 2 rote Zwiebeln
- 4 Gewürzgurken
- 2 EL Sonnenblumen- oder Rapsöl
- 150 ml Weißweinessig
- Zucker
- Salz

Pfeffer aus der Mühle

3 EL Schnittlauchröllchen

1 — Die Fleischwurst häuten und in dünne Scheiben schneiden. Nach Belieben noch in Streifen schneiden. Zwiebeln schälen und in dünne Ringe schneiden. Die Gewürzgurken in dünne Scheiben schneiden. Wurst, Zwiebeln und Gurken in einer Schüssel vermischen.

2 — Das Öl mit 300 ml Wasser, Weißweinessig und 1 Prise Zucker verrühren, mit Salz und Pfeffer kräftig würzen. Die Marinade über die Wurstmischung gießen, gut vermischen und etwa 20 Minuten gut gekühlt ziehen lassen. Vor dem Servieren mit Schnittlauchröllchen bestreuen. Dazu passen Laugenbrezen oder Bauernbrot.

Badischer Wurstsalat
für 4 Personen

HERKUNFT Baden-Württemberg
ZUBEREITUNGSZEIT 10 Minuten
ZIEHDAUER 10 Minuten

Zutaten

350 g Kalbslyoner oder Fleischwurst
150 g Allgäuer Bergkäse
1 große rote Zwiebel
1 große Essiggurke
2 EL Gurkenwasser (von der Essiggurke)
3 EL Weißweinessig
2 EL Öl
Salz
Pfeffer aus der Mühle
Zucker

1 — Die Wurst häuten und zusammen mit dem Käse in etwa 3 mm dicke Scheiben und dann in etwa ½ cm breite Streifen schneiden. Die Zwiebel schälen und in dünne Ringe schneiden. Die Essiggurke in kleine Würfel schneiden.

2 — Für die Marinade in einer Schüssel Essiggurkenwasser mit 150 ml Wasser, Essig und Öl verrühren und mit Salz, Pfeffer und Zucker kräftig abschmecken. Wurst, Käse, Zwiebel und Gewürzgurken hinzufügen, in der Marinade wenden, 10 Minuten ziehen lassen und nach Bedarf nochmals nachwürzen. Mit Bauernbrot servieren.

Fleischsalat
für 4 Personen

HERKUNFT Alle Regionen
ZUBEREITUNGSZEIT 10 Minuten

Zutaten

400 g Fleischwurst
250 g Gewürzgurken
200 g Salatmayonnaise
1–2 TL Dijon-Senf
3 EL Gurkenwasser
Salz
Pfeffer aus der Mühle
Zucker
2 EL Schnittlauchröllchen

1 — Die Fleischwurst häuten und mit den Gewürzgurken in feine lange Streifen schneiden.

2 — Die Mayonnaise mit Senf und Gurkenwasser glatt rühren und mit Salz, Pfeffer und 1 Prise Zucker abschmecken. Die Wurststreifen, Gurkenstreifen und Schnittlauchröllchen unterrühren. (Tipp: Wie selbst gemachte Mayonnaise geht, siehe → S. 126).

Gemüse-Wurst-Salat
für 4 Personen

HERKUNFT Alle Regionen
ZUBEREITUNGSZEIT 20 Minuten

Zutaten

- 3 Schalotten
- 1 Kohlrabi
- 2 kleine Möhren
- 6 Stangen grüner Spargel
- 80 g grüne Bohnen
- Salz
- 2 TL Puderzucker
- 300 ml Gemüsebrühe
- 1 TL scharfer Senf
- 1–2 EL Rotweinessig
- 2 EL mildes Olivenöl
- 1 TL Walnussöl
- Pfeffer aus der Mühle
- Zucker
- 2 EL gehackte Petersilienblätter
- 300 g Regensburger Würste oder Lyoner

1 — Die Schalotten schälen und in feine Ringe schneiden. Den Kohlrabi und die Möhren putzen und schälen. Den Kohlrabi achteln und quer in 3 mm dicke Scheiben schneiden. Die Möhren schräg in 3 mm dicke Scheiben schneiden. Den Spargel waschen, nur im unteren Drittel schälen und die holzigen Enden entfernen. Die Spargelstangen schräg in 3 bis 5 cm lange Stücke schneiden.

2 — Die Bohnen putzen, waschen, in etwa 2 cm lange Stücke schneiden und in kochendem Salzwasser 5 bis 6 Minuten blanchieren. Die Bohnen in ein Sieb abgießen, kalt abschrecken und abtropfen lassen.

3 — Den Puderzucker in einem Topf bei milder Hitze hell karamellisieren. Schalotten, Kohlrabi, Möhren und Spargel darin bei milder Hitze andünsten. Die Brühe angießen und das Gemüse darin etwa 10 Minuten bissfest garen. In ein Sieb abgießen, dabei die Brühe auffangen. Das Gemüse kurz abkühlen lassen. In einer Schüssel mit den Bohnen mischen.

4 — Die Hälfte der Brühe abmessen und mit dem Senf, dem Essig und beiden Ölsorten verrühren. Die Marinade mit Salz, Pfeffer und Zucker würzig abschmecken, die Hälfte der Petersilie unterrühren.

5 — Zum Anrichten die Regensburger Würste häuten und in 3 bis 5 mm dicke Scheiben schneiden. Die Wurstscheiben mit der restlichen Petersilie unter das Gemüse mischen, die Marinade darübergießen und alles gut mischen. Den Wurstsalat nach Belieben nachwürzen.

Ochsenmaulsalat
für 4 Personen

HERKUNFT Süddeutschland
ZUBEREITUNGSZEIT 15 Minuten

Zutaten

- 2 kleine Schalotten
- 80 ml Gemüsebrühe
- 1–2 EL milder Weißweinessig
- ½ TL Dijon-Senf
- Zucker
- 4 EL mildes Salatöl (z.B. Maiskeimöl)
- 400 g gepökeltes, gekochtes, gepresstes Ochsenmaul
- 6 Radieschen
- 4–6 Cornichons
- 1–2 EL gemischte gehackte Kräuter (z.B. Schnittlauch, Petersilie)

1 — Die Schalotten schälen und fein würfeln. Die Brühe mit Essig und Senf in einer Schüssel verrühren, mit 1 Prise Zucker würzen und das Öl unterrühren. Schalotten dazugeben.

2 — Das Ochsenmaul in dünne Scheiben schneiden und dann in 2 bis 3 cm große Streifen schneiden, mit der Hälfte der Marinade mischen und etwas ziehen lassen.

3 — Radieschen putzen, waschen und in dünne Scheiben hobeln. Die Cornichons in dünne Scheiben schneiden.

4 — Ochsenmaulsalat mit Radieschen, Cornichons und Kräutern mischen und, falls nötig, noch etwas nachwürzen.

Rindfleischsalat
für 4 Personen

HERKUNFT Süddeutschland
ZUBEREITUNGSZEIT 20 Minuten
GARZEIT 10 Minuten

Zutaten

- 1 TL Puderzucker
- 4–5 EL Apfel- oder Weißweinessig
- 200 ml Rinderbrühe
- 2–3 EL Öl
- Salz
- Pfeffer aus der Mühle
- Zucker
- 2 Schalotten
- 100 g breite Bohnen
- 50 g weiße Bohnen (aus der Dose)
- 1 kleiner rotbackiger Apfel
- getrocknetes Bohnenkraut
- 500 g frisch gekochtes Rindfleisch (z.B. Tafelspitz; noch warm)

1 — Den Puderzucker in einem kleinen Topf bei mittlerer Hitze hell karamellisieren, mit Essig und Brühe ablöschen und lauwarm abkühlen lassen. Die Essigbrühe und das Öl in einen hohen Rührbecher gießen, mit dem Stabmixer verrühren und die Marinade mit Salz, Pfeffer und 1 Prise Zucker würzen.

2 — Die Schalotten schälen, in feine Würfel schneiden und in kochendem Salzwasser 1 bis 2 Minuten blanchieren. In ein Sieb abgießen, kalt abschrecken und abtropfen lassen, dann in die Marinade rühren.

3 — Die breiten Bohnen putzen, waschen und schräg in 1 ½ cm breite Stücke schneiden. In kräftig gesalzenem Wasser gerade bissfest garen, in ein Sieb abgießen, kalt abschrecken und abtropfen lassen. Die weißen Bohnen in ein Sieb abgießen, kalt abbrausen und abtropfen lassen. Den Apfel waschen, vierteln, entkernen und die Viertel in ½ bis 1 cm große Würfel schneiden.

4 — Beide Bohnensorten und den Apfel in einer Schüssel mit einem Viertel der Marinade mischen. Mit 1 Prise Bohnenkraut würzen und nach Belieben mit Salz, Pfeffer und Zucker abschmecken.

5 — Das gekochte Rindfleisch aus der Brühe nehmen, falls nötig das Fett entfernen und das Fleisch quer zur Faser in dünne Scheiben schneiden. Die Rindfleischscheiben mit dem Bohnen-Apfel-Salat auf vorgewärmten Tellern anrichten und die restliche Marinade über Fleisch und Salat träufeln.

↓
Feldsalat mit Speck und knusprigen Brotwürfeln S. 64

Suppen, Eintöpfe & Saucen

Klare Rindfleischbrühe
für 4 Personen

HERKUNFT Alle Regionen
ZUBEREITUNGSZEIT 10 Minuten
GARZEIT 2½ Stunden

Zutaten

1,2 kg Rinderbrust (küchenfertig)
1–2 EL Öl
2 Zwiebeln
1 Möhre
150 g Knollensellerie
100 g Lauch
1 Lorbeerblatt
3 Wacholderbeeren
½ TL schwarze Pfefferkörner
1 Streifen unbehandelte Zitronenschale
5 Stiele Petersilie
1 kleines Liebstöckelblatt
2 Scheiben Knoblauch
Salz

1 — Die Rinderbrust bei mittlerer Hitze in einer Pfanne im Öl rundum anbraten. In einen großen Topf geben und mit etwa 3 l Wasser auffüllen, sodass das Fleisch gut bedeckt ist. Das Fleisch bei milder Hitze knapp unter dem Siedepunkt etwa 3 Stunden gar ziehen lassen, bis es weich ist. Den dabei aufsteigenden Schaum abschöpfen.

2 — Inzwischen die Zwiebeln schälen und die Schalen in den Topf zum Fleisch geben. Die Möhre und den Knollensellerie putzen und schälen und mit den Zwiebeln in etwa 1½ cm große Stücke schneiden. Den Lauch putzen, längs halbieren, waschen und in 1½ cm lange Stücke schneiden. Zwiebel-, Möhren- und Knollenselleriestücke sowie Lorbeerblatt, Wacholderbeeren und Pfefferkörner nach 2¼ bis 2½ Stunden Garzeit zum Fleisch geben. Den Lauch 15 Minuten vor Ende der Garzeit hinzufügen.

3 — Das Fleisch herausnehmen (in dünnen Scheiben für einen Rindfleischsalat verwenden), die Brühe vorsichtig durch ein feines Sieb in einen Topf gießen. Zitronenschale, Petersilienstiele, Liebstöckel und Knoblauch einige Minuten in der Brühe ziehen lassen, dann wieder entfernen und die Suppe salzen. Die Suppe auf Teller verteilen und die Möhren- und Selleriestücke nach Belieben als Suppeneinlage verwenden.

Klare Hühnerbrühe
für 4 Personen

HERKUNFT Alle Regionen
ZUBEREITUNGSZEIT 15 Minuten
GARZEIT 1½ Stunden

Zutaten

1 Suppenhuhn (ca. 1,2 kg; küchenfertig)
Salz
1 Möhre
1 Stange Lauch
100 g Knollensellerie
1 Zwiebel
1 Knoblauchzehe
½ Bund Petersilie
1 Zweig Thymian
1 TL schwarze Pfefferkörner
1 Lorbeerblatt
Salz
Pfeffer aus der Mühle
frisch geriebene Muskatnuss

1 — Das Suppenhuhn gründlich innen und außen mit kaltem Wasser abspülen. Die Fettdrüsen am Schwanz (Sterze) herausschneiden. Das Huhn in einem großen Topf mit etwa 2 bis 3 l Wasser zum Kochen bringen. Aufsteigenden Schaum mit dem Schaumlöffel abnehmen. 1 EL Salz dazugeben und das Huhn 1 Stunde bei schwacher Hitze simmern lassen.

2 — Möhre, Lauch und Sellerie putzen, waschen und klein schneiden. Zwiebel und Knoblauch schälen, Zwiebel vierteln, Knoblauch ganz lassen. Das Gemüse sowie Petersilie und Thymian in die Suppe geben. Pfefferkörner und Lorbeerblatt ebenfalls hinzufügen. Alles noch mal 30 bis 40 Minuten köcheln lassen.

3 — Das Suppenhuhn herausnehmen und die Brühe durch ein feines Sieb gießen. Die Hühnerbrühe mit Salz, Pfeffer und Muskatnuss würzen. Das Fleisch häuten, von den Knochen lösen und klein schneiden. Das Fleisch als Einlage für eine Hühnersuppe weiterverwenden.

Suppeneinlage: Backerbsen
für 4 Personen

HERKUNFT Süddeutschland
ZUBEREITUNGSZEIT 20 Minuten

Zutaten

- 125 ml Milch
- 25 g Butter
- Salz
- 75 g Mehl
- 2 Eier
- Fett zum Ausbacken

1 — Für den Teig die Milch mit der Butter und 1 Prise Salz in einen Topf geben und bei mittlerer Hitze aufkochen lassen. Das Mehl dazugeben und so lang mit einem Kochlöffel rühren, bis die Masse zu einem Kloß geformt ist und sich am Topfboden ein weißer Belag bildet.

2 — Vom Herd nehmen und in eine Schüssel umfüllen. Zunächst 1 Ei gründlich unterrühren, bis ein glatter Teig entstanden ist. Dann erst das zweite Ei hinzufügen und alles zu einem glatten Teig verrühren.

3 — Reichlich Fett in einem Topf auf 170 °C erhitzen. Den Teig mit einem Spätzlehobel vorsichtig in das heiße Fett tropfen lassen und die Backerbsen in etwa 3 Minuten goldbraun ausbacken. Mit dem Schaumlöffel herausheben und auf Küchenpapier abtropfen lassen.

Suppeneinlage: Brätklößchen
für 4 Personen

HERKUNFT Süddeutschland
ZUBEREITUNGSZEIT 20 Minuten

Zutaten

- 150 g Kalbsbrät (vom Metzger)
- 3 EL Sahne
- 1 Msp. abgeriebene unbehandelte Zitronenschale
- frisch geriebene Muskatnuss
- ½–1 EL gehackte Petersilie
- Salz

1 — Das Kalbsbrät mit der Sahne in eine Schüssel geben und glatt rühren. Mit Zitronenschale, Muskatnuss und Petersilie würzen.

2 — In einem Topf Salzwasser zum Kochen bringen und vom Herd nehmen. Mit zwei nassen Teelöffeln kleine Klößchen aus dem Brät formen und in das 90 °C heiße Salzwasser geben. Die Klößchen auf dem Herd bei milder Hitze etwa 10 Minuten gar ziehen lassen.

3 — Die Klößchen bis zum Servieren im Salzwasser warm halten, bei Bedarf herausnehmen und in die Brühe geben.

Suppeneinlage: Butterklößchen
für 4 Personen

HERKUNFT Bayern/Süddeutschland
ZUBEREITUNGSZEIT 35 Minuten
TROCKENZEIT 12 Stunden

Zutaten

90 g Toastbrot (ohne Rinde)
60 g weiche Butter
1 Eigelb
1 Ei
2 TL Hartweizengrieß
1 TL doppelgriffiges Mehl (z.B. Wiener Grießler)
Salz
frisch geriebene Muskatnuss
1 Lorbeerblatt
2 Scheiben Knoblauch
3 Stiele Petersilie

1 — Am Vortag das Toastbrot im Küchenmixer zerkleinern, auf einen flachen Teller geben und über Nacht offen stehen lassen, damit es trocknet.

2 — Am nächsten Tag die Butter schaumig rühren. Nach und nach Eigelb und Ei unterrühren. Den Grieß mit dem Mehl und den Toastbrotbröseln mischen und unter die Buttermasse rühren. Mit Salz und Muskatnuss würzen. Die Klößchenmasse 10 Minuten ruhen lassen.

3 — In einem Topf Salzwasser mit dem Lorbeerblatt aufkochen, die Knoblauchscheiben und die Petersilienstiele hinzufügen. Mit zwei nassen Teelöffeln aus der Masse kleine Klößchen formen und in das Wasser geben. Die Klößchen knapp unter dem Siedepunkt etwa 15 Minuten garen lassen, bis sie an die Oberfläche steigen. Die Klößchen in klarer Brühe servieren.

Suppeneinlage: Pfannkuchenstreifen
für 4 Personen

HERKUNFT Süddeutschland
ZUBEREITUNGSZEIT 20 Minuten
RUHEZEIT 30 Minuten

Zutaten

2 Eier
70 g Mehl
170 ml Milch
3–4 EL flüssige Butter (lauwarm)
1 EL gehackte Petersilie
Salz
Pfeffer aus der Mühle
frisch geriebene Muskatnuss
Butter zum Ausbacken

1 — Die Eier in einer Schüssel verquirlen, das Mehl dazugeben und gründlich verrühren. Die Milch nach und nach unter Rühren dazugeben und alles zu einem glatten Teig verarbeiten. Die flüssige Butter und die Petersilie unterrühren und den Pfannkuchenteig mit Salz, Pfeffer und 1 Prise Muskatnuss würzen. Den Teig zugedeckt 30 Minuten ruhen lassen.

2 — In einer Pfanne etwas Butter bei schwacher Hitze zerlassen. Mit einem kleinen Schöpflöffel etwas Teig hineingeben und durch Neigen der Pfanne dünn verteilen. Den Pfannkuchen wenden, sobald die Unterseite goldbraun ist. Die zweite Seite ebenfalls bräunen und den Pfannkuchen aus der Pfanne nehmen. Den restlichen Teig auf die gleiche Weise verarbeiten und die fertigen Pfannkuchen übereinanderlegen, damit sie nicht austrocknen. Zum Servieren aufrollen, in maximal ½ cm breite Streifen schneiden und in klarer Brühe anrichten.

Suppeneinlage: Grießklößchen
für 4 Personen

HERKUNFT Süddeutschland
ZUBEREITUNGSZEIT 25 Minuten
RUHEZEIT 1 Stunde

Zutaten

- 50 g weiche Butter
- 1 Ei (Zimmertemperatur)
- 80 g Weichweizengrieß
- Salz
- frisch geriebene Muskatnuss

1 — Die Butter hellschaumig schlagen, das Ei hinzufügen und so lang rühren, bis die Masse bindet. Den Grieß unterrühren und die Masse mit Salz und Muskatnuss würzen. Die Grießmasse mindestens 1 Stunde bei Zimmertemperatur quellen lassen.

2 — In einem Topf Salzwasser zum Sieden bringen. Aus der Grießmasse mit zwei nassen Teelöffeln gleichmäßige Klößchen abstechen, die Löffel dabei zwischendurch in heißes Wasser tauchen.

3 — Die Grießklößchen im Salzwasser knapp unter dem Siedepunkt etwa 15 Minuten gar ziehen lassen. Mit dem Schaumlöffel herausheben und auf tiefe Teller verteilen und in klarer Brühe nach Belieben mit zerkleinertem Suppengemüse und Fleischstücken servieren.

Suppeneinlage: Käserauten
für 4 Personen

HERKUNFT Bayern
ZUBEREITUNGSZEIT 15 Minuten
BACKZEIT 15 Minuten

Zutaten

- 50 g Mehl
- 1 Msp. Backpulver
- 100 g Emmentaler, Bergkäse oder anderer Schnittkäse
- 50 g weiche Butter
- 4 Eigelb
- Pfeffer aus der Mühle
- frisch geriebene Muskatnuss
- 50 g Sahne
- 4 Eiweiß
- Salz

1 — Den Backofen auf 180 °C vorheizen, eine Auflaufform (etwa 20 × 30 cm) mit Backpapier auslegen. Das Mehl mit dem Backpulver mischen und sieben. Den Käse in kleine Würfel schneiden.

2 — Die Butter schaumig rühren und die Eigelbe nacheinander unterrühren. Die Masse mit Pfeffer und 1 Prise Muskatnuss würzen und hellschaumig aufschlagen. Die Sahne nach und nach unterrühren. Die Eiweiße mit 1 Prise Salz cremig fest schlagen. Eischnee und Mehl unter die Buttermasse heben.

3 — Den Teig ½ bis 1 cm dick in der Form verstreichen und gleichmäßig mit den Käsewürfeln bestreuen. Im Ofen auf der mittleren Schiene etwa 15 Minuten goldbraun backen. Etwas abkühlen lassen und in 1½ bis 2 cm große Rauten schneiden.

↓

Hochzeitssuppe mit Eierstich S. 88

Suppeneinlage: Leberknödel
für 4 Personen

HERKUNFT Rheinland-Pfalz/Bayern
ZUBEREITUNGSZEIT 20 Minuten

Zutaten

½ Zwiebel
1 EL Öl
250 g Toastbrot (entrindet)
1 Ei
1 Eigelb
1 TL scharfer Senf
300 g Kalbsleber (geputzt und durch den Fleischwolf gedreht oder im Küchenmixer fein zerkleinert)
getrockneter Majoran
Salz
Pfeffer aus der Mühle
frisch geriebene Muskatnuss
1 Msp. abgeriebene unbehandelte Zitronenschale
1 EL gehackte Petersilie
1 Lorbeerblatt
1 Streifen unbehandelte Zitronenschale

1 — Die Zwiebel schälen und in feine Würfel schneiden. Das Öl in einer Pfanne erhitzen und die Zwiebel darin bei milder Hitze glasig dünsten. Das Toastbrot in ½ bis 1 cm große Würfel schneiden.

2 — Das Ei mit dem Eigelb, dem Senf und der Leber verrühren. Toastbrotwürfel, Zwiebelwürfel, 1 Prise Majoran, Salz, Pfeffer, Muskatnuss, Zitronenschale und Petersilie dazugeben und untermengen. Mit nassen Händen 8 Klöße aus der Masse formen.

3 — In einem Topf Salzwasser zum Sieden bringen, Lorbeerblatt und Zitronenschale dazugeben. Die Klöße im Salzwasser knapp unter dem Siedepunkt 8 Minuten gar ziehen lassen. Mit dem Schaumlöffel herausheben und auf Küchenpapier abtropfen lassen. Die Leberklöße in klarer Brühe servieren.

Suppeneinlage: Leberspätzle
für 4 Personen

HERKUNFT Bayern/Schwaben
ZUBEREITUNGSZEIT 20 Minuten

Zutaten

¼ Zwiebel
1 TL Öl
40 g weiche Butter
1 Eigelb
1 Eiweiß
30 g Weißbrotbrösel
50 g doppelgriffiges Mehl (z.B. Wiener Grießler)
100 g Kalbsleber (geputzt und durch den Fleischwolf gedreht oder im Küchenmixer zerkleinert; ersatzweise andere Leber)
1 EL gehackte Petersilie
Salz
Pfeffer aus der Mühle
½ TL abgeriebene unbehandelte Zitronenschale
getrockneter Majoran

1 — Die Zwiebel schälen und in kleine Würfel schneiden. Das Öl in einer Pfanne erhitzen und die Zwiebel darin bei milder Hitze glasig dünsten.

2 — Die Butter schaumig schlagen und das Eigelb unterrühren. Das Eiweiß, die Weißbrotbrösel und das Mehl unterrühren. Die Zwiebel, die Leber und die Petersilie dazugeben und ebenfalls unterrühren. Die Spätzlemasse mit Salz, Pfeffer, Zitronenschale und 1 Prise Majoran würzen.

3 — In einem Topf Salzwasser zum Sieden bringen. Den Spätzlehobel kurz in das Salzwasser tauchen, den Spätzleteig einfüllen und in das Wasser hobeln. Sobald die Leberspätzle nach oben steigen, einmal kurz aufkochen lassen, dann mit dem Schaumlöffel herausnehmen und in klarer Brühe anrichten.

Hochzeitssuppe mit Eierstich
für 4 Personen

HERKUNFT Norddeutschland/Westfalen
ZUBEREITUNGSZEIT 45 Minuten
GARZEIT 3¼ Stunden
KÜHLZEIT 30 Minuten

Zutaten für die Rinderbrühe

800 g Suppenfleisch (z.B. Tafelspitz oder Rinderbrust)
1 TL Öl
Salz
1 Tomate
3 braunschalige Zwiebeln
120 g Knollensellerie
1 Möhre
1 Petersilienwurzel
½ Stange Lauch
1 Lorbeerblatt
1 TL schwarze Pfefferkörner
3 Wacholderbeeren
1–2 Stiele Petersilie
2 Liebstöckelblätter
1 Streifen unbehandelte Zitronenschale
250 g weißer Spargel
100 g Tiefkühl-Erbsen
1 EL Schnittlauchröllchen

Zutaten für den Eierstich

2 Eigelb
2 Eier
175 ml Milch
Salz
etwas frisch geriebene Muskatnuss
Butter für die Formen

Zutaten für die Markklößchen

100 g Weißbrot
2 Eier
100 g gewässertes, zerbröckeltes Rindermark
Salz
Pfeffer aus der Mühle
frisch geriebene Muskatnuss

1 — Das Fleisch in einer Pfanne im Öl bei mittlerer Hitze rundum anbraten. In einem Topf 3 l Wasser (oder Rinderfond) aufkochen, das Fleisch hineinlegen (es sollte gut bedeckt sein) und leicht salzen. Zugedeckt knapp unter dem Siedepunkt 3 Stunden mehr ziehen als köcheln lassen, dabei aufsteigenden Schaum abschöpfen.

2 — Inzwischen die Tomate waschen und vierteln, dabei Stielansatz und Kerne entfernen. 2 Zwiebeln schälen und vierteln, restliche Zwiebel ungeschält halbieren. Sellerie, Möhre und Petersilienwurzel schälen. Das ganze Gemüse nach 2 Stunden zur Brühe geben. Lauch putzen, waschen und mit Lorbeer, Pfeffer und Wacholder nach weiteren 30 Minuten dazugeben. Am Ende der Garzeit Petersilie, Liebstöckel und Zitronenschale hinzufügen.

3 — Für den Eierstich Eigelbe, Ei und Milch verrühren und mit Salz und etwas Muskatnuss würzen. Eine kleine Auflaufform (20 × 15 cm), wahlweise Kaffeetassen oder Portionsauflaufförmchen mit Butter einstreichen. Die Eiermilch einfüllen und mit Alufolie bedecken.

4 — Einen passenden Bräter, Topf oder eine Pfanne etwa 2 cm hoch mit heißem Wasser füllen und auf dem Herd auf etwa 80 °C erhitzen. Die Form hineinstellen. Die Form sollte dabei zu etwa drei Viertel im Wasser stehen. Die Eiermilch etwa 45 Minuten stocken lassen. Die Form herausnehmen, den Eierstich etwas abkühlen lassen und aus der Form stürzen. In beliebige Formen schneiden oder ausstechen.

5 — Für die Markklößchen das Weißbrot entrinden und in Würfel schneiden. Eier, Rindermark und Weißbrotwürfel in eine Schüssel geben, mit Salz, Pfeffer und Muskatnuss würzen, locker vermischen und anschließend durch die feine Scheibe eines Fleischwolfs drehen. Die Masse etwa 30 Minuten kühl stellen, anschließend kleine Knödel daraus formen.

6 — Spargel schälen, die holzigen Enden abschneiden und den Spargel in Stücke schneiden. Das Fleisch und Gemüse mit dem Schaumlöffel aus der Brühe nehmen. Sellerie, Möhre, Petersilienwurzel und etwa 200 g Fleisch für die Einlage klein schneiden. Zwiebeln, Tomate und Lauch entfernen. Die Brühe durch ein Sieb gießen und mit Salz abschmecken.

7 — Die Brühe nochmals aufkochen und die Spargelstücke darin etwa 15 Minuten garen. Die Markklößchen ebenfalls etwa 10 Minuten und die Tiefkühl-Erbsen etwa 5 Minuten mitgaren.

8 — Den Eierstich, das klein geschnittene Gemüse und Fleisch in der Suppe nochmals kurz erhitzen und die Suppe in tiefen Tellern anrichten. Mit Schnittlauch bestreuen. (Abbildung → S. 86)

Hühnersuppe mit Einlage
für 4 Personen

HERKUNFT Alle Regionen
ZUBEREITUNGSZEIT 20 Minuten
GARZEIT 1 Stunde

Zutaten

- 1 Zwiebel
- 1 ½ kg Hähnchenkeulen
- 2 Stangen Staudensellerie
- 1 Möhre
- 1 Petersilienwurzel
- 1 dünne Stange Lauch
- 1–2 EL getrocknete Champignons (ersatzweise 50 g frische Champignons)
- 1 Lorbeerblatt
- 1 TL schwarze Pfefferkörner
- 4 Pimentkörner
- Salz
- frisch geriebene Muskatnuss
- 1 EL Sherry (medium)

1 — Die Zwiebel schälen, die Zwiebel und die Schalen beiseitelegen. Die Hähnchenkeulen waschen und trocken tupfen.

2 — In einem großen Topf 2 ½ l Wasser zum Kochen bringen, die Hähnchenkeulen mit den Zwiebelschalen hineinlegen und knapp unter dem Siedepunkt gut 1 Stunde gar ziehen lassen. Den aufsteigenden Schaum dabei zwischendurch mit dem Schaumlöffel abnehmen.

3 — Inzwischen den Staudensellerie putzen, waschen und vierteln. Die Möhre und die Petersilienwurzel putzen, schälen und längs halbieren. Die beiseitegelegte Zwiebel vierteln. Den Lauch putzen, längs halbieren und waschen. Das vorbereitete Gemüse, die Champignons, das Lorbeerblatt sowie Pfeffer und Piment nach etwa 30 Minuten Garzeit in die Brühe zum Fleisch geben.

4 — Die Hähnchenkeulen aus dem Topf nehmen und häuten. Das Fleisch von den Knochen lösen und in kleinere Stücke zerteilen. Die Suppe durch ein feines Sieb, das mit einem Passier- oder Küchentuch ausgelegt ist, gießen. Die Suppe salzen. Möhre, Petersilienwurzel und Staudensellerie aus dem Sieb nehmen und klein schneiden. Champignons, Zwiebel, Lauch und Gewürze entfernen.

5 — Zum Servieren etwas Muskatnuss in vorgewärmte Suppenteller reiben und das zerkleinerte Suppengemüse und das Hähnchenfleisch dazugeben. Die heiße Suppe auf die Teller verteilen, mit Sherry verfeinern und nach Belieben mit Schnittlauchröllchen bestreuen.

Klare Ochsenschwanzsuppe
für 4 Personen

HERKUNFT Alle Regionen
ZUBEREITUNGSZEIT 20 Minuten
GARZEIT 4 Stunden

Zutaten

2 EL Öl
1 kg Ochsenschwanz (küchenfertig zerteilt)
500 g Rinderwade (küchenfertig)
3 EL Madeira (portugiesischer Likörwein)
3 l Gemüse- oder Rinderbrühe
1 Zwiebel
½ Möhre
80 g Knollensellerie
¼ Stange Lauch
1 Tomate
5 Wacholderbeeren
½ TL gelbe Senfkörner
5 Pimentkörner
1 TL schwarze Pfefferkörner
1 TL getrockneter Thymian
1 Lorbeerblatt
1 Gewürznelke
Salz
frisch geriebene Muskatnuss
1 Spritzer Sherry
1 EL Schnittlauchröllchen

1 — Für die Suppe das Öl in einem großen Schmortopf erhitzen und die Ochsenschwanzstücke mit der Rinderwade darin bei mittlerer Hitze rundum anbraten. Mit Madeira ablöschen und mit Brühe auffüllen, bis Fleisch und Knochen gut bedeckt sind. Knapp unter dem Siedepunkt etwa 4 Stunden weich ziehen lassen. Aufsteigenden Schaum und Fett zwischendurch immer wieder abschöpfen.

2 — Inzwischen die Zwiebel, die Möhre und den Sellerie schälen, den Lauch putzen und waschen, alle Gemüsesorten in Stücke schneiden. Die Tomate waschen und halbieren. Die Gewürze und die Kräuter in ein Gewürzsäckchen füllen, dieses verschließen und mit den Gemüsestücken etwa 1 Stunde vor Ende der Garzeit in die Suppe geben.

3 — Die gegarten Ochsenschwanzstücke herausnehmen und etwas abkühlen lassen. Das Fleisch von den Knochen lösen. Die Brühe vorsichtig durch ein mit einem Küchentuch ausgelegtes Sieb gießen, die Wade darin warm halten.

4 — Ausreichend Brühe erhitzen und mit Salz, 1 Prise Muskatnuss und Sherry abschmecken. Das Wadenfleisch in dünne Scheiben schneiden und mit dem Ochsenfleisch in vorgewärmte, tiefe Teller geben. Mit Schnittlauch bestreuen und die Brühe darüberschöpfen.

Kräutersuppe
für 4 Personen

HERKUNFT Alle Regionen
ZUBEREITUNGSZEIT 15 Minuten
GARZEIT 25 Minuten

Zutaten für das Kräuterpesto

50 g junger Blattspinat
50 g Petersilienblätter
Salz
100 g Kräuterblätter (z.B. Kerbel, Basilikum, Dill, einige Minzeblätter, im Frühjahr Bärlauch)
80–100 ml kalte Gemüsebrühe
1 geriebene Knoblauchzehe
1 TL abgeriebene unbehandelte Zitronenschale
einige Tropfen Zitronensaft

Zutaten für die Suppe

1 Zwiebel
1 Kartoffel (ca. 70 g)
1 l Hühnerbrühe
200 g Sahne
1 Scheibe Weißbrot
1–2 TL Nussbutter → S. 125
30 g kalte Butter
Salz
frisch geriebene Muskatnuss

1 — Für das Kräuterpesto die Spinat- und Petersilienblätter verlesen, waschen und abtropfen lassen. In kochendem Salzwasser 3 Minuten blanchieren, in ein Sieb abgießen, kalt abschrecken und abtropfen lassen. Spinat und Petersilie mit den Händen gut ausdrücken und klein hacken. Die Kräuterblätter waschen, trocken schütteln und klein schneiden.

2 — Spinat, Petersilie und die frischen Kräuter in einen hohen Rührbecher geben. Gemüsebrühe, Knoblauch, Zitronenschale und -saft dazugeben und mit dem Stabmixer fein pürieren.

3 — Für die Suppe die Zwiebel und die Kartoffel schälen und in kleine Würfel schneiden. Die Zwiebel- und Kartoffelwürfel in einen Topf geben, die Brühe angießen, aufkochen und knapp unter dem Siedepunkt 25 Minuten ziehen lassen. Die Sahne hinzufügen und die Suppe mit dem Stabmixer oder im Küchenmixer pürieren.

4 — Das Weißbrot in knapp 1 cm große Würfel schneiden und in einer Pfanne bei milder Hitze in der braunen Butter rundum goldbraun rösten. Mit Salz würzen.

5 — Kurz vor dem Servieren das Kräuterpesto und die Butter zur Suppe geben und mit dem Stabmixer unterrühren. Die Kräutersuppe mit Salz und etwas Muskatnuss abschmecken, auf vorgewärmte Suppenteller verteilen und mit den Brotwürfeln bestreuen. Nach Belieben mit frischen Kräutern garniert servieren.

Brennnessel-Kresse-Suppe
für 4 Personen

HERKUNFT Alle Regionen
ZUBEREITUNGSZEIT 10 Minuten
GARZEIT 25 Minuten

Zutaten

100 g junger Blattspinat
40 g Brennnesselblätter
Salz
60 g Brunnenkresseblätter
1 Zwiebel
60 g geschälte Kartoffel
1 l Gemüsebrühe
200 g Sahne
1 Streifen unbehandelte Zitronenschale

1 Knoblauchzehe
1 EL kalte Butter
Pfeffer aus der Mühle
frisch geriebene Muskatnuss

1 — Die Spinatblätter verlesen, gründlich waschen und abtropfen lassen. Spinatblätter und Brennnesselblätter nacheinander in Salzwasser blanchieren, in kaltem Wasser abschrecken, kräftig ausdrücken und klein hacken.

2 — Die Brunnenkresseblätter waschen, abtropfen und klein schneiden. Die Zwiebel schälen, mit der Kartoffel in kleine Würfel schneiden und in der Brühe in 20 bis 30 Minuten knapp unter dem Siedepunkt weich ziehen lassen. Anschließend die Sahne hinzufügen und mit dem Stabmixer oder im Küchenmixer pürieren. Die Zitronenschale hineinlegen, einige Minuten darin ziehen lassen und wieder entfernen.

3 — Den Knoblauch schälen und hacken. Erst kurz vor dem Servieren Spinat, Brennnesselblätter, die frische Brunnenkresse und den Knoblauch mit der Butter hinzufügen und untermixen. 3 Minuten ziehen lassen, mit Salz, Pfeffer und Muskat abschmecken.

Bärlauchsuppe
für 4 Personen

HERKUNFT Süddeutschland
ZUBEREITUNGSZEIT 10 Minuten
GARZEIT 30 Minuten

Zutaten

100 g junger Blattspinat
Salz
100 g Bärlauchblätter
1 Zwiebel
1 Kartoffel (ca. 70 g)
30 g kalte Butter
1 l Hühnerbrühe
200 g Sahne
1 Streifen unbehandelte Zitronenschale
1 Knoblauchzehe
Pfeffer aus der Mühle
frisch geriebene Muskatnuss

1 — Die Spinatblätter verlesen und waschen. In kochendem Salzwasser 3 Minuten blanchieren. In ein Sieb abgießen, kalt abschrecken und abtropfen lassen. Den Spinat mit den Händen gut ausdrücken und klein hacken.

2 — Die Bärlauchblätter waschen, trocken schütteln, die Stiele abzupfen und die Blätter klein schneiden. Zwiebel und Kartoffel schälen und in kleine Würfel schneiden.

3 — In einem Topf 1 EL Butter zerlassen, die Zwiebel- und Kartoffelwürfel darin bei milder Hitze glasig dünsten. Mit der Brühe auffüllen und knapp unter dem Siedepunkt 25 Minuten ziehen lassen. Sahne hinzufügen und die Suppe mit dem Stabmixer oder im Küchenmixer pürieren. Zitronenschale dazugeben, einige Minuten ziehen lassen und wieder entfernen.

4 — Den Knoblauch schälen und in Scheiben schneiden. Kurz vor dem Servieren Spinat, Bärlauch, Knoblauch und die restliche Butter in die Suppe geben und mit dem Stabmixer unterrühren. Mit Salz, Pfeffer und etwas Muskatnuss abschmecken. Die Suppe in vorgewärmten Suppentellern sofort anrichten.

↓
Spargelsuppe S. 103

Kerbelsuppe
für 4 Personen

HERKUNFT Alle Regionen
ZUBEREITUNGSZEIT 10 Minuten
GARZEIT 30 Minuten

Zutaten

100 g junger Blattspinat
Salz
100 g Kerbelblätter
1 Zwiebel
1 Kartoffel (ca. 70 g)
30 g kalte Butter
1 l Hühnerbrühe
200 g Sahne
1 Streifen unbehandelte Zitronenschale
1 Knoblauchzehe
frisch geriebene Muskatnuss

1 — Den Spinat verlesen und waschen. In kochendem Salzwasser 3 Minuten blanchieren. In ein Sieb abgießen, kalt abschrecken und abtropfen lassen. Den Spinat mit den Händen gut ausdrücken und klein hacken. Die Kerbelblätter waschen, trocken schütteln und fein hacken. Zwiebel und Kartoffel schälen und in kleine Würfel schneiden.

2 — In einem Topf 1 EL Butter zerlassen, die Zwiebel- und Kartoffelwürfel darin bei schwacher Hitze andünsten. Mit der Brühe auffüllen und knapp unter dem Siedepunkt 25 Minuten ziehen lassen. Die Sahne hinzufügen und die Suppe mit dem Stabmixer pürieren. Die Zitronenschale dazugeben, einige Minuten ziehen lassen und wieder entfernen. Den Knoblauch schälen und in Scheiben schneiden.

3 — Kurz vor dem Servieren Spinat, Kerbel, Knoblauch und die restliche Butter in die Suppe geben und mit dem Stabmixer unterrühren. Mit Salz und etwas Muskatnuss abschmecken und sofort servieren.

Sauerampfersuppe
für 4 Personen

HERKUNFT Ostpreußen/Nordostdeutschland
ZUBEREITUNGSZEIT 15 Minuten

Zutaten

200 g junge Spinatblätter
2 Schalotten
1 kleine Knoblauchzehe
60 g Butter
½ l Gemüsebrühe oder Kalbsfond
125 g Sahne
Salz
Pfeffer aus der Mühle
frisch geriebene Muskatnuss
100 g Sauerampfer

1 — Den Spinat waschen, gut abtropfen lassen, die Stiele entfernen und die Blätter in Streifen schneiden. Die Schalotten und die Knoblauchzehe schälen und in kleine Würfel schneiden.

2 — Die Schalotten- und Knoblauchwürfel in der zerlassenen Butter glasig dünsten. Den Spinat dazugeben und zusammenfallen lassen. Mit Brühe und Sahne aufgießen und einige Minuten bei schwacher Hitze köcheln lassen.

3 — Die Suppe mit dem Stabmixer oder im Küchenmixer schaumig aufmixen. Erneut erhitzen und mit Salz, Pfeffer und Muskat würzig abschmecken.

4 — Den Sauerampfer waschen, die Stiele entfernen und die Blätter in schmale Streifen schneiden. Unter die heiße Suppe mischen und sofort auf vorgewärmte Teller verteilen.

Biersuppe
für 4 Personen

HERKUNFT Nordrhein-Westfalen
ZUBEREITUNGSZEIT 10 Minuten

Zutaten

- 4 Scheiben Bauernbrot (ca. 150 g)
- 20 g Butter
- 30 g Speisestärke
- 3 Eigelb
- 700 ml Milch
- ¼ l helles Bier
- 100 g Sahne
- Salz
- Pfeffer aus der Mühle
- 2 EL Schnittlauchröllchen

1 — Das Brot in Würfel schneiden und in einer Pfanne bei mittlerer Temperatur in der Butter goldbraun anrösten. Beiseitestellen.

2 — Die Speisestärke mit den Eigelben glatt rühren, dabei nach Bedarf noch etwas Milch hinzufügen.

3 — Die Milch langsam aufkochen und die angerührte Speisestärke mit einem Schneebesen unterrühren. Bier und Sahne hinzufügen, erhitzen und die Suppe mit Salz und Pfeffer würzen.

4 — Die Suppe in warmen Suppentellern verteilen, die Brotwürfel mittig darin anrichten und mit den Schnittlauchröllchen bestreuen.

Rieslingsuppe
für 4 Personen

HERKUNFT Rheinland-Pfalz
ZUBEREITUNGSZEIT 10 Minuten

Zutaten

- ¾ l Weißwein (z.B. Riesling von der Mosel)
- 125 ml Gemüsebrühe
- 1 Stückchen unbehandelte Zitronenschale
- ½ Zimtstange
- 100 g Zucker
- 4 Eigelb
- 100 g Sahne
- Salz
- frisch gemahlener weißer Pfeffer
- frisch geriebene Muskatnuss
- 40 g kalte Butter
- einige Kerbelzweige
- 4 Scheiben Weißbrot

1 — Weißwein, Brühe, Zitronenschale, Zimtstange und Zucker in einen Kochtopf geben und aufkochen lassen. Dann durch ein Sieb zurück in den Kochtopf gießen.

2 — Eigelb und Sahne gut verquirlen und langsam unter ständigem Rühren in die Weinsuppe einlaufen lassen. Die Suppe darf auf keinen Fall mehr kochen. Mit Salz, Pfeffer und Muskat abschmecken.

3 — Zum Schluss die kalte Butter in kleinen Flocken mit dem Stabmixer unter die heiße Suppe mixen. Auf vorgewärmte tiefe Teller verteilen und mit abgezupften Kerbelblättchen bestreuen. Mit knusprig geröstetem Weißbrot servieren.

Merziger Viezsuppe für 4 Personen

HERKUNFT Saarland
ZUBEREITUNGSZEIT 10 Minuten
GARZEIT 30 Minuten

Zutaten

5 Zwiebeln
120 g Knollensellerie
2 Äpfel
5 Knoblauchzehen
50 g kalte Butter
400 ml Hühnerbrühe
400 ml Viez (Apfelwein)
400 g Sahne
Salz
Pfeffer aus der Mühle
frisch geriebene Muskatnuss
1 EL gehackte Petersilie

1 — Die Zwiebeln schälen und klein würfeln. Den Sellerie schälen und in ½ cm große Würfel schneiden. Die Äpfel waschen, vierteln, entkernen und in ½ bis 1 cm große Würfel schneiden. Die Knoblauchzehen schälen und klein hacken.

2 — Zwiebeln, Sellerie, Äpfel und Knoblauch in 2 EL Butter bei mittlerer Hitze sanft andünsten. Mit Brühe und Viez auffüllen und 20 bis 30 Minuten am Siedepunkt ziehen lassen, bis das Gemüse weich ist. Die Sahne hinzufügen, erhitzen und alles mit dem Stabmixer pürieren. Die übrige Butter hinzufügen und mit dem Stabmixer unterrühren. Mit Salz, Pfeffer und Muskatnuss abschmecken.

3 — Die Suppe in warmen Suppentellern anrichten und mit Petersilie bestreuen.

Brotsuppe für 4 Personen

HERKUNFT Bayern
ZUBEREITUNGSZEIT 15 Minuten

Zutaten

200 g altbackenes Roggenbrot
2 Schalotten
40 g Butter
1 EL Mehl
1,2 l Fleischbrühe
Salz
Pfeffer aus der Mühle
1–2 EL Rotweinessig
2 EL geschlagene Sahne
1 EL gehackte Petersilie

1 — Das Brot in Würfel schneiden. Die Schalotten schälen und in kleine Würfel schneiden. Die Butter in einem Kochtopf erhitzen, das Mehl dazugeben und goldbraun rösten. Die Schalottenwürfel hinzufügen und kurz mit anrösten.

2 — Mit Fleischbrühe aufgießen, aufkochen lassen und die Brotwürfel in die Suppe geben. Mit Salz, Pfeffer und Essig würzig abschmecken und einige Minuten bei mittlerer Hitze köcheln lassen.

3 — Die Suppe mit dem Stabmixer oder im Küchenmixer fein pürieren, falls nötig, noch einmal mit Salz, Pfeffer und Essig abschmecken und die Sahne unterziehen. Mit Petersilie bestreut servieren.

Graupensuppe
für 4 Personen

HERKUNFT Alle Regionen
EINWEICHZEIT 1 Stunde
ZUBEREITUNGSZEIT 15 Minuten
GARZEIT 45 Minuten

Zutaten

- 150 g Perlgraupen
- 1 Schalotte
- 1 Möhre
- 100 g Knollensellerie
- 1 dünne Stange Lauch
- 30 g durchwachsener Räucherspeck
- 50 g Butter
- ¾ l Fleischbrühe
- Salz
- Pfeffer aus der Mühle
- 300 g gekochtes Rindfleisch
- 1 EL gehackte Petersilie

1 — Die Perlgraupen etwa 1 Stunde in kaltem Wasser einweichen, dann auf ein Sieb schütten, gründlich abbrausen und abtropfen lassen.

2 — Schalotte, Möhre und Knollensellerie waschen und schälen. Vom Lauch die Wurzeln und das grüne Ende entfernen. Die Stange der Länge nach halbieren und gründlich waschen. Gemüse und Räucherspeck in kleine Würfel schneiden.

3 — Butter in einem Kochtopf erhitzen und die Speckwürfel darin glasig braten. Das Gemüse hinzufügen und andünsten. Die Graupen untermischen, mit Brühe aufgießen und mit Salz und Pfeffer würzen. Zum Kochen bringen und etwa 25 bis 30 Minuten bei schwacher Hitze garen.

4 — Das Rindfleisch in Streifen schneiden und kurz in der Suppe erwärmen. Vor dem Servieren mit Petersilie bestreuen.

Sauerkrautsuppe
für 4 Personen

HERKUNFT Alle Regionen
ZUBEREITUNGSZEIT 10 Minuten
GARZEIT 40 Minuten

Zutaten

- 1 Zwiebel
- 1 Knoblauchzehe
- 2 EL Schweineschmalz
- 300 g Sauerkraut
- 1 Lorbeerblatt
- ½ TL ganzer Kümmel
- 2 TL Zucker
- Pfeffer aus der Mühle
- 1 l Fleischbrühe
- 125 g saure Sahne
- 1 Bund Schnittlauch

1 — Zwiebel und Knoblauch schälen und in kleine Würfel schneiden. Das Schweineschmalz erhitzen und beides darin andünsten. Das Sauerkraut klein schneiden und mit Lorbeerblatt, Kümmel, Zucker und Pfeffer dazugeben, gründlich vermischen und einige Minuten andünsten. Mit der Fleischbrühe aufgießen und zugedeckt bei schwacher Hitze 30 bis 40 Minuten köcheln lassen.

2 — Die saure Sahne dazugeben und die Suppe mit dem Stabmixer oder im Küchenmixer pürieren. Den Schnittlauch waschen, trocken schütteln und in feine Röllchen schneiden. Die Suppe, falls nötig, mit etwas Salz nachwürzen und in vier tiefe Teller füllen. Mit Schnittlauch bestreuen und eventuell kleine Leberknödel → S. 87 oder Mini-Frikadellen → S. 253 als Einlage in die Suppe geben.

↓
Hamburger Aalsuppe S. 108

Weimarer Zwiebelsuppe
für 4 Personen

HERKUNFT Thüringen
ZUBEREITUNGSZEIT 15 Minuten
GARZEIT 10 Minuten

Zutaten

4 Zwiebeln
1 kleine Stange Lauch
1 l Fleischbrühe
2 EL Butter
1 TL Tomatenmark
100 ml Bier
½ TL getrockneter Majoran
½ TL gemahlener Kümmel
Salz
Pfeffer aus der Mühle
Zucker
1 große Scheibe Roggenbrot
100 g geriebener Emmentaler
1 Eigelb
1 TL Senf
Pfeffer aus der Mühle

1 — Die Zwiebeln schälen und nach Belieben in dünne Ringe oder feine Spalten schneiden. Den Lauch putzen, waschen und in dünne Ringe schneiden. Die Brühe erhitzen.

2 — Die Butter in einem Topf erhitzen, die Zwiebeln darin bei schwacher bis mittlerer Hitze andünsten. Die Lauchringe hinzufügen und kurz mitdünsten. Das Tomatenmark dazugeben und unter Rühren kurz anrösten.

3 — Die heiße Brühe und das Bier dazugießen. Die Suppe kurz köcheln lassen, mit dem Majoran, dem Kümmel, Salz, Pfeffer und 1 Prise Zucker würzen. Die Zwiebelsuppe warm halten.

4 — Den Backofengrill einschalten. Das Roggenbrot toasten und vierteln. Den Käse, das Eigelb und den Senf verrühren. Die Brotstücke mit der Masse bestreichen und im Ofen auf der mittleren Schiene goldbraun überbacken. Herausnehmen und mit Pfeffer würzen.

5 — Die Zwiebelsuppe auf tiefe Teller verteilen, die überbackenen Roggenbrotviertel darauf anrichten und nach Belieben mit Schnittlauchröllchen bestreuen.

Champignonsuppe
für 4 Personen

HERKUNFT Alle Regionen
ZUBEREITUNGSZEIT 15 Minuten
GARZEIT 20 Minuten

Zutaten

1 l Gemüsebrühe oder Hühnerbrühe
4 EL getrocknete Champignons
200 g Sahne
1–2 EL Speisestärke
2 EL kalte Butter
400 g kleine geschlossene Champignons
½ Zwiebel
1 Knoblauchzehe
1 TL Öl
Salz
Pfeffer aus der Mühle
1 EL gehackte Petersilie
1 TL Nussbutter → S. 125
1 Msp. unbehandelte abgeriebene Zitronenschale

1 — Die Brühe erhitzen, die getrockneten Pilze dazugeben und darin 20 Minuten knapp unter dem Siedepunkt ziehen lassen. In ein Sieb abgießen, dabei die Pilzbrühe auffangen. Die Pilze kurz abkühlen lassen und fein hacken.

2 — Die Pilzbrühe mit der Sahne erhitzen. Die Speisestärke mit wenig kaltem Wasser glatt rühren, in die Sauce geben und 2 Minuten darin köcheln lassen und die Butter mit dem Stabmixer untermixen.

3 — Die frischen Pilze putzen, falls nötig trocken abreiben und in Stücke schneiden. Die Zwiebel und den Knoblauch schälen und in kleine Würfel schneiden.

4 — Eine Pfanne bei mittlerer Temperatur erhitzen, das Öl darin verteilen, Zwiebeln und Knoblauch darin etwas andünsten, die Pilze dazugeben, etwa 3 Minuten anbraten, die Petersilie hinzufügen, mit Salz und Pfeffer würzen, die Nussbutter und die Zitronenschale hinzufügen.

5 — Die Champignons in warmen tiefen Tellern verteilen, die Suppe nochmals aufmixen und über den Pilzen verteilen.

Kartoffelsuppe
für 4 Personen

HERKUNFT Alle Regionen
ZUBEREITUNGSZEIT 10 Minuten
GARZEIT 30 Minuten

Zutaten

50 g Knollensellerie
1 kleine Möhre
2 Kartoffeln (ca. 300 g)
½ Zwiebel
¾ l Gemüsebrühe
1 Lorbeerblatt
150 g Sahne
20 g kalte Butter
2 Scheiben Knoblauch
Salz
Pfeffer aus der Mühle
getrockneter Majoran
gemahlener Kümmel
frisch geriebene Muskatnuss
1 Msp. abgeriebene unbehandelte Zitronenschale
2 dünne Frühlingszwiebeln

1 — Den Sellerie und die Möhre putzen und schälen. Die Kartoffeln schälen und waschen, die Zwiebelhälfte schälen. Das Gemüse in ½ bis 1 cm große Würfel schneiden.

2 — Die Brühe in einem Topf erhitzen. Die Gemüsewürfel mit dem Lorbeerblatt in die Brühe geben und das Gemüse darin knapp unter dem Siedepunkt etwa 30 Minuten weich ziehen lassen.

3 — Lorbeerblatt entfernen, maximal ein Drittel des Gemüses als Einlage herausnehmen und beiseitestellen. Die Sahne mit der Butter und dem Knoblauch in die Suppe geben und die Suppe mit dem Stabmixer pürieren. Mit Salz, Pfeffer, je 1 Prise Majoran und Kümmel sowie Muskatnuss und Zitronenschale würzen.

4 — Die Frühlingszwiebeln putzen, waschen und in feine Ringe schneiden. Zum Schluss in die Suppe geben und nur noch kurz darin ziehen lassen. Die Kartoffelsuppe mit den beiseitegelegten Gemüsewürfeln in vorgewärmten Suppentellern anrichten.

Kartoffelsuppe mit Nordseekrabben
für 4 Personen

HERKUNFT Norddeutschland
ZUBEREITUNGSZEIT 15 Minuten
GARZEIT 30 Minuten

Zutaten

250 g mehligkochende Kartoffeln (z.B. Irmgard oder Aula)
2 Schalotten
25 g durchwachsener Räucherspeck
¾ l Rindfleischbrühe
125 g Sahne
1 dünne Stange Lauch
1 Möhre
1 kleines Stück Knollensellerie
1 Estragonzweig
Salz
Pfeffer aus der Mühle
300 g frische geschälte Nordseekrabben
etwas Zitronensaft
½ Bund Schnittlauch

1 — Die Kartoffeln waschen, schälen und in Würfel schneiden. Die Schalotten schälen und wie den Speck in kleine Würfel schneiden. Den Speck in einem Topf auslassen, die Schalotten dazugeben und glasig dünsten. Die Kartoffeln untermischen, kurz mit andünsten und mit Brühe und Sahne aufgießen. Etwa 20 Minuten köcheln lassen.

2 — Vom Lauch die Wurzeln und das grüne Ende entfernen. Die Stange der Länge nach halbieren und gut waschen. Möhre und Sellerie schälen und wie den Lauch in kleine Würfel schneiden.

3 — Die Kartoffelsuppe durch ein Sieb passieren und zurück in den Topf gießen. Die Gemüsewürfel sowie den Estragon dazugeben und noch etwa 10 bis 12 Minuten bei schwacher Hitze ziehen lassen. Mit Sa z und Pfeffer abschmecken.

4 — Die Krabben mit Zitronensaft beträufeln. Den Schnittlauch waschen, trocken schütteln und in Röllchen schneiden. Die Krabben auf vier tiefe Teller verteilen und mit der heißen Kartoffelsuppe aufgießen. Mit Schnittlauch bestreuen.

Rheinische Kartoffelsuppe
für 4 Personen

HERKUNFT Rheinland
ZUBEREITUNGSZEIT 10 Minuten
GARZEIT 30 Minuten

Zutaten

450 g Kartoffeln
60 g Knollensellerie
1 Möhre
1 Lorbeerblatt
1,2 l Gemüsebrühe
120 g Sahne
30 g kalte Butter
Salz
Pfeffer aus der Mühle
frisch geriebene Muskatnuss
Cayennepfeffer
120 g leicht geräucherter Bauchspeck
Öl zum Braten
1 EL gehackte Petersilie

1 — Kartoffeln, Sellerie und Möhre waschen, schälen und in 1 cm große Stücke schneiden. Mit dem Lorbeerblatt in die Brühe geben und darin etwa 30 Minuten knapp unter dem Siedepunkt weich ziehen lassen. Das Lorbeerblatt entfernen, die Schne mit der Butter hinzufügen und alles in einem Mixer pürieren. Mit Salz, Pfeffer, etwas frisch geriebener Muskatnuss und 1 Prise Cayennepfeffer würzen.

2 — Den Speck in kleine Würfel schneiden und im Öl in einer Pfanne bei mittlerer Hitze das Fett ausbraten. In ein Sieb abgießen.

3 — Die Suppe in warmen Suppentellern verteilen und mit den Speckwürfeln und Petersilie bestreuen.

Erbsencremesuppe
für 4 Personen

HERKUNFT Alle Regionen
ZUBEREITUNGSZEIT 10 Minuten
GARZEIT 15 Minuten

Zutaten

300 g Tiefkühl-Erbsen
1 Zwiebel
2 EL Öl
50 ml Weißwein
800 ml Gemüsebrühe
200 g Sahne
Salz
Zucker
frisch geriebene Muskatnuss
100 g Frühstücksspeck
4 Minzeblätter zum Garnieren

1 — Die Erbsen auftauen lassen. Die Zwiebel schälen und in feine Würfel schneiden. In einem Topf 1 EL Öl erhitzen und die Zwiebelwürfel darin bei mittlerer Hitze glasig dünsten. Den Wein hinzufügen und fast vollständig einköcheln lassen.

2 — Die Brühe dazugießen und knapp unter dem Siedepunkt 15 Minuten ziehen lassen. Die Erbsen hinzufügen und 3 bis 5 Minuten in der Brühe erhitzen. Die Sahne unterrühren und alles mit dem Stabmixer fein pürieren. Die Suppe nochmals kurz erhitzen und mit Salz, je 1 Prise Zucker und sowie Muskatnuss würzen.

3 — Den Speck in 1 cm breite Streifen schneiden. Das restliche Öl in einer Pfanne erhitzen und den Speck darin kross braten. Aus der Pfanne nehmen und auf Küchenpapier abtropfen lassen.

4 — Die Suppe nochmals kurz mit dem Stabmixer aufschäumen und auf vorgewärmte tiefe Teller verteilen. Den Speck darüberstreuen und die Suppe mit Minzeblättern garniert servieren.

Erbsensuppe mit Räucheraal
für 4 Personen

HERKUNFT Norddeutschland
ZUBEREITUNGSZEIT 15 Minuten
GARZEIT 30 Minuten

Zutaten

300 g Räucheraal
¾ l Gemüsebrühe
2 Schalotten
30 g Butter
300 g gepalte, junge Erbsen
Salz
Pfeffer aus der Mühle
Zucker
150 g Crème fraîche
1 Stückchen frische Meerrettichwurzel
1 EL gehackte Petersilie

1 — Den Aal häuten und die Gräten entfernen. Die Gemüsebrühe aufkochen und von der Kochplatte nehmen. Die Aalhaut in die Brühe geben und 15 Minuten ziehen lassen. Dann wieder entfernen.

2 — Schalotten schälen, in kleine Würfel schneiden und in der zerlassenen Butter glasig dünsten. Erbsen hinzufügen, mit Salz, Pfeffer und 1 Prise Zucker würzen und kurz

durchrühren. Die Brühe angießen und etwa 15 Minuten köcheln lassen.

3 — Die Suppe mit dem Stabmixer fein pürieren, durch ein Sieb streichen und die Crème fraîche unterrühren. Suppe nicht mehr kochen lassen.

4 — Das Aalfleisch in kleine Stücke teilen und auf vier vorgewärmte Suppenteller geben. Die Erbsensuppe noch einmal kurz mit dem Stabmixer schaumig aufschlagen und darübergießen. Etwas Meerrettich darüberraspeln und die Suppe mit Petersilie bestreuen.

Spargelsuppe
für 4 Personen

HERKUNFT Alle Regionen
ZUBEREITUNGSZEIT 10 Minuten
GARZEIT 30 Minuten

Zutaten

- 250 g weißer Spargel
- 250 g grüner Spargel
- 800 ml Gemüsebrühe
- 200 g Sahne
- 1 Streifen unbehandelte Zitronenschale
- 20 g kalte Butter
- Salz
- frisch geriebene Muskatnuss
- einige Spritzer Zitronensaft

1 — Den Spargel waschen. Den weißen Spargel ganz, den grünen nur im unteren Drittel schälen und die holzigen Enden jeweils abschneiden.

2 — Die Brühe in einem Topf aufkochen lassen und die Spargelschalen darin knapp unter dem Siedepunkt etwa 20 Minuten ziehen lassen.

3 — Den Sud durch ein Sieb in einen Topf gießen, die Spargelschalen dabei mit dem Schöpflöffel gut ausdrücken und entfernen.

4 — Die Spargelstangen schräg in etwa 3 bis 4 cm lange Stücke schneiden, in den Spargelsud geben und knapp unter dem Siedepunkt 5 bis 10 Minuten bissfest garen. Den Sud erneut durch ein Sieb in einen Topf gießen und die Spargelstücke warm halten.

5 — Die Sahne zum Spargelsud geben und bis knapp unter den Siedepunkt erhitzen. Die Suppe vom Herd nehmen, die Zitronenschale hinzufügen, einige Minuten darin ziehen lassen und wieder entfernen.

6 — Die kalte Butter mit dem Stabmixer unterrühren. Die Suppe mit Salz, Muskatnuss und dem Zitronensaft abschmecken. Nochmals mit dem Stabmixer aufschäumen, in Suppenteller verteilen und die Spargelstücke darauf verteilen. (Abbildung → S. 86).

Möhrencremesuppe
für 4 Personen

HERKUNFT Alle Regionen
ZUBEREITUNGSZEIT 15 Minuten
GARZEIT 20 Minuten

Zutaten

- 250 g Möhren
- 1 große Zwiebel
- 1 Tomate
- 2 TL Puderzucker
- 800 ml Gemüsebrühe
- 1 roter Apfel
- 2 Scheiben Knoblauch
- je 1 TL Piment- und schwarze Pfefferkörner
- 200 g Sahne
- 4 EL kalte Butter

1 — Die Möhren und die Zwiebel schälen und klein schneiden. Die Tomate waschen und klein schneiden, dabei den Stielansatz entfernen.

2 — In einem Topf 1 TL Puderzucker bei milder Hitze hell karamellisieren, das Gemüse hinzufügen und kurz darin andünsten. Die Brühe angießen und das Gemüse knapp unter dem Siedepunkt etwa 20 Minuten garen.

3 — Den Apfel waschen, vierteln und das Kerngehäuse entfernen. Das Fruchtfleisch in dünne Spalten schneiden. 2 Apfelspalten schälen, klein schneiden und mit dem Knoblauch in die Suppe geben. Piment und Pfefferkörner in eine Gewürzmühle füllen und die Suppe damit würzen. Die Sahne und 3 EL Butter dazugeben und die Suppe mit dem Stabmixer fein pürieren.

4 — Den restlichen Puderzucker in einer Pfanne bei mittlerer Hitze hell karamellisieren. Die ungeschälten Apfelspalten und die restliche Butter hinzufügen und die Spalten darin von beiden Seiten hell anbraten.

5 — Die Suppe mit einem Stabmixer nochmals aufschäumen, auf vorgewärmte Suppenteller verteilen und mit den Apfelspalten garnieren.

Kürbissuppe
für 4 Personen

HERKUNFT Alle Regionen
ZUBEREITUNGSZEIT 10 Minuten
GARZEIT 20 Minuten

Zutaten

600 g Muskatkürbis
750 ml Hühnerbrühe
150 g Sahne
1 Knoblauchzehe (halbiert)
40 g kalte Butter
Salz
Pfeffer aus der Mühle

1 — Den Kürbis schälen, die Kerne mit einem Löffel entfernen und das Fruchtfleisch in 1 cm große Würfel schneiden.

2 — Die Kürbiswürfel mit der Brühe in einen Topf geben und etwa 20 Minuten knapp unter dem Siedepunkt weich garen. Die Sahne hinzufügen und mit dem Stabmixer fein pürieren.

3 — Knoblauch in die Suppe geben, einige Minuten darin ziehen lassen und wieder entfernen. Die Butter unterrühren und die Suppe mit Salz und Pfeffer abschmecken.

Tomatensuppe
für 4 Personen

HERKUNFT Alle Regionen
ZUBEREITUNGSZEIT 15 Minuten

Zutaten

1 kleine Zwiebel
80 ml Olivenöl
½ l Gemüsebrühe
1 Knoblauchzehe
650 g stückige Tomaten (aus der Dose)
einige Stiele Basilikum
Salz
Pfeffer aus der Mühle
Zucker
Cayennepfeffer
1 EL gehackte Basilikumblätter

1 — Die Zwiebel schälen und in kleine Würfel schneiden. In einem Topf 1 EL Olivenöl erhitzen und die Zwiebelwürfel darin bei milder Hitze glasig dünsten. Die Brühe hinzufügen und die Zwiebel knapp unter dem Siedepunkt 5 Minuten garen.

↓

Birnen, Bohnen, Speck S. 114

2 — Den Knoblauch schälen und in Scheiben schneiden. Die Tomaten zur Brühe geben und erhitzen. Die Knoblauchscheiben hinzufügen und die Suppe mit dem Stabmixer pürieren, dabei nach und nach das restliche Olivenöl dazugießen.

3 — Die Basilikumstiele in die Suppe geben, einige Minuten darin ziehen lassen und wieder entfernen. Die Tomatensuppe mit Salz, Pfeffer, Zucker und 1 Prise Cayennepfeffer abschmecken. Auf vorgewärmte Suppenteller verteilen und mit Basilikum bestreuen.

Wirsingsuppe
für 4 Personen

HERKUNFT Alle Regionen
ZUBEREITUNGSZEIT 10 Minuten
GARZEIT 10 Minuten

Zutaten

- 500 g Wirsing
- Salz
- ¾ l kräftige Gemüse- oder Hühnerbrühe
- 200 g Sahne
- 2 EL Sahnemeerrettich (aus dem Glas)
- Salz
- frisch geriebene Muskatnuss
- 2 EL gehackte Petersilienblätter
- einige Petersilienblätter

1 — Den Wirsing putzen, waschen und in die einzelnen Blätter teilen. Die Blattrippen entfernen, die Blätter, falls nötig, etwas zerkleinern und in kochendem Salzwasser etwa 8 Minuten weich garen. In ein Sieb abgießen, kalt abschrecken und abtropfen lassen.

2 — Die Brühe in einem Topf erhitzen, den Wirsing, die Sahne und den Sahnemeerrettich hinzufügen. Mit Salz und Muskatnuss würzen und alles mit dem Stabmixer fein pürieren.

3 — Die Petersilie unterrühren, die Suppe dabei nicht mehr kochen lassen. Nach Bedarf nochmals mit Salz und Muskatnuss abschmecken.

4 — Die Wirsing-Petersilien-Suppe auf vorgewärmte tiefe Teller oder Schälchen verteilen, mit Petersilienblättern garnieren und servieren.

Käse-Lauch-Suppe
für 4 Personen

HERKUNFT Alle Regionen
ZUBEREITUNGSZEIT 10 Minuten
GARZEIT 20 Minuten

Zutaten

- 1 große Stange Lauch
- 2 TL Puderzucker
- 125 ml Sekt
- ¾ l Gemüsebrühe
- ½ kleines Lorbeerblatt
- 100 g Sahne
- 2 schwach geh. EL Speisestärke
- 1 Streifen unbehandelte Zitronenschale
- 1 Zweig Thymian
- 1 Knoblauchzehe (in Scheiben)
- 150 g Edamer
- 20 g kalte Butter
- Salz
- Pfeffer aus der Mühle

1 — Lauch putzen, waschen und in Ringe schneiden. Den Puderzucker in einem Topf bei schwacher Hitze hell karamellisieren, den Lauch hinzufügen und einige Minuten darin andünsten. Mit Sekt ablöschen und auf ein Drittel einköcheln lassen. Die Brühe angießen, das Lorbeerblatt hinzufügen und 10 Minuten ziehen lassen.

2 — Die Sahne dazugeben und erhitzen. Die Speisestärke mit wenig kaltem Wasser glatt rühren, in die köchelnde Suppe rühren, den Zitronenstreifen mit Thymianzweig und Knoblauch dazugeben und weitere 2 Minuten ziehen lassen. Anschließend die Gewürze wieder entfernen und die Suppe durch ein Sieb gießen.

3 — Den Käse klein schneiden, in die Suppe streuen und mit dem Stabmixer untermixen. Die Suppe nicht mehr kochen lassen, die Butter untermixen, mit Salz und Pfeffer abschmecken und zum Schluss den Lauch unterrühren. Sofort servieren. Dazu passt Weißbrot.

Allgäuer Käsesuppe
für 4 Personen

HERKUNFT Allgäu/Schwaben
ZUBEREITUNGSZEIT 10 Minuten
GARZEIT 5 Minuten

Zutaten

2 TL Puderzucker
100 ml lieblicher Weißwein
¾ l Gemüsebrühe
100 g Sahne
2 schwach geh. EL Speisestärke
150 g Emmentaler
20 g kalte Butter
Salz
Pfeffer aus der Mühle
frisch geriebene Muskatnuss
1 EL gehackte Kräuter (z.B. Petersilie, Schnittlauch, Dill, Kerbel)

1 — Den Puderzucker in einem Topf bei schwacher Hitze hell karamellisieren. Mit Weißwein ablöschen und auf ein Drittel einköcheln lassen. Die Brühe dazugießen, die Sahne hinzufügen und erhitzen.

2 — Die Stärke mit wenig kaltem Wasser glatt rühren und in die Suppe rühren.

3 — Den Käse klein schneiden, zur Suppe geben und mit einem Stabmixer glatt rühren. Die Suppe nicht mehr kochen lassen, die Butter hineinmixen, mit Salz, Pfeffer und Muskatnuss abschmecken.

4 — Die Suppe in warme Tellern verteilen und mit den Kräutern bestreuen. Dazu passt Weißbrot.

Fischsuppe
für 4 Personen

HERKUNFT Norddeutschland
ZUBEREITUNGSZEIT 30 Minuten
GARZEIT 20 Minuten

Zutaten

300 g festkochende Kartoffeln
½ l Gemüsebrühe
1 Lorbeerblatt
1 Zwiebel
½ Möhre
1 Stange Staudensellerie
¼ Fenchelknolle
1 TL Puderzucker
4 EL Wermut
80 ml Weißwein
1,2 l Fischfond oder Gemüsebrühe
½ TL Fenchelsamen
100 g grüner Spargel
Salz
2 Tomaten
12 Miesmuscheln
80 ml Weißwein
500 g Fischfilet (z.B. Kabeljau, Rotbarsch, Seelachs; ohne Haut und Gräten)
10 geschälte Garnelen

1 — Die Kartoffeln schälen, waschen und längs halbieren. Die Brühe mit dem Lorbeerblatt aufkochen und die Kartoffeln darin weich garen.

2 — Inzwischen für die Fischsuppe die Zwiebel und die Möhre schälen. Staudensellerie und Fenchel putzen, waschen und alles in grobe Würfel schneiden. Das Gemüse in einem Topf bei milder Hitze ohne Fett anrösten. Den Puderzucker darüberstäuben und leicht karamellisieren. Wermut und Wein dazugießen und etwas einköcheln lassen. Den Fond und die Fenchelsamen hinzufügen und die Suppe knapp unter dem Siedepunkt etwa 15 Minuten ziehen lassen.

3 — Den Spargel waschen, im unteren Drittel schälen und die holzigen Enden entfernen. Die Spargelstangen jeweils schräg in 2 bis 3 Stücke schneiden. Den Spargel in kochendem Salzwasser bissfest blanchieren, in ein Sieb abgießen, kalt abschrecken und abtropfen lassen.

4 — Die Tomaten kreuzweise einritzen, überbrühen, kalt abschrecken, häuten, vierteln und entkernen. Die Miesmuscheln unter fließendem kaltem Wasser gründlich abbürsten und geöffnete Exemplare aussortieren. In einem Topf im Wein zugedeckt etwa 1 Minute garen, bis sie sich geöffnet haben.

5 — Das Fischfilet und die Garnelen waschen und trocken tupfen. Die Garnelen am Rücken entlang einschneiden und den dunklen Darm entfernen. Fisch und Garnelen in etwa 3 cm große Stücke schneiden. Salzwasser in einem Topf aufkochen, den Topf vom Herd nehmen und die Fisch- und Garnelenstücke darin 2 Minuten pochieren. Mit dem Schaumlöffel herausheben, mit dem blanchierten Spargel und den Tomatenwürfeln in die Fischsuppe geben und 1 bis 2 Minuten darin ziehen lassen.

6 — Die Fischsuppe auf vorgewärmte tiefe Teller verteilen, die Muscheln samt Wein und die Kartoffeln dazugeben. Die Fischsuppe nach Belieben mit Basilikum- und Sellerieblättern sowie Dillspitzen garniert servieren.

Hamburger Aalsuppe
für 4 Personen

HERKUNFT Norddeutschland/Hamburg
ZUBEREITUNGSZEIT 15 Minuten
GARZEIT 30 Minuten

Zutaten

- 200 g gemischtes Backobst (z.B. Pflaumen, Aprikosen; entsteint)
- 500 g frischer Aal (ohne Haut)
- 150 g Knollensellerie
- 2 Möhren
- 1 Stange Lauch
- einige Kräuterstiele (z.B. Petersilie, Estragon, Kerbel)
- 2 EL Öl
- 125 ml trockener Weißwein
- ¾ l Fleischbrühe
- 150 g Tiefkühl-Erbsen
- Salz
- etwas Essig
- Zucker

1 — Das Backobst in mundgerechte Stücke schneiden. In einen Topf geben, mit Wasser bedecken, aufkochen und bei schwacher Hitze zugedeckt etwa 10 Minuten quellen lassen.

2 — Den Aal in etwa 4 cm lange Stücke schneiden. Sellerie und Möhren putzen, schälen und in kleine Würfel schneiden. Vom Lauch die Wurzeln und das grüne Ende entfernen. Die Stange der Länge nach halbieren, gründlich waschen und in Scheiben schneiden. Kräuter waschen, trocken schütteln, die Blätter abzupfen und hacken.

3 — Das Öl in einem Topf erhitzen und das Gemüse darin andünsten. Mit Wein und Brühe aufgießen. Etwa 10 Minuten bei schwacher Hitze köcheln lassen. Das Backobst, den Aal, die Erbsen und die Kräuter dazugeben und 15 Minuten bei schwacher Hitze gar ziehen lassen.

4 — Die Suppe mit Salz, Essig und Zucker süßsauer abschmecken. (Abbildung → S. 86)

Büsumer Krabbensuppe
für 4 Personen

HERKUNFT Schleswig-Holstein/Norddeutschland
ZUBEREITUNGSZEIT 5 Minuten
GARZEIT 5 Minuten

Zutaten

¾ l kräftige Gemüse- oder Hühnerbrühe
¼ l Fischfond
200 g Sahne
1–2 EL Speisestärke
30 g Krebsbutter (Fertigprodukt)
1 Spritzer Zitronensaft
Salz
250 g gegarte und gepulte Nordseekrabben
1 EL gehackter Kerbel

1 — Die Brühe mit dem Fischfond und der Sahne bis zum Siedepunkt erhitzen. Die Speisestärke mit wenig kaltem Wasser glatt rühren und in die leicht köchelnde Suppe rühren, bis diese sämig bindet. Die Krebsbutter hinzufügen und mit einem Stabmixer unterrühren. Mit 1 Spritzer Zitronensaft und Salz abschmecken.

2 — Die Krabben auf vorgewärmte Suppenteller verteilen und die Suppe darübergeben. Mit dem Kerbel bestreut servieren.

Badische Schneckensuppe
für 4 Personen

HERKUNFT Baden(-Württemberg)
ZUBEREITUNGSZEIT 15 Minuten
GARZEIT 5 Minuten

Zutaten

100 g Butter
Salz
Pfeffer aus der Mühle
Cayennepfeffer
1 Knoblauchzehe
3 EL gehackte Petersilie
1 EL fein geschnittener Schnittlauch
2–3 gehackte Estragonblätter
1 EL gehackter Kerbel
2 Zwiebeln
2 EL Öl
24 ausgelöste, küchenfertige Schnecken
125 ml trockener badischer Weißwein
½ l Kalbsfond (aus dem Glas)
100 g Sahne
2 EL geschlagene Sahne

1 — Die Butter schaumig schlagen und mit Salz, Pfeffer und Cayennepfeffer würzen. Den Knoblauch schälen, durch eine Presse drücken und mit 2 EL Petersilie und den restlichen Kräutern unter die Butter mischen. Kalt stellen.

2 — Die Zwiebeln schälen, in kleine Würfel schneiden und im heißen Öl glasig dünsten. Die Schnecken waschen, trocken tupfen, grob hacken und zu den Zwiebeln geben. Kurz mit andünsten, dann mit Wein, Kalbsfond und Sahne aufgießen und aufkochen lassen. Etwa 5 Minuten bei schwacher Hitze köcheln lassen.

3 — Die kalte Kräuterbutter in kleinen Stücken unter die Suppe rühren, noch einmal aufkochen lassen und die geschlagene

↓
Gemüseeintopf S. 112

Sahne unterziehen. Mit der restlichen Petersilie bestreuen und mit knusprig geröstetem Weißbrot servieren.

Gulaschsuppe
für 4 Personen

HERKUNFT Alle Regionen
ZUBEREITUNGSZEIT 25 Minuten
GARZEIT 2½ Stunden

Zutaten für die Suppe

- 700 g Rindfleisch (aus der Wade oder Schulter)
- 400 g Zwiebeln
- 1–2 EL Öl
- 1 EL Tomatenmark
- ¾ l Hühnerbrühe
- je ½ gelbe und rote Paprikaschote
- ½ Zucchini
- 400 g Kartoffeln
- Salz
- Paprikapulver (rosenscharf)
- 1 Lorbeerblatt
- Pfeffer aus der Mühle
- 2 EL gehackte Petersilie

Zutaten für das Gewürz

- 2 Knoblauchzehen
- 2 Streifen unbehandelte Zitronenschale
- ½ TL ganzer Kümmel
- ½ TL getrockneter Majoran
- ½–1 EL Paprikapulver (edelsüß)
- 1–2 EL Hühnerbrühe

1 — Für die Suppe das Rindfleisch von Fett und groben Sehnen befreien und in 1 cm große Würfel schneiden. Die Zwiebeln schälen, halbieren und in kleine Würfel schneiden. In einem großen, flachen Topf das Öl erhitzen, die Fleischstücke darin bei mittlerer Hitze rundum gut anbraten und aus dem Topf nehmen.

2 — Die Zwiebelwürfel in den Topf geben und darin glasig dünsten, das Tomatenmark unterrühren und einige Minuten mitdünsten. Das Fleisch wieder hinzufügen und die Brühe dazugießen. Bei milder Hitze zugedeckt etwa 2½ Stunden knapp unter dem Siedepunkt ziehen lassen.

3 — In der Zwischenzeit die roten und gelben Paprikaschoten putzen, entkernen, waschen und in ½ bis 1 cm große Würfel schneiden. Die Zucchini putzen, waschen und wie die Paprika in Würfel schneiden. Die Kartoffeln waschen, schälen und in 1 cm große Würfel schneiden.

4 — Nach 2 Stunden Garzeit die Paprika-, Zucchini- und Kartoffelwürfel in die Suppe geben. Mit Salz und Paprikapulver würzen und das Lorbeerblatt dazugeben und weitere 30 Minuten garen.

5 — Für das Gulaschgewürz den Knoblauch schälen, in Scheiben schneiden und mit Zitronenschale, Kümmel und Majoran fein hacken. Das Paprikapulver mit etwas kalter Brühe oder kaltem Wasser glatt rühren. Die Gulaschsuppe mit etwas Gewürzmischung und dem angerührten Paprikapulver würzen und weitere 5 Minuten ziehen lassen (nicht die ganze Menge auf einmal hineingeben, lieber etwas nachwürzen).

6 — Das Lorbeerblatt aus der Gulaschsuppe entfernen. Die Suppe mit Salz und Pfeffer abschmecken, in vorgewärmte Suppentassen füllen und mit der Petersilie bestreuen.

Gemüseeintopf
für 4 Personen

HERKUNFT Alle Regionen
ZUBEREITUNGSZEIT 20 Minuten
GARZEIT 20 Minuten

Zutaten

- 1 Kartoffel
- 1 Möhre
- 1 Zwiebel
- 100 g junger Weißkohl
- ½ kleine Fenchelknolle
- 1 Stange Staudensellerie
- 80 g kleine weiße Champignons
- 50 g gelbe Zucchini (wahlweise grün)
- ½ Bund Frühlingszwiebeln
- 80 g breite Bohnen
- Salz
- 800 ml Gemüsebrühe
- 1 kleines Lorbeerblatt
- 1 Knoblauchzehe
- 1 Zweig Thymian (wahlweise Bohnenkraut)
- 1 Streifen unbehandelte Zitronenschale
- 1 EL gehackte Petersilie

1 — Die Kartoffel schälen, waschen und in 1 cm große Würfel schneiden. Die Möhre putzen, schälen und schräg in Scheiben schneiden. Die Zwiebel schälen und in 1½ cm große Stücke schneiden. Den Weißkohl putzen, waschen und die Blätter in 1½ cm große Stücke schneiden. Den Fenchel putzen, waschen, längs vierteln und quer in 1½ cm breite Stücke schneiden. Den Sellerie putzen, waschen und schräg in ½ cm breite Scheiben schneiden.

2 — Die Champignons putzen, trocken abreiben und vierteln. Den Zucchini waschen, längs vierteln und in Scheiben schneiden. Frühlingszwiebeln putzen, waschen und schräg in ½ cm breite Ringe schneiden.

3 — Die Bohnen putzen, waschen und schräg in 1½ cm breite Stücke schneiden. In kochendem Salzwasser 4 bis 5 Minuten weich garen. In ein Sieb abgießen, kalt abschrecken und abtropfen lassen.

4 — Kartoffel, Möhre, Zwiebel, Weißkohl, Fenchel und Sellerie mit der Brühe in einen Topf geben, das Lorbeerblatt einlegen und das Gemüse knapp unter dem Siedepunkt 10 bis 15 Minuten weich garen. Den Knoblauch schälen und halbieren.

5 — Kurz vor Ende der Garzeit Champignons, Zucchini, Frühlingszwiebeln, Bohnen, Thymian, Knoblauch und Zitronenschale hinzufügen. Die Gewürze einige Minuten ziehen lassen und wieder entfernen. Den Gemüseeintopf mit Salz abschmecken. Den Eintopf auf vorgewärmte Suppenteller verteilen und mit der Petersilie bestreuen. (Abbildung → S. 86)

Pichelsteiner Eintopf
für 4 Personen

HERKUNFT Bayern
ZUBEREITUNGSZEIT 15 Minuten
GARZEIT 1½ Stunden

Zutaten

- je 200 g Kalb- und Rindfleisch (aus der Schulter)
- 1–2 EL Öl
- ca. 1½ l Gemüse- oder Rinderbrühe
- 2 festkochende Kartoffeln
- 2 Zwiebeln
- 1 Möhre
- 1 Petersilienwurzel
- 150 g Knollensellerie
- 200 g Weißkohl
- ½ Stange Lauch
- 100 g breite grüne Bohnen

Salz
120 g kleine weiße Bohnen (aus der Dose)
je ½ TL Piment- und schwarze Pfefferkörner
¼ TL ganzer Kümmel
1 Lorbeerblatt
1 Knoblauchzehe (in Scheiben)
Salz
3 Stiele Petersilie
frisch geriebene Muskatnuss

1 — Das Fleisch in etwa 1½ cm große Würfel schneiden. Das Öl in einer Pfanne erhitzen und das Fleisch darin portionsweise rundum anbraten. Mit der Brühe in einen Topf geben und knapp unter dem Siedepunkt etwa 1 Stunde ziehen, nicht köcheln lassen.

2 — Die Kartoffeln schälen und waschen. Die Zwiebeln schälen, die Möhre, Petersilienwurzel und den Sellerie putzen und schälen. Alles in kleine Würfel schneiden. Den Weißkohl putzen und waschen, die Blattrippen entfernen und die Kohlblätter in Rauten schneiden. Kartoffeln, Zwiebeln, Möhre, Petersilienwurzel, Sellerie und Weißkohl zum Fleisch geben und etwa 20 Minuten mitgaren.

3 — Den Lauch putzen, waschen und in Ringe schneiden. Die grünen Bohnen putzen, waschen und schräg in Stücke schneiden. In einem Topf Salzwasser zum Kochen bringen und die Bohnen darin bissfest garen. Abgießen, kalt abschrecken und abtropfen lassen. Die weißen Bohnen in ein Sieb abgießen, kalt abbrausen und abtropfen lassen. Die Piment- und Pfefferkörner mit dem Kümmel in eine Gewürzmühle füllen.

4 — Den Lauch sowie die grünen und weißen Bohnen mit dem Lorbeerblatt und Knoblauch zum Fleisch geben, mit den Gewürzen aus der Mühle und Salz abschmecken. Das Gemüse weitere 10 Minuten ziehen lassen, die ganzen Gewürze entfernen. Die Petersilie waschen und trocken schütteln, die Blätter abzupfen und unter den Eintopf rühren.

5 — Etwas Muskatnuss in vorgewärmte tiefe Teller reiben und den Pichelsteiner Eintopf darauf verteilen.

Soljanka
für 4 Personen

HERKUNFT Sachsen/Sachsen-Anhalt/Thüringen
ZUBEREITUNGSZEIT 20 Minuten
GARZEIT 10 Minuten

Zutaten

250 g Zwiebeln
2 rote Paprikaschoten
100 g Schinkenspeck (in Scheiben)
1 EL Öl
100 g Tomatenmark
800 ml Hühnerbrühe oder Geflügelfond
100 ml Gewürzgurkensud
1 Lorbeerblatt
1 TL gelbe Senfkörner
100 g gegartes Fleisch (z.B. Rindfleisch, Hähnchenfleisch oder Schweinebraten)
je 100 g Kasseler und Salami
100 g Wurst (z.B. Jagdwurst, Geflügelwurst oder Kochsalami)
50 g Gewürzgurke
Piment aus der Mühle
mildes Chilipulver
Pfeffer aus der Mühle
1 TL Paprikapulver (edelsüß)
1 gehackte Knoblauchzehe
1 Msp. abgeriebene unbehandelte Zitronenschale
1 EL gehackte Petersilie
Salz
4–6 EL Schmand
Dill oder Petersilie zum Garnieren

1 — Die Zwiebeln schälen und in 1 bis 1 ½ cm breite Streifen schneiden. Die Paprikaschoten längs halbieren, entkernen, waschen und in gleich große Stücke schneiden. Den Speck in 1 cm breite Streifen schneiden.

2 — Das Öl in einem Topf erhitzen. Die Zwiebelstreifen und die Paprikastücke darin bei mittlerer Hitze andünsten. Das Tomatenmark unterrühren und bei milder Hitze kurz anrösten. Den Speck dazugeben, die Brühe und den Gewürzgurkensud dazugießen, das Lorbeerblatt hinzufügen und die Senfkörner hineinstreuen. Den Eintopf erhitzen und knapp unter dem Siedepunkt 5 Minuten ziehen lassen.

3 — Inzwischen das gegarte Fleisch, das Kasseler, die Salami und die Wurst ebenso wie die Gewürzgurke in ½ bis 1 cm große Würfel schneiden. In den Eintopf geben und mit je 1 Prise Piment und Chilipulver sowie Pfeffer würzen.

4 — Alle Zutaten erhitzen, aber nicht kochen lassen. Das Paprikapulver mit wenig Wasser glatt rühren und mit dem Knoblauch in den Eintopf geben. Den Eintopf mit der Zitronenschale verfeinern und die Petersilie unterrühren. Den Eintopf pikant abschmecken und nach Belieben noch mit Salz würzen

5 — Die Soljanka in vorgewärmten tiefen Tellern anrichten, je 1 EL Schmand daraufsetzen und mit Dill oder Petersilie garniert servieren.

Birnen, Bohnen, Speck
für 4 Personen

HERKUNFT Schleswig-Holstein/Niedersachsen/Mecklenburg-Vorpommern/Hamburg
ZUBEREITUNGSZEIT 15 Minuten
GARZEIT 40 Minuten

Zutaten

- 1 Zwiebel
- 1 EL Öl
- 1,2 l Fleischbrühe
- 300 g durchwachsener Räucherspeck
- 2 Williamsbirnen
- 500 g grüne Bohnen
- 500 g vorwiegend festkochende Kartoffeln
- 1 EL gehacktes Bohnenkraut
- 2 TL Speisestärke
- Salz
- Pfeffer aus der Mühle

1 — Die Zwiebel schälen und in Würfel schneiden. Die Zwiebel im Öl in einem Topf glasig dünsten. Die Brühe und den Speck dazugeben. 20 Minuten kochen lassen.

2 — Die Birnen schälen, halbieren und entkernen. In wenig Wasser 3 Minuten pochieren und abtropfen lassen. (Normalerweise kommen kleine Kochbirnen in dieses Gericht, die mit den Bohnen mitgekocht werden. Da diese aber nicht immer und überall erhältlich sind, werden hier Williamsbirnen verwendet, die nicht lang gekocht werden sollten, da sie sonst zerfallen.)

3 — Die Bohnen putzen und waschen und in etwa 2 bis 3 cm lange Stücke schneiden. Die Kartoffeln schälen und in Stücke schneiden.

4 — Den Speck aus der Brühe nehmen und in Scheiben schneiden. Bohnen, Bohnenkraut und Kartoffeln in die Brühe geben und 15 bis 20 Minuten garen.

5 — Die Speisestärke mit wenig kaltem Wasser glatt rühren und die Brühe damit binden. Mit Salz und Pfeffer würzen. Den Speck und die Birnen in der Brühe erwärmen. Bohnen, Birnen, Speck und Kartoffeln auf Teller verteilen und mit der Brühe nach Belieben auffüllen. (Abbildung → S. 105)

Baeckerofen/Baeckeoffa
für 4 Personen

HERKUNFT Baden
ZUBEREITUNGSZEIT 10 Minuten
MARINIERZEIT 12 Stunden
GARZEIT 4 Stunden

Zutaten

- je 400 g Rinderbrust, Kalbsschulter und Schweinenacken
- 3 Zwiebeln
- 1 fein gehackte Knoblauchzehe
- 2 Zweige Thymian
- je 1 TL schwarze Pfeffer- und Pimentkörner
- 2 kleine Lorbeerblätter
- Salz
- 750 ml Riesling
- 1,2 kg festkochende Kartoffeln
- 2 große Möhren
- 2 dicke Stangen Lauch
- ½ Bund glatte Petersilie

1 — Das Fleisch waschen, trocken tupfen und in 3 bis 4 cm große Würfel schneiden. Die Zwiebeln schälen, in Würfel schneiden und mit Fleisch, Knoblauch, Thymian, Pfeffer- und Pimentkörnern sowie den Lorbeerblättern in eine Schüssel geben. Salzen, mit Wein übergießen und zugedeckt 12 Stunden im Kühlschrank marinieren.

2 — Kartoffeln und Möhren schälen. Lauch putzen und waschen. Kartoffeln in größere Würfel, Möhren und Lauch in 3 bis 4 cm dicke Stücke schneiden.

3 — Den Backofen auf 150 °C vorheizen. Das marinierte Fleisch abwechselnd mit dem Gemüse in eine feuerfeste Keramikform oder einen Bratentopf schichten, mit der Marinade begießen, den Deckel daraufsetzen und mit Alufolie fest umhüllen. Eintopf im Backofen etwa 4 Stunden garen.

4 — Petersilie waschen, trocken schütteln, die Blätter von den Stielen zupfen und fein hacken. Den Eintopf damit bestreuen und servieren. Dazu ein frisches Bauernbrot und einen Riesling servieren.

Gaisburger Marsch
für 4 Personen

HERKUNFT Baden-Württemberg
ZUBEREITUNGSZEIT 30 Minuten
GARZEIT 3½ Stunden

Zutaten für die Rindersuppe

- 800 g Rinderbrust
- 2 EL Öl
- 2 Zwiebeln
- 200 g Knollensellerie
- 1 Möhre
- 1 Lorbeerblatt
- 3 Pimentkörner
- 3 Wacholderbeeren
- Salz
- Pfeffer aus der Mühle

Zutaten für die Einlage

- 200 g kleine festkochende Kartoffeln
- 1 Zwiebel
- 2 Möhren
- 200 g Knollensellerie

¼ Stange Lauch
1 EL gehackte Petersilie
2 Wiener Würstchen

Zutaten für die Spätzle

100 g doppelgriffiges Mehl
2 Eier
Salz
1 TL Öl

Zutaten zum Anrichten

1 große Zwiebel
1 EL Butter
frisch geriebene Muskatnuss
1 EL Schnittlauchröllchen

1 — Für die Rindersuppe die Rinderbrust in einem großen Topf im Öl bei mittlerer Hitze rundum anbraten. Etwa 3 l Wasser dazugießen, sodass das Fleisch gut bedeckt ist, und das Fleisch knapp unter dem Siedepunkt 3 Stunden gar ziehen lassen. Dabei den aufsteigenden Schaum abschöpfen.

2 — Inzwischen 1 Zwiebel ungeschält halbieren und die Schnittflächen in einer unbeschichteten Pfanne auf einem Stück Alufolie ohne Fett dunkel bräunen. Von der Folie nehmen und nach 1 Stunde Garzeit zur Brühe geben.

3 — Die restliche Zwiebel schälen, den Sellerie und die Möhre putzen und schälen. Zwiebel und Sellerie in etwa 1 cm große Stücke, die Möhre in Scheiben schneiden. Das Gemüse nach 2½ Stunden mit den Gewürzen in die Suppe geben. Am Ende der Garzeit die Suppe mit Salz und Pfeffer würzen. Das Fleisch herausheben, die Suppe durch ein mit einem Küchentuch ausgelegtes Sieb gießen und das Fleisch wieder in die Suppe geben.

4 — Für die Einlage die Kartoffeln schälen, waschen und halbieren oder vierteln. Die Zwiebel schälen, Möhren und Sellerie putzen und schälen. Das Gemüse in 1 cm große Stücke schneiden. Von der Suppe 1,2 l abmessen, die Kartoffeln und das Gemüse darin knapp unter dem Siedepunkt etwa 30 Minuten gar ziehen lassen. Den Lauch putzen, waschen und in 1 cm breite Streifen schneiden, nach 15 Minuten Garzeit hinzufügen. Vom Rindfleisch das Fett entfernen, das Fleisch in 1 cm große Stücke schneiden und mit der Petersilie in die Suppe geben.

5 — Für die Spätzle das Mehl mit den Eiern, 1 TL Salz und dem Öl verkneten und 3 bis 5 Minuten weiterkneten, bis der Teig Blasen wirft. In einem großen Topf reichlich Salzwasser zum Kochen bringen. Den Spätzlehobel kurz in das Wasser tauchen, den Teig einfüllen und die Spätzle in das siedende Salzwasser hobeln. Einmal kurz aufkochen lassen und in ein Sieb abgießen.

6 — Die Würstchen in dicke Scheiben schneiden, mit den Spätzle in die Suppe geben und kurz darin erhitzen. Die Zwiebel schälen, in Scheiben schneiden und in einer Pfanne in der Butter bei mittlerer Hitze hell rösten. Etwas Muskatnuss in tiefe Teller reiben, den Eintopf darauf verteilen, mit Röstzwiebeln und Schnittlauch bestreuen.

Erbseneintopf mit Schweinebauch
für 4 Personen

HERKUNFT Alle Regionen
EINWEICHZEIT 12 Stunden
ZUBEREITUNGSZEIT 10 Minuten
GARZEIT 1 Stunde

Zutaten

180 g gelbe geschälte Erbsen
1 Zwiebel
400 g festkochende Kartoffeln
1–2 Möhren

↓
Erbseneintopf mit Schweinebauch S. 116

- 120 g Knollensellerie
- 1 Stange Lauch
- 300 g hell geräucherter Schweinebauch (1 cm dick)
- 1 EL Öl
- 1 l Hühnerbrühe
- 1 Lorbeerblatt
- getrockneter Majoran
- Salz
- Pfeffer aus der Mühle
- 1 EL gehackte Petersilie

1 — Am Vortag die Erbsen über Nacht in Wasser einweichen, am nächsten Tag abtropfen lassen.

2 — Die Zwiebel schälen und in feine Würfel schneiden. Kartoffeln schälen und waschen. Möhren und Sellerie putzen und schälen. Kartoffeln, Möhren und Sellerie in etwa 1½ cm große Stücke schneiden. Den Lauch putzen, waschen und in ½ cm breite Scheiben schneiden. Den Schweinebauch in 2 cm breite Stücke schneiden.

3 — Das Öl in einem Topf erhitzen. Den Schweinebauch darin anbraten. Die Zwiebelwürfel hinzufügen und einige Minuten dünsten. Erbsen, Brühe, Kartoffeln, Möhren, Sellerie und Lorbeerblatt hinzufügen und alles knapp unter dem Siedepunkt etwa 1 Stunde ziehen lassen. Nach 45 Minuten den Lauch hinzufügen.

4 — Den Erbseneintopf mit Majoran, Salz und Pfeffer würzen und die Petersilie unterrühren. (Abbildung → S. 117)

Linseneintopf mit Würstchen für 4 Personen

HERKUNFT Alle Regionen
ZUBEREITUNGSZEIT 20 Minuten
GARZEIT 50 Minuten

Zutaten

- 1 Zwiebel
- 2 EL Öl
- 300 g Berglinsen (kleine grüne Linsen)
- 1 EL Tomatenmark
- 125 ml kräftiger Rotwein
- 1½ l Hühnerbrühe oder Geflügelfond
- je 60 g Möhre, Knollensellerie und Lauch
- ½–1 TL getrockneter Majoran
- 100 g geräucherter Bauchspeck
- 1 halbierte Knoblauchzehe
- Salz
- 4 Wiener Würstchen
- 1 EL gehackte Petersilie

1 — Die Zwiebel schälen und in feine Würfel schneiden. In einem Topf 1 EL Öl erhitzen und die Zwiebelwürfel darin bei milder Hitze glasig dünsten. Die Linsen dazugeben, das Tomatenmark unterrühren und kurz anrösten. Mit dem Wein ablöschen und alles sämig einköcheln lassen. Die Brühe dazugießen und 45 bis 50 Minuten mehr ziehen als köcheln lassen.

2 — Möhre und Sellerie putzen und schälen, den Lauch putzen und waschen. Alles in kleine Würfel schneiden, mit 1 Prise Majoran zur Suppe geben und 5 Minuten mitgaren.

3 — Den Speck in kleine Würfel schneiden. Das restliche Öl in einer Pfanne erhitzen und den Speck darin kross braten. Aus der Pfanne nehmen und auf Küchenpapier abtropfen lassen.

4 — Den Knoblauch in den Eintopf geben. Den Speck hinzufügen und mit den Eintopf mit Salz abschmecken. Den Knoblauch einige Minuten in der Suppe ziehen lassen, dann wieder entfernen.

5 — Die Würstchen in Scheiben schneiden und im Eintopf heiß werden lassen, den Eintopf aber nicht mehr kochen lassen. Vor dem Servieren die Petersilie und nach Belieben 1 EL Nussbutter → S. 125 unterrühren.

Pfefferpotthast
für 4 Personen

HERKUNFT Westfalen
ZUBEREITUNGSZEIT 15 Minuten
GARZEIT 1¼ Stunden

Zutaten

800 g durchwachsenes Rindfleisch (z.B. Rinderwade, Ochsenbein)
2 EL Öl
400 g Zwiebeln
¾ l Fleischbrühe
2 Lorbeerblätter
etwa 1 EL grob geschroteter schwarzer Pfeffer
Salz
1–2 EL Paniermehl
Pimentpulver
2 EL Zitronensaft

1 — Das Fleisch waschen, trocken tupfen und in 3 cm große Würfel schneiden. Das Öl in einem Schmortopf erhitzen und das Fleisch portionsweise darin scharf anbraten.

2 — Zwiebeln schälen, in Würfel schneiden und zum Fleisch geben. ½ l Brühe, die Lorbeerblätter und den Pfeffer hinzufügen und mit Salz würzen. Zugedeckt bei milder Hitze etwa 2 Stunden schmoren lassen. Bei Bedarf noch etwas Brühe angießen.

3 — Das Paniermehl zur Bindung in die Sauce rühren. Mit 1 Prise Piment, Zitronensaft und Salz nachwürzen und 10 Minuten ziehen lassen.

4 — Pfefferpotthast mit Salzkartoffeln → S. 316, Schmorgurken → S. 362 und eingelegten Roten Beten → S. 362 anrichten. Dazu passt ein kühles Pils.

Pluckte Finken
für 4 Personen

HERKUNFT Bremen
EINWEICHZEIT 12 Stunden
ZUBEREITUNGSZEIT 20 Minuten
GARZEIT 1 Stunde

Zutaten

250 g getrocknete weiße Bohnen
4 Zwiebeln
2 EL Butter
400 g durchwachsener Räucherspeck (am Stück; oder gepökeltes Schweinefleisch)
400 g festkochende Kartoffeln
400 g Möhren
300 g Äpfel
ca. 2 EL Obstessig
Salz
frisch gemahlener weißer Pfeffer

1 — Die Bohnen über Nacht in reichlich kaltem Wasser einweichen. Am nächsten Tag die Bohnen in ein Sieb abgießen und abtropfen lassen.

2 — Die Zwiebeln schälen und in feine Würfel schneiden. Die Butter in einem Topf erhitzen und die Zwiebeln darin bei schwacher bis mittlerer Hitze andünsten. Den Speck dazugeben und rundum etwa 10 Minuten anbraten. So viel Wasser hinzufügen, dass der Speck knapp zwei Fingerbreit bedeckt

ist, und aufkochen. Die Bohnen dazugeben und alles bei schwacher Hitze etwa 40 Minuten garen.

3 — Inzwischen die Kartoffeln schälen und waschen. Die Möhren putzen und schälen. Die Kartoffeln und Möhren in Würfel schneiden. Die Äpfel vierteln, schälen, entkernen und in Stücke oder Spalten schneiden.

4 — Den Speck aus dem Kochsud nehmen. Die Kartoffeln, die Möhren und die Äpfel hinzufügen und alles weitere 15 Minuten köcheln lassen. Den Eintopf mit dem Essig, wenig Salz und Pfeffer würzen. Den Speck in Scheiben oder mundgerechte Stücke schneiden und wieder dazugeben. Den Eintopf in tiefen Tellern anrichten und nach Belieben mit gehackter Petersilie bestreuen.

Plumm un Tüffel
für 4 Personen

HERKUNFT Mecklenburg-Vorpommern
EINWEICHZEIT 12 Stunden
ZUBEREITUNGSZEIT 10 Minuten
GARZEIT 45 Minuten

Zutaten

- 200 g Backpflaumen (ohne Stein)
- ¾ l Fleischbrühe
- 2 große Zwiebeln
- 1 Lorbeerblatt
- 2 Gewürznelken
- 750 g festkochende Kartoffeln
- 1 EL Butter
- 500 g durchwachsener Räucherspeck (am Stück)
- 1 TL Zucker
- Salz
- Pfeffer aus der Mühle
- 2–3 EL Zitronensaft

1 — Die Backpflaumen über Nacht in Wasser einweichen. Am nächsten Tag in ein Sieb abgießen und abtropfen lassen, dabei die Einweichflüssigkeit auffangen.

2 — In einem Topf die Brühe erhitzen. Die Zwiebeln schälen. 1 Zwiebel in feine Würfel schneiden. Das Lorbeerblatt mit den Nelken auf der anderen Zwiebel feststecken. Die Kartoffeln schälen, waschen und in knapp 2 cm große Würfel schneiden.

3 — Die Butter in einem Topf erhitzen und die Zwiebelwürfel darin andünsten. Die Brühe dazugießen, den Speck, die gespickte Zwiebel und den Zucker dazugeben und bei schwacher Hitze 25 Minuten garen. Die Kartoffelwürfel hinzufügen und weitere 10 Minuten garen.

4 — Den Speck aus dem Kochsud nehmen und in Würfel schneiden. Mit den Backpflaumen und nach Belieben etwas Einweichflüssigkeit zurück in den Topf geben und weitere 10 Minuten garen. Den Eintopf mit Salz, Pfeffer und Zitronensaft abschmecken. Nach Belieben noch mit 1 Prise Zimtpulver verfeinern.

Schnippelbohneneintopf
für 4 Personen

HERKUNFT Westfalen/Norddeutschland
ZUBEREITUNGSZEIT 15 Minuten
GARZEIT 25 Minuten

Zutaten

- 1 kleine Zwiebel
- 2 kleine Möhren
- 4 festkochende Kartoffeln
- 400 g breite Bohnen (Schnippelbohnen, Stangenbohnen)
- Salz
- 1–1,2 l Hühnerbrühe

1 Lorbeerblatt
1 Knoblauchzehe (in Scheiben)
½ TL getrocknetes Bohnenkraut
1 Streifen unbehandelte Zitronenschale
200 g Räucherenden (harte, geräucherte Mettwurst), ersatzweise Debrezciner oder Kabanossi
1 EL gehackte Petersilie
Salz
Pfeffer aus der Mühle
frisch geriebene Muskatnuss

1 — Die Zwiebel schälen und in 1 cm große Stücke schneiden. Die Möhren putzen, schälen und in Scheiben schneiden. Die Kartoffeln waschen, schälen und in 1 cm große Würfel schneiden. Die breiten Bohnen putzen, waschen und schräg in 1 bis 1 ½ cm breite Stücke schneiden.

2 — Die Bohnen in Salzwasser bissfest garen, in ein Sieb abgießen, kalt abschrecken und abtropfen lassen.

3 — Die Brühe mit dem Lorbeerblatt in einem Topf erhitzen, Zwiebel, Kartoffeln und Möhren dazugeben und alles knapp unter dem Siedepunkt 15 Minuten garen.

4 — Die Bohnen zum Eintopf hinzufügen, mit Knoblauch, Bohnenkraut und Zitronenschale würzen und einige Minuten ziehen lassen. Die Wurst in ½ cm dicke Scheiben schneiden, in den Eintopf geben und kurz darin erhitzen. Die Petersilie untermischen und den Eintopf mit Salz, Pfeffer und Muskatnuss abschmecken. Lorbeerblatt und Zitronenschale vor dem Servieren wieder entfernen.

Schnüsch
für 4 Personen

HERKUNFT Schleswig-Holstein
ZUBEREITUNGSZEIT 20 Minuten
GARZEIT 30 Minuten

Zutaten

200 g grüne Bohnen
Salz
200 g Möhren
350 g Kohlrabi
300 g festkochende Kartoffeln
800 ml Hühnerbrühe oder Geflügelfond
200 g Milch
200 g Tiefkühl-Erbsen
1 EL Speisestärke
Pfeffer aus der Mühle
½ TL getrocknetes Bohnenkraut
1 halbierte Knoblauchzehe
2 Stiele Petersilie
1 Streifen unbehandelte Zitronenschale
40 g kalte Butter
1 EL gehackte Petersilie
100 g Katenrauchschinken (in dünnen Scheiben; ersatzweise anderer Rauchschinken)
frisch geriebene Muskatnuss

1 — Die Bohnen putzen, waschen und in etwa 3 cm lange Stücke schneiden. Die Bohnen in einem Topf in kochendem, stark gesalzenem Wasser weich garen. In ein Sieb abgießen, kalt abschrecken und abtropfen lassen.

2 — Die Möhren und die Kohlrabi putzen und schälen. Die Kartoffeln schälen, waschen und alles in 1 bis 1 ½ cm große Stücke schneiden. Mit der Brühe in einem Topf knapp unter dem Siedepunkt 20 bis 30 Minuten weich garen. Dann die Milch hinzufügen, die Bohnen und Erbsen dazugeben und kurz erhitzen.

↓
Dunkle Grundsauce S. 132

3 — Die Speisestärke mit wenig kaltem Wasser glatt rühren und nach und nach in den leicht köchelnden Eintopf rühren, bis er leicht gebunden ist. Mit Salz, Pfeffer und Bohnenkraut würzen. Knoblauch, Petersilienstiele und Zitronenschale dazugeben, einige Minuten ziehen lassen und wieder entfernen.

4 — Die Suppe in ein Sieb abgießen, auffangen und die kalte Butter mit dem Stabmixer unterrühren. Das Gemüse wieder dazugeben, falls nötig etwas nachwürzen und die Petersilie hinzufügen.

5 — Den Schinken in Streifen schneiden. Etwas Muskatnuss in vorgewärmte tiefe Teller reiben und die Suppe darauf verteilen. Den Schinken über den Eintopf streuen und nach Belieben mit Petersilienblättern garniert servieren.

Steckrübeneintopf
für 4 Personen

HERKUNFT Niedersachsen/Norddeutschland
ZUBEREITUNGSZEIT 15 Minuten
GARZEIT 1 Stunde

Zutaten

500 g gepökelter Schweinebauch
1 kg Steckrüben
400 g vorwiegend festkochende Kartoffeln
1 Stiel Majoran
½ l Fleischbrühe
Salz
Pfeffer aus der Mühle
½ Bund Petersilie

1 — Den Schweinebauch in einen Topf geben, mit 1 l Wasser begießen und zum Kochen bringen. Etwa 25 Minuten bei schwacher Hitze köcheln lassen.

2 — Die Steckrüben und Kartoffeln schälen und in Würfel schneiden. Mit dem Majoranzweig und der Fleischbrühe zum Fleisch geben, salzen und pfeffern und zugedeckt weitere 20 bis 25 Minuten garen.

3 — Das Fleisch aus der Brühe nehmen, etwas abkühlen lassen und in Würfel schneiden. Das Fleisch wieder hinzufügen. Die Petersilie waschen, trocken schütteln und hacken. Unter den Eintopf mischen. Einige Minuten durchziehen lassen.

Stielmuseintopf
für 4 Personen

HERKUNFT Westfalen
ZUBEREITUNGSZEIT 15 Minuten
GARZEIT 25 Minuten

Zutaten

1 kg mehligkochende Kartoffeln
2 Zwiebeln
1 kg Rübstiel (Stielmus)
1 EL Butterschmalz
ca. 375 ml Hühner- oder Gemüsebrühe
150 g Schmand
Salz
Pfeffer aus der Mühle

1 — Die Kartoffeln waschen, schälen und in 1 cm große Würfel schneiden. Die Zwiebeln schälen und fein würfeln. Vom Stielmus die oberen Blätter etwas abschneiden und entfernen. Die Stiele waschen und in etwa 3 cm lange Stücke schneiden. Das Wurzelstück dabei entfernen.

2 — Eine große tiefe Pfanne bei mittlerer Temperatur erhitzen. Das Butterschmalz darin zerlassen und die Zwiebeln darin glasig andünsten. Die Kartoffeln dazugeben, mit der Brühe auffüllen und 10 Minuten köchen lassen.

3 — Das Stielgemüse dazugeben und weitere 10 bis 15 Minuten garen. Das Ganze mit einem Kartoffelstampfer kurz grob durchstampfen und nach Bedarf noch etwas Brühe dazugeben. Den Schmand unterrühren und mit Salz und Pfeffer würzen.

Westfälisches Blindhuhn
für 4 Personen

HERKUNFT Nordrhein-Westfalen
EINWEICHZEIT 12 Stunden
ZUBEREITUNGSZEIT 15 Minuten
GARZEIT 2 Stunden

Zutaten

- 200 g getrocknete weiße Bohnen
- 1 Lorbeerblatt
- 400 g geräucherter durchwachsener Speck
- 250 g grüne Stangenbohnen
- 250 g Möhren
- 500 g Kartoffeln
- 250 g Äpfel (z.B. Boskop)
- 200 g festkochende Birnen
- 2 Zwiebeln
- Salz
- Pfeffer aus der Mühle
- Zucker
- ½ Bund gehackte Petersilie

1 — Die weißen Bohnen über Nacht in 1 ½ l Wasser einweichen. Am nächsten Tag mit dem Einweichwasser und dem Lorbeerblatt aufkochen. Nach 30 Minuten den Speck dazugeben und 1 Stunde weiterkochen lassen.

2 — Die Bohnen putzen, waschen und in Stücke schneiden. Die Möhren putzen, schälen und in Scheiben schneiden. Die Kartoffeln schälen, waschen und in Würfel schneiden. Äpfel und Birnen schälen, vierteln und entkernen. Die Zwiebeln schälen und in Scheiben schneiden.

3 — Den Speck aus der Brühe nehmen und warm halten. Gemüse und Obst in die Brühe geben und 20 bis 30 Minuten garen. Mit Salz, Pfeffer und Zucker abschmecken.

4 — Den Speck in dünne Scheiben schneiden und wieder zum Gemüse geben. Den Eintopf auf Teller verteilen und mit der Petersilie bestreuen.

Dicke Bohnensuppe
für 4 Personen

HERKUNFT Alle Regionen
EINWEICHZEIT 12 Stunden
ZUBEREITUNGSZEIT 15 Minuten
GARZEIT 2¼ Stunden

Zutaten

- 350 g getrocknete große weiße Bohnen (ersatzweise 700 g aus der Dose)
- ½ kleine Zwiebel
- 1 TL Nussbutter → S. 125
- 5 Scheiben Frühstücksspeck
- 1 l Hühnerbrühe
- 1 Knoblauchzehe (in Scheiben)
- 1 kleines Lorbeerblatt
- 100 g Sahne
- 40 g kalte Butter
- Salz
- Pfeffer aus der Mühle
- 1 TL getrocknetes Bohnenkraut

1 — Am Vortag für die Bohnensuppe die Bohnen in reichlich Wasser einweichen. Am nächsten Tag die Bohnen abgießen und in reichlich Wasser etwa 2 Stunden weich garen. In ein Sieb abgießen, kalt abbrausen und abtropfen lassen.

2 — Die Zwiebel schälen und in feine Würfel schneiden. Die Nussbutter in einem Topf erhitzen, die Zwiebelwürfel und 1 Scheibe

Speck darin andünsten. Mit der Brühe auffüllen, Knoblauch und Lorbeerblatt dazugeben. Alles etwa 10 Minuten am Siedepunkt ziehen lassen, dann den Speck und das Lorbeerblatt wieder entfernen. Ein Viertel der Bohnen in die Brühe geben, die Sahne hinzufügen und alles mit dem Stabmixer fein pürieren. Die kalte Butter zur Suppe geben und mit dem Stabmixer schaumig aufschlagen. Die Suppe mit Salz, Pfeffer und Bohnenkraut würzen. Die übrigen Bohnen unter die Suppe mischen.

3 — Die restlichen Speckscheiben in Würfel schneiden und in einer Pfanne ohne Fett kross braten, auf Küchenpapier abtropfen lassen. Die Bohnensuppe auf vorgewärmte Suppenschalen verteilen und mit den Speckwürfeln bestreuen.

Kastaniencremesuppe
für 4 Personen

HERKUNFT Rheinland-Pfalz
ZUBEREITUNGSZEIT 15 Minuten
GARZEIT 10 Minuten

Zutaten

1 TL Puderzucker
50 ml roter Portwein
800 ml Hühnerbrühe
450 g gegarte Maronen (vakuumverpackt)
200 g Sahne
30 g kalte Butter
Salz
100 g Champignons
1 TL Nussbutter → S. 125
1 EL gehackte Petersilie

1 — Den Puderzucker in eine Pfanne sieben und bei mittlerer Hitze karamellisieren. Mit dem Portwein ablöschen und auf ein Drittel einköcheln lassen.

2 — Die Brühe mit 350 g Maronen in einem zweiten Topf aufkochen. Die Sahne hinzufügen, die Hitze reduzieren und alles mit dem Stabmixer fein pürieren. Den eingekochten Portwein zur Suppe geben. Die kalte Butter mit dem Stabmixer unterrühren. Die Kastaniencremesuppe mit Salz würzen.

3 — Die übrigen Maronen vierteln. Die Champignons putzen, falls nötig mit Küchenpapier trocken abreiben und halbieren.

4 — Die Nussbutter in einer Pfanne bei mittlerer Temperatur erhitzen und die Champignons darin kurz anbraten. Die Maronen hinzufügen und erwärmen, die Petersilie hineinstreuen und mit Salz würzen.

5 — Die Kastaniencremesuppe nochmals mit dem Stabmixer aufschäumen. Zum Servieren die Suppe auf vorgewärmte tiefe Teller verteilen. Champignon-Maronen-Mischung darauf verteilen.

6 — Wenn Sie die Suppe noch verfeinern möchten, geben Sie unter Schritt 2 mit der Sahne noch ½ TL gehackte Zartbitterkuvertüre, 1 Msp. abgeriebene unbehandelte Orangenschale und ¼ ausgekratzte Vanilleschote hinzu (letztere 1 bis 2 Minuten ziehen lassen und wieder entfernen).

Nussbutter (braune Butter)
für ca. 200 ml

HERKUNFT Alle Regionen
ZUBEREITUNGSZEIT 15 Minuten

Zutat

250 g Butter

1 — Die Butter in einem kleinen Topf bei mittlerer Hitze zerlassen und langsam erhitzen, bis sie goldbraun ist und ein nussiges Aroma hat.

2 — Den Topf vom Herd nehmen und die Butter durch ein mit Küchenpapier ausgelegtes Sieb gießen. In ein gut verschließbares Glas füllen und bis zur Verwendung im Kühlschrank aufbewahren.

Remoulade
für ca. 250 ml

HERKUNFT Alle Regionen
ZUBEREITUNGSZEIT 10 Minuten

Zutaten

2 frische Eigelb
Salz
1 TL Weißweinessig
½ TL scharfer Senf
200 ml Öl (z.B. Pflanzenöl oder Olivenöl)
1 TL Zitronensaft
Pfeffer aus der Mühle
4 Sardellenfilets
1 EL Kapern
50 g Cornichons
2–3 EL gehackte Kräuter (z.B. Petersilie, Kerbel, Estragon)

1 — Alle Zutaten sollten Zimmertemperatur haben. Die Eigelbe mit 1 Prise Salz verrühren und 1 Minute ruhen lassen. Essig und Senf mit dem Schneebesen unterrühren.

2 — Das Öl zuerst nur tröpfchenweise, dann in einem dünnen Strahl unter ständigem Rühren dazugeben, bis eine cremige Masse entstanden ist. Mit Zitronensaft, Salz und Pfeffer abschmecken.

3 — Sardellenfilets, Kapern und Cornichons klein hacken und mit den Kräutern in die Sauce rühren. Mit Salz, Pfeffer und etwas Gurkensud abschmecken.Die Remoulade im Kühlschrank aufbewahren und innerhalb 1 Tages verbrauchen. (Abbildung → S. 129)

Mayonnaise
für ca. 250 ml

HERKUNFT Alle Regionen
ZUBEREITUNGSZEIT 5 Minuten

Zutaten

2 frische Eigelb
Salz
1 EL Rotweinessig
einige Tropfen Worcestershiresauce
½ TL scharfer Senf
200 ml Öl

1 — Alle Zutaten sollten Zimmertemperatur haben. Eigelbe mit 1 Prise Salz verrühren und 1 Minute stehen lassen. Rotweinessig, Worcestershiresauce und Senf untermischen.

2 — Dann in einem dünnen Strahl das Öl hineinrühren, zuerst nur tropfenweise, dann zügiger. Mit Salz abschmecken. Im Kühlschrank aufbewahren und innerhalb 1 Tages verzehren (Rohei!). Schmeckt zu Pommes frites, frittiertem Gemüse und Fisch, Salatmarinaden, Fingerfood als Dip oder kalte Sauce.

Paprika-Kräuter-Dip
für 4 Personen

HERKUNFT Alle Regionen
ZUBEREITUNGSZEIT 10 Minuten

Zutaten

3 Frühlingszwiebeln
1 kleine rote Paprikaschote
1 EL mildes Olivenöl
Salz
200 g Frischkäse (Zimmertemperatur)

150 g Speisequark (20% Fett)
6 EL Milch
¼ TL Paprikapulver (edelsüß)
1 EL flüssige Nussbutter → S. 125
½–1 TL gehackte Thymianblättchen
1 EL gehackte Petersilie
Pfeffer aus der Mühle

1 — Die Frühlingszwiebeln putzen, waschen und in dünne Ringe schneiden. Die Paprikaschote längs halbieren, entkernen, waschen und in kleine Würfel schneiden. Das Olivenöl in einer Pfanne erhitzen, die Paprikawürfel darin einige Minuten dünsten und mit Salz würzen.

2 — Den Frischkäse mit dem Quark und der Milch glatt rühren und das Paprikapulver untermischen. Die Frühlingszwiebeln, die Paprika, die Nussbutter, den Thymian und die Petersilie hinzufügen und mit Salz und Pfeffer herzhaft abschmecken.

Frankfurter Grüne Sauce
für 4 Personen

HERKUNFT Frankfurt am Main/Hessen
ZUBEREITUNGSZEIT 15 Minuten

Zutaten

4 Eier
1 großes Bund gemischte Kräuter (z.B. Borretsch, Kerbel, Kresse, Petersilie, Pimpinelle, Sauerampfer, Schnittlauch; ca. 150 g)
250 g Joghurt oder Schmand
250 saure Sahne
Salz
Pfeffer aus der Mühle
4–5 EL Sonnenblumenöl
2 TL Senf
1–2 EL Zitronensaft
Zucker

1 — Die Eier 8 bis 9 Minuten hart kochen. Abschrecken, abkühlen lassen und pellen. Das Eigelb vom Eiweiß trennen. Das Eiweiß fein hacken.

2 — Die Kräuter waschen, trocken schütteln, die Blätter von den Stielen zupfen und sehr fein hacken, Schnittlauch in Röllchen schneiden. (Je mehr Kräuter verwendet werden, umso intensiver und grüner wird die Sauce.)

3 — Die Kräuter mit Joghurt und saurer Sahne verrühren. Das Eiweiß unterrühren.

4 — Das Öl langsam zum Eigelb geben. Unter ständigem Rühren mit dem Schneebesen zu einer homogenen Masse verarbeiten. Mit Salz und Pfeffer abschmecken. Zur Kräutermasse geben und mit Senf, Zitronensaft und Zucker abschmecken. Diese Sauce wird typischerweise zu gekochtem Rindfleisch, zu Bratensülze oder einfach nur mit Pellkartoffeln und gekochten, halbierten Eiern serviert. (Abbildung → S. 129)

Kräutersauce
für 4 Personen

HERKUNFT Alle Regionen
ZUBEREITUNGSZEIT 10 Minuten

Zutaten

1 TL Puderzucker
2 cl Noilly Prat (franz. Wermut)
125 ml Weißwein
2–3 Scheiben Knoblauch
1 Lorbeerblatt
125 ml Gemüsebrühe
100 g Sahne
je 1 Handvoll Kerbel-, Estragon- und Basilikumblätter

2 EL Butter
1 Msp. abgeriebene unbehandelte Zitronenschale
frisch geriebene Muskatnuss
Salz

Den Puderzucker in einem Topf bei mittlerer Hitze karamellisieren, mit Noilly Prat und Wein ablöschen und einkochen. Knoblauch und Lorbeerblatt dazugeben, Brühe und Sahne dazugießen und einige Minuten einkochen. Das Lorbeerblatt entfernen und die Sauce in den Rührbecher geben. Die gewaschenen Kräuterblätter klein schneiden. Mit der Butter, Zitronenschale, etwas Muskatnuss und Salz zur Sauce geben. Alles mit dem Stabmixer pürieren.

Schnittlauchsauce
für 4 Personen

HERKUNFT Alle Regionen
ZUBEREITUNGSZEIT 10 Minuten

Zutaten

¼ l Gemüsebrühe
1–2 TL Speisestärke
1 Spritzer Zitronensaft
½ Streifen unbehandelte Zitronenschale
80 g Sahne
20 g kalte Butter
Salz
1–2 EL Schnittlauchröllchen

Für die Schnittlauchsauce die Brühe erhitzen. Die Speisestärke mit wenig kaltem Wasser glatt rühren, in die Brühe geben und aufkochen. Den Zitronensaft und die -schale unterrühren und 2 bis 3 Minuten leicht köcheln lassen. Die Sahne dazugeben und aufkochen. Die Zitronenschale entfernen und die Butter unterrühren. Mit Salz abschmecken und den Schnittlauch unterrühren.

Helle Rahmsauce
für ca. 500 ml

HERKUNFT Alle Regionen
ZUBEREITUNGSZEIT 5 Minuten
GARZEIT 20 Minuten

Zutaten

1 Zwiebel
1 EL Öl
300 ml Hühnerbrühe
½ kleines Lorbeerblatt
50 g kalte Butter
100 g Sahne
Salz
Cayennepfeffer
1 Streifen unbehandelte Zitronenschale

1 — Die Zwiebel schälen, in kleine Würfel schneiden und in einem kleinen Topf im Öl glasig andünsten. Mit Brühe auffüllen, das Lorbeerblatt einlegen und die Sauce etwa 20 Minuten leise sieden lassen.

2 — Das Lorbeerblatt entfernen und den Sud mit Butter und Sahne mixen. Die Sahnesauce mit Salz und Cayennepfeffer abschmecken. Die Zitronenschale einlegen und ein paar Minuten darin ziehen lassen, dann entfernen.

3 — Schmeckt zu: pochiertem Geflügel oder Kalbfleisch, Nudelgerichten oder pochiertem Fisch. (Mit 1 Bund Dill wird daraus eine Dillsauce: Den Dill waschen, trocken tupfen, die Spitzen abzupfen, fein hacken in die Sauce rühren.)

↓
Frankfurter Grüne Sauce S. 127, Rotwein-Butter-Sauce S. 132, Remoulade S. 126

Béchamelsauce
für ca. 750 ml

HERKUNFT Alle Regionen
ZUBEREITUNGSZEIT 10 Minuten

Zutaten

75 g Mehl
75 g Butter
1 Lorbeerblatt
5 schwarze Pfefferkörner
¾ l kalte Milch
Salz
frisch geriebene Muskatnuss

1 — Für die Mehlschwitze das Mehl in einem Topf in der Butter mit einem Lorbeerblatt und den Pfefferkörnern bei schwacher Hitze sanft andünsten. Die Milch nach und nach hineinrühren und unter weiterem Rühren bei kleiner Hitze etwa 5 Minuten köcheln lassen.

2 — Mit Salz und Muskatnuss abschmecken und durch ein feines Sieb passieren.

Weißweinsauce
für ca. 300 ml

HERKUNFT Alle Regionen
ZUBEREITUNGSZEIT 5 Minuten
GARZEIT 20 Minuten

Zutaten

1 Zwiebel
1 EL Öl
80 ml Weißwein
1 TL Noilly Prat (franz.Wermut)
¼ l Gemüsebrühe

1 — Die Zwiebel schälen, in kleine Würfel schneiden und in einem kleinen Topf im Öl glasig andünsten. Mit dem Weißwein und dem Wermut ablöschen und mit der Brühe auffüllen.

2 — Die Zwiebeln im Weißwein mindestens 15 Minuten weich garen. Sie müssen vollständig weich gekocht sein, um der Sauce Bindung geben zu können.

Weißwein-Sahne-Sauce
für ca. 400 ml

HERKUNFT Alle Regionen
ZUBEREITUNGSZEIT 10 Minuten

Zutaten

1 EL Puderzucker
100 ml trockener Weißwein
¼ l Gemüsebrühe
100 g Sahne
2 TL Speisestärke
1 EL kalte Butter
Salz
Pfeffer aus der Mühle

In einem Topf bei mittlerer Hitze den Puderzucker goldbraun karamellisieren, mit dem Weißwein ablöschen und auf ein Drittel einköcheln lassen. Mit der Gemüsebrühe auffüllen und 1 bis 2 Minuten köcheln lassen. Dann die Sahne dazugeben und einmal aufkochen lassen. Die Speisestärke mit wenig kaltem Wasser glatt rühren und nach und nach in die köchelnde Sauce geben, bis sie leicht sämig bindet. Zuletzt die Butter hineinmixen und die Sauce mit Salz und Pfeffer würzen. Die Sauce passt zu Fischfilet.

Senfsauce
für 4 Personen

HERKUNFT Norddeutschland
ZUBEREITUNGSZEIT 5 Minuten

Zutaten

100 ml Gemüsebrühe
100 g Sahne
2 EL Dijon-Senf
1 EL süßer Senf
1 Msp. abgeriebene unbehandelte Zitronenschale
Salz

Die Brühe mit der Sahne aufkochen, den Senf und den süßen Senf unterrühren und mit Zitronenschale und Salz abschmecken.

Meerrettichsauce
für 4 Personen

HERKUNFT Alle Regionen
ZUBEREITUNGSZEIT 5 Minuten
GARZEIT 10 Minuten

Zutaten

ca. 80 g festkochende Kartoffel
200 ml Hühnerbrühe
1 Lorbeerblatt
½–1 TL Dijon-Senf
1–2 EL Sahnemeerrettich (aus dem Glas)
80 g Sahne
20 g kalte Butter
Salz

Für die Meerrettichsauce die Kartoffel schälen, in kleine Würfel schneiden und in der Brühe mit Lorbeerblatt weich garen. Lorbeerblatt entfernen. Senf, Meerrettich und Sahne unterrühren, die Butter hinzufügen und mit dem Stabmixer fein pürieren. Mit Salz abschmecken.

Sauce hollandaise
für ca. 250 ml

HERKUNFT Alle Regionen
ZUBEREITUNGSZEIT 20 Minuten

Zutaten

1 Schalotte
50 ml Weißwein
1 TL Weißweinessig
5 schwarze Pfefferkörner
125 ml Gemüsebrühe
125 g Butter
3 Eigelb
Salz
1 Spritzer Zitronensaft

1 — Die Schalotte schälen und in kleine Würfel schneiden. Mit Weißwein, Essig, Pfefferkörnern und 5 EL Brühe in einem Topf geben und die Flüssigkeit fast vollständig einkochen lassen. Die übrige Brühe hineinrühren und durch ein Sieb gießen.

2 — Die Butter aufschäumen lassen. Eigelbe mit der Brühe in einer Schüssel über dem heißen Wasserbad zu feinem Schaum aufschlagen. Die Temperatur sollte dabei 80 °C nicht überschreiten. Schüssel vom Wasserbad nehmen, warme Butter gleichmäßig erst tropfenweise, dann in dünnem Strahl unter die Schaummasse rühren, bis die Sauce dickcremig ist. Mit Salz und Zitronensaft abschmecken.

Dunkle Grundsauce (Kalbssauce) für ca. 600 ml

HERKUNFT Alle Regionen
ZUBEREITUNGSZEIT 25 Minuten
GARZEIT 2¾ Stunden

Zutaten

1½ kg Fleischknochen vom Kalb
3 Zwiebeln
1 Möhre
150 g Knollensellerie
1 TL Puderzucker
1 EL Tomatenmark
300 ml kräftiger Rotwein
½–1 EL Öl
2 l schwach gesalzene Hühnerbrühe

1 — Den Backofen auf 220 °C vorheizen. Die Knochen klein hacken, waschen, trocken reiben und auf einem Backblech im Ofen auf der mittleren Schiene etwa 45 Minuten bräunen. Die Zwiebeln, die Möhre und den Knollensellerie schälen und in etwa 1½ cm große Würfel schneiden.

2 — Den Puderzucker in einem großen Topf bei mittlerer Hitze hell karamellisieren. Das Tomatenmark unterrühren und kurz mitdünsten. Nach und nach mit je einem Drittel Rotwein ablöschen und jeweils einköcheln.

3 — Die Gemüsewürfel in einer Pfanne im Öl andünsten. Mit den gebräunten Knochen in den Topf geben und mit so viel Hühnerbrühe auffüllen, bis alles gut bedeckt ist. Gemüse und Knochen knapp unter dem Siedepunkt 2 Stunden ziehen lassen. Die Sauce durch ein Sieb gießen. (Abbildung → S. 122)

Rotwein-Butter-Sauce für 4 Personen

HERKUNFT Alle Regionen
ZUBEREITUNGSZEIT 10 Minuten

Zutaten

1 TL Puderzucker
100 ml Portwein
100 ml kräftiger Rotwein
100 g sehr kalte Butter
Salz
Pfeffer aus der Mühle

1 — Den Puderzucker in einen Topf oder eine Pfanne sieben und darin bei mittlerer Hitze karamellisieren. Portwein und Rotwein dazugeben und auf ein Drittel einköcheln lassen.

2 — Die kalte Butter in Würfel schneiden. Die Butterwürfel nacheinander bei schwacher Hitze unter ständigem Rühren in die Sauce geben, die Pfanne dazu, falls nötig, vom Herd nehmen. Mit Salz und Pfeffer abschmecken. Diese Sauce passt zu kurz gebratenem Rindfleisch. (Abbildung → S. 129)

Wildsauce für ca. 300 ml

HERKUNFT Alle Regionen
ZUBEREITUNGSZEIT 5 Minuten
GARZEIT 15 Minuten

Zutaten

1 Rezept dunkle Grundsauce → S. 132
1 TL Speisestärke
5 Wacholderbeeren
1 Lorbeerblatt
7 Pimentkörner

je 1 Streifen unbehandelte Zitronen- und Orangenschale
½–1 TL geriebener Zartbitterschokolade
1–2 TL Preiselbeerkompott
1 EL Sahne
Salz
Pfeffer aus der Mühle
1 EL kalte Butter

Die dunkle Sauce auf die Hälfte einköcheln lassen. Die Speisestärke mit wenig kaltem Wasser glatt rühren, in die Sauce rühren und 2 Minuten köcheln lassen. Wacholderbeeren, Lorbeerblatt, Pimentkörner und Zitronen- und Orangenschale hinzufügen und 5 Minuten ziehen lassen. Die Sauce mit Zartbitterschokolade, Preiselbeerkompott, Sahne, Salz und Pfeffer abschmecken. Die Butter unterrühren. Die Sauce durch ein Sieb gießen.

Bratensauce
für ca. 300 ml

HERKUNFT Alle Regionen
ZUBEREITUNGSZEIT 5 Minuten
GARZEIT 15 Minuten

Zutaten

1 Rezept dunkle Grundsauce → S. 132
1 TL Speisestärke
1 Streifen unbehandelte Zitronenschale
2 Scheiben Knoblauch
je 1 Prise getrockneter Majoran und gemahlener Kümmel
1 EL kalte Butter
Salz

Die dunkle Sauce auf die Hälfte einköcheln lassen. Die Speisestärke mit wenig kaltem Wasser glatt rühren, in die Sauce rühren und 2 Minuten köcheln lassen. Zitronenschale, Knoblauch, Majoran und Kümmel hinzufügen und einige Minuten darin ziehen lassen. Zitronenschale und Knoblauch entfernen. Die Butter in der Sauce zerlassen. Die Sauce mit Salz abschmecken.

Pfeffersauce
für ca. 250 ml

HERKUNFT Alle Regionen
ZUBEREITUNGSZEIT 10 Minuten
GARZEIT 20 Minuten

Zutaten

1 EL schwarze Pfefferkörner
etwas Öl zum Anrösten
1 TL Puderzucker
2 cl Cognac
¼ l Hühnerbrühe
100 g Sahne
30 g kalte Butter
1 Scheibe Knoblauch
Salz
Cayennepfeffer
frisch geriebene Muskatnuss

1 — Die Pfefferkörner grob schroten, den feinen Staub absieben und den Schrot in nicht zu heißem Öl kurz anrösten. Auf einem Sieb abtropfen lassen.

2 — In einem kleinen Topf den Puderzucker bei mittlerer Hitze hell karamellisieren, mit Cognac ablöschen. Mit Brühe auffüllen, den Pfefferschrot hinzufügen, die Sahne angießen und das Ganze 15 bis 20 Minuten einkochen lassen.

3 — Die Sauce durch ein Sieb gießen und die kalte Butter in Flöckchen mit dem Knoblauch untermixen. Mit Salz, Cayennepfeffer und Muskatnuss abschmecken.

Fisch & Meeres-früchte

Mousse von der Pfeffermakrele
für 4 Gläser (à 200 ml Inhalt)

HERKUNFT Norddeutschland
ZUBEREITUNGSZEIT 25 Minuten
KÜHLZEIT 2 Stunden

Zutaten

300 ml Gemüsebrühe
1 Lorbeerblatt
2 Knoblauchzehen (in Scheiben)
1 TL gemahlene 7-Pfeffer-Mischung (je 1 Prise schwarzer Pfeffer, Langpfeffer, Rosa Pfefferbeeren, Kubebenpfeffer, Szechuanpfeffer, grüner Pfeffer, Piment)
2 Blatt Gelatine
100 g Pfeffermakrelenfilet
200 g Sahne
Salz
1 Spritzer Zitronensaft

1 — Die Brühe in einen Topf geben, das Lorbeerblatt hinzufügen und alles einmal aufkochen, dann knapp unter dem Siedepunkt 10 Minuten ziehen lassen. Knoblauch und Pfeffermischung dazugeben und noch ein paar Minuten ziehen lassen. Die Würzbrühe durch ein Sieb gießen.

2 — Gelatine in kaltem Wasser einweichen, ausdrücken und in der heißen Würzbrühe auflösen. Dann die Brühe abkühlen lassen.

3 — Möglichst alle Gräten aus dem Pfeffermakrelenfilet entfernen, das Fischfilet zerkleinern und mit dem abgekühlten Gewürzsud in einem hohen Rührbecher mit dem Stabmixer fein pürieren.

4 — Die Sahne halb steif schlagen, unter den Makrelensud heben und die Mousse mit Salz und Zitronensaft abschmecken. In Gläser füllen und im Kühlschrank fest werden lassen.

Räucherforellenaufstrich
für 4 Personen

HERKUNFT Süddeutschland
ZUBEREITUNGSZEIT 15 Minuten

Zutaten

1 Ei
3 eingelegte Sardellenfilets
1 TL Kapern
1 Räucherforellenfilet (ca. 125 g; ohne Haut)
300 g Frischkäse (Rahmstufe)
3 EL Milch
1 EL Olivenöl
2 EL Schnittlauchröllchen
1 Spritzer Zitronensaft
½ TL abgeriebene unbehandelte Zitronenschale
Salz
Pfeffer aus der Mühle

1 — Das Ei etwa 10 Minuten hart kochen. Dann kalt abschrecken, pellen und fein hacken. Die Sardellen und die Kapern abtropfen lassen und fein hacken. Räucherforellenfilet in kleine Stücke schneiden.

2 — Den Frischkäse mit der Milch und dem Öl cremig rühren. Dann Ei, Sardellen, Kapern, Räucherforelle und Schnittlauch unterrühren. Den Aufstrich mit Zitronensaft und -schale, Salz und Pfeffer würzen.

3 — Den Räucherforellenaufstrich mit Vollkornbrot, Bauernbrot oder Pumpernickel servieren.

Eingelegte Bratheringe
für 4 Personen

HERKUNFT Norddeutschland
ZUBEREITUNGSZEIT 20 Minuten
MARINIERZEIT 12 Stunden

Zutaten

- 1 Zwiebel (ca. 150 g)
- 1 EL Puderzucker
- 110 ml milder Weißweinessig
- ½ l Gemüsebrühe
- 1 Lorbeerblatt
- je 1 TL Senfkörner, Wacholderbeeren, Koriander-, Piment- und schwarze Pfefferkörner
- je 1 EL gehackter Dill und Petersilie
- 1 Knoblauchzehe (in Scheiben)
- 25 g Salz
- 10 g Zucker
- 8 kleine grüne Heringe (küchenfertig)
- 4–6 EL doppelgriffiges Mehl
- 2–3 EL Öl

1 — Die Zwiebel schälen und in feine Streifen schneiden. Den Puderzucker in einem Topf bei milder Hitze hell karamellisieren, die Zwiebeln darin andünsten und mit dem Essig ablöschen. Mit der Brühe auffüllen, das Lorbeerblatt hineinlegen und die ganzen Gewürze dazugeben und den Gewürzsud einmal auf kochen lassen.

2 — Dill, Petersilie und Knoblauch hinzufügen und die Marinade vom Herd nehmen. Mit Salz und Zucker kräftig abschmecken. Die Marinade in eine flache Form füllen und kurz abkühlen lassen.

3 — Die Heringe gründlich unter fließendem kaltem Wasser abspülen und trocken tupfen. Im Mehl wenden und überschüssiges Mehl abklopfen.

4 — Das Öl in einer Pfanne erhitzen und die Heringe darin auf jeder Seite portionsweise etwa 5 Minuten bei mittlerer Hitze abraten. Die Heringe etwas abkühlen lassen und in die Marinade legen. Zugedeckt im Kühlschrank mindestens 1 bis 2 Stunden, besser über Nacht, ziehen lassen.

5 — Die Bratheringe aus der Marinade nehmen und mit Zwiebeln und etwas Sud auf Tellern anrichten. Dazu passen Bratkartoffeln → S. 321.

Eingelegte grüne Heringe
für 4–6 Personen

HERKUNFT Norddeutschland
ZUBEREITUNGSZEIT 10 Minuten
ZIEHDAUER 3 Stunden
LAGERUNG mind. 2 Tage

Zutaten

- 1 kg grüne Heringe (geputzt und entgrätet)
- Salz
- ½ l Essig
- Zucker
- 2 Zwiebeln

1 — Die Heringe mit 3 bis 4 EL Salz dick einreiben und 3 Stunden ziehen lassen, damit das Fleisch fest wird.

2 — Essig mit ½ l Wasser, etwas Salz und 1 Prise Zucker kurz aufkochen und vollständig abkühlen lassen. Die Zwiebeln schälen und in Ringe schneiden.

3 — Die Heringe mit den Zwiebelringen in einen Steinguttopf oder ein großes Einmachglas legen. Mit dem kalten Sud auffüllen und dabei darauf achten, dass alles mit Flüssigkeit bedeckt ist. Die Heringe zugedeckt an einem kühlen Ort mindestens 2 Tage ziehen lassen.

Bismarckheringe selbst eingelegt
für 10 Stück

HERKUNFT Norddeutschland
ZUBEREITUNGSZEIT 15 Minuten
MARINIERZEIT 4 Tage

Zutaten

- 10 frische Heringsfilets
- Salz
- ca. ½ l heller Weißweinessig
- 2 EL Zucker
- 2 Lorbeerblätter
- 5 Pimentkörner
- 3 Wacholderbeeren
- ½ TL Senfkörner
- ½ TL schwarze Pfefferkörner
- 2–3 Zwiebeln

1 — Die Fischfilets mit 1 bis 2 TL Salz bestreuen und in einer Glasschüssel mit passendem Deckel 2 Tage im Kühlschrank ziehen lassen.

2 — Die Fischfilets kalt abspülen und zurück in die saubere Glasschüssel geben. Essig mit ½ l Wasser, 1 EL Salz, dem Zucker und den Gewürzen in einem Topf aufkochen und vollständig abkühlen lassen.

3 — Die Zwiebeln schälen und in Ringe schneiden. Zu den Heringen geben. Die Marinade über die Heringe gießen, sodass sie vollständig bedeckt sind. An einem kühlen Platz 2 Tage ziehen lassen.

Heringssülze
für 4 Personen

HERKUNFT Bremen
ZUBEREITUNGSZEIT 1 Stunde
KÜHLZEIT 6 Stunden

Zutaten

- ½ l selbst gemachte klare Fischbrühe (ersatzweise Fischfond aus dem Glas)
- 9 Blatt weiße Gelatine
- 1 kleiner Bund Dill
- ½ Bund Kerbel
- 1 große mehligkochende Kartoffel
- 200 g Sahne
- Salz
- Pfeffer aus der Mühle
- frisch geriebene Muskatnuss
- 4 Salzheringe (küchenfertig; oder gehäutete Filets von 4 Salzheringen)

1 — Die Fischbrühe leicht erwärmen. 7 Blatt Gelatine in kaltem Wasser einweichen, dann gut ausdrücken und unter die abgeschmeckte Fischbrühe rühren. Dill und Kerbel waschen, trocken schütteln, fein hacken und in die Fischbrühe geben.

2 — Eine Terrinen- oder Kastenform (mit 1 l Inhalt) etwa 1 Stunde in den Kühlschrank stellen. Danach die Form mit etwa ¼ l Fischgelee ausgießen, dabei drehen, damit auch die Ränder der Form bedeckt werden, und wieder kalt stellen. Diesen Vorgang zwei- bis dreimal wiederholen, bis das Fischgelee etwa 1 cm hoch ist.

3 — Die Kartoffel gar kochen, schälen und durch die Kartoffelpresse drücken. Mit 3 bis 4 EL Sahne vermischen. Die restliche Gelatine ebenfalls in kaltem Wasser einweichen, gut ausdrücken und unter die lauwarme Kartoffelmasse rühren. Ein wenig abkühlen lassen. Die übrige Sahne steif schlagen und unter die abgekühlte Kartoffelmasse

↓
Gebratene Zanderfilets S. 165

mischen. Mit Salz, Pfeffer und Muskatnuss abschmecken.

4 — Die Salzheringe häuten und filetieren. Die Filets in kleine Würfel schneiden und mit etwa 150 ml Fischgelee vermischen.

5 — Etwas von der Kartoffelschaummasse in die Terrinenform füllen und etwa 10 Minuten kalt stellen. Dann die Heringsfilets mit dem Fischgelee etwa 1 bis 1½ cm hoch einfüllen und wieder 5 bis 10 Minuten kalt stellen. Diesen Vorgang so lang wiederholen, bis alle Zutaten verbraucht sind. Zum Schluss mit dem restlichen Fischgelee ohne Heringsstücke begießen.

6 — Die Sülze etwa 4 bis 6 Stunden gut durchkühlen lassen. Stürzen und mit einem Elektromesser in etwa 2 cm dicke Scheiben schneiden. Mit etwas Salat servieren.

Räucheraalterrine
für 10 Personen

HERKUNFT Mainfranken/Franken
ZIEHDAUER: 12 Stunden
ZUBEREITUNGSZEIT 1 Stunde
KÜHLZEIT 12 Stunden

Zutaten für die Terrine

1 kg kleine festkochende Kartoffeln
2 Döschen Safranfäden (0,2 g)
Salz
2 Stangen Lauch
1 geräucherter Aal (ca. 800 g)
Öl für die Form

Zutaten für die Sülze

¾ l Gemüsebrühe
12 Blatt weiße Gelatine
3 EL Rotweinessig
2 TL Dijon-Senf
Salz
Zucker
Cayennepfeffer

Zutaten für die Tomaten-Vinaigrette

5 Tomaten
5 Frühlingszwiebeln
100 ml Gemüsebrühe
2 EL Rotweinessig
1 TL scharfer Senf
Salz
Pfeffer aus der Mühle
Zucker
4 EL Olivenöl

1 — Am Vortag für die Terrine die Kartoffeln schälen, waschen und je nach Größe halbieren oder in Scheiben schneiden. Mit dem Safran in kochendem Salzwasser weich garen und im Sud abkühlen lassen.

2 — Den Lauch putzen, längs halbieren und waschen, den Strunk so abschneiden, dass sich die einzelnen Blätter lösen, und die Blätter in Salzwasser fast weich blanchieren. Kalt abschrecken und zwischen zwei Küchentüchern gut abtropfen lassen.

3 — Den Aal häuten und die Haut zum Aromatisieren des Suds aufbewahren. Die Aalfilets von der Gräte lösen, alle Gräten entfernen und die Filets quer in Stücke schneiden, die der Länge der Terrinenform entsprechen.

4 — Für die Sülze die Brühe mit der Aalhaut erhitzen und 4 bis 5 Minuten ziehen lassen. Die Gelatine in kaltem Wasser einweichen. Die Aalhaut aus der Brühe entfernen. Den Essig und den Senf unter die Brühe rühren, mit Salz, Zucker und Cayennepfeffer abschmecken. Die Gelatine ausdrücken und in der Brühe auflösen. Die Flüssigkeit bei Zimmertemperatur abkühlen lassen.

5 — Eine Terrinen- oder Kastenkuchenform (1 ½ l Inhalt) mit Öl einfetten und mit Frischhaltefolie möglichst faltenfrei auskleiden. Die Lauchblätter quer so nebeneinander in die Form legen, dass sie an beiden Seiten überstehen. Eine Schicht Kartoffeln darauf verteilen, die Hälfte der Aalstücke in die Mitte legen und mit einer weiteren Schicht Kartoffeln bedecken. Die restlichen Aalstücke darauflegen und mit einer Schicht Kartoffeln abschließen. Dabei immer wieder etwas Gelatinebrühe angießen, bis alles bedeckt ist. Die Lauchblätter über die oberen Kartoffelschicht legen und die Terrine mit Frischhaltefolie bedecken. Über Nacht im Kühlschrank erstarren lassen.

6 — Am nächsten Tag für die Vinaigrette die Tomaten kreuzweise einritzen, überbrühen, kalt abschrecken und häuten. Die Tomaten vierteln, entkernen und in kleine Würfel schneiden. Die Frühlingszwiebeln putzen, waschen und in feine Ringe schneiden. Brühe, Essig, Senf, Salz, Pfeffer und 1 Prise Zucker mit dem Stabmixer verrühren, nach und nach das Olivenöl dazugeben und untermixen. Die Tomatenwürfel und die Frühlingszwiebeln unterrühren.

7 — Die Terrine aus der Form stürzen. Die Frischhaltefolie entfernen und die Terrine in Scheiben schneiden. Mit der Tomaten-Vinaigrette auf Tellern anrichten.

Matjes „Hausfrauenart"
für 4 Personen

HERKUNFT Norddeutschland
ZUBEREITUNGSZEIT 15 Minuten

Zutaten

- 1 Zwiebel
- 1 großer Apfel
- 2 Essiggurken
- 400 g saure Sahne
- Salz
- Pfeffer aus der Mühle
- Zucker
- 1 Spritzer Zitronensaft
- 8 doppelte Matjesfilets (à ca. 100 g; mit Haut)

1 — Die Zwiebel schälen, halbieren und in Ringe schneiden. Den Apfel waschen, vierteln, entkernen, die Viertel längs halbieren und quer in 3 bis 4 mm dicke Scheiben schneiden. Die Gurken in Scheiben schneiden.

2 — Die saure Sahne mit Salz, Pfeffer, 1 Prise Zucker und 1 Spritzer Zitronensaft würzen. Zwiebel, Äpfel und Essiggurken untermischen.

3 — Die Matjesfilets waschen, trocken tupfen, auf Tellern anrichten und die Apfel-Zwiebel-Sauce darauf verteilen. Dazu passen Salzkartoffeln → S. 316.

Matjesfilet mit Bohnen
für 4 Personen

HERKUNFT Norddeutschland
ZUBEREITUNGSZEIT 20 Minuten

Zutaten

- 8 Matjesfilets
- Saft von ½ Zitrone
- 2 EL Öl
- 600 g grüne Bohnen
- Salz
- 2 Zweige Bohnenkraut
- 40 g Butter
- Pfeffer aus der Mühle
- 6 dünne Scheiben Räucherspeck
- 1 EL gehackte Petersilie

↓
Geräucherte Makrele S. 143

1 — Matjesfilets kurz waschen, trocken tupfen und nebeneinander auf eine Platte legen. Zitronensaft und Öl verrühren, die Filets damit beträufeln und mit Frischhaltefolie bedeckt kalt stellen.

2 — Die Bohnen waschen und die Enden abknipsen. Salzwasser mit dem Bohnenkraut zum Kochen bringen und die Bohnen darin 6 bis 8 Minuten bissfest garen. Die Bohnen kurz in Eiswasser abschrecken und abtropfen lassen. Die Butter zerlassen und die Bohnen darin schwenken. Mit Salz und Pfeffer würzen.

3 — Speckscheiben quer in feine Streifen schneiden und in einer Pfanne so lang braten, bis sie knusprig sind.

4 — Die Matjesfilets mit den Bohnen auf Tellern anrichten, mit den Speckstreifen und der Petersilie bestreuen. Am besten passen Salzkartoffeln → S. 316 dazu.

Geräucherte Makrele
für 4 Personen

HERKUNFT Norddeutschland
MARINIERZEIT 12 Stunden
ZUBEREITUNGSZEIT 10 Minuten
GARZEIT 1 Stunde 40 Minuten

Zutaten

150 g Salz
1 Lorbeerblatt
1 TL angedrückte Wacholderbeeren
1 TL schwarze Pfefferkörner
½ TL Korianderkörner
4 Makrelen (küchenfertig)
4 EL Räuchermehl (vorzugsweise Buche und Erle)

1 — Am Vortag das Salz mit den Gewürzen in einen Topf geben, mit 2 l Wasser auffüllen, aufkochen und abkühlen lassen.

2 — Die Fische waschen, trocken tupfen, in einen tiefen Behälter legen und mit der Salzlake auffüllen. Die Fische sollten damit bedeckt sein. 10 bis 12 Stunden gekühlt marinieren lassen.

3 — Am nächsten Tag die Fische aus der Lake nehmen, kalt abwaschen und trocken tupfen. Die Räucherhaken etwa 1 cm hinter dem Kopf rechts und links der Mittelgräte der Fische einstechen.

4 — Einen Elektro- oder Gas-Räucherofen auf 50 °C vorheizen. Die Makrelen mit etwas Abstand zueinander – mindestens 3 cm – einhängen und etwa 40 Minuten trocknen lassen, bis sich die Haut pergamentartig anfühlt. Dabei Abzug und Tür einen Spalt offen lassen.

5 — Den Ofen verschließen, die Temperatur auf 90 bis 100 °C erhöhen und die Fische darin etwa 30 Minuten garen.

6 — Die Temperatur auf 60 bis 65 °C reduzieren, das Räuchermehl auf die Brennstelle des Ofens verteilen, den Ofen verschließen und die Fische darin etwa 1 Stunde räuchern. Die Fische sind gar, wenn sich die Rückenflosse leicht herausziehen lässt. Die Räuchermakrelen warm oder kalt servieren. Dazu passen Brot, Kartoffelsalat → S. 68, 70 und Sahnemeerrettich. (Abbildung links)

Labskaus
für 4 Personen

HERKUNFT Norddeutschland
ZUBEREITUNGSZEIT 30 Minuten
GARZEIT 1½ Stunden

Zutaten

600 g gepökelte Rinderbrust
3 Zwiebeln
2 Lorbeerblätter
2 Gewürznelken
1 kg mehligkochende Kartoffeln
4 große Gewürzgurken
Salz
Pfeffer aus der Mühle
100 g Rote Bete (aus dem Glas)
4 Matjesfilets
1 EL Öl
4 Eier
1 EL gehackte Petersilie

1 — Das Rindfleisch in einen Topf geben und mit kaltem Wasser bedecken. Die Zwiebeln schälen und mit Lorbeerblättern und Gewürznelken spicken. Zum Fleisch geben und etwa 1½ Stunden bei schwacher Hitze köcheln lassen.

2 — Kartoffeln waschen, schälen, in Stücke schneiden und in wenig Wasser ohne Salz gar kochen. Abgießen, abdampfen lassen und mit einem Kartoffelstampfer nicht zu fein zerdrücken.

3 — Das Fleisch mit den Zwiebeln (ohne Lorbeerblätter und Nelken) durch die grobe Scheibe des Fleischwolfs drehen. Mit den Kartoffeln vermischen und so viel Kochbrühe hinzufügen, bis eine breiige Masse entsteht.

4 — Die Gurken in sehr kleine Würfel schneiden und unter die Kartoffelmischung geben. Nochmals kurz erhitzen und mit Salz und Pfeffer abschmecken.

5 — Die Rote Bete in Streifen schneiden. Matjesfilets und Labskaus auf Teller verteilen. Öl in einer Pfanne erhitzen und die Eier darin braten. Auf dem Labskaus anrichten, mit Salz, Pfeffer und Petersilie bestreuen und mit Roter Bete garnieren.

Steckerlfisch
für 4 Personen

HERKUNFT Bayern
ZUBEREITUNGSZEIT 1 Stunde
WÄSSERN 24 Stunden
MARINIEREN 3 Stunden
GARZEIT 15 Minuten

Zutaten

4 Fische à ca. 300 g (z.B. Forelle, Saibling, Renke oder Makrele; küchenfertig)
1 TL grob gemahlener schwarzer Pfeffer
1 TL grob gemahlene Korianderkörner
1 TL Paprikapulver (edelsüß)
je ½ TL Knoblauchpulver, gemahlene Fenchelsamen, getrockneter Thymian, Bohnenkraut, Oregano, Majoran und Rosmarin
6 EL Öl
Salz
125 g zerlassene Butter

1 — Vier Vierkantstäbe aus Holz (aus dem Baumarkt) von 8 bis 10 mm Kantenlänge und 50 bis 60 cm Länge 24 Stunden in Wasser einlegen. Jeweils ein Ende anspitzen.

2 — Die Fische gründlich waschen und trocken tupfen. Die Gewürze mit dem Öl mischen und die Fische damit innen und außen einreiben. Einige Stunden gekühlt marinieren lassen.

3 — Die Fische 20 Minuten vor dem Grillen aus dem Kühlschrank nehmen. Die Fische durch das Maul, an der Mittelgräte entlang bis zum Schwanz hindurch längs auf die Holzstäbe spießen, sodass an beiden Enden des Fisches noch ein gutes Stück Holzspieß heraussteht. Fische salzen.

4 — Einen offenen Grill bis zur Glut mit Holzkohle vorheizen, das Grillgitter entfernen und die Holzstäbe mit etwas Abstand zueinander auf die Ränder des Grills auflegen, sodass der Fisch über der Glut hängt. Den Fisch je nach Hitzeeinwirkung etwa 15 Minuten von allen Seiten grillen. Optimal ist dazu ein Grill, dessen Ränder eckige Einkerbungen von gut 1 cm hat, sodass die Holzstäbe von allen vier Seiten eingelegt werden können und der Fisch somit von allen Seiten gleichmäßig gegart werden kann. Die Steckerlfische zwischendurch mit Butter einpinseln. Die Fische sind gar, wenn sich die Rückenflosse leicht herausziehen lässt.

Rheinische Miesmuscheln
für 4 Personen

HERKUNFT Rheinland, Pfalz
ZUBEREITUNGSZEIT 30 Minuten

Zutaten

- 1 kleine weiße Zwiebel
- 1–2 Möhren
- 1 Stange Staudensellerie
- 50 g Lauch
- 1 Knoblauchzehe
- 1 EL Öl
- 100 ml Weißwein
- 350 ml Fischfond oder Gemüsebrühe
- je 1 Msp. abgeriebene unbehandelte Zitronen- und Limettenschale
- 3 Stiele Petersilie
- Salz
- Saft von ½ Limette
- ½–1 TL scharfer Senf
- 50 g Sahne
- 2 EL kalte Butter
- 2 kg Miesmuscheln
- 1 Lorbeerblatt
- 1 TL Wacholderbeeren
- 1 EL gehackte Petersilie

1 — Die Zwiebel, die Möhre, den Sellerie und den Lauch putzen, schälen bzw. waschen und in kleine Würfel schneiden. Den Knoblauch schälen und in Scheiben schneiden.

2 — Das Gemüse in einem Topf im Öl bei milder Hitze andünsten. Mit der Hälfte des Weins ablöschen und auf ein Drittel einkochen lassen. Den Fond dazugießen und die Zitronen- und Limettenschale dazugeben.

3 — Die Petersilie waschen und trocken schütteln, die Blätter abzupfen und klein schneiden. Mit Salz und Limettensaft zu dem Fond geben und 1 bis 2 Minuten knapp unter dem Siedepunkt ziehen lassen. Den Fond durch ein Sieb gießen und das Gemüse beiseitestellen. Den Fond mit Senf, Sahne und Butter aufschäumen.

4 — Die Miesmuscheln unter fließendem kaltem Wasser gründlich abbürsten, geöffnete Exemplare aussortieren.

5 — Für den Muschelfond in einem Topf etwa 200 ml Wasser mit dem restlichen Wein erhitzen. Lorbeerblatt und Wacholderbeeren dazugeben. Die Muscheln hinzufügen und zugedeckt bei mittlerer Hitze etwa 4 bis 5 Minuten garen, bis sie sich geöffnet haben. Die Muscheln herausnehmen. Muscheln, die sich nicht geöffnet haben, aussortieren.

6 — Die Miesmuscheln auf vorgewärmte tiefe Teller verteilen, die Gemüsewürfel und die Petersilie darübergeben. Den Fond aufschäumen und über den Muscheln verteilen. Dazu geröstetes Weißbrot servieren.

Hechtklößchen
für 4 Personen

HERKUNFT Baden-Württemberg
ZUBEREITUNGSZEIT 20 Minuten
GARZEIT 15 Minuten

Zutaten

200 g gut gekühltes Hechtfilet (ohne Haut)
100 g gut gekühltes Zanderfilet (ohne Haut)
Salz
Pfeffer aus der Mühle
300 g kalte Sahne
1–2 TL scharfer Senf
frisch geriebene Muskatnuss
je 1 TL Anissamen und schwarze Pfefferkörner
1–2 TL gehackter Dill
1 TL Estragon
1 Lorbeerblatt

1 — Die Fischfilets waschen, trocken tupfen und in Würfel schneiden, mit Salz und Pfeffer würzen. Mit der Sahne etwa 5 Minuten in das Gefrierfach stellen, damit alle Zutaten eiskalt sind. Die Fischwürfel in den Küchenmixer geben, 100 g kalte Sahne, Senf, Salz und Muskatnuss hinzufügen. Anissamen und Pfefferkörner in die Gewürzmühle füllen. Den Fisch mit dem Stabmixer pürieren, bis eine Bindung entsteht.

2 — Die restliche Sahne in 2 Portionen untermixen. Zum Schluss Dill und Estragon dazugeben und die Farce mit der Mischung aus der Mühle würzen. Die Farce sollte glatt und glänzend sein. In eine Schüssel füllen und kühl stellen.

3 — In einem weiten Topf 1 l Wasser zum Kochen bringen, Lorbeerblatt und 1 ½ EL Salz dazugeben. Die Hitze so weit reduzieren, dass die Temperatur unter dem Siedepunkt, bei 80 bis 90 °C, liegt. Aus der Farce mit zwei Esslöffeln 16 Klößchen ausstechen, dabei die Löffel immer wieder in warmes Wasser tauchen. Klößchen im Kochsud 15 Minuten ziehen lassen.

4 — Die Hechtklößchen nach Belieben mit Weißwein- oder Dillsauce → S. 130, 128 und Salzkartoffeln → S. 316 servieren.

Wallerfilets aus dem Wurzelsud mit Meerrettich
für 4 Personen

HERKUNFT Süddeutschland
ZUBEREITUNGSZEIT 30 Minuten
GARZEIT 30 Minuten
MARINIERZEIT 12 Stunden

Zutaten

2 Zwiebeln
1 Möhre
150 g Knollensellerie
1 EL Puderzucker
¾ l Gemüsebrühe
1 Lorbeerblatt
½–1 TL gelbe Senfkörner
5 Wacholderbeeren
5 Pimentkörner
1 TL schwarze Pfefferkörner
1 Streifen unbehandelte Zitronenschale
2 halbierte Knoblauchzehen
150 ml Rotweinessig
Salz
ca. 2 TL Zucker
4 Wallerfilets (Wels; à 120 g; ohne Haut)
1 EL Meerrettich (aus dem Glas)
2 EL Butter
1 kleines Stück Meerrettichwurzel (geschält)
1 EL Schnittlauchröllchen

↓
Gebackener Rotbarsch S. 166

↓

Forelle blau S. 151

1 — Am Vortag die Zwiebeln schälen und in sehr dünne Ringe schneiden. Möhre und Sellerie putzen, schälen und in feine Streifen schneiden. Den Puderzucker in einem Topf bei milder Hitze hell karamellisieren und das Gemüse darin andünsten.

2 — Die Brühe angießen, das Lorbeerblatt und die Senfkörner dazugeben. Wacholderbeeren, Piment- und Pfefferkörner in ein Gewürzsäckchen geben, verschließen und zur Brühe geben. Die Brühe aufkochen und knapp unter dem Siedepunkt 10 Minuten ziehen lassen. Zitronenschale, Knoblauch und Essig hinzufügen, den Sud mit Salz und Zucker würzen. Vom Herd nehmen und abkühlen lassen. Das Gewürzsäckchen wieder entfernen.

3 — Die Wallerfilets waschen, trocken tupfen, in eine Auflaufform legen und den kalten Sud darübergießen. Die Fischfilets zugedeckt über Nacht im Kühlschrank ziehen lassen.

4 — Am nächsten Tag die Fischfilets herausnehmen, den Sud durch ein Sieb gießen und in einem breiten Topf einmal aufkochen lassen, den dabei aufsteigenden Schaum abnehmen. 200 ml Sud abmessen und mit Meerrettich und Butter mit dem Stabmixer verrühren. Sauce mit Salz abschmecken. Die Gemüsestreifen in einer Pfanne erwärmen.

5 — Den Topf mit dem restlichen heißen Sud vom Herd nehmen und die Wallerfilets darin 6 bis 8 Minuten gar ziehen lassen. Die Filets mit den Gemüsestreifen auf tiefen Tellern anrichten und mit der aufgemixten Sauce übergießen. Meerrettich darüberreiben und mit Schnittlauch bestreuen. Dazu passen Salzkartoffeln → S. 316, die im Ganzen noch mal kurz in der Pfanne gebraten werden.

Gebratene Makrele im Gemüsesud
für 4 Personen

HERKUNFT Alle Regionen
ZUBEREITUNGSZEIT 35 Minuten

Zutaten

- 150 g Lauch
- 1 Schwarzwurzel
- 2 kleine Möhren (170 g)
- je 1 TL Wacholderbeeren, gelbe Senf-, Piment- und schwarze Pfefferkörner
- 1 EL Puderzucker
- Saft von 1 Zitrone (ca. 50 ml)
- 400 ml Gemüsebrühe
- 1 Lorbeerblatt
- je 2 Stiele Dill und Petersilie
- 1 halbierte Knoblauchzehe
- 2–3 Streifen unbehandelte Zitronenschale
- Salz
- Pfeffer aus der Mühle
- 1 EL Zucker
- 4 Makrelenfilets (à ca. 100 g; mit Haut)
- 4 EL doppelgriffiges Mehl
- 1–2 EL Öl
- 2 EL Olivenöl

1 — Den Lauch putzen, waschen und quer in etwa ½ cm breite Streifen schneiden. Die Schwarzwurzel unter fließendem kaltem Wasser bürsten, schälen und schräg in dünne Scheiben schneiden. Die Möhren putzen, schälen und ebenfalls schräg in dünne Scheiben schneiden.

2 — Wacholderbeeren, Senf-, Piment- und Pfefferkörner in einem Topf ohne Fett bei milder Hitze etwa 1 Minute anrösten, bis sie zu duften beginnen. In ein Gewürzsäckchen füllen und das Säckchen verschließen.

3 — Den Puderzucker in einer breiten, tiefen Pfanne bei milder Hitze hell karamellisieren und das Gemüse darin glasig dünsten. Mit Zitronensaft ablöschen und die Brühe angießen. Das Lorbeerblatt mit dem Gewürzsäckchen, den Dill- und Petersilienstielen, Knoblauch und Zitronenschale dazugeben, erhitzen und knapp unter dem Siedepunkt 10 Minuten ziehen lassen. Das Gewürzsäckchen wieder entfernen und den Sud mit Salz, Pfeffer und Zucker herzhaft würzen.

4 — Die Makrelenfilets waschen und trocken tupfen, jeweils halbieren und auf der Hautseite mit Mehl bestäuben. Das Öl in einer Pfanne erhitzen und die Fischfilets darin auf der Hautseite bei mittlerer Hitze etwa 2 Minuten kross anbraten. Die Fischfilets herausheben, mit der Hautseite nach oben in den heißen Zitronensud legen und 4 bis 5 Minuten glasig durchziehen lassen.

5 — Je 2 Fischstücke mit etwas Gemüse auf tiefen Tellern anrichten, mit etwas Olivenöl beträufeln und nach Belieben mit Dill und Petersilie garnieren.

Pflückhecht mit Kapernsauce
für 4 Personen

HERKUNFT Mecklenburg-Vorpommern
ZUBEREITUNGSZEIT 30 Minuten

Zutaten

1 Lorbeerblatt
je ½ TL Piment-, gelbe Senf- und schwarze Pfefferkörner
1 kleine Möhre (ca. 60 g)
100 g Knollensellerie
2 Zwiebeln
80 g Lauch
1 l Gemüsebrühe
5 EL Rotweinessig
Salz
1–2 TL Zucker
4 Hechtfilets (à 120 g; ohne Haut)
100 g Sahne
2 TL Speisestärke
2–3 eingelegte Sardellenfilets
40 g kalte Butter
1–2 TL Kapern
1 Streifen unbehandelte Zitronenschale
1 halbierte Knoblauchzehe
1 EL Butter
1 TL gehackter Dill

1 — Lorbeerblatt, Piment-, Senf- und Pfefferkörner in ein Gewürzsäckchen füllen und das Säckchen verschließen. Die Möhre putzen und schälen, den Sellerie und die Zwiebeln schälen, den Lauch putzen und waschen. Alle Gemüsesorten in feine Streifen schneiden.

2 — Die Brühe mit Möhren-, Sellerie- und Zwiebelstreifen, dem Gewürzsäckchen und dem Essig in einem Topf erhitzen und knapp unter dem Siedepunkt 5 Minuten ziehen lassen. Mit Salz und Zucker würzen. Die Hechtfilets waschen und trocken tupfen. Mit den Lauchstreifen in den Sud legen und knapp unter dem Siedepunkt 3 bis 5 Minuten gar ziehen lassen. Fischfilets mit einem Schaumlöffel vorsichtig herausheben, restliche Gräten herauszupfen und die Fischfilets mit Frischhaltefolie bedeckt im Ofen bei 50 °C warm halten.

3 — Den Sud durch ein Sieb gießen, dabei das Gewürzsäckchen entfernen. 300 ml Sud abmessen und mit der Sahne in einem Topf erhitzen. Die Speisestärke mit etwas kaltem Wasser glatt rühren und nach und nach unter die leicht kochende Sauce rühren, bis sie sämig bindet. Die Sardellen abtropfen lassen und klein schneiden. Mit der kalten Butter unter die Sauce mixen. Die Kapern unterrühren. Die Zitronenschale und Knoblauch dazugeben, einige Minuten ziehen lassen und wieder entfernen.

4 — Die Gemüsestreifen in der Butter erhitzen, mit Salz würzen und den Dill unterrühren. Das Hechtfleisch etwas zerpflücken und auf vorgewärmten Tellern anrichten, mit der Sauce überziehen und mit den Gemüsestreifen garnieren. Nach Belieben Kartoffelpüree → S. 316 oder kleine Salzkartoffeln → S. 316 dazu servieren.

Forelle blau
für 4 Personen

HERKUNFT Alle Regionen
ZUBEREITUNGSZEIT 10 Minuten
GARZEIT 10 Minuten

Zutaten

4 Bach- oder Seeforellen (à ca. 300 g; küchenfertig)
1 kleine Möhre
½ Petersilienwurzel
120 g Knollensellerie
1 kleine Zwiebel
250 ml Weißweinessig
500 ml trockener Weißwein
Salz
1 EL Zucker
1 Knoblauchzehe (geschält und halbiert)
1 Streifen unbehandelte Zitronenschale

1 — Die Forellen innen waschen und trocken tupfen. Die äußere Schleimschicht nicht abwaschen, sie gibt dem Fisch beim Garen den blauen Schimmer. Die Möhre, die Petersilienwurzel, den Knollensellerie und die Zwiebel schälen und in feine Streifen schneiden.

2 — In einen großen Topf 1 ½ l Wasser, Essig und Weißwein geben. Die Gemüsestreifen, 1 EL Salz und den Zucker hinzufügen. Die Flüssigkeit bis knapp unter den Siedepunkt erhitzen. Den Knoblauch und die Zitronenschale hinzufügen. Die Forellen in den Topf geben und bei milder Hitze knapp unter dem Siedepunkt etwa 10 Minuten offen ziehen lassen.

3 — Die Forellen vorsichtig aus dem Garsud heben und filetieren. Als Filets oder im Ganzen mit Kartoffelsalat → S. 68, 70 und Schnittlauchsauce → S. 128 servieren. (Abbildung → S. 148)

Schleie blau
für 2 Personen

HERKUNFT Alle Regionen
ZUBEREITUNGSZEIT 10 Minuten
GARZEIT 15 Minuten

Zutaten

ca. 4 l Gemüsebrühe
2 Lorbeerblätter
1–2 TL angedrückte Wacholderbeeren
1–2 TL schwarze Pfefferkörner
je 4 Stiele Dill und Petersilie
150 ml Weinessig
2 tagesfrische Schleien (küchenfertig à ca. 300 g; ersatzweise Forellen)
80 g zerlassene Butter

1 — Die Gemüsebrühe mit Gewürzen, Kräutern und Essig in einem entsprechend großen Topf bis auf ca. 90 °C erhitzen.

2 — Die Bauchhöhle der Schleien gründlich waschen und kurz abtropfen lassen. Die äußere Schleimschicht nicht trocknen oder abwaschen. Die vorbereiteten Fische in den Sud einlegen, darauf achten, dass sie mit Flüssigkeit bedeckt sind. Falls nötig, noch etwas Wasser nachgießen. 10 bis 15 Minuten bei einer Temperatur von ca. 80 °C saftig durchziehen lassen.

Butter bei die Fische

„Butter bei die Fische tun", sagt man in Norddeutschland, um jemanden aufzufordern, das Wichtige und Entscheidende zu sagen oder zu tun. Das entspricht der alten Regel, wonach Fisch „dreimal zu schwimmen" habe – erst im Wasser, dann im Fett bzw. Öl oder Butter und schließlich im Wein. Erst dann ist der Genuss vollkommen. Wobei zu den meisten Fischarten Bier genauso gut passt. Weil Fisch als gesünder gilt als Fleisch, wird er immer beliebter. Auch hier gibt das Regionale oft den Ausschlag: Lieber eine Forelle aus heimischer Zucht als Pangasiusfilet unklarer Herkunft. Demgemäß bliebe Süddeutschland auf Fische aus Bach, Fluss und Seen verwiesen. Gut, dass über die Landsleute im hohen Norden (und per Flieger aus dem Ausland) auch Meeresgetier hereinkommt.

Frische Fische
— das Beste aus See, Fluss und Meer

01

Wer in Hamburg – vielleicht auf der verruchten Amüsiermeile „Reeperbahn" – bis in die frühen Morgenstunden des Sonntags gezecht und gefeiert hat, kann im Sommer gleich noch ein wenig weitermachen und um 5 Uhr morgens auf dem Hamburger Fischmarkt in Altona ein „Katerfrühstück" zu sich nehmen.

Deutscher Überlieferung zufolge hilft nichts so sehr der Ausnüchterung und dem Wiedererstarken nach langen Nächten wie saurer Fisch, Hering, rohe Zwiebel und das eine oder andere aufgewärmte Bierchen. Nicht dass es auf dem traditionellen Hamburger Fischmarkt nur Fisch gäbe – die Marktschreier bieten da alles Mögliche an –, aber es gibt auf alle Fälle alles zu essen, was das Meer bietet. Der Hamburger Fischmarkt „auf Tour", also die Reisevariante des in Altona verorteten Marktes, scheint dagegen im wahrsten Sinne des Wortes Restposten aus internationalem Handel zu verramschen.

Der Ruf der Fischsemmel als Ernüchterungsmittel ist bis zum Oktoberfest in München gedrungen, wo die Trinker seit jeher auch zum Fisch greifen – nicht nur in der Semmel, sondern vor allem auch vom Rost als sogenannten „Steckerlfisch". Es gibt ihn sommers auch im Biergarten, zumeist Makrele, stark gesalzen, über der Holzkohle gegrillt und mit einem Holzgäbelchen, einer Breze und einer Maß Bier genossen.

02

01 Kieler Sprotten glänzen mit ihrem starken Rauchgeschmack.

02 Räucherfisch ist besonders lang haltbar.

03 Der Hamburger Fischmarkt: eine Institution am Hafen

04 Fischer – ein Knochenjob auf hoher See

03

04

05

Die bayerischen Seen – und ihre eifersüchtig überwachten, spärlich gewährten Fischereirechte – bringen Renken hervor, die sich als Räucherfisch ganz großartig machen. Vom Bodensee kommen Felchen, Barsch, Saibling und Aal. Und natürlich gibt es in vielen Flüssen und Bächen Forellen, die dann „blau" oder „Müllerin" serviert werden – also gesotten in heißem Essigwasser oder mit einer leichten Mehlkruste in der Pfanne herausgebacken.

Die Gewässerqualität hat sich in Deutschland im Vergleich zu den Nachkriegsjahrzehnten stark verbessert. Aber ohne Fischzuchten würde das Angebot für den Verbraucher nicht ausreichen. Vor Jahren wieder eigens ausgesiedelte Kormorane und andere Fressfeinde von Fischen sind zu natürlichen Widersachern der Fischzüchter geworden.

Die Versorgung mit Seefischen gewährleisten die riesigen Kühlhäuser im Hamburger Hafen. Aber anders als in Frankreich, Italien oder Großbritannien geht der frische Fang nicht erst mal auf den Fischmarkt der Hauptstadt und wird dann von dort aus ins Land weiterverteilt. Die sehr langlebige Theorie, wonach der Handelszusammenschluss der deutschen Hansestädte im späteren Mittelalter durch das plötzliche Ausbleiben der großen Heringsströme in der Nordsee zusammenbrach, ist inzwischen widerlegt. Der Hering bleibt dennoch mit der deutschen Geschichte verbunden, in Gestalt des „Bismarckherings" – sauer eingelegt und kalt verspeist, zum Beispiel als „Fischbrötchen" oder aber in Begleitung warmer Pellkartoffeln. Hamburg, Bremen und Lübeck waren bis zur deutschen Einigung die letzten drei Hansestädte in Westdeutschland, nach 1990 kamen 22 Städte in der früheren DDR hinzu. Nicht

06

07 | 08 | 09

05 Krabbenkutter sind meist malerisch anzuschauen.

06 Steckerlfisch – besonders beliebt im bayerischen Biergarten

07 Krabben – mühsam das Pulen, groß der Genuss

08 Heringsbrötchen: „Katerfrühstück to go“

09 Ob geräuchert oder „grün“: Aal ist ein Highlight für Gourmets.

10 Der Saibling ist ein edler Speisefisch – aber schwierig zu züchten.

11 Der See, ein Kampfplatz: Kescher gegen Kormoran

alle liegen nah am Meer. In Bremen, Hamburg und Lübeck, in Stralsund, Wismar und Rostock etc. halten die Hanseaten auf ihre Fischerei – und Fischküchentradition. Viele Spezialitäten sind von hier aus in die Welt gezogen oder zumindest in die anderen deutschen Bundesländer. Literaturnobelpreisträger Thomas Mann ließ sich zu Weihnachten stets eine Kiste „Kieler Sprotten“ nach München kommen – als geborener Lübecker kannte er sich beim Räucherfisch natürlich bestens aus.

10

11

3 — Die Schleien aus dem Sud heben, abtropfen lassen und auf vorgewärmte Teller setzen. Die zerlassene Butter separat dazu reichen. Dazu passen Salzkartoffeln → S. 316 und Salat. Anstelle von zerlassener Butter passen auch Sauce hollandaise → S. 131 und nach Belieben etwas Sahnemeerrettich.

Aal grün
für 4 Personen

HERKUNFT Berlin
ZUBEREITUNGSZEIT 15 Minuten
GARZEIT 10 Minuten

Zutaten

- 750 g frischer Aal (ohne Kopf)
- 1–2 EL Zitronensaft
- Salz
- Pfeffer aus der Mühle
- Paprikapulver (rosenscharf)
- 2 EL geschmacksneutrales Öl
- ¼ l trockener Weißwein
- je 1 Bund Rucola und Kerbel
- 3 EL Weißweinessig
- 4 EL Walnussöl

1 — Den Aal häuten und in 2 cm dicke Scheiben schneiden. Mit Zitronensaft beträufeln und mit Salz, Pfeffer und 1 Prise Paprika würzen. Das Öl in einer Pfanne erhitzen und den Aal darin kräftig anbraten. Mit dem Weißwein ablöschen und 10 Minuten zugedeckt garen.

2 — Rucola und Kerbel waschen und trocken schütteln. Grobe Stiele vom Rucola entfernen und die Blätter in Streifen schneiden, kleine Blättchen ganz lassen. Die Kerbelblättchen grob hacken.

3 — Aus Weißweinessig, Salz, Pfeffer und Walnussöl eine Vinaigrette rühren. Kräuter darin wenden und auf vier Tellern anrichten. Den Aal daraufsetzen und mit dem Bratenfond übergießen. Dazu passen kleine, kurz in Butter geschwenkte Salzkartoffeln → S. 316.

Finkenwerder Scholle mit Speck (Maischolle)
für 4 Personen

HERKUNFT Hamburg/Niedersachsen
ZUBEREITUNGSZEIT 25 Minuten
GARZEIT 10 Minuten

Zutaten

- 120 g gut durchwachsener Speck
- 5 EL Öl
- 2–3 Frühlingszwiebeln
- 4 ganze Maischollen (à 500 g; küchenfertig, mit Haut)
- 100 g doppelgriffiges Mehl (z.B. Wiener Grießler)
- Salz
- Pfeffer aus der Mühle
- 1 Zitrone in Spalten

1 — Den Speck in kleine Würfel schneiden. In einer Pfanne 1 EL Öl erhitzen und die Speckwürfel darin bei mittlerer Hitze knusprig braten. Herausnehmen und auf Küchenpapier abtropfen lassen.

2 — Die Frühlingszwiebeln putzen, waschen, den dunkelgrünen Teil entfernen und den Rest schräg in dünne Ringe schneiden.

3 — Den Backofen auf 100 °C vorheizen. Die Schollen waschen und trocken tupfen. Das Mehl auf einen flachen Teller geben. Die Fische darin wenden. In einer Pfanne 3 EL Öl erhitzen und die Schollen darin bei mittlerer Hitze nacheinander auf jeder Seite 1 bis 2 Minuten anbraten. Auf ein Backblech legen und im Ofen auf der mittleren Schiene etwa 10 Minuten saftig durchziehen lassen. Die Fische herausnehmen und mit Salz und Pfeffer würzen.

4 — Inzwischen in einer Pfanne 1 EL Öl erhitzen und die Frühlingszwiebeln darin bei milder Hitze 1 bis 2 Minuten andünsten.

5 — Die Schollen auf vorgewärmten Tellern anrichten, mit dem Bratöl beträufeln. Die Speckwürfel und die Frühlingszwiebelringe darauf verteilen. Mit Zitronenspalten garnieren. (Abbildung → S. 161)

Forelle Müllerin
für 4 Personen

HERKUNFT Alle Regionen
ZUBEREITUNGSZEIT 10 Minuten
GARZEIT 15 Minuten

Zutaten

- 4 Forellen (à 300 g; küchenfertig)
- Salz
- 2 halbierte Knoblauchzehen
- 4 Stiele Petersilie
- 50 g doppelgriffiges Mehl
- 50 g geschälte, gemahlene Mandeln
- 6 EL Öl
- 1 Zitrone

1 — Für die Forellen den Backofen auf 100 °C vorheizen. Die Forellen unter fließendem kaltem Wasser innen und außen gründlich waschen und trocken tupfen. Die Fische innen mit Salz würzen und mit je 1 Knoblauchhälfte und 1 Petersilienstiel füllen. Das Mehl mit den Mandeln mischen und die Fische darin wenden.

2 — Das Öl in einer großen Pfanne erhitzen und die Forellen darin bei mittlerer Hitze auf beiden Seiten leicht braun anbraten. Die Fische auf ein Backblech legen und im Ofen auf der mittleren Schiene etwa 15 Minuten saftig durchziehen lassen.

3 — Die Zitrone waschen, trocken reiben und längs vierteln. Die Forellen mit den Zitronenvierteln anrichten. Dazu passen Petersilienkartoffeln → S. 316 und ein grüner Blattsalat → S. 64.

Gebratene Renkenfilets
für 4 Personen

HERKUNFT Alle Regionen
ZUBEREITUNGSZEIT 5 Minuten

Zutaten

- 4 Renkenfilets (à 100 g; mit Haut)
- 1 EL Öl
- Salz
- Pfeffer aus der Mühle
- 5 EL Olivenöl
- je ½ TL abgeriebene unbehandelte Zitronen- und Orangenschale

1 — Die Renkenfilets waschen und trocken tupfen. Das Öl in einer Pfanne erhitzen und die Fischfilets darin bei mittlerer Hitze auf der Hautseite etwa 2 bis 3 Minuten goldbraun braten. Wenden, die Pfanne vom Herd nehmen und Filets in der Resthitze etwa 1 Minute durchziehen lassen. Auf Küchenpapier abtropfen lassen und mit Salz und Pfeffer würzen.

2 — Renkenfilets nach Belieben mit Salzkartoffeln → S. 316 und Spinat → S. 367 anrichten und mit der Zitrusschale bestreuen.

Süßsaure Lachsforellenfilets
für 4 Personen

HERKUNFT Alle Regionen
ZUBEREITUNGSZEIT 20 Minuten
MARINIERZEIT 1 Stunde
GARZEIT 20 Minuten

Zutaten für die Marinade

2 Zwiebeln
1 TL Butter
1 EL Zucker
100 ml Rotweinessig
1 l Fleischbrühe
1 Lorbeerblatt
3 Wacholderbeeren
2 Gewürznelken

Zutaten für die Forelle

600 g Lachsforellenfilet (ohne Haut)
300 g Sahne
Zucker, Salz und Essig nach Geschmack
1 Möhre
1 Stück Knollensellerie
1 Stange Lauch

1 — Für die Marinade Zwiebeln schälen und in Streifen schneiden. Die Butter erhitzen und die Zwiebeln darin glasig dünsten. Den Zucker zufügen, mit Essig ablöschen und mit der Brühe auffüllen. Lorbeerblatt, Wacholderbeeren und Nelken dazugeben. 10 Minuten bei kleiner Hitze ziehen und dann abkühlen lassen.

2 — Das Lachsforellenfilet in 4 Portionen teilen. Mit der Marinade bedecken. Mindestens 1 Stunde durchziehen lassen.

3 — Die Fischfilets aus der Marinade heben. Die Marinade durch ein feines Sieb gießen, auffangen und in 2 Portionen teilen. Die Hälfte der Marinade im Topf bei mittlerer Hitze etwa um die Hälfte einkochen lassen. Die Sahne dazugeben und unterrühren. Mit Zucker, Salz und Essig abschmecken.

4 — Die übrige Marinade zum Sieden bringen und den Fisch etwa 5 bis 8 Minuten darin ziehen lassen.

5 — Das Gemüse putzen, schälen und in feine Streifen (Julienne) schneiden. In kochendem Salzwasser einmal aufkochen und abgießen.

6 — Den Fisch aus dem Sud heben. Mit dem Gemüse und Sahnefond anrichten. Dazu einen grünen Salat → S. 64 servieren.

Gebratene Forellenfilets
für 4 Personen

HERKUNFT Alle Regionen
ZUBEREITUNGSZEIT 10 Minuten

Zutaten

6 Forellenfilets (à 100 g; mit Haut)
doppelgriffiges Mehl zum Wenden
1 EL Öl
30 g Nussbutter → S. 125
1 TL Fischgewürz
(ersatzweise Pfeffer, Paprikapulver)
Salz

1 — Die Forellenfilets waschen, trocken tupfen und halbieren. Auf der Hautseite mit Mehl bestäuben, überschüssiges Mehl abklopfen. Eine Pfanne bei mittlerer Temperatur erhitzen und das Öl darin erhitzen. Die Forellenfilets darin auf der Hautseite bei mittlerer Hitze 2 bis 3 Minuten hell anbraten. Wenden, die Pfanne vom Herd nehmen und den Fisch in der Resthitze der Pfanne saftig durchziehen lassen.

2 — In einer zweiten Pfanne die Nussbutter bei schwacher Hitze erwärmen und das

↓
Finkenwerder Scholle mit Speck (Maischolle) S. 158

↓

Lachs mit Dillsauce S. 163

Fischgewürz hineinstreuen. Die Forellenfilets darin wenden und mit Salz würzen.

3 — Die Forellenfilets mit der Butter beträufeln und mit Rahmwirsing → S. 376 oder Gurkensalat → S. 65 servieren.

Lachs mit Dillsauce
für 4 Personen

HERKUNFT Alle Regionen
ZUBEREITUNGSZEIT 20 Minuten
GARZEIT 10 Minuten

Zutaten

1–2 EL Öl
4 Lachsfilets (à 120 g; mit Haut)
Salz
Pfeffer aus der Mühle
1 EL Puderzucker
100 ml trockener Weißwein
¼ l Hühner- oder Gemüsebrühe
100 g Sahne
2 TL Speisestärke
1 EL kalte Butter
1 EL gehackte Dillspitzen

1 — Für den Lachs den Backofen auf 100 °C vorheizen. Das Öl in einer Pfanne erhitzen und die Lachsfilets auf der Hautseite etwa 4 Minuten darin kross anbraten. Die Filets wenden und 30 Sekunden weiterbraten.

2 — Die Filets auf ein Backblech legen und im Ofen auf der mittleren Schiene 10 Minuten saftig durchziehen lassen. Mit Salz und Pfeffer würzen.

3 — Den Puderzucker in einen Topf stäuben und bei mittlerer Hitze goldbraun karamellisieren, mit dem Wein ablöschen und auf ein Drittel einköcheln lassen. Mit der Brühe auffüllen, 1 bis 2 Minuten köcheln lassen, die Sahne dazugeben und einmal aufkochen lassen.

4 — Die Speisestärke mit wenig kaltem Wasser glatt rühren, nach und nach in die köchelnde Sauce rühren, bis die Sauce leicht sämig ist. Zuletzt die Butter untermixen, den Dill unterrühren und die Sauce mit Salz würzen.

5 — Die Dillsauce auf vorgewärmten Tellern verteilen und die Lachsfilets daraufsetzen. Dazu passen Salzkartoffeln → S. 316 oder gekochter Langkornreis. (Abbildung links)

Gedünsteter Heilbutt
für 4 Personen

HERKUNFT Norddeutschland
ZUBEREITUNGSZEIT 5 Minuten
GARZEIT 10 Minuten

Zutaten

1 unbehandelte Zitrone
1 Zwiebel
1 Lorbeerblatt
Salz
4 Heilbuttfilets (à 150 g)

1 — Die Zitrone waschen, trocken tupfen und in Scheiben schneiden. Die Zwiebel halbieren. Die Zwiebel mit Schale, dem Lorbeerblatt, 2 Zitronenscheiben in ½ l Wasser aufkochen. Mit Salz würzen.

2 — Die Heilbuttfilets hineingeben und bei schwacher Hitze 10 Minuten ziehen lassen. Den Fisch herausheben und mit den restlichen Zitronenscheiben servieren. Dazu passen Meerrettichsauce → S. 131, Weißweinsauce → S. 130, Salzkartoffeln → S. 316 und Spinat → S. 367.

Pannfisch mit Senfsauce
für 4 Personen

HERKUNFT Hamburg
ZUBEREITUNGSZEIT 15 Minuten

Zutaten für die Senfsauce

1 Schalotte
1–2 TL Öl
100 ml Gemüsebrühe
100 g Sahne
1–2 EL scharfer Senf
20 g kalte Butter
Salz
Pfeffer aus der Mühle

Zutaten für den Fisch

500 g gemischte Fischfilets (z. B. Schellfisch, Scholle, Rotbarsch, Kabeljau; ohne Haut)
1–2 EL Öl
einige Spritzer Zitronensaft
1 EL Schnittlauchröllchen

1 — Für die Senfsauce die Schalotte schälen und in feine Würfel schneiden. Das Öl in einer Pfanne erhitzen und die Schalotte darin bei milder Hitze glasig dünsten. Die Brühe und die Sahne dazugeben, den Senf unterrühren und erhitzen. Die Butter untermixen und die Sauce mit Salz und Pfeffer würzen.

2 — Die Fischfilets waschen, trocken tupfen und in etwa 3 cm große Stücke schneiden. In einer Pfanne 1 bis 2 EL Öl erhitzen und die Fischstücke darin 3 bis 4 Minuten braten. Die Pfanne vom Herd nehmen, den Fisch mit Zitronensaft beträufeln.

3 — Die Senfsauce nochmals aufmixen und mit dem Fisch anrichten. Mit Schnittlauch bestreuen. Dazu gibt es traditionell Bratkartoffeln → S. 321 mit Speck und Gurken. (Abbildung → S. 167)

Überbackener Seelachs
für 4 Personen

HERKUNFT Alle Regionen
ZUBEREITUNGSZEIT 10 Minuten
KÜHLZEIT 1 Stunde
GARZEIT 5 Minuten

Zutaten

45 g Toastbrot (ersatzweise 20–25 g trockene Weißbrotbrösel)
125 g weiche Butter
2 TL Dijon-Senf
1 geh. EL Tafelmeerrettich
1 EL gehackte Petersilie
5 gehackte Estragonblätter
Salz
Pfeffer aus der Mühle
400 g Seelachsfilet (ohne Haut)
Öl für das Blech

1 — Das Toastbrot zerkleinern und im Blitzhacker zu Bröseln mahlen. Die weiche Butter schaumig rühren und Senf, Meerrettich, Petersilie, Estragon und Toastbrotbrösel unterrühren. Mit Salz und Pfeffer würzen. Die Masse mit Backpapier zu einer Rolle (etwa 3 cm Ø) formen und ½ bis 1 Stunde kühl stellen.

2 — Den Backofengrill einschalten. Den Fisch waschen, trocken tupfen und in 4 Stücke schneiden. Mit Salz würzen und auf ein leicht geöltes Backblech setzen. Die Gratinierbutter in Scheiben schneiden und leicht überlappend auf die Fischfilets legen.

3 — Den Fisch auf der untersten Schiene im Ofen etwa 4 Minuten goldbraun überbacken. Das Backblech aus dem Ofen nehmen und den Fisch auf dem heißen Blech noch 1 bis 2 Minuten nachziehen lassen.

Gebratene Zanderfilets
für 4 Personen

HERKUNFT Berlin/Brandenburg
ZUBEREITUNGSZEIT 10 Minuten

Zutaten

500 g Zanderfilets (mit Haut)
doppelgriffiges Mehl zum Wenden
1 EL Öl
je 1 EL Butter und Nussbutter → S. 125
Salz

1 — Die Zanderfilets waschen und trocken tupfen. In 8 gleich große Stücke schneiden und auf der Hautseite mit Mehl bestäuben.

2 — Das Öl in einer Pfanne erhitzen und die Fischfilets darin auf der Hautseite bei mittlerer Hitze 3 bis 4 Minuten kross anbraten. Die Fischfilets wenden, die Pfanne vom Herd nehmen und den Fisch in der Resthitze glasig durchziehen lassen.

3 — Die Fischfilets auf Küchenpapier abtropfen lassen. Die Pfanne trocken reiben und die Butter mit der braunen Butter darin schmelzen. Mit etwas Salz würzen und die Fischfilets mit der braunen Butter beträufelt servieren. Dazu passen Schmorgurken → S. 362. (Abbildung → S. 139)

Backfisch
für 4 Personen

HERKUNFT Alle Regionen
ZUBEREITUNGSZEIT 20 Minuten

Zutaten

je 1 EL schwarze Pfefferkörner
2 Eier
100 g Mehl
150 ml Bier
4 EL Nussbutter → S. 125
Salz
500 g Seelachs- oder Rotbarschfilets (ohne Haut)
Öl zum Frittieren
einige Spritzer Zitronensaft
Mehl zum Wenden

1 — Die Pfefferkörner in die Gewürzmühle füllen. Die Eier trennen. Das Mehl mit dem Bier und den Eigelben glatt rühren, mit der Mischung aus der Mühle würzen. Zuletzt die Nussbutter unterrühren. Die Eiweiße mit 1 Prise Salz zu einem cremigen Schnee schlagen. Den Eischnee locker und gleichmäßig unter den Teig heben.

2 — Reichlich Öl in einem Topf auf 170 °C erhitzen. Die Fischfilets waschen und trocken tupfen, mit Salz würzen und mit Zitronensaft beträufeln. Das Mehl in einen tiefen Teller geben. Die Filets zunächst im Mehl wenden und dann durch den Backteig ziehen.

3 — Im heißen Öl 4 bis 5 Minuten goldbraun backen, dabei einmal wenden und auf Küchenpapier abtropfen lassen. Den Backfisch mit Kartoffelsalat → S. 68, 70 und Remouladensauce → S. 126 servieren.

Gebackener Rotbarsch
für 4 Personen

HERKUNFT Alle Regionen
ZUBEREITUNGSZEIT 20 Minuten

Zutaten

- 2 Eier
- 1 TL Dijon-Senf
- abgeriebene Schale von 1 unbehandelten Zitrone
- 50 g doppelgriffiges Mehl (z.B. Wiener Grießler)
- 120 g Weißbrotbrösel oder Paniermehl
- 500 g Rotbarschfilet (ohne Haut)
- Salz
- Öl zum Braten
- einige kleine Salat- oder Kräuterblätter
- 4 unbehandelte Zitronenspalten

1 — Die Eier in einem tiefen Teller mit Senf und Zitronenschale gut verquirlen. Das Mehl in einen tiefen Teller geben. Die Brösel in einen weiteren Teller geben.

2 — Das Fischfilet waschen, trocken tupfen und nach Belieben in Stücke teilen. Mit Salz würzen. Den Fisch zuerst im Mehl wenden, dann durch die verquirlten Eier ziehen und zuletzt in der Bröselmischung wenden.

3 — Eine Pfanne bei mittlerer Temperatur erhitzen und so viel Öl hinzufügen, dass der Pfannenboden gut bedeckt ist. Die panierten Fischstücke darin auf beiden Seiten goldbraun braten. Auf Küchenpapier abtropfen lassen und nochmals leicht salzen. Mit Zitronenspalten und nach Belieben mit Kartoffelsalat → S. 68 f. servieren. (Abbildung → S. 147)

Karpfen im Bierteig
für 4 Personen

HERKUNFT Franken/Bayern
ZUBEREITUNGSZEIT 20 Minuten

Zutaten

- 1 EL Pimentkörner
- 1 EL ganzer Kümmel
- 1 EL Wacholderbeeren
- 1 EL schwarze Pfefferkörner
- 80 g doppelgriffiges Mehl (z.B. Wiener Grießler; ersatzweise Weizenmehl Type 405)
- 80 g Speisestärke
- ¼ l Bier
- 800 g Karpfenfilet (ohne Haut)
- Salz
- 70 g Butterschmalz zum Braten
- 70 g Öl zum Braten
- einige Spritzer Zitronensaft

1 — Piment, Kümmel, Wacholder und Pfeffer in eine Gewürzmühle füllen. Das Mehl mit der Speisestärke auf einem Teller vermischen und mit den Gewürzen aus der Mühle würzen. Das Bier in eine Schüssel geben.

2 — Das Karpfenfilet waschen und trocken tupfen. In 4 bis 5 cm große Stücke schneiden, dabei die Gräten mit einem scharfen Messer entfernen. Die Fischstücke salzen und zuerst in der Mehlmischung wenden, dann durch das Bier ziehen und zuletzt noch einmal in der Mehlmischung wenden. Den Vorgang wiederholen.

3 — Das Butterschmalz mit dem Öl in einer Pfanne erhitzen. Die Karpfenstücke darin bei milder Hitze portionsweise rundum hellbraun backen. Mit einer Schaumkelle herausheben, auf Küchenpapier abtropfen lassen und mit Zitronensaft beträufeln. Dazu passt Schnittlauchsauce → S. 128.

↓
Pannfisch mit Senfsauce S. 164

Gebratener Saibling mit Zitronenbutter
für 4 Personen

HERKUNFT Alle Regionen
ZUBEREITUNGSZEIT 15 Minuten
GARZEIT 15 Minuten

Zutaten für die Fische

4 Saiblinge (ca. 300 g; küchenfertig)
Salz
4 Stiele Petersilie
4 Streifen unbehandelte Zitronenschale
ca. 3 EL doppelgriffiges Mehl (z.B. Wiener Grießler)
4 EL Öl
Zitronensaft zum Beträufeln

Zutaten für die Zitronenbutter

je 40 g Butter und Nussbutter → S. 125
1 Knoblauchzehe (in Scheiben)
1 TL abgeriebene Schale von 1 unbehandelten Zitrone
Salz
1 EL gehackte Petersilie

1 — Für den Saibling den Backofen auf 100 °C vorheizen. Die Saiblinge innen und außen waschen, trocken tupfen und mit Salz würzen. Die Petersilienstiele waschen und trocken schütteln. Je 1 Petersilienstiel und 1 Streifen Zitronenschale in die Bauchhöhlen der Saiblinge geben.

2 — Das Mehl auf einen Teller geben und die Saiblinge darin wenden. Das Öl in einer großen Pfanne erhitzen und die Fische darin, falls nötig, portionsweise bei milder Hitze auf beiden Seiten anbraten. Die Fische auf ein mit Backpapier belegtes Backblech oder in einen Bräter legen und im Ofen auf der mittleren Schiene etwa 15 Minuten saftig durchziehen lassen.

3 — Für die Zitronenbutter das Bratfett mit Küchenpapier aus der Pfanne tupfen und die Butter und die Nussbutter darin zerlassen. Den Knoblauch und die Zitronenschale hinzufügen und einige Minuten ziehen lassen. Mit Salz würzen und die Saiblinge in der Zitronenbutter wenden.

4 — Die Fische mit der Zitronenbutter und dem Zitronensaft beträufeln. Mit Petersilie bestreuen. Nach Belieben mit Petersilienkartoffeln → S. 316 servieren.

Lachsforellenfilets aus dem Ofen
für 4 Personen

HERKUNFT Alle Regionen
ZUBEREITUNGSZEIT 5 Minuten
GARZEIT 20 Minuten

Zutaten

4 Lachsforellenfilets (à ca. 120 g; ohne Haut)
Öl für das Blech
30 g Nussbutter → S. 125
1 Knoblauchzehe (in Scheiben)
Salz

1 — Den Backofen auf 80 °C vorheizen. Die Lachsforellenfilets waschen und trocken tupfen und halbieren. Ein Backblech mit Öl einfetten. Die Forellenfilets nebeneinander auf das Backblech legen. Mit Frischhaltefolie bedecken und im Ofen je nach Dicke der Filets 10 bis 20 Minuten garen.

2 — Die Nussbutter in einer Pfanne mit dem Knoblauch erwärmen und mit Salz würzen. Die Forellenfilets aus dem Ofen nehmen und mit der Gewürzbutter bestreichen. Dazu passt Kohlrabigemüse → S. 359.

Kabeljaufilets aus dem Ofen
für 4 Personen

HERKUNFT Nord-/Ostsee
ZUBEREITUNGSZEIT 5 Minuten
GARZEIT 20 Minuten

Zutaten

- 1 EL Butter oder Öl für das Blech
- 4 Kabeljaufilets (à 125 g; ohne Haut)
- 40 g Nussbutter → S. 125
- je ½–1 TL abgeriebene unbehandelte Zitronen- und Orangenschale
- 1 Knoblauchzehe (in Scheiben)
- Salz

1 — Den Backofen auf 80 °C vorheizen und ein Backblech einfetten. Die Kabeljaufilets waschen, trocken tupfen, in Stücke schneiden und nebeneinander auf das Backblech legen. Mit Frischhaltefolie bedecken und im Ofen auf der mittleren Schiene 15 bis 20 Minuten saftig durchziehen lassen.

2 — Die Nussbutter mit Zitronen-, Orangenschale und Knoblauch erwärmen. Die Gewürze einige Minuten darin ziehen lassen. Den Kabeljau mit der Gewürzbutter bestreichen. Mit Senfsauce → S. 131 servieren.

Schellfisch mit Senfdip
für 4 Personen

HERKUNFT Norddeutschland
ZUBEREITUNGSZEIT 5 Minuten
GARZEIT 20 Minuten

Zutaten

- 4 Schellfischfilets (à 150 g; ohne Haut)
- 4 TL Olivenöl
- Salz
- 150 g Sahnejoghurt
- 2 EL Hühnerbrühe
- 2 TL Dijon-Senf
- 2 TL süßer Senf
- 1 Msp. abgeriebene unbehandelte Orangenschale

1 — Für den Fisch den Backofen auf 100 °C vorheizen. Je 1 Schellfischfilet auf einen Teller legen, Frischhaltefolie darüberspannen und im Ofen 15 bis 20 Minuten saftig durchziehen lassen. Die Folie abnehmen, den Fisch mit je 1 TL Olivenöl bepinseln und mit Salz würzen.

2 — Für den Senfdip den Joghurt mit der Brühe, den beiden Senfsorten und der Orangenschale glatt rühren. Die Schellfischfilets auf Tellern anrichten und den Dip darum herumträufeln. Nach Belieben mit Spinat → S. 367 servieren.

Bodenseefelchen in der Folie
für 4 Personen

HERKUNFT Baden-Württemberg/Bayern
ZUBEREITUNGSZEIT 10 Minuten
GARZEIT 25 Minuten

Zutaten

- 4 Blaufelchen (à ca. 300 g; küchenfertig)
- Salz
- Pfeffer aus der Mühle
- 4 EL Olivenöl
- je 4 Scheiben Knoblauch und unbehandelte Zitrone
- 1 TL Fenchelsamen
- 4 Stiele Dill
- 4 Lorbeerblätter
- einige Blätter Petersilie
- 4 EL Weißwein
- 3 EL Butter

↓

Bodenseefelchen in der Folie S. 169

Zutaten für den Dip

150 g Crème fraîche
2 EL Sahne
1 TL gehackter Estragon
1 EL Limettensaft
abgeriebene Schale von 1 unbehandelten Limette
Salz
Zucker

1 — Den Backofen auf 180°C vorheizen. Die Felchen innen und außen gründlich waschen, trocken tupfen, mit Salz und Pfeffer würzen.

2 — Vier Bogen Alufolie mit Olivenöl bestreichen. Die Fische darauflegen und die Bauchhöhlen mit Knoblauch, Zitronenscheiben, Fenchelsamen, Dill, Lorbeer- und Petersilienblättern füllen. Den Wein angießen, die Butter in Flöckchen auf den Fischen verteilen und die Folie darüber zusammenfalten. Die Felchen im Ofen auf der mittleren Schiene etwa 25 Minuten garen.

3 — Für den Dip die Crème fraîche mit der Sahne glatt rühren und den Estragon unterrühren. Mit Limettensaft und -schale sowie Salz und Zucker würzen. Die Fischpäckchen am Tisch öffnen und die Felchen mit dem Dip servieren. (Abbildung links)

Gespickter Dorsch
für 4 Personen

HERKUNFT Norddeutschland
ZUBEREITUNGSZEIT 20 Minuten
GARZEIT 45 Minuten

Zutaten

1 küchenfertiger Dorsch (ca. 1 ½ kg)
Salz
Pfeffer aus der Mühle
Saft von ½ Zitrone
80 g grüner Speck
6 Tomaten
1 Möhre
6 Schalotten
2 EL geschmacksneutrales Öl
20 g Butter
1 Knoblauchzehe
125 g Sahne
2 Stiele Koriander (fein gehackt)

1 — Den Dorsch waschen, trocken tupfen und innen und außen mit Salz und Pfeffer einreiben. Mit Zitronensaft beträufeln. Den Speck in ½ cm dicke Streifen schneiden und den Fisch links und rechts entlang der Rückengräte damit spicken. Den Backofen auf 180 °C vorheizen.

2 — Die Tomaten waschen, vierteln, dabei die Stielansätze entfernen. Möhre und Schalotten schälen und beides in kleine Würfel schneiden.

3 — Öl und Butter in einem länglichen Bräter erhitzen und das Gemüse darin andünsten. Die Knoblauchzehe ungeschält dazugeben und das Gemüse mit Salz und Pfeffer würzen.

4 — Den Fisch auf das Gemüse setzen und zugedeckt im Backofen etwa 30 Minuten garen. Den Deckel abnehmen, den Dorsch mit Sahne begießen und offen weitere 15 Minuten garen. Den Fisch und das Gemüse mit dem Koriandergrün bestreuen. In der Form servieren und erst bei Tisch portionieren.

Gebeizter Saibling mit Spargel
für 4 Personen

HERKUNFT Alle Regionen
ZUBEREITUNGSZEIT 30 Minuten
MARINIERZEIT 12 Stunden

Zutaten für den Saibling

- 2 TL Korianderkörner
- 1 TL schwarze Pfefferkörner
- 1 EL Wacholderbeeren
- je 1 TL Fenchelsamen und Senfkörner
- 4 Saiblingsfilets (à 80 g; mit Haut)
- 50 g Salz
- 3 EL Zucker
- je 1 EL gehackte Petersilie und Dillspitzen
- je 1 EL abgeriebene unbehandelte Zitronen- und Orangenschale

Zutaten für den Spargel

- 8 Stangen weißer Spargel
- 1–2 EL Salz
- 1 EL Zucker

Zutaten für die Marinade

- 2 Eier (hart gekocht)
- 80 ml Gemüsebrühe
- ½ TL scharfer Senf
- 1–2 EL Rotweinessig
- 3–4 EL mildes Olivenöl
- Salz
- Pfeffer aus der Mühle
- Zucker
- 1 EL Schnittlauchröllchen

1 — Am Vortag für den gebeizten Saibling die Koriander- und die Pfefferkörner, die Wacholderbeeren, die Fenchelsamen und die Senfkörner in einer beschichteten Pfanne ohne Fett anrösten. Die Gewürzmischung im Blitzhacker oder im Mörser fein mahlen.

2 — Die Saiblingsfilets waschen und trocken tupfen. Das Salz, den Zucker, die Gewürzmischung, die Petersilie, den Dill und die Zitronen- und Orangenschale in einer kleinen Schüssel vermischen. Die Saiblingsfilets auf beiden Seiten damit bestreichen und in Frischhaltefolie gewickelt zugedeckt über Nacht im Kühlschrank ruhen lassen.

3 — Am nächsten Tag für den Spargel die Spargelstangen schälen und die holzigen Enden abschneiden. In einem großen Topf 2 l Wasser zum Kochen bringen und das Salz und den Zucker hinzufügen. Die Spargelstangen darin je nach Dicke 8 bis 10 Minuten kochen.

4 — Den Spargel herausnehmen, kalt abschrecken und abtropfen lassen. Das Gemüse bis zur Verwendung zugedeckt bei Zimmertemperatur beseitestellen.

5 — Für die Marinade die Eier pellen und halbieren. Die Eiweiße und die Eigelbe trennen und separat klein hacken.

6 — Die Brühe in einer kleinen Schüssel mit dem Senf, dem Essig und dem Olivenöl mit dem Schneebesen verrühren. Die Marinade mit Salz, Pfeffer und 1 Prise Zucker herzhaft abschmecken und zum Schluss die gehackten Eier unterrühren.

7 — Den gebeizten Saibling aus dem Kühlschrank nehmen, die Marinade mit dem Messerrücken von den Fischfilets abstreifen, dabei die Haut mit entfernen. Den Saibling in Scheiben schneiden. Zum Servieren je 2 Spargelstangen auf Teller verteilen, mit der Eiermarinade beträufeln und mit dem Schnittlauchröllchen bestreuen. Den Saibling daneben anrichten.

Gebratene Eglifilets mit Kräuterschaum
für 4 Personen

HERKUNFT Baden
ZUBEREITUNGSZEIT 15 Minuten

Zutaten

8 Eglifilets (à 100 g; mit Haut)
Salz
Pfeffer aus der Mühle
2 EL Zitronensaft
Mehl zum Wenden
1 Schalotte
60 g Butter
1 Bund gehackte Frühlingskräuter (z.B. Petersilie, Kerbel, Schnittlauch, Dill)
200 ml Fischfond (aus dem Glas)
100 g Sahne
frisch gemahlener weißer Pfeffer
frisch geriebene Muskatnuss
3 EL geschmacksneutrales Öl

1 — Die Fischfilets kurz waschen und trocken tupfen. Mit Salz und Pfeffer würzen und mit Zitronensaft beträufeln. Die Filets in Mehl wenden und überschüssiges Mehl leicht abklopfen.

2 — Die Schalotte schälen, in Würfel schneiden und in 20 g Butter glasig dünsten. Die Kräuter dazugeben, kurz durchschwenken und mit Fond aufgießen. Einmal aufkochen lassen und anschließend im Mixer fein pürieren.

3 — Durch ein Sieb zurück in den Topf gießen und die Sahne hinzufügen. Mit Salz, weißem Pfeffer und Muskatnuss abschmecken und etwas einkochen lassen. 20 g Butter in kleinen Flocken unterschlagen. Kurz vor dem Servieren mit dem Stabmixer schaumig aufschlagen.

4 — Das Öl und die übrige Butter in einer Pfanne erhitzen und die Eglifilets mit der Hautseite nach unten in das heiße Fett legen. Wenige Minuten anbraten, dann vorsichtig wenden und auch die zweite Seite braten. Jeweils 2 Fischfilets auf einem vorgewärmten Teller anrichten und mit dem Kräuterschaum überziehen. Mit Salzkartoffeln → S. 316 und grünem Salat servieren.

Geräucherter Hecht mit Rübenkraut
für 4 Personen

HERKUNFT Alle Regionen
ZUBEREITUNGSZEIT 25 Minuten
GARZEIT 10 Minuten

Zutaten für das Rübenkraut

600 g weiße Rüben
Salz
1 Zwiebel
2 EL Öl
100 ml lieblicher Weißwein
300 ml Fleischbrühe
1 EL Zucker
Pfeffer aus der Mühle
1 Knoblauchzehe
1 EL Butter
2 EL gehackte Petersilie oder gehacktes Kraut der Rüben

Zutaten für den Fisch

1 küchenfertiger Hecht (etwa 1½ kg)
Salz
Pfeffer aus der Mühle
2 EL Zitronensaft
1 EL Öl
2 EL Butter

1 — Für das Rübenkraut die Rüben schälen und in feine Scheiben oder Streifen hobeln. Mit Salz bestreuen. Die Zwiebel schälen und in Würfel schneiden.

2 — Das Öl in einem Topf erhitzen. Die Zwiebel darin glasig dünsten. Die Rüben hinzufügen und andünsten. Weißwein und Brühe dazugießen. Mit Zucker, Salz und Pfeffer abschmecken. Zerdrückten Knoblauch hinzufügen und 20 Minuten kochen.

3 — Das Gemüse in ein Sieb abgießen, die Flüssigkeit für die Sauce auffangen. Falls nötig, noch etwas nachwürzen und mit Butter im Mixer oder mit dem Stabmixer aufmixen.

4 — Das Rübenkraut wieder in die Sauce geben. Mit gehackter Petersilie oder gehacktem Kraut bestreuen.

5 — Den Hecht mit kaltem Wasser innen und außen gründlich waschen und trocken tupfen. Mit einem scharfem Messer an der Mittelgräte entlang die Filets abschneiden. Sichtbare Gräten mit einer Pinzette herausziehen. Die Haut vorsichtig abschneiden. (Oder schon vom Fischhändler auf diese Weise vorbereiten lassen.)

6 — Den Räucherofen nach der Anleitung, die dem Gerät beiliegt, vorbereiten.

7 — Die Hechtfilets in 4 cm breite Streifen schneiden. Mit Salz, Pfeffer und Zitronensaft würzen.

8 — Das Öl in einer Pfanne erhitzen. Die Fischstücke darin von beiden Seiten leicht anbraten. Auf den Rost des Räucherofens setzen und den Fisch je nach Gerät etwa 8 bis 10 Minuten räuchern.

9 — Die Butter in einem Topf erhitzen, bis sie nussbraun ist. Sofort von der Kochstelle nehmen. Die geräucherten Hechtfilets aus dem Ofen nehmen. Auf vorgewärmten Tellern mit der Butter beträufeln und mit dem Rübenkraut anrichten.

Waller auf Dillgurken mit Zitronensauce
für 4 Personen

HERKUNFT Alle Regionen
ZUBEREITUNGSZEIT 30 Minuten
GARZEIT 20 Minuten

Zutaten für die Sauce

1 festkochende Kartoffel (ca. 100 g)
350 ml Gemüsebrühe
1 Lorbeerblatt
1 Msp. abgeriebene unbehandelte Zitronenschale
2 EL Nussbutter → S. 125
80 g Sahne
Salz
einige Spritzer Zitronensaft

Zutaten für die Gurken

2 Gärtnergurken
Salz
3 EL Nussbutter → S. 125
1 EL gehackter Dill

Zutaten für den Fisch

3–4 kleine festkochende Kartoffeln
4 Wallerfilets (Wels; à 120 g; ohne Haut und Gräten)
Salz
3 EL Nussbutter → S. 125

1 — Für die Sauce die Kartoffeln schälen, waschen und in etwa ½ cm dicke Scheiben schneiden. Die Kartoffelscheiben in einem Topf in der Brühe mit dem Lorbeerblatt knapp unter dem Siedepunkt 15 bis 20 Minuten gar ziehen lassen.

2 — Am Ende der Garzeit das Lorbeerblatt wieder entfernen. Die Kartoffel mit Brühe,

↓
Fischfrikadellen S. 177

Zitronenschale, brauner Butter und Sahne in einen hohen Rührbecher geben und mit dem Stabmixer fein pürieren. Die Sauce mit Salz und Zitronensaft würzen.

3 — Für die Gurken die Gärtnergurken schälen, längs halbieren und die Kerne mit einem Löffel entfernen. Die Gurkenhälften in Scheiben schneiden und in kochendem Salzwasser (das Wasser kräftig salzen!) bissfest blanchieren.

4 — In ein Sieb abgießen, kalt abschrecken und gut abtropfen lassen. Die Nussbutter in einer Pfanne erhitzen und die Gurken darin andünsten, den Dill dazugeben.

5 — Für den Fisch die Kartoffeln waschen, schälen und in feine Scheiben hobeln. Die Wallerfilets waschen, trocken tupfen und mit Salz würzen. Die Filets schuppenförmig mit den Kartoffelscheiben belegen.

6 — Die Nussbutter in einer Pfanne erhitzen und die Wallerfilets darin bei mittlerer Hitze zuerst auf der Schuppenseite goldbraun braten, dann wenden und auf der Fleischseite bei milder Hitze etwa 3 Minuten braten. Die Filets herausnehmen und auf Küchenpapier abtropfen lassen.

7 — Die Dillgurken auf vorgewärmten Tellern anrichten und je 1 Fischfilet mit der Kartoffelseite nach oben daraufsetzen. Die Zitronensauce mit dem Stabmixer aufschäumen und das Gurkengemüse damit beträufeln.

Ragout aus Flussfischen
für 4 Personen

HERKUNFT Thüringen
ZUBEREITUNGSZEIT 25 Minuten
GARZEIT 20 Minuten

Zutaten

- 1 kg gemischte Flussfische, mindestens drei Sorten (z.B. Zander, Hecht, Schleie, Karpfen)
- 3 große Zwiebeln
- 3 vorwiegend festkochende Kartoffeln
- 2 EL geschmacksneutrales Öl
- 2 EL Paprikapulver (edelsüß)
- 4 große Fleischtomaten
- 375 ml Fischfond
- Salz
- Pfeffer aus der Mühle
- 1 Bund Dill

1 — Die Fische am besten beim Fischhändler filetieren und die Gräten entfernen lassen. Die Filets in nicht zu kleine Würfel schneiden. Zwiebeln und Kartoffeln schälen. Die Zwiebeln in kleine, die Kartoffeln in 1 cm große Würfel schneiden.

2 — Das Öl in einem großen Schmortopf erhitzen. Die Zwiebeln sowie die Kartoffeln darin unter Rühren 10 Minuten andünsten und mit Paprikapulver bestäuben.

3 — Die Tomaten blanchieren, häuten, halbieren und entkernen. Das Fruchtfleisch grob hacken und in den Topf geben. Mit Fischfond aufgießen, einmal aufkochen lassen und mit Salz und Pfeffer würzen. Den Fisch untermischen und zugedeckt bei sehr schwacher Hitze 8 bis 10 Minuten gar ziehen lassen.

4 — Den Dill waschen, trocken schütteln, die Spitzen abzupfen und fein hacken. Den Dill unter das Ragout mischen. Mit Salzkartoffeln → S. 316 servieren.

Fischfrikadellen
für 4 Personen

HERKUNFT Alle Regionen
ZUBEREITUNGSZEIT 30 Minuten

Zutaten

- 50 g Weißbrot
- 50 ml Milch
- ½ Bund Frühlingszwiebeln
- ½ Knoblauchzehe
- 500 g festes, weißfleischiges Fischfilet (z.B. Kabeljau, Rotbarsch, Schellfisch)
- 1 Eigelb
- Salz
- Pfeffer aus der Mühle
- ½ TL abgeriebene unbehandelte Zitronenschale
- 1 Spritzer Zitronensaft
- Weißbrotbrösel
- 4 EL Öl

1 — Das Weißbrot in kleine Würfel schneiden und in eine Schüssel geben. Die Milch darübergießen und die Brotwürfel zugedeckt einweichen.

2 — Die Frühlingszwiebeln putzen, waschen und in feine Ringe schneiden. Knoblauch schälen und fein hacken.

3 — Das Fischfilet waschen und trocken tupfen. Die Filetstücke in möglichst kleine Würfel schneiden und in eine Schüssel geben. Das Eigelb, die eingeweichten Weißbrotwürfel und die Frühlingszwiebelringe dazugeben und mit den Händen locker vermischen. Salz, Pfeffer, Knoblauch, Zitronenschale und -saft zur Fischmasse geben und untermischen.

4 — Die Fischfrikadellenmasse mit nassen Händen zu kleinen Frikadellen formen und diese in Weißbrotbröseln wenden. Das Öl in einer Pfanne erhitzen und die Fischpflanzerl darin bei milder Hitze auf beiden Seiten je etwa 5 bis 6 Minuten goldbraun braten. Die Fischfrikadellen herausnehmen und auf Küchenpapier abtropfen lassen. Mit Kartoffel-Lauch-Gemüse oder -Auflauf → S. 340 auf Tellern anrichten. (Abbildung → S. 175)

Sylter Austern
für 4 Personen

HERKUNFT Schleswig-Holstein
ZUBEREITUNGSZEIT 10 Minuten

Zutaten

- 24 Sylter Austern
- 1 Schalotte
- 2 EL Weißweinessig
- 4 EL Gemüsebrühe
- 1 EL frisch geschnittene Kräuter (z.B. Schnittlauch, Basilikum, Kerbel, Petersilie, Dill)
- 1 EL Olivenöl
- Salz

1 — Die Austern mit dem Austernmesser vorsichtig öffnen. Das Fleisch herauslösen und das Austernwasser dabei auffangen, falls nötig durch ein kleines Sieb gießen, um Splitter herauszufiltern. Eventuell vorhandene Splitter auf dem Austernfleisch mit einem in Salzwasser getauchten Pinsel vorsichtig entfernen.

2 — Die Schalotte schälen und in feine Würfel schneiden. Das aufgefangene Austernwasser mit der Schalotte, dem Essig, der Gemüsebrühe, den Kräutern und dem Olivenöl mischen, die Vinaigrette mit 1 Prise Salz abschmecken.

3 — Die Austern auf Tellern oder nach Belieben in Austernschalen auf einem Meersalzbett anrichten. Die Austern mit der Kräuter-Vinaigrette beträufeln.

Geflügel

Brathähnchen (Grillhähnchen)
für 4 Personen

HERKUNFT Alle Regionen
ZUBEREITUNGSZEIT 10 Minuten
GARZEIT 1 3/4 Stunden

Zutaten

1 Masthähnchen (ca. 1 ½ kg; küchenfertig)
Salz
Pfeffer aus der Mühle
3 Stiele Petersilie (ohne Blätter)
3 Streifen unbehandelte Zitronenschale
80 g flüssige Nussbutter → S. 125

1 — Das Hähnchen innen und außen waschen, trocken tupfen. Innen mit Salz und Pfeffer würzen. Die Petersilie waschen, trocken tupfen und mit der Zitronenschale in die Bauchhöhle legen.

2 — Den Backofen auf 160 °C vorheizen. Die Nussbutter erwärmen und salzen. Das Hähnchen auf ein Backblech setzen und rundum mit der braunen Butter einstreichen.

3 — Im Ofen auf der untersten Schiene etwa 1 ¼ Stunden garen, dabei mehrmals mit der braunen Butter bestreichen. Danach die Temperatur auf 200 °C erhöhen und das Hähnchen weitere 20 bis 25 Minuten knusprig braten.

4 — Zum Servieren das Bratähnchen aus dem Ofen nehmen und tranchieren. Dazu passt ein grüner Salat → S. 64.
(Abbildung → S. 204)

Hähnchen mit würziger Käsefüllung
für 4 Personen

HERKUNFT Süddeutschland
ZUBEREITUNGSZEIT 25 Minuten
GARZEIT 1 ¼ Stunden

Zutaten

1 Hähnchen (ca. 1,2 kg)
Salz
Pfeffer aus der Mühle
2 Schalotten
1 Knoblauchzehe
1 Stange Lauch
1 Möhre
100 g Champignons
2 Wirsing- oder Weißkohlblätter
40 g Butter
150 g Räucherschinkenkäse
1 EL weiße Pfefferkörner
3 EL Olivenöl
¼ l Hühnerbrühe

1 — Das Hähnchen waschen und mit Küchenpapier trocken tupfen. Innen und außen mit Salz und Pfeffer würzen.

2 — Schalotten und die Knoblauchzehe schälen, Lauch gründlich putzen, die Möhre schälen. Die Pilze putzen, falls nötig, trocken abreiben. Alles in kleine Würfel schneiden. Die Kohlblätter 3 Minuten in kochendem Salzwasser blanchieren, in kaltem Wasser abschrecken und in feine Streifen schneiden.

3 — Die Butter in einer Pfanne erhitzen und die Gemüsewürfel und Kohlstreifen darin andünsten. Von der Herdplatte nehmen und erkalten lassen.

4 — Den Räucherschinkenkäse in kleine Würfel schneiden und unter die erkaltete Gemüsemasse mischen. Mit Salz und Pfeffer

würzen und in das vorbereitete Hähnchen füllen. Die Öffnung mit Zahnstochern zustecken. Den Backofen auf 180 °C vorheizen.

5 — Die Pfefferkörner im Mörser oder mit der Klinge eines breiten Messers zerdrücken. Das Olivenöl in einem großen Schmortopf erhitzen und den Pfeffer darin anschwitzen.

6 — Das Hähnchen darin rundum anbraten, dann mit der Brust nach oben in den heißen Backofen schieben und mit Brühe übergießen. Zugedeckt etwa 50 Minuten garen. Danach den Deckel abnehmen und weitere 15 bis 20 Minuten goldbraun braten.

7 — Das Hähnchen herausnehmen und vor dem Tranchieren kurz ruhen lassen. Den Bratenfond, falls nötig, noch etwas einkochen lassen und als Sauce dazu servieren.

Bierhähnchen
für 4 Personen

HERKUNFT Rheinland
MARINIERZEIT 24 Stunden
ZUBEREITUNGSZEIT 20 Minuten
GARZEIT 30 Minuten

Zutaten

1 Hähnchen (etwa 1 ½ kg)
Salz
Pfeffer aus der Mühle
1 l Bier (am besten Kölsch)
1 Zweig Thymian
2 Zwiebeln
200 g durchwachsener Räucherspeck
50 g Butterschmalz
etwas Mehl zum Bestäuben
½ TL Majoranblättchen
125 g Sahne
1 EL gehackte Petersilie

1 — Das Hähnchen waschen, trocken tupfen und mit einem scharfen Messer oder einer Geflügelschere in 8 Stücke teilen. Mit Salz und Pfeffer einreiben. Das Bier in eine Schüssel gießen, den Thymianzweig dazugeben und die Hähnchenteile darin 24 Stunden zugedeckt marinieren. Das Geflügel muss dabei vollständig von Bier bedeckt sein.

2 — Die Zwiebeln schälen und wie die Hälfte des Specks in kleine Würfel schneiden. Butterschmalz in einem Schmortopf erhitzen und Speck- und Zwiebelwürfel darin glasig braten.

3 — Das Geflügel dazugeben und rundum goldgelb braten. Mit Mehl bestäuben, kurz anschmoren und mit etwa der Hälfte der Biermarinade ablöschen. Aufkochen lassen, dann mit Salz, Pfeffer und Majoran würzen und mit der restlichen Marinade und der Sahne aufgießen.

4 — Zugedeckt bei schwacher Hitze 10 bis 15 Minuten schmoren lassen. Den Deckel abnehmen und das Hähnchen noch 10 bis 15 Minuten in der Sauce ziehen lassen.

5 — Den restlichen Speck in schmale Streifen schneiden und in einer Pfanne ohne Fettzugabe knusprig rösten. Die Hähnchenteile auf eine Platte legen und mit Speckstreifen und Petersilie bestreuen. Die Sauce, falls nötig, noch etwas einkochen lassen und zum Geflügel reichen.

Hähnchen in Riesling
für 4 Personen

HERKUNFT Südwestdeutschland
ZUBEREITUNGSZEIT 15 Minuten
GARZEIT 1 Stunde

Zutaten

- 1 Hähnchen (etwa 1 ½ kg)
- Salz
- Pfeffer aus der Mühle
- 1 Zweig Estragon
- 3 Stiele Petersilie
- 2 EL Öl
- ¼ l trockener Riesling
- ¼ l Hühnerbrühe
- 2 Zwiebeln
- 1 Lorbeerblatt
- 30 g kalte Butter
- 1 EL gehackte Estragonblätter

1 — Das Hähnchen waschen, trocken tupfen und innen und außen mit Salz und Pfeffer einreiben. Estragon und Petersilie in die Bauchhöhle stecken. Den Backofen auf 180 °C vorheizen.

2 — Das Öl in einem Schmortopf erhitzen und das Hähnchen rundum goldbraun anbraten. Mit Riesling und Hühnerbrühe ablöschen und einige Minuten köcheln lassen.

3 — Die Zwiebeln schälen und in Ringe schneiden, mit dem Lorbeerblatt zum Hähnchen geben. Zugedeckt im Backofen 50 bis 60 Minuten schmoren.

4 — Das Hähnchen aus dem Topf nehmen und warm stellen. Den Bratenfond entfetten und mitsamt den Zwiebeln mit dem Stabmixer fein pürieren. Die Sauce durch ein Sieb streichen und die Butter in kleinen Flocken unterschlagen.

5 — Zum Schluss den Estragon untermischen und einige Minuten ziehen lassen. Das Hähnchen portionieren und die Estragonsauce dazu reichen.

Gebratene Hähnchenbrust
für 4 Personen

HERKUNFT Alle Regionen
ZUBEREITUNGSZEIT 10 Minuten
GARZEIT 40 Minuten

Zutaten

- 4 Hähnchenbrustfilets (à 150 g; küchenfertig, mit Haut)
- 1 Handvoll Kräuterblätter (Petersilie, Basilikum, Salbei, Kerbel, Estragon)
- 1 EL Öl
- Salz
- Pfeffer aus der Mühle

1 — Den Backofen auf 100 °C vorheizen. Ein Ofengitter auf die mittlere Schiene und darunter ein Abtropfblech schieben. Die Hähnchenbrustfilets waschen und trocken tupfen. Die Hähnchenhaut jeweils leicht anheben und zwischen Hähnchenhaut und dem Brustfleisch einige Kräuterblätter legen.

2 — Das Öl in einer Pfanne erhitzen und die Hähnchenbrüste mit der Hautseite nach unten darin bei mittlerer Hitze etwa 3 Minuten braun braten. Wenden, kurz auf der Fleischseite anbraten und anschließend im Ofen auf dem Ofengitter 40 Minuten garen.

3 — Die Hähnchenbrustfilets herausnehmen und mit Salz und Pfeffer würzen. Dazu Lauch-Champignon-Gemüse → S. 363 oder Paprika-Zucchini-Gemüse servieren → S. 395.

Gefüllte Hähnchenbrust
für 4 Personen

HERKUNFT Alle Regionen
ZUBEREITUNGSZEIT 20 Minuten

Zutaten

4 Hähnchenbrustfilets (à 150 g; küchenfertig, ohne Haut)
Salz
Pfeffer aus der Mühle
8 Salbeiblätter
4 dünne Scheiben roher Schinken
2 EL Mehl
3 EL Öl
2 cl Madeirawein
125 ml Hühnerbrühe
40 g kalte Butter

1 — Die Hähnchenbrustfilets waschen und trocken tupfen. Mit einem scharfen Messer der Länge nach jeweils eine Tasche einschneiden. Die Hähnchenbrustfilets salzen und pfeffern.

2 — Den Salbei waschen und trocken tupfen. In jede Öffnung der Hähnchenbrust 1 dünne Scheiben Schinken und 2 Salbeiblätter legen. Mit einem Holzspießchen zustecken. Die Filets im Mehl wenden.

3 — Das Öl erhitzen und die Hähnchenbrüste darin auf jeder Seite 3 bis 4 Minuten braten. Herausnehmen und warm halten. Den Bratenfond mit Madeira ablöschen und die Hühnerbrühe dazugießen. Die Sauce sämig einköcheln lassen. Die kalte Butter in kleinen Flöckchen unter die Sauce rühren.

4 — Die Hähnchenbrustfilets in der Sauce servieren und nach Belieben Weißbrot dazu reichen.

Hähnchenkeulen in Senfsauce
für 4 Personen

HERKUNFT Alle Regionen
ZUBEREITUNGSZEIT 15 Minuten
GARZEIT 20 Minuten

Zutaten

8 Hähnchenkeulen
2 EL Öl
30 g Butter
Salz
frisch gemahlener weißer Pfeffer
4 Schalotten
125 ml Hühnerbrühe
125 g Sahne
3 TL scharfer, körniger Senf
etwas Zitronensaft

1 — Die Hähnchenkeulen waschen und gut trocken tupfen.

2 — Öl und Butter in einer Kasserolle erhitzen und die Keulen darin bei nicht zu starker Hitze von allen Seiten goldgelb anbraten. Herausnehmen und mit Salz und Pfeffer würzen.

3 — Die Schalotten schälen, in sehr kleine Würfel schneiden und im verbliebenen Bratfett glasig dünsten.

4 — Die Hähnchenkeulen zurück in den Topf legen. Mit Hühnerbrühe und Sahne ablöschen und den Senf gleichmäßig unterrühren. Zugedeckt bei milder Hitze in 15 bis 20 Minuten fertig garen.

5 — Die Keulen herausnehmen und die Sauce, falls nötig, noch etwas einkochen lassen. Mit Salz, Pfeffer und Zitronensaft würzig abschmecken.

Hähnchenkeulen auf Gewürzkartoffeln
für 4 Personen

HERKUNFT Alle Regionen
ZUBEREITUNGSZEIT 15 Minuten
GARZEIT 45 Minuten

Zutaten für die Kartoffeln

1 kg festkochende kleine Kartoffeln
2–3 EL Olivenöl
Salz
2 Knoblauchzehen (in dicken Scheiben)
2–3 kleine Zweige Rosmarin
je 3 Streifen unbehandelte Zitronenschale und Orangenschale
½ Bund Frühlingszwiebeln
150 g kleine Cocktailtomaten
3 EL Gemüsebrühe

Zutaten für die Keulen

1 Knoblauchzehe
½ TL gemahlener Koriander
1 EL Paprikapulver (edelsüß)
½ TL getrockneter Oregano
1 TL Salz
1 TL Pfeffer aus der Mühle
½ TL Zucker
7 EL Olivenöl
1 TL Honig
4 Hähnchenkeulen (à ca. 200 g; küchenfertig, mit Haut)

1 — Für die Kartoffeln den Backofen auf 200 °C vorheizen. Die Kartoffeln waschen, halbieren, mit dem Olivenöl vermischen und mit Salz würzen. Die Kartoffelviertel auf einem Backblech verteilen.

2 — Für die Hähnchenkeulen den Knoblauch schälen und hacken. In einer Schüssel mit Koriander, Paprikapulver, Oregano, Salz, Pfeffer und Zucker sowie dem Olivenöl und dem Honig zu einer Marinade verrühren.

3 — Die Hähnchenkeulen waschen, trocken tupfen, rundum leicht salzen und auf die Kartoffeln legen. Im Ofen auf der mittleren Schiene 35 Minuten garen. Die Backofentemperatur auf 220 °C erhöhen. Die Knoblauchscheiben mit dem Rosmarin sowie der Zitronen- und Orangenschale unter die Kartoffeln mischen. Die Hähnchenkeulen mit der Marinade einpinseln und weitere 10 Minuten braten.

4 — Die Frühlingszwiebeln putzen, waschen und schräg in Scheiben schneiden. Die Cocktailtomaten waschen und halbieren. Die Frühlingszwiebeln und Cocktailtomaten in der Brühe kurz erhitzen, mit Salz würzen und kurz vor dem Servieren unter die Kartoffeln mischen.

5 — Am Ende der Garzeit die ganzen Gewürze aus den Kartoffeln entfernen und die Kartoffeln auf vorgewärmte Teller verteilen und die Hähnchenkeulen darauf anrichten.

Hühnerfrikassee mit Morcheln
für 4 Personen

HERKUNFT Alle Regionen
ZUBEREITUNGSZEIT 20 Minuten
GARZEIT 15 Minuten

Zutaten

600 g Hähnchenbrustfilets
Salz
Pfeffer aus der Mühle
1 Bund Suppengrün
50 g Butter
¼ l Hühnerbrühe
30 g getrocknete Morcheln (über Nacht eingeweicht und abgetropft)
125 g Sahne

↓
Gegrillte Entenkeulen mit Rieslingsauce S. 196

etwas Zitronensaft
20 g eiskalte Butter
100 g kleine Champignons

1 — Die Hähnchenbrustfilets waschen, trocken tupfen und salzen und pfeffern. Das Suppengrün putzen, waschen und klein schneiden. Die Hälfte der Butter erhitzen und das Hähnchenfleisch darin rundum anbraten. Das Gemüse dazugeben und mit anbraten.

2 — Mit der Hühnerbrühe ablöschen, die Morcheln dazugeben und 15 Minuten bei schwacher Hitze mitköcheln lassen. Das Fleisch und die Morcheln mit einem Schaumlöffel herausheben und warm stellen. Das Hähnchenfleisch in mundgerechte Stücke schneiden.

3 — Den Bratenfond durch ein Sieb gießen, die Sahne dazugeben und etwas einkochen lassen. Mit Salz, Pfeffer und Zitronensaft abschmecken. Die kalte Butter in kleinen Flocken unterschlagen.

4 — Die Champignons putzen und, falls nötig, trocken abreiben und in der restlichen Butter kurz andünsten. Mit dem Hähnchenfleisch und den Morcheln in die Sauce geben und alles nochmals kurz erwärmen. Mit gekochtem Reis servieren.

5 — Statt der Morcheln kann auch Spargel in die Sauce kommen. Dafür 300 g weißen Spargel schälen, die Enden abschneiden und den Spargel in 3 cm lange Stücke schneiden. Zusammen mit dem Fleisch nicht zu weich garen.

Pute im Ganzen gebraten für 4–6 Personen

HERKUNFT Alle Regionen
ZUBEREITUNGSZEIT 30 Minuten
GARZEIT 4½ Stunden

Zutaten für die Sauce

2 Zwiebeln
1 Möhre
150 g Knollensellerie
1 EL Öl
1–2 TL Puderzucker
½–1 EL Tomatenmark
¼ l kräftiger Rotwein
¾ l Hühnerbrühe
1 Lorbeerblatt
½–1 TL Speisestärke
1 Knoblauchzehe (geschält und halbiert)
1 Streifen unbehandelte Zitronenschale
1 Zweig Rosmarin
10 g kalte Butter

Zutaten für die Pute

1 Zwiebel
1 EL Öl
120 gekochter Hinterschinken
1 Apfel
2 Möhren
300 g Weißbrot (vom Vortag)
350 ml Milch
4 Eier
Salz
Pfeffer aus der Mühle
frisch geriebene Muskatnuss
50 g Hartweizengrieß
150 g Maiskörner (aus der Dose)
50 g Rosinen
1 kleine Pute (ca. 3 kg; küchenfertig)
100 g flüssige Butter

1 — Für die Sauce die Zwiebeln, die Möhre und den Knollensellerie schälen und in knapp 1 cm große Würfel schneiden. Das Öl in einer Pfanne erhitzen und das Gemüse darin andünsten.

2 — Den Puderzucker in einem Topf bei schwacher Hitze karamellisieren. Das Tomatenmark unterrühren und kurz anrösten. Mit der Hälfte des Rotweins ablöschen. Sirupartig einköcheln lassen und den Vorgang mit dem restlichen Wein wiederholen. Die Brühe dazugießen und die Flüssigkeit in einen großen Bräter oder in ein tiefes Backblech umfüllen. Die Gemüsewürfel dazugeben. Den Backofen auf 150 °C vorheizen.

3 — Für die Pute die Zwiebel schälen und in kleine Würfel schneiden. Im Öl glasig dünsten. Den Schinken in kleine Würfel schneiden. Den Apfel schälen, vierteln, entkernen und in kleine Würfel schneiden. Möhren putzen, schälen und in kleine Würfel schneiden. Das Weißbrot ebenfalls in kleine Würfel schneiden. Die Milch erhitzen und die Eier darin verquirlen. Mit Salz, Pfeffer und Muskatnuss würzen. Brotwürfel darin einweichen. Zwiebel-, Schinken-, Apfel- und Möhrenwürfel sowie Grieß, Maiskörner und Rosinen untermischen. Die Füllung erneut abschmecken und 10 Minuten ziehen lassen.

4 — Pute innen und außen waschen, trocken tupfen und innen mit Salz würzen. Die Bauchhöhle mit der Weißbrotmasse füllen und mit Holzspießchen oder Rouladennadeln verschließen. Die Keulen zusammenbinden und die Pute mit der Bauchseite auf Sauce und Gemüse legen. Die flüssige Butter salzen und die Pute damit einpinseln. Im Backofen auf der untersten Schiene 4½ Stunden garen, dabei öfter mit der Butter bepinseln. 15 Minuten vor Ende der Garzeit das Lorbeerblatt dazugeben. Für eine krosse Haut gegen Ende der Garzeit die Temperatur kurz auf 200 °C erhöhen.

5 — Die Pute herausnehmen und warm stellen. Die Sauce durch ein Sieb in einen Topf gießen, dabei das Gemüse etwas ausdrücken. Die Sauce erhitzen. Die Speisestärke mit wenig kaltem Wasser glatt rühren, unter die Sauce rühren und 2 Minuten leicht köcheln lassen. Knoblauch, Zitronenschale und Rosmarin dazugeben, einige Minuten darin ziehen lassen und mit dem Lorbeerblatt wieder entfernen. Die Butter unterrühren und die Sauce mit Salz und Pfeffer würzen. Die Pute tranchieren und mit der Sauce und nach Belieben mit Rosenkohl → S. 366 und Kartoffelklößen → S. 323 servieren.

Gefüllte Babypute
für 4–6 Personen

HERKUNFT Süddeutschland
ZUBEREITUNGSZEIT 30 Minuten
GARZEIT 3¾ Stunden

Zutaten

- 40 g getrocknete Preiselbeeren oder Sauerkirschen
- 2 EL Weinbrand
- 250 g Brötchen (vom Vortag)
- ¼ l Milch
- 2 Eier
- Salz
- Pfeffer aus der Mühle
- frisch geriebene Muskatnuss
- 1 Zwiebel
- 1 EL Butter
- 2 EL getrocknete schwarze Trompetenpilze
- 250 g Kalbsbrät
- 5 EL Sahne
- 40 g Pistazien
- 80 g gekochter Schinken (in Würfeln)
- 80 g Maiskörner
- 1 EL fein gehackte Thymianblättchen
- je 1 Msp. abgeriebene unbehandelte Zitronen- und Orangenschale
- 1 Babypute von ca. 3 kg (ohne Innereien)

↓

Gänsebraten mit Äpfeln und Zwiebeln S. 198

1 — Für die Füllung die Preiselbeeren in Weinbrand einlegen. Die Brötchen in 1 cm große Würfel schneiden. Die Milch erhitzen und die Eier darin verquirlen. Mit Salz, Pfeffer und Muskatnuss würzen und mit dem Brot locker vermischen. Die Zwiebel schälen, in kleine Würfel schneiden, in einer Pfanne in der Butter bei milder Hitze glasig anschwitzen, mit der Weißbrotmasse vermischen und abkühlen lassen.

2 — Die Pilze mit Wasser einmal aufkochen lassen, einige Minuten ziehen lassen, abgießen, abkühlen lassen und klein schneiden. Das Kalbsbrät mit der Sahne verrühren. Pilze, Pistazien, Schinken, Mais und die eingeweichten Preiselbeeren unterrühren. Mit Thymian, Muskatnuss, Zitronen- und Orangenschale, Salz und Pfeffer würzen.

3 — Die Pute mit Salz würzen und die Masse locker in die Pute füllen. (Falls Füllung übrig bleibt, Bratlinge daraus formen und in der Pfanne braten.) Den Backofen auf 120 °C vorheizen. Ein Ofengitter auf die zweite Schiene von unten und darunter ein Abtropfblech schieben. Die Pute im Ofen auf dem Gitter 3 Stunden garen. Dann die Temperatur auf 160 °C erhöhen und die Pute etwa 40 Minuten knusprig braun braten.

4 — Zum Servieren die Füllung aus der Pute nehmen, in Scheiben schneiden und die Pute tranchieren. Die Füllung zur Pute servieren. Dazu passt Wirsinggemüse → S. 376.

Putenröllchen mit Kräutersauce
für 4–6 Personen

HERKUNFT Süddeutschland
ZUBEREITUNGSZEIT 15 Minuten
GARZEIT 20 Minuten

Zutaten

- 4 Putenschnitzel (à 120 g)
- Öl für die Folie und zum Braten
- Salz
- Pfeffer aus der Mühle
- 4 Scheiben gekochter Hinterschinken
- 4 Scheiben Gouda
- 1 TL Puderzucker
- 2 cl Noilly Prat (franz. Wermut)
- 125 ml Weißwein
- 2–3 Scheiben Knoblauch
- 1 Lorbeerblatt
- 125 ml Gemüsebrühe
- 100 g Sahne
- je 1 Handvoll Kerbel-, Estragon- und Basilikumblätter
- 2 EL Butter
- 1 Msp. abgeriebene unbehandelte Zitronenschale
- frisch geriebene Muskatnuss

1 — Den Backofen auf 160 °C vorheizen. Die Putenschnitzel zwischen zwei Lagen geölter Frischhaltefolie dünn klopfen. Mit Salz und Pfeffer würzen. Mit jeweils 1 Scheibe Schinken und Käse belegen, die langen Seitenränder etwas nach innen schlagen und die Schnitzel von der schmalen Seite her aufrollen. Mit Rouladennadeln oder Holzspießchen feststecken.

2 — 1 EL Öl in einer großen Pfanne bei mittlerer Temperatur erhitzen und die Rouladen darin rundum anbraten. Die Pfanne in den vorgeheizten Ofen stellen und die Rouladen

etwa 20 Minuten saftig durchziehen lassen. Die Spieße entfernen und die Röllchen mit Salz und Pfeffer würzen.

3 — Den Puderzucker in einem Topf bei mittlerer Hitze karamellisieren, mit Noilly Prat und Wein ablöschen und einköcheln. Knoblauch und Lorbeerblatt dazugeben, Brühe, Bratensatz und Sahne dazugießen und einige Minuten einköcheln. Das Lorbeerblatt entfernen und die Sauce in einen Rührbecher geben.

4 — Die Kräuterblätter wachen, trocken schütteln und klein schneiden. Mit der Butter, Zitronenschale und etwas Muskatnuss zur Sauce geben. Alles mit dem Stabmixer pürieren.

5 — Die Sauce auf vorgewärmte Teller verteilen und die Röllchen darauf anrichten. Dazu Kartoffelstampf → S. 317 servieren.

Ente nach Lübscher Art
für 4 Personen

HERKUNFT Schleswig-Holstein
ZUBEREITUNGSZEIT 15 Minuten
GARZEIT 2½ Stunden

Zutaten

- 1 Ente (ca. 2½ kg)
- Salz
- Pfeffer aus der Mühle
- 3 säuerliche Äpfel
- 200 g Weißbrot
- 3 EL Rumrosinen
- 1 Msp. Zimtpulver
- ½ l Hühnerbrühe

1 — Die Ente waschen, trocken tupfen und innen und außen mit Salz und Pfeffer einreiben. Den Backofen auf 160 °C vorheizen.

2 — Die Äpfel schälen, vierteln, entkernen und in Würfel schneiden. Das Weißbrot in kleine Würfel schneiden und mit den Rosinen und der Hälfte der Äpfel vermischen. Mit Salz, Pfeffer und Zimt würzen und die Ente damit füllen. Die Öffnung mit Holzspießchen zustecken.

3 — Die Ente in einen flachen Bräter geben, etwas Brühe angießen und die Ente im Ofen 2½ Stunden garen, dabei immer wieder mit Brühe übergießen.

4 — Die Ente herausnehmen und warm stellen. Den Bratenfond durch ein Sieb gießen und etwas einkochen lassen. Die Ente tranchieren, mit der Füllung und der Sauce servieren.

Mit Kalbsbrät gefüllte Bauernente
für 4 Personen

HERKUNFT Süddeutschland
ZUBEREITUNGSZEIT 30 Minuten
GARZEIT 3 Stunden

Zutaten für die Ente

- 1 Bauernente (ca. 2½ kg; küchenfertig)
- 2 Scheiben Toastbrot (entrindet)
- 1 EL Butter
- 1 EL getrocknete Herbsttrompetenpilze
- 250 g Kalbsbrät
- 4 EL Sahne
- 20 g Pistazien
- 40 g gekochte Kalbszunge (enthäutet und gewürfelt)
- frisch geriebene Muskatnuss
- je 1 Msp. abgeriebene unbehandelte Zitronen- und Orangenschale
- Salz
- Pfeffer aus der Mühle

Zutaten für die Sauce

2 Zwiebeln
1 kleine Möhre und 100 g Knollensellerie (geschält und gewürfelt)
1 EL Öl
2 TL Puderzucker
1 EL Tomatenmark
¼ l Rotwein
1,2 l Enten- oder Geflügelfond
je 2 Scheiben Knoblauch
1 Lorbeerblatt
abgeriebene unbehandelte Orangen- und Zitronenschale
je 1 TL Wacholderbeeren und Pimentkörner
1 TL Speisestärke

1 — Für die Ente die Flügel der Ente bis auf 2 bis 3 cm abhacken. Die Ente waschen, trocken tupfen und mit dem Rücken nach oben auf die Arbeitsfläche legen. Entlang des Rückgrats einschneiden, dabei das Fleisch von der Karkasse und die Keulen aus den Gelenken lösen. Die andere Seite ebenso auslösen. Den Backofen auf 200 °C (Umluft) vorheizen.

2 — Mit dem Messer innen am Brustbein der Ente entlangfahren, ohne die Haut zu verletzen, und die Karkasse auslösen. Von den Keulen den Oberschenkelknochen und den Flügelknochen auslösen. Die Karkasse hacken, waschen und im Ofen auf der mittleren Schiene 20 bis 30 Minuten rösten.

3 — Für die Füllung das Toastbrot in ½ cm große Würfel schneiden und in der Butter braun braten. Die Pilze mit Wasser einmal aufkochen lassen, abgießen und klein schneiden. Das Kalbsbrät mit der Sahne verrühren. Die Croûtons, die Pilze, die Pistazien und die Kalbszunge unterrühren. Mit Muskatnuss, Zitronen- und Orangenschale würzen.

4 — Die Ente innen mit Salz und Pfeffer würzen, die Füllung in der Mitte auf der Ente verteilen, das Fleisch darüber zusammenklappen, dabei die Enden überlappen lassen. Mit Rouladennadeln der Länge nach feststecken. Die Ente auf den Rücken drehen, in die ursprüngliche Form bringen und die Keulen mit Küchengarn zusammenbinden.

5 — Den Backofen auf 150 °C (Ober- und Unterhitze) schalten. Ein Ofengitter auf die zweite Schiene von unten und darunter ein Abtropfblech schieben. Die Ente im Ofen auf dem Gitter 2 Stunden garen. Die Temperatur auf 200 °C erhöhen und die Ente 1 Stunde knusprig braun braten.

6 — Für die Sauce in der Zwischenzeit das Gemüse in einer Pfanne im Öl andünsten. Den Puderzucker in einem Topf bei schwacher Hitze hell karamellisieren. Das Tomatenmark unterrühren, kurz anrösten, mit dem Wein ablöschen und sämig einköcheln lassen. Die gebräunten Knochen, die Gemüsewürfel und den Fond dazugeben und knapp unter dem Siedepunkt 2½ bis 3 Stunden ziehen lassen.

7 — 30 Minuten vor Ende der Garzeit alles durch ein feines Sieb abgießen, die Gewürze dazugeben und ziehen lassen. Die Speisestärke mit wenig kaltem Wasser glatt rühren, unter die Sauce rühren und 2 Minuten leicht köcheln lassen, bis sie bindet. Die Gewürze wieder entfernen.

8 — Zum Servieren die Rouladennadeln und das Küchengarn entfernen und die Ente in Scheiben schneiden. Die Ente mit der Sauce auf vorgewärmten Tellern servieren.

Das liebe Federvieh

Wilhelm Busch, Dichter und Karikaturist, hat gleich im ersten „Streich" seiner Lausbuben-Moritat „Max und Moritz" dem Huhn und dessen Nutzen ein Denkmal gesetzt: als Eierlieferant, als Braten und als Federkissenfüllung. Umso schwerer der Verlust: Nicht genug, dass die beiden Strolche die drei Hühner und den Hahn der Witwe Bolte töten – nein, sie stehlen die fertigen Brathühner der armen Frau auch noch vom Rost, indem sie sie durch den Kamin vom Dach aus angeln. Vier ganze Brathühner auf einmal wären vielleicht auch ein wenig viel für eine Dame fortgeschrittenen Alters. Die übliche Einpersonenportion ist immer noch ein halbes Huhn oder Hendl. Wer sich allerdings mit der Familie für St. Martin oder Weihnachten rüstet, greift besser gleich eine Größenklasse höher ...

Leichte Brust und fetter Braten *– geliebtes Geflügel*

01

02

Der Name des Bundeslands Mecklenburg-Vorpommern hat für Feinschmecker einen verlockenden Beiklang: Die graue Pommersche Gans, auch Rügener Gans genannt, ist eine alte, große Rasse, die besonders geeignet ist für die Freilandhaltung unter den klimatischen Bedingungen ihrer Heimat.

Wer Gänse züchtet, betreibt ein Saisongeschäft: Die Martinsgans am Tag des Heiligen, dem 11. November, läutet die Saison ein, die traditionelle Weihnachtsgans schließt sie ab. Das schwere Gansessen mit seinen aufwendigen Vorbereitungen findet bei den wenigsten Familien an „Heiligabend" statt. Der bleibt zumeist den Geschenken und einem weniger komplizierten Essen vorbehalten. Am ersten oder zweiten Weihnachtsfeiertag dann duftet es aus der Küche und anschließend bald und tagelang in der ganzen Wohnung. Polen wirft 85 Prozent aller Mastgänse in der EU auf den gemeinsamen Markt, und an sie halten sich auch die meisten Deutschen, die sich eine Biogans aus der Freilandhaltung nicht leisten können oder wollen. Die klassische ganze Gans mit einer Semmelknödel-Maronen-Apfel-Füllung macht immer öfter den reinen Keulen Platz, da das Stopfen des Vogels anstrengend ist und vor allem sehr viel „Fülle" erfordert. Wem eine Gans zu viel, aber ein Brathuhn zu wenig ist, nimmt oft Zuflucht zu einer Ente. Denn das Brathuhn wäre vielleicht ein wenig zu „alltäglich" an Weihnachten. Allerdings ist ein gutes, freilandgehaltenes, maisgefüttertes Brathuhn heute auch eine echte und vielfach teure Delikatesse. In Frankreich begründete der „gute König Heinrich IV." die kulinarische Liebe zum Geflügel, indem er verfügte, es solle jede Familie in seinem Königreich sonntags stets ein Huhn im Topfe haben. Und noch zu Zeiten der napoleonischen Besetzung Bayerns schimpften die Wirte über den hartnäckigen Wunsch französischer Offiziere, so oft als möglich Geflügel serviert zu bekommen.

Heute ist das Brathuhn etwas höchst Alltägliches auch in Deutschland. In Biergärten stecken stets einige auf dem rotierenden Grill, die aus Österreich stammende „Wienerwald"-Kette

01 Auf der Jagd – der Hühnerhund, fertig zum Apport der Beute

02 Gourmet-Stillleben mit Fasan, Hase und Ente

03 Alltäglicher Anblick: Brathähnchen am Spieß

04 Eier und Fleisch des Huhns schmecken am besten aus Freilandhaltung.

05 Die (Pommersche) Gans – Tradition an Martinstag und Weihnachten

03

Was sich in Deutschland nicht richtig durchsetzen kann, zumindest als im Ofen gebratenes ganzes Tier, ist der Truthahn. In Wurstwaren wird das kalorienarme Fleisch oft verwendet, als Weihnachtsbraten überfordert er selbst die im Allgemeinen doch sehr fleischversessenen Deutschen. Eine echte Alternative zur Weihnachtsgans bieten da eher Wildgerichte, wie Reh- oder Hasenrücken, Hirschsteaks, Wildschweinbraten oder – eine fast schon vergessene Köstlichkeit – „Schnepfendreck“: die Innereien einer Schnepfe nebst deren Inhalt. Klingt gewöhnungsbedürftig, schmeckt exquisit.

konnte in den 60er-Jahren sogar dazu aufrufen, die Familiengewohnheiten in Deutschland aufzubrechen: „Heute bleibt die Küche kalt, wir gehen in den Wienerwald.“ Dass die Massenware an Fleischgeflügel genauso wie die an Legegeflügel ein trauriges, kurzes Dasein zwischen Gitterrost und Hormonkost fristet, um dann weiterverarbeitet zu werden, gehört zu den schwerwiegenden Folgen dieser „Alltäglichkeit“ einer Speise, die früher einmal etwas Besonderes war und heute für alle vor allem erschwinglich sein soll. Die Industrieware schmeckt zudem immer noch zu häufig nach dem Fischmehl, womit die Tiere gemästet werden.

04 | 05

Entenkeulen mit Teltower Rübchen
für 4 Personen

HERKUNFT Berlin
ZUBEREITUNGSZEIT 30 Minuten
GARZEIT 2 Stunden

Zutaten

- 8 Schalotten
- 2 Möhren
- 2 Bund Teltower Rübchen
- 4 Entenkeulen
- Salz
- Pfeffer aus der Mühle
- 2 EL Öl
- ½ l Hühnerbrühe
- ¼ l trockener Rotwein
- 1 Knoblauchzehe
- 1 Zweig Thymian
- 20 g Butter

1 — Schalotten und Möhren schälen, die Schalotten halbieren, die Möhren in Stücke schneiden. Die Teltower Rübchen waschen, putzen und schälen.

2 — Die Entenkeulen waschen und trocken tupfen. Mit Salz und Pfeffer einreiben. Das Öl in einem Schmortopf erhitzen und die Keulen darin rundum scharf anbraten.

3 — Herausnehmen und Möhren und Schalotten kurz im Bratfett andünsten. Mit etwas Brühe ablöschen, kurz aufkochen lassen, dann die Möhren und die Schalotten mit einem Schaumlöffel herausheben und beiseitestellen.

4 — Die Entenkeulen in den Schmortopf zurücklegen, mit Rotwein und restlicher Brühe aufgießen und etwa 1 ½ Stunden zugedeckt gar schmoren.

5 — Sobald das Fleisch gar ist und sich von den Knochen löst, die Schalotten und die Möhren dazugeben. Die Knoblauchzehe schälen, fein zerdrücken und mit dem Thymian unter das Gemüse mischen. Noch etwa 15 Minuten ohne Deckel köcheln lassen.

6 — Die Butter in einer Pfanne zerlassen und die Teltower Rübchen darin andünsten. Mit wenig Wasser begießen, mit Salz und Pfeffer würzen und 10 bis 15 Minuten zugedeckt gar dünsten.

7 — Die Entenkeulen herausnehmen, ein wenig abkühlen lassen, dann die Haut abziehen. Das Schalotten-Möhren-Gemüse in ein Sieb geben und abtropfen lassen, die Sauce auffangen. Das Gemüse mit den Rübchen auf einer Platte oder vier Tellern anrichten. Mit den Keulen belegen und mit der Sauce begießen.

Gegrillte Entenkeulen mit Rieslingsauce
für 4 Personen

HERKUNFT Südwestdeutschland
ZUBEREITUNGSZEIT 30 Minuten
GARZEIT 2½ Stunden

Zutaten für die Entenkeulen

- 4 Entenkeulen (à 350–400 g; mit Haut)
- ca. 2 l Hühnerbrühe
- 1 Möhre
- 200 g Knollensellerie
- ½ Zwiebel
- 1 Lorbeerblatt
- ½–1 TL Wacholderbeeren
- 5 Pimentkörner
- ½ TL schwarze Pfefferkörner
- Salz

Zutaten für die Rieslingsauce

- 1 EL Puderzucker
- 100 ml Riesling
- 100 g Sahne
- 2 TL Speisestärke
- 1 EL kalte Butter
- Salz
- Cayennepfeffer

1 — Für die Entenkeulen die Keulen waschen und trocken tupfen. Die Oberschenkelknochen mit einem scharfen Messer auslösen, das Fleisch über den Unterschenkelknochen etwas einschneiden. Die Brühe in einem Topf aufkochen und die Entenkeulen hineingeben, sie sollten vollständig mit Brühe bedeckt sein. Falls nötig, noch etwas Brühe nachgießen. Die Entenkeulen knapp unter dem Siedepunkt etwa 2½ Stunden weich garen.

2 — Die Möhre und den Sellerie putzen, schälen und halbieren. Die Zwiebel schälen und halbieren. Das Gemüse mit dem Lorbeerblatt, den Wacholderbeeren sowie den Piment- und Pfefferkörnern nach etwa 1½ Stunden Garzeit in die Brühe geben. Am Ende der Garzeit das Fett abschöpfen (das Entenfett anderweitig verwenden). ¼ l Sud abnehmen und beiseitestellen.

3 — Den Backofengrill einschalten. Die Entenkeulen aus der Brühe nehmen und mit der Hautseite nach oben auf ein tiefes Backblech legen. 1 Schöpflöffel Brühe angießen und die Entenkeulen im Ofen auf der untersten Schiene 15 bis 20 Minuten kross grillen. Anschließend mit Salz würzen.

4 — Für die Rieslingsauce den Puderzucker in einem Topf bei mittlerer Hitze hell karamellisieren. Mit dem Wein ablöschen und auf ein Drittel einköcheln lassen. Den beiseitegestellen Entensud und die Sahne dazugeben und einmal aufkochen lassen. Die Speisestärke mit wenig kaltem Wasser glatt rühren und nach und nach in die köchelnde Sauce rühren, bis sie leicht sämig ist. Zuletzt die kalte Butter untermixen und die Sauce mit Salz und Cayennepfeffer abschmecken.

5 — Die Entenkeulen anrichten. Die Rieslingsauce mit dem Stabmixer aufschäumen und darüberträufeln. Nach Belieben mit Kartoffelklößen → S. 323 und Wirsinggemüse → S. 376 servieren. (Abbildung → S. 185)

Geräucherte Entenbrüste mit Perlgraupen
für 4 Personen

HERKUNFT Alle Regionen
ZUBEREITUNGSZEIT 30 Minuten
GARZEIT 1 Stunde

Zutaten

- 4 Entenbrustfilets (à 180 g)
- Salz
- Pfeffer aus der Mühle
- 200 g Perlgraupen
- 1 l Hühnerbrühe
- 1 EL Öl
- etwas Räuchermehl (in Anglerfachgeschäften erhältlich)
- 1 Stange Lauch
- 1 Möhre
- 1 Petersilienwurzel
- 2 Stangen Staudensellerie
- 40 g Butter
- 3–4 EL Sahne
- 1 Bund Schnittlauch

1 — Die Entenbrustfilets waschen, trocken tupfen und auf der Hautseite vorsichtig kreuzweise einschneiden. Mit Salz und Pfeffer einreiben.

2 — Die Perlgraupen in ein Sieb geben und unter fließendem Wasser waschen. Gut

abtropfen lassen, in der Hühnerbrühe zum Kochen bringen und zugedeckt bei schwacher Hitze etwa 45 bis 55 Minuten quellen lassen.

3 — Das Öl in einer Pfanne erhitzen und die Entenbrustfilets auf der Hautseite etwa 2 Minuten scharf anbraten, dann wenden und die andere Seite 1 Minute braten. Herausnehmen und auf einem Gitter mit darunterstehendem Teller abtropfen lassen.

4 — Das Räuchermehl im Räucherofen oder Räuchertopf erhitzen. Die Entenbrüste auf einem Gitter in das Räuchergerät geben und etwa 5 bis 6 Minuten langsam heiß räuchern. Den Backofen auf 160 °C vorheizen.

5 — Vom Lauch die Wurzeln und das grüne Ende entfernen, die Stange der Länge nach halbieren und gründlich waschen. Möhre und Petersilienwurzel waschen und schälen und wie den Lauch und die Selleriestangen in kleine Würfel schneiden. Die Butter in einem Schmortopf zerlassen und das Gemüse darin andünsten. Mit der Sahne ablöschen und zugedeckt in wenigen Minuten bissfest garen. Die Graupen untermischen und das Gemüse mit Salz und Pfeffer abschmecken.

6 — Die Entenbrustfilets aus dem Räuchergerät nehmen und noch etwa 5 Minuten im Backofen ruhen lassen. Den Schnittlauch waschen, trocken schütteln und in Röllchen schneiden.

7 — Die Entenbrustfilets in dünne Scheiben schneiden. Das Gemüse mit den Perlgraupen auf vier Teller verteilen, mit dem Schnittlauch bestreuen und mit den Filetscheiben belegen.

Gänsebraten mit Äpfeln und Zwiebeln
für 6–8 Personen

HERKUNFT Alle Regionen
ZUBEREITUNGSZEIT 25 Minuten
GARZEIT 3½ Stunden

Zutaten für die Gans

1 Gans (ca. 4 kg; küchenfertig)
2 Zwiebeln
½ Apfel
2½ l Hühnerbrühe (oder Enten- oder Gänsebrühe)
50 g flüssige Butter
Salz

Zutaten für die Sauce

1 TL Puderzucker
2 Zwiebeln (in Würfeln)
1 kleine Möhre (in Würfeln)
100 g Knollensellerie (in Würfeln)
1 EL Tomatenmark
¼ l kräftiger Rotwein
1 TL Pimentkörner
1 kleine Knoblauchzehe (in Scheiben)
1 TL getrockneter Majoran
2 TL Speisestärke
Salz
Pfeffer aus der Mühle

1 — Für die Gans den Backofen auf 150 °C vorheizen. Die Gans innen und außen waschen und trocken tupfen. Die Flügel bis auf 2 cm abschneiden, Flügel und Hals (falls vorhanden) grob zerkleinern. Die Zwiebeln schälen und vierteln. Den Apfel waschen und samt Kerngehäuse in Spalten schneiden.

2 — In einem großen Bräter Flügel und Hals mit Zwiebeln und Apfelspalten verteilen, mit der Brühe aufgießen und die Gans hinein-

setzen. Den Deckel auflegen bzw. den Bräter mit Alufolie abdecken und die Gans im Ofen auf der untersten Schiene 2½ Stunden garen.

3 — Dann den Bräter aus dem Ofen nehmen. Die Ofentemperatur auf 200 °C erhöhen. Auf die mittlere Schiene ein Ofengitter und darunter ein Abtropfblech schieben. Die Gans vorsichtig aus dem Sud nehmen und auf das Ofengitter setzen, dabei nach Belieben ein kleines Stück Backpapier unter die Gans legen, bis sich die Haut stabilisiert hat. Die Gans im Ofen etwa 1 Stunde knusprig braun braten. Die Butter mit ½ TL Salz verrühren und die Gans damit zwischendurch bestreichen.

4 — Inzwischen für die Sauce die Brühe entfetten. Dafür die Brühe durch ein feines Sieb gießen und etwa 5 Minuten stehen lassen. Dann das oben schwimmende Gänsefett abnehmen und beiseitestellen. ¾ l Brühe abmessen, den Rest anderweitig verwenden.

5 — Den Puderzucker in einen Topf stäuben und bei schwacher Hitze hell karamellisieren. Die Gemüsewürfel dazugeben und etwas andünsten. Das Tomatenmark unterrühren und kurz anrösten, bis am Topfboden ein brauner Film entsteht. Den Wein nach und nach dazugeben und jeweils sämig einköcheln lassen.

6 — Die gegarten Gänseflügel und den Hals dazugeben und die ¾ l Gänsebrühe dazugießen. Pimentkörner, nach Belieben 1 Lorbeerblatt und 1 Zweig Beifuß hinzufügen und alles knapp unter dem Siedepunkt etwa 30 Minuten ziehen lassen. Dann Knoblauch und Majoran hinzufügen und 5 Minuten darin ziehen lassen.

7 — Die Sauce durch ein Sieb in einen Topf gießen. Die Stärke in wenig kaltem Wasser glatt rühren, in die Sauce geben und köcheln lassen, bis diese leicht sämig bindet. Noch 2 Minuten leicht köcheln lassen, dann 1 EL abgenommenes Gänsefett einrühren (übriges Gänsefett anderweitig verwenden). Sauce mit Salz und Pfeffer abschmecken.

8 — Die Gans tranchieren und mit der Sauce auf vorgewärmten Tellern anrichten. Kartoffelklöße → S. 323 und Rotkohl → S. 378 dazu servieren. (Abbildung → S. 188)

Gänsebraten mit Maronenfüllung für 6–8 Personen

HERKUNFT Alle Regionen
ZUBEREITUNGSZEIT 30 Minuten
GARZEIT 3½ Stunden

Zutaten für die Gans

- 1 Gans (ca. 4 kg; küchenfertig)
- 4 Äpfel
- 800 g vorgekochte Maronen (vakuumverpackt)
- 100 g Rosinen
- 1 TL getrockneter Majoran
- 2½ l Hühnerbrühe (oder Enten- oder Gänsebrühe)
- 50 g flüssige Butter
- Salz

Zutaten für die Sauce

- 2 Zwiebeln
- 1 kleine Knoblauchzehe
- 1 kleine Möhre
- 100 g Knollensellerie
- 1 TL Puderzucker
- 1 EL Tomatenmark
- ¼ l kräftiger Rotwein
- 1 TL Pimentkörner
- 2–3 Splitter Zimtrinde
- 1 TL getrockneter Majoran
- 2 TL Speisestärke
- Salz
- Pfeffer aus der Mühle

1 — Für die Gans den Backofen auf 150 °C vorheizen. Die Gans innen und außen waschen, trocken tupfen und mit Salz und Pfeffer würzen. Die Flügel bis auf 2 cm abschneiden, Flügel und Hals grob zerkleinern. Die Äpfel waschen, vierteln, entkernen und in etwa 1 cm große Stücke schneiden. Die Maronen voneinander lösen und mit den Äpfeln, Rosinen und Majoran mischen. Die Gans damit füllen und die Öffnung mit Holzspießchen verschließen.

2 — In einem großen Bräter Flügel und Hals verteilen, die Brühe angießen und die Gans hineinsetzen. Den Deckel darauflegen bzw. den Bräter mit Alufolie abdecken und die Gans im Ofen auf der untersten Schiene 2½ Stunden garen. Danach den Bräter aus dem Ofen nehmen.

3 — Die Ofentemperatur auf 200 °C erhöhen. Auf die mittlere Schiene ein Ofengitter und darunter ein Abtropfblech schieben. Die Gans vorsichtig aus dem Sud nehmen und auf das Ofengitter setzen, dabei nach Belieben ein kleines Stück Backpapier unter die Gans legen, bis sich die Haut stabilisiert hat. Die Gans im Ofen etwa 1 Stunde knusprig braun braten. Die Butter mit ½ TL Salz verrühren und die Gans damit zwischendurch bestreichen.

4 — Für die Sauce die Brühe entfetten und ¾ l Brühe abmessen. Zwiebeln, Knoblauch, Möhre und Sellerie schälen und in kleine Würfel schneiden. Den Puderzucker in einem Topf hell karamellisieren. Die Gemüsewürfel dazugeben und etwas andünsten. Das Tomatenmark unterrühren und kurz anrösten. Den Wein nach und nach dazugeben und jeweils sämig einköcheln lassen. Die gegarten Gänseflügel und den Hals dazugeben und die entfettete Brühe dazugießen. Pimentkörner, Zimt, nach Belieben 1 Lorbeerblatt und 1 Zweig Beifuß hinzufügen und alles knapp unter dem Siedepunkt etwa 30 Minuten ziehen lassen. Majoran hinzufügen und 5 Minuten darin ziehen lassen.

5 — Die Sauce durch ein Sieb in einen Topf gießen. Die Stärke mit wenig kaltem Wasser glatt rühren und die köchelnde Sauce damit leicht sämig binden. Noch 2 Minuten leicht köcheln lassen, dann 1 EL abgenommenes Gänsefett unterrühren und die Sauce mit Salz und Pfeffer abschmecken.

6 — Zum Servieren die Gans tranchieren und die Maronenfüllung aus der Bauchhöhle nehmen. Gänsebrust und Gänsekeule in Portionsstücke teilen und mit der Maronenfüllung und der Sauce auf vorgewärmten Tellern anrichten. Dazu passen Kartoffelklöße, Rotkohl und Selleriesalat.

Martinsgans
für 6–8 Personen

HERKUNFT Alle Regionen
ZUBEREITUNGSZEIT 30 Minuten
GARZEIT 5 Stunden

Zutaten

1 Apfel
3 Zwiebeln
Salz
Pfeffer aus der Mühle
1 TL getrockneter Majoran
1 Gans (ca. 4½ kg; küchenfertig)
1,6 l Hühnerbrühe
1 Möhre
150 g Knollensellerie
2 TL Puderzucker
1 EL Tomatenmark
400 ml Rotwein
3 Stiele Petersilie
2 Scheiben Knoblauch
je 1 Streifen unbehandelte Orangen- und Zitronenschale
2 EL kalte Butter

↓
Pommersche Gänsekeulen S. 202

1 — Den Apfel waschen, vierteln und entkernen. 1 Zwiebel schälen. Beides in grobe Würfel schneiden und mit Salz, Pfeffer und der Hälfte des Majorans würzen. Den Backofen auf 140 °C vorheizen. Von der Gans die Flügelknochen abschneiden, die Gans innen und außen waschen und trocken tupfen. Die Gans mit der Zwiebel-Apfel-Mischung füllen und in einen Bräter setzen. 300 ml Brühe dazugießen und die Gans im vorgeheizten Backofen zugedeckt etwa 4 ½ Stunden garen. Die Haut sollte noch hell und das Fleisch weich sein. Das dabei austretende Fett zwischendurch abschöpfen und beiseitestellen.

2 — Von der Gans Brust und Keulen auslösen, aus den Keulen den Oberschenkelknochen entfernen. Die Füllung herausnehmen. Gänsekarkassen und Flügelknochen mit einer Geflügelschere zerkleinern. Restliche Zwiebeln, Möhre und Sellerie schälen und in 1 cm große Würfel schneiden.

3 — Den Puderzucker in einem Topf hell karamellisieren, das Tomatenmark kurz mitrösten, mit der Hälfte des Weins ablöschen und sämig einkochen lassen. Den restlichen Wein hinzufügen, erneut einkochen lassen. Knochen, Gemüse und die Hälfte der Füllung dazugeben, den Bratensaft der Gans sowie 1,2 l Brühe dazugießen.

4 — Knapp unter dem Siedepunkt 1 Stunde ziehen lassen, durch ein Sieb gießen und auf die Hälfte einkochen lassen. Restlichen Majoran, Petersilie, Knoblauch und Zitrusschalen dazugeben, einige Minuten ziehen lassen. Petersilie, Knoblauch und Zitrusschalen wieder entfernen, etwas Gänsefett und die Butter unter die Sauce mixen und mit Salz würzen.

5 — Inzwischen den Backofengrill einschalten. Die Gänsebrust und die -keulen mit der Hautseite nach oben auf ein Backblech legen, die restliche Brühe dazugießen und unter dem Backofengrill auf der untersten Schiene 15 bis 20 Minuten kross braten. Mit der Sauce servieren.

Pommersche Gänsekeulen für 4 Personen

HERKUNFT Pommern/Mecklenburg-Vorpommern
ZUBEREITUNGSZEIT 30 Minuten
GARZEIT 2½ Stunden

Zutaten

2 Zwiebeln
1 Möhre
120 g Knollensellerie
¼ Apfel
1 EL Puderzucker
1 EL Tomatenmark
¼ l Rotwein
½ l Hühnerbrühe oder Geflügelfond
1 EL Öl
4 Gänsekeulen (à 450–500 g)
2 EL zerlassene Butter
Salz
1 Lorbeerblatt
5 Pimentkörner
½ TL schwarze Pfefferkörner
2 cl Rum
12 Dörrpflaumen
1 halbierte Knoblauchzehe
je 1 Streifen unbehandelte Zitronen- und Orangenschale
Pfeffer aus der Mühle
getrockneter Majoran

1 — Die Zwiebeln schälen, die Möhre und den Sellerie putzen und schälen. Alles in etwa 1 cm große Würfel schneiden. Apfel entkernen und in Würfel schneiden.

2 — Den Puderzucker in einem Topf hell karamellisieren, das Tomatenmark unterrühren und kurz anrösten. Mit der Hälfte des Weins ablöschen und sämig einkochen lassen. Den restlichen Wein hinzufügen und einköcheln lassen, dann die Brühe angießen. Den Backofen auf 150 °C vorheizen. In einer Pfanne

das Öl erhitzen und das Gemüse darin andünsten. Das Gemüse auf einem tiefen Backblech verteilen und den Saucenansatz darübergießen.

3 — Die Gänsekeulen mit der Butter bestreichen, salzen und mit der Hautseite nach oben auf das Gemüse setzen. Im Ofen auf der mittleren Schiene etwa 2½ Stunden weich schmoren. Nach 2 Stunden das Lorbeerblatt, die Piment- und die Pfefferkörner in ein Gewürzsäckchen geben, das Säckchen verschließen und in die Sauce legen.

4 — 100 ml Wasser aufkochen, den Rum und die Dörrpflaumen hinzufügen.

5 — Am Ende der Garzeit die Keulen herausnehmen und nach Belieben das Gänsefett an der Oberfläche der Sauce abschöpfen. Die Sauce durch ein Sieb gießen, dabei das Gemüse durchdrücken.

6 — Die Dörrpflaumen mit der Einlegeflüssigkeit unter die Sauce rühren. Den Knoblauch und die Zitrusschalen hinzufügen und einige Minuten in der Sauce ziehen lassen. Die Gewürze wieder entfernen und die Sauce mit Salz, Pfeffer und 1 Prise Majoran würzen.

7 — Gänsekeulen mit Sauce anrichten und Kartoffelklöße → S. 323 oder Semmelknödel → S. 351 dazu reichen. (Abbildung → S. 201)

Gänseklein
für 4 Personen

HERKUNFT Alle Regionen
MARINIERZEIT 2 Tage
ZUBEREITUNGSZEIT 30 Minuten
GARZEIT 2¼ Stunden

Zutaten

etwa 1 kg Gänseklein (z.B. Flügel, Hals, Magen, Herz)
1 Zwiebel
1 Lorbeerblatt
1 Gewürznelke
1 Bund Suppengrün
4 Pfefferkörner
Salz
150 ml Rotweinessig
40 g Gänseschmalz
1 Tl Zucker
1 EL Mehl
1 Streifen unbehandelte Zitronenschale
2 EL gehackte Petersilie

1 — Das Gänseklein waschen und eventuell klein hacken. Die Zwiebel schälen und mit dem Lorbeerblatt und der Nelke spicken. Das Suppengrün putzen, waschen und klein schneiden. Alles zusammen mit den Pfefferkörnern und Salz in einen Kochtopf geben. Mit Essig und 1 l Wasser begießen und zugedeckt 1 bis 2 Tage an einem kühlen Platz marinieren.

2 — Dann die Beize mitsamt Inhalt aufkochen und bei schwacher Hitze knapp 2 Stunden köcheln lassen. Das Fleisch muss sich leicht von den Knochen lösen.

3 — Das Gänseschmalz in einem Schmortopf erhitzen und den Zucker darin karamellisieren. Mit Mehl bestäuben und unter Rühren kurz bräunen lassen. ½ l Kochbrühe durch ein Sieb in die Mehlschwitze gießen, kräftig durchrühren, die Zitronenschale dazugeben und etwa 15 Minuten bei schwacher Hitze köcheln lassen.

4 — Das Fleisch von den Knochen lösen, Magen und Herz in Würfel schneiden und mit der Sauce vermischen. Einige Minuten durchziehen lassen und mit Salz, Pfeffer sowie Essig abschmecken. Die Zitronenschale entfernen.

5 — Das Gänseklein auf tiefe Teller verteilen und mit der Petersilie bestreuen. Nach Belieben mit Semmelknödel → S. 351 servieren.

↓
Brathähnchen (Grillhähnchen) S. 180

Fasan auf Spitzkohl mit Maronenmus
für 4 Personen

HERKUNFT Saarland
ZUBEREITUNGSZEIT 45 Minuten

Zutaten

8 Fasanenbrustfilets
Salz
Pfeffer aus der Mühle
1 EL Öl
1 TL Zucker
10 geschälte Maronen
4 EL Sahne
200 g weiße Muskattrauben
50 g Butter
1 kleiner Spitzkohl
100 ml Gewürztraminer
125 ml Geflügelfond

1 — Fasanenbrustfilets waschen, trocken tupfen und mit Salz und Pfeffer einreiben. Den Backofen auf 160 °C vorheizen.

2 — Das Öl erhitzen und den Zucker darin leicht karamellisieren. Die Maronen dazugeben, kurz durchschwenken und mit Sahne und etwas Wasser ablöschen. Bei schwacher Hitze gar dünsten, dann im Mixer fein pürieren und durch ein Sieb streichen.

3 — Die Trauben schälen, halbieren und entkernen. 10 g Butter zerlassen und die Trauben darin kurz schwenken. Den Spitzkohl halbieren, den Strunk entfernen und die Hälfen in feine Streifen schneiden. In kochendem Salzwasser blanchieren, dann gut abtropfen lassen. 20 g Butter zerlassen und den Kohl darin kurz andünsten, mit Salz und Pfeffer würzen.

4 — Die Filets in der restlichen Butter bei mittlerer Hitze anbraten, ohne Farbe annehmen zu lassen. Herausnehmen, auf das Ofengitter legen und ein tiefes Backblech darunterschieben. Die Fasanenbrustfilets im Backofen 15 Minuten fertig garen. Den aufgefangenen Bratenfond mit Gewürztraminer und Geflügelfond aufgießen und ein wenig einkochen lassen.

5 — Die Fasanenbrustfilets in Scheiben schneiden. Den Spitzkohl auf Teller verteilen, mit den Filetscheiben belegen und mit den Trauben und dem Maronenpüree anrichten. Die Sauce dazu servieren.

Fasanenbrust im Brotmantel
für 4 Personen

HERKUNFT Alle Regionen
ZUBEREITUNGSZEIT 20 Minuten
GARZEIT 30 Minuten

Zutaten

8 hauchdünne Scheiben dunkles Brot (vom Vortag)
150 g Kalbsbrät
3 EL Sahne
1 EL Sherry
2–3 EL gehackte Petersilie
Pfeffer aus der Mühle
4 Fasanenbrustfilets (à 80–100 g)
1 EL Öl

1 — Den Backofen auf 80 °C vorheizen. Ein Ofengitter auf die mittlere Schiene und darunter ein Abtropfblech schieben. Jeweils 2 Brotscheiben überlappend nebeneinanderlegen. Das Kalbsbrät mit Sahne und Sherry glatt rühren. Auf die Brotscheiben streichen, die Petersilie darüberstreuen und mit Pfeffer würzen.

2 — Die Fasanenbrustfilets waschen, trocken tupfen und in die Brotscheiben wickeln. Das Öl in einer Pfanne erhitzen und die Fasanenbrüste zunächst auf der Nahtseite, dann

rundum bei milder Hitze goldbraun anbraten. Das Fleisch im Ofen auf dem Gitter 25 bis 30 Minuten saftig durchziehen lassen.

3 — Nach Belieben 1 EL Butter in einer Pfanne erhitzen und 100 g Maronen darin bei mittlerer Hitze erwärmen, mit Salz würzen. Das Fleisch in Scheiben schneiden und mit den Maronen servieren.

Gefülltes Perlhuhn
für 4 Personen

HERKUNFT Alle Regionen
ZUBEREITUNGSZEIT 30 Minuten
GARZEIT 1¼ Stunden

Zutaten

1 Perlhuhn (etwa 1 kg)
Salz
Pfeffer aus der Mühle
1 Schalotte
50 g Butter
3 Scheiben Weißbrot
5–6 EL Milch
½ Bund Petersilie
2–3 Estragonblätter
250 g Kalbsbrät
1 Ei
1 Bund Suppengrün
1 Zwiebel
125 ml trockener Weißwein
125 ml Hühnerbrühe
2 EL Crème fraîche

1 — Das Perlhuhn waschen, trocken tupfen und innen und außen mit Salz und Pfeffer einreiben.

2 — Die Schalotte schälen, in Würfel schneiden und in 10 g Butter glasig dünsten.
Das Brot entrinden, in Würfel schneiden, mit Milch übergießen und 5 Minuten einweichen. Die Petersilie waschen, trocken schütteln und die Blätter abzupfen. Die Stiele aufbewahren, die Blätter mit dem Estragon fein hacken. Den Backofen auf 160 °C vorheizen.

3 — Das Weißbrot ausdrücken und mit Schalotte, Kräutern und Kalbsbrät vermischen. Das Ei hinzufügen und alles zu einer glatten Farce verarbeiten. Mit Salz und Pfeffer würzen und die Farce in das Perlhuhn füllen.

4 — Restliche Butter in einem Bräter erhitzen und das Perlhuhn darin rundum goldgelb anbraten. Das Suppengrün putzen und waschen, die Zwiebel schälen. Alles klein schneiden, in den Bräter geben und mit anbraten. Das Perlhuhn auf den Rücken legen, mit Wein und Brühe aufgießen und zugedeckt im Backofen 50 bis 60 Minuten garen. Dann den Deckel abnehmen und in weiteren 15 Minuten goldbraun werden lassen.

5 — Das Perlhuhn herausnehmen und den Bratenfond durch ein Sieb streichen. Die Crème fraîche unterrühren und die Sauce einige Minuten sämig einkochen lassen.

6 — Das Perlhuhn tranchieren, die Füllung herauslösen und in Scheiben schneiden. Die Sauce getrennt dazu reichen.

Geschmorte Perlhuhnkeulen
für 4 Personen

HERKUNFT Alle Regionen
ZUBEREITUNGSZEIT 30 Minuten
GARZEIT 50 Minuten

Zutaten

2 Zwiebeln
1 Möhre
150 g Knollensellerie
4 Perlhuhnkeulen
(à ca. 200 g; küchenfertig, mit Haut)

2–3 EL Öl
1–2 TL Puderzucker
1 EL Tomatenmark
2 EL Cognac
5 cl roter Portwein
200 ml kräftiger Rotwein
600 ml Hühnerbrühe
1 Lorbeerblatt
5 Wacholderbeeren (leicht angedrückt)
½ TL schwarze Pfefferkörner
1 EL getrocknete Champignons
Salz
Pfeffer aus der Mühle
1 Knoblauchzehe
1 Streifen unbehandelte Orangenschale
1 kleiner Zweig Thymian
20 g kalte Butter

1 — Die Zwiebeln, die Möhre und den Knollensellerie schälen und in 1 bis 1 ½ cm große Würfel schneiden. Die Perlhuhnkeulen waschen, trocken tupfen und mit einem spitzen Messer die Oberschenkelknochen auslösen.

2 — In einem breiten Schmortopf 1 bis 2 EL Öl erhitzen, die Keulen mit der Hautseite nach unten hineinlegen und bei mittlerer Hitze braun anbraten. Wenden und die zweite Seite nur kurz anbraten. Die Perlhuhnkeulen aus dem Topf nehmen und das verbliebene Öl mit Küchenpapier aus der Pfanne tupfen.

3 — Den Puderzucker in den Topf sieben und hell karamellisieren. Das Tomatenmark unterrühren und leicht anbräunen. Mit Cognac, Portwein und der Hälfte des Rotweins ablöschen und die Flüssigkeit sirupartig einköcheln lassen. Den restlichen Rotwein dazugeben und ebenfalls einköcheln lassen.

4 — Den Backofen auf 160 °C vorheizen. Das restliche Öl in einer Pfanne erhitzen und die Gemüsewürfel darin bei mittlerer Hitze andünsten. Das Gemüse zum eingeköchelten Rotwein in den Topf geben und mit der Brühe aufgießen. Die Perlhuhnkeulen mit der Hautseite nach oben darauflegen, dabei darauf achten, dass die Haut nicht in der Sauce liegt.

5 — Die Keulen ohne Deckel im Ofen auf der mittleren Schiene 45 bis 50 Minuten weich schmoren. Nach 30 Minuten Schmorzeit das Lorbeerblatt, die Wacholderbeeren, die Pfefferkörner und die getrockneten Champignons dazugeben und fertig garen. Die geschmorten Keulen aus dem Topf nehmen, nach Belieben mit Salz und Pfeffer würzen und warm stellen.

6 — Die Schmorflüssigkeit auf dem Herd bei schwacher Hitze noch etwas einköcheln lassen. Den Knoblauch schälen und halbieren. Knoblauchhälften, Orangenschale und Thymian hinzufügen und einige Minuten in der Sauce ziehen lassen. Die Sauce durch ein Sieb streichen, dabei das Gemüse gut ausdrücken. Die Butter unter die Sauce rühren und mit Salz und Pfeffer abschmecken. Dazu passt Kartoffelpüree → S. 316.

Geschmorte Täubchen für 4 Personen

HERKUNFT Alle Regionen
ZUBEREITUNGSZEIT 30 Minuten
GARZEIT 20 Minuten

Zutaten

4 junge Tauben (mit Innereien; küchenfertig)
Salz
Pfeffer aus der Mühle
2 altbackene Brötchen
125 ml heiße Milch
2 Schalotten
100 g Butter
4 Zweige Thymian
1 Bund Petersilie

- 2 Eigelb
- frisch geriebene Muskatnuss
- ¼ l Hühnerbrühe

1 — Die Tauben waschen, trocken tupfen und innen und außen mit Salz und Pfeffer einreiben. Den Backofen auf 160 °C vorheizen.

2 — Die Brötchen in Würfel schneiden und in der Milch einweichen. Die Schalotten schälen und in kleine Würfel schneiden. In 20 g Butter glasig dünsten. Die Taubenlebern in kleine Stücke schneiden und kurz mit andünsten. Die Kräuter waschen und trocken schütteln. Die Petersilie hacken. Die abgezupften Blätter von 2 Thymianzweigen sowie die Hälfte der Petersilie dazugeben. Die Brötchen ausdrücken und mit den Eigelben und der Schalotten-Leber-Mischung zu einer geschmeidigen Farce verarbeiten. Mit Salz, Pfeffer und Muskatnuss würzen und die Tauben damit füllen. Die Öffnung mit Holzspießchen zustecken.

3 — 30 g Butter in einem Schmortopf erhitzen und die Tauben darin rundum anbraten. Restlichen Thymian und Petersilie dazugeben und mit der Brühe aufgießen. Zugedeckt in etwa 20 Minuten im heißen Backofen garen.

4 — Die Tauben herausnehmen und warm halten. Den Bratenfond durch ein Sieb gießen und etwas einkochen lassen. Die restliche Butter möglichst kalt in kleinen Flocken unter die Sauce schlagen, bis eine leichte Bindung entstanden ist. Die Tauben mit der Sauce servieren. (Abbildung rechts)

Gefüllte Wachteln
für 4 Personen

HERKUNFT Alle Regionen
ZUBEREITUNGSZEIT 30 Minuten
GARZEIT 25 Minuten

Zutaten

- 4 Wachteln (küchenfertig)
- 125 g Kalbsbrät
- 1 EL Sahne
- 2 EL kross gebratene Brotwürfel
- schwarze Trüffel (in kleine Würfel geschnitten)
- getrockneter Majoran
- abgeriebene unbehandelte Zitronenschale
- 1 TL Portwein
- Salz
- Pfeffer aus der Mühle
- Öl
- flüssige Butter zum Bestreichen

1 — Die Wachteln waschen und trocken tupfen. Nacheinander mit den Flügeln nach oben auf eine saubere Arbeitsfläche legen und entlang des Rückgrats mit einem kleinen scharfen Küchenmesser einschneiden. Mit dem Messer vorsichtig entlang der Karkasse das Fleisch von den Knochen lösen. Flügel und Keulen an den oberen Gelenken abschneiden. Die Karkasse aus dem Fleisch nehmen und die ausgelösten Wachteln flach mit der Hautseite nach unten auf die Arbeitsfläche legen.

2 — Das Brät mit der Sahne mischen und so lang kräftig rühren, bis die Mischung glänzt. Brotwürfel, Trüffel, 1 Prise Majoran, etwas Zitronenschale und Portwein in das Brät geben und gut unterrühren.

3 — Die Wachteln salzen und pfeffern und 1 EL Füllung in die Mitte der ausgelösten Wachtel geben. Das Fleisch darüber zusammenklappen, die Fleischenden dabei

↓

Geschmorte Täubchen S. 207

etwas übereinanderlegen, umdrehen, in die ursprüngliche Form bringen und von außen salzen und pfeffern.

4 — Aus Aluminiumfolie kleine, viereckige Kistchen falten. Die Alukistchen leicht einölen, jeweils 1 gefüllte Wachtel mit der Brust nach oben hineinsetzen und die Alufolie eng an die Wachteln falten.

5 — Die Wachteln im vorgeheiztem Ofen bei 140 °C etwa 25 Minuten garen. Zwischendurch mit flüssiger Butter einpinseln. Die Wachteln aus dem Ofen nehmen und entweder im Ganzen oder in Scheiben geschnitten servieren. Dazu passt Spitzkohl → S. 366.

Rebhuhn mit Rosenkohl-Schwarzwurzel-Gemüse für 4 Personen

HERKUNFT Alle Regionen
ZUBEREITUNGSZEIT 40 Minuten
GARZEIT 40 Minuten

Zutaten für das Rebhuhn

- 2 Rebhühner (à 400 g; küchenfertig)
- 2 Zwiebeln
- 2 Möhren
- 200 g Knollensellerie
- Salz
- Pfeffer aus der Mühle
- 1–2 EL Öl
- 1 EL Tomatenmark
- 200 ml Rotwein
- 50 cl roter Portwein
- 2 cl Cognac
- Zucker
- 600 ml Hühnerbrühe
- 1 Streifen unbehandelte Orangenschale
- 1 Lorbeerblatt
- 1 kleiner Zweig Thymian
- 5 Wacholderbeeren (angedrückt)
- ½ TL schwarze Pfefferkörner
- 10 g getrocknete Pilze
- 1–2 TL Speisestärke
- 1 EL Preiselbeeren (aus dem Glas)
- 20 g kalte Butter

Zutaten für das Gemüse

- 1–2 Schwarzwurzeln
- 2 Möhren
- 100 g Rosenkohl
- Salz
- 100 ml Gemüsebrühe
- Pfeffer aus der Mühle
- frisch geriebene Muskatnuss
- 1 EL Butter
- 1 EL Nussbutter → S. 125
- 1 EL gehackte Petersilie

1 — Für das Rebhuhn die Rebhühner waschen und trocken tupfen, die Keulen und Flügel abtrennen. Aus den Keulen mit einem spitzen Messer die Oberschenkelknochen entfernen. Die Rebhuhnbrüste an der Karkasse lassen.

2 — Die Zwiebeln schälen, Möhren und Sellerie putzen und schälen und alles in 1 bis 2 cm große Würfel schneiden. Keulen leicht mit Salz und Pfeffer würzen. Etwas Öl in einem Topf erhitzen, Keulen und Flügel darin bei mittlerer Hitze auf der Hautseite anbraten. Keulen wenden und mit den Flügeln aus dem Topf nehmen.

3 — Das Gemüse im Bratfett 1 bis 2 Minuten andünsten, das Tomatenmark unterrühren und kurz anrösten. Mit Rotwein, Portwein und Cognac ablöschen und die Flüssigkeit sirupartig einkochen lassen, mit 1 Prise Zucker würzen. Keulen und Flügel wieder hinzufügen, die Brühe angießen und das Fleisch bei milder Hitze knapp unter dem Siedepunkt 35 bis 45 Minuten weich schmoren. Nach 25 Minuten Orangenschale, Lorbeerblatt,

Thymian, Wacholderbeeren, Pfeffer und Trockenpilze dazugeben.

4 — Den Backofen auf 130 °C vorheizen. Ein Ofengitter auf die mittlere Schiene und darunter ein Abtropfblech schieben. Die Rebhuhnbrüste an der Karkasse innen und außen salzen und pfeffern. Die Brustseiten in einer Pfanne bei mittlerer Hitze in Öl rundum hell anbraten und im Ofen auf dem Gitter 20 bis 25 Minuten rosa garen.

5 — Für das Gemüse die Schwarzwurzeln unter fließendem kaltem Wasser gründlich bürsten und schälen. Die Möhren putzen und schälen, beides schräg in Scheiben schneiden. Den Rosenkohl putzen, waschen und in Blätter zerteilen. Das Gemüse nacheinander in kochendem Salzwasser bissfest garen, mit dem Schaumlöffel herausnehmen, kalt abschrecken und abtropfen lassen. Rosenkohlblätter mit Brühe, Schwarzwurzeln und Möhren in einem Topf erhitzen. Mit Salz, Pfeffer und 1 Prise Muskatnuss würzen. Zuletzt die Butter und die Nussbutter mit der Petersilie dazugeben.

6 — Die Keulen aus dem Topf nehmen, die Sauce durch ein Sieb streichen und etwa auf die Hälfte einkochen. Die Speisestärke mit etwas kaltem Wasser glatt rühren und unter die Sauce rühren. Die Preiselbeeren hinzufügen, die Sauce salzen und pfeffern und die Butter darin schmelzen lassen. Die Rebhuhnbrüste mit einem Messer von der Karkasse lösen und mit den Keulen und der Sauce servieren. Das Gemüse dazu reichen.

Rebhuhn im Weinblatt
für 4 Personen

HERKUNFT Pfalz/Nordwestdeutschland
ZUBEREITUNGSZEIT 30 Minuten
GARZEIT 30 Minuten

Zutaten

- 4 junge Rebhühner (küchenfertig)
- Salz
- Pfeffer aus der Mühle
- 8 sehr dünne Scheiben Räucherspeck
- 8 frische, gleich große Weinblätter
- 2 EL Öl
- 600 g kernlose Weintrauben
- 125 ml Hühnerbrühe
- 125 ml Gewürztraminer
- 2 zerstoßene Wacholderbeeren
- 2 cl Tresterbranntwein
- 50 g kalte Butter

1 — Die Rebhühner waschen, trocken tupfen und mit Salz und Pfeffer einreiben. Jedes Rebhuhn mit je 2 Speckscheiben und Weinblättern umwickeln und mit Küchengarn festbinden. Den Backofen auf 180 °C vorheizen.

2 — Das Öl in einem Schmortopf erhitzen und die Rebhühner darin rundum anbraten. 20 Minuten im Backofen garen und dabei immer wieder mit Bratensaft begießen. Die Weintrauben waschen und nach Ende der Garzeit zu den Rebhühnern geben, mit dem Bratensaft vermischen und noch 8 Minuten mitschmoren lassen. Rebhühner und Trauben herausnehmen und warm stellen.

3 — Den Bratenfond mit Brühe und Gewürztraminer aufgießen. Die Wacholderbeeren dazugeben und etwa 5 Minuten köcheln lassen. Durch ein Sieb gießen, den Tresterbranntwein dazugeben und die Butter in Flocken unterschlagen. Die Rebhühner mit den Trauben und der Sauce servieren.

Kalb & Rind

Kalbsschnitzel
für 2 Personen

HERKUNFT Alle Regionen
ZUBEREITUNGSZEIT 25 Minuten

Zutaten

- ½ TL Öl
- 4 Kalbsschnitzel aus der Oberschale (à ca. 60 g)
- 80 ml Geflügelbrühe
- Salz
- Pfeffer aus der Mühle
- 1 TL kalte Butter

1 — Eine Pfanne bei mittlerer Temperatur erhitzen und das Öl mit einem Pinsel darin verteilen. Die Kalbsschnitzel darin auf beiden Seiten insgesamt etwa 3 Minuten anbraten und aus der Pfanne nehmen.

2 — Den Bratensatz mit der Brühe ablöschen, mit Salz und Pfeffer abschmecken und alles auf 3 bis 4 EL einköcheln lassen. Vom Herd nehmen und die Butter unterrühren. Die Kalbsschnitzel in der Sauce wenden und, falls nötig, nochmals abschmecken.

Kalbsrahmschnitzel
für 4 Personen

HERKUNFT Alle Regionen
ZUBEREITUNGSZEIT 25 Minuten

Zutaten

- 4 Kalbsschnitzel (aus der Oberschale)
- Öl für die Folie
- 1 EL Öl
- 1 EL Cognac
- 100 ml Kalbsfond (oder Gemüsebrühe)
- 80 g Sahne
- 1 TL Dijon-Senf
- 1 Lorbeerblatt
- 1 EL kalte Butter
- Salz
- Pfeffer aus der Mühle
- abgeriebene Schale von ½ unbehandelten Zitrone
- 300 g Champignons
- 4 Frühlingszwiebeln
- 1 EL Nussbutter → S. 125

1 — Die Schnitzel zwischen zwei Lagen geölter Frischhaltefolie dünn klopfen. Das Öl in einer Pfanne erhitzen und die Schnitzel darin bei mittlerer Hitze auf beiden Seiten kurz anbraten. Das Fleisch herausnehmen und auf einen vorgewärmten Teller legen.

2 — Den Bratensatz in der Pfanne mit dem Cognac und dem Fond ablöschen. Die Sahne, den Senf und das Lorbeerblatt dazugeben, kurz aufkochen lassen und einige Minuten ziehen lassen.

3 — Die Butter unterrühren und die Sauce mit Salz, Pfeffer und 1 Msp. Zitronenschale würzen. Das Lorbeerblatt entfernen. Die Schnitzel wieder in die Sauce geben und ziehen lassen.

4 — Die Champignons putzen, trocken abreiben und in Scheiben schneiden. Die Frühlingszwiebeln putzen, waschen und in Ringe schneiden.

5 — Die Nussbutter in einer Pfanne erhitzen und die Pilze mit den Frühlingszwiebeln darin bei mittlerer Hitze kurz braten. Mit Salz, Pfeffer und der restlichen Zitronenschale würzen.

6 — Das Gemüse in die Sauce geben und untermischen. Die Kalbsschnitzel mit den Champignons und der Sauce auf Tellern anrichten.

Paprikarahmschnitzel
für 4 Personen

HERKUNFT Alle Regionen
ZUBEREITUNGSZEIT 35 Minuten

Zutaten für die Sauce

1 rote Paprikaschote
1 EL Öl
½ Zwiebel
1 TL Puderzucker
¼ l Gemüsebrühe
80 g Sahne
Salz
Cayennepfeffer
½ TL Paprikapulver (edelsüß)
1 Streifen unbehandelte Zitronenschale
2 Scheiben Knoblauch
20 g kalte Butter

Zutaten für die Schnitzel

8 kleine, dünne Kalbsschnitzel (à 70 g; aus der Oberschale)
Öl für die Folie
Salz
Pfeffer aus der Mühle
1–2 TL Öl zum Braten

1 — Für die Sauce den Backofengrill einschalten. Die Paprikaschote längs vierteln, entkernen und waschen. Die Paprikaviertel mit der Schale nach oben auf ein Backblech legen und mit dem Öl bestreichen. Paprika im Ofen auf der obersten Schiene garen, bis die Haut dunkle Blasen wirft. Die Paprikaviertel aus dem Ofen nehmen, kurz abkühlen lassen und die Haut abziehen. Die Paprikaschote in kleine Stücke schneiden.

2 — Die Zwiebel schälen und in kleine Würfel schneiden. Den Puderzucker in einem Topf bei milder Hitze hell karamellisieren. Die Zwiebel darin glasig dünsten und die Paprikastücke hinzufügen. Die Brühe angießen und das Gemüse darin knapp unter dem Siedepunkt 10 bis 15 Minuten gar ziehen lassen.

3 — Die Sahne hinzufügen und die Paprikasauce im Küchenmixer oder mit dem Stabmixer fein pürieren. Zurück auf den Herd stellen und mit Salz, 1 Prise Cayennepfeffer und Paprikapulver herzhaft abschmecken. Zitronenschale und Knoblauch hinzufügen, einige Minuten in der Sauce ziehen lassen und wieder entfernen. Die kalte Butter in die Sauce mixen und, falls nötig, nochmals abschmecken.

4 — Für die Schnitzel die Kalbsschnitzel zwischen zwei Lagen geölter Frischhaltefolie dünn klopfen und mit Salz und Pfeffer würzen. Das Öl in einer Pfanne erhitzen und die Schnitzel darin bei mittlerer Hitze auf beiden Seiten anbraten. Mit der Sauce auf vorgewärmten Tellern anrichten.

Kalbsrücken im Ganzen gebraten
für 4 Personen

HERKUNFT Alle Regionen
ZUBEREITUNGSZEIT 10 Minuten
GARZEIT 2 Stunden

Zutaten

1–2 TL Öl
1 kg Kalbsrücken (küchenfertig)
4 EL Butter
1 Zweig Thymian
Salz
Pfeffer aus der Mühle

1 — Den Backofen auf 100 °C vorheizen. Ein Ofengitter auf die mittlere Schiene und darunter ein Abtropfblech schieben.

2 — Das Öl in einer Pfanne erhitzen. Den Kalbsrücken darin bei mittlerer Hitze rundum anbraten. Das Fleisch aus der Pfanne nehmen und im Ofen auf dem Ofengitter etwa 2 Stunden rosa garen.

3 — Die Butter in einer Pfanne bei milder Hitze zerlassen. Den Thymianzweig in die flüssige Butter geben und darin 3 bis 4 Minuten ziehen lassen, dann wieder entfernen. Den Kalbsrücken aus dem Ofen nehmen, in der Thymianbutter bei milder Hitze wenden und mit Salz und Pfeffer würzen.

Kalbsbäckchen
für 4 Personen

HERKUNFT Bayern
ZUBEREITUNGSZEIT 30 Minuten
GARZEIT 3 Stunden

Zutaten

- 2–3 EL Öl
- 12 Kalbsbäckchen (à 150 g; küchenfertig)
- 1 TL Puderzucker
- 1 EL Tomatenmark
- 300 ml Rotwein
- 2 Zwiebeln
- 1 Möhre
- 1 Petersilienwurzel
- 120 g Knollensellerie
- 1 l Hühnerbrühe
- ½ TL Senfkörner
- 1 TL Speisestärke
- 1 Zweig Thymian
- 1 Streifen unbehandelte Zitronenschale
- 1 Knoblauchzehe (geschält und halbiert)
- Salz
- Pfeffer aus der Mühle

1 — In einem Schmortopf 1 bis 2 EL Öl erhitzen und die Kalbsbäckchen darin bei mittlerer Hitze rundum anbraten, wieder herausnehmen. Den Puderzucker in den Schmortopf stäuben und hell karamellisieren. Das Tomatenmark unterrühren und kurz anrösten. Nach und nach mit je einem Drittel Rotwein ablöschen und jeweils einköcheln lassen.

2 — Die Zwiebeln, die Möhre, die Petersilienwurzel und den Knollensellerie schälen und in 1 cm große Stücke schneiden.

3 — Das restliche Öl in einer Pfanne erhitzen und das Gemüse darin andünsten, mit den Kalbsbäckchen in den Schmortopf geben und die Brühe dazugießen. Die Bäckchen sollten dabei mit Flüssigkeit bedeckt sein. Den Deckel so auflegen, dass ein Spalt offen bleibt. Kalbsbäckchen bei milder Hitze etwa 3 Stunden weich schmoren. Den Deckel nach 2 Stunden Garzeit abnehmen.

4 — Das Fleisch herausnehmen, die Senfkörner in die Sauce geben und die Sauce etwas einköcheln lassen. Die Speisestärke mit wenig kaltem Wasser glatt rühren, in die Sauce rühren und 2 Minuten köcheln lassen. Thymianzweig, Zitronenschale und Knoblauch hinzufügen und einige Minuten ziehen lassen.

5 — Die Sauce durch ein Sieb in einen Topf gießen, dabei das Gemüse etwas ausdrücken. Die Sauce mit Salz und Pfeffer würzen. Die Bäckchen wieder in die Sauce geben und darin erwärmen.

6 — Mit den Schalotten und etwas Schmorsauce auf vorgewärmten Tellern anrichten. Dazu passen kleine, gekochte, kurz in einer Pfanne geschwenkte Kartoffeln.

↓
Rinderrouladen S. 246

↓
Schwäbischer Zwiebelrostbraten S. 237

Kalbsfrikassee
für 4 Personen

HERKUNFT Alle Regionen
ZUBEREITUNGSZEIT 1 Stunde
GARZEIT 1½ Stunden

Zutaten

1 Kalbszunge (etwa 300 g; eventuell gepökelt)
1 Zwiebel
1 Lorbeerblatt
2 Gewürznelken
1 Zweig Thymian
250 g Kalbsbries
300 g Kalbsfilet
je 250 g weißer und grüner Spargel
Salz
Zucker
60 g Butter
5 große Champignons
Pfeffer aus der Mühle
2 EL Schmand
125 g Sahne
1 Streifen unbehandelte Zitronenschale
2 EL geschlagene Sahne

1 — Die Kalbszunge waschen und in einen Topf geben. Mit kaltem Wasser bedecken, aufkochen lassen und den Schaum abschöpfen. Zwiebel schälen, mit Lorbeerblatt und Gewürznelken spicken und mit dem Thymianzweig zur Zunge geben. Bei schwacher Hitze 1 Stunde garen.

2 — In der Zwischenzeit das Kalbsbries säubern und in eiskaltes Wasser legen, dabei das Wasser öfter erneuern. Nach Ende der Garzeit das Bries zur Zunge geben und zusammen weitere 20 Minuten ziehen lassen.

3 — Das Kalbsfilet waschen, trocken tupfen und in Würfel schneiden. Die Zunge und das Kalbsbries aus dem Sud nehmen. Die Zunge häuten, vom Bries Häute und Sehnen entfernen. Den Sud durch ein Tuch gießen und beiseitestellen.

4 — Den weißen Spargel ganz, den grünen nur im unteren Drittel schälen, die holzigen Enden abschneiden. Wenig Salzwasser mit 1 Prise Zucker und 20 g Butter zum Kochen bringen. Den Spargel darin 5 bis 10 Minuten garen. Herausnehmen, leicht abkühlen lassen und in gleich große Stücke schneiden.

5 — Die Champignons putzen, falls nötig, trocken abreiben und vierteln. 20 g Butter in einer Pfanne zerlassen und die Pilze darin kurz andünsten. Mit Salz und Pfeffer würzen.

6 — ½ l Sud zum Kochen bringen und etwas einkochen lassen. Schmand, Sahne, restliche Butter und die Zitronenschale dazugeben und mit Salz und Pfeffer würzen. Zunge, Bries, Spargel und Champignons in die Sauce geben.

7 — Den restlichen Sud zum Kochen bringen und das Kalbsfilet darin 4 Minuten pochieren. Herausnehmen, abtropfen lassen und unter das Frikassee mischen. Einige Minuten bei schwacher Hitze ziehen lassen. Die Zitronenschale entfernen und die Sahne unterziehen. Das Frikassee abschmecken und mit gekochtem Reis servieren.

Gefüllte Kalbsbrust
für 6–8 Personen

HERKUNFT Süddeutschland
ZUBEREITUNGSZEIT 30 Minuten
GARZEIT 3 Stunden

Zutaten für die Sauce und die Kalbsbrust

1 TL Puderzucker
2 EL Tomatenmark
¼ l Rotwein

½ l Hühnerbrühe
2 Möhren
200 g Knollensellerie
3 Zwiebeln
2 kg Milchkalbsbrust
1 EL Öl
1 Lorbeerblatt
½ TL schwarze Pfefferkörner
2 Streifen unbehandelte Zitronenschale
2 Knoblauchzehen (in Scheiben)
1 Zweig Rosmarin
1 TL Speisestärke
Salz
Pfeffer aus der Mühle

Zutaten für die Füllung

150 g Laugenstangen (vom Vortag)
150 ml Milch
2 kleine Eier
Salz
Pfeffer aus der Mühle
frisch geriebene Muskatnuss
½ Zwiebel
100 g Kalbsbrät
3 EL Sahne
1 EL gehackte Petersilie
1–2 TL abgeriebene unbehandelte Zitronenschale

1 — Für die Sauce den Puderzucker in einen Topf stäuben und bei mittlerer Hitze hell karamellisieren. Das Tomatenmark dazugeben und kurz anrösten. Nach und nach je ein Drittel des Weins dazugeben und jeweils sämig einköcheln lassen. Die Brühe dazugießen und erhitzen.

2 — Möhren und Sellerie putzen, schälen und in 1 bis ½ cm große Würfel schneiden. Die Zwiebeln schälen und ebenfalls in 1 bis ½ cm große Würfel schneiden. Das Gemüse in einem Bräter ohne Fett andünsten und den Saucenansatz hinzufügen.

3 — Für die Füllung von den Laugenstangen das Salz entfernen, die Stangen in etwa 1 cm große Würfel schneiden und in eine Schüssel geben. Die Milch aufkochen, vom Herd nehmen und mit den Eiern verrühren. Die Eiermilch mit Salz, Pfeffer und Muskatnuss würzen und mit den Laugenwürfeln mischen.

4 — Die Zwiebel schälen und in feine Würfel schneiden. Die Zwiebelwürfel in einer Pfanne mit 100 ml Wasser weich garen, bis die Flüssigkeit eingekocht ist. Die Zwiebelwürfel unter die Laugenmasse mischen. Das Kalbsbrät mit der Sahne glatt rühren und mit der Petersilie unter die Laugenmasse mischen. Die Füllung mit Zitronenschale, Salz, Pfeffer und Muskatnuss abschmecken.

5 — Den Backofen auf 150 °C vorheizen. In die Kalbsbrust mit einem scharfen Messer eine Tasche schneiden und diese mit der Laugenmasse füllen. (Nicht zu voll füllen, da sich das Fleisch beim Garen noch zusammenzieht und sich die Füllung etwas ausdehnt; übrige Füllung zu Pflanzerln formen, in Butter auf beiden Seiten goldbraun braten und als Beilage servieren.) Die offene Seite der Kalbsbrust mit Rouladennadeln verschließen oder mit Küchengarn zunähen.

6 — Die Kalbsbrust in einer Pfanne im Öl bei mittlerer Hitze rundum anbraten. In den Bräter auf das Gemüse setzen und im Ofen auf der mittleren Schiene etwa 3 Stunden schmoren, dabei mehrmals mit dem Schmorsud begießen. Etwa 45 Minuten vor Ende der Garzeit Lorbeerblatt, Pfeffer, Zitronenschale und Knoblauch dazugeben. Rosmarin erst kurz vor Ende der Garzeit dazugeben und noch wenige Minuten mitziehen lassen.

7 — Die Kalbsbrust aus dem Bräter nehmen und warm halten. Die Sauce durch ein Sieb gießen und erhitzen, das Gemüse entfernen. Die Stärke in wenig kaltem Wasser glatt rühren, in die Sauce rühren und 2 Minuten leicht köcheln lassen, bis diese sämig bindet. Mit Salz und Pfeffer abschmecken. Zum Servieren die Kalbsbrust in Scheiben schneiden und auf vorgewärmten Tellern anrichten. Mit der Sauce beträufeln. Dazu passt buntes Gemüse der Saison.

Kalbsrahmbraten
für 4 Personen

HERKUNFT Alle Regionen
ZUBEREITUNGSZEIT 25 Minuten
GARZEIT 3 Stunden

Zutaten

- 2 Zwiebeln
- 1 Möhre
- 100 g Knollensellerie
- 2 reife Tomaten
- 2–3 EL Öl
- 1½ kg Kalbsnuss (küchenfertig)
- 1 TL Puderzucker
- 1 EL Tomatenmark
- 150 ml kräftiger Rotwein
- ½ l Hühnerbrühe
- 10 g getrocknete Champignons oder Egerlinge
- 1 Lorbeerblatt
- 3 Wacholderbeeren
- 100 g Sahne
- 2 Petersilienstiele
- 1 Knoblauchzehe (geschält und halbiert)
- 1 Streifen unbehandelte Zitronenschale
- Salz
- Cayennepfeffer

1 — Den Backofen auf 150 °C vorheizen. Zwiebeln, Möhre und Knollensellerie schälen und in 1 bis 2 cm große Würfel schneiden. Die Tomaten waschen, halbieren und achteln, dabei die Stielansätze entfernen.

2 — In einem Bräter 1 bis 2 EL Öl erhitzen und die Kalbsnuss darin bei mittlerer Hitze rundum anbraten. Das Fleisch herausnehmen und den Bräter mit Küchenpapier trocken tupfen. Den Puderzucker hineinstäuben und hell karamellisieren. Das Tomatenmark unterrühren und etwas anrösten lassen. Mit der Hälfte des Rotweins ablöschen und die Flüssigkeit sirupartig einköcheln lassen. Den restlichen Rotwein angießen, nochmals einköcheln lassen und die Brühe dazugießen.

3 — Das restliche Öl in einer Pfanne erhitzen. Zwiebeln, Möhre und Sellerie darin andünsten und mit den Tomaten in den Bräter geben. Das Kalbfleisch daraufsetzen und zugedeckt im Ofen auf der mittleren Schiene etwa 3 Stunden schmoren, dabei hin und wieder wenden.

4 — Etwa 20 Minuten vor Ende der Garzeit die getrockneten Pilze, das Lorbeerblatt und die Wacholderbeeren in die Sauce geben. Zum Schluss die Sahne unterrühren. Petersilie, Knoblauch und Zitronenschale hinzufügen und einige Minuten in der Sauce ziehen lassen.

5 — Den Braten herausnehmen und in Scheiben schneiden. Die Sauce durch ein Sieb gießen, dabei das Gemüse gut ausdrücken und die Sauce mit Salz und 1 Prise Cayennepfeffer abschmecken. Das Fleisch nochmals in der Sauce erhitzen.

Kalbshaxe
für 4 Personen

HERKUNFT Bayern
ZUBEREITUNGSZEIT 25 Minuten
GARZEIT 4½ Stunden

Zutaten

- 2 Zwiebeln
- 1 Möhre
- 120 g Knollensellerie
- 2–3 EL Öl

- 1 Kalbshaxe (3 kg; küchenfertig)
- 2 TL Puderzucker
- 1 EL Tomatenmark
- 150 ml Rotwein
- ½ l Hühnerbrühe
- 1 Lorbeerblatt
- ½ TL schwarze Pfefferkörner
- 1 Knoblauchzehe (geschält)
- 1 Streifen unbehandelte Zitronenschale
- 1 Zweig Thymian
- Salz
- Pfeffer aus der Mühle

1 — Den Backofen auf 160 °C vorheizen. Die Zwiebeln, die Möhre und den Knollensellerie schälen. Die Zwiebeln klein schneiden, Möhre und Sellerie in Stücke schneiden.

2 — In einem Bräter 1 bis 2 EL Öl erhitzen. Die Kalbshaxe darin bei mittlerer Hitze rundum anbraten und herausnehmen. Das Fett mit Küchenpapier aus dem Bräter tupfen. Den Puderzucker in den Bräter stäuben und hell karamellisieren. Das Tomatenmark unterrühren und kurz mitdünsten. Mit der Hälfte des Rotweins ablöschen und sirupartig einköcheln. Den restlichen Rotwein angießen und ebenfalls einköcheln lassen.

3 — Das übrige Öl in einer Pfanne erhitzen und das Gemüse bei mittlerer Hitze darin andünsten. Gemüse in den Bräter geben und die Brühe angießen. Die Kalbshaxe daraufsetzen und zugedeckt im Ofen auf der mittleren Schiene 4½ Stunden schmoren, dabei mehrmals wenden. Nach 2 Stunden den Deckel abnehmen und die Kalbshaxe gelegentlich mit der Sauce begießen.

4 — Die Kalbshaxe aus dem Bräter nehmen. Das Lorbeerblatt und die Pfefferkörner in die Sauce geben und die Sauce bei mittlerer Hitze etwas einköcheln lassen. Knoblauch, Zitronenschale und Thymian einige Minuten in der Sauce ziehen lassen. Die Sauce durch ein Sieb gießen und das Gemüse dabei gut ausdrücken. Die Sauce mit Salz abschmecken. Die Kalbshaxe in Scheiben schneiden, mit Salz und Pfeffer würzen und mit der Sauce anrichten.

Schwäbische Kalbsvögerl
für 4 Personen

HERKUNFT Baden-Württemberg
ZUBEREITUNGSZEIT 30 Minuten
GARZEIT 1½ Stunden

Zutaten

- ½ kleine Möhre
- 100 g Knollensellerie
- 2 kleine Zwiebeln
- 50 g geräucherter Schinken
- 3 EL Öl
- 1–2 EL Tomatenmark
- 400 ml Hühnerbrühe
- 80 g stückige Tomaten (aus der Dose)
- je 1 EL Piment-, Koriander- und schwarze Pfefferkörner
- 1 TL Zimtsplitter
- 1 zerbröseltes Lorbeerblatt
- 4 Eier
- 4 Kalbsschnitzel (à ca. 120 g; aus der Oberschale)
- Salz
- 1–2 EL scharfer Senf
- 4 Scheiben Schwarzwälder Schinken
- 1 TL Speisestärke
- 1 EL kalte Butter
- Cayennepfeffer
- 1 Knoblauchzehe (halbiert und geschält)
- 1 Streifen unbehandelte Zitronenschale

1 — Möhre und Sellerie putzen und schälen. Die Möhre längs halbieren und in dünne Scheiben schneiden, den Sellerie zuerst in Streifen und dann in dünne Scheiben schneiden. Die Zwiebel schälen und in etwa 1 cm große Würfel schneiden. Den Schinken in Streifen schneiden.

2 — In einer tiefen Pfanne 2 EL Öl erhitzen und alle Gemüsesorten mit dem Schinken darin andünsten. Das Tomatenmark dazugeben und kurz anrösten. 300 ml Brühe mit den Tomaten hinzufügen und 30 Minuten sanft schmoren lassen.

3 — Piment, Koriander, Pfeffer, Zimt und Lorbeerblatt in die Gewürzmühle füllen. Die Eier 8 Minuten kochen, kalt abschrecken und pellen. Die Kalbsschnitzel zwischen zwei Lagen Frischhaltefolie flach klopfen. Mit Salz würzen, mit Senf bestreichen und mit der Gewürzmischung bestreuen. Die Schnitzel mit je 1 Scheibe Schwarzwälder Schinken belegen und je 1 Ei daraufsetzen. Die Fleischscheiben aufrollen und die Enden mit Rouladennadeln feststecken.

4 — Das restliche Öl in einer Pfanne erhitzen, die Rouladen darin bei mittlerer Hitze rundum anbraten und in die Sauce legen. Die Pfanne mit Küchenpapier trocken tupfen. Den Bratensatz mit 100 ml Brühe ablöschen und zur Sauce geben. Die Rouladen zugedeckt bei milder Hitze etwa 1 Stunde in der Sauce schmoren.

5 — Die Rouladen aus der Sauce nehmen. Die Speisestärke mit etwas kaltem Wasser glatt rühren und unter die köchelnde Sauce rühren, bis diese leicht sämig bindet. Die Sauce nach Belieben mit Sahne verfeinern. Die Butter unterrühren und die Sauce mit Salz, Cayennepfeffer und der Mischung aus der Mühle würzen. Knoblauch und Zitronenschale einige Minuten in der Sauce ziehen lassen und wieder entfernen.

6 — Die Rouladen wieder in die Sauce legen und erwärmen. Die Rouladen mit der Sauce auf vorgewärmten Tellern servieren, als Beilage dazu passen Kartoffelpüree → S. 316 und Spätzle → S. 350.

Kalbfleischragout für 4 Personen

HERKUNFT Alle Regionen
ZUBEREITUNGSZEIT 20 Minuten
GARZEIT 1 Stunde

Zutaten für das Fleisch

- 1,2 kg Kalbfleisch (aus der Schulter)
- Salz
- 1 Zwiebel
- 1 Lorbeerblatt
- 2 Gewürznelken
- 1–2 TL Puderzucker
- 100 ml trockener Weißwein
- 1 l Gemüsebrühe
- ½ TL schwarze Pfefferkörner
- 120 g Sahne
- 1–2 TL Speisestärke
- 3 Stiele Petersilie
- 1 Knoblauchzehe (halbiert und geschält)
- 2 Streifen unbehandelte Zitronenschale
- Cayennepfeffer
- 1 Spritzer Zitronensaft
- 10–20 g kalte Butter
- 1 EL Kräuterblätter (z.B. Estragon, Kerbel, Petersilie)

Zutaten für den Reis

- 200 g Langkornreis
- Salz
- 20 g Butter
- 10 g Nussbutter → S. 125

1 — Für das Fleisch das Kalbfleisch, falls nötig, von Fett und Sehnen befreien und in 1 ½ bis 2 cm große Stücke schneiden. Reichlich Salzwasser in einem Topf erhitzen und die Kalbfleischstücke darin 3 bis 4 Minuten garen. In ein Sieb abgießen und abtropfen lassen. Die Zwiebel schälen und das Lor-

beerblatt mit den Gewürznelken darauf feststecken.

2 — Den Puderzucker in einem Topf hell karamellisieren, mit dem Wein ablöschen und auf ein Drittel einköcheln lassen. Die Brühe angießen, die Fleischwürfel, die gespickte Zwiebel und die Pfefferkörner hinzufügen. Den Deckel so auflegen, dass ein Spalt offen bleibt, und das Fleisch bei milder Hitze 1 Stunde mehr ziehen als köcheln lassen.

3 — Für den Reis den Reis auf ein Sieb geben und unter fließendem kaltem Wasser waschen, bis das Wasser klar abläuft. Den Reis in einen Topf geben und so viel Wasser auffüllen, dass es fingerbreit über dem Reis steht. Salzen, den Reis aufkochen lassen und mit geschlossenem Deckel bei milder Hitze etwa 15 Minuten quellen lassen.

4 — Die Fleischbrühe durch ein Sieb in einen Topf gießen. Die Zwiebel entfernen, das Fleisch beiseitestellen. Die Sahne zur Brühe geben. Die Speisestärke mit wenig kaltem Wasser glatt rühren, in die Brühe geben und knapp unter dem Siedepunkt 2 Minuten köcheln lassen.

5 — Petersilie waschen und trocken tupfen. Mit Knoblauch und Zitronenschale einige Minuten in der Sauce ziehen lassen und wieder entfernen. Die Sauce mit Salz, 1 Prise Cayennepfeffer und Zitronensaft abschmecken. Die Butter mit dem Stabmixer unterrühren und das Fleisch in der Sauce erhitzen. Das Kalbfleischragout auf vorgewärmte Teller verteilen. Die zweierlei Butter unter den Reis rühren und dazu anrichten. Mit den Kräutern garnieren (Abbildung → S. 226)

Königsberger Klopse
für 4 Personen

HERKUNFT Ostpreußen
ZUBEREITUNGSZEIT 40 Minuten

Zutaten für die Klopse

- 300 g gehacktes Kalbfleisch
- 200 g gehacktes Rindfleisch
- 60 g Weißbrot
- etwa 100 ml Milch
- 4 Sardellenfilets
- 1 Zwiebel
- 1 EL fein gehackte Petersilie
- Salz
- Pfeffer aus der Mühle
- ¾ l Fleischbrühe
- 1 Lorbeerblatt
- 2 Pfefferkörner

Zutaten für die Sauce

- 40 g Butter
- 1 EL Mehl
- 6 EL Sahne
- 1–2 EL Zitronensaft
- Salz
- Pfeffer aus der Mühle
- 2–3 EL Kapern

1 — Die beiden Fleischsorten in einer Schüssel vermischen. Das Weißbrot in Würfel schneiden. Die Milch erhitzen und das Weißbrot darin einweichen. Die Sardellenfilets abspülen, trocken tupfen und hacken. Die Zwiebel schälen und in kleine Würfel schneiden. Das Weißbrot ausdrücken und mit Sardellen, Zwiebel und der Petersilie zum Hackfleisch geben. Alles zu einem homogenen Fleischteig verkneten. Mit Salz und Pfeffer würzen und 16 gleich große Bällchen daraus formen.

↓
Königsberger Klopse S. 224

↓
Kalbfleischragout S. 223

2 — Die Fleischbrühe mit Lorbeer und Pfefferkörnern aufkochen, die Klopse einlegen und etwa 10 Minuten bei schwacher Hitze garen. Mit dem Schaumlöffel herausnehmen, in eine Schüssel geben und warm stellen. Die Brühe durch ein Sieb gießen.

3 — Für die Sauce die Butter zerlassen und das Mehl darin anschwitzen. Mit der Kochbrühe ablöschen und mit dem Schneebesen kräftig verrühren. Einige Minuten kochen lassen. Die Sahne unterrühren und mit Zitronensaft, Salz und Pfeffer abschmecken.

4 — Klopse und Kapern in die Sauce geben und einige Minuten durchziehen lassen. Mit Reis oder Salzkartoffeln → S. 316 servieren. (Abbildung → S. 225)

Lübecker Schwalbennester für 4 Personen

HERKUNFT Schleswig-Holstein
ZUBEREITUNGSZEIT 30 Minuten
GARZEIT 20 Minuten

Zutaten

4 Eier
4 große Kalbsschnitzel (à ca. 120 g; aus der Oberschale)
Salz
Pfeffer aus der Mühle
1–2 EL scharfer Senf
4 dünne Scheiben roher Schinken
1 TL Öl
1 EL Puderzucker
100 ml trockener Weißwein
¼ l Hühnerbrühe oder Gemüsebrühe
100 g Sahne
2 TL Speisestärke
1 Lorbeerblatt
1 EL kalte Butter

1 — Die Eier etwa 8 Minuten hart kochen, kalt abschrecken und pellen. Die Kalbsschnitzel zwischen zwei Lagen Frischhaltefolie flach klopfen. Mit Salz und Pfeffer würzen und mit Senf bestreichen. Die Schnitzel mit je 1 Scheibe Schinken belegen und je 1 Ei daraufsetzen. Die Fleischscheiben aufrollen und die Enden mit Rouladennadeln feststecken.

2 — Das Öl in einer Pfanne erhitzen, die Rouladen darin bei mittlerer Hitze rundum anbraten und auf einem vorgewärmten Teller beiseitestellen.

3 — Für die Sauce den Puderzucker in den Bratensatz stäuben und bei mittlerer Hitze goldbraun karamellisieren, mit Weißwein ablöschen und auf ein Drittel einköcheln lassen. Mit der Brühe auffüllen, 1 bis 2 Minuten köcheln lassen, die Sahne dazugeben und einmal aufkochen lassen. Die Speisestärke mit wenig kaltem Wasser glatt rühren, nach und nach in die köchelnde Sauce rühren, bis die Sauce leicht sämig ist.

4 — Die angebratenen Rouladen mit dem Lorbeerblatt in die Sauce legen und mit angelegtem Deckel etwa 20 Minuten am Siedepunkt ziehen lassen, zwischendurch wenden.

5 — Die Rouladen aus der Sauce nehmen und die Rouladennadeln entfernen.
Die Butter in die Sauce rühren, das Lorbeerblatt entfernen und mit Salz und Pfeffer abschmecken.

6 — Die Sauce auf vorgewärmten Tellern verteilen, die Rouladen halbieren und auf die Sauce setzen. Dazu passen Petersilienkartoffeln → S. 316.

Münsterländer Töttchen
für 4 Personen

HERKUNFT (Nordrhein-)Westfalen/Münsterland
ZUBEREITUNGSZEIT 30 Minuten
GARZEIT 2 Stunden

Zutaten

- 1 Kalbszunge
- 3 Zwiebeln
- 1 Lorbeerblatt
- 3 Gewürznelken
- 1 Bund Suppengrün
- Salz
- 500 g Kalbfleisch (aus der Schulter)
- 1 TL Pfefferkörner
- getrockneter Thymian
- 1 EL Butter
- 2 EL Mehl
- 150 ml trockener Weißwein
- 1 TL Essig
- Zucker
- 1 TL scharfer Senf
- Pfeffer aus der Mühle

1 — Die Kalbszunge gründlich waschen. 1 Zwiebel schälen und das Lorbeerblatt mit den Nelken darauf feststecken. Das Suppengrün putzen, schälen und grob zerkleinern. 1 ½ l Salzwasser zum Kochen bringen und die gespickte Zwiebel, Kalbsschulter und Kalbszunge, das Gemüse, die Pfefferkörner und etwas Thymian dazugeben. Das Fleisch sollte mit Wasser bedeckt sein. Das Fleisch 1 ½ bis 2 Stunden weich garen.

2 — Das Fleisch aus der Brühe nehmen. Die Zunge häuten und das Fleisch in kleine Würfel schneiden. Die Brühe in ein feines Sieb abgießen und auffangen. Die restlichen Zwiebeln schälen und in Würfel schneiden. Die Butter erhitzen und die Zwiebeln darin glasig dünsten. Das Mehl darüberstäuben, leicht anbräunen und mit dem Wein ablöschen. So viel von der Brühe dazugießen, dass eine dickliche Sauce entsteht. Die Sauce etwa 15 Minuten köcheln lassen.

3 — Die Sauce mit Essig, etwas Zucker und Senf sowie Salz und Pfeffer abschmecken. Falls nötig, noch etwas Brühe dazugeben. Die Sauce nach Belieben mit Kapern und Sahne verfeinern.

4 — Die Fleischwürfel in die Sauce geben und darin erhitzen. Das Töttchen mit Schwarzbrot oder Petersilienkartoffeln → S. 316 servieren.

Berliner Leber mit Äpfeln
für 4 Personen

HERKUNFT Berlin
ZUBEREITUNGSZEIT 30 Minuten

Zutaten für die Röstzwiebeln

- ca. 200 ml Öl zum Frittieren
- 2 Zwiebeln
- 70 g doppelgriffiges Mehl (z.B. Wiener Grießler)
- 1 TL Paprikapulver (edelsüß)

Zutaten für die Leber

- 600 g Kalbsleber (geputzt)
- 3 EL doppelgriffiges Mehl (z.B. Wiener Grießler)
- 2 EL Öl
- 4 cl Sherry
- 150 ml Bratenfond
- 2–3 EL Butter
- 1 Salbeiblatt
- getrockneter Majoran
- 1 großer Apfel
- 1 EL Butter

1 — Für die Röstzwiebeln das Frittieröl auf 170 °C erhitzen. Die Zwiebeln schälen und in Ringe schneiden. Das Mehl mit dem Paprikapulver mischen, die Zwiebelringe darin wenden und überschüssiges Mehl abschütteln. Die Zwiebeln im heißen Öl knusprig braun frittieren. Mit dem Schaumlöffel herausnehmen, auf Küchenpapier abtropfen lassen.

2 — Für die Leber die Kalbsleber waschen, trocken tupfen, in etwa ½ cm dicke Scheiben schneiden und im Mehl wenden.

3 — Das Öl in einer Pfanne erhitzen und die Leberscheiben darin zunächst auf einer Seite anbraten, bis an der Oberfläche Flüssigkeit austritt. Die Leber wenden und braten, bis wieder Flüssigkeit austritt. Die Leber aus der Pfanne nehmen und beiseitestellen.

4 — Den Bratensatz mit Sherry ablöschen. Den Fond, die Butter und den Salbei sowie 1 Prise Majoran hinzufügen. Die gebratene Leber in die Sauce legen und kurz darin ziehen lassen.

5 — Den Apfel waschen und vierteln, entkernen und die Apfelviertel in Spalten schneiden. Die Butter in einer Pfanne erhitzen, die Apfelspalten dazugeben und bei milder Hitze anbraten.

6 — Die gebratenen Kalbsleberscheiben auf vorgewärmte Teller legen, die Sauce darüber verteilen und die Apfelspalten daneben anrichten. Mit den Röstzwiebeln servieren.

7 — Dazu passen Kartoffelpüree → S. 316 und Erbsenpüree → S. 376. (Abbildung → S. 239)

Saure Kalbsleber
für 4 Personen

HERKUNFT Süddeutschland
ZUBEREITUNGSZEIT 30 Minuten

Zutaten

- 2 Zwiebeln
- 3 EL Butter
- ½–1 TL Tomatenmark
- 5 EL Rotweinessig
- 125 ml Rotwein
- 400 ml Hühnerbrühe
- 1 kleines Lorbeerblatt
- 1 TL Speisestärke
- Salz
- Pfeffer aus der Mühle
- Zucker
- getrockneter Majoran
- 1 Streifen unbehandelte Zitronenschale
- ½ Knoblauchzehe (geschält)
- 700 g Kalbsleber (küchenfertig)
- 1–2 EL Öl

1 — Die Zwiebeln schälen, halbieren und quer in Streifen schneiden. In einer Pfanne in 1 bis 2 EL Butter bei milder Hitze anbraten. Das Tomatenmark unterrühren, mit Essig und Rotwein ablöschen und sämig einkochen lassen. Die Brühe angießen und das Lorbeerblatt hinzufügen. Die Sauce knapp unter dem Siedepunkt 10 Minuten ziehen lassen.

2 — Die Speisestärke mit wenig kaltem Wasser glatt rühren, in die Sauce rühren und 2 Minuten leicht köcheln lassen. Mit Salz, Pfeffer, je 1 Prise Zucker und Majoran würzen. Zitronenschale und Knoblauch hinzufügen, einige Minuten in der Sauce ziehen lassen und mit dem Lorbeerblatt entfernen. Restliche Butter in der Sauce zerlassen.

Ran an die Buletten!

„Ran an die Buletten!" ist die Aufforderung, sich selbst zu bedienen und zuzugreifen, solange noch etwas da ist. Ob im wörtlich-fleischlichen oder im übertragenen Sinne. Der Spruch stammt aus Zeiten, als Fleisch auf dem Teller noch eher selten war – und das ist noch nicht so lang her, ob in Deutschland oder anderswo. Was den Fleischverzehr betrifft, sind zwei gegenläufige Trends wirksam: Die einen stürzen sich auf die Billigangebote der Discounter. Die anderen verzichten ganz oder wählen Fleisch höchsten Bio-Standards und zu Höchstpreisen. Das kommt dann eben seltener auf den Tisch. Nicht umsonst bezeichnet der „Sonntagsbraten" ein Stück Fleisch besonders guter Qualität.

Tierisch gut
— Braten, Buletten & Co.

03

01 | 02

Gibt es in irgendeiner Sprache eine Übersetzung für das deutsche Wort „Sonntagsbraten"?

Gemeint ist jedenfalls, die gesamte Familie um einen fein eingedeckten Tisch zu versammeln und dann ein besonderes Stück Fleisch mit Beilagen zu genießen: einen Rinder- oder Schweinebraten, ein Stück von der Kalbsschulter, ein Lammkarree oder einen Putenrollbraten. Dabei handelt es sich zumeist um das, was der Italiener einen „piatto unico" nennt – also eine Hauptspeise mit gleichzeitig servierten Beilagen, der höchstens eine Suppe vorausgeht und Kaffee und Dessert folgen. Mehrere gleichwertige Gänge hintereinander, wie das die französische und italienische Sonntagsküche vorsehen, sind in Deutschland eher eine Seltenheit. Dafür ist das versehentliche Verbrennen des Fleischs im Ofen ein Versatzstück in Boulevardkomödien, so vertraut sind Deutsche mit dem Ritual des „Sonntagsbratens". Er wird klassischerweise am Mittag gegessen. Weil die Erwachsenen auch Bier oder Wein gereicht bekommen, wird dann ein kurzes Schläfchen nach Tisch erforderlich. Üblich sind schwere Saucen – die beste erbringen übrigens geschmorte Rindsrouladen –, Klöße aus Semmel- oder Kartoffelteig als Beilage, im Schwäbischen oft auch Spätzle oder Schupfnudeln und in den Regionen nahe der französischen Einflusszone ein Kartoffelgratin. Gemüsebeilage oder ein Salat sollte auch sein, aber da herrscht keinerlei Einheitlichkeit. Hungrige Bayern bringen es jederzeit fertig, eine ganze Schweins- oder Kalbshaxe (aus dem Rohr) allein aufzuessen – genauso wie Berliner ihr „Eisbein" (gekochte Schweinshaxe) mit Erbspüree und Sauerkraut spielend solo verdrücken. Dass danach ein Schnäpschen das Ganze abrunden sollte, ist ja kein Argument dagegen. Eisbein und Haxe unterscheiden sich wenigstens noch in der Zubereitung.

Gänzlich das Gleiche aber, und daher verwirrend für fremdländische Besucher, sind „Fleischpflanzerl" oder „-küchle" (Süddeutschland), „Buletten" (Berlin und Nordostdeutschland)

04

und „Frikadellen“ (Restdeutschland): Hackfleisch, mit aufgeweichtem altem Brot, Gewürzen, Zwiebel und rohem Ei vermengt, in der Pfanne herausgebraten und gegebenenfalls noch mit Semmelbröseln paniert. Kalt machen sie sich sehr gut mit Senf oder Ketchup in der Mitte von Brötchenhälften, warm begleiten sie zumeist Kartoffelpüree und Mischgemüse. Natürlich hat jede Köchin und jeder Küchenchef eine eigene Meinung dazu, wie viel Brot der Frikadelle guttut, ob Knoblauch unters Hack gemischt werden sollte und ob Petersilie erlaubt ist. Alle dürften aber einig sein darin, dass die Frische des Hackfleischs das A und O darstellt. Es noch am gleichen Tag zu verarbeiten ist dringend geraten. Übrigens: „Hamburger“ bestehen aus reinem Rinderhack, Frikadellen dürfen auch Schweinefleisch beinhalten.

Und die Verbindung zwischen Braten und Frikadelle führt auf den beliebten „Hackbraten“ oder „falschen Hasen“ hinaus – das ist ein laibähnlicher, länglicher Teig aus Hackfleisch, der oft noch gekochte Eier birgt und der im Ofenrohr knusprig gebacken wird. Zusammen mit Bratensauce, Kartoffelpüree und etwa Blaukraut ist der „Hackbraten“ eine typisch deutsche Angelegenheit – die Auswanderer auch nach USA mitnahmen, wo er als „Meat Loaf“ steil Karriere machte.

01 Koteletts gehören zum Grundstock deutscher Hausmannskost.

02 Das Spanferkel – ein Jungschwein am Drehspieß

03 Das Salzwiesenlamm ist besonders zart und würzig

04 Der Sonntagsbraten sollte Mutters mustergültiges Meisterstück sein.

05 Das Saarland lässt grüßen: der Mann am Schwenkgrill

05

3 — Die Leber waschen, trocken tupfen und zuerst in ½ cm dicke Scheiben, dann schräg in ½ bis 1 cm breite Streifen schneiden. Die Leberstreifen in einer Pfanne im Öl bei mittlerer Hitze portionsweise jeweils etwa 1 Minute anbraten. In die Zwiebelsauce geben und etwa 2 Minuten darin ziehen, aber nicht mehr kochen lassen. Kalbsleber mit Kartoffelpüree → S. 316 oder Salzkartoffeln → S. 316 servieren.

Saures Kalbslüngerl für 4 Personen

HERKUNFT Bayern
ZUBEREITUNGSZEIT 45 Minuten
WARTEZEIT 2 Tage
GARZEIT 1½ Stunden

Zutaten für das Kalbslüngerl

- 800 g Kalbslunge (küchenfertig)
- 1 Zwiebel
- 1 Möhre
- 1 dünne Stange Lauch
- Salz
- ½ TL Zucker
- 4 Pfefferkörner
- 2 Gewürznelken
- 2 Wacholderbeeren
- 2 Lorbeerblätter
- 150 ml Rotweinessig
- 20 g Schweineschmalz
- 20 g Butter
- 1 TL Tomatenmark
- ¼ l Kalbsfond
- 125 ml Riesling
- 6 EL Sahne

Zutaten für die Gemüseeinlage

- 1 Petersilienwurzel
- 2 Möhren
- 1 Stange Lauch
- 2 EL fein gehackte Petersilie

1 — Die Lunge in reichlich kaltem Wasser etwa 1 Stunde wässern. Abgießen, mit kaltem Wasser bedecken und aufkochen lassen.

2 — Die Zwiebel schälen und in grobe Stücke schneiden. Die Möhre schälen, vom Lauch die Wurzeln und das grüne Ende entfernen. Die Stange der Länge nach halbieren und gründlich waschen. Das Gemüse mit Salz, Zucker, Pfefferkörnern, Gewürznelken, Wacholderbeeren, Lorbeerblättern und Essig zu der Lunge geben. Etwa 1½ Stunden bei schwacher Hitze köcheln lassen. Die Lunge im Sud 1 bis 2 Tage zugedeckt in den Kühlschrank stellen und marinieren.

3 — Die Lunge herausnehmen und in sehr feine Streifen schneiden, harte Knorpelstücke entfernen.

4 — Schmalz und Butter in einem Schmortopf erhitzen, Lunge und Tomatenmark hinzufügen und andünsten. Mit Kalbsfond ablöschen und mit Riesling und Sahne aufgießen. Etwa 10 Minuten bei schwacher Hitze köcheln lassen.

5 — Für die Einlage die Petersilienwurzel und die Möhren waschen und schälen, vom Lauch die Wurzeln und das grüne Ende entfernen. Die Stange der Länge nach halbieren und gründlich waschen. Das Gemüse in gleich große Stücke schneiden und in leicht gesalzenem Wasser bissfest garen. Auf einem Sieb abtropfen lassen und unter das Lüngerl mischen. Einige Minuten sanft köcheln lassen. Mit Petersilie bestreuen und mit Semmelknödeln → S. 351 servieren.

Kalbsnieren
für 4 Personen

HERKUNFT Alle Regionen
ZUBEREITUNGSZEIT 30 Minuten
GARZEIT 20 Minuten

Zutaten

- 4 kleine Kalbsnieren
- 3 Zwiebeln
- 1 Lorbeerblatt
- 1 Gewürznelke
- 1 Möhre
- 1 Stange Lauch
- 2 EL Öl
- Salz
- Pfeffer aus der Mühle
- 1 TL Senf
- 200 ml Rotwein
- 200 ml Kalbsfond
- 1–2 EL gehackte Petersilie

1 — Die Kalbsnieren vom Metzger auslösen und jeweils eine Tasche einschneiden lassen.

2 — 1 Zwiebel schälen und mit Lorbeerblatt und Nelke spicken. Die Nieren mit der gespickten Zwiebel 6 bis 8 Minuten in kochendem Salzwasser pochieren, dann kurz abschrecken, abtropfen und abkühlen lassen.

3 — Die restlichen Zwiebeln und die Möhre schälen und in kleine Würfel schneiden. Vom Lauch die Wurzeln und das grüne Ende entfernen. Die Stange der Länge nach halbieren, gründlich waschen und in kleine Würfel schneiden.

4 — Die Zwiebeln in 1 EL Öl glasig dünsten, mit Salz und Pfeffer würzen. Lauch und Möhre in kochendem Salzwasser garen, abtropfen lassen und mit Zwiebeln und etwas Senf vermischen. Die Nieren mit der Zwiebel-Gemüse-Masse füllen.

5 — Den Rotwein auf 3 EL einkochen lassen. Den Backofen auf 180 °C vorheizen.

6 — Die Nieren in einer Pfanne im restlichen Öl scharf anbraten und in 10 bis 12 Minuten im Backofen fertig garen. Die Nieren herausnehmen und warm stellen. Den Bratenfond mit dem Rotwein und dem Kalbsfond ablöschen, auf ein Drittel einkochen lassen und herzhaft abschmecken. Die Nieren auf vier Tellern anrichten, mit der Sauce beträufeln und mit Petersilie bestreuen. Kartoffel- oder Selleriepüree → S. 316, 377 dazu reichen.

Gebackenes Kalbsbries
für 4 Personen

HERKUNFT Berlin/Brandenburg
ZUBEREITUNGSZEIT 30 Minuten
WARTEZEIT 1 Stunde

Zutaten

- 200 g Kalbsbries
- 120 g Mehl
- 1 Eigelb
- 125 ml helles Bier
- Zucker
- Salz
- frisch geriebene Muskatnuss
- 1 EL flüssige Butter
- 1 Eiweiß
- 30 g Butter
- Salz
- Pfeffer aus der Mühle
- Fett zum Ausbacken

1 — Das Kalbsbries 1 Stunde wässern, dabei das Wasser immer wieder erneuern. Das Bries in etwa 2 cm große Stücke teilen und dabei Häutchen und Äderchen entfernen.

2 — Mehl, Eigelb, Bier, je 1 Prise Zucker und Salz sowie Muskatnuss in einem Mixer oder mit einem Stabmixer zu einem glatten Teig verrühren. Die Butter unterrühren und den Teig 30 Minuten quellen lassen.

3 — Dann das Eiweiß steif schlagen und gleichmäßig unter den Teig ziehen.

4 — Die Butter in einer Pfanne zerlassen und das Bries darin bei mittlerer Hitze kurz anbraten. Mit Salz und Pfeffer würzen. Aus der Pfanne nehmen und auf Küchenpapier abtropfen lassen. Das Ausbackfett in einer Fritteuse oder einem großen Topf auf 180 °C erhitzen.

5 — Die Kalbsbriesstücke mit einer Gabel aufspießen und in den Bierteig tauchen. Im heißen Fett goldgelb ausbacken, auf Küchenpapier abtropfen lassen und auf Salatblättern servieren.

Gebackenes Kalbshirn
für 4 Personen

HERKUNFT Alle Regionen
ZUBEREITUNGSZEIT 15 Minuten
WÄSSERN 4 Stunden
GARZEIT 10 Minuten

Zutaten

- 400 g Kalbshirn
- Salz
- 1 EL Essig
- Pfeffer aus der Mühle
- 2 Eier
- 1 EL Milch
- 50 g doppelgriffiges Mehl (z.B. Wiener Grießler)
- 100 g Semmelbrösel
- 6–8 EL Butterschmalz oder Öl
- 4 Zitronenspalten

1 — Das Kalbshirn mehrere Stunden in möglichst kaltes Wasser einlegen, dadurch wird es schön hell. In einem Topf Salzwasser aufkochen, den Essig hinzufügen und den Topf vom Herd nehmen. Das gewässerte Hirn 2 bis 3 Minuten darin pochieren, herausnehmen und abtropfen lassen.

2 — Das Hirn in etwa 1 cm dicke Scheiben schneiden und mit Salz und Pfeffer würzen. Die Eier in einem tiefen Teller mit Milch und Salz verquirlen. Mehl und Semmelbrösel separat auf Teller verteilen. Die Kalbshirnscheiben nacheinander zuerst im Mehl, dann im Ei und zum Schluss in den Semmelbröseln wenden.

3 — Das Fett in einer großen Pfanne bei mittlerer Temperatur erhitzen und die panierten Hirnscheiben darin auf beiden Seiten in einigen Minuten goldbraun backen. Auf Küchenpapier abtropfen lassen. Auf warmen Tellern anrichten und mit je 1 Zitronenspalte belegen.

Rindersteak/Filetsteak
für 4 Personen

HERKUNFT Alle Regionen
ZUBEREITUNGSZEIT 10 Minuten
GARZEIT 1 Stunde

Zutaten

- 4 Rinderfiletsteaks (à 5–6 cm dick, insgesamt ca. 800 g; Mittelstück)
- 1–2 TL Öl
- 4 EL Butter
- 1 Knoblauchzehe
- 1 Zweig Thymian
- 1 Streifen unbehandelte Zitronenschale
- Salz
- Pfeffer aus der Mühle

1 — Den Backofen auf 100 °C vorheizen. Ein Ofengitter auf die mittlere Schiene und darunter ein Abtropfblech schieben. Die Filetsteaks mit dem Handballen etwas flach drücken. Das Öl in einer Pfanne erhitzen und die Steaks darin bei mittlerer Hitze rundum anbraten. Das Fleisch aus der Pfanne nehmen und auf dem Ofengitter 50 bis 60 Minuten rosa garen.

2 — Die Butter in einer Pfanne zerlassen. Den Knoblauch schälen und in Scheiben schneiden. Mit dem Thymian und der Zitronenschale in die flüssige Butter geben und darin 3 bis 4 Minuten ziehen lassen, dann wieder entfernen.

3 — Die Steaks in der Butter wenden und mit Salz und Pfeffer würzen.

Pfeffersteak
für 4 Personen

HERKUNFT Alle Regionen
ZUBEREITUNGSZEIT 15 Minuten
GARZEIT 50 Minuten

Zutaten

1 EL Öl
4 Entrecôtes (à 200 g)
½–1 EL grob zerstoßener bunter Pfeffer
Salz
3 EL roter Portwein
70 ml Rotwein
400 ml Kalbsfond
1 schwach geh. TL Speisestärke
1 EL kalte Butter
Salz

1 — Den Backofen auf 100 °C vorheizen, auf die unterste Schiene ein Backblech und darüber ein Ofengitter schieben.

2 — Eine Pfanne bei mittlerer Temperatur erhitzen, das Öl darin erhitzen. Die Steaks mit grobem Pfeffer würzen und in der Pfanne auf beiden Seiten sowie an den Rändern anbraten. Auf das Ofengitter legen und im vorgeheizten Ofen etwa 50 Minuten rosa durchziehen lassen. Zum Schluss salzen

3 — Den Bratensatz mit Portwein und Rotwein ablöschen und einköcheln lassen. Mit Kalbsfond auffüllen und auf etwa ¼ l einköcheln lassen. Die Speisestärke mit wenig kaltem Wasser glatt rühren und nach und nach in den leicht köchelnden Fond rühren, bis dieser leicht sämig bindet. Die kalte Butter unterrühren und die Sauce salzen.

4 — Die Sauce auf Tellern verteilen, die Steaks daraufsetzen. Dazu passen Speckbohnen → S. 358, buntes Gemüse → S. 358 und Petersilienkartoffeln → S. 316.

Schwäbischer Zwiebelrostbraten
für 4 Personen

HERKUNFT Baden-Württemberg
ZUBEREITUNGSZEIT 40 Minuten

Zutaten

5 Zwiebeln
2 EL Öl
1 TL Puderzucker
1 EL Tomatenmark
150 ml trockener Rotwein
800 ml Hühnerbrühe
1 Lorbeerblatt
½ TL Wacholderbeeren
1 Knoblauchzehe (in Scheiben)
2 TL Speisestärke
Salz
Pfeffer aus der Mühle

4 Scheiben Rinderlende (jeweils ca. 1 cm dick)
ca. 200 ml Öl zum Ausbacken
70 g doppelgriffiges Mehl (z.B. Wiener Grießler)
1 TL Paprikapulver (edelsüß)

1 — Die Zwiebeln schälen und 3 Zwiebeln in feine Würfel, den Rest in dünne Ringe schneiden. In einer Pfanne 1 EL Öl erhitzen und die Zwiebelwürfel darin bei mittlerer Hitze hell braten. Den Puderzucker darüberstäuben und leicht karamellisieren. Das Tomatenmark unterrühren und kurz anrösten. Mit dem Wein ablöschen und fast vollständig einköcheln lassen.

2 — ¾ l Brühe angießen, Lorbeerblatt, Wacholderbeeren und Knoblauch in ein Gewürzsäckchen füllen, verschließen und in die Sauce geben. Die Gewürze knapp unter dem Siedepunkt 20 Minuten ziehen lassen und wieder entfernen. Die Speisestärke mit wenig kaltem Wasser glatt rühren und in die köchelnde Sauce rühren, bis sie leicht sämig bindet. Mit Salz und Pfeffer würzen.

3 — Das restliche Öl in einer Pfanne erhitzen und die Fleischscheiben darin bei mittlerer Hitze auf beiden Seiten kurz anbraten. Das Fleisch mit Salz und Pfeffer würzen, in die Sauce legen und einige Minuten ziehen lassen. Den Bratensatz mit der restlichen Brühe ablöschen und unter die Sauce mischen.

4 — Das Öl zum Ausbacken auf 170 °C erhitzen. Das Mehl mit dem Paprikapulver mischen, die Zwiebelringe darin wenden und überschüssiges Mehl abschütteln. Die Zwiebeln im heißen Öl knusprig goldbraun ausbacken. Mit dem Schaumlöffel herausheben und auf Küchenpapier abtropfen lassen.

5 — Den Rostbraten mit der Sauce auf vorgewärmten Tellern anrichten und mit den frittierten Zwiebelringen bestreuen. (Abbildung → S. 218)

Düsseldorfer Senfrostbraten
für 4 Personen

HERKUNFT Nordrhein-Westfalen
ZUBEREITUNGSZEIT 20 Minuten

Zutaten

120 g Zwiebeln
80 g scharfer Senf
2 geh. EL geriebene Toastbrotbrösel
4 Scheiben Rinderlende (à ca. 150 g)
Salz
Pfeffer aus der Mühle
60 g doppelgriffiges Mehl (z.B. Wiener Grießler)
3 EL Öl

1 — Für den Rostbraten die Zwiebeln schälen, in feine Würfel schneiden und etwa 3 Minuten blanchieren. In ein Sieb abgießen, kalt abschrecken und das Wasser mit den Händen gut ausdrücken. Die Zwiebeln mit Senf und Toastbröseln verrühren.

2 — Die Rinderlendenscheiben mit dem Handballen etwas flach drücken und mit Salz und Pfeffer würzen. Auf einer Seite mit dem Zwiebelsenf bestreichen und mit dem Mehl bestäuben.

3 — Das Öl in einer Pfanne erhitzen und die Rinderlendenscheiben darin bei mittlerer Hitze zunächst auf der Senfseite goldbraun anbraten. Dann wenden und 3 Minuten auf der anderen Seite braten. Die Pfanne vom Herd nehmen und das Rindfleisch in der Resthitze einige Minuten ziehen lassen.

4 — Den Rostbraten in Stücke schneiden und auf vorgewärmten Tellern anrichten. Dazu passen Bratkartoffeln → S. 321.

↓
Berliner Leber mit Äpfeln S. 228

↓

Rindergulasch S. 246

Roastbeef
für 4 Personen

HERKUNFT Alle Regionen
ZUBEREITUNGSZEIT 10 Minuten
GARZEIT 2 Stunden

Zutaten

- 1–2 EL Öl
- 1,2 kg Roastbeef (Rinderrücken; ohne Sehnen, Knochen und Fett)
- 2–3 EL Nussbutter → S. 125
- Salz

1 — Für das Roastbeef den Backofen auf 100 °C vorheizen. Ein Ofengitter auf die mittlere Schiene und darunter ein Abtropfblech schieben.

2 — Das Öl in einer Pfanne erhitzen und das Fleisch darin bei mittlerer Hitze rundum anbraten. Das Roastbeef auf das Ofengitter setzen und im Ofen etwa 2 Stunden rosa durchziehen lassen. Anschließend in einer Pfanne in der warmen Nussbutter wenden und mit Salz würzen. Roastbeef mit Remoulade → S. 126 servieren.

Rinderfilet
für 4 Personen

HERKUNFT Alle Regionen
ZUBEREITUNGSZEIT 5 Minuten
GARZEIT 1 ½–1 ¾ Stunden

Zutaten

- 1 EL Öl
- 500 g Rinderfilet
- 50 g Nussbutter → S. 125
- 1 Zweig Rosmarin
- Salz

1 — Für das Rinderfilet den Backofen auf 100 °C vorheizen. Auf die mittlere Schiene ein Ofengitter und darunter ein Abtropfblech schieben.

2 — Das Öl in einer Pfanne bei mittlerer Temperatur erhitzen und das Filet darin rundum anbraten. Das Fleisch herausnehmen, auf das Ofengitter setzen und im Ofen je nach Dicke 1 ½ bis 1 ¾ Stunden rosa durchziehen lassen.

3 — Die Nussbutter mit dem Rosmarinzweig in einer Pfanne erwärmen und salzen. Zum Servieren das Rinderfilet darin wenden, in Scheiben schneiden und auf vorgewärmte Teller setzen. Nach Belieben Bohnengemüse → S. 356 dazu servieren.

Rinderschmorbraten (Böfflamott)
für 4 Personen

HERKUNFT Alle Regionen (in Bayern „Böfflamott")
ZUBEREITUNGSZEIT 20 Minuten
GARZEIT 3 Stunden

Zutaten

- 2 Zwiebeln
- 100 g Knollensellerie
- 1 kleine Möhre
- 2–3 EL Öl
- 1 ½ kg flache Rinderschulter (Schaufelbug; küchenfertig)
- 1 EL Puderzucker
- 1 EL Tomatenmark
- 5 EL Weinbrand
- 350 ml kräftiger Rotwein
- 1 l Hühnerbrühe
- je ½ TL Piment- und schwarze Pfefferkörner
- 1 Lorbeerblatt
- 5 Wacholderbeeren (leicht angedrückt)

1 Knoblauchzehe (geschält und halbiert)
je 1 Streifen unbehandelte Zitronen- und Orangenschale
1 EL Speisestärke
Salz
1–2 EL kalte Butter

1 — Für das Böfflamott Zwiebeln, Sellerie und Möhre schälen und in 1 cm große Würfel schneiden. In einem Schmortopf 1 bis 2 EL Öl erhitzen und die Rinderschulter darin bei mittlerer Hitze rundum anbraten, herausnehmen. Puderzucker hineinstäuben und hell karamellisieren, Tomatenmark unterrühren und kurz anrösten. Mit Weinbrand und einem Drittel des Weins ablöschen und sämig einkochen. Restlichen Wein nach und nach angießen und jeweils einkochen lassen.

2 — Gemüsewürfel und Brühe dazugeben, das Fleisch hineinsetzen und knapp unter dem Siedepunkt 3½ Stunden schmoren, den Deckel so auflegen, dass noch ein Spalt offen bleibt. Das Fleisch ab und zu wenden. Nach etwa 2½ Stunden die Piment-, Pfefferkörner, das Lorbeerblatt und die Wacholderbeeren hinzufügen. 30 Minuten vor Ende der Garzeit Knoblauch, Zitronen- und Orangenschale mitziehen lassen.

3 — Das gegarte Fleisch herausnehmen und warm halten. Die Sauce durch ein Sieb abgießen, dabei das Gemüse etwas ausdrücken. Die Sauce auf etwa die Hälfte einköcheln lassen. Die Speisestärke mit wenig kaltem Wasser glatt rühren. Unter die köchelnde Sauce rühren, bis diese leicht sämig bindet. Die Sauce mit Salz abschmecken und die kalte Butter unterrühren.

4 — Das Böfflamott in Scheiben schneiden und mit der Sauce auf vorgewärmten Tellern anrichten. Nach Belieben mit Knödeln → S. 326, 351 und Rosenkohl → S. 366 servieren.

Rindfleisch mit Zwiebelsauce
für 4 Personen

HERKUNFT Westfalen
ZUBEREITUNGSZEIT 20 Minuten
GARZEIT 3 Stunden

Zutaten für das Fleisch

1 kg Rindfleisch (Schulterlende)
Salz
3 Zwiebeln (mit brauner Schale)
200 g Knollensellerie
1 Möhre
1 kleine Stange Lauch
2–3 Stiele Petersilie (ohne Blätter)
½ TL schwarze Pfefferkörner
3 Wacholderbeeren
1 Lorbeerblatt
Pfeffer aus der Mühle

Zutaten für die Zwiebelsauce

250 g Zwiebeln
40 g Butter
40 g Mehl
¾ l heiße Fleischbrühe (Kochsud)
1 TL scharfer Senf
1 EL Weißweinessig
Salz
Pfeffer
Zucker

1 — In einem großen Topf 2½ l Wasser aufkochen, das Rindfleisch hineinlegen und darauf achten, dass das Fleisch gut mit Wasser bedeckt ist. Mit 1 TL Salz würzen und das Fleisch bei milder Hitze knapp unter dem Siedepunkt 2½ bis 3 Stunden mehr ziehen als köcheln lassen, bis das Fleisch weich ist. Den dabei aufsteigenden Schaum abschöpfen.

2 — 1 Zwiebel ungeschält halbieren. Die restlichen Zwiebeln schälen, Sellerie und Möhre putzen und schälen, den Lauch putzen und waschen. Die Petersilienstiele waschen. Das Gemüse in grobe Stücke schneiden und mit den Petersilienstielen und der gebräunten Zwiebel nach 1 Stunde zur Brühe geben.

3 — Pfefferkörner, Wacholderbeeren und Lorbeerblatt 30 Minuten vor Ende der Garzeit in die Brühe geben. Zum Schluss das Rindfleisch aus der Brühe nehmen und quer zur Faser in fingerdicke Scheiben schneiden. Die Brühe mit Salz und Pfeffer abschmecken und ¾ l Brühe für die Sauce abmessen.

4 — Für die Sauce die Zwiebeln schälen, fein würfeln, in der Butter bei schwacher Hitze einige Minuten glasig bis goldgelb andünsten. Das Mehl hineinrühren und darin einige Minuten mitdünsten. Vom Herd nehmen und auskühlen lassen, dabei darauf achten, dass es nicht nachdunkelt.

5 — Die heiße Fleischbrühe nach und nach mit der kalten Mehlschwitze verrühren. Zurück auf den Herd stellen, unter Rühren erhitzen und einige Minuten köcheln lassen. Vom Herd nehmen, den Senf hineinrühren und mit Essig, Salz, Pfeffer und etwas Zucker süßsäuerlich abschmecken.

6 — Die Fleischscheiben auf vorgewärmten Tellern anrichten und die Zwiebelsauce daraufgeben. Dazu passen Salzkartoffeln → S. 316 und Bohnensalat → S. 66.

Fränkischer Sauerbraten
für 4 Personen

HERKUNFT Bayern/Franken
ZUBEREITUNGSZEIT 2 Minuten
MARINIERZEIT 4 Tage
GARZEIT 2½ Stunden

Zutaten

- 1 große Zwiebel
- 1 Stange Lauch
- 1 Möhre
- 100 g Knollensellerie
- ½ l Essig (oder je ¼ l Essig und trockener Rotwein)
- je 1 TL Piment- und schwarze Pfefferkörner
- 1 TL Wacholderbeeren
- 2 Lorbeerblätter
- 4 Gewürznelken
- 1½ kg Schaufelbug (flache Rinderschulter)
- 1–2 EL Öl
- 1 Saucenlebkuchen (30–40 g)
- Salz
- Pfeffer aus der Mühle

1 — Für die Marinade das Gemüse schälen, putzen und in Würfel schneiden. Den Essig mit 1 l Wasser einmal aufkochen. Die Gewürze hinzufügen und die Marinade abkühlen lassen. Das Fleisch so einlegen, dass es mit der Marinade gut bedeckt ist, und zugedeckt im Kühlschrank 3 bis 4 Tage marinieren, dabei gelegentlich wenden.

2 — Am Zubereitungstag das Rindfleisch aus der Marinade nehmen und trocken tupfen. Das Öl in einem Bräter erhitzen und das Fleisch darin rundum anbraten. Das Gemüse dazugeben und ebenfalls andünsten. So viel Marinade dazugeben, dass das Fleisch knapp bedeckt ist, und alles zugedeckt bei schwacher Hitze etwa 2½ Stunden schmoren.

3 — Das Fleisch herausnehmen, die Sauce in ein Sieb abgießen, das Gemüse dabei ausdrücken. Den Lebkuchen zerbröckeln und unter die Sauce rühren. Mit Salz und Pfeffer und nach Belieben Zimt würzen.

4 — Das Fleisch in Scheiben schneiden und mit der Sauce auf vorgewärmten Tellern anrichten. Dazu passen Semmelknödel → S. 351 und Rotkohl → S. 378.

Rheinischer Sauerbraten
für 4 Personen

HERKUNFT Rheinland
ZUBEREITUNGSZEIT 20 Minuten
MARINIERZEIT 4 Tage
GARZEIT 2½ Stunden

Zutaten für die Marinade

750 ml Rotwein
1 TL schwarze Pfefferkörner
1 TL Pimentkörner
1 TL Korianderkörner
1 TL Wacholderbeeren
2 Lorbeerblätter

Zutaten für den Braten

1½ kg Schaufelbug (flache Rinderschulter; küchenfertig)
2 Zwiebeln
100 g Knollensellerie
1 kleine Möhre
2 TL Puderzucker
1–2 EL Tomatenmark
½ l Hühnerbrühe
½ TL Korianderkörner
½ TL Wacholderbeeren
½ TL Pimentkörner
½ TL schwarze Pfefferkörner
1 Lorbeerblatt
1 Knoblauchzehe (in Scheiben)
2 EL Rosinen
2 Kräuterprinten (Spezialität aus Aachen)
1–2 EL Rübensirup
Salz

1 — Das Fleisch waschen und trocken tupfen. Für die Marinade den Rotwein einmal aufkochen, die Gewürze hineingeben und auskühlen lassen. Das Fleisch so einlegen, dass es mit Marinade gut bedeckt ist, und zugedeckt im Kühlschrank 3 bis 4 Tage marinieren, dabei gelegentlich wenden.

2 — Am Zubereitungstag die Zwiebeln, den Knollensellerie und die Möhre schälen und in gut 1 cm große Würfel schneiden. In einem großen Topf den Puderzucker karamellisieren. Zwiebeln, Sellerie und Möhren darin andünsten. Das Tomatenmark dazugeben und unter Rühren andünsten.

3 — Das Fleisch hineinlegen und rundum etwas andünsten, die Beize samt den Gewürzen sowie die Brühe hinzufügen und alles zum Kochen bringen. Zusätzlich noch Koriander, Wacholder, Piment, Pfeffer und Lorbeerblatt dazugeben und den Braten zugedeckt bei schwacher Hitze etwa 2½ Stunden schmoren. 15 Minuten vor Garzeitende Knoblauchscheiben, Rosinen und Printen dazugeben.

4 — Das Fleisch aus der Sauce nehmen und warm stellen. Sollte die Sauce noch zu flüssig sein, kann mit etwas in kaltem Wasser angerührter Speisestärke gebunden werden. Mit Rübensirup und Salz abschmecken. Das Fleisch in Scheiben schneiden und mit Sauce auf vorgewärmten Teller anrichten. Dazu passen Knödel → S. 326, 351 und Rotkohl → S. 378. (Abbildung rechts)

↓
Rheinischer Sauerbraten S. 244

Rinderrouladen
für 4 Personen

HERKUNFT Alle Regionen
ZUBEREITUNGSZEIT 30 Minuten
GARZEIT 2½ Stunden

Zutaten

- 3 Zwiebeln
- 100 g Gewürzgurken
- 100 g durchwachsener Räucherspeck
- 4 Rinderrouladen (à ca. 180 g; aus der Keule)
- Salz
- Pfeffer aus der Mühle
- 4 TL scharfer Senf
- 1 Möhre
- 120 g Knollensellerie
- 2 EL Öl
- 1 TL Puderzucker
- 1 EL Tomatenmark
- 150 ml kräftiger Rotwein
- ½ l Hühnerbrühe
- 1 kleines Lorbeerblatt
- ½ Knoblauchzehe
- 1 Streifen unbehandelte Zitronenschale
- 10–20 g kalte Butter

1 — 2 Zwiebeln schälen, halbieren und in Scheiben schneiden. Die Gewürzgurken abtropfen lassen und in Scheiben schneiden oder der Länge nach vierteln. Den Speck in Scheiben schneiden. Die Rouladen trocken tupfen und nebeneinander auf die Arbeitsfläche legen. Mit Salz und Pfeffer würzen und mit Senf bestreichen. Die Rouladen mit Speck, Zwiebeln und Gurken belegen. Von der schmalen Seite her fest aufrollen, die Seitenränder dabei einschlagen und die Rouladen mit Rouladennadeln oder Holzspießchen feststecken.

2 — Die restliche Zwiebel, Möhre und den Sellerie schälen und in ½ cm große Würfel schneiden. Das Öl in einem Bräter erhitzen und die Rouladen darin von allen Seiten kräftig anbraten. Die Rouladen herausnehmen. Den Puderzucker hineinstäuben, hell karamellisieren und das Tomatenmark unterrühren. Mit Rotwein ablöschen und stark einköcheln lassen. Die Gemüsewürfel hinzufügen und die Brühe angießen.

3 — Die Rouladen in die Sauce legen und zugedeckt etwa 2 bis 2½ Stunden schmoren. Etwa 20 Minuten vor Ende der Garzeit das Lorbeerblatt hinzufügen. Zuletzt Knoblauch und Zitronenschale wenige Minuten in der Sauce ziehen lassen und wieder entfernen. Die Rouladen herausnehmen und beiseitestellen, die Rouladennadeln entfernen.

4 — Die Sauce durch ein Sieb in einen Topf gießen, das Gemüse etwas ausdrücken und die Sauce nach Belieben noch mit 1 TL angerührter Speisestärke binden. Die kalte Butter unterrühren und die Sauce mit Salz und Pfeffer abschmecken.

5 — Zum Servieren die Rouladen in der Sauce nochmals erwärmen und auf vorgewärmten Tellern mit der Sauce anrichten. Dazu passt Kartoffelpüree → S. 316.
(Abbildung → S. 217)

Rindergulasch
für 4 Personen

HERKUNFT Alle Regionen
ZUBEREITUNGSZEIT 20 Minuten
GARZEIT 4 Stunden

Zutaten

- 1 kg Rindfleisch (aus der Wade oder Schulter)
- 1 kg Zwiebeln
- 2 EL Öl
- 1 EL Tomatenmark
- 1 l Hühnerbrühe

2 Knoblauchzehen
je 1 TL ganzer Kümmel und getrockneter Majoran
½–1 TL abgeriebene unbehandelte Zitronenschale
½ EL Paprikapulver (edelsüß)
Salz
Cayennepfeffer

1 — Das Rindfleisch von Fett und groben Sehnen befreien und in 3 cm große Würfel schneiden. Die Zwiebeln schälen, halbieren und quer in Streifen schneiden.

2 — Das Öl in einem großen Schmortopf erhitzen. Die Rindfleischwürfel darin bei mittlerer Hitze rundum anbraten und wieder herausnehmen. Die Zwiebeln im Bratfett glasig dünsten. Das Tomatenmark unterrühren und etwas mitdünsten.

3 — Die Rindfleischwürfel wieder in den Schmortopf geben und die Brühe angießen. Das Fleisch sollte gerade so eben bedeckt sein. Den Deckel so auf den Schmortopf auflegen, dass ein Spalt offen bleibt, und das Gulasch bei milder Hitze 4 Stunden schmoren, aber nicht kochen lassen. Nach 2½ Stunden den Deckel abnehmen.

4 — Den Knoblauch schälen und mit Kümmel, Majoran und Zitronenschale fein hacken. Das Paprikapulver mit wenig Wasser glatt rühren. Am Ende der Garzeit das angerührte Paprikapulver und die Gewürze in das Gulasch rühren. 5 bis 10 Minuten ziehen lassen und das Gulasch mit Salz und Cayennepfeffer abschmecken.
(Abbildung → S. 240)

Bierfleisch
für 4 Personen

HERKUNFT Bayern
ZUBEREITUNGSZEIT 20 Minuten
GARZEIT 3–3½ Stunden

Zutaten

1 kg Rinderschulter
2 große Zwiebeln
3 EL Öl
1 EL Tomatenmark
150 ml dunkles Bier (oder Starkbier)
ca. 1 l Hühnerbrühe
2 Knoblauchzehen
je 1 TL ganzer Kümmel und getrockneter Majoran
Salz
½–1 TL abgeriebene unbehandelte Zitronenschale
1 mehligkochende Kartoffel
½–1 TL Paprikapulver (edelsüß)
mildes Chilipulver
4 Scheiben Frühstücksspeck
150 g Pfifferlinge
1 EL Butter
1 EL gehackte Petersilie

1 — Das Rindfleisch in 3 cm große Würfel schneiden. Die Zwiebeln schälen und in feine Würfel schneiden. In einem Schmortopf 2 EL Öl erhitzen, das Fleisch darin in 2 Portionen anbraten und wieder herausnehmen.

2 — Die Zwiebeln im Bratensatz glasig dünsten. Das Tomatenmark unterrühren und kurz anrösten. Mit dem Bier ablöschen und etwas einköcheln lassen. Das Fleisch wieder hinzufügen und so viel Brühe angießen, dass das Fleisch gerade bedeckt ist, und das Fleisch mit leicht geöffnetem Deckel knapp unter dem Siedepunkt 3 bis 3½ Stunden weich schmoren. Nach 2 Stunden den Deckel abnehmen.

↓
Frikadellen/Buletten S. 253

3 — Für das Gulaschgewürz den Knoblauch schälen und mit dem Kümmel und dem Majoran hacken. Mit Salz mischen und mit dem Messerrücken zerdrücken, dann die Zitronenschale untermischen.

4 — Am Ende der Garzeit des Fleischs die Kartoffel schälen, waschen und auf einer sehr feinen Reibe in das Gulasch reiben. Das Paprikapulver mit wenig Wasser und 1 TL Öl glatt rühren und mit dem Gulaschgewürz unter das Bierfleisch mischen. Noch 5 bis 10 Minuten ziehen lassen, mit Salz und 1 Prise Chilipulver abschmecken.

5 — Das restliche Öl in einer Pfanne erhitzen und die Speckscheiben darin bei milder Hitze auf beiden Seiten kross braten. Auf Küchenpapier abtropfen lassen.

6 — Die Pilze putzen, trocken abreiben und etwas zerkleinern. Die Butter in einer Pfanne erhitzen und die Pilze darin bei milder Hitze anbraten. Mit Salz würzen und die Petersilie untermischen.

7 — Das Bierfleisch in vorgewärmten tiefen Tellern anrichten und mit dem Speck und den Pilzen garnieren. Dazu passen mit Petersilie bestreute Bandnudeln.

Tafelspitz in Brühe
für 4 Personen

HERKUNFT Bayern
ZUBEREITUNGSZEIT 5 Minuten
GARZEIT 2½ Stunden

Zutaten

1–2 EL Öl
1 großes Stück Tafelspitz (1,2 kg; küchenfertig)
Salz
3 Zwiebeln
1 Stange Lauch
2–3 kleine Möhren
1–2 Petersilienwurzeln
1 Lorbeerblatt
3 Wacholderbeeren
1 TL schwarze Pfefferkörner
½ TL Pimentkörner
2 Stiele Petersilie
frisch geriebene Muskatnuss
Pfeffer aus der Mühle
Meersalz

1 — Das Öl in einem Topf erhitzen, Fleisch darin bei milder Hitze rundum anbraten. (Sie können den Tafelspitz auch in kaltes Wasser geben und alles aufkochen. Dann ist die Brühe zwar sehr gehaltvoll, aber das Fleisch verliert an Geschmack. Wird das Fleisch zuerst angebraten, bleibt es saftig.) Tafelspitz aus dem Topf nehmen, den Bratensatz mit Wasser ablöschen. Mehr Wasser dazugießen.

2 — Das Wasser zum Simmern bringen (nicht kochen!), Fleisch hineinlegen, es sollte fast bedeckt sein. Salzen und knapp unter dem Siedepunkt 2 bis 2½ Stunden ziehen lassen.

3 — Ungeschälte Zwiebeln quer halbieren und in einer unbeschichteten Pfanne auf den Schnittstellen bräunen. Die Zwiebeln nach 1 Stunde Garzeit zum Fleisch geben. Lauch, Möhren und Petersilienwurzeln putzen und waschen. Lauchstange halbieren und längs einschneiden. Gemüse ebenfalls in die Brühe geben.

4 — Nach 1½ Stunden Garzeit Lorbeerblatt, Wacholderbeeren, Pfeffer- und Pimentkörner dazugeben. 3 Minuten vor Garzeitende die Petersilienstiele in die Brühe geben und darin ziehen lassen. Mit Salz würzen.

5 — Den Tafelspitz herausnehmen und quer zur Faser in Scheiben schneiden. Mit dem Gemüse und etwas Brühe anrichten. Muskatnuss darüberreiben und mit etwas Pfeffer und Meersalz würzen.

Geschmorte Rinderbacken
für 4 Personen

HERKUNFT Bayern
ZUBEREITUNGSZEIT 30 Minuten
GARZEIT 3½ Stunden

Zutaten

- 2 Zwiebeln
- 100 g Knollensellerie
- 1 kleine Möhre
- 4 große Rinderbacken (à 350 g; küchenfertig)
- 1 TL Öl
- 1 l Hühnerbrühe
- 1 EL Puderzucker
- 1–2 EL Tomatenmark
- 350 ml kräftiger Rotwein
- 1 TL Speisestärke
- ½ TL Pimentkörner
- 1 TL schwarze Pfefferkörner
- ½ TL Wacholderbeeren (angedrückt)
- 1 Lorbeerblatt
- 1 halbierte Knoblauchzehe
- ½ TL gehackte Zartbitterschokolade
- 40 g kalte Butter (in Stücken)
- je 1 Streifen unbehandelte Zitronen- und Orangenschale
- 1 EL Apfel-Balsamessig
- Salz
- Pfeffer aus der Mühle
- 4 Scheiben Frühstücksspeck

1 — Zwiebeln, Sellerie und Möhre putzen, schälen und in etwa 1 cm große Würfel schneiden. Die Rinderbacken einrollen und mit Küchengarn (wie Rouladen) zusammenbinden. Das Öl in einer Pfanne erhitzen und die Backen darin bei mittlerer Hitze rundum anbraten. Wieder herausnehmen, den Bratensatz mit etwa 100 ml Brühe ablöschen und für die Sauce beiseitestellen.

2 — Den Puderzucker in einem Schmortopf bei mittlerer Hitze hell karamellisieren. Zwiebeln, Sellerie und Möhre darin etwa 5 Minuten dünsten. Das Tomatenmark dazugeben und kurz mitrösten. Nach und nach je ein Drittel des Weins dazugeben und jeweils sämig einköcheln lassen. Die restliche Brühe dazugießen und erhitzen.

3 — Die Speisestärke mit wenig kaltem Wasser glatt rühren, unter die köchelnde Sauce rühren und einmal aufkochen lassen. Die Rinderbacken hineinlegen, den beiseitegestellten Bratensatz hinzufügen und den Deckel so auflegen, dass noch ein Spalt offen bleibt. Die Rinderbacken knapp unter dem Siedepunkt 3½ Stunden weich garen. Etwa 45 Minuten vor Ende der Garzeit Piment- und Pfefferkörner, Wacholderbeeren, Lorbeerblatt und Knoblauch hinzufügen.

4 — Die Rinderbacken herausnehmen und die Sauce durch ein Sieb in einen Topf gießen, dabei das Gemüse etwas ausdrücken. Die Sauce etwas einköcheln lassen, dann die Schokolade und die Butter unterrühren. Die Zitrusschalen hinzufügen, kurz ziehen lassen und die Sauce mit dem Essig abschmecken. Die Zitrusschalen wieder entfernen und die Sauce mit Salz und Pfeffer würzen. Von den Rinderbacken das Garn entfernen und das Fleisch in der Sauce warm halten.

5 — Den Frühstücksspeck in einer Pfanne ohne Fett knusprig braten. Die Rinderbacken in Scheiben schneiden und mit der Sauce auf Tellern anrichten und mit dem Speck garnieren. Mit Kartoffelpüree → S. 316 servieren.

Ochsenschwanzragout
für 4 Personen

HERKUNFT Baden-Württemberg
ZUBEREITUNGSZEIT 40 Minuten
GARZEIT 3½ Stunden

Zutaten

- 2 Zwiebeln
- 1 Möhre
- 120 g Knollensellerie
- 3 EL Öl
- 2½ kg Ochsenschwanz (in Stücken)
- 1 EL Puderzucker
- 1 EL Tomatenmark
- 8 cl Madeira (Dessertwein)
- ¼ l Portwein
- ½ l kräftiger Rotwein
- 1,2 l Hühnerbrühe
- 3 Wacholderbeeren
- je 5 Korianderkörner und schwarze Pfefferkörner
- 1 Lorbeerblatt
- 1 Knoblauchzehe (geschält und halbiert)
- 1 Zweig Rosmarin
- 1 Streifen unbehandelte Zitronenschale
- 30 g kalte Butter
- Salz
- Pfeffer aus der Mühle

1 — Die Zwiebeln, die Möhre und den Sellerie schälen und in 1 bis 2 cm große Stücke schneiden. In einem großen Schmortopf 2 EL Öl erhitzen. Die Ochsenschwanzstücke darin bei mittlerer Hitze portionsweise anbraten und herausnehmen.

2 — Den Puderzucker in den Topf stäuben und hell karamellisieren. Das Tomatenmark unterrühren und kurz anrösten. Mit Madeira, Portwein und einem Drittel Rotwein ablöschen und sirupartig einköcheln lassen. Den restlichen Rotwein nach und nach angießen und jeweils einköcheln lassen.

3 — Das restliche Öl in einer Pfanne erhitzen und die Gemüsestücke darin bei mittlerer Hitze andünsten. Das Gemüse in den Schmortopf geben. Die Fleischstücke darauflegen und so viel Brühe angießen, dass alle Zutaten mit Flüssigkeit bedeckt sind. Das Fleisch mit leicht geöffnetem Deckel bei schwacher Hitze etwa 3½ Stunden weich schmoren. 30 Minuten vor Ende der Garzeit Wacholderbeeren, Koriander und Pfeffer sowie das Lorbeerblatt hinzufügen.

4 — Die Ochsenschwanzstücke aus der Schmorsauce nehmen und abkühlen lassen. Die Fleischstücke von den Knochen lösen. Die Sauce durch ein Sieb in einen Topf gießen, dabei das Gemüse gut ausdrücken.

5 — Die Sauce um die Hälfte einköcheln lassen. Knoblauch, Rosmarin und Zitronenschale hinzufügen, einige Minuten in der Sauce ziehen lassen und wieder entfernen. Die kalte Butter in Stücken unter Rühren in der Sauce zerlassen. Die Fleischstücke hinzufügen und nochmals erhitzen. Das Ragout mit Salz und Pfeffer abschmecken. Das Ochsenschwanzragout auf Tellern anrichten. Dazu passt Lauch-Champignon-Gemüse → S. 363.

Gepökelte Rinderzunge mit Meerrettichsauce
für 4–6 Personen

HERKUNFT Alle Regionen
ZUBEREITUNGSZEIT 20 Minuten
GARZEIT 4 Stunden

Zutaten für die Zunge

- Salz
- 1 Zwiebel
- 1 Lorbeerblatt
- 2 Gewürznelken

1 gepökelte Rinderzunge (ca. 1,6 kg; küchenfertig)

1 TL schwarze Pfefferkörner

Zutaten für die Sauce

2 kleinere mehligkochende Kartoffeln (ca. 160 g)

1–2 TL Puderzucker

100 ml trockener Weißwein

200 g Sahne

1–2 EL Sahnemeerrettich (aus dem Glas)

20 g kalte Butter

Salz

Zucker

1 — Für die Zunge in einem Topf reichlich Wasser aufkochen und leicht salzen. Die Zwiebel schälen und das Lorbeerblatt mit den Gewürznelken darauf feststecken. Die Rinderzunge waschen, ins kochende Wasser geben, die Pfefferkörner und die gespickte Zwiebel hinzufügen und die Zunge am Siedepunkt 3½ Stunden ziehen lassen, bis sie weich ist.

2 — Die Brühe durch ein Sieb in einen Topf gießen. Die Zunge kalt abschrecken, häuten und wieder in die Brühe geben.

3 — Für die Sauce ½ l Brühe vom Kochsud abmessen und in einen kleinen Topf gießen. Die Kartoffeln schälen, waschen, in ½ cm große Würfel schneiden und in der Brühe knapp unter dem Siedepunkt 10 bis 15 Minuten weich garen.

4 — Den Puderzucker in einem kleinen Topf hell karamellisieren, mit Wein ablöschen und auf ein Drittel einköcheln lassen. Die Brühe mit den Kartoffelwürfeln, der Sahne und dem Meerrettich zum Wein geben und alles mit dem Stabmixer zu einer sämig pürieren. Die Butter untermixen und die Sauce mit Salz und 1 Prise Zucker würzen.

5 — Die Zunge in ½ bis 1 cm dicke Scheiben schneiden und in der Brühe erhitzen, aber nicht kochen lassen. Die Rinderzungenscheiben mit der Meerrettichsauce auf Tellern anrichten. Dazu Kartoffelpüree → S. 316 oder Salzkartoffeln → S. 316 servieren.

Zungenragout
für 4–6 Personen

HERKUNFT Niedersachsen
ZUBEREITUNGSZEIT 30 Minuten
GARZEIT 4 Stunden

Zutaten für die Zunge

3–4 l Hühnerbrühe

1 Zwiebel

1 Lorbeerblatt

2 Gewürznelken

1 Rinderzunge (ca. 1,6 kg; küchenfertig)

1 TL schwarze Pfefferkörner

Zutaten für die Sauce

2 Zwiebeln

2 TL Puderzucker

1 EL Tomatenmark

¼ l Rotwein

50 ml Madeira

1 EL Speisestärke

2 EL kalte Butter

2 Knoblauchzehen (in Scheiben)

2 Streifen unbehandelte Zitronenschale

300 g kleine, geschlossene Champignons

Salz

Pfeffer aus der Mühle

1 — Die Brühe in einem großen Topf aufkochen, die Zwiebel schälen und das Lorbeerblatt mit den Gewürznelken darauf feststecken. Die Rinderzunge waschen, ins kochende Wasser geben, die Pfefferkörner und die gespickte Zwiebel hinzufügen und die Zunge am Siedepunkt 3½ Stunden ziehen lassen, bis sie weich ist.

2 — Die Brühe durch ein Sieb in einen Topf gießen. 1,2 l Brühe abmessen. Die Zunge kalt abschrecken, häuten, Knorpelteile entfernen und in leicht gesalzenem kaltem Wasser eingelegt beiseitestellen.

3 — Für die Sauce die Zwiebeln schälen und in kleine Würfel schneiden. Puderzucker in die Pfanne stäuben, karamellisieren, die Zwiebelwürfel hineinrühren und bei schwacher Hitze darin glasig andünsten.

4 — Das Tomatenmark unterrühren, etwas mitdünsten, bis sich am Topfboden ein brauner Film bildet. Mit Rotwein ablöschen, sirupartig einkochen lassen, mit Madeira ablöschen, etwas einköcheln lassen und mit der Kochbrühe aufgießen. Um etwa ein Drittel einköcheln lassen.

5 — Die Speisestärke mit etwas kaltem Wasser glatt rühren, in die Sauce rühren, bis diese leicht sämig bindet, und ein paar Minuten sanft weiterköcheln lassen. Die Butter unterrühren, Knoblauch und Zitronenschale hineinlegen, ein paar Minuten ziehen lassen und wieder herausnehmen.

6 — Die Champignons putzen, trocken abreiben und in dickere Scheiben schneiden. Die Zunge in ½ cm dicke Scheiben und diese in etwa 4 × 4 cm große Stücke schneiden.

7 — Zunge und Champignons in die Sauce rühren, ein paar Minuten darin ziehen und dabei nicht kochen lassen. Die Sauce mti Salz und Pfeffer abschmecken. Das Zungenragout nach Belieben in Blätterteigpasteten servieren.

Frikadellen/Buletten
für 4 Personen

HERKUNFT Berlin/Norddeutschland
ZUBEREITUNGSZEIT 20 Minuten

Zutaten

- 80 g Toastbrot
- 100 ml Milch
- ½ Zwiebel
- 1 EL Öl
- je 250 g Rinder- und Schweinehackfleisch
- 2 Eier
- 2 TL scharfer Senf
- 1 EL gehackte Petersilie
- getrockneter Majoran
- frisch geriebene Muskatnuss
- Salz
- Pfeffer aus der Mühle
- Öl zum Braten

1 — Das Toastbrot in Würfel schneiden und in der Milch einweichen. Die Zwiebel schälen und in feine Würfel schneiden. Das Öl in einer Pfanne erhitzen und die Zwiebelwürfel darin bei milder Hitze glasig dünsten.

2 — Beide Hackfleischsorten in einer Schüssel mit dem eingeweichten Brot, den Eiern, den Zwiebelwürfeln, dem Senf, der Petersilie, 1 Prise Majoran und etwas Muskatnuss mit den Händen gut vermischen und mit Salz und Pfeffer würzen.

3 — Aus der Hackfleischmasse mit angefeuchteten Händen gleich große Frikadellen formen und in einer Pfanne im Öl bei mittlerer Hitze auf beiden Seiten goldbraun braten. Auf Küchenpapier abtropfen lassen.

4 — Die Frikadellen mit Senf und Kartoffelbrei → S. 317 und Kohlrabigemüse → S. 359 servieren. (Abbildung → S. 248)

Schwein

Schweinekotelett
für 4 Personen

HERKUNFT Alle Regionen
ZUBEREITUNGSZEIT 5 Minuten
GARZEIT 45 Minuten

Zutaten

4 Schweinekoteletts (à 250 g)
1 TL Öl
Salz
Pfeffer aus der Mühle

1 — Den Backofen auf 100 °C vorheizen. Ein Ofengitter auf die mittlere Schiene und darunter ein Abtropfblech schieben. Die Schweinekoteletts waschen und trocken tupfen. Das Öl in einer Pfanne erhitzen und die Koteletts darin bei mittlerer Hitze auf beiden Seiten und den Rändern braun braten. Auf das Gitter im Ofen legen und je nach Dicke 30 bis 45 Minuten saftig durchziehen lassen.

2 — Mit Salz und Pfeffer würzen und servieren. Nach Belieben noch mit dünnen Kräuterbutterscheiben belegen und kurz im Backofen gratinieren.

Paniertes Schweineschnitzel
für 4 Personen

HERKUNFT Alle Regionen
ZUBEREITUNGSZEIT 10 Minuten
GARZEIT 10 Minuten

Zutaten

2 Eier
1 Msp. abgeriebene unbehandelte Zitronenschale
frisch geriebene Muskatnuss
1 EL geschlagene Sahne
80 g doppelgriffiges Mehl (z.B. Wiener Grießler)
200 g Weißbrotbrösel
8 kleine dünne Schweineschnitzel (à 60 g; aus der Keule)
Salz
Pfeffer aus der Mühle
150 ml Öl
50 g Nussbutter → S. 125
1 unbehandelte Zitrone

1 — Die Eier in einen tiefen Teller aufschlagen und verquirlen. Zitronenschale, 1 Prise Muskatnuss und die Sahne dazugeben und alles gut vermischen.

2 — Das Mehl und die Weißbrotbrösel ebenfalls jeweils in einen tiefen Teller geben. Die Schnitzel mit Salz und Pfeffer würzen. Die Schnitzel nacheinander zuerst im Mehl wenden, dabei überschüssiges Mehl abklopfen. Dann durch die Eier-Sahne-Mischung ziehen und zum Schluss in den Weißbrotbröseln wenden, ohne diese zu fest anzudrücken.

3 — Das Öl und die Nussbutter in einer tiefen Pfanne erhitzen und die panierten Schnitzel darin bei mittlerer Hitze zuerst auf einer Seite goldbraun backen. Wenden, falls nötig noch etwas Öl dazugeben, und das Fett durch eine leichte Vor- und Rückbewegung der Pfanne über die Schnitzel „schwappen" lassen. Zusätzlich kann man die Schnitzel noch mit 1 Löffel heißem Fett begießen, bis sie schön goldbraun sind.

4 — Die fertigen Schnitzel aus der Pfanne nehmen und auf Küchenpapier abtropfen lassen. Die Zitrone heiß waschen, trocken reiben und achteln. Die Schnitzel auf vorgewärmten Tellern anrichten und mit den Zitronenachteln garnieren.

Jägerschnitzel
für 4 Personen

HERKUNFT Alle Regionen
ZUBEREITUNGSZEIT 20 Minuten

Zutaten

300 g Pilze (Champignons, Steinpilze, Egerlinge u. a.)
1 Zwiebel
3 TL Öl
8 dünne Schweineschnitzel (à 70 g)
100 ml Hühnerbrühe
80 g Sahne
1 TL Speisestärke
1 EL kalte Butter
Salz
Pfeffer aus der Mühle
gemahlener Kümmel
1–2 TL gehackte Petersilie

1 — Die Pilze putzen, trocken abreiben und in ½ cm dicke Scheiben schneiden. Die Zwiebel schälen und in kleine Würfel schneiden.

2 — 1 TL Öl in einer großen tiefen Pfanne bei mittlerer Temperatur erhitzen und die Schnitzel darin nach und nach auf beiden Seiten 30 bis 60 Sekunden anbraten. Das Fleisch aus der Pfanne nehmen und beiseitestellen.

3 — Das restliche Öl in der Pfanne erhitzen und die Pilze darin portionsweise einige Minuten anbraten und herausnehmen. Die Zwiebel in der Pfanne einige Minuten andünsten.

4 — Den Bratensatz in der Pfanne mit Brühe ablöschen. Sahne dazugeben, kurz aufkochen lassen und einige Minuten ziehen lassen. Die Speisestärke mit etwas kaltem Wasser glatt rühren und in die köchelnde Sauce rühren, bis diese leicht sämig bindet. Die Butter hineinrühren und mit Salz, Pfeffer und 1 Prise Kümmel abschmecken. Das Fleisch und die Pilze in die Sauce geben und noch kurz darin erhitzen. Mit Petersilie bestreuen. (Abbildung → S. 258)

5 — Dazu passen Spätzle → S. 350 oder Bratkartoffeln → S. 321.

Zigeunerschnitzel
für 4 Personen

HERKUNFT Alle Regionen
ZUBEREITUNGSZEIT 15 Minuten
GARZEIT 15 Minuten

Zutaten

je 1 rote und grüne Paprikaschote
1 Zwiebel
8 Schweineschnitzel (à ca. 70 g)
1 EL Öl
200 g Tomatenpüree
80 g Tomatenketchup
100 ml Hühnerbrühe
1 TL Paprikapulver (edelsüß)
½ TL Paprikapulver (rosenscharf)
Salz
Pfeffer aus der Mühle

1 — Die Paprikaschoten längs halbieren, entkernen, waschen und in dünne Streifen schneiden. Die Zwiebel schälen, halbieren und quer in dünne Streifen schneiden.

2 — Die Hälfte des Öls in einer großen Pfanne bei mittlerer Temperatur erhitzen und die Schnitzel darin nach und nach auf beiden Seiten einige Minuten hell anbraten. Aus der Pfanne nehmen und beiseitestellen.

3 — Das übrige Öl in die Pfanne geben und die Zwiebeln darin etwas andünsten. Die Paprikastreifen hinzufügen und einige Minuten mitdünsten. Das Tomatenpüree

↓
Jägerschnitzel S. 257

mit Ketchup und Brühe hinzufügen und am Siedepunkt 15 bis 20 Minuten dünsten. Das Paprikapulver unterrühren und mit Salz und Pfeffer würzen. Die Schnitzel wieder hineinlegen und mit etwas Sauce bedecken. 5 Minuten am Siedepunkt ziehen, jedoch nicht köcheln lassen.

Schweinemedaillons mit Pilzrahmsauce
für 4 Personen

HERKUNFT Alle Regionen
ZUBEREITUNGSZEIT 35 Minuten

Zutaten

- 500 g Schweinefilet (küchenfertig)
- ½ Zwiebel
- 150 g geschlossene, feste Champignons
- 1–2 EL Öl
- ca. 1 TL Puderzucker
- 50 ml Weißwein
- 300 ml Hühnerbrühe
- 150 g Sahne
- 1 EL Speisestärke
- 1 TL Dijon-Senf
- Salz
- gemahlener Kümmel
- ½ TL abgeriebene unbehandelte Zitronenschale
- 1 TL gehackte Petersilie

1 — Das Schweinefilet in 8 Medaillons schneiden und diese jeweils mit dem Handballen etwas flach drücken. Die Zwiebel schälen und in feine Würfel schneiden. Die Champignons putzen, trocken abreiben und in ½ cm dicke Scheiben schneiden.

2 — Eine Pfanne bei mittlerer Temperatur erhitzen, das Öl darin erhitzen und die Schweinemedaillons darin auf beiden Seiten etwa 2 Minuten anbraten. Aus der Pfanne nehmen und beiseitestellen.

3 — Die Zwiebel in die Pfanne geben, etwas Puderzucker darüberstäuben und die Zwiebel wenige Minuten andünsten. Mit Wein ablöschen, einköcheln lassen und mit der Brühe aufgießen. Alles knapp unter dem Siedepunkt 10 Minuten ziehen lassen, dann die Sahne dazugeben und erhitzen.

4 — Die Stärke mit etwas kaltem Wasser glatt rühren, in die Sauce geben und köcheln lassen, bis diese sämig bindet. Den Senf dazugeben, die Champignonscheiben unterrühren und erhitzen. Mit Salz, 1 Prise Kümmel und der Zitronenschale würzen und die Petersilie hinzufügen.

5 — Die angebratenen Schweinemedaillons mit dem ausgetretenen Fleischsaft in die Pilzrahmsauce geben und 3 bis 4 Minuten rosa durchziehen lassen. Die Schweinemedaillons auf vorgewärmten Tellern mit der Sauce anrichten. Dazu passen Bandnudeln, Spätzle → S. 350, Kartoffelpüree → S. 316 sowie buntes Gemüse → S. 358 oder Bohnengemüse → S. 356.

Schweinefilet
für 4 Personen

HERKUNFT Alle Regionen
ZUBEREITUNGSZEIT 20 Minuten
GARZEIT 45 Minuten

Zutaten

- 12 lange Scheiben Frühstücksspeck (ca. 120 g)
- 80 g Kalbsbrät (vom Metzger)
- 2 EL Sahne
- 1 cl Sherry
- 1 EL Thymianblättchen
- 2–3 EL gehackte Petersilie

2 Schweinefilets (à 300 g; aus dem Mittelstück)

1 EL Öl

1 — Für das Schweinefilet den Backofen auf 100 °C vorheizen. Ein Ofengitter auf die mittlere Schiene und darunter ein Abtropfblech schieben.

2 — Jeweils 6 Scheiben Frühstücksspeck leicht überlappend nebeneinander auf Frischhaltefolie legen. Das Kalbsbrät mit Sahne und Sherry verrühren, den Speck gleichmäßig damit bestreichen und mit Thymian und Petersilie bestreuen. Die Schweinefilets von Fett und Sehnen befreien. Je 1 Schweinefilet auf den Speck legen und mithilfe der Frischhaltefolie darin einwickeln. Die Frischhaltefolie wieder entfernen.

3 — Das Öl in einer Pfanne erhitzen und die Filets darin bei mittlerer Hitze auf der Nahtseite anbraten. Dann nach und nach rundum anbraten. Das Fleisch auf das Gitter in den Ofen legen und je nach Dicke gut 45 Minuten rosa garen.

4 — Das Schweinefilet in Scheiben schneiden und servieren. Dazu Spitzkohl → S. 366 servieren.

Cordon bleu
für 4 Personen

HERKUNFT Thüringen
ZUBEREITUNGSZEIT 20 Minuten

Zutaten

4 Schweineschnitzel (à ca. 180 g)

4 kleine Scheiben Emmentaler

4 Scheiben gekochter Schinken (à 30 g)

Salz

Pfeffer aus der Mühle

2 Eier

1 EL geschlagene Sahne

etwas abgeriebene unbehandelte Zitronenschale

1 Spritzer Zitronensaft

Cayennepfeffer

frisch geriebene Muskatnuss

80 g doppelgriffiges Mehl (z. B. Wiener Grießler)

200 g Weißbrotbrösel

ca. 100 ml Öl

4 unbehandelte Zitronenspalten

1 — Die Schweineschnitzel leicht flach klopfen und jeweils eine Tasche einschneiden.

2 — Je 1 Scheibe Käse und 1 Scheibe Schinken in die Tasche legen und die Schnitzel mit Salz und Pfeffer würzen.

3 — Die Eier in einem tiefen Teller mit Sahne, Zitronenschale und -saft, 1 Prise Cayennepfeffer und Muskatnuss mit einer Gabel verquirlen. Mehl und Weißbrotbrösel jeweils in tiefe Teller geben.

4 — Die gefüllten Schweineschnitzel zuerst im Mehl, dann in der Eiermischung und zuletzt in den Weißbrotbröseln wenden.
In einer Pfanne bei mittlerer Hitze reichlich Öl erhitzen.

5 — Die Schnitzel darin auf beiden Seiten jeweils etwa 3 Minuten goldbraun braten. Die Schnitzel herausnehmen und auf Küchenpapier abtropfen lassen. Nach Belieben salzen und mit Zitronenspalten servieren. Dazu passt Gurkensalat → S. 65 oder Kartoffelsalat → S. 68, 70.

Schwenkbraten
für 4 Personen

HERKUNFT Saarland
ZUBEREITUNGSZEIT 5 Minuten
MARINIERZEIT 12 Stunden
GARZEIT 10 Minuten

Zutaten

2 Zwiebeln
2 Knoblauchzehen
6 EL Öl
1 TL Paprikapulver (edelsüß)
je 1 TL getrockneter Thymian und Oregano
Pfeffer aus der Mühle
4 dicke Scheiben Schweinekamm (à ca. 250 g)
Salz

1 — Die Zwiebeln schälen und in dünne Ringe schneiden. Knoblauch schälen und hacken. Beides mit dem Öl vermischen und mit Paprika, Thymian, Oregano und Pfeffer würzen. Das Fleisch damit vermischen und über Nacht darin marinieren.

2 — Einen Schwenkgrill mit Holzkohle vorheizen, bis sich die Glut setzt. Die Steaks aus der Marinade nehmen, salzen und auf dem Rost von beiden Seiten saftig grillen. Den Rost dabei nicht zu nah an der Glut halten.

3 — Dazu passen Kartoffelsalat → S. 68, 70, Tomatensalat → S. 66, Brot, Folienkartoffeln → S. 317 und ein kühles Bier.

Thüringer Rostbrätel
für 4 Personen

HERKUNFT Thüringen
ZUBEREITUNGSZEIT 20 Minuten
MARINIERZEIT 2 Tage
GARZEIT 10 Minuten

Zutaten

2 Zwiebeln
2 Knoblauchzehen
4 Scheiben Schweinenackensteaks (je ca. 1 ½ cm Dicke)
Salz
Pfeffer aus der Mühle
getrockneter Majoran
gemahlener Kümmel
200 g mittelscharfer Senf
1 Flasche dunkles Bier
1–2 EL Butter
1–2 EL Öl

1 — Die Zwiebeln schälen und in nicht zu dünne Ringe schneiden, den Knoblauch schälen und in dickere Scheiben schneiden. Die Fleischscheiben mit Salz, Pfeffer, Majoran und Kümmel würzen und gleichmäßig mit dem Senf einstreichen. Mit Zwiebeln und Knoblauchscheiben in ein Gefäß schichten und mit so viel Bier aufgießen, dass die Fleischscheiben bedeckt sind. Mehrere Stunden, am besten 1 bis 2 Tage, im Kühlschrank marinieren.

2 — Die Flüssigkeit abgießen. Zwiebeln und Knoblauch von den Fleischscheiben abnehmen und in einer Pfanne in Butter bei milder Hitze etwas andünsten.

3 — Die Fleischscheiben etwas abtropfen lassen und in einer Pfanne bei mittlerer Hitze in etwas Öl auf beiden Seiten je 4 bis 5 Minuten braten.

4 — Die Fleischscheiben auf warmen Tellern anrichten und die Zwiebeln darauf verteilen. Dazu passt Kartoffelsalat → S. 68, 70.

Schweinekrustenbraten
für 4 Personen

HERKUNFT Süddeutschland
ZUBEREITUNGSZEIT 30 Minuten
GARZEIT 3½ Stunden

Zutaten

- 1 l Hühnerbrühe
- 1,2 kg Schweinebauch mit Schwarte (Wammerl)
- 3 Zwiebeln
- 1 Möhre
- 120 g Knollensellerie
- 1 TL Puderzucker
- 1 EL Tomatenmark
- 150 ml Rotwein
- Salz
- 1 Lorbeerblatt
- 2 Knoblauchzehen (in Scheiben)
- 1 Streifen unbehandelte Zitronenschale
- ½–1 TL getrockneter Majoran
- ½ TL ganzer Kümmel
- Pfeffer aus der Mühle

1 — Den Backofen auf 130 °C vorheizen. Die Hälfte der Brühe in einen Bräter gießen, den Schweinebauch mit der Schwarte nach unten hineinlegen und im Ofen auf der mittleren Schiene 1 Stunde garen.

2 — Die Zwiebeln schälen, die Möhre und den Sellerie putzen und schälen und alles in 1½ cm große Würfel schneiden.

3 — Das Fleisch aus dem Bräter nehmen und die Schwarte mit einem scharfen Messer zentimeterweise einritzen. Die Backofentemperatur auf 160 °C erhöhen. Die Brühe aus dem Bräter abgießen und beiseitestellen. Den Bräter mit Küchenpapier trocken tupfen und den Puderzucker darin bei schwacher Hitze hell karamellisieren.

4 — Das Gemüse dazugeben und andünsten. Das Tomatenmark unterrühren und kurz anrösten. Mit der gesamten Brühe aufgießen. Den Wein separat auf ein Drittel einkochen lassen und angießen.

5 — Den Schweinebraten mit der Schwarte nach oben in die Sauce setzen und im Ofen auf der untersten Schiene 2 Stunden braten. Dann die Ofentemperatur auf etwa 230 °C (Umluftgrill) erhöhen. Den Bräter aus dem Ofen nehmen, den Braten auf ein Backblech setzen, die Schwarte salzen und auf der untersten Schiene im Ofen etwa 20 Minuten knusprig braten.

6 — Die Bratensauce durch ein Sieb in einen Topf gießen, das Gemüse in den Bräter geben und beiseitestellen. Die Sauce, falls nötig, entfetten (das oben schwimmende Fett abschöpfen), das Lorbeerblatt hinzufügen und die Sauce etwas einköcheln lassen.

7 — Knoblauch, Zitronenschale, Majoran und Kümmel zur Sauce geben und 5 bis 10 Minuten darin ziehen lassen. Die Sauce durch ein Sieb zurück zum Gemüse gießen, erhitzen und mit Salz und Pfeffer abschmecken. Den Krustenbraten aus dem Ofen nehmen und in Scheiben schneiden. Mit dem Schmorgemüse und der Sauce anrichten. Dazu passen Klöße → S. 323, 324, 327. (Abbildung rechts)

↓
Schweinekrustenbraten S. 262

↓
Bayerischer Schweinebraten (Reindlbraten) S. 265

Bayerischer Schweinebraten (Reindlbraten)
für 4 Personen

HERKUNFT Bayern
ZUBEREITUNGSZEIT 25 Minuten
GARZEIT 3 Stunden

Zutaten

- 3 große weiße Zwiebeln
- 1 Möhre
- 150 g Knollensellerie
- 1–2 EL Öl
- 1 ½ kg Schweinehals (ohne Schwarte; küchenfertig)
- 600 g kleine festkochende Kartoffeln
- 1 TL Puderzucker
- 1 EL Tomatenmark
- 200 ml leichter Rotwein
- 1 l Hühnerbrühe
- 1 kleines Lorbeerblatt
- 2 Knoblauchzehen (geschält und halbiert)
- ½–1 TL getrockneter Majoran
- gemahlener Kümmel
- 1 Streifen unbehandelte Zitronenschale
- Salz
- Pfeffer aus der Mühle

1 — Den Backofen auf 160 °C vorheizen. Die Zwiebeln, die Möhre und den Sellerie schälen und alles in 1 ½ bis 2 cm große Stücke schneiden. Das Öl in einer Pfanne erhitzen und das Fleisch darin rundum anbraten. Herausnehmen und beiseitestellen, anschließend das Gemüse in der Pfanne leicht braun rösten.

2 — Die Kartoffeln schälen, waschen und halbieren oder vierteln. Den Puderzucker in einem Bräter bei mittlerer Hitze hell karamellisieren. Das Tomatenmark unterrühren und etwas mitrösten. Mit dem Wein ablöschen und alles sämig einköcheln lassen. Das Gemüse, die Kartoffeln und die Brühe dazugeben. Den Schweinehalsbraten daraufsetzen und im Ofen auf der mittleren Schiene etwa 3 Stunden offen garen, dabei zwischendurch wenden.

3 — Das Fleisch aus dem Ofen nehmen und warm stellen. Die Sauce durch ein Sieb in einen Topf gießen, das Gemüse in einem zweiten Topf beiseitestellen. Die Sauce, falls nötig, entfetten, das Lorbeerblatt dazugeben und die Sauce noch etwas einköcheln lassen.

4 — Knoblauchhälften, Majoran, 1 Prise Kümmel und Zitronenschale zur Sauce geben und 5 bis 10 Minuten darin ziehen lassen. Die Sauce durch ein Sieb zurück zum Gemüse gießen, nochmals erhitzen und mit Salz und Pfeffer abschmecken.

5 — Den Schweinebraten in Scheiben schneiden. Mit dem Schmorgemüse und der Bratensauce auf vorgewärmten Tellern anrichten. (Abbildung links)

Krustenbraten mit Salz
für 4–6 Personen

HERKUNFT Alle Regionen
ZUBEREITUNGSZEIT 5 Minuten
GARZEIT 2 ¼ Stunden

Zutaten

- 1,2 kg Wammerl (Schweinebauch)
- ca. 300 g Salz

1 — Den Backofen auf 180 °C vorheizen. Den Schweinebauch mit der Schwarte nach oben auf ein Backblech legen. Die Schwarte mit ½ bis 1 cm Salz bedecken und im unteren Drittel des Ofens 2 Stunden garen. Den Braten herausnehmen und das Salz entfernen.

2 — Dann die Temperatur auf 230 °C (Umluftgrill) umschalten (wahlweise Oberhitzegrill, mittlere Stufe) und den Braten im Ofen im unteren Drittel 10 bis 15 Minuten kross braten.

3 — Den Braten in Scheiben schneiden. Die Wammerlscheiben auf vorgewärmte Teller legen und mit Krautsalat → S. 67 daneben anrichten.

Schweinerollbraten
für 4 Personen

HERKUNFT Alle Regionen
ZUBEREITUNGSZEIT 10 Minuten
GARZEIT 2½ Stunden

Zutaten

- 250 g Kalbsbrät
- 2 EL kalte Sahne
- 1 EL Fenchelsamen
- 1 kleine geriebene Knoblauchzehe
- ½–1 TL abgeriebene unbehandelte Zitronenschale
- 1 Spritzer Zitronensaft
- 2 EL gehackte Rosmarinnadeln
- 0,8–1 kg Schweinebauch (ohne Knochen, mit Schwarte)
- Salz
- Pfeffer aus der Mühle

1 — Den Backofen auf 160 °C vorheizen. Ein Ofengitter auf die mittlere Schiene und darunter ein Abtropfblech schieben. Das Kalbsbrät mit der Sahne glatt rühren und mit den Fenchelsamen, dem Knoblauch, Zitronenschale und -saft und dem Rosmarin würzen.

2 — Den Schweinebauch auf der Fleischseite mit Salz und Pfeffer würzen und mit der Brätmischung bestreichen. Von der Längsseite her einrollen und mit Küchengarn so zubinden, dass die Schwarte außen liegt.

3 — Den Schweinebauch im Ofen auf dem Ofengitter 2 Stunden braten. Anschließend die Temperatur auf 240 °C erhöhen und das Fleisch weitere 30 Minuten knusprig braten. Dabei hin und wieder wenden und in den letzten 10 Minuten mit stark gesalzenem Wasser einpinseln. Nach Belieben zum Knusprigbraten den Backofengrill dazuschalten (dann verkürzt sich die Garzeit um etwa 10 Minuten).

4 — Das Küchengarn entfernen und den Rollbraten in Scheiben schneiden. Nach Belieben mit Bohnensalat → S. 66, Bayerischem Kraut → S. 379 und Klößen → S. 323, 324, 327 servieren. (Abbildung rechts)

Mecklenburger Rippenbraten mit Äpfeln und Pflaumen
für 4 Personen

HERKUNFT Mecklenburg-Vorpommern
ZUBEREITUNGSZEIT 40 Minuten
GARZEIT 1½ Stunden

Zutaten

- 100 g Backpflaumen
- 1,2 kg Schweinebauch (mit Rippen; am besten vom Metzger eine Tasche einschneiden lassen)
- Salz
- Pfeffer aus der Mühle
- getrockneter Majoran
- 2 EL Rosinen
- 2 Scheiben Toastbrot (oder 2–3 EL Paniermehl)
- 2 Äpfel
- 1 EL Zitronensaft
- 1 TL Zucker
- 2 EL Öl

↓

Schweinercllbraten S. 266

1 Zwiebel
1 Bund Suppengemüse
2 Lorbeerblätter
3 schwarze Pfefferkörner
2 Pimentkörner
½ TL Senfkörner

1 — Die Backpflaumen in kaltem Wasser mehrere Stunden einweichen. Nach Belieben die Schwarte des Schweinebauchs rautenförmig einschneiden, aber nicht durchschneiden. Mit einem scharfen Messer eine Tasche einschneiden. Den Rippenbraten innen mit Salz, Pfeffer und Majoran würzen. Den Backofen auf 200 °C vorheizen.

2 — Die Rosinen auf einem Sieb mit heißem Wasser abbrausen und abtropfen lassen. Das Brot entrinden und in Würfel schneiden. Die Backpflaumen abtropfen lassen und halbieren. Die Äpfel vierteln, schälen, entkernen und in Würfel schneiden. 1 EL Apfelwürfel mit dem Zitronensaft beträufeln, mit etwa 4 Backpflaumen für die Sauce beiseitestellen.

3 — Die restlichen Backpflaumen und Apfelwürfel mit Rosinen und Brot in einer Schüssel mischen und mit etwas Salz, Pfeffer, Majoran und dem Zucker würzen. Den Braten mit der Mischung füllen und mit Holzspießchen oder Küchengarn verschließen.

4 — Das Öl in einem Bräter erhitzen. Den Braten mit der Fleischseite nach unten hineinsetzen, kurz anbraten und anschließend im Ofen etwa 10 Minuten weiterbraten.

5 — Inzwischen die Zwiebel schälen und in feine Würfel schneiden. Das Suppengemüse putzen und waschen bzw. schälen und in Stücke schneiden. Das Gemüse im Bräter um den Rippenbraten herum verteilen und 10 Minuten weitergaren. ½ l heißes Wasser neben den Braten über das Gemüse gießen. Die Lorbeerblätter, die Pfeffer-, Piment- und Senfkörner dazugeben. Die Temperatur auf 180 °C reduzieren. Den Rippenbraten weitere 1 ½ Stunden garen, dabei immer wieder etwas heißes Wasser angießen.

6 — Den Rippenbraten aus dem Ofen nehmen und warm halten. Falls nötig, vom Bratenfond Fett abschöpfen und den Fond durch ein Sieb in einen Topf gießen, dabei das Gemüse leicht ausdrücken.

7 — Die beiseitegestellten Backpflaumen und Apfelwürfel dazugeben und kurz aufkochen lassen. Die Sauce nach Belieben mit etwas Mehlbutter oder angerührter Speisestärke binden, mit Salz und Pfeffer abschmecken. Den Rippenbraten in Scheiben schneiden und mit der Sauce auf Tellern anrichten. Dazu schmecken Rotkohl → S. 378 und Salzkartoffeln → S. 316.

Schäufele
für 4 Personen

HERKUNFT Süddeutschland
ZUBEREITUNGSZEIT 20 Minuten
GARZEIT 3 Stunden

Zutaten

400 ml Hühnerbrühe
4 Scheiben Schweineschäufele mit Schwarte (etwa 8 cm dick; aus dem obere Teil der Schweineschulter längs mit dem Schulterblatt geschnitten)
1 Möhre
150 g Knollensellerie
3 große Zwiebeln
600 g kleine festkochende Kartoffeln
1 EL Öl
Salz
1 Knoblauchzehe (in Scheiben)
ca. 1 TL getrockneter Majoran
½ TL ganzer Kümmel
1 Streifen unbehandelte Zitronenschale
Pfeffer aus der Mühle

1 — Den Backofen auf 130 °C vorheizen. Die Brühe in einen Bräter gießen, die Schäufele mit der Schwarte nach unten hineinlegen. Das Fleisch im Ofen auf der mittleren Schiene etwa 1 Stunde garen. Dann die Backofentemperatur auf 160 °C erhöhen.

2 — Das Fleisch aus dem Bräter nehmen und die Schwarte mit einem scharfen Messer einritzen. Möhre und Sellerie putzen und schälen. Zwiebeln und Kartoffeln schälen, die Kartoffeln waschen. Das vorbereitete Gemüse in 1 bis 2 cm große Stücke schneiden. Die Zwiebeln mit Sellerie und Möhre im Öl bei mittlerer Hitze nicht zu dunkel anbraten und mit den Kartoffeln in die Brühe geben. Die Schäufele mit der Schwarte nach oben daraufsetzen und auf der mittleren Schiene weitere 1 ½ bis 2 Stunden garen.

3 — Dann die Ofentemperatur auf 220 °C (Oberhitze) erhöhen oder den Umluftgrill einschalten. Das Fleisch aus dem Ofen nehmen, auf ein Backblech setzen und die Schwarte mit Salz würzen. Im Ofen auf der untersten Schiene 20 bis 30 Minuten knusprig grillen.

4 — Den Knoblauch mit Majoran, Kümmel und Zitronenschale unter die Sauce im Bräter rühren, 5 bis 10 Minuten darin ziehen lassen und wieder entfernen. Die Sauce mit Salz und Pfeffer würzen.

5 — Das Fleisch auf vorgewärmten Tellern mit etwas Schmorgemüse, Bratensauce und Krautsalat → S. 67 anrichten.

Schweinshaxe
für 4 Personen

HERKUNFT Bayern
ZUBEREITUNGSZEIT 10 Minuten
GARZEIT 2½ Stunden

Zutaten

- 1 Zwiebel
- 1 Lorbeerblatt
- 3 Gewürznelken
- Salz
- 1 TL schwarze Pfefferkörner
- 1 TL ganzer Kümmel
- 2 hintere Schweinshaxen (à ca. 1 ½ kg)

1 — Die Zwiebel schälen und das Lorbeerblatt mit den Gewürznelken auf der Zwiebel feststecken. In einem großen Topf reichlich Salzwasser aufkochen, die gespickte Zwiebel, Pfefferkörner und Kümmel hinzufügen. Die Schweinshaxen hineinlegen (sie sollten vollständig mit Wasser bedeckt sein) und mit geschlossenem Deckel knapp unter dem Siedepunkt 1 ½ Stunden ziehen lassen.

2 — Den Backofen auf 200 °C (Umluft) vorheizen. Auf die mittlere Schiene ein Ofengitter und darunter ein Abtropfblech schieben. Nach Ende der Garzeit die Haxen aus dem Topf nehmen, auf das Ofengitter setzen und im Ofen noch 1 Stunde kross braten.

3 — Zum Servieren die Schweinshaxen aus dem Ofen nehmen und mit einem Sägemesser am Knochen entlang einschneiden. Den Knochen durch Drehen auslösen und das Fleisch in Portionen schneiden. Dazu Krautsalat → S. 67 servieren. (Abbildung → S. 277)

EINBLICK

ES GEHT UM DIE WURST

Es geht um die Wurst

„Es geht um die Wurst“ – so sagen Deutsche, wenn Entscheidendes, Wichtiges oder Weittragendes ansteht. Die Redewendung zeigt, dass den Menschen zwischen Kiel und Konstanz ihre Würste am Herzen liegen. Denn jede Region kennt ihre eigenen Wurst- und Schinkenspezialitäten, und oft haben die auch noch ihre ganz besondere Entstehungsgeschichte. So hat sich in München zum Beispiel die Regel erhalten, wonach die „Weißwürscht das 12-Uhr-Läuten“ nicht hören dürfen. Denn als das Eis zur Kühlung des Wurstbräts noch nicht wie heute jederzeit wie selbstverständlich zur Verfügung stand, war man gut beraten, die Würste zu essen, bevor die die Zeit hatten, zu verderben. Hier soll es nun aber um Würste gehen, die Deutsche fast wortwörtlich zu jeder Tages- und Nachtzeit essen ...

Einfach, aber gut – *Wurst, Schinken und der Aufschnitt*

Die Deutschen sind Bratwurst-Liebhaber. Wenn an Sommerabenden Papa den Grill anwirft, nehmen nicht nur die Kinder von den unweigerlich aufliegenden Würsten.

Kaum eine Region nennt keine Bratwurstspezialität ihr Eigen. Und als die besten gelten nach wie vor die „Thüringer" oder die „Nürnberger" bzw. „fränkische" Bratwurst. Sie kann eine rohe oder vorgebrühte Wurst sein, die Formen und Länge fallen ganz unterschiedlich aus: Die Thüringer steckt üblicherweise in einem länglichen Brötchen und ist etwa 20 Zentimeter lang (es gibt aber noch längere, die „Coburger Bratwurst" etwa), während Nürnberger Bratwürste es kaum auf zehn Zentimeter Länge bringen – dafür isst man aber immer auch mehr als eine, etwa in der einschlägigen Darreichungsform von „drei im Weckla" – also drei zwischen den Hälften einer Semmel. Die Nürnberger oder Thüringer Bratwürste sind übrigens ausschließlich weiß – gleich, wie sich die Fleischanteile genau zueinander verhalten. Weil der hl. Laurentius in frühchristlicher Zeit das Martyrium auf dem Bratrost erlitt, womit er auch immer dargestellt ist, dachte man lange Zeit, die Nürnberger wollten mit ihren guten Bratwürsten den Schutzpatron der Stadt ehren.
In früheren Jahrhunderten, als Hausschlachtung noch der einzige Weg zur Fleischgewinnung war, erwies sich das Verwursten von Tieren insofern als das praktischste, als dabei damit neben dem reinen Muskelfleisch auch alle Schlachtabfälle verwertet werden konnten: gehäckselte Innereien, Haut bzw. Schwarte, Blut, das durch Rühren vom Gerinnen abgehalten werden musste. All dies konnte dann, zu mehr oder weniger groben Massen zusammengerührt, in die Därme gefüllt werden, die dann gebraten oder gebrüht, gepökelt oder getrocknet wurden.
Ein Presssack bzw. Schwarten- oder Saumagen ist nichts anderes als eine Kochwurst aus

01

02
03

04

01 Leberkäs' klassisch: zwischen Semmelhälften

02 Schwarzwälder Schinken: erst gepökelt, dann geräuchert

03 Presssack: ob rot, ob weiß – ehrliche Hausmannskost

04 Weißwurst wie gewohnt: mit süßem Senf und Breze

05 Aufschnittplatte: morgens, mittags oder zum Abendbrot

Staaten nachhaltig verändert: Ein Teller Spaghetti zum Abendessen unter der Woche erscheint heute keiner deutschen Familie mehr als luxuriöser Überaufwand oder gar schändliche Völlerei. Im Gegenteil: Ein gewisses Anspruchsdenken ist der gastronomischen Horizonterweiterung gefolgt. Heute wollen so viele Deutsche so oft Parmaschinken essen, dass die tapferen Schinkenproduzenten in Parma oder in San Daniele im

05

Schweinefleisch, Schwarten und gegebenenfalls Blut – verrührt, gewürzt und abgefüllt in Darm oder Saumagen. „Leberkäse", der nur in der bayerischen Variante ganz ohne Leber hergestellt werden darf, heißt außerhalb Bayerns widersprüchlicherweise oft Fleischkäse und war zwischen Brötchenhälften als eiliger Snack viel früher da als alles Fastfood.

Verglichen mit Frankreich oder Italien, ist die Auswahl an Wurstwaren in deutschen Metzgereien ungleich größer. Allerdings sieht der Verbraucher italienischen Würsten den Fettgehalt eher an als den zumeist stark „gekutterten" deutschen Wurstsorten, die man als „Aufschnitt" auch bunt gemischt ersteht.

In den 50er- und 60er-Jahren bedeutete das typische deutsche Abendbrot mit Wurst oder Käse belegte Butterbrotscheiben. Niemandem wäre eingefallen, wochentags abends warm zu kochen. Auch solche Gewohnheiten hat das gegenseitige Kennenlernen unter den EU-

Friaul längst bayerische, niederländische und dänische Schweine verarbeiten. Was auch keinen Betrug darstellt – denn die Qualität und Eigenart eines Schinkens, vor allem des rohen, hängt nicht zuletzt an der Umgebung und den klimatischen Bedingungen am Trocknungsort ab. Und wie ist es mit deutschem Schinken? – Am besten ist der Genießer immer beraten, wenn er seinen Westfälischen oder Schwarzwälder Schinken direkt beim Erzeuger bezieht.

Gepökelte Schweineschulter
für 4 Personen

HERKUNFT Alle Regionen
ZUBEREITUNGSZEIT 30 Minuten
GARZEIT 4 Stunden

Zutaten

3 Zwiebeln
2 Lorbeerblätter
3 Gewürznelken
4–5 l schwach gesalzene Gemüsebrühe
1 ½ kg gepökelte Schweineschulter (mit Schwarte)
1 TL Puderzucker
1 EL Tomatenmark
¼ l kräftiger Rotwein
1 Möhre
120 g Knollensellerie
1 EL Öl
2 Knoblauchzehen (geschält und halbiert)
1 Streifen unbehandelte Zitronenschale
½–1 TL getrockneter Majoran
½ TL ganzer Kümmel
Salz
Pfeffer aus der Mühle

1 — 1 Zwiebel schälen und 1 Lorbeerblatt mit den Gewürznelken darauf feststecken. Die Brühe in einem großen Topf aufkochen, das Fleisch und die gespickte Zwiebel hineingeben und knapp unter dem Siedepunkt 2 Stunden ziehen lassen.

2 — Das Fleisch herausnehmen und die Schwarte mit einem scharfen Messer zentimeterweise gegen die Faser einschneiden. Für die Sauce 800 ml Brühe abmessen und beiseitestellen.

3 — Den Backofen auf 160 °C vorheizen. Den Puderzucker in einem Bräter bei schwacher Hitze hell karamellisieren. Das Tomatenmark dazugeben, unterrühren und etwas andünsten. Nach und nach mit je einem Drittel Rotwein ablöschen und jeweils sirupartig einköcheln lassen.

4 — Die restlichen Zwiebeln, die Möhre und den Knollensellerie schälen und in 1 ½ cm große Stücke schneiden. Das Öl in einer Pfanne erhitzen und das Gemüse darin bei mittlerer Hitze andünsten. Die beiseitegestellte Brühe und das Gemüse in den Bräter geben. De Schweineschulter mit der Schwarte nach oben daraufsetzen und im Ofen auf der untersten Schiene 1 ½ Stunden garen.

5 — Die Backofentemperatur auf 220 °C Oberhitze erhöhen. Den Braten aus dem Bräter nehmen und auf ein Backblech setzen. Im Ofen auf der untersten Schiene 20 bis 30 Minuten knusprig braten.

6 — Die Sauce aus dem Bräter durch ein Sieb in einen kleinen Topf gießen, das Gemüse in den Bräter geben und beiseitestellen. Die Sauce, falls nötig, entfetten (das oben schwimmende Fett abschöpfen), das restliche Lorbeerblatt hinzufügen und die Sauce etwas einköcheln lassen.

7 — Knoblauch, Zitronenschale, Majoran und Kümmel in die Sauce geben und 5 bis 10 Minuten darin ziehen lassen. Die Sauce durch ein Sieb zurück zum Gemüse gießen, erhitzen und mit Salz und Pfeffer abschmecken. Den Braten in Scheiben schneiden, mit etwas Schmorgemüse und Bratensauce auf vorgewärmten Tellern anrichten.

Spanferkelrücken
für 4 Personen

HERKUNFT Alle Regionen
ZUBEREITUNGSZEIT 20 Minuten
GARZEIT 1 Stunde 35 Minuten

Zutaten

400 ml Hühnerbrühe
1 kg Spanferkelrücken (mit Knochen und Schwarte)
1–2 TL ganzer Kümmel
1 Knoblauchzehe
4 EL Butter
1 EL Fleur de Sel
1 TL abgeriebene unbehandelte Zitronenschale
2 EL gehackte Petersilie

1 — Den Backofen auf 160 °C vorheizen. Die Brühe in einer Pfanne erhitzen. Den Spanferkelrücken mit der Schwarte nach unten in die Brühe legen und die Schwarte bei milder Hitze 20 bis 30 Minuten weich ziehen lassen. Aus der Pfanne nehmen und die Schwarte einritzen. Die Brühe in einen Bräter füllen, falls nötig, noch etwas Brühe nachgießen. Den Braten mit der Schwarte nach oben hineinlegen und im Ofen auf der untersten Schiene etwa 45 Minuten garen. Dann die Backofentemperatur auf 220 bis 230 °C (Oberhitze) erhöhen und das Fleisch etwa 20 Minuten kross braten.

2 — Den Kümmel in einer Pfanne ohne Fett rösten, bis er zu duften beginnt. Den Knoblauch schälen und in Scheiben schneiden. Kümmel und Knoblauch im Mörser fein zerreiben, mit der Butter zurück in die Pfanne geben und bei milder Hitze zerlassen. Das Fleur de Sel mit der Zitronenschale mischen und die Butter damit würzen. Die Petersilie untermischen. Den Spanferkelrücken damit beträufeln und in Scheiben schneiden. Mit Petersilienwurzeln → S. 364 servieren.

Spanferkelschulter
für 4 Personen

HERKUNFT Alle Regionen
ZUBEREITUNGSZEIT 25 Minuten
GARZEIT 2 Stunden

Zutaten

1 ½ kg Spanferkelschulter (mit Schwarte; küchenfertig)
Salz
1 große Zwiebel
1 kleine Möhre
80 g Knollensellerie
1–2 TL Puderzucker
150 ml kräftiger Rotwein
300 ml Hühnerbrühe
gemahlener Kümmel
getrockneter Majoran
½ Knoblauchzehe (in Scheiben)
1 Streifen unbehandelte Zitronenschale

1 — Die Spanferkelschulter in kochendem Salzwasser 10 bis 15 Minuten sanft sieden lassen. Das Fleisch herausnehmen, mit Küchenpapier trocken tupfen und die Schwarte mit einem scharfen Messer leicht einschneiden.

2 — Die Zwiebel schälen und in Ringe schneiden. Die Möhre schälen und in Scheiben schneiden. Den Knollensellerie schälen und in 1 bis 1 ½ cm große Stücke schneiden.

3 — Den Backofen auf 160 °C vorheizen. Den Puderzucker in einem Bräter bei schwacher Hitze hell karamellisieren. Die Zwiebelringe, die Möhrenscheiben und die Selleriestücke dazugeben und glasig andünsten. Mit dem Rotwein ablöschen und auf ein Drittel einköcheln lassen. Die Hühnerbrühe dazugießen, die Spanferkelschulter in den Bräter geben und im Ofen auf der mittleren Schiene etwa 1 ½ Stunden garen.

4 — Am Ende der Garzeit die Backofentemperatur auf 220 °C (Oberhitze) erhöhen. Die Schwarte mit Salz würzen und das Fleisch weitere 30 Minuten kross braten. Den Bratensaft mit Salz und je 1 Prise Kümmel und Majoran würzen. Den Knoblauch und die Zitronenschale hinzufügen, einige Minuten ziehen lassen und wieder entfernen. Die Sauce durch ein Sieb passieren und separat zur Spanferkelschulter servieren.

Gebackene Spanferkelhaxen
für 4 Personen

HERKUNFT Bayern
ZUBEREITUNGSZEIT 20 Minuten
GARZEIT 3 Stunden

Zutaten

- 1 Zwiebel
- 1 Lorbeerblatt
- 3 Gewürznelken
- 3 gepökelte Spanferkelhaxen (à ca. 650 g)
- 100 g doppelgriffiges Mehl
- 100 g Weißbrotbrösel
- 2 Eier
- frisch geriebene Muskatnuss
- Butterschmalz zum Ausbacken
- Salz

1 — Die Zwiebel schälen und das Lorbeerblatt mit den Gewürznelken darauf feststecken. Die Haxen in einen Topf legen und mit so viel Wasser auffüllen, dass sie gut bedeckt sind. Die gespickte Zwiebel dazugeben, alles aufkochen und die Haxen bei milder Hitze knapp unter dem Siedepunkt 2½ bis 3 Stunden weich ziehen lassen.

2 — Die Haxen, falls nötig, im Sud abkühlen lassen oder sofort weiterverarbeiten. Den Sud durch ein feines Sieb gießen und beiseitestellen. Von den Haxen die Knochen und das Fett entfernen und das Fleisch in die natürlichen Segmente zerteilen.

3 — Das Mehl und die Brösel jeweils in tiefe Teller geben. Die Eier in einem tiefen Teller verquirlen und mit 1 Prise Muskatnuss würzen. Die Haxenstücke zunächst im Mehl wenden, dann durch die Eier ziehen und zuletzt in den Bröseln wenden.

4 — Das Butterschmalz in einer tiefen Pfanne etwa 1 cm hoch erhitzen und die Haxenstücke darin bei mittlerer Hitze rundum goldbraun braten, auf Küchenpapier abtropfen lassen, leicht mit Salz würzen und warm halten. Nach Belieben mit Möhrensalat → S. 65 servieren.

Kasseler Rippenspeer mit Sauerkraut
für 4 Personen

HERKUNFT Berlin
ZUBEREITUNGSZEIT 15 Minuten
GARZEIT 50 Minuten

Zutaten für das Kasseler

- 1,2 kg vorgekochter Kasseler Rippenspeer
- 400 ml Gemüsebrühe
- 1 Lorbeerblatt

Zutaten für das Sauerkraut

- 1 große Zwiebel
- 1 EL Öl
- 800 g Sauerkraut (aus der Dose)
- 100 ml trockener Weißwein
- 400 ml Gemüsebrühe
- 1 Stück geräucherte Speckschwarte oder 1 dicke Scheibe durchwachsener Räucherspeck
- 5 schwarze Pfefferkörner
- 2 Wacholderbeeren (leicht zerdrückt)

↓
Schweinshaxe S. 269

↓
Falscher Hase (Hackbraten) S. 280

1 Lorbeerblatt
2 EL Apfelmus
1 EL Butter
Salz
Zucker

1 — Den Backofen auf 160 °C erhitzen. Das Kasseler zusammen mit der Gemüsebrühe und dem Lorbeerblatt in einen Bräter setzen, einen Deckel darauflegen und im vorgeheizten Backofen etwa 40 Minuten erhitzen.

2 — Für das Sauerkraut die Zwiebel schälen und in kleine Würfel schneiden. Das Öl in einem Topf erhitzen und die Zwiebelwürfel darin bei milder Hitze andünsten. Das Sauerkraut dazugeben und kurz mitdünsten. Mit dem Wein ablöschen und diesen fast vollständig einköcheln lassen.

3 — Die Brühe angießen und die Speckschwarte hinzufügen. Das Sauerkraut bei milder Hitze etwa 45 Minuten schmoren lassen. Inzwischen Pfeffer, Wacholderbeeren und Lorbeerblatt in ein Gewürzsäckchen füllen und das Säckchen verschließen. Nach 30 Minuten Garzeit das Apfelmus und das Gewürzsäckchen zum Sauerkraut geben.

4 — Am Ende der Garzeit das Gewürzsäckchen wieder entfernen. Die Butter unterrühren und das Sauerkraut mit Salz und Zucker abschmecken.

5 — Das Sauerkraut auf warmen Tellern anrichten, den Kasseler Rippenspeer in Scheiben schneiden und an das Kraut legen.

Eisbein
für 4 Personen

HERKUNFT Berlin/Brandenburg
ZUBEREITUNGSZEIT 5 Minuten
GARZEIT 3 Stunden

Zutaten

1 Zwiebel
1 Lorbeerblatt
2 Gewürznelken
2 gepökelte hintere Schweinshaxen (à ca. 1½ kg)
1 TL schwarze Pfefferkörner
3 Wacholderbeeren

1 — Die Zwiebel schälen und das Lorbeerblatt mit den Nelken darauf feststecken. Die Schweinshaxen waschen, mit der Zwiebel in einen großen Topf geben und alles mit Wasser bedecken. Zum Kochen bringen und das Fleisch 2 bis 2½ Stunden darin köcheln lassen.

2 — Die Pfefferkörner und die leicht angedrückten Wacholderbeeren in den Sud geben und das Fleisch etwa 30 Minuten weitergaren, bis es sich vom Knochen lösen lässt.

3 — Vom Eisbein die Schwarten und Knochen entfernen und das magere Fleisch gegen den Faserverlauf in Scheiben schneiden. Dazu passen Salzkartoffeln → S. 316, Sauerkraut → S. 378 und Erbsenpüree → S. 376.

Eisbeinsülze
für 6–8 Personen

HERKUNFT Alle Regionen
ZUBEREITUNGSZEIT 40 Minuten
GARZEIT 3 Stunden

Zutaten

- 2 gepökelte Eisbeine
- 1 klein gehackter Kalbsfuß
- 1 große Zwiebel
- 1 Bund Suppengrün
- 2 Möhren
- 1 Lorbeerblatt
- 5–6 weiße Pfefferkörner
- 80 g geschälte gelbe Erbsen (über Nacht eingeweicht)
- 8 Blatt weiße Gelatine
- 2–3 EL Weißweinessig
- Salz
- 2 Essiggurken
- 2 EL Rotweinessig
- 1 EL Kräuteressig
- 1 EL Olivenöl
- 1 EL Kürbiskernöl
- 1 EL Öl
- 2 EL fein gehackter Kerbel
- 2 EL fein geschnittener Schnittlauch
- 2–3 EL Weißwein

1 — Die Eisbeine mit den Kalbsfüßen in einen großen Topf geben und mit kaltem Wasser begießen. Die Zwiebel schälen und wie das Suppengrün klein schneiden. Die Möhren schälen. Zwiebel und Suppengrün mit Lorbeerblatt und Pfefferkörnern zu den Eisbeinen geben und alles zum Kochen bringen. Bei schwacher Hitze 2½ Stunden köcheln lassen. Dann die Möhren im Ganzen dazugeben und weitere 20 Minuten garen.

2 — Die Erbsen in dem Einweichwasser zum Kochen bringen und in etwa 1 Stunde gar kochen. In einem Sieb abtropfen lassen.

3 — Die Möhren herausnehmen und in kaltem Wasser abschrecken. Das Eisbein häuten, das Fleisch vom Knochen lösen und dabei das Fett entfernen. Das Fleisch in Würfel schneiden. Den Eisbeinfond durch ein Sieb gießen, sorgfältig entfetten und 1 l abmessen. Die Gelatine in kaltem Wasser einweichen, gut ausdrücken und in dem heißen Fond auflösen. Mit Weißweinessig und Salz herzhaft abschmecken.

4 — Möhren und Essiggurken in Würfel schneiden und mit den Erbsen und den Fleischwürfeln vermischen. In eine Terrinenform füllen und mit dem Fond begießen, sodass alle Zutaten gut bedeckt sind. Im Kühlschrank mindestens 5 bis 6 Stunden erstarren lassen.

5 — Rotwein- und Kräuteressig mit Salz verrühren, bis sich das Salz gelöst hat. Dann die Öle mit einem kleinen Schneebesen unterschlagen. Kurz vor dem Anrichten die Kräuter und den Weißwein untermischen.

6 — Die Sülze stürzen und in dünne Scheiben schneiden. Auf Tellern anrichten. Das Dressing dazu servieren.

Falscher Hase (Hackbraten)
für 4 Personen

HERKUNFT Berlin/Brandenburg
ZUBEREITUNGSZEIT 25 Minuten
GARZEIT 40 Minuten

Zutaten

- 80 g Toastbrot
- ½ Zwiebel
- 50 ml Milch
- 5 Eier

2 TL scharfer Senf
1 fein geriebene Knoblauchzehe
getrockneter Majoran
abgeriebene Schale von ½ unbehandelten Zitrone
200 g Kalbshackfleisch
150 g Schweinehackfleisch
150 g Rinderhackfleisch
1 EL gehackte Petersilienblätter
Salz
Pfeffer aus der Mühle
Paprikapulver (rosenscharf)
Öl für den Bräter
125 ml Hühnerbrühe
1 Knoblauchzehe (in Scheiben)
1 EL kalte Butter

1 — Das Toastbrot in Würfel schneiden und in eine Schüssel geben. Die Zwiebel schälen, in sehr kleine Würfel schneiden und mit 100 ml Wasser in einer Pfanne einige Minuten weich dünsten, bis die Flüssigkeit verkocht ist.

2 — Die Milch und 2 Eier in einen hohen Rührbecher geben. Senf, Knoblauch, Majoran und Zitronenschale hinzufügen und unterrühren. Die Eiermilch mit den Brotwürfeln vermischen und 5 Minuten ziehen lassen.

3 — Alle drei Hackfleischsorten mit dem eingeweichten Brot, den Zwiebelwürfeln und der Petersilie vermischen. Mit Salz, Pfeffer und Paprikapulver kräftig würzen.

4 — Den Backofen auf 140 °C vorheizen. Die übrigen 3 Eier 10 Minuten kochen, kalt abschrecken und pellen.

5 — Die Hackfleischmasse in einem geölten Bräter mit angefeuchteten Händen zu einem schmalen, langen Rechteck formen. Längs der Mitte etwas einkerben, die geschälten Eier hineinlegen, mit der Fleischmasse umhüllen und alles zu einem Laib formen.

6 — Den Braten im Ofen auf der untersten Schiene etwa 25 Minuten braten. Die Ofentemperatur auf 160 °C erhöhen und den Braten weitere 10 bis 15 Minuten garen. Sobald sich zwischendurch am Boden rund um den Braten ein brauner Bratensatz bildet, diesen mit der Brühe ablöschen und den Knoblauch hinzufügen. Die Sauce zum Schluss mit 1 Prise Majoran und, falls nötig, etwas Salz und Pfeffer würzen. Die Butter unterrühren.

7 — Den Braten in Scheiben schneiden und mit dem Bratenfond auf warmen Tellern anrichten. Dazu passen Kartoffelpüree → S. 316 und buntes Gemüse → S. 358. (Abbildung → S. 278)

Köthener Schusterpfanne
für 4 Personen

HERKUNFT Sachsen-Anhalt
ZUBEREITUNGSZEIT 20 Minuten
MARINIERZEIT 12 Stunden
GARZEIT 2½ Stunden

Zutaten

1 kg Schweinenacken (ohne Knochen)
Salz
2 Lorbeerblätter
1 TL schwarze Pfefferkörner
½ TL Pimentkörner
500 g Zwiebeln
1 kg festkochende Kartoffeln
1 kg Kochbirnen (ersatzweise feste Birnen)
½ TL ganzer Kümmel
1 EL Zucker
1 Msp. Nelkenpulver

1 — Am Vortag den Schweinenacken in Salzwasser mit Lorbeerblättern, Pfeffer- und Pimentkörnern etwa 30 Minuten leicht köcheln lassen und im Gewürzsud über Nacht durchziehen lassen.

2 — Am nächsten Tag Zwiebeln und Kartoffeln schälen und vierteln. Die Birnen schälen, vierteln und entkernen.

3 — Den Backofen auf 160 °C vorheizen. Den Schweinenacken aus dem Sud nehmen, in die Mitte eines Bräters setzen und die Zwiebeln darum herum verteilen, den Sud beiseitestellen. Die Kartoffeln auf die eine Seite des Bräters neben dem Fleisch verteilen und mit Salz und Kümmel würzen. Die Birnen auf die andere Seite des Bräters neben dem Fleisch verteilen mit Zucker und Nelkenpulver würzen.

4 — Den Gewürzsud durch ein Sieb gießen und etwa 2 cm hoch in den Bräter füllen. Den Schweinenacken zugedeckt im Backofen auf der mittleren Schiene etwa 2 Stunden weich garen.

5 — Das Fleisch in Scheiben schneiden, auf vorgewärmten Tellern anrichten, Kartoffeln, Zwiebeln und Birnen daneben anrichten und mit etwas Sud beträufeln. (Abbildung rechts)

Schweinepfeffer
für 4 Personen

HERKUNFT Hessen
ZUBEREITUNGSZEIT 20 Minuten
GARZEIT 2 Stunden

Zutaten

150 g Knollensellerie
1 Möhre
2 mittelgroße Zwiebeln
1 kg Schweineschulter (ohne Knochen und ohne Schwarte)
2 TL Puderzucker
1 EL Tomatenmark
4 cl Weinbrand
¼ l Rotwein
¾ l Hühnerbrühe
1 Lorbeerblatt
½ TL schwarze Pfefferkörner
2 Wacholderbeeren (leicht angedrückt)
5 Pimentkörner
2 Knoblauchzehen (in Scheiben)
1 Streifen unbehandelte Zitronenschale
5 EL Rotweinessig
100 g frische Blutwurst
10 g Zartbitterschokolade
Salz
schwarzer Pfeffer aus der Mühle
2 EL Butter

1 — Sellerie, Möhre und Zwiebeln schälen und in 1 cm große Würfel schneiden. Das Fleisch von Sehnen befreien und in 2 bis 3 cm große Stücke schneiden.

2 — Die Hälfte des Puderzuckers in einen großen Topf stäuben und hell karamellisieren. Das Tomatenmark hineinrühren, etwas anbräunen, mit Weinbrand und dem Rotwein ablöschen und sämig einkochen lassen. Das Gemüse mit dem Fleisch dazugeben, mit Brühe auffüllen und etwa 2 Stunden bei milder Hitze knapp unter dem Siedepunkt schmoren, bis das Fleisch weich ist. Nach 1 ½ Stunden Lorbeer, Pfefferkörner, Wacholderbeeren und Pimentkörner dazugeben.

3 — Die geschmorten Fleischstücke aus dem Topf nehmen. Die Sauce durch ein Sieb passieren, das Gemüse dabei etwas ausdrücken. Knoblauch und Zitronenschale in die Sauce legen, einige Minuten darin ziehen lassen und wieder entfernen.

4 — In einer Pfanne bei mittlerer Hitze den übrigen Puderzucker hell karamellisieren, mit dem Essig ablöschen und auf die Hälfte reduzieren. Die Blutwurst etwas zerkleinern, in die Sauce rühren, nicht mehr kochen lassen und mit Schokolade, Salz, Pfeffer und der Essigreduktion abschmecken und zum Schluss die Butter darin schmelzen lassen. Fleisch wieder dazugeben und in der Sauce erwärmen.

↓
Köthener Schusterpfanne S. 281

Schlesisches Himmelreich
für 4 Personen

HERKUNFT Schlesien
ZUBEREITUNGSZEIT 20 Minuten
EINWEICHZEIT 12 Stunden
GARZEIT 1 ¾ Stunden

Zutaten

500 g gemischtes Backobst (Pflaumen, Aprikosen, Birnen)
1 kg geräucherter Schweinebauch
1 l Hühnerbrühe
6 Pimentkörner
3 Gewürznelken
30 g Butter
30 g Mehl
1 Streifen unbehandelte Zitronenschale
Salz
Pfeffer aus der Mühle

1 — Das Backobst in eine Schüssel geben, mit etwa 1 l Wasser bedecken, sodass die Früchte damit gut bedeckt sind, und über Nacht darin einweichen.

2 — Den Schweinebauch in der Hühnerbrühe mit angelegtem Deckel etwa 1 ¼ Stunden am Siedepunkt ziehen lassen. Er sollte dann schon fast gar sein. Das eingeweichte Backobst mit Pimentkörnern und Gewürznelken hinzufügen und alles zusammen etwa 20 Minuten weich garen.

3 — Inzwischen die Butter in einer tiefen Pfanne zerlassen und das Mehl darin unter Rühren einige Minuten gold- bis mittelbraun anbraten, aus der Pfanne nehmen und auskühlen lassen.

4 — Den Kochsud abgießen und auffangen. Die ausgekühlte Mehlschwitze unter Rühren nach und nach mit der heißen Kochbrühe aufgießen. Darauf achten, dass sich keine Klumpen bilden. Die Zitronenschale hineinlegen, einige Minuten darin ziehen lassen und wieder entfernen. Die Sauce zum Fleisch in den Topf zurückgießen. Mit Salz und Pfeffer abschmecken.

5 — Den Schweinebauch in Scheiben schneiden und auf warmen Tellern anrichten. Das Backobst außen herum verteilen und mit der Sauce übergießen. Dazu passen Knödel.

Schinken im Brotteig mit Schnittlauchsauce
für 8 Personen

HERKUNFT Alle Regionen
ZUBEREITUNGSZEIT 15 Minuten
GARZEIT 2¾ Stunden

Zutaten für den Schinken

2 kg leicht gepökelter Hinterschinken
1 Zwiebel
1 Lorbeerblatt
3 Gewürznelken
1 ½ kg fertiger Brotteig (vom Bäcker)
Mehl für die Arbeitsfläche

Zutaten für die Sauce

200 g Crème fraîche
200 g saure Sahne
1 TL scharfer Senf
1–2 EL Zitronensaft
3 EL Schnittlauchröllchen
Salz
Zucker
Paprikapulver (rosenscharf)

1 — Für den Schinken die Zwiebel mit dem Lorbeerblatt belegen und mit den Gewürznelken feststecken. Den Schinken zusammen mit der gespickten Zwiebel in einen großen Topf geben, mit Wasser auffüllen, sodass

das Fleisch gut bedeckt ist, und am Siedepunkt etwa 1 ½ Stunden ziehen lassen. Im Sud auskühlen lassen.

2 — Den Backofen auf 180 °C vorheizen. Den Brotteig auf der bemehlten Arbeitsfläche fingerdick ausrollen. Den Schinken aus dem Sud nehmen, trocken tupfen und in den Brotteig einschlagen. Mit der Nahtseite nach unten auf ein mit Backpapier belegtes Backblech setzen. Auf der untersten Schiene im Ofen 1 ¼ Stunden backen, bis das Brot eine schöne Kruste hat. In den letzten 15 Minuten 2- bis 3-mal mit Wasser einpinseln.

3 — Für die Schnittlauchsauce Crème fraiche mit saurer Sahne, Senf und Zitronensaft verrühren. Den Schnittlauch unterrühren und mit Salz und je 1 Prise Zucker und Paprikapulver abschmecken.

4 — Den Schinken in Scheiben schneiden, auf Tellern anrichten und die Sauce dazu reichen. Dazu passt marinierter Blattsalat.

Thüringer Rostbratwurst
für ca. 30 Stück

HERKUNFT Thüringen
ZUBEREITUNGSZEIT 30 Minuten
KÜHLZEIT 15 Minuten

Zutaten

ca. 5 m Schweinedarm
1 ½ kg Schweinebauch (ohne Schwarte)
1 ½ kg Schweinenacken (ohne Knochen)
5 Knoblauchzehen
30 g Salz
Pfeffer aus der Mühle
1 EL getrockneter Majoran
1 gestr. TL gemahlener Kümmel

1 — Den Darm in lauwarmem Wasser einweichen. Das Fleisch in etwa 3 cm große Würfel schneiden und 15 Minuten in das Tiefkühlfach geben.

2 — Den Knoblauch schälen und in feine Würfel schneiden. Die Fleischwürfel mit dem Knoblauch und den Gewürzen mischen und durch die grobe Scheibe des Fleischwolfs drehen. In einer Küchenmaschine mit dem Rührblatt etwa 15 Minuten durchrühren, bis die Masse bindet.

3 — Die Bratwurstspitze auf den Fleischwolf schrauben, den eingeweichten Schweinedarm aufziehen und das Ende zuknoten. Die Wurstmasse in den Wolf füllen und den Darm damit nach und nach befüllen. Die Würste alle 15 cm abdrehen. Zum Schluss die abgedrehten Würste mit einem Messer trennen. Vor dem Grillen oder Braten in der Pfanne die Würste leicht mit einem spitzen Messer mehrmals schräg einschneiden, damit sie nicht platzen. (Abbildung → S. 287)

Pfälzer Saumagen
für 6–8 Personen

HERKUNFT (Rheinland-)Pfalz
ZUBEREITUNGSZEIT 30 Minuten
GARZEIT 3 Stunden

Zutaten

600 g Kartoffeln
150 g Möhren
Salz
1 Zwiebel
1 EL Öl
1 kg Schweinefleisch (aus Nacken und Schulter)
300 g Bratwurstbrät
2 EL gehackte Petersilie
frisch geriebene Muskatnuss
1 TL getrockneter Majoran
½ TL gemahlener Koriander

½ TL getrockneter Thymian
Pfeffer aus der Mühle
1 mittelgroßer Saumagen (beim Metzger vorbestellen und reinigen lassen)

1 — Die Kartoffeln schälen und waschen, die Möhren putzen und schälen. Beides in knapp 1 cm große Würfel schneiden und in kochendem Salzwasser etwa 3 Minuten blanchieren. Die Kartoffeln und die Möhren in ein Sieb abgießen, kalt abschrecken und abtropfen lassen.

2 — Die Zwiebel schälen und in feine Würfel schneiden. Das Öl in einer Pfanne erhitzen und die Zwiebel darin bei schwacher Hitze andünsten.

3 — Das Fleisch in Würfel schneiden und mit den Kartoffeln, den Möhren, der Zwiebel, dem Brät und der Petersilie mischen. Mit 2 Prisen Muskatnuss, dem Majoran, Koriander, Thymian, etwa 2 TL Salz und etwas Pfeffer kräftig würzen. Alles gründlich vermischen.

4 — Den Saumagen unter fließendem Wasser gründlich waschen und trocken tupfen. Zwei Ausgänge mit Küchengarn fest zubinden. Die Fleisch-Kartoffel-Mischung durch die dritte Öffnung in den Magen füllen – den Magen dabei nicht zu prall füllen, damit er beim Garen nicht platzt. Die Öffnung gut zubinden.

5 — Reichlich Salzwasser zum Kochen bringen und die Hitze reduzieren. Den Saumagen in heißem Wasser bei schwacher Hitze 2 bis 3 Stunden gar ziehen lassen – nicht kochen! Den Saumagen aus dem Sud nehmen, abtropfen lassen, in Scheiben schneiden und servieren. Dazu schmecken Sauerkraut → S. 378 und Kartoffelpüree → S. 316.

Gebratene Blut- und Leberwurst mit Stampfkartoffeln für 4 Personen

HERKUNFT Alle Regionen
ZUBEREITUNGSZEIT 15 Minuten
GARZEIT 40 Minuten

Zutaten

1 kg mehligkochende Kartoffeln
Salz
¼ l heiße Milch
frisch geriebene Muskatnuss
4 frische Blutwürste (à ca. 150 g)
4 frische Leberwürste (à ca. 150 g)

1 — Die Kartoffeln waschen und in reichlich Salzwasser weich kochen. Kartoffeln abgießen, möglichst heiß pellen, in eine Schüssel geben und mit dem Kartoffelstampfer zerstampfen, bis ein Brei entsteht, der noch kleine Stückchen Kartoffel enthält. Dabei die heiße Milch nach und nach untermischen. Mit Salz und Muskatnuss würzen.

2 — Die Würste häuten. 2 große Pfannen bei mittlerer Temperatur erhitzen und die beiden Wurstsorten jeweils in einer Pfanne unter Rühren anbraten. Die Würste zerfallen dabei zu Brei, was erwünscht ist.

3 — Beide Wurstsorten mit den Stampfkartoffeln auf warmen Tellern anrichten. Nach Belieben anstelle von Stampfkartoffeln Salzkartoffeln dazu reichen. Dazu passt Sauerkraut → S. 378.

↓
Thüringer Rostbratwurst S. 285

Lamm & Wild

Lammkotelett
für 4 Personen

HERKUNFT Alle Regionen
ZUBEREITUNGSZEIT 10 Minuten
GARZEIT 25 Minuten

Zutaten

- 2 Lammkarrees (ohne Fett, mit Rippenknochen, halber Rücken)
- 1 EL Öl
- 4 EL Olivenöl
- 2 Knoblauchzehen (in Scheiben)
- 2 Streifen unbehandelte Zitronenschale
- 1 Zweig Rosmarin
- Salz
- Pfeffer aus der Mühle

1 — Den Backofen auf 120 °C vorheizen. Auf die mittlere Schiene ein Ofengitter und darunter ein Abtropfblech schieben. Die Rippen vom Lammkarree mit einem kleinen Messer sorgfältig putzen, dann waschen und trocken tupfen.

2 — Das Öl in einer großen Pfanne bei mittlerer Temperatur erhitzen und die Lammkarrees darin rundum kurz anbraten. Danach auf das Ofengitter setzen und im Ofen 20 bis 25 Minuten rosa garen.

3 — Währenddessen das Olivenöl mit Knoblauch, Zitronenschale und Rosmarin in einer großen Pfanne leicht erwärmen. Die gegarten Lammkarrees darin wenden, mit Salz und Pfeffer würzen.

4 — Zum Servieren die Lammkarrees in einzelne Koteletts schneiden. Die Lammkoteletts auf vorgewärmte Teller setzen. Bohnengemüse → S. 356 dazu servieren.

Geschmorte Lammschulter
für 4 Personen

HERKUNFT Alle Regionen
ZUBEREITUNGSZEIT 20 Minuten
GARZEIT 2½ Stunden

Zutaten

- 2 Zwiebeln
- 150 g Knollensellerie
- 2 kleine Möhren
- 1 Lammschulter (ca. 1,3 kg; ohne Knochen)
- Salz
- Pfeffer aus der Mühle
- 4 EL Öl
- 1–2 TL Puderzucker
- 300 ml Rotwein
- 1 EL Tomatenmark
- ½ l Hühnerbrühe
- 1 Lorbeerblatt
- 2 Scheiben Knoblauch
- 1 Zweig Rosmarin
- 1 Streifen unbehandelte Zitronenschale
- Cayennepfeffer

1 — Zwiebeln, Sellerie und Möhren schälen, die Zwiebeln in Spalten, Sellerie und Möhren in 1 cm breite und 3 cm lange Stücke schneiden. Die Lammschulter mit Salz und Pfeffer würzen und in einem Bräter in 2 EL Öl rundum anbraten. Das Fleisch herausnehmen und das Bratfett abgießen.

2 — Den Puderzucker im Bräter bei schwacher Hitze karamellisieren, mit einem Drittel des Weins ablöschen. Das Tomatenmark hinzufügen und die Flüssigkeit einköcheln lassen. Den restlichen Wein in 2 Portionen dazugeben und ebenfalls einköcheln lassen. Die Brühe dazugießen, das Gemüse und die Lammschulter hineingeben und etwa 2½ Stunden schmoren, dabei das Fleisch immer wieder mit der Brühe übergießen.

3 — Das Fleisch aus dem Topf nehmen, die Sauce nach Belieben noch etwas einköcheln lassen. Lorbeerblatt, Knoblauch, Rosmarin und Zitronenschale einige Minuten in der Sauce ziehen lassen und wieder entfernen. Mit Salz und Cayennepfeffer abschmecken.

4 — Zum Anrichten das Fleisch in Scheiben schneiden, auf vorgewärmten Tellern anrichten und etwas Sauce darüber verteilen.

Lammkeule für 4 Personen

HERKUNFT Niedersachsen
ZUBEREITUNGSZEIT 30 Minuten
GARZEIT 3½ Stunden

Zutaten

- 2 Zwiebeln
- 150 g Knollensellerie
- 1 Möhre
- ½ Fenchelknolle
- 3 EL Öl
- 1 Lammkeule (ca. 1½ kg; ohne Knochen, küchenfertig)
- 1–2 TL Puderzucker
- 1 EL Tomatenmark
- 300 ml kräftiger Rotwein
- 1 l Hühnerbrühe
- 1 frisches Lorbeerblatt
- 1–2 TL Speisestärke
- 1 Knoblauchzehe (geschält und halbiert)
- 1 Zweig Rosmarin
- 1 Streifen unbehandelte Zitronenschale
- Salz
- Pfeffer aus der Mühle

1 — Den Backofen auf 130 °C vorheizen. Die Zwiebeln schälen, halbieren und in Spalten schneiden. Den Knollensellerie und die Möhre schälen und in 1 cm breite und 3 cm lange Stifte schneiden. Den Fenchel putzen, waschen, längs halbieren und quer in 1 cm breite Stücke schneiden.

2 — In einem Schmortopf 2 EL Öl erhitzen und die Lammkeule darin bei mittlerer Hitze rundum anbraten. Das Fleisch herausnehmen und das Bratfett abgießen. Den Puderzucker in den Schmortopf stäuben und bei schwacher Hitze hell karamellisieren. Das Tomatenmark unterrühren und kurz andünsten. Nach und nach mit je einem Drittel Rotwein ablöschen und jeweils einköcheln lassen.

3 — Das Gemüse im restlichen Öl in einer Pfanne andünsten und mit der Brühe in den Schmortopf geben. Die Lammkeule daraufsetzen und im Ofen auf der mittleren Schiene etwa 3½ Stunden rosa schmoren, dabei öfter mit der Sauce begießen.

4 — Das Fleisch aus dem Topf nehmen und warm stellen. Die Sauce durch ein Sieb in einen Topf gießen, das Gemüse beiseitestellen. Das Lorbeerblatt in die Sauce geben und die Sauce auf dem Herd um ein Drittel einköcheln lassen. Die Speisestärke mit wenig kaltem Wasser glatt rühren, in die Sauce rühren und 1 bis 2 Minuten köcheln lassen.

5 — Den Knoblauch, den Rosmarin und die Zitronenschale einige Minuten in der Sauce ziehen lassen und mit dem Lorbeerblatt wieder entfernen. Die Sauce mit Salz und Pfeffer abschmecken. Die Lammkeule in Scheiben schneiden und mit der Sauce und dem Gemüse anrichten. Genauso können Sie eine Zickleinkeule schmoren.
(Abbildung → S. 294)

Heidschnuckenbraten (Lammkeule)
für 6–8 Personen

HERKUNFT Niedersachsen
MARINIERZEIT 2 Tage
ZUBEREITUNGSZEIT 25 Minuten
GARZEIT 2½ Stunden

Zutaten

- 1 Lammkeule (ca. 2,2 kg; mit Knochen)
- 300 g Naturjoghurt
- 2 Zwiebeln
- 50 g Knollensellerie
- ½ kleine Möhre
- 2 EL Öl
- 1 TL Puderzucker
- ½–1 EL Tomatenmark
- 350 ml Hühnerbrühe
- 5 Pimentkörner
- 1 Knoblauchzehe (in Scheiben)
- 1 Lorbeerblatt
- 1 Streifen unbehandelte Zitronenschale
- 1 Zweig Thymian
- Zucker
- Salz
- Pfeffer aus der Mühle

1 — Die Lammkeule rundum mit Joghurt einstreichen, in einen Gefrierbeutel legen und im Kühlschrank 1 bis 2 Tage marinieren.

2 — Den Backofen auf 120 °C vorheizen. Zwiebeln, Sellerie und Möhre schälen und in Würfel schneiden. Den Joghurt mit Küchenpapier vom Fleisch abtupfen. Das Öl in einer großen Pfanne erhitzen und die Keule darin rundum anbraten, herausnehmen.

3 — Den Puderzucker in die Pfanne stäuben, hell karamellisieren und die Gemüsewürfel darin andünsten. Das Tomatenmark dazugeben und kurz anrösten. Mit etwas Brühe ablöschen und alles in einen ofenfesten Bräter geben. Die restliche Brühe angießen, die Keule darauflegen und im Ofen auf der untersten Schiene etwa 2½ Stunden rosa garen. Dabei ab und zu mit dem Bratenfond beträufeln.

4 — Die Keule aus dem Bräter nehmen und warm halten. Die Sauce durch ein Sieb gießen und das Gemüse etwas ausdrücken. Die Sauce in einem Topf erwärmen, Pimentkörner, Knoblauch, Lorbeerblatt, Zitronenschale und Thymian hinzufügen und knapp unter dem Siedepunkt einige Minuten ziehen lassen. Anschließend die Sauce durch ein Sieb gießen und mit 1 Prise Zucker und mit Salz und Pfeffer abschmecken. Die Sauce nach Belieben mit etwas Speisestärke binden und warm halten.

5 — Die Sauce auf vorgewärmte Teller verteilen. Die Lammkeule in dünne Scheiben schneiden und auf die Sauce setzen.

Lammrücken mit Kräuterkruste
für 4 Personen

HERKUNFT Alle Regionen
ZUBEREITUNGSZEIT 30 Minuten
GARZEIT 10 Minuten

Zutaten

- 4 Tomaten
- 1 Zwiebel
- 2 gelbe oder rote Peperoni
- 120 g weiche Butter
- ½ gehackte Knoblauchzehe
- 1–2 EL gehackte Petersilie
- 1 TL fein gehackter Thymian
- 1 TL scharfer Senf
- Salz
- Pfeffer aus der Mühle
- 3 EL Semmelbrösel

1 EL Öl
500 g Lammrückenfilet (küchenfertig)
1 EL Olivenöl
1 Knoblauchzehe
50 ml Hühnerbrühe
1 TL gehackter Estragon

1 — Den Stielansatz der Tomaten entfernen, die Tomaten kreuzweise einritzen und 20 Sekunden in kochendes Wasser tauchen. Kalt abschrecken, häuten, vierteln, entkernen und nochmals vierteln. Die Zwiebel schälen und in kleine Würfel schneiden. Die Peperoni halbieren, entkernen, waschen und in 1 cm breite Streifen schneiden.

2 — Die Butter in einer Schüssel schaumig rühren. Den Knoblauch, die Kräuter und den Senf unterrühren und mit Salz und Pfeffer würzen. Zuletzt die Semmelbrösel unter die Gratiniermasse rühren.

3 — Den Backofengrill einschalten. Das Öl in einer Pfanne erhitzen und das Lammrückenfilet darin bei schwacher Hitze rundum etwa 5 Minuten braten. Mit Salz und Pfeffer würzen und auf ein Backblech legen. Die Gratiniermasse auf dem Filet verteilen und unter dem Grill auf der unteren Schiene 4 bis 5 Minuten goldbraun überbacken.

4 — Das restliche Fett mit Küchenpapier aus der Pfanne tupfen. Das Olivenöl in der Pfanne erhitzen und die Zwiebelwürfel, die Peperonistreifen und den ungeschälten Knoblauch darin bei schwacher Hitze glasig andünsten. Den Knoblauch entfernen, die Brühe angießen und 2 Minuten köcheln lassen. Die Tomatenspalten hinzufügen, das Gemüse mit Salz und Pfeffer würzen und den Estragon dazugeben.

5 — Das Gemüse auf vorgewärmte Teller verteilen, das gratinierte Lammrückenfilet in dicke Scheiben schneiden und daneben anrichten.

Geschmorte Lammhaxen
für 4 Personen

HERKUNFT Alle Regionen
ZUBEREITUNGSZEIT 30 Minuten
GARZEIT 3½ Stunden

Zutaten

1 große Zwiebel
1 Möhre
120 g Knollensellerie
½ Fenchelknolle
½ dünne Stange Lauch
3 EL Öl
4 hintere Lammhaxen (à 300–350 g; küchenfertig)
1 EL Puderzucker
1 EL Tomatenmark
100 ml Portwein
250 ml kräftiger Rotwein
400 ml Hühnerbrühe
1 Lorbeerblatt
2 TL Speisestärke
1 Knoblauchzehe (geschält und halbiert)
1 Streifen unbehandelte Zitronenschale
1 Zweig Thymian
Salz
Pfeffer aus der Mühle

1 — Die Zwiebel, die Möhre und den Knollensellerie schälen. Fenchel und Lauch putzen und waschen. Das Gemüse in 1 cm große Würfel schneiden. Den Backofen auf 140 °C vorheizen.

2 — In einem Schmortopf 2 EL Öl erhitzen und die Lammhaxen darin bei mittlerer Hitze rundum anbraten. Die Haxen herausnehmen und das Bratfett abgießen.

3 — Den Puderzucker in den Schmortopf stäuben und hell karamellisieren. Das Tomatenmark unterrühren und kurz andünsten.

↓

Lammkeule S. 291

Mit dem Portwein und nach und nach mit je einem Drittel Rotwein ablöschen und jeweils einköcheln lassen.

4 — Die Zwiebel, die Möhre, den Sellerie und den Fenchel in einer Pfanne im restlichen Öl andünsten, mit der Brühe in den Schmortopf geben und die Haxen daraufsetzen. Zugedeckt im Ofen auf der mittleren Schiene etwa 3½ Stunden schmoren, dabei mehrmals wenden. 20 Minuten vor Ende der Garzeit das Lorbeerblatt und den Lauch hinzufügen.

5 — Die Lammhaxen herausnehmen, die Sauce durch ein Sieb in einen Topf gießen. Das Gemüse und das Fleisch beiseitestellen. Die Sauce auf dem Herd etwas einköcheln lassen. Die Speisestärke mit wenig kaltem Wasser glatt rühren, in die kochende Sauce rühren und 1 bis 2 Minuten bei schwacher Hitze köcheln lassen.

6 — Die Sauce vom Herd nehmen, Knoblauch, Zitronenschale und Thymianzweig hinzufügen und nach einigen Minuten wieder entfernen. Die Sauce mit Salz und Pfeffer abschmecken. Das Gemüse und die Lammhaxen in der Sauce erwärmen und auf vorgewärmten Tellern servieren. Nach Belieben die Haxen von den Knochen lösen und das Fleisch in Scheiben schneiden.

Rhöner Hirtenpfanne für 4 Personen

HERKUNFT Rhön/Hessen
ZUBEREITUNGSZEIT 15 Minuten
GARZEIT 20 Minuten

Zutaten

- 2 Zwiebeln
- 2 Knoblauchzehen
- ½ kleiner Wirsing
- ½ Bund Thymian
- 2 EL Öl
- 600 g Lammhackfleisch
- Salz
- Pfeffer aus der Mühle
- ca. ¼ l Fleischbrühe
- 1 EL ganzer Kümmel
- 250 g Schmand

1 — Die Zwiebeln und die Knoblauchzehen schälen und in feine Würfel schneiden. Den Wirsing putzen, waschen und halbieren. Den harten Strunk entfernen und den Wirsing quer in etwa 2 cm breite Streifen schneiden. Den Thymian waschen, trocken schütteln und die Blättchen von den Stielen zupfen.

2 — Das Öl in einer Pfanne erhitzen und das Hackfleisch darin goldbraun anbraten. Die Zwiebeln und den Knoblauch hinzufügen und kurz mitbraten. Den Wirsing dazugeben und ebenfalls kurz anbraten. Die Hackpfanne mit Salz und Pfeffer würzen.

3 — Die Brühe dazugießen, den Kümmel und die Hälfte der Thymianblättchen unter das Hackfleisch mischen. Alles bei schwacher Hitze etwa 20 Minuten köcheln lassen.

4 — Den Schmand unterrühren und kurz aufkochen lassen. Mit Salz und Pfeffer abschmecken und den restlichen Thymian unterrühren. Dazu schmecken Bratkartoffeln → S. 321.

Geschmorte Wildhasenkeulen
für 4 Personen

HERKUNFT Alle Regionen
ZUBEREITUNGSZEIT 25 Minuten
GARZEIT 4 Stunden

Zutaten für die Hasenkeulen

- 4 Hasenkeulen (à ca. 350 g; küchenfertig)
- 2–3 EL Öl
- 1–2 TL Puderzucker
- 1 TL Tomatenmark
- 80 ml Portwein
- 250 ml kräftiger Rotwein
- 1 Zwiebel
- 1 Möhre
- 120 g Knollensellerie
- 250 ml Hühnerbrühe

Zutaten für die Sauce

- 1 Lorbeerblatt
- ½ TL schwarze Pfefferkörner
- 5 Pimentkörner
- 5 Wacholderbeeren (angedrückt)
- 1 TL Speisestärke
- 1 Splitter Zimtrinde
- 1 Zacken Sternanis
- je 1 Streifen unbehandelte Zitronen- und Orangenschale
- 1 Zweig Thymian
- 30 g kalte Butter
- Salz
- Pfeffer aus der Mühle
- einige Spritzer alter Aceto balsamico

1 — Für die Hasenkeulen die Keulen waschen und trocken tupfen. In einem großen, flachen Topf 1 bis 2 EL Öl erhitzen und die Hasenkeulen darin bei schwacher Hitze rundum hell anbraten, dann herausnehmen. Den Puderzucker in den Topf stäuben und hell karamellisieren. Das Tomatenmark unterrühren, etwas anbräunen, mit dem Portwein und nach und nach mit je einem Drittel Rotwein ablöschen und jeweils einköcheln lassen.

2 — Die Zwiebel, die Möhre und den Knollensellerie schälen und in etwa 1½ cm große Stücke schneiden. Das restliche Öl in einer Pfanne erhitzen und das Gemüse darin bei mittlerer Hitze andünsten.

3 — Das Gemüse zum eingeköchelten Rotwein in den Topf geben und mit der Brühe auffüllen. Die Hasenkeulen auf das Gemüse legen, dabei darauf achten, dass sie mit Flüssigkeit bedeckt sind. Den Deckel so auflegen, dass ein Spalt offen bleibt, und die Hasenkeulen knapp unter dem Siedepunkt 3½ bis 4 Stunden schmoren, bis sich das Fleisch leicht vom Knochen lösen lässt. Die Hasenkeulen herausnehmen.

4 — Für die Sauce das Lorbeerblatt, die Pfeffer- sowie Pimentkörner und die Wacholderbeeren in die Schmorflüssigkeit geben. Die Sauce noch etwas einköcheln lassen und durch ein Sieb in einen Topf streichen. Das Gemüse dabei etwas ausdrücken.

5 — Die Speisestärke mit wenig kaltem Wasser glatt rühren, unter die Sauce rühren und bei schwacher Hitze 2 Minuten köcheln lassen. Zimt, Sternanis, Zitronen- und Orangenschale und Thymian dazugeben, einige Minuten in der Sauce ziehen lassen und wieder entfernen. Die Butter unterrühren und die Sauce mit Salz, Pfeffer und Essig abschmecken.

6 — Die Hasenkeulen in die Sauce legen, erwärmen und auf vorgewärmten Tellern anrichten. Dazu passen Spätzle → S. 350 oder Kartoffelpüree → S. 316.

Hasenpfeffer
für 4 Personen

HERKUNFT Alle Regionen
ZUBEREITUNGSZEIT 30 Minuten
GARZEIT 2 Stunden

Zutaten

150 g Knollensellerie
1 Möhre
2 mittelgroße Zwiebeln
2 EL Öl
1 kg Hasenfleisch (aus Vorder- und Hinterläufen)
2 TL Puderzucker
1 EL Tomatenmark
4 cl Weinbrand
300 ml Rotwein
¾ l Hühnerbrühe
1 Lorbeerblatt
½ TL schwarze Pfefferkörner
5 Wacholderbeeren (leicht angedrückt)
½ TL Korianderkörner
5 Pimentkörner
1 halbierte Knoblauchzehe
5 EL Rotweinessig
12 Backpflaumen
10 g Zartbitterschokolade
1 EL Johannisbeergelee
Salz
schwarzer Pfeffer aus der Mühle
2 EL Butter

1 — Sellerie, Mähre und Zwiebeln schälen und in 1 cm große Würfel schneiden. In einer Pfanne im Öl 2 bis 3 Minuten andünsten.

2 — Das Fleisch von Sehnen befreien, waschen und trocken tupfen. In 2 bis 3 cm große Stücke schneiden. 1 TL Puderzucker in einen großen Topf stäuben und hell karamellisieren. Das Tomatenmark unterrühren, etwas anbräunen, mit Weinbrand und Rotwein ablöschen und sämig einkochen lassen. Das Gemüse mit dem Fleisch dazugeben, die Brühe angießen und das Hasenfleisch 1 ½ bis 2 Stunden bei schwacher Hitze knapp unter dem Siedepunkt weich schmoren. Nach 1 Stunde Lorbeerblatt, Pfefferkörner, Wacholderbeeren, Koriander- und Pimentkörner dazugeben.

3 — Die geschmorten Fleischstücke aus dem Topf nehmen. Die Sauce durch ein Sieb passieren, das Gemüse dabei etwas ausdrücken. Den Knoblauch einige Minuten darin ziehen lassen und wieder entfernen.

4 — Den restlichen Puderzucker in einer Pfanne bei mittlerer Hitze hell karamellisieren, mit dem Essig ablöschen und auf die Hälfte einkochen lassen.

5 — Die Backpflaumen in die Sauce rühren und mit Schokolade, Johannisbeergelee, Salz, Pfeffer und der Essigreduktion abschmecken und zuletzt die Butter darin schmelzen lassen. Das Fleisch wieder dazugeben und in der Sauce erwärmen. Mit Spätzle → S. 350 oder Kartoffelpüree → S. 316 servieren.

Hasenragout
Für 4 Personen

HERKUNFT Alle Regionen
MARINIERZEIT 12 Stunden
ZUBEREITUNGSZEIT 30 Minuten
GARZEIT 50 Minuten

Zutaten

1 TL Pfefferkörner
3 Pimentkörner
1 Lorbeerblatt
2 Wacholderbeeren
1 Knoblauchzehe
1 Möhre

1 Zwiebel
100 g Knollensellerie
2 EL Rosinen
2 EL Portwein
4 Hasenkeulen (je knapp 200 g; küchenfertig)
½ l Rotwein
2 EL Rotweinessig
Salz
Pfeffer aus der Mühle
2 EL Olivenöl
1 TL Tomatenmark
1 Zweig Rosmarin
1 Streifen unbehandelte Orangenschale
1 TL Speisestärke
1 TL Zartbitterkuvertüre

1 — Pfeffer, Piment, Lorbeer, Wacholderbeeren und ungeschälten Knoblauch in ein Gewürzsäckchen füllen. Das Gemüse schälen und klein schneiden. Rosinen in Portwein einweichen.

2 — Das Fleisch von den Keulen lösen und in 2 cm große Würfel schneiden. Die Knochen am Gelenk durchtrennen. Fleisch, Knochen, Gemüse und Gewürzsäckchen mit Wein und Essig begießen und im Kühlschrank über Nacht marinieren lassen.

3 — Das Fleisch in einem Sieb abtropfen lassen und trocken tupfen, salzen und pfeffern. In einem Schmortopf im Öl anbraten, dann Gemüse und Knochen dazugeben. Tomatenmark einrühren, mit der Marinade ablöschen und 50 Minuten bei schwacher Hitze schmoren. Nach 30 Minuten das Gewürzsäckchen, kurz vor Ende der Garzeit Rosmarin und Orangenschale dazugeben. Die Rosinen mit dem Portwein hinzufügen.

4 — Knochen, Gewürze, Orangenschale und Rosmarin entfernen, das Fleisch mit dem Gemüse in ein Sieb abgießen, die Sauce auffangen. Die Stärke mit etwas kaltem Wasser glatt rühren, die Sauce aufkochen und die Stärke hineinrühren. 2 Minuten leise köcheln lassen und zuletzt die Kuvertüre dazugeben. Fleisch und Gemüse hineinlegen und mit Salz und Pfeffer abschmecken. Dazu passen breite Bandnudeln.

Dippehas
für 4 Personen

HERKUNFT Hessen/Rheinland(-Pfalz)/Saarland
ZUBEREITUNGSZEIT 20 Minuten
GARZEIT 1½ Stunden

Zutaten

6–8 Hasenteile (ca. 1,75 kg; z.B. Keule, Rücken; küchenfertig)
350 g frischer Schweinebauch
3–4 Zwiebeln
2 Knoblauchzehen
Salz
Pfeffer aus der Mühle
Mehl zum Wenden
½ l Rotwein
2 Lorbeerblätter
3 Gewürznelken
5 Wacholderbeeren (leicht angedrückt)
100 g geriebenes Schwarzbrot
1 EL Schwarzes-Johannisbeer-Gelee

1 — Die Hasenteile waschen und trocken tupfen. Den fetten Teil des Schweinebauchs in sehr kleine Würfel schneiden und in einem Bräter bei schwacher Hitze auslassen, auf Küchenpapier abtropfen lassen. Den restlichen Schweinebauch in mundgerechte Stücke schneiden. Die Zwiebeln und den Knoblauch schälen, die Zwiebeln in feine Würfel schneiden.

2 — Den Backofen auf 200 °C vorheizen. Die Hasenteile mit Salz und Pfeffer würzen und im Mehl wenden. Überschüssiges Mehl abklopfen. Die Hasenteile im verbliebenen

↓
Kaninchenkeulen in Rotweinsauce S. 300

Speckfett im Bräter portionsweise rundum anbraten, herausnehmen. Die Schweinebauchstücke, die Zwiebelwürfel und Knoblauchzehen im Bräter bei schwacher bis mittlerer Hitze anbraten. Mit dem Wein ablöschen. Lorbeerblätter, Gewürznelken und Wacholderbeeren in einen Einweg-Teebeutel füllen, mit den Hasenteilen und dem Brot in die Sauce geben. Aufkochen lassen und den Dippehas zugedeckt im Ofen auf der mittleren Schiene 1 bis 1 ½ Stunden schmoren.

3 — Die Hasenteile und die Bauchfleischstücke aus dem Bräter nehmen, warm halten. Die Gewürze wieder entfernen. Das Johannisbeergelee in die Sauce rühren. Die Sauce unter Rühren kurz aufkochen, mit Salz und Pfeffer würzen und nach Belieben durch ein Sieb passieren. Das Fleisch wieder in die Sauce geben und mit den knusprigen Bauchfleischwürfeln bestreuen. Dazu passen Kartoffelklöße → S. 323.

Kaninchenkeulen in Rotweinsauce
für 4 Personen

HERKUNFT Alle Regionen
ZUBEREITUNGSZEIT 30 Minuten
GARZEIT 1 ½ Stunden

Zutaten

400 g Schalotten
2 Möhren
2 Stangen Staudensellerie
2–3 EL Öl
4 Kaninchenkeulen (à 300–350 g; küchenfertig)
1 TL Puderzucker
1 EL Tomatenmark
70 ml Portwein
150 ml kräftiger Rotwein
½ l Hühnerbrühe
1 Lorbeerblatt
1 Splitter Zimtrinde
5 Wacholderbeeren
1 TL schwarze Pfefferkörner
½ TL Pimentkörner
1 TL Speisestärke
1 Knoblauchzehe
2 Zweige Thymian
10 g kalte Butter
Salz
Pfeffer aus der Mühle

1 — Die Schalotten schälen und halbieren. Die Möhren putzen, schälen, längs halbieren und schräg in 4 bis 5 cm lange Stücke schneiden. Den Sellerie putzen, waschen und schräg in 4 bis 5 cm lange Stücke schneiden. In einer Pfanne 1 EL Öl erhitzen und das Gemüse darin 2 bis 3 Minuten andünsten. Die Kaninchenkeulen waschen und trocken tupfen.

2 — Das restliche Öl in einem Schmortopf erhitzen, die Kaninchenkeulen darin bei schwacher Hitze rundum hell anbraten und aus dem Topf nehmen. Den Puderzucker in den Topf stäuben und hell karamellisieren. Das Tomatenmark unterrühren und kurz mitdünsten. Mit dem Portwein und nach und nach mit je einem Drittel Rotwein ablöschen und jeweils einköcheln lassen.

3 — Mit der Brühe aufgießen, das Gemüse und die Kaninchenkeulen in den Topf geben und den Deckel so auflegen, dass ein Spalt offen bleibt. Das Fleisch knapp unter dem Siedepunkt etwa 1 ½ Stunden weich ziehen lassen. Inzwischen Lorbeerblatt, Zimt, Wacholderbeeren, Pfeffer und Piment in ein Gewürzsäckchen füllen und verschließen. Nach etwa 1 Stunde Garzeit in den Topf geben und in der Sauce ziehen lassen.

4 — Die Sauce durch ein Sieb in einen Topf gießen, Gemüse und Fleisch beiseitestellen und das Gewürzsäckchen entfernen. Die Sauce etwa auf die Hälfte einköcheln lassen.

Die Speisestärke mit wenig kaltem Wasser glatt rühren, unter die Sauce rühren und bei schwacher Hitze 2 Minuten köcheln lassen.

5 — Den Knoblauch schälen und halbieren. Knoblauchhälften sowie Thymian in die Sauce geben, einige Minuten darin ziehen lassen und wieder entfernen. Die Butter unterrühren und die Sauce mit Salz und Pfeffer abschmecken. Die Kaninchenkeulen und das Gemüse wieder in die Sauce geben und erwärmen.

6 — Die Kaninchenkeulen mit dem Gemüse und der Sauce auf vorgewärmten Tellern anrichten. (Abbildung → S. 299)

Gebratener Kaninchenrücken
für 4 Personen

HERKUNFT Alle Regionen
ZUBEREITUNGSZEIT 10 Minuten

Zutaten

- 1 EL Öl
- 4 Kaninchenrückenfilets (à 100 g; küchenfertig)
- 2 EL Butter
- 1 Knoblauchzehe (in Scheiben)
- 3 EL Hühnerbrühe oder Geflügelfond
- je 1 kleiner Streifen unbehandelte Zitronen- und Orangenschale

1 — Das Öl in einer Pfanne erhitzen und die Kaninchenrückenfilets darin bei mittlerer Hitze rundum anbraten. Die Butter in einer weiteren Pfanne zerlassen, Knoblauch, die Brühe sowie die Zitronen- und Orangenschale dazugeben und einige Minuten ziehen lassen. Das Fleisch in die Pfanne geben und in der Gewürzbutter wenden.

2 — Das Fleisch in Scheiben schneiden und mit etwas Gewürzbutter beträufelt servieren. Dazu passt Wurzelgemüse → S. 377.

Rehschulter
für 4 Personen

HERKUNFT Alle Regionen
ZUBEREITUNGSZEIT 30 Minuten
GARZEIT 2½ Stunden

Zutaten

- 3 Zwiebeln
- 1 kleine Möhre
- 120 g Knollensellerie
- 1 Rehschulter (ca. 1,4 kg; ohne Knochen)
- 1–2 EL Öl
- 1–2 TL Puderzucker
- 1 EL Tomatenmark
- 300 ml Hühnerbrühe
- 300 ml kräftiger Rotwein
- 1 Lorbeerblatt
- 5 Wacholderbeeren
- 1 TL schwarze Pfefferkörner
- 1 TL Pimentkörner
- 1 TL Speisestärke
- 1 Knoblauchzehe
- 1 Zweig Thymian
- 2 TL getrocknete Champignons
- 40 g kalte Butter
- Salz
- Pfeffer aus der Mühle

1 — Zwiebeln, Möhre und Sellerie putzen, schälen und in 1 cm große Würfel schneiden. Die Rehschulter waschen und trocken tupfen, Fett und Sehnen entfernen. Das Fleisch mit Küchengarn zusammenbinden.

2 — Das Öl in einem Schmortopf erhitzen, das Fleisch darin bei mittlerer Hitze rundum

↓
Rehragout S. 305

anbraten und wieder herausnehmen. Den Puderzucker in den Topf stäuben und hell karamellisieren. Das Gemüse hineinrühren und einige Minuten dünsten. Das Tomatenmark unterrühren und kurz anrösten. Die Brühe angießen.

3 — Den Wein separat auf ein Drittel einkochen lassen, zum Saucenansatz geben und den Rehbraten darauflegen. Den Deckel so auflegen, dass ein Spalt offen bleibt. Das Fleisch knapp unter dem Siedepunkt etwa 2½ Stunden gar ziehen lassen, zwischendurch mehrmals wenden.

4 — Den Braten aus der Sauce nehmen und warm stellen. Die Sauce durch ein Sieb in einen Topf gießen und das Gemüse dabei gut ausdrücken. Lorbeerblatt, Wacholderbeeren, Pfeffer und Piment in die Sauce geben und etwas einkochen lassen. Die Sauce mit der Stärke binden und 2 Minuten köcheln lassen. Knoblauch schälen und halbieren. Mit Thymian und Champignons in die Sauce geben und einige Minuten ziehen lassen. Durch ein Sieb streichen, die Butter unterrühren und die Sauce mit Salz und Pfeffer würzen. Dazu passen Spätzle → S. 350.

Rehrücken, rosa gebraten
für 4 Personen

HERKUNFT Baden-Württemberg
ZUBEREITUNGSZEIT 45 Minuten
GARZEIT 2½ Stunden

Zutaten

- 1½ kg Rehrücken (am Knochen)
- 2 Zwiebeln
- 1 Möhre
- 150 g Knollensellerie
- 1 TL Puderzucker
- 1 EL Tomatenmark
- 50 ml roter Portwein
- 300 ml kräftiger Rotwein
- 2 l schwach gesalzene Hühner- oder Gemüsebrühe
- 1–2 TL Speisestärke
- ½ TL schwarze Pfefferkörner
- ½ TL Pimentkörner
- 1 Lorbeerblatt
- 1 TL Wacholderbeeren (leicht angedrückt)
- 1 Splitter Zimtrinde
- 1 Streifen unbehandelte Orangenschale
- ½ TL gehackte Zartbitterschokolade
- 1–2 TL Preiselbeerkompott
- 50 g Sahne
- Salz
- Pfeffer aus der Mühle
- 1 EL kalte Butter
- ½ TL Öl
- 20 g Nussbutter → S. 125

1 — Den Backofen auf 220 °C vorheizen. Die Rehrückenfilets mithilfe eines scharfen Ausbeinmessers vom Knochen lösen und alle Sehnen entfernen. Für die Sauce die Rehrückenknochen klein hacken und auf einem Backblech im Ofen rundum etwa 30 Minuten bräunen. Das Blech aus dem Ofen nehmen und das ausgetretene Fett entfernen.

2 — Zwiebeln, Möhre und Sellerie schälen und in 2 cm große Würfel schneiden. Den Puderzucker in einen Topf stäuben und bei mittlerer Hitze hell karamellisieren. Die Gemüsewürfel dazugeben und andünsten. Das Tomatenmark hinzufügen und kurz anrösten.

3 — Mit dem Portwein und 100 ml Rotwein ablöschen und sirupartig einköcheln lassen. Den übrigen Rotwein in 2 Portionen hinzufügen und jeweils sirupartig einköcheln lassen. Dann die gebräunten Knochen dazugeben, das Ganze mit Brühe aufgießen, mit einem Blatt Backpapier bedecken und bei schwacher Hitze 2 Stunden mehr ziehen als köcheln lassen.

4 — Die Sauce durch ein Sieb in einen Topf gießen und um etwa ein Drittel einköcheln lassen. Speisestärke mit wenig kaltem Wasser glatt rühren, in die Sauce geben und köcheln lassen, bis diese sämig bindet.

5 — Pfefferkörner, Pimentkörner, Lorbeerblatt, Wacholderbeeren, Zimtrinde und Orangenschale in die Sauce legen, wenige Minuten darin ziehen lassen und durch ein Sieb gießen. Dann die Sauce mit Zartbitterschokolade, Preiselbeerkompott, Sahne, Salz und Pfeffer abschmecken und zuletzt die kalte Butter hineinrühren.

6 — Für den Rehrücken den Backofen auf 100 °C vorheizen. Auf die mittlere Schiene ein Ofengitter und darunter ein Abtropfblech schieben. Eine Pfanne bei mittlerer Temperatur erhitzen und das Öl mit einem Pinsel darin verstreichen. Die Rehrückenfilets in der Pfanne rundum anbraten, auf das Ofengitter setzen und 30 bis 40 Minuten rosa durchziehen lassen.

7 — Zum Servieren die Nussbutter in einer Pfanne erwärmen, mit Salz und Pfeffer würzen und die Rehrückenfilets darin wenden. Dann in Scheiben schneiden und mit der Sauce auf vorgewärmten Tellern anrichten. Nach Belieben Spätzle → S. 350 und glasierte Möhren dazu servieren.

Rehschnitzel in Morchelsauce
für 4 Personen

HERKUNFT Alle Regionen
EINWEICHZEIT 1 Stunde
ZUBEREITUNGSZEIT 30 Minuten

Zutaten für die Morchelsauce

- 20 kleine getrocknete Morcheln
- 450 ml Hühnerbrühe
- 2 Schalotten
- 1 TL Nussbutter → S. 125
- 1 EL Speisestärke
- 80 g Sahne
- 1 Knoblauchzehe (in Scheiben)
- 1 Lorbeerblatt
- 1 Spritzer Sherry
- Salz

Zutaten für die Rehschnitzel

- ½ TL schwarze Pfefferkörner
- ½ TL Pimentkörner
- 3 Wacholderbeeren
- 4–5 EL Nussbutter → S. 125
- 1 Lorbeerblatt
- 1 Knoblauchzehe (in Scheiben)
- Salz
- Pfeffer aus der Mühle
- 600 g Rehfleisch (aus der Keule/Oberschale; küchenfertig)

1 — Für die Sauce die Morcheln in einer Schüssel mit der Brühe bedeckt etwa 1 Stunde einweichen. Die Morcheln in ein Sieb abgießen und auf dem Sieb abtropfen lassen, die Einweichflüssigkeit auffangen und durch einen feinen Papierfilter gießen.

2 — Die Schalotten schälen und in feine Würfel schneiden. Die Nussbutter in einem Topf erhitzen, die Schalotten darin bei mittlerer Hitze andünsten und mit der Morchelbrühe ablöschen. Die Speisestärke mit wenig kaltem Wasser glatt rühren und in die köchelnde Sauce geben, bis diese sämig bindet, 2 bis 3 Minuten weiterköcheln lassen.

3 — Die Sahne hinzufügen, den Knoblauch und den Lorbeer hineinlegen und einige Minuten darin ziehen lassen, dann wieder entfernen. Die Sauce mit Sherry und Salz würzen, die Morcheln hinzufügen und die Sauce warm halten.

4 — Für die Rehschnitzel die Pfefferkörner, die Pimentkörner und die Wacholderbeeren in einer Pfanne ohne Fett bei mittlerer Hitze rösten, bis sie zu duften beginnen. 3 bis 4 EL Nussbutter unterrühren. Lorbeerblatt und Knoblauch dazugeben, einige Minuten ziehen lassen. Mit Salz und Pfeffer würzen.

5 — Das Rehfleisch in dünne Scheiben schneiden. Die restliche Nussbutter in einer Grillpfanne verteilen und die Schnitzel darin bei mittlerer Hitze auf beiden Seiten kurz anbraten, herausnehmen und in der Gewürzbutter warm halten.

6 — Die Morchelsauce auf vorgewärmte Teller verteilen und die Rehschnitzel darauflegen. Selleriepüree → S. 377 dazu servieren.

Rehragout
für 4 Personen

HERKUNFT Alle Regionen
ZUBEREITUNGSZEIT 45 Minuten
GARZEIT 1½ Stunden

Zutaten

150 g Knollensellerie
1 Möhre
2 mittelgroße Zwiebeln
2 EL Öl
1 kg Rehfleisch (aus der Schulter)
1–2 TL Puderzucker
1 EL Tomatenmark
4 cl Weinbrand
300 ml Rotwein
¾ l Hühnerbrühe
1 Lorbeerblatt
½ TL schwarze Pfefferkörner
5 Wacholderbeeren (leicht angedrückt)
½ TL Korianderkörner
5 Pimentkörner
1 halbierte Knoblauchzehe
1 EL milder Essig
10 g Zartbitterschokolade
1 EL Johannisbeergelee
Salz
Pfeffer aus der Mühle
3 EL Butter
80 g kleine weiße Champignons
80 g kernlose Trauben
2 EL Walnusskerne
50 g Schwarzwälder Schinken

1 — Sellerie, Möhre und Zwiebeln schälen und in 1 cm große Würfel schneiden. In einer Pfanne im Öl 2 bis 3 Minuten andünsten.

2 — Das Rehfleisch von Sehnen befreien und in 3 bis 4 cm große Würfel schneiden. In einem weiten Topf bei mittlerer Hitze portionsweise im übrigen Öl von allen Seiten anbraten und herausnehmen. Den Puderzucker hineinstäuben und hell karamellisieren, das Tomatenmark unterrühren, etwas anbräunen, mit Weinbrand und einem Drittel des Rotweins ablöschen und die Flüssigkeit sirupartig einkochen lassen. Den übrigen Rotwein in 2 Portionen hinzufügen und jeweils einköcheln lassen.

3 — Das Gemüse dazugeben, mit der Brühe auffüllen und das Rehfleisch 1½ Stunden bei schwacher Hitze knapp unter dem Siedepunkt weich schmoren. Nach 1 Stunde das Lorbeerblatt, Pfefferkörner, Wacholderbeeren, Koriander- und Pimentkörner dazugeben.

4 — Die Fleischstücke aus der Sauce nehmen. Die Sauce durch ein Sieb passieren, das Gemüse dabei etwas ausdrücken. Knoblauch in der Sauce einige Minuten ziehen lassen und wieder entfernen. Die Sauce mit Essig, Johannisbeergelee, Salz und Pfeffer abschmecken und 2 EL Butter darin schmelzen lassen. Das Fleisch wieder dazugeben und in der Sauce erwärmen. Nach Belieben die Sauce mit etwas Sahne verfeinern. (Abbildung → S. 302)

5 — Die Champignons putzen, trocken abreiben und in der übrigen Butter anbraten, salzen und pfeffern. Die Trauben waschen, trocken tupfen, mit den Walnüssen dazugeben und kurz darin erwärmen. Den Schinken in ½ bis 1 cm breite Streifen schneiden. Beim Anrichten das Ragout damit garnieren.

Hirschrücken
für 4 Personen

HERKUNFT Alle Regionen
ZUBEREITUNGSZEIT 20 Minuten
GARZEIT 45 Minuten

Zutaten für den Hirschrücken

500 g Hirschrücken (küchenfertig)
3 EL Nussbutter → S. 125
Salz
Pfeffer aus der Mühle

Zutaten für die Sauce

200 ml dunkle Grundsauce → S. 131
1 Lorbeerblatt
½ TL Wacholderbeeren (angedrückt)
½ TL Pimentkörner (angedrückt)
½ TL schwarze Pfefferkörner
1 Splitter Zimtrinde
1 Gewürznelke
¼ TL gehackte Zartbitterkuvertüre
1 TL Preiselbeerkonfitüre
1 TL Puderzucker
1 Schuss roter Portwein
80 ml kräftiger Rotwein
1 TL Speisestärke
1 EL kalte Butter
Salz

1 — Für den Hirschrücken den Backofen auf 100 °C vorheizen. Auf die mittlere Schiene ein Ofengitter und darunter ein Abtropfblech schieben. Den Hirschrücken in 4 gleich große Steaks schneiden und jeweils mit dem Handballen flach drücken.

2 — In einer Grillpfanne 1 bis 2 TL Nussbutter erhitzen und die Hirschrückensteaks darin rundum bei mittlerer Hitze anbraten. Die Steaks auf das Ofengitter legen und im Ofen etwa 45 Minuten rosa durchziehen lassen. Die übrige Nussbutter in einer Pfanne sanft erwärmen, mit etwas Salz und Pfeffer würzen und die Hirschrückensteaks darin wenden, warm halten.

3 — Die Grundsauce in einem Topf mit Lorbeerblatt, Wacholderbeeren, Piment- und Pfefferkörnern, Zimtsplitter und Gewürznelke einige Minuten einköcheln lassen. Zum Schluss die Schokolade und die Preiselbeerkonfitüre einrühren und einige Minuten in der Sauce ziehen lassen.

4 — Den Puderzucker in einer Pfanne bei mittlerer Hitze hell karamellisieren, mit dem Portwein und dem Rotwein ablöschen, auf etwa ein Drittel einköcheln lassen und in die Sauce rühren. Die Speisestärke mit wenig kaltem Wasser glatt rühren und in die köchelnde Sauce geben, bis diese leicht sämig bindet. Die Sauce noch 1 bis 2 Minuten köcheln lassen, dann durch ein Sieb gießen, die kalte Butter hineinrühren und alles mit Salz abschmecken.

5 — Die Hirschrückensteaks auf vorgewärmten Tellern anrichten, die Sauce darum herum verteilen. Dazu Schwarzwurzelgemüse → S. 366 servieren. (Abbildung → S. 312)

Hirschragout
für 4 Personen

HERKUNFT Alle Regionen
ZUBEREITUNGSZEIT 20 Minuten
GARZEIT 2½ Stunden

Zutaten

- 1 kg Hirschfleisch (aus der Schulter)
- 2 Zwiebeln
- ½ kleine Möhre
- 120 g Knollensellerie
- 2 EL Öl
- 1 TL Puderzucker
- 1 EL Tomatenmark
- 150 ml Rotwein
- 200 ml Hühnerbrühe
- 1 Lorbeerblatt
- je 1 EL Wacholderbeeren, Koriander- und schwarze Pfefferkörner
- 1 Stück Zartbitterschokolade
- 1 EL Preiselbeeren (aus dem Glas)

1 — Das Fleisch von groben Sehnen befreien und in 2 cm große Würfel schneiden. Die Zwiebeln schälen, Möhre und Sellerie putzen und schälen, alles in etwa 1 cm große Würfel schneiden.

2 — Das Öl in einem großen Topf erhitzen, das Fleisch darin bei mittlerer Hitze rundum anbraten und herausnehmen. Das Gemüse im Bratfett andünsten, den Puderzucker darüberstäuben und karamellisieren. Das Tomatenmark dazugeben und kurz anrösten. Mit dem Wein ablöschen und einkochen lassen. Die Brühe angießen und das Fleisch knapp unter dem Siedepunkt etwa 2½ Stunden ziehen lassen. Nach 2 Stunden Lorbeerblatt, Wacholderbeeren, Koriander-, Pfefferkörner, Schokolade und Preiselbeeren dazugeben.

3 — Das Hirschragout auf vorgewärmte tiefe Teller verteilen und nach Belieben mit Preiselbeeren garnieren. Dazu passen mit Butterbröseln bestreute Kartoffelklöße → S. 323 und Wirsinggemüse → S. 376.

Hirschfiletspitzen in Wacholderrahmsauce
für 4 Personen

HERKUNFT Niedersachsen
ZUBEREITUNGSZEIT 30 Minuten

Zutaten

- 4 Scheiben Frühstücksspeck
- 1 TL Öl
- 3 Schalotten
- 40 g Möhre
- 80 g Knollensellerie
- 2 EL Nussbutter → S. 125
- 400 ml Wildfond
- 500 g Hirschrückenfilet (küchenfertig)
- 1–2 TL Puderzucker
- 1 EL Tomatenmark
- 50 ml roter Portwein
- 150 ml kräftiger Rotwein
- 1 EL getrocknete Champignons
- 1 EL zerbröckelter Saucenlebkuchen
- 150 g Sahne
- 1 gestr. EL Speisestärke
- 1 EL Wacholderbeeren
- 3–4 Splitter Zimtrinde
- 1 TL Marzipanrohmasse
- 1 Streifen unbehandelte Orangenschale
- 2 Scheiben Knoblauch
- ¼ TL Instant-Kaffeepulver
- Salz
- Pfeffer aus der Mühle

1 — Den Speck in 1 cm breite Streifen schneiden. In einer Pfanne das Öl erhitzen und die Speckstreifen darin auf beiden

Seiten kross braten. Herausnehmen und auf Küchenpapier abtropfen lassen.

2 — Die Schalotten schälen, die Möhre und den Sellerie putzen und schälen. Alles in ½ cm große Würfel schneiden. In einer Pfanne 1 EL Nussbutter erhitzen und die Gemüsewürfel darin bei mittlerer Hitze einige Minuten andünsten. Mit 100 ml Fond ablöschen und vollständig einköcheln lassen.

3 — Das Hirschfleisch in ½ bis 1 cm breite Streifen schneiden. Die restliche Nussbutter in einer Pfanne erhitzen und das Fleisch darin portionsweise rundum kurz anbraten. Aus der Pfanne nehmen und den Bratensatz mit 100 ml Fond ablöschen.

4 — Den Puderzucker in einem Topf bei mittlerer Hitze goldbraun karamellisieren. Das Tomatenmark unterrühren und kurz anrösten. Mit Port- und Rotwein ablöschen und auf ein Drittel einköcheln lassen. Den restlichen Fond mit dem abgelöschten Bratensatz dazugießen.

5 — Die getrockneten Pilze und den Saucenlebkuchen hinzufügen und die Sauce auf zwei Drittel einköcheln lassen. Die Sahne dazugeben. Die Speisestärke mit etwas kaltem Wasser glatt rühren. Unter die kochende Sauce rühren, bis sie leicht sämig gebunden ist, und die Sauce 1 bis 2 Minuten köcheln lassen.

6 — Die Wacholderbeeren andrücken und in einer Pfanne ohne Fett bei mittlerer Hitze erhitzen, bis sie zu glänzen beginnen. Die Wacholderbeeren mit dem Zimt unter die Sauce rühren. Das Marzipan klein zupfen und ebenfalls hinzufügen. Die Orangenschale und den Knoblauch mit dem Kaffeepulver unter die Sauce rühren und einige Minuten ziehen lassen.

7 — Die Sauce durch ein Sieb in einen Topf streichen, das gedünstete Gemüse und das angebratene Fleisch dazugeben und mit Salz und Pfeffer würzen. Nur noch kurz erhitzen, aber nicht mehr kochen lassen.

8 — Die Hirschfiletspitzen mit dem Gemüse und der Sauce auf vorgewärmte tiefe Teller verteilen und mit dem Speck bestreut servieren.

Wildschweinbraten
für 4 Personen

HERKUNFT Alle Regionen
ZUBEREITUNGSZEIT 30 Minuten
GARZEIT 2½ Stunden

Zutaten

3 Zwiebeln
1 Möhre
150 g Knollensellerie
4 EL Öl
2 TL Puderzucker
1 EL Tomatenmark
80 ml roter Portwein
¼ l kräftiger Rotwein
¾ l Hühnerbrühe
1½ kg Wildschweinfleisch (aus der Schulter)
1 EL Wacholderbeeren
1 TL Fenchelsamen
je 1 TL Piment- und schwarze Pfefferkörner
2 Lorbeerblätter
einige Splitter Zimtrinde
2 EL getrocknete Champignons
1 Knoblauchzehe (in Scheiben)
½ TL dunkle Schokoladenraspel
1 Zweig Rosmarin
4 Scheiben Frühstücksspeck

1 — Den Backofen auf 150 °C vorheizen. Die Zwiebeln schälen, die Möhre und den Sellerie putzen und schälen. Alles in 1½ cm große Stücke schneiden. In einem Topf 1 EL Öl erhitzen und das Gemüse darin 2 bis 3 Minuten andünsten. Den Puderzucker darüberstäuben und karamellisieren,

↓
Wildschweinbraten S. 308

das Tomatenmark unterrühren und kurz anrösten. Den Portwein und ein Drittel des Rotweins hinzufügen und sämig einköcheln lassen. Den restlichen Rotwein in 2 Portionen dazugeben, jeweils einköcheln lassen und mit der Brühe auffüllen.

2 — 2 EL Öl in einer Pfanne erhitzen und die Wildschweinschulter darin rundum anbraten. Das Fleisch in die Sauce legen und den Bräter mit dem Deckel verschließen. Den Wildschweinbraten im Ofen auf der mittleren Schiene etwa 2½ Stunden weich schmoren.

3 — Wacholderbeeren, Fenchelsamen, Piment- und Pfefferkörner in einer beschichteten Pfanne ohne Fett bei schwacher Hitze anrösten. Mit den Lorbeerblättern, Zimtsplittern, Champignons und Knoblauch 30 Minuten vor Ende der Garzeit in die Sauce geben und mitziehen lassen. Am Ende der Garzeit die Schokolade unter die Sauce rühren, den Rosmarin hinzufügen und einige Minuten ziehen lassen.

4 — Das Fleisch aus dem Bräter nehmen und warm halten. Die Sauce durch ein Sieb passieren, dabei das Gemüse etwas durchdrücken, und, falls nötig, leicht mit Salz würzen.

5 — Die Speckscheiben in etwa 3 cm breite Streifen schneiden, in einer Pfanne im restlichen Öl kross braten und auf Küchenpapier abtropfen lassen. Den Wildschweinbraten in Scheiben schneiden. Das Fleisch mit der Sauce auf vorgewärmten Tellern anrichten und mit den Speckstreifen bestreuen. Nach Belieben mit blanchierten, in Butter geschwenkten Rosenkohlblättern servieren und mit Kartoffelpüree → S. 316 servieren. (Abbildung → S. 309)

Wildschweinrücken
für 4 Personen

HERKUNFT Alle Regionen
ZUBEREITUNGSZEIT 30 Minuten
GARZEIT 2 Stunden

Zutaten für die Sauce

- 2 Zwiebeln
- 1 Möhre
- 150 g Knollensellerie
- 1–2 TL Puderzucker
- 1 EL Tomatenmark
- 300 ml Rotwein
- ¾ l Wild- oder Geflügelfond
- je 1 TL Wacholderbeeren, Koriander- und schwarze Pfefferkörner
- 1 Splitter Zimtrinde
- 2 Lorbeerblätter
- 1–2 TL Speisestärke

Zutaten für den Schweinerücken

- 2 kg Wildschweinrücken (küchenfertig; mit Knochen)
- 1 EL Öl
- 4 EL Butter
- 1 Zweig Rosmarin
- 1 Knoblauchzehe (in Scheiben)
- 1 Splitter Zimtrinde
- Salz
- Pfeffer aus der Mühle

1 — Für die Sauce den Wildschweinrücken auslösen. Den Backofen auf 180 °C vorheizen. Die Knochen klein hacken, waschen, auf einem Backblech verteilen und im Ofen 30 Minuten hell bräunen. Das ausgetretene Fett entfernen. Zwiebeln schälen, Möhre und Sellerie putzen und schälen und alles in Würfel schneiden.

2 — Das Gemüse in einem Topf ohne Fett andünsten. Den Puderzucker darüberstäuben und karamellisieren, das Tomatenmark unterrühren und kurz anrösten. Mit dem Wein ablöschen und einköcheln lassen. Die Knochen dazugeben, den Fond angießen und die Sauce knapp unter dem Siedepunkt gut 1 Stunde ziehen lassen.

3 — Die Gewürze, bis auf die Lorbeerblätter, in einer Pfanne ohne Fett anrösten und mit den Lorbeerblättern in die Sauce geben. Nach weiteren 30 Minuten die Sauce durch ein feines Sieb streichen und mit der mit wenig kaltem Wasser glatt gerührten Speisestärke binden.

4 — Für den Wildschweinrücken den Backofen auf 100 °C vorheizen. Ein Ofengitter auf die mittlere Schiene und darunter ein Abtropfblech schieben. Das Öl in einer Pfanne erhitzen, den Wildschweinrücken darin rundum anbraten und auf dem Gitter im Ofen etwa 50 Minuten saftig durchziehen lassen. Die Butter in einer Pfanne zerlassen, Rosmarin, Knoblauch und Zimt dazugeben, mit Salz und Pfeffer würzen und den Wildschweinrücken darin wenden. Dazu passen Kartoffelklöße → S. 323.

Geschmorte Frischlingskeule für 4 Personen

HERKUNFT Alle Regionen
ZUBEREITUNGSZEIT 30 Minuten
GARZEIT 4 Stunden

Zutaten

- 100 g getrocknete Feigen
- 2 TL Puderzucker
- 125 ml roter Portwein
- 1 Streifen unbehandelte Orangenschale
- 2 Zwiebeln
- 1 kleine Möhre
- 100 g Knollensellerie
- 1 Frischlingskeule (etwa 1,4 kg; entbeint)
- Salz
- Pfeffer aus der Mühle
- 6 EL Öl
- 4 cl Cognac
- ½ l Rotwein
- 1 EL Tomatenmark
- knapp ½ l Hühnerbrühe
- 1 EL schwarze Pfefferkörner
- 1 Lorbeerblatt
- ½ Zimtstange
- 1 Gewürznelke
- 1 ganzer Sternanis
- 1 TL Kardamomsamen oder -kapseln
- 5 Pimentkörner
- 2 TL Speisestärke
- 30 g Butter

1 — Die getrockneten Feigen vierteln, noch vorhandene Stiele dabei entfernen. In einem kleinen Topf 1 TL Puderzucker hell karamellisieren, mit dem Portwein ablöschen, auf die Hälfte einkochen lassen und die Feigen darin einweichen.

2 — Das Gemüse putzen, schälen und in 1 bis 2 cm große Würfel schneiden.

3 — Die Frischlingskeule mit Küchengarn in Form binden und in einem Schmortopf bei mittlerer Hitze in 3 EL Öl rundum anbräunen. Das Fleisch herausnehmen, das Bratfett abgießen, den restlichen Puderzucker hineinstäuben und hell karamellisieren. Mit Cognac und der Hälfte des Rotweins ablöschen, das Tomatenmark einrühren und sämig einköcheln lassen. Den übrigen Rotwein hinzufügen und einkochen lassen. Das Gemüse hinzufügen, mit der Brühe auffüllen, die angebratene Keule hineinlegen und im geschlossenen Topf bei 150 °C im vorgeheizten Ofen etwa 3½ bis 4 Stunden weich schmoren. Dabei ab und zu wenden.

↓
Hirschrücken S. 306

4 — Die Pfefferkörner in einem Mörser grob zerstoßen, auf einem Sieb den feinen Staub absieben, den Pfefferschrot im übrigen Öl anrösten und auf einem Sieb abtropfen lassen.

5 — Pfeffer mit Lorbeerblatt, Zimt, Nelke, Sternanis, Kardamom und Piment nach etwa 2 Stunden in die Sauce legen.

6 — Das Fleisch aus dem Bräter nehmen, die Sauce durch ein Sieb gießen, das Gemüse dabei etwas ausdrücken. Die Sauce, falls nötig, etwas einköcheln lassen, die Speisestärke mit kaltem Wasser glatt rühren, in die köchelnde Sauce rühren, bis die Sauce sämig ist. Die Butter in die Sauce mixen, die eingeweichten Feigen mit dem Portwein hinzufügen und mit Salz abschmecken.

7 — Das Garn von der Keule lösen, das Fleisch mit einem scharfen Messer in dünne Scheiben schneiden und mit der Sauce anrichten. Dazu passen Spätzle → S. 350

Wildschweingulasch
für 4 Personen

HERKUNFT Alle Regionen
ZUBEREITUNGSZEIT 20 Minuten
GARZEIT 3 Stunden

Zutaten

1 kg Wildschweinschulter
800 g Zwiebeln
2 EL Öl
1 TL Tomatenmark
¾ l Hühnerbrühe
5 Wacholderbeeren (angedrückt)
½ TL schwarze Pfefferkörner
5 Pimentkörner
1 Lorbeerblatt
1 Knoblauchzehe (geschält und halbiert)
1 Zweig Thymian
je 1 Streifen unbehandelte Zitronen- und Orangenschale
Salz
Cayennepfeffer

1 — Für das Gulasch die Wildschweinschulter waschen, trocken tupfen, von groben Sehnen befreien und in 3 bis 4 cm große Würfel schneiden. Die Zwiebeln schälen, halbieren und in Streifen schneiden.

2 — Das Öl in einem großen Schmortopf erhitzen, die Fleischwürfel darin nacheinander in 2 Portionen bei mittlerer Hitze rundum anbraten und wieder herausnehmen. Die Zwiebelstreifen in den Topf geben und glasig dünsten. Das Tomatenmark unterrühren und einige Minuten mitdünsten. Das Fleisch dazugeben, mit der Brühe aufgießen und knapp unter dem Siedepunkt 3 Stunden ziehen lassen.

3 — Wacholderbeeren, Pfeffer- und Pimentkörner in ein Gewürzsäckchen füllen und 15 Minuten vor Garzeitende mit dem Lorbeerblatt in das Gulasch geben. Am Ende der Garzeit Knoblauch, Thymian, Zitronen- und Orangenschale hinzufügen, 5 Minuten ziehen lassen und anschließend mit Gewürzsäckchen und Lorbeerblatt wieder entfernen. Das Gulasch mit Salz und 1 Prise Cayennepfeffer abschmecken. Mit Brezenknödeln → S. 313 oder Semmelknödel → S. 351 und Rosenkohl → S. 366 servieren.

Kartoffeln, Klöße & Co.

Salzkartoffeln/ Petersilienkartoffeln
für 4 Personen

HERKUNFT Alle Regionen
ZUBEREITUNGSZEIT 5 Minuten
GARZEIT 20 Minuten

Zutaten

1 kg festkochende Kartoffeln
Salz
1 Bund Petersilie
20–30 g Butter

1 — Die Kartoffeln schälen, waschen und in einem Topf knapp mit Wasser bedecken. Darauf achten, dass die Kartoffeln gleich groß sind, sodass sie gleichmäßig gar werden. Aufkochen und 1 geh. TL Salz dazugeben. Kartoffeln 15 bis 20 Minuten gar kochen.

2 — Die Kartoffeln abgießen und unter leichtem Schütteln abdämpfen lassen.

3 — Für Petersilienkartoffeln die Petersilie waschen, trocken schütteln, die Blätter von den Stielen zupfen und klein schneiden. Die Butter zerlassen, die Kartoffeln darin schwenken und mit Petersilie bestreuen.

Pellkartoffeln
für 4 Personen

HERKUNFT Alle Regionen
ZUBEREITUNGSZEIT 5 Minuten
GARZEIT 30 Minuten

Zutaten

1 kg kleine festkochende Kartoffeln
Salz
1 TL ganzer Kümmel
½ TL schwarze Pfefferkörner

1 — Die Kartoffeln unter fließendem Wasser gründlich abbürsten und in reichlich Salzwasser mit dem Kümmel und dem Pfeffer weich kochen.

2 — In ein Sieb abgießen und je nach Weiterverwendung möglichst heiß pellen oder neue Kartoffeln in der Schale belassen.

Kartoffelpüree
für 4 Personen

HERKUNFT Alle Regionen
ZUBEREITUNGSZEIT 10 Minuten
GARZEIT 25 Minuten

Zutaten

1 kg mehligkochende Kartoffeln
Salz
½ TL ganzer Kümmel
¼ l Milch
1 EL Butter
2 EL Nussbutter → S. 125
frisch geriebene Muskatnuss

1 — Die Kartoffeln waschen und in reichlich Salzwasser mit dem Kümmel weich kochen. Kartoffeln abgießen, möglichst heiß pellen und durch die Kartoffelpresse drücken.

2 — Die Milch erhitzen und mit einem Kochlöffel unter die durchgepressten Kartoffeln rühren, sodass ein feines Püree entsteht. Die Butter und die Nussbutter untermischen. Das Püree mit Salz und Muskatnuss würzen.

3 — Für Kartoffel-Zitronen-Püree die abgeriebene Schale von 1 unbehandelten Zitrone unter das fertige Püree rühren.

4 — Für Kartoffel-Spinat-Püree 100 g jungen Blattspinat verlesen, waschen und abtropfen lassen, grobe Stiele entfernen. Den Spinat unter das fertige Püree rühren.

5 — Für Kartoffel-Apfel-Püree 1 Apfel schälen, vierteln, entkernen und in kleine Würfel schneiden. Die Apfelwürfel und 2 EL Apfelmus unter das fertige Püree rühren.

6 — Für Kartoffel-Birnen-Püree 2 feste reife Birnen schälen, vierteln, entkernen und in kleine Würfel schneiden. Die Birnenwürfel unter das fertige Püree rühren.

7 — Für Kartoffel-Sellerie-Püree 300 g gekochten Knollensellerie pürieren und unter das fertige Kartoffelpüree rühren.

8 — Für Kartoffel-Lauch-Püree 400 g gekochten Lauch pürieren und unter das fertige Kartoffelpüree rühren.

9 — Für Kartoffel-Bärlauch-Püree 50 g Bärlauchblätter waschen, trocken schütteln und in Streifen schneiden. Die Bärlauchstreifen unter das fertige Püree rühren.

10 — Für Kartoffel-Endivien-Püree 2 TL Senfkörner in Salzwasser in 20 Minuten weich kochen, in ein Sieb abgießen und unter kaltem Wasser abspülen. 100 g Frühstücksspeck in kleine Würfel schneiden, in 1 bis 2 EL Öl kross anbraten und auf Küchenpapier abtropfen lassen. 2 Endivienblätter waschen, trocken schütteln und in feine Streifen schneiden. Senfkörner, Speckwürfel und Endivie unter das Püree rühren.

Kartoffelstampf/Kartoffelbrei
für 4 Personen

HERKUNFT Alle Regionen
ZUBEREITUNGSZEIT 10 Minuten
GARZEIT 25 Minuten

Zutaten

1 kg mehligkochende Kartoffeln
½ l Gemüsebrühe
1 Lorbeerblatt
200 ml Milch
2 EL Nussbutter → S. 125
abgeriebene unbehandelte Schale von ½ Zitrone
frisch geriebene Muskatnuss

1 — Die Kartoffeln schälen, waschen und in etwa 1 cm große Würfel schneiden. In der Brühe mit dem Lorbeerblatt weich garen. In ein Sieb abgießen und gut abtropfen lassen, das Lorbeerblatt entfernen.

2 — Die Milch erhitzen und die Nussbutter zerlassen. Die Kartoffeln mit dem Kartoffelstampfer grob zerdrücken und die Milch und Butter unterrühren. Mit Zitronenschale und Muskatnuss würzen.

Folienkartoffeln
für 4 Personen

HERKUNFT Alle Regionen
ZUBEREITUNGSZEIT 5 Minuten
GARZEIT 1 Stunde

Zutaten

8 vorwiegend festkochende oder mehligkochende Kartoffeln (à ca. 100 g)
1 EL grobes Meersalz
1 TL ganzer Kümmel

1 — Für die Folienkartoffeln den Backofen auf 200 °C vorheizen. Die Kartoffeln mit der Schale gründlich waschen und einzeln mit je etwas Meersalz und Kümmel in Alufolie wickeln. Im Ofen auf einem Backblech auf der mittleren Schiene 50 bis 60 Minuten garen.

2 — Die Kartoffeln aus dem Ofen nehmen, aus der Folie wickeln, längs oder kreuzweise einschneiden und mit Paprika-Kräuter-Dip → S. 126 füllen.

Béchamelkartoffeln
für 4 Personen

HERKUNFT Alle Regionen
ZUBEREITUNGSZEIT 20 Minuten
GARZEIT 40 Minuten

Zutaten

- 1 kg vorwiegend festkochende Kartoffeln
- Salz
- 2 Schalotten
- 40 g Butter
- 40 g roher Schinken (in Würfeln)
- 20 g Mehl
- 125 ml Gemüsebrühe
- 250 g Sahne
- frisch gemahlener weißer Pfeffer
- frisch geriebene Muskatnuss
- 1 EL gehackte Petersilie

1 — Die Kartoffeln mit der Schale in Salzwasser garen. Etwas abkühlen lassen, pellen und in Scheiben oder Stücke schneiden.

2 — Die Schalotten schälen und in kleine Würfel schneiden. Die Butter in einer großen Pfanne zerlassen und die Schalotten darin glasig dünsten. Den Schinken unterrühren.

3 — Das Mehl dazugeben und unter Rühren erhitzen, bis es hellgelb ist. Die Brühe auffüllen und rasch mit dem Schneebesen mit dem Mehl verrühren. Die Sahne nach und nach unterrühren und darauf achten, dass keine Klümpchen entstehen. Die Sauce unter Rühren aufkochen lassen.

4 — Die Sauce leicht einkochen lassen, dabei gelegentlich umrühren. Mit Salz, Pfeffer und Muskatnuss würzen. Die Kartoffeln dazugeben und untermischen. Mit Petersilie bestreut servieren.

Bouillonkartoffeln
für 4 Personen

HERKUNFT Alle Regionen
ZUBEREITUNGSZEIT 15 Minuten
GARZEIT 15 Minuten

Zutaten

- 500 g kleine festkochende Kartoffeln
- 2 Möhren
- 180 g Knollensellerie
- 1 Stange Lauch
- ½ Zwiebel
- 1 kleines Lorbeerblatt
- 1 Gewürznelke
- 350 ml Fleischbrühe
- 1 Streifen unbehandelte Zitronenschale
- Salz
- gemahlener Kümmel
- 1 EL gehackte Petersilie

1 — Die Kartoffeln schälen, waschen und und in Würfel schneiden. Die Möhren und den Sellerie putzen, schälen und in Würfel schneiden. Den Lauch putzen, waschen und in Ringe schneiden. Die Zwiebel schälen und das Lorbeerblatt mit der Gewürznelke darauf feststecken.

2 — Die Brühe mit den Kartoffeln, den Möhren, dem Sellerie, dem Lauch und der gespickten Zwiebel in einen Topf geben und das Gemüse knapp unter dem Siedepunkt etwa 12 bis 15 Minuten weich garen.

3 — Die Zitronenschale in die Brühe geben, einige Minuten darin ziehen lassen und zusammen mit der gespickten Zwiebel wieder entfernen. Die Kartoffeln mit Salz und 1 Prise Kümmel würzen. Die Bouillonkartoffeln mit der Petersilie bestreut servieren.

Saures Kartoffelgemüse
für 4 Personen

HERKUNFT Bayern
ZUBEREITUNGSZEIT 20 Minuten
GARZEIT 20 Minuten

Zutaten

- ca. 100 g Lauch (nur das Weiße)
- 1 Möhre
- 150 g Knollensellerie
- 800 g kleine festkochende Kartoffeln (z.B. Nicola oder Sieglinde)
- 1 TL Puderzucker
- 125 ml Weißwein
- 2–3 EL Weißweinessig
- ca. 400 ml Gemüsebrühe
- 5 Pimentkörner
- 1 Lorbeerblatt
- ½ Knoblauchzehe
- 80 g Sahne
- Salz
- Pfeffer aus der Mühle
- frisch geriebene Muskatnuss
- 20 g kalte Butter
- 4 kleine Essiggurken
- 1 EL gehackte Petersilie

1 — Den Lauch putzen, waschen und in 1 bis 2 cm breite Streifen schneiden. Die Möhre putzen, schälen und schräg in etwa ½ cm dicke Scheiben schneiden. Den Sellerie schälen, zuerst in ½ cm dicke Scheiben, dann in etwa 2 cm große Stücke schneiden. Die Kartoffeln schälen, waschen und längs vierteln.

2 — Den Puderzucker in einem Topf bei mittlerer Hitze hell karamellisieren, mit dem Wein und dem Essig ablöschen und alles auf ein Drittel einköcheln lassen. Dann die Kartoffeln, den Sellerie und die Möhre dazugeben, alles mit der Brühe aufgießen und 20 Minuten sanft köcheln lassen, bis das Gemüse gerade weich ist. Nach 15 Minuten den Lauch, die Pimentkörner, das Lorbeerblatt und den Knoblauch hinzufügen.

3 — Sobald das Gemüse gar ist, die Brühe durch ein Sieb in einen hohen Rührbecher abgießen, die ganzen Gewürze wieder entfernen und das Gemüse zurück in den Topf geben. Die Sahne und einige Kartoffelstücke zur Brühe geben und mit dem Stabmixer fein sämig pürieren. Die Sauce wieder zum Gemüse geben.

4 — Das Gemüse mit Salz, Pfeffer, Muskatnuss und, falls nötig, einigen Tropfen Essig abschmecken. Die Butter hinzufügen. Die Essiggurken halbieren und mit der Petersilie unter das saure Kartoffelgemüse mischen. Das Gemüse passt zu Tafelspitz → S. 249 und Fisch.

Kartoffelspalten mit Rosmarin
für 4 Personen

HERKUNFT Alle Regionen
ZUBEREITUNGSZEIT 10 Minuten
GARZEIT 45 Minuten

Zutaten

- 1 kg festkochende neue Kartoffeln
- 3–4 Zweige Rosmarin
- 2–3 EL Olivenöl
- 1–2 TL Meersalz
- Pfeffer aus der Mühle
- 2–3 zerdrückte Knoblauchzehen

1 — Den Backofen auf 180 °C vorheizen. Die Kartoffeln gründlich waschen und trocken abreiben. In Spalten schneiden.

2 — Den Rosmarin waschen, trocken schütteln und die Nadeln von den Zweigen zupfen. Die Nadeln hacken.

↓
Bratkartoffeln S. 321

3 — Mit dem Olivenöl vermischen und mit Salz und Pfeffer würzen.

4 — Die Kartoffelspalten mit dem Würzöl vermischen und auf einem Backblech verteilen. Die Knoblauchzehen dazugeben und im Ofen auf der mittleren Schiene etwa 45 Minuten backen.

Knusprige Kartoffelwürfel
für 4 Personen

HERKUNFT Alle Regionen
ZUBEREITUNGSZEIT 30 Minuten

Zutaten

750 g festkochende Kartoffeln
3–4 EL Olivenöl
20 g Butter
Salz
Pfeffer aus der Mühle

1 — Die Kartoffeln schälen, waschen und in etwa 1 cm große Würfel schneiden. Mit Küchenpapier oder einem Geschirrtuch gründlich trocken tupfen.

2 — Das Öl in einer Pfanne erhitzen und die Kartoffelwürfel darin bei mittlerer Hitze 15 bis 20 Minuten unter Rühren goldbraun braten.

3 — Mit einem Schaumlöffel herausheben und auf Küchenpapier abtropfen lassen.

4 — Das Fett abgießen, die Butter in der Pfanne erhitzen, die Kartoffelwürfel darin schwenken und mit Salz und Pfeffer würzen.

5 — Nach Belieben noch 2 geschälte, in Würfel geschnittene Zwiebel und/oder 1 zerdrückte Knoblauchzehe in den letzten 5 Minuten mit den Kartoffeln garen.

Bratkartoffeln
für 4 Personen

HERKUNFT Alle Regionen
ZUBEREITUNGSZEIT 15 Minuten
GARZEIT 40 Minuten

Zutaten

1 kg festkochende Kartoffeln
Salz
1 EL Öl
1 Zwiebel
½–1 TL getrockneter Majoran
¼–½ TL gemahlener Kümmel
Pfeffer aus der Mühle
1 EL gehackte Petersilie
1 EL Butter

1 — Die Kartoffeln in einem Topf in Salzwasser 15 bis 20 Minuten garen.

2 — Die gegarten Kartoffeln pellen und in dicke Scheiben schneiden. Die Kartoffelscheiben im Öl in einer Pfanne nebeneinanderliegend bei schwacher bis mittlerer Hitze ganz langsam braten.

3 — Die Kartoffeln wenden, wenn sie anfangen braun zu werden. Die Zwiebel schälen, in Streifen schneiden und hinzufügen. Mitbraten und die Pfanne zwischendurch schwenken.

4 — Die Kartoffeln zum Schluss mit Salz, Majoran, Kümmel und Pfeffer würzen. Die Petersilie dazugeben und die Butter in der Pfanne schmelzen lassen, dabei die Bratkartoffeln immer wieder schwenken. (Abbildung links)

Kartoffelkroketten
für ca. 20 Stück

HERKUNFT Alle Regionen
ZUBEREITUNGSZEIT 30 Minuten
GARZEIT 1 Stunde

Zutaten

- 650 g mehligkochende Kartoffeln
- Salz
- 2 Eigelb
- 1 EL Speisestärke
- frisch geriebene Muskatnuss
- Mehl für die Arbeitsfläche
- 2 Eier
- 100 g doppelgriffiges Mehl (z.B. Wiener Grießler)
- 100 g Weißbrotbrösel
- Frittierfett zum Ausbacken

1 — Die Kartoffeln waschen und in reichlich Salzwasser weich kochen. Kartoffeln abgießen, möglichst heiß pellen und durch die Kartoffelpresse drücken.

2 — Die Eigelbe rasch unter die Kartoffeln rühren und mit der Speisestärke zu einem glatten Teig verarbeiten. Kartoffelteig mit Salz und Muskatnuss würzen und in einen Spritzbeutel mit Lochtülle (1 ½ cm Durchmesser) füllen. Den Kartoffelteig in gleichmäßigen Strängen auf die leicht bemehlte Arbeitsfläche spritzen.

3 — Die Eier in einem tiefen Teller verquirlen. Das Mehl und die Weißbrotbrösel ebenfalls jeweils in tiefe Teller geben. Die Kartoffelteigstränge in 4 cm lange Stücke teilen und diese zuerst im Mehl, dann im verquirlten Ei und zuletzt in den Weißbrotbröseln wenden.

4 — Das Frittierfett in einem großen Topf oder in der Fritteuse auf 170 °C erhitzen. Die Kroketten darin einige Minuten goldbraun backen. Mit dem Schaumlöffel herausheben und auf Küchenpapier abtropfen lassen.

Kartoffelplätzchen
für ca. 12 Stück

HERKUNFT Alle Regionen
ZUBEREITUNGSZEIT 30 Minuten
GARZEIT 40 Minuten

Zutaten

- 650 g mehligkochende Kartoffeln
- Salz
- 2 Eigelb
- 1 EL Speisestärke
- frisch geriebene Muskatnuss
- 100 g gekochter Schinken
- 1 Zwiebel
- 3 EL Öl
- 1 EL Crème fraîche
- getrockneter Majoran
- 1 EL gehackte Petersilie
- Mehl für die Arbeitsfläche

1 — Die Kartoffeln waschen und in reichlich Salzwasser weich kochen. Kartoffeln abgießen, möglichst heiß pellen und durch die Kartoffelpresse drücken.

2 — Die Eigelbe rasch unter die Kartoffeln rühren und mit der Speisestärke zu einem glatten Teig verarbeiten. Kartoffelteig mit Salz und Muskatnuss würzen.

3 — Den Schinken in kleine Würfel schneiden. Die Zwiebel schälen und ebenfalls in kleine Würfel schneiden. 1 EL Öl in einer Pfanne erhitzen und die Zwiebelwürfel darin glasig andünsten. Die Zwiebelwürfel, die Schinkenwürfel, Crème fraîche, 1 Prise Majoran und die Petersilie unter den Kartoffelteig mischen.

4 — Auf der bemehlten Arbeitsfläche etwa 4 cm dicke Rollen formen, in 1 bis 2 cm dicke Scheiben schneiden und mit den Händen zu Küchlein formen. In einer Pfanne die Kartoffelpflanzerl im restlichen Öl bei mittlerer Hitze auf beiden Seiten goldbraun braten und auf Küchenpapier abtropfen lassen.

Bubespitzle/Schupfnudeln/ Fingernudeln
für 4 Personen

HERKUNFT Süddeutschland
ZUBEREITUNGSZEIT 30 Minuten
KÜHLZEIT 30 Minuten
GARZEIT 40 Minuten

Zutaten

600 g mehligkochende Kartoffeln
Salz
1 TL ganzer Kümmel
2 EL Nussbutter → S. 125
2 Eigelb
60 g doppelgriffiges Mehl (z.B. Wiener Grießler)
60 g Speisestärke
frisch geriebene Muskatnuss
1–2 EL Öl
Pfeffer aus der Mühle
2 EL Butter

1 — Die Kartoffeln waschen und in reichlich Salzwasser mit dem Kümmel weich kochen. Abgießen, kurz ausdampfen lassen, möglichst heiß pellen und durch die Kartoffelpresse drücken. Die Kartoffelmasse ausgebreitet etwa 30 Minuten abkühlen lassen.

2 — Die Kartoffeln mit der Nussbutter und den Eigelben vermischen. Das Mehl mit der Speisestärke auf die Kartoffelmasse sieben und locker unterkneten. Den Teig mit Salz und Muskatnuss würzen.

3 — Den Teig dritteln und jedes Teigstück auf der bemehlten Arbeitsfläche zu Rollen von etwa 1 ½ cm Durchmesser formen. Die Rolllen in etwa 3 cm lange Stücke schneiden und diese mit leicht bemehlten Händen zu etwa 7 cm langen Rollen mit spitzen Enden formen.

4 — In einem Topf reichlich Salzwasser zum Sieden bringen. Die Fingernudeln hineingeben und wenige Minuten ziehen lassen, bis sie an die Oberfläche steigen. Einmal aufkochen lassen, mit dem Schaumlöffel herausnehmen, kalt abschrecken und auf Küchenpapier abtropfen lassen.

5 — Das Öl in einer Pfanne erhitzen und die Fingernudeln darin bei mittlerer Hitze rundum goldbraun anbraten. Mit Salz und Pfeffer würzen, die Butter hinzufügen und die Fingernudeln darin wenden.

Rohe Kartoffelklöße
für 4 Personen

HERKUNFT Süddeutschland
ZUBEREITUNGSZEIT 25 Minuten
GARZEIT 25 Minuten

Zutaten

150 ml Milch
Salz
35 g Weichweizengrieß
frisch geriebene Muskatnuss
1,2 kg mehligkochende Kartoffeln

1 — Die Milch mit 1 gehäuftem TL Salz aufkochen und den Grieß unter Rühren einrieseln lassen. Unter Rühren etwa 5 Minuten zu einem Brei kochen und zugedeckt warm halten. Mit Muskatnuss würzen.

2 — Die Kartoffeln schälen und auf der Gemüsereibe fein in eine Schüssel reiben. Anschließend in einem festen Küchentuch

oder Leinensäckchen kräftig ausdrücken, bis keine Flüssigkeit mehr austritt.

3 — Die Flüssigkeit auffangen und einige Minuten stehen lassen, bis sich die Kartoffelstärke am Schüsselboden absetzt. Sich an der Oberfläche bildendes Wasser abgießen. Die geriebenen Kartoffeln auflockern und mit der Speisestärke und dem heißen Grießbrei mischen.

4 — Aus der Masse mit angefeuchteten Händen 8 kleinere Knödel formen. In einem großen Topf reichlich Salzwasser aufkochen und die Knödel im leicht siedenden Salzwasser etwa 20 Minuten garen.

Thüringer Klöße
für 4 Personen

HERKUNFT Thüringen
ZUBEREITUNGSZEIT 25 Minuten
GARZEIT 40 Minuten

Zutaten

1 ½ kg mehligkochende Kartoffeln
1 TL Knödelhilfe (z.B. Haco-Weiß)
Salz
1 Brötchen
1–2 EL Butter

1 — Die Kartoffeln schälen und waschen. Etwa zwei Drittel der Kartoffeln auf der Gemüsereibe fein in eine Schüssel reiben. Ein Sieb mit einem festen Küchentuch auslegen, die Kartoffeln hineingeben und fest ausdrücken, dabei die Flüssigkeit auffangen.

2 — Die restlichen Kartoffeln klein schneiden, in einem Topf mit etwa 350 ml Wasser knapp bedecken, ½ TL Salz dazugeben und zugedeckt etwa 20 Minuten weich garen.

3 — Das Brötchen in etwa 1 cm große Würfel schneiden. Die Butter in einer Pfanne erhitzen und die Brötchenwürfel darin goldbraun braten.

4 — Die gegarten Kartoffeln im Topf mit dem Kochwasser zu einem etwas dünnen, klümpchenfreien Brei stampfen. Die rohen Kartoffeln auflockern, mit 1 TL Salz würzen und die Knödelhilfe unterrühren. Sie verhindert, dass sich die rohen Kartoffeln verfärben. Das Kartoffelwasser vorsichtig abgießen, dabei die Stärke am Boden zurückbehalten und zu den rohen Kartoffeln geben.

5 — Den Kartoffelbrei unter Rühren aufkochen, bis er Blasen wirft. Den sehr heißen Brei mit dem Kochlöffel unter die geriebenen Kartoffeln schlagen. Aus der Masse mit angefeuchteten Händen etwa 8 Klöße formen, dabei jeweils 3 bis 4 Brötchenwürfel in die Mitte geben. In einem großen Topf reichlich Salzwasser aufkochen und die Klöße darin bei sehr schwacher Hitze 15 bis 20 Minuten gar ziehen lassen.

Kartoffelknödel halb & halb
für 6 Stück

HERKUNFT Alle Regionen
ZUBEREITUNGSZEIT 30 Minuten
GARZEIT 50 Minuten

Zutaten

1 ½ Scheiben Toastbrot
1–2 EL Butter
1 TL gehackte Petersilie
1 kg mehligkochende Kartoffeln
Salz
½ TL ganzer Kümmel
2 Eigelb
1 schwach geh. EL Speisestärke (12–15 g)

1 — Das Toastbrot in kleine Würfel schneiden. Die Butter in einer Pfanne zerlassen und die Toastwürfel darin bei milder Hitze

↓
Kartoffelpuffer/Reiberdatschi/Rievekooche S. 329

goldbraun rösten. Auf Küchenpapier abtropfen lassen und in einer Schüssel mit der Petersilie vermischen.

2 — Für die Knödel 300 g Kartoffeln waschen und in reichlich Salzwasser mit dem Kümmel weich kochen. Die Kartoffeln abgießen, möglichst heiß pellen und durch die Kartoffelpresse drücken.

3 — Inzwischen die restlichen Kartoffeln waschen, schälen und auf der Gemüsereibe fein reiben. Die Kartoffelraspel auf ein Küchentuch geben, das Tuch zusammendrehen und das überschüssige Wasser fest ausdrücken, dabei das Kartoffelwasser auffangen. Das Kartoffelwasser 10 Minuten stehen lassen, dabei setzt sich die Stärke am Boden ab. Das Wasser vorsichtig abgießen und die Stärke mit den Kartoffelraspeln in eine Schüssel geben.

4 — Die durchgepressten Kartoffeln, die Eigelbe und die Speisestärke hinzufügen, mit Salz würzen und alles zu einem glatten Knödelteig vermischen.

5 — Den Knödelteig mit angefeuchteten Händen zu 6 Knödeln formen, etwas flach drücken, mit den gerösteten Toastwürfeln füllen und die Knödel rund und glatt formen.

6 — Die Kartoffelknödel in einem Topf in siedendem Salzwasser 20 Minuten mehr ziehen als kochen lassen. (Ist der Teig etwas zu weich, flocken die Knödel oft aus. Um das zu verhindern, rührt man einfach etwas Speisestärke in wenig kaltem Wasser glatt und gibt die Mischung in das Kochwasser.)

Kartoffelknödel aus gekochten Kartoffeln
für 8 Stück

HERKUNFT Alle Regionen
ZUBEREITUNGSZEIT 20 Minuten
GARZEIT 50 Minuten

Zutaten

- 2 Scheiben Toastbrot
- 1–2 EL Butter
- 1 TL gehackte Petersilie
- 1 kg mehligkochende Kartoffeln
- Salz
- 1 TL ganzer Kümmel
- 100 g Speisestärke
- 2 Eigelb
- 3 EL Nussbutter → S. 125
- frisch geriebene Muskatnuss

1 — Für die Füllung das Toastbrot in kleine Würfel schneiden. Die Brotwürfel in einer Pfanne in der Butter bei milder Hitze goldbraun rösten. Auf Küchenpapier abtropfen lassen und mit der Petersilie mischen.

2 — Für die Knödel die Kartoffeln waschen und in reichlich Salzwasser mit dem Kümmel weich kochen. Die Kartoffeln abgießen, möglichst heiß pellen und durch die Kartoffelpresse drücken.

3 — Die Kartoffeln mit der Speisestärke, den Eigelben, der Nussbutter, Salz und etwas Muskatnuss zu einem glatten Knödelteig verarbeiten.

4 — Aus dem Knödelteig mit angefeuchteten Händen 8 Knödel formen, etwas flach drücken, mit den gerösteten Toastbrotwürfeln füllen und zu glatten Knödeln formen. Die Knödel in einem Topf in siedendem Salzwasser 20 Minuten gar ziehen lassen. Mit dem Schaumlöffel herausheben.

Wickelklöße
für 4 Personen

HERKUNFT Mitteldeutschland
ZUBEREITUNGSZEIT 30 Minuten
KÜHLZEIT 12 Stunden
GARZEIT 20 Minuten

Zutaten

600 g mehligkochende Kartoffeln
Salz
150 g doppelgriffiges Mehl
4 Eigelb
4 EL Nussbutter → S. 125
Pfeffer aus der Mühle
frisch geriebene Muskatnuss
30 g Weißbrotbrösel
3 EL Butter
60 g Frühstücksspeck
1 EL Öl
1 EL gehackte Petersilie
Mehl für die Arbeitsfläche

1 — Am Vortag für die Klöße die Kartoffeln waschen und in Salzwasser weich garen. Abgießen, kurz ausdampfen lassen, pellen, durch die Kartoffelpresse drücken und über Nacht auskühlen lassen.

2 — Für die Klöße die durchgedrückten Kartoffeln mit Mehl, Eigelben, Nussbutter, Salz, Pfeffer und etwas Muskatnuss zu einem glatten Kartoffelteig verkneten.

3 — Die Weißbrotbrösel in der Butter goldbraun rösten. Den Speck in kleine Würfel schneiden, im Öl goldbraun braten und auf Küchenpapier abtropfen lassen. Die Brösel mit Petersilie und Speck mischen.

4 — Den Kartoffelteig auf der bemehlten Arbeitsfläche zu einem Rechteck (40 × 15 cm) ausrollen. In 4 gleich große Stücke von 10 × 15 cm schneiden und auf ein Küchentuch legen. Die Brösel auf dem Teig verteilen, mithilfe des Tuchs einrollen und die Enden mit Küchengarn zubinden. Die Wickelköße in einem Topf in Salzwasser knapp unter dem Siedepunkt 20 Minuten ziehen lassen.

Gefillde Klees
für 4 Personen

HERKUNFT Saarland/Rheinland-Pfalz
ZUBEREITUNGSZEIT 1 Stunde
GARZEIT 55 Minuten

Zutaten für die Klöße

2 ½ kg mehligkochende Kartoffeln
Salz
400 g Lauch
300 g Schinkenspeck
2 große Zwiebeln
2 Brötchen vom Vortag
1 EL Öl
400 g Hackfleisch
2 Eier
Pfeffer aus der Mühle

Zutaten für die Sauce

2 Zwiebeln
250 g durchwachsener Schinkenspeck
1 EL Butter
50 g saure Sahne
1 gestr. TL Speisestärke
200 g Sahne
Salz
Pfeffer aus der Mühle

1 — Für die Klöße 500 g Kartoffeln waschen, in Salzwasser weich kochen, pellen und mit fein zerstampfen.

2 — Die übrigen rohen Kartoffeln schälen, waschen und fein reiben. In einem feinen, festen Küchentuch gut ausdrücken, bis keine Flüssigkeit mehr austritt. Die Flüssigkeit dabei auffangen, kurz stehen lassen, dabei setzt sich am Boden Stärke ab. Das Wasser, das sich an der Oberfläche bildet, abgießen. Die Kartoffelraspel auf einer Arbeitsfläche ausbreiten und salzen. Die frisch gestampften Pellkartoffeln darüber verteilen, die abgesetzte Stärke hinzufügen und das Ganze zu einem festen, geschmeidigen Kloßteig verkneten.

3 — Den Lauch längs halbieren, gründlich waschen und in ½ cm breite Streifen schneiden. Den Speck fein würfeln. Die Zwiebeln schälen und in Würfel schneiden. Die Brötchen in ½ cm große Würfel schneiden.

4 — Das Öl in einer großen tiefen Pfanne erhitzen und den Speck, die Zwiebeln und Lauch darin andünsten. Das Hackfleisch hinzufügen und kurz mitbraten. Die Brötchenwürfel hinzufügen und das Ganze etwa 5 Minuten unter häufigem Rühren schmoren.

5 — In eine Schüssel umfüllen, etwas abkühlen lassen, die Eier unterrühren und lauwarm abkühlen lassen. In 8 gleich große Portionen teilen und zu Klößen formen.

6 — Den Kloßteig in 8 gleich große Portionen teilen, mit feuchten Händen Klöße daraus formen, etwas flach drücken, die Hackknödel daraufsetzen und mit dem Kloßteig umhüllen. Mit feuchten Händen runde Klöße daraus formen. Die Gefillden Klees in leicht siedendem Salzwasser etwa 25 Minuten ziehen lassen.

7 — Für die Sauce die Zwiebeln schälen und mit dem Speck in feine Würfel schneiden. Speck und Zwiebeln mit der Butter bei schwacher Hitze einige Minuten andünsten. Saure Sahne mit der Speisestärke verrühren und mit der Sahne unter die Speck-Zwiebel-Mischung rühren. Einmal aufkochen und mit Salz und Pfeffer abschmecken.

8 — Die Klöße mit der Sauce auf Tellern anrichten.

Diebchen mit Duckefett
für 4 Personen

HERKUNFT Hessen
ZUBEREITUNGSZEIT 30 Minuten
GARZEIT 20 Minuten

Zutaten für die Diebchen

- 1 kg mit der Schale gegarte mehligkochende Kartoffeln
- 2 Eier
- ca. 100 g Kartoffelstärke
- ½ TL getrockneter Majoran
- Salz
- 150 g Ahle Wurst (luftgetrocknete Dauerwurst)

Zutaten für das Duckefett

- 150 g durchwachsener Räucherspeck (am Stück)
- 250 g Zwiebeln
- 250 g Schmand
- 125 ml Milch
- Salz
- frisch gemahlener weißer Pfeffer

1 — Für die Diebchen die Kartoffeln pellen und auf der Küchenreibe fein reiben. Die Eier, die Kartoffelstärke, den Majoran und etwas Salz dazugeben und alles zu einem glatten, festen Teig verkneten.

2 — Die Ahle Wurst in etwa 1 ½ cm große Würfel schneiden. Mit angefeuchteten Händen aus dem Kartoffelteig 12 bis 16 Klöße formen, dabei jeweils 1 bis 2 Wurstwürfel in die Mitte geben.

3 — In einem großen Topf reichlich Salzwasser aufkochen. Die Kartoffelklöße hineingeben und bei sehr schwacher Hitze 15 bis 20 Minuten ziehen lassen.

4 — Für das Duckefett den Speck in kleine Würfel schneiden und in einer Pfanne ohne Fett bei schwacher Hitze knusprig braten. Etwa 2 EL Speckwürfel herausnehmen und auf Küchenpapier abtropfen lassen.

5 — Die Zwiebeln schälen, in kurze Streifen schneiden und zum restlichen Speck in die Pfanne geben. Die Zwiebeln darin bei schwacher Hitze andünsten. Den Schmand und die Milch unterrühren. Die Sauce kurz aufkochen. Das Duckefett mit Salz und Pfeffer würzen.

6 — Die Diebchen vorsichtig aus dem Wasser heben, kurz abtropfen lassen und mit dem Duckefett auf den Tellern anrichten. Die restlichen Speckwürfel darüberstreuen.

Kartoffelpuffer/Reiberdatschi/ Rievekooche
für 8–10 Stück

HERKUNFT Alle Regionen
ZUBEREITUNGSZEIT 30 Minuten

Zutaten

- 500 g mehligkochende Kartoffeln
- 2 Eigelb
- Salz
- Pfeffer aus der Mühle
- frisch geriebene Muskatnuss
- 2 EL Öl

1 — Die Kartoffeln schälen, waschen und auf der Gemüsereibe in feine Streifen raspeln. Die Kartoffelstreifen mit den Händen gut ausdrücken. Die Eigelbe unter die Kartoffeln mischen und die Masse mit Salz, Pfeffer und Muskatnuss würzen.

2 — Etwas Öl in einer Pfanne erhitzen. Mit einem Löffel etwas Kartoffelmasse in die Pfanne geben und zu Puffern von 6 bis 7 cm Durchmesser flach drücken. Die Unterseite etwa 2 Minuten goldbraun braten, wenden und die zweite Seite ebenfalls etwa 2 Minuten braten. Die Kartoffelpuffer herausnehmen und auf Küchenpapier abtropfen lassen. Den gesamten Teig auf diese Weise zu Puffern backen. Dazu nach Belieben Apfelmus → S. 441 oder Apfelkompott → S. 441 servieren. (Abbildung → S. 325)

3 — Für Reiberdatschi mit Speck und Birnen 100 g Speck in möglichst kleine Würfel schneiden, in einer Pfanne bei milder Hitze in 1 bis 2 TL Öl kross braten und auf Küchenpapier abtropfen lassen. 1 Birne schälen, vierteln, das Kerngehäuse entfernen und in möglichst kleine Würfel schneiden. Birne und Speck mit der Reiberdatschi-Masse vermischen und wie oben beschrieben fertigstellen.

4 — Für Reiberdatschi mit Lauch 100 g Lauch (am besten das helle Grün) in kleine Würfel schneiden und unter die Kartoffelmasse mischen. Wie oben beschrieben fertigstellen.

Reibekuchen mit Apfel-Birnen-Mus und westfälischem Schinken
für 8–10 Stück

HERKUNFT Westfalen
ZUBEREITUNGSZEIT 20 Minuten
GARZEIT 35 Minuten

Zutaten für den Reibekuchen

- 500 g mehligkochende Kartoffeln
- 2 Eigelb
- Salz
- frisch geriebene Muskatnuss
- Öl zum Braten
- 12 Scheiben Westfälischer Schinken

↓
Döbbekuchen/Dibbelabbes S. 339

Zutaten für das Mus

- 2 Äpfel (z.B. Boskop)
- 2 reife, feste Birnen
- 40 g Zucker
- 2 cl Calvados
- 60 ml Weißwein
- 1 Gewürznelke
- ½ ausgekratzte Vanilleschote
- 1 Zimtsplitter
- 1 Msp. abgeriebene unbehandelte Orangenschale
- 1–2 TL Butter

1 — Für die Reibekuchen die Kartoffeln schälen, waschen, fein reiben und mit den Händen den Saft etwas ausdrücken. Die Eigelbe untermischen und die Masse mit Salz und Muskatnuss würzen.

2 — Das Öl in einer Pfanne erhitzen. Etwas Kartoffelmasse in die Pfanne geben und mit einem Esslöffel zu Küchlein von 6 bis 7 cm Durchmesser verstreichen. Die Küchlein nacheinander bei milder Hitze auf beiden Seiten 4 bis 5 Minuten goldbraun braten. Die Reibekuchen auf Küchenpapier abtropfen lassen und warm halten.

3 — Für das Apfel-Birnen-Mus 1 Apfel und 1 Birne waschen und halbieren, entkernen und je eine Hälfte in schmale Spalten schneiden. Die andere Hälfte mit dem restlichen Apfel und der übrigen Birne schälen, vierteln, entkernen und das Fruchtfleisch in 1 cm große Würfel schneiden.

4 — Die Obstwürfel in einen Topf geben, den Zucker hinzufügen und das Obst bei milder Hitze andünsten. Den Calvados und den Wein dazugießen, die Nelke, die Vanilleschote und den Zimt hinzufügen und das Mus zugedeckt etwa 20 Minuten köcheln lassen. Anschließend die ganzen Gewürze entfernen und das Kompott samt Garflüssigkeit mit dem Stabmixer pürieren. Die Orangenschale hinzufügen.

5 — Die Birnen- und Apfelspalten in einer Pfanne in der Butter bei mittlerer Hitze andünsten.

6 — Die Reibekuchen mit je 3 Schinkenscheiben auf vorgewärmten Tellern anrichten. Die Apfel- und Birnenspalten daneben verteilen und das Apfel-Birnen-Mus dazu reichen.

Kartoffelrösti
für 4 Personen

HERKUNFT Süddeutschland
ZUBEREITUNGSZEIT 10 Minuten
GARZEIT 25 Minuten

Zutaten

- 300 g festkochende Kartoffeln
- Salz
- ganzer Kümmel
- Pfeffer aus der Mühle
- frisch geriebene Muskatnuss
- 1–2 EL Öl

1 — Die Kartoffeln waschen, in reichlich Salzwasser mit 1 Prise Kümmel etwa 15 Minuten garen, abgießen und ausdampfen lassen. Kartoffeln pellen und noch heiß auf der Gemüsereibe in grobe Streifen raspeln. Mit Salz, Pfeffer und Muskatnuss würzen.

2 — In einer Pfanne 1 EL Öl erhitzen. Die Kartoffelstreifen hineingeben, gleichmäßig etwa ½ cm dick verteilen und etwas andrücken. Die Rösti bei mittlerer Hitze auf der Unterseite etwa 4 Minuten goldbraun anbraten. Zum Wenden die Rösti aus der Pfanne auf einen Teller gleiten lassen, die umgedrehte Pfanne darüberlegen und die Rösti wieder in die Pfanne stürzen. Etwas Öl hinzufügen und die andere Seite ebenfalls langsam goldbraun braten. Die Rösti herausnehmen und auf Küchenpapier abtropfen lassen.

3 — Für Gemüserösti wahlweise 100 g Lauch, 1 kleine Möhre, 100 g Fenchel, 100 g Knollensellerie oder 100 g Zucchino putzen, waschen bzw. schälen und in feine Streifen raspeln. Die Gemüsestreifen mit der Kartoffelmasse mischen. Wie oben beschrieben würzen und braten.

4 — Für Rösti aus rohen Kartoffeln 500 g vorwiegend festkochende Kartoffeln schälen, waschen und auf der Gemüsereibe in feine Streifen raspeln. Die Kartoffelstreifen mit Salz, Pfeffer und Muskatnuss würzen und einige Minuten ziehen lassen. Dann die Kartoffelmasse in ein Sieb geben und mit den Händen gut ausdrücken. Die Rösti, wie oben beschrieben, braten.

Pillekuchen/Pillekauken/ Pillekooken
für 4 Personen

HERKUNFT Bergisches Land/Rheinland
ZUBEREITUNGSZEIT 20 Minuten
GARZEIT 25 Minuten

Zutaten

- 1 kg festkochende Kartoffeln
- 120 g durchwachsener Räucherspeck (am Stück)
- 2 Zwiebeln
- 3 EL Öl
- Salz
- 120 g Mehl
- 4 Eier
- 200 ml Milch
- frisch gemahlener weißer Pfeffer
- frisch geriebene Muskatnuss
- 1 TL getrockneter Majoran
- je ½ Bund Petersilie und Schnittlauch
- ca. 4 EL Butterschmalz

1 — Die Kartoffeln schälen, waschen und in dünne Streifen schneiden oder hobeln. Die Kartoffeln in einem Sieb kalt abbrausen, abtropfen lassen und mit Küchenpapier trocken tupfen. Den Speck in feine Würfel schneiden. Die Zwiebeln schälen und ebenso in feine Würfel schneiden.

2 — Das Öl in einer großen Pfanne erhitzen und den Speck darin bei schwacher bis mittlerer Hitze knusprig braten. Die Zwiebeln dazugeben und andünsten. Die Kartoffelstreifen zur Zwiebel-Speck-Mischung geben und etwa 8 Minuten mitbraten, dabei öfter vorsichtig wenden. Mit Salz würzen, die Kartoffelmischung aus der Pfanne nehmen und auf Küchenpapier abtropfen lassen.

3 — Das Mehl mit den Eiern und der Milch in einer Schüssel mit den Quirlen des Handrührgeräts verrühren. Mit Salz, Pfeffer, 1 Prise Muskatnuss und dem Majoran würzen. Die Petersilie und den Schnittlauch waschen und trocken schütteln. Die Petersilienblätter fein hacken, den Schnittlauch in dünne Röllchen schneiden. Die Kräuter unter den Teig rühren.

4 — Den Backofen auf 100 °C vorheizen. In einer Pfanne 1 EL Butterschmalz erhitzen. Ein Viertel der Kartoffelmischung in die Pfanne geben, ein Viertel des Teigs darüber verteilen, kurz verrühren und den Pillekuchen auf der Unterseite etwa 4 Minuten goldbraun backen.

5 — Vorsichtig wenden, etwa 2 Minuten weiterbraten und aus der Pfanne auf eine Platte gleiten lassen. Den Pillekuchen im Ofen warm halten. Aus den restlichen Zutaten 3 weitere Pillekuchen backen. Nach Belieben einen grünen Salat dazu servieren.

Kartoffelstrudel
für 6 Personen

HERKUNFT Süddeutschland
ZUBEREITUNGSZEIT 45 Minuten
BACKZEIT 30 Minuten

Zutaten

250 g Mehl
Salz
3 EL Öl

Zutaten für die Füllung

500 g mehligkochende Kartoffeln
Salz
125 ml heiße Milch
50 g durchwachsener Räucherspeck
1 Zwiebel
1 TL gehackte Petersilie
60 g Butter
3 Eigelb
Pfeffer aus der Mühle
je 1 Prise getrockneter Majoran, geriebene Muskatnuss, gemahlener Kümmel

1 — Mehl und 1 Prise Salz vermischen, mit 125 ml lauwarmen Wasser und 2 EL Öl zu einem glatten Teig verkneten. Zu einer Kugel formen, mit dem restlichen Öl bestreichen und unter einer angewärmten Metallschüssel 30 Minuten ruhen lassen.

2 — Die Kartoffeln 20 Minuten in Salzwasser kochen, pellen und eine große Kartoffel beiseitelegen. Die übrigen Kartoffeln durch die Kartoffelpresse drücken und mit der Milch zu einer glatten Masse verrühren.

3 — Den Speck in Würfel schneiden und in einer Pfanne glasig braten. Die Zwiebel schälen, in kleine Würfel schneiden und mit den Speckwürfeln andünsten. Mit der Petersilie unter das Kartoffelpüree mischen. Den Backofen auf 180 °C vorheizen.

4 — Die zurückbehaltene Kartoffel in Würfel schneiden und in 30 g Butter goldbraun braten. Mit 2 Eigelben unter das Püree mischen und mit Salz, Pfeffer, Majoran, Muskatnuss und Kümmel herzhaft abschmecken.

5 — Den Teig auf einem bemehlten Tuch rechteckig ausrollen und so dünn wie möglich ausziehen. Restliche Butter zerlassen, den Teig damit bestreichen und die Füllung darauf verteilen. Den Strudel mithilfe des Tuchs aufrollen und in eine gefettete Form legen. Das restliche Eigelb mit wenig Wasser verquirlen und den Strudel damit bestreichen. Im Ofen auf der mittleren Schiene 25 bis 30 Minuten goldbraun backen.

Kartoffelgratin
für 4 Personen

HERKUNFT Alle Regionen
ZUBEREITUNGSZEIT 20 Minuten
GARZEIT 20 Minuten

Zutaten

1 EL Butter für die Form
400 g Sahne
1 Knoblauchzehe (geschält und halbiert)
1 Streifen unbehandelte Zitronenschale
1 Zweig Thymian
Salz
Pfeffer aus der Mühle
frisch geriebene Muskatnuss
1 kg mehligkochende Kartoffeln

1 — Den Backofen auf 180 °C vorheizen. Eine ofenfeste Form mit Butter einfetten. Die Sahne in einem Topf aufkochen und vom Herd nehmen.

2 — Knoblauch, Zitronenschale und Thymian in die Sahne geben, 5 Minuten darin ziehen lassen und wieder entfernen. Die Sahne mit Salz, Pfeffer und Muskatnuss würzen.

Rin in die Kartoffeln

„R(e)in in die Kartoffeln" wurden früher die Soldaten geschickt zur besseren Tarnung. Und schnell wieder raus, damit die gute Knolle in Ruhe weiterwachsen kann, die seit Hunderten von Jahren der Deutschen liebstes Gemüse ist. Nicht nur ihre Mägen füllen die um die 5000 Sorten, die hierzulande gezüchtet und verkauft werden, auch einige Dichter haben „Linda" und Co. inspiriert, was man von den militärischen Truppen nicht gerade behaupten kann. Deswegen können Sie den alten Spruch auch gleich wieder vergessen. Er ist nur noch ein Ausdruck von Unentschiedenheit und Widersprüchlichkeit. Was unserer Liebe zur Kartoffel nicht entspricht. Ob pur, püriert, gebraten oder gebacken, einfach oder raffiniert – sie ist und bleibt groß. Also sagen wir lieber: Ran an die Kartoffeln!

01

Die Volksknolle *— Ohne Kartoffeln geht nichts*

Manchmal heißen sie wie Fräuleins aus einer anderen Zeit: „Sieglinde", „Agnes", „Elvira". Oder „Ballerina". Deren Haut ist hell, ihr Fleisch schön fest.

Supercoole Kartoffeln, stylish im Look, gibt es aber auch: „Blue Kongo" zum Beispiel. Die ist noch dunkelblauer als die Lieblingskartoffel des großen Goethe, der seine Einkäufer „unterthänigst der blauen Hornkartoffel wegen nachzufragen" ließ. Die alten Sorten werden gerade wieder neu entdeckt. „Bamberger Hörnchen" zum Beispiel, obwohl man ewig an ihren Huckeln und Buckeln herumschält. „Linda" löste sogar eine Protestbewegung aus, als sie die strengen deutschen Zulassungsbestimmungen bezüglich Kraft und Form nicht erfüllen konnte. „Rettet Linda!", skandierten Menschenmengen auf den Straßen großer Städte wie Hamburg, wo Leute wohnen, die sich sonst nicht so schnell öffentlich echauffieren. Aber daran sieht man mal, wie den Deutschen die Kartoffel am Herzen liegt. Die Gourmetknolle Linda wurde nicht nur gerettet, sondern zur „Königin der deutschen Kartoffeln" gekrönt.

„Kartoffel in der Früh, zu Mittag in der Brüh, zu Abend im ganzen Kleid, Kartoffel in Ewigkeit", betete der andere Klassik-Superstar der deutschen Dichtkunst, Friedrich Schiller, die Ackerbewohnerin an. Keine ist kulinarisch betrachtet so wunder-

02

03

04

01 Der Alte Fritz – Friedrich der Große ließ gegen die Hungersnöte Kartoffeln anbauen.

02 Kroketten – außen knusprig, innen fluffig

03 Reiche Ernte: Im Jahr 2016 gab es rund 10,2 Millionen Tonnen deutsche Kartoffeln.

04 Rot, gelb, fast schwarz – die Schale variiert je nach einer der 5000 Sorten.

05 Nie schmeckten Kartoffeln besser als direkt nach der Ernte aus dem Kartoffel(kraut)feuer.

05

bar wandelbar und vielfältig obendrein.

Die Dichter werden hier übrigens zitiert, um einen Makel unserer lieben „Cartuffeln", „Erdbirnen" oder „Erdbumser", wie sie im Donaumoos genannt werden, zu vertuschen: Sie sind Einwanderer aus Südamerika, extrem gut integrierte. Jetzt machen nicht nur 1200 Namen und 5000 Sorten, sondern unzählige deutsche Rezepte deutlich, dass wir ohne diese Knolle nicht mehr überleben wollen. Wenn man mal von Spaghetti absieht, sind dampfende Kartoffeln in geschälter, goldgelber Reinform wie als feine Klöße nicht nur Dauerbeilage zu Braten & Co., sondern Grundlage der meisten deutschen Spargerichte. Man denke bloß an goldgelbe Salzkartoffeln mit Butter, mit sämiger Senfsauce und zu frischem Kräuterquark. Oder an die dicke Kartoffelsuppe, die fluffigen Kartoffelpürees und luftigen -puffer, knusprige Kroketten und würzig süßsauren Kartoffelsalat, der auf keiner deutschen Party fehlen darf. Kein Wunder, dass es in Deutschland „Bratkartoffelverhältnisse" gab (und vielleicht noch gibt)! Das heißt: zart mit Mehl bestäubte, in der Pfanne gebratene Kartoffelscheiben gegen Liebesdienste.

Zeit, noch den lustigsten deutschen Dichter zu zitieren. Joachim Ringelnatz schrieb nämlich „Abschiedsworte an Pellka", also an eine samt Schale gekochte Pellkartoffel, die gerade zur weiteren Verwendung auf den Teller kommt: „Du Gipfel meines Entzückens, jetzt kommt der Moment des Zerdrückens, mit der Gabel – sei stark! Ich will auch Butter und Quark. Oder Kümmel, auch Leberwurst in dich stampfen. Musst nicht gleich so ängstlich dampfen"… usw. Der Leser ahnt, wie diese Liaison endet.

3 — Die Kartoffeln schälen, waschen und in 2 mm dicke Scheiben hobeln.

4 — Die Kartoffelscheiben dachziegelartig in die Form schichten mit der Sahne übergießen. Im Ofen auf der mittleren Schiene etwa 40 Minuten goldbraun backen.

5 — Nach Belieben das Gratin vor dem Backen mit 100 g geriebenem Bergkäse bestreuen.

Hackus und Knieste
für 4 Personen

HERKUNFT Harz
ZUBEREITUNGSZEIT 15 Minuten
GARZEIT 1 Stunde

Zutaten

1 kg vorwiegend festkochende Kartoffeln
5 EL Öl
Salz
1–2 EL ganzer Kümmel
300 g Salz-Dill-Gurken
2 Zwiebeln
800 g sehr frisches Schweinehackfleisch (Schweinemett)
Pfeffer aus der Mühle

1 — Den Backofen auf 200 °C vorheizen. Die Kartoffeln gründlich waschen, bei Bedarf abbürsten und trocken abreiben. Die Kartoffeln halbieren. Ein Backblech mit 4 EL Öl einpinseln, die Kartoffeln mit der Schnittfläche nach unten auf das Blech legen, die Oberseite mit Öl bestreichen, mit Salz und Kümmel bestreuen und im Ofen auf der mittleren Schiene 50 bis 60 Minuten backen. Zwischendurch mit etwas Öl vom Blech bestreichen.

2 — Die Salz-Dill-Gurken in kleine Würfel schneiden. Die Zwiebeln schälen und in feine Würfel schneiden. Das Hackfleisch mit Salz und Pfeffer kräftig würzen und zu 4 gleich großen Hacksteaks formen.

3 — Die Hacksteaks auf Tellern anrichten, Zwiebeln und Gurken jeweils als kleine Häufchen danebensetzen und mit den Kartoffeln servieren.

Potthucke
für 4 Personen

HERKUNFT Sauerland/Siegerland
ZUBEREITUNGSZEIT 15 Minuten
KÜHLZEIT 12 Stunde
BACK- UND BRATZEIT 1 Stunde 10 Minuten

Zutaten

1 kg mehligkochende Kartoffeln
3 Eier
200 g Sahne
3 geh. TL Salz
120 g Mehl
Butter für die Form
200 g geräucherte Mettenden
Butterschmalz zum Braten

1 — Den Backofen auf 200 °C vorheizen. Die Kartoffeln schälen, waschen und auf der Gemüsereibe fein in eine Schüssel reiben. Die Eier mit der Sahne verrühren und mit Salz würzen. Das Mehl unterrühren.

2 — Eine Kastenkuchenform mit weicher Butter einfetten, die Hälfte der Kartoffelmasse einfüllen, die Mettwürstchen darauflegen und mit der übrigen Kartoffelmasse bedecken. Im Ofen auf der zweiten Schiene von unten 50 bis 60 Minuten goldbraun backen. Etwas abkühlen lassen, aus der Form stürzen und über Nacht kühl stellen.

3 — Am nächsten Tag den Kartoffelkuchen in etwa 1 ½ cm dicke Scheiben schneiden. Eine

große Pfanne bei mittlerer Temperatur erhitzen, 1 bis 2 EL Butterschmalz darin verteilen und die Scheiben darin auf beiden Seiten goldbraun anbraten.

Döbbekuchen/Dibbelabbes
für 4 Personen

HERKUNFT Rheinland-Pfalz/Nordrhein-Westfalen/Hessen/Saarland
ZUBEREITUNGSZEIT 20 Minuten
BACKZEIT 1 Stunde

Zutaten

1 Brötchen (vom Vortag)
2 Mettenden (ersatzweise Landjäger)
1 kg vorwiegend festkochende Kartoffeln
2 Eier
Salz
Pfeffer aus der Mühle
frisch geriebene Muskatnuss
Paprikapulver (edelsüß)
getrockneter Liebstöckel
150 g Räucherspeck
2 EL Nussbutter → S. 125

1 — Den Backofen auf 220 °C vorheizen. Das Brötchen in Wasser einweichen, ausdrücken und klein schneiden. Die Mettenden in dünne Scheiben schneiden. Die Kartoffeln schälen, waschen und grob raspeln.

2 — Die Kartoffeln, die Eier, die Mettenden und das Brötchen mischen und mit Salz, Pfeffer, Muskatnuss und je 1 Prise Paprikapulver und Liebstöckel kräftig würzen.

3 — Den Speck in kleine Würfel schneiden. Die Nussbutter in einem Schmortopf oder einer ofenfesten Form (etwa 20 × 30 cm) erhitzen und den Speck darin bei mittlerer Hitze anbraten. Die Kartoffelmasse darauf verteilen und den Döbbekuchen im Ofen auf der mittleren Schiene etwa 1 Stunde knusprig backen. Den Döbbekuchen nach Belieben mit grünem Blattsalat servieren. (Abbildung → S. 330)

Kastenpickert
für 1 Kastenform (ca. 30 cm Kantenlänge)

HERKUNFT Nordrhein-Westfalen/Osnabrücker Land/Niedersachsen
ZUBEREITUNGSZEIT 30 Minuten
GEHZEIT 1 Stunde
GARZEIT 1¼ Stunden

Zutaten

600 g mehligkochende Kartoffeln
2 Eier
500 g Mehl
1 Päckchen Trockenhefe (ersatzweise ½ Würfel frische Hefe)
80 ml Milch
1 gestr. EL Salz
1 TL Zucker
50 g Rosinen
50 g Butter zum Braten
Butter für die Form

1 — Die Kartoffeln schälen, waschen und auf der Gemüsereibe fein reiben.

2 — Geriebene Kartoffeln, Eier, Mehl, Hefe, Milch, Salz und Zucker in eine Rührschüssel geben und in der Küchenmaschine oder den Quirlen eines Handrührgeräts einige Minuten zu einem glatten Teig verarbeiten. Zum Schluss die Rosinen untermengen.

3 — Die Kastenkuchenform mit Butter einfetten und den Teig bis knapp über die Hälfte hineinfüllen. Mit einem Küchentuch bedecken und den Teig etwa 1 Stunde bei Zimmertemperatur gehen lassen.

4 — Den Backofen auf 180 °C vorheizen. Sobald der Pickert etwa bis zum Rand der Form aufgegangen ist, im Ofen auf der mittleren Schiene etwa 1 ¼ Stunden goldbraun backen. In der Form etwas auskühlen lassen, auf ein Kuchengitter stürzen und vollkommen auskühlen lassen, am besten über Nacht.

5 — Den Pickert in 1 bis 1 ½ cm dicke Scheiben schneiden und bei mittlerer Hitze mit der Butter in einer Pfanne auf beiden Seiten goldbraun braten. Nach Belieben süß mit Zuckerrübensirup oder Marmelade oder herzhaft, z.B. mit Leberwurst, bestreichen.

Kartoffel-Lauch-Auflauf
für 4 Personen

HERKUNFT Alle Regionen
ZUBEREITUNGSZEIT 20 Minuten
GARZEIT 45 Minuten

Zutaten

1 kg Kartoffeln
250 g gekochter Schinken
2 Stangen Lauch
2 EL Öl
4 Eier
300 ml Milch
frisch geriebene Muskatnuss
Salz
Pfeffer aus der Mühle
100 g geriebener Gouda

1 — Den Backofen auf 190 °C vorheizen. Die Kartoffeln schälen und in dünne Scheiben schneiden. Den Schinken in feine Würfel schneiden.

2 — Den Lauch halbieren und gründlich waschen. In dünne Ringe schneiden. Das Öl in einer Pfanne erhitzen und den Lauch darin glasig andünsten.

3 — Die Kartoffeln in eine gefettete Auflaufform schichten. Mit dem Schinken bestreuen. Den Lauch darauf verteilen.

4 — Die Eier mit der Milch verquirlen und mit Muskatnuss, Salz und Pfeffer würzen. Über die Kartoffeln gießen

5 — Den Auflauf im Ofen auf der mittleren Schiene 35 Minuten backen. Mit Gouda bestreuen und weitere 10 Minuten überbacken.

Geheirate
für 4 Personen

HERKUNFT Saarland
ZUBEREITUNGSZEIT 20 Minuten
GARZEIT 15 Minuten

Zutaten

400 g Mehl
100 g Magerquark
100 ml Mineralwasser (mit Kohlensäure)
2 Eier
Salz
Pfeffer aus der Mühle
frisch geriebene Muskatnuss
750 g festkochende Kartoffeln
200 g durchwachsener Räucherspeck
1 EL Butter
300 g Sahne
1 EL gehackte Petersilie

1 — Mehl mit Quark, Mineralwasser, Eiern, Salz, Pfeffer und Muskatnuss zu einem zähen Teig verrühren und mit einem Kochlöffel oder in der Küchenmaschine einige Minuten kräftig schlagen.

↓
Himmel un Ääd S. 342

2 — Die Kartoffeln schälen, in schmale Spalten oder Stifte von 1 cm schneiden und in Salzwasser 5 Minuten kochen. Einen Esslöffel in das heiße Kochwasser tauchen, Klößchen aus dem Teig ausstechen und in das Kochwasser zu den Kartoffeln geben. Zusammen mit den Kartoffeln in etwa 10 Minuten fertig garen.

3 — Inzwischen den Speck in Würfel schneiden, in der Butter etwas auslassen und mit der Sahne auffüllen. Mit Salz und Pfeffer würzen.

4 — Die Geheirate mit einer Schaumkelle aus dem Wasser heben, auf tiefe Teller verteilen und mit der Specksauce übergießen. Mit der Petersilie bestreuen.

Grumbeerspeckwaffeln
für 4 Personen

HERKUNFT Pfalz/Saarland
ZUBEREITUNGSZEIT 15 Minuten
GARZEIT 20 Minuten

Zutaten

- 800 g mehligkochende Kartoffeln
- 1 große Möhre
- 1 Zwiebel
- 1 dünne Stange Lauch
- 3 kleine Eier
- 125 g Mehl
- Salz
- Pfeffer aus der Mühle
- frisch geriebene Muskatnuss
- 125 g durchwachsener Speck
- 1 EL Öl

1 — Kartoffeln, Möhre und Zwiebel schälen und möglichst fein in eine Schüssel reiben.

2 — Den Lauch putzen, längs halbieren, waschen, quer in möglichst feine Streifen schneiden und mit den Eiern und dem Mehl unter die Kartoffeln mischen. Die Masse mit Salz, Pfeffer und Muskatnuss würzen. Den Speck in kleine Würfel schneiden.

3 — Das Waffeleisen (vorzugsweise mit Herzform) bei mittlerer Einstellung vorheizen, mit einem Pinsel einfetten und etwa ein Viertel der Speckwürfel im Waffeleisen verteilen. Ein Viertel des Teiges darauffüllen, den Deckel schließen und einige Minuten knusprig und goldbraun backen.

4 — Die übrigen Zutaten auf dieselbe Weise verarbeiten, dabei das Waffeleisen immer wieder mit etwas Öl einpinseln. Dazu passt beispielsweise Rübengemüse oder Apfelmus.

Himmel un Ääd
für 4 Personen

HERKUNFT Rheinland/Westfalen/Niedersachsen/Schlesien
ZUBEREITUNGSZEIT 30 Minuten
GARZEIT 40 Minuten

Zutaten

- 1 kg mehligkochende Kartoffeln
- Salz
- ½ TL ganzer Kümmel
- 200–250 ml Milch
- 1 EL Butter
- 2 EL Nussbutter → S. 125
- frisch geriebene Muskatnuss
- 1 kg säuerliche Äpfel (z.B. Boskop oder Braeburn)
- 1 Msp. abgeriebene unbehandelte Zitronenschale
- 2 Zwiebeln
- 200 g Frühstücksspeck
- 2–3 EL Öl

500 g Blutwurst
doppelgriffiges Mehl (z. B. Wiener Grießler)

1 — Die Kartoffeln waschen und in Salzwasser mit dem Kümmel weich garen. Abgießen, noch heiß pellen und mit einem Kartoffelstampfer zerdrücken. Die Milch erhitzen und mit einem Kochlöffel unter die Kartoffeln rühren. Butter und Nussbutter hinzufügen und den Kartoffelbrei mit Salz und Muskatnuss würzen.

2 — Die Äpfel schälen, vierteln, entkernen und in ½ bis 1 cm große Würfel schneiden. Die Apfelwürfel mit 200 ml Wasser in eine breite, tiefe Pfanne oder einen Topf geben und zugedeckt bei mittlerer Hitze 3 bis 5 Minuten dünsten. Den Deckel abnehmen und die Flüssigkeit verdampfen lassen. Die Apfelwürfel sollten weich sein, aber nicht zerfallen. Die Äpfel mit der Zitronenschale unter den Kartoffelbrei mischen.

3 — Die Zwiebeln schälen und in Ringe schneiden. Den Speck in Streifen schneiden. In einer Pfanne 1 EL Öl erhitzen und den Speck darin etwas anbraten. Die Zwiebeln dazugeben und leicht anbraten.

4 — Die Blutwurst in 1 cm dicke Scheiben schneiden, in doppelgriffigem Mehl wenden und in einer beschichteten Pfanne im restlichen Öl auf beiden Seiten anbraten.

5 — Den Kartoffel-Apfel-Stampf auf vorgewärmte Teller verteilen, die Blutwurstscheiben daneben anrichten und mit den Speckzwiebeln garniert servieren.
(Abbildung → S. 341)

Käsespätzle mit Röstzwiebeln für 4 Personen

HERKUNFT Schwaben/Allgäu
ZUBEREITUNGSZEIT 40 Minuten

Zutaten für die Zwiebeln

2 Zwiebeln
2 EL Butter
Zucker

Zutaten für die Käsespätzle

je 100 g Allgäuer Emmentaler und Bergkäse (am Stück)
50 g Weißlacker (oder Romadur)
400 g doppelgriffiges Mehl (z. B. Wiener Grießler)
8 Eier
1 EL Öl
Salz
frisch geriebene Muskatnuss
1 Lorbeerblatt
80 ml Gemüsebrühe
1 kleines Bund Schnittlauch

1 — Für die Röstzwiebeln die Zwiebeln schälen und in Streifen schneiden. Die Butter in einer Pfanne erhitzen und die Zwiebelstreifen darin mit 1 Prise Zucker bei milder Hitze gleichmäßig bräunen.

2 — Für die Käsespätzle Emmentaler und Bergkäse fein reiben, den Weißlacker in kleine Würfel schneiden. Das Mehl mit den Eiern, dem Öl, 1 TL Salz und etwas Muskatnuss mit den Knethaken des Handrührgeräts 3 bis 5 Minuten verkneten, bis der Teig Blasen wirft.

3 — In einem großen Topf Salzwasser mit dem Lorbeerblatt aufkochen. Den Spätzlehobel kurz in das Wasser tauchen, den Teig einfüllen und in das siedende Salzwasser hobeln. Die Spätzle einmal kurz aufko-

chen lassen und samt Lorbeerblatt mit dem Schaumlöffel oder der Fritteusenkelle herausheben. Die Spätzle in eine vorgewärmte tiefe Pfanne geben.

4 — Alle Käsesorten und die Brühe dazugeben und die Spätzle bei milder Hitze nochmals erwärmen. Das Lorbeerblatt entfernen.

5 — Den Schnittlauch waschen, trocken schütteln und in Röllchen schneiden. Die Käsespätzle mit den gebräunten Zwiebeln auf vorgewärmten Tellern anrichten und mit dem Schnittlauch bestreuen.

6 — Gut schmecken die Käsespätzle auch, wenn man sie frisch gekocht abwechselnd mit dem geriebenen bzw. gewürfelten Käse in eine gefettete ofenfeste Form schichtet (dabei mit Käse abschließen) und im auf 160 °C vorgeheizten Backofen etwa 10 Minuten gart, bis der Käse leicht geschmolzen ist. Mit Röstzwiebeln und Schnittlauchröllchen garnieren. (Abbildung → S. 346)

Krautspätzle
für 4 Personen

HERKUNFT Schwaben/Allgäu
ZUBEREITUNGSZEIT 25 Minuten
GARZEIT 45 Minuten

Zutaten für das Sauerkraut

- 1 Zwiebel
- 1 TL Öl
- 400 g Sauerkraut (aus der Dose)
- 50 ml trockener Weißwein
- 200 ml Gemüsebrühe
- 1 Stück geräucherte Speckschwarte
- 5 schwarze Pfefferkörner
- 2 Wacholderbeeren (leicht zerdrückt)
- 1 Lorbeerblatt
- 2 EL Apfelmus
- 1 TL ganzer Kümmel
- 1 EL Butter
- Zucker

Zutaten für die Spätzle

- 400 g doppelgriffiges Mehl (z.B. Wiener Grießler)
- 8 Eier
- Salz
- 1 EL Öl
- 150 g durchwachsener Räucherspeck
- 2 EL Butter

1 — Für das Sauerkraut die Zwiebel schälen und in kleine Würfel schneiden. Das Öl in einem Topf erhitzen und die Zwiebelwürfel darin bei milder Hitze andünsten. Das Sauerkraut dazugeben und kurz mitdünsten. Mit dem Wein ablöschen und diesen fast vollständig einköcheln lassen.

2 — Die Brühe angießen und die Speckschwarte hinzufügen. Das Sauerkraut bei schwacher Hitze etwa 45 Minuten schmoren lassen. Inzwischen Pfeffer, Wacholderbeeren und Lorbeerblatt in ein Gewürzsäckchen füllen und das Säckchen verschließen. Nach 30 Minuten Garzeit das Apfelmus, das Gewürzsäckchen und den Kümmel zum Sauerkraut geben.

3 — Am Ende der Garzeit das Gewürzsäckchen wieder entfernen. Die Butter unterrühren und das Sauerkraut mit Zucker und nach Belieben mit Salz abschmecken.

4 — Für die Spätzle das Mehl mit den Eiern, 1 TL Salz und dem Öl mit den Knethaken des Handrührgeräts 3 bis 5 Minuten verkneten, bis der Teig Blasen wirft. Alternativ den Teig mit einem Kochlöffel verrühren.

5 — In einem großen Topf reichlich Salzwasser aufkochen. Den Spätzlehobel kurz in das Wasser tauchen, den Teig portionsweise hineinfüllen und in das siedende Salzwasser hobeln. Wenn die Spätzle an die Oberfläche

steigen, einmal kurz aufkochen lassen. Die Spätzle mit dem Schaumlöffel herausheben.

6 — Den Räucherspeck in kleine Würfel schneiden und in einer großen tiefen Pfanne in der Butter etwas anbraten. Die Spätzle hinzufügen und etwas mitbraten. Zum Schluss das Sauerkraut unterziehen und alles kurz erhitzen.

Kratzede
für 4 Personen

HERKUNFT Markgräflerland/Baden-Württemberg
ZUBEREITUNGSZEIT 25 Minuten
RUHEZEIT 20 Minuten

Zutaten

200 g Mehl
½ TL Backpulver
¼ l Milch
3 Eier
60 g Nussbutter → S. 125
Salz
frisch geriebene Muskatnuss
1 EL Öl

1 — Das Mehl mit dem Backpulver in eine Schüssel sieben und mit der Milch glatt rühren. Die Eier trennen. Die Eigelbe unter die Mehlmischung rühren. Die Nussbutter erwärmen und zwei Drittel der Nussbutter unterrühren. Mit Salz und Muskatnuss würzen und 20 Minuten ruhen lassen.

2 — Die Eiweiße mit 1 Prise Salz zu einem cremigen Schnee schlagen und unter den Pfannkuchenteig heben. Den Backofen auf 250 °C Grillhitze vorheizen.

3 — Eine große beschichtete Pfanne bei mittlerer Temperatur erhitzen. Etwas Öl mit einem Pinsel darin verstreichen. Den Teig 1 bis 2 cm dick einfüllen und die Unterseite goldbraun anbacken. Die Pfanne im unteren Drittel des Backofens unter den Grill stellen und darin einige Minuten hell bräunen.

4 — Den Pfannkuchen auf ein Schneidebrett stürzen und mit zwei Gabeln in kleinere Stücke zupfen. Die übrige Masse ebenso verarbeiten. Zuletzt alles in eine große Pfanne geben und in der restlichen Nussbutter noch mal kurz erhitzen. Dazu passt Spargel.

Schwäbische Krautkrapfen
für 4 Personen

HERKUNFT Schwaben/Allgäu
ZUBEREITUNGSZEIT 50 Minuten
GARZEIT 35 Minuten

Zutaten für den Teig

275 g Mehl
125 g Hartweizengrieß
4 Eier
3 EL Olivenöl
Salz

Zutaten für das Kraut

800 g Sauerkraut (aus der Dose)
100 g Räucherspeck
1 große Zwiebel
1 TL Öl
100 ml trockener Weißwein
300 ml Hühnerbrühe
5 schwarze Pfefferkörner
2 Wacholderbeeren (angedrückt)
1 Lorbeerblatt
2 EL Apfelmus
1 EL Butter
Zucker
ca. 1 l Hühnerbrühe
2 EL Nussbutter → S. 125

↓

Käsespätzle mit Röstzwiebeln S. 343

1 — Für den Teig das Mehl, den Grieß, die Eier, das Olivenöl und 1 Prise Salz zu einem festen, glatten Nudelteig verkneten. In Frischhaltefolie wickeln und im Kühlschrank etwa 30 Minuten ruhen lassen.

2 — Für das Kraut das Sauerkraut in einem Sieb kurz kalt abwaschen und das Wasser ausdrücken. Den Speck in kleine Würfel schneiden. Die Zwiebel schälen und in kleine Würfel schneiden.

3 — Das Öl in einem Topf erhitzen und die Speckwürfel mit den Zwiebelwürfeln darin bei milder Hitze glasig andünsten. Das Sauerkraut dazugeben und kurz mitdünsten. Mit Weißwein ablöschen und diesen fast vollständig einköcheln lassen.

4 — Die Brühe angießen und das Sauerkraut bei milder Hitze etwa 30 Minuten schmoren lassen. Inzwischen Pfeffer, Wacholderbeeren und Lorbeerblatt in ein Gewürzsäckchen füllen und das Säckchen verschließen. Nach 15 Minuten Garzeit das Apfelmus und das Gewürzsäckchen zum Sauerkraut geben.

5 — Am Ende der Garzeit das Gewürzsäckchen wieder entfernen. Die Butter unterrühren und das Sauerkraut mit 1 Prise Zucker und nach Belieben mit Salz abschmecken. Die Flüssigkeit sollte möglichst verkocht sein, ansonsten auf einem Sieb abtropfen lassen. Etwas abkühlen lassen.

6 — Den Backofen auf 180 °C vorheizen. Den Nudelteig halbieren und mit dem Nudelholz jeweils in dünne lange Rechtecke von 16 bis 18 cm Breite ausrollen, dabei mit etwas Mehl bestäuben. Das Kraut darauf verteilen, dabei die Ränder etwas frei lassen. Von der Längsseite her aufrollen, auf die Nahtseite setzen und in 4½ bis 5 cm breite Stücke schneiden.

7 — Die Krautkrapfen mit der Schnittseite nach oben dicht nebeneinander in eine Auflaufform oder einen Bräter setzen. Mit der Brühe aufgießen, bis die Krautkrapfen gerade bedeckt sind. Einen Deckel darauflegen oder mit Alufolie verschließen und im Ofen etwa 35 Minuten garen. Zum Schluss mit Nussbutter bestreichen.

8 — Die Krautkrapfen nach Belieben mit grünem Salat servieren.

Schwäbische Maultaschen
für 4 Personen

HERKUNFT Baden-Württemberg
ZUBEREITUNGSZEIT 50 Minuten
GARZEIT 10 Minuten

Zutaten für den Teig

- 200 g Mehl
- 100 g Hartweizengrieß
- 3 Eier
- 2–3 EL Olivenöl
- Salz

Zutaten für die Füllung

- 50 g Toastbrot
- 50 ml Milch
- 1 kleine Zwiebel
- 80 g durchwachsener Speck
- 250 g Blattspinat
- Salz
- 200 g Kalbshackfleisch
- 150 g Bratwurstbrät
- 1 großes Ei
- 1 EL scharfer Senf
- Pfeffer aus der Mühle
- 1 Msp. abgeriebene unbehandelte Zitronenschale
- 1 EL gehackte Petersilie
- Mehl zum Bestäuben
- 1 verquirltes Ei

1 — Für den Teig das Mehl, den Grieß, die Eier, das Olivenöl und 1 Prise Salz zu einem festen, glatten Nudelteig verkneten. In Frischhaltefolie wickeln und im Kühlschrank etwa 30 Minuten ruhen lassen.

2 — Für die Füllung das Toastbrot in kleine Würfel schneiden. Die Brotwürfel in einer Schüssel in der Milch einweichen. Die Zwiebel schälen und in feine Würfel schneiden. Den Speck in kleine Würfel schneiden und in einer Pfanne bei milder Hitze anbraten. Nachdem etwas Fett ausgetreten ist, die Zwiebelwürfel hinzufügen und unter gelegentlichem Rühren glasig dünsten.

3 — Die Spinatblätter verlesen, waschen und abtropfen lassen, grobe Stiele entfernen. Spinat in kochendem Salzwasser 2 Minuten blanchieren. In ein Sieb abgießen, kalt abschrecken und abtropfen lassen. Die Blätter mit den Händen gut ausdrücken und den Spinat klein hacken.

4 — Das Hackfleisch mit dem Wurstbrät zu dem Brot in die Schüssel geben. Das Ei verquirlen und mit Senf, der Speck-Zwiebel-Mischung und dem Spinat dazugeben und alles gut vermischen. Mit Salz, Pfeffer, der Zitronenschale und der Petersilie würzen.

5 — Den Nudelteig portionieren und mit dem Nudelholz in nicht zu dünne, 10 bis 12 cm breite Bahnen ausrollen, dabei mit etwas Mehl bestäuben. Jede Teigbahn sofort mit Frischhaltefolie bedecken. Die Hackfleischmasse in einen Spritzbeutel mit glatter Lochtülle (etwa 1 ½ cm Durchmesser) füllen.

6 — Jede Teigbahn mit verquirltem Ei bestreichen. Die Füllung mit dem Spritzbeutel längs auf das untere Drittel jeder Teigbahn in einem langen Strang aufspritzen. Die gefüllte Nudelbahn der Länge nach aufrollen. Mit einem Kochlöffelstiel im Abstand von etwa 3 cm Maultaschen aus der Nudelrolle abdrücken. An dem flach gedrückten Stück Teig die Maultaschen durchschneiden und die Teigenden jeder Maultasche nochmals etwas andrücken. Die Maultaschen in leicht siedendem Salzwasser oder (Gemüsebrühe) 5 bis 8 Minuten ziehen lassen. Mit dem Schaumlöffel herausnehmen und servieren.

Schinkennudeln
für 4 Personen

HERKUNFT Alle Regionen
ZUBEREITUNGSZEIT 30 Minuten

Zutaten

- 1 Zwiebel
- 1–2 EL Öl
- ¼ l Hühnerbrühe
- 1 kleines Lorbeerblatt
- 100 g Sahne
- 1 EL Butter
- 1 EL Nussbutter → S. 125
- 100 g gekochter Hinterschinken (in Scheiben)
- 100 g Blattspinat
- Salz
- 100 g kleine Champignons
- 400 g Makkaroni (ersatzweise Penne, Fusilli oder Rigatoni)
- 1–2 TL schwarze Pfefferkörner (grob geschrotet)
- Salz
- frisch geriebene Muskatnuss
- 1 EL Schnittlauchröllchen

1 — Die Zwiebel schälen und in kleine Würfel schneiden. In einem Topf 1 EL Öl erhitzen und die Zwiebelwürfel darin bei milder Hitze glasig andünsten. Die Brühe angießen, das Lorbeerblatt hinzufügen und die Brühe knapp unter dem Siedepunkt etwa 10 Minuten ziehen lassen. Das Lorbeerblatt wieder entfernen und die Sahne unterrühren. Die Butter und die Nussbutter dazugeben und untermischen.

2 — Den Schinken in ½ bis 1 cm breite Streifen schneiden. Die Spinatblätter verlesen, waschen und abtropfen lassen, grobe Stiele entfernen. In kochendem Salzwasser 2 Minuten blanchieren. In ein Sieb abgießen, kalt abschrecken und abtropfen lassen. Die Blätter mit den Händen gut ausdrücken und die Blätter auseinanderzupfen.

3 — Die Champignons putzen, trocken abreiben und vierteln. Das restliche Öl in einer Pfanne erhitzen, die Pilze darin etwa 2 Minuten anbraten und mit Salz würzen.

4 — Für die Nudeln die Makkaroni nach Packungsanweisung in reichlich Salzwasser bissfest kochen, dabei gelegentlich umrühren. In ein Sieb abgießen und abtropfen lassen. Die Nudeln wieder in den Topf geben.

5 — Die Sahnesauce zu den Makkaroni geben und alles erhitzen. Den Schinken, den Spinat, die Pilze und den geschroteten Pfeffer unterrühren und mit Salz und Muskatnuss abschmecken. Die Schinkennudeln mit Spinat und Pilzen auf vorgewärmten Pastatellern anrichten und mit den Schnittlauchröllchen bestreuen.

Nudelauflauf mit Hackfleischsauce

für 4 Personen

HERKUNFT Alle Regionen
ZUBEREITUNGSZEIT 20 Minuten
GARZEIT 1 Stunde 45 Minuten

Zutaten

350 g kurze Nudeln (z.B. Penne, Spirelli, Makkaroni)
Salz
1 Zwiebel
1 Möhre
1 Stange Staudensellerie
3 EL Öl
500 g gemischtes Hackfleisch
50 ml Weißwein
3 EL Tomatenmark
750 g stückige Tomaten (aus der Dose)
¼ l Hühnerbrühe
1 TL getrockneter Oregano
2 geschälte und halbierte Knoblauchzehen
1 Streifen unbehandelte Zitronenschale
Pfeffer aus der Mühle
Zucker
Cayennepfeffer
250 g geriebener Käse (z.B. Edamer, Emmentaler oder Gouda)

1 — Die Nudeln in reichlich kochendem Salzwasser nach Packungsanweisung sehr bissfest garen. In ein Sieb abgießen, kalt abschrecken und abtropfen lassen.

2 — Die Zwiebel und die Möhre schälen, die Selleriestange putzen, waschen und alles in möglichst kleine Würfel schneiden.

3 — Die Gemüsewürfel in einem Topf bei schwacher Hitze im Öl einige Minuten andünsten. Das Hackfleisch dazugeben und krümelig braten. Mit dem Weißwein ablöschen, das Tomatenmark unterrühren und etwa 10 Minuten einköcheln lassen.

4 — Die Dosentomaten mit der Brühe hinzufügen und die Sauce etwa 1 Stunde unter häufigem Rühren mehr ziehen als köcheln lassen. Zum Schluss den Oregano unterrühren. Die Knoblauchhälften und die Zitronenschale 5 Minuten in der Sauce ziehen lassen und wieder entfernen. Die Hackfleischsauce mit Salz, Pfeffer und je 1 Prise Zucker und Cayennepfeffer abschmecken. Den Backofen auf 180 °C vorheizen.

5 — Eine Auflaufform mit dem restlichen Öl einfetten. Ein Drittel der Nudeln hineingeben, die Hälfte der heißen Sauce darauf verteilen und die Hälfte des Käses daraufstreuen. Je 1 weitere Schicht Nudeln, Hackfleischsauce und Nudeln darauf verteilen. Den übrigen Käse darüberstreuen und den Auflauf im Ofen auf der mittleren Schiene 30 Minuten backen.

Spätzle
für 4 Personen

HERKUNFT Schwaben
ZUBEREITUNGSZEIT 20 Minuten

Zutaten

400 g doppelgriffiges Mehl (z.B. Wiener Grießler)
8 Eier
Salz
1 EL Öl
1–2 EL zerlassene Butter
Pfeffer aus der Mühle
frisch geriebene Muskatnuss

1 — Das Mehl mit den Eiern, 1 TL Salz und dem Öl in der Küchenmaschine oder mit den Knethaken des Handrührgeräts verkneten. 3 bis 5 Minuten weiterkneten, bis der Teig Blasen wirft.

2 — In einem großen Topf reichlich Salzwasser zum Kochen bringen und den Spätzlehobel kurz hineintauchen. Den Teig hineinfüllen und die Spätzle ins siedende Wasser hobeln.

3 — Wenn die Spätzle an die Oberfläche steigen, einmal kurz aufkochen lassen. Mit dem Schaumlöffel herausheben und in einer Pfanne bei mittlerer Hitze in der zerlassenen Butter wenden. Die Spätzle mit Salz, Pfeffer und Muskatnuss würzen.

Schwammerlspätzle
für 4–6 Personen

HERKUNFT Schwaben
ZUBEREITUNGSZEIT 25 Minuten

Zutaten

300 ml Gemüsebrühe
20 g getrocknete Champignons oder Egerlinge
6 Eier
500 g doppelgriffiges Mehl (z.B. Wiener Grießler)
Salz
1 EL Öl
1–2 EL Butter
Pfeffer aus der Mühle
frisch geriebene Muskatnuss
1 EL gehackte Petersilie

1 — Die Brühe in einem Topf zum Kochen bringen. Den Topf vom Herd nehmen und die getrockneten Pilze darin 15 bis 20 Minuten ziehen lassen. Die Pilze in ein Sieb gießen und abtropfen lassen, dabei die Brühe auffangen. Die Pilze klein hacken.

2 — In einer Schüssel die Eier mit 100 ml Pilzbrühe verühren. Das Mehl mit der Eiermischung, den gehackten Pilzen, 1 TL Salz und dem Öl in der Küchenmaschine oder mit den Knethaken des Handrührgeräts verkneten. 3 bis 5 Minuten weiterkneten, bis der Teig Blasen wirft.

3 — In einem großen Topf reichlich Salzwasser zum Kochen bringen, den Spätzlehobel kurz hineintauchen, den Teig einfüllen und die Spätzle ins siedende Wasser hobeln. Wenn die Spätzle an die Oberfläche steigen, einmal kurz aufkochen lassen.

4 — Die restliche Pilzbrühe mit der Butter in einer Pfanne erhitzen. Die Spätzle mit dem Schaumlöffel herausheben und in der Brühe

bei mittlerer Hitze kurz wenden. Die Spätzle mit Salz, Pfeffer und Muskatnuss würzen und die Petersilie darüberstreuen.

5 — Für Schwammerlspätzle mit gebratenen Pilzen 150 g Pilze (Steinpilze, Pfifferlinge, Totentrompeten, Morcheln o. Ä.) putzen und größere Exemplare klein schneiden. In einer Pfanne im Öl bei milder Hitze 2 Minuten anbraten und mit Salz, Pfeffer, 1 kleinen Prise gemahlenem Kümmel und 1 Msp. abgeriebener Zitronenschale würzen. 1 EL gehackte Petersilie und 1 EL Butter dazugeben und unter die Spätzle mischen.

Semmelknödel
für 8 Stück

HERKUNFT Süddeutschland
ZUBEREITUNGSZEIT 35 Minuten
GARZEIT 20 Minuten

Zutaten

300 g Brötchen (Semmeln) oder Weißbrot (beides vom Vortag)
¼ l Milch
3 Eier
Salz
Pfeffer aus der Mühle
frisch geriebene Muskatnuss
1 EL gehackte Petersilie

1 — Die Brötchen oder das Weißbrot in sehr dünne Scheiben schneiden. Die Milch aufkochen und vom Herd nehmen. Die Eier verquirlen, mit der Milch verrühren und mit Salz, Pfeffer und 1 Prise Muskatnuss würzen. Die Eiermilch über die Brotscheiben gießen, die Petersilie hinzufügen und alles mit den Händen zu einer kompakten Masse verkneten. Zugedeckt 20 Minuten ziehen lassen.

2 — Aus der Brotmasse mit angefeuchteten Händen 8 Knödel formen. In einem großen Topf reichlich Salzwasser aufkochen und die Knödel darin knapp unter dem Siedepunkt 15 bis 20 Minuten ziehen lassen.

3 — Für Speckknödel unter den Knödelteig ausgelassene Speckwürfel (das ausgebratene Fett abgießen) und angedünstete Zwiebelwürfel mischen.

4 — Für Kräuterknödel 3 bis 5 EL frisch geschnittene Kräuter zur Knödelmasse geben.

Gebratene Speckknödel
für 4 Personen

HERKUNFT Süddeutschland
ZUBEREITUNGSZEIT 30 Minuten
GARZEIT 30 Minuten

Zutaten

½ Zwiebel
100 g Frühstücksspeck
1 EL Öl
250 g Semmeln (oder Weißbrot; vom Vortag)
¼ l Milch
3 Eier
Salz
Pfeffer aus der Mühle
frisch geriebene Muskatnuss
1 EL gehackte Petersilie
3 Frühlingszwiebeln
3 EL Nussbutter → S. 125

1 — Die Zwiebel schälen und in feine Würfel schneiden. Den Speck in kleine Würfel schneiden. Das Öl in einer Pfanne erhitzen und den Speck darin anbraten. Die Zwiebeln dazugeben und glasig dünsten. Beides aus der Pfanne nehmen und auf Küchenpapier abtropfen lassen.

2 — Die Semmeln in dünne Scheiben schneiden. Die Milch einmal aufkochen, vom Herd

nehmen und mit den Eiern verrühren. Die Eiermilch mit Salz, Pfeffer und Muskatnuss würzen, über die Semmeln gießen und zugedeckt einige Minuten ziehen lassen. Die Petersilie und die Speck-Zwiebel-Mischung hinzufügen und alles zu einer glatten Masse verkneten.

3 — Die Knödelmasse halbieren und zu Rollen (à 4 bis 5 cm Durchmesser) formen. Die Rollen zuerst in Frischhaltefolie, dann in Alufolie wickeln und in siedendem Wasser etwa 30 Minuten gar ziehen lassen.

4 — Für die Knödel die Frühlingszwiebeln putzen, waschen und in feine Ringe schneiden. Die Knödel etwas abkühlen lassen, aus der Folie wickeln und in etwa 1 cm dicke Scheiben schneiden. Die Nussbutter in einer Pfanne erhitzen und die Knödelscheiben darin bei milder Hitze auf einer Seite anbraten. Wenden, die Frühlingszwiebeln dazugeben und alles weitere 1 bis 2 Minuten braten.

5 — Die Speckknödelscheiben auf Tellern anrichten. Die Frühlingszwiebeln darauf verteilen und mit einem bunten Blattsalat servieren. (Abbildung rechts)

Speckgraupen
für 4 Personen

HERKUNFT Alle Regionen
ZUBEREITUNGSZEIT 20 Minuten
GARZEIT 45 Minuten

Zutaten

100 g Perlgraupen
650 ml Gemüsebrühe
1 kleines Lorbeerblatt
80 g gut durchwachsener Speck
1 EL Öl
1 kleine Möhre
80 g Knollensellerie
70 g Lauch
2 TL Kapern
1 Knoblauchzehe (geschält und halbiert)
1 Streifen unbehandelte Zitronenschale
1 EL Butter
Salz
Pfeffer aus der Mühle
1 EL Schnittlauchröllchen

1 — Die Perlgraupen in ein Sieb geben, unter fließendem kaltem Wasser waschen und abtropfen lassen. Mit ½ l Brühe in einen Topf geben, aufkochen und etwa 10 Minuten köcheln lassen. Das Lorbeerblatt dazugeben, vom Herd nehmen und zugedeckt 35 Minuten quellen lassen. Die Graupen in ein Sieb abgießen und abtropfen lassen. Das Lorbeerblatt entfernen.

2 — Den Speck in kleine Würfel schneiden. Das Öl in einer Pfanne erhitzen und die Speckwürfel darin kross anbraten. Die Speckwürfel herausnehmen und auf Küchenpapier abtropfen lassen.

3 — Die Möhre und den Knollensellerie putzen und schälen, den Lauch putzen und waschen. Alle Gemüsesorten in möglichst kleine Würfel schneiden.

4 — Die Gemüsewürfel mit der restlichen Brühe in einen großen Topf geben und knapp unter dem Siedepunkt 4 Minuten garen. Graupen, Speck, Kapern, Knoblauch und Zitronenschale dazugeben und erhitzen. Die Butter unterrühren und den Graupenrisotto mit Salz und Pfeffer würzen. Knoblauch und Zitronenschale wieder entfernen. Kurz vor dem Servieren die Schnittlauchröllchen unterrühren.

↓
Gebratene Speckknödel S. 351

Gemüse

Bohnengemüse
für 4 Personen

HERKUNFT Alle Regionen
ZUBEREITUNGSZEIT 15 Minuten

Zutaten

300 g große weiße Bohnen (aus der Dose)
300 g Kidneybohnen (aus der Dose)
200 g breite grüne Bohnen
1–2 Stängel Bohnenkraut
Salz
60 ml Gemüsebrühe
1 Scheibe Knoblauch
1 Streifen unbehandelte Zitronenschale
2 EL Butter
Pfeffer aus der Mühle
1 EL gehackte Dillspitzen

1 — Die weißen Bohnen und die Kidneybohnen in ein Sieb abgießen, mit fließendem kaltem Wasser abbrausen und abtropfen lassen.

2 — Die breiten grünen Bohnen putzen, waschen und in 1 bis 2 cm lange Stücke schneiden. In kochendem Salzwasser mit dem Bohnenkraut fast weich garen. In ein Sieb abgießen, kalt abschrecken und abtropfen lassen.

3 — Die Brühe in einem kleinen Topf mit den drei Bohnensorten, dem Knoblauch und der Zitronenschale erhitzen. Die Butter dazugeben und zerlassen. Die Bohnen mit Salz und Pfeffer würzen. Zum Schluss den Dill hinzufügen, Knoblauch und Zitronenschale wieder entfernen.

4 — Das Bohnengemüse passt zu Fisch und zu kurz gebratenem Fleisch, zu Lammrücken und zu Tafelspitz → S. 249. Es schmeckt auch gut mit kross gebratenen Speckwürfeln.

Grüne Bohnen
für 4 Personen

HERKUNFT Alle Regionen
ZUBEREITUNGSZEIT 15 Minuten

Zutaten

750 grüne Bohnen (Schnitt- oder Brechbohnen)
Salz
3–4 Stängel Bohnenkraut
1 Zwiebel
40 g Butter
Pfeffer aus der Mühle

1 — Die Bohnen putzen, waschen und abtropfen lassen. Nach Belieben in Stücke schneiden. 2 l Wasser mit Salz zum Kochen bringen und die Bohnen darin 8 bis 12 Minuten garen.

2 — Das Bohnenkraut waschen, trocken tupfen, die Blättchen von den Stielen zupfen und klein schneiden. Die Zwiebel schälen und in Würfel schneiden.

3 — Die Butter zerlassen und die Zwiebel darin andünsten. Bohnenkraut dazugeben. Gegarte Bohnen mit kaltem Wasser abschrecken und abtropfen lassen. Zu den Zwiebeln geben. Mit Salz und Pfeffer würzen und vermischen.

↓

Rahmwirsing S. 376

Dicke Bohnen mit Speck
für 4 Personen

HERKUNFT Westfalen
ZUBEREITUNGSZEIT 20 Minuten
GARZEIT 15 Minuten

Zutaten

2,2 kg frische Saubohnen (Puffbohnen, Ackerbohnen; in der Hülse, wahlweise 400 g ausgelöste grüne Saubohnenkerne)
Salz
500 g festkochende Kartoffeln
120 g geräucherter Bauchspeck (in 3–4 mm dicken Scheiben)
1 Zwiebel
1 TL Butterschmalz
¼ l Hühnerbrühe
2 Zweige Bohnenkraut
Pfeffer aus der Mühle
frisch geriebene Muskatnuss

1 — Die Bohnenkerne aus den Bohnenhülsen lösen, in Salzwasser ein paar Minuten gerade weich kochen, abgießen, kalt abschrecken und abtropfen lassen.

2 — Die Kartoffeln waschen, schälen und in 1 cm große Würfel schneiden. Den Speck in Würfel schneiden. Die Zwiebel schälen und in kleine Würfel schneiden.

3 — Zwiebeln und Speck in einer großen tiefen Pfanne im Butterschmalz bei mittlerer Hitze einige Minuten andünsten. Die Kartoffeln und die Brühe hinzufügen und Bohnenkraut hineinlegen. Die Kartoffeln darin am Siedepunkt mit leicht geöffnetem Deckel etwa 15 Minuten gerade weich kochen. Zum Schluss die Bohnen untermischen und darin kurz erhitzen. Die Butter unterrühren und mit Salz, Pfeffer und Muskatnuss würzen. Bohnenkraut und Knoblauch entfernen.

Buntes Gemüse
für 4 Personen

HERKUNFT Alle Regionen
ZUBEREITUNGSZEIT 15 Minuten
GARZEIT 10 Minuten

Zutaten

200 g Brokkoli
Salz
200 g grüner Spargel
2 Stangen Staudensellerie
2 Möhren
80 ml Gemüsebrühe
1 Knoblauchzehe
1 Streifen unbehandelte Zitronenschale
1–2 TL gehackte Petersilie
1 EL Butter
Pfeffer aus der Mühle
geriebene Muskatnuss

1 — Den Brokkoli putzen, waschen und in die einzelnen Röschen teilen. Die Brokkolistiele schälen und in Scheiben schneiden. In Salzwasser einige Minuten bissfest kochen, abgießen, kalt abschrecken und abtropfen lassen.

2 — Den Spargel im unteren Drittel schälen und die holzigen Enden entfernen. Die Spargelstangen schräg in 5 bis 6 cm lange Stücke schneiden. Den Sellerie waschen und schräg in 1½ cm breite Stücke schneiden. Die Möhren putzen, schälen, längs vierteln und in 5 bis 6 cm lange Stücke schneiden.

3 — Möhren, Spargel und Sellerie zusammen mit der Brühe in eine tiefe Pfanne geben und mit leicht geöffnetem Deckel 6 bis 7 Minuten bissfest dünsten. Den Knoblauch schälen und in Scheiben schneiden. Mit dem Brokkoli, der Zitronenschale und der Petersilie hinzufügen und darin erhitzen. Die Butter unterrühren und das Gemüse mit Salz, Pfeffer und Muskatnuss abschmecken.

Möhren-Erbsen-Gemüse
für 4 Personen

HERKUNFT Alle Regionen
ZUBEREITUNGSZEIT 10 Minuten
GARZEIT 10 Minuten

Zutaten

- 600 g Möhren
- 40 g Butter
- 400 g Tiefkühl-Erbsen
- 100 ml Gemüsebrühe
- einige Stiele glatte Petersilie
- Salz
- Pfeffer aus der Mühle
- Zucker

1 — Die Möhren putzen, schälen und in kleine Würfel schneiden. Die Butter bei mittlerer Hitze in einem Topf zerlassen. Die Möhren darin unter Rühren andünsten. Die Tiefkühl-Erbsen dazugeben und kurz mitdünsten. Die Gemüsebrühe hinzufügen und alles einmal aufkochen lassen. Das Gemüse zugedeckt bei schwacher Hitze 8 bis 10 Minuten garen.

2 — Die Petersilie waschen, trocken schütteln und die Blätter von den Stielen zupfen. Die Blättern klein schneiden.

3 — Das Gemüse mit Salz, Pfeffer und 1 Prise Zucker abschmecken und mit Petersilie bestreut servieren.

Kohlrabigemüse
für 4 Personen

HERKUNFT Alle Regionen
ZUBEREITUNGSZEIT 10 Minuten
GARZEIT 15 Minuten

Zutaten

- 4 kleine Kohlrabi (ca. 500 g)
- 300 ml Gemüsebrühe
- 80 g Sahne
- 2 EL Butter
- 1 EL Nussbutter → S. 125
- Salz
- frisch geriebene Muskatnuss
- 1 TL Speisestärke
- 1 EL gehackte Petersilie

1 — Die Kohlrabi mit einem Messer dünn schälen, dabei die holzigen Enden entfernen, Kohlrabi vierteln und in 3 bis 4 mm dicke Scheiben oder in schmale Spalten schneiden. Die Kohlrabischeiben mit der Brühe in einen flachen, weiten Topf geben und zugedeckt knapp unter dem Siedepunkt etwa 12 Minuten weich garen.

2 — Die Kohlrabischeiben mit dem Schaumlöffel herausheben und beiseitelegen. Die Sahne, die Butter und die Nussbutter mit dem Stabmixer pürieren. Mit Salz und 1 Prise Muskatnuss würzen. Die Speisestärke mit wenig kaltem Wasser glatt rühren, in die Sauce geben und nochmals kurz aufkochen.

3 — Die Kohlrabistücke in die Sauce geben und mit der Petersilie bestreuen.

↓
Blumenkohl mit Butterbröseln S. 361

Brokkoli mit Mandelbutter
für 4 Personen

HERKUNFT Alle Regionen
ZUBEREITUNGSZEIT 10 Minuten
GARZEIT 5 Minuten

Zutaten

50 g Mandelblättchen
60 g Butter
1 großer Brokkoli
Salz
50 ml Gemüsebrühe
Pfeffer aus der Mühle
frisch geriebene Muskatnuss

1 — Die Mandelblättchen in einer Pfanne ohne Fett bei mittlerer Hitze goldbraun rösten und herausnehmen. Die Pfanne etwas abkühlen lassen, die Butter darin zerlassen und die Mandelblättchen untermischen.

2 — Den Brokkoli putzen, waschen und in einzelne Röschen teilen. Die Stiele schälen und in Scheiben schneiden. Röschen und Stiele in Salzwasser 4 bis 5 Minuten gerade weich kochen, abgießen, kalt abschrecken und abtropfen lassen.

3 — Die Brokkoliröschen mit der Brühe in einer Pfanne erhitzen und mit Salz, Pfeffer und Muskatnuss würzen. Beim Anrichten mit der Mandelbutter beträufeln.

Blumenkohl mit Butterbröseln
für 4 Personen

HERKUNFT Alle Regionen
ZUBEREITUNGSZEIT 15 Minuten
GARZEIT 20 Minuten

Zutaten

4 EL Weißbrotbrösel
8 EL Butter
Salz
Pfeffer aus der Mühle
700 g Blumenkohl
Salz
60 ml Gemüsebrühe
frisch geriebene Muskatnuss

1 — Die Weißbrotbrösel mit der Hälfte der Butter in einer Pfanne bei schwacher Hitze goldbraun rösten. Mit Salz und Pfeffer würzen.

2 — Den Blumenkohl waschen und in kleine Röschen zerteilen. In kochendem Salzwasser 6 bis 8 Minuten nicht allzu weich garen. In ein Sieb abgießen, kalt abschrecken und abtropfen lassen.

3 — Die Blumenkohlröschen in einer tiefen Pfanne mit der Brühe wieder erhitzen. Die restliche Butter hinzufügen und den Blumenkohl mit Salz und 1 Prise Muskatnuss würzen. Zum Anrichten die Butterbrösel über dem Blumenkohl verteilen. (Abbildung links)

Schmorgurken
für 4 Personen

HERKUNFT Brandenburg
ZUBEREITUNGSZEIT 10 Minuten
GARZEIT 15 Minuten

Zutaten

500 g Schmorgurken
70 ml Gemüsebrühe
Salz
Pfeffer aus der Mühle
3 EL kalte Butter
1 EL gehackter Dill

1 — Den Backofen auf 180 °C vorheizen. Die Gurken schälen, längs halbieren, die Kerne entfernen und in die Gurken in ½ cm breite Scheiben schneiden. Auf ein Backblech legen und die Brühe angießen. Die Gurken mit Salz und Pfeffer würzen und im Ofen auf der mittleren Schiene 10 Minuten garen. Wenden und weitere 5 Minuten schmoren.

2 — Die Gurken aus dem Ofen nehmen, den Schmorsaft in einen kleinen Topf füllen und die Butter mit dem Stabmixer hineinmixen. Die geschmorten Gurkenscheiben und den Dill dazugeben und die Schmorgurken nochmals abschmecken. (Tipp: Die Gurken können auch in einem weiten Topf geschmort werden.)

Eingelegte Rote Bete
für 2 Gläser (à ca. 1 l)

HERKUNFT Alle Regionen
ZUBEREITUNGSZEIT 15 Minuten
GARZEIT 1½ Stunden

Zutaten

1,2 kg Rote Beten (mittlere Größe; à ca. 200 g)
Salz
1 Zwiebel (ca. 200 g)
2 kleine Lorbeerblätter
1 TL ganzer Kümmel
2 Knoblauchzehen (in Scheiben)
je 1 Prise ganzer Kümmel und Fenchelsamen
2 Streifen unbehandelte Orangenschale
¼ l milder Weißweinessig
85 g Zucker

1 — Die Roten Beten waschen und in kochendem, Salzwasser etwa 1 Stunde weich garen. In ein Sieb abgießen, kalt abschrecken und abtropfen lassen. Rote Beten schälen und in Spalten schneiden. Die Zwiebel schälen und in schmale Spalten schneiden.

2 — Den Backofen auf 200 °C vorheizen. Auf die unterste Schiene ein tiefes Blech schieben, etwa 2 cm hoch Wasser einfüllen, zwei Lagen Küchenpapier hineinlegen. Rote Beten und Zwiebelspalten mit den Gewürzen gleichmäßig auf Gläser verteilen und fest einschichten.

3 — 600 ml Wasser mit Essig, Zucker und 20 g Salz aufkochen und heiß in die Gläser füllen. Die Roten Beten sollten vollständig bedeckt sein. Die Gläser gut verschließen und so auf das Backblech stellen, dass sie sich nicht berühren. Im Ofen 20 Minuten einkochen und im geschlossenen Ofen im Wasser abkühlen lassen. Die Roten Beten halten sich bei kühler Zimmertemperatur etwa 6 Monate.

Lauch-Champignon-Gemüse für 4 Personen

HERKUNFT Alle Regionen
ZUBEREITUNGSZEIT 15 Minuten
GARZEIT 10 Minuten

Zutaten

- 2 dünne Stangen Lauch
- 200 g kleine feste Champignons
- 1 EL Öl
- 80 ml trockener Weißwein
- 150 ml Gemüsebrühe
- 1 Knoblauchzehe
- 1 Streifen unbehandelte Zitronenschale
- Salz
- Pfeffer aus der Mühle
- 50 g Sahne
- 2 EL Butter
- 1 EL gehackte Petersilie

1 — Den Lauch putzen und die dunkelgrünen Außenblätter entfernen. Die Stangen längs halbieren, waschen und in 1 bis 2 cm breite Streifen schneiden. Die Pilze putzen, trocken abreiben und in Scheiben schneiden.

2 — Das Öl in einem Topf erhitzen und die Lauchstreifen darin bei mittlerer Hitze 2 Minuten andünsten. Mit Weißwein ablöschen und den Wein fast vollständig einköcheln lassen.

3 — Die Brühe angießen und den Lauch zugedeckt knapp unter dem Siedepunkt etwa 6 Minuten bissfest garen. Die Champignonscheiben dazugeben. Den Knoblauch schälen und halbieren. Mit der Zitronenschale in das Gemüse geben, einige Minuten darin ziehen lassen und wieder entfernen.

4 — Das Lauch-Champignon-Gemüse mit Salz und Pfeffer abschmecken. Die Sahne hinzufügen und die Butter unterrühren und zerlassen. Die Petersilie darüberstreuen.

Linsengemüse für 4 Personen

HERKUNFT Baden-Württemberg
ZUBEREITUNGSZEIT 10 Minuten
GARZEIT 50 Minuten

Zutaten

- 150 g Berglinsen (kleine grüne Linsen)
- ½ Zwiebel
- 1 EL Öl
- je 30 g Möhre, Knollensellerie und Lauch (in kleinen Würfeln)
- 1 EL Tomatenmark
- 80 ml kräftiger Rotwein
- ½ l Hühnerbrühe
- 1 Lorbeerblatt
- je 1 Streifen unbehandelte Zitronenschale
- 2 Scheiben Knoblauch
- 10 g kalte Butter
- 10 g Nussbutter → S. 125
- Salz
- getrockneter Majoran
- Zucker
- ½–1 EL Rotweinessig

1 — Die Linsen 2 Stunden in Wasser einweichen, danach in ein Sieb abgießen und abtropfen lassen. Die Zwiebel schälen und in feine Würfel schneiden.

2 — Das Öl in einem Topf erhitzen und die Zwiebel-, Möhren- und Selleriewürfel darin bei milder Hitze andünsten. Das Tomatenmark hineinrühren und kurz anrösten. Die eingeweichten Linsen dazugeben, alles mit Wein ablöschen und etwas einköcheln lassen. Das Gemüse mit der Brühe aufgießen und bei milder Hitze 45 bis 50 Minuten mehr ziehen als köcheln lassen. Nach 15 Minuten das Lorbeerblatt hinzufügen.

3 — Gegen Ende der Garzeit die Lauchwürfel mit der Zitronenschale und dem Knoblauch dazugeben und einige Minuten darin ziehen lassen. Die Gewürze zum Schluss wieder entfernen.

4 — Die kalte und die Nussbutter unter das Linsengemüse mischen und alles mit Salz, je 1 Prise Majoran und Zucker sowie Essig abschmecken. (Abbildung rechts)

Kürbis-Graupen-Gemüse
für 4 Personen

HERKUNFT Alle Regionen
ZUBEREITUNGSZEIT 10 Minuten
GARZEIT 40 Minuten

Zutaten

- 1 Zwiebel
- 1 Lorbeerblatt
- 3 Gewürznelken
- 75 g Perlgraupen
- Salz
- 150 g abgetropfter eingelegter Kürbis
- 1 kleines Stück Butter
- Salz
- Pfeffer aus der Mühle
- ½–1 TL abgeriebene unbehandelte Orangenschale
- 1 EL Kürbisfond (vom eingelegten Kürbis)
- 1 EL Schnittlauchröllchen

1 — Die Zwiebel schälen, mit dem Lorbeerblatt belegen und mit den Nelken feststecken. Die Graupen in Salzwasser mit der gespickten Zwiebel 30 bis 40 Minuten weich kochen. Auf einem Sieb abtropfen lassen, die gespickte Zwiebel entfernen. Graupen unter fließendem Wasser kurz abbrausen.

2 — Den abgetropften eingelegten Kürbis nach Belieben in noch etwas kleinere Würfel schneiden.

3 — Die Graupen mit dem klein geschnittenen Kürbis in einem kleinen Topf vermischen und erhitzen. Die Butter einrühren, mit Salz, Pfeffer, der Orangenschale und dem Kürbisfond verfeinern. Falls nötig, noch etwas nachwürzen und kurz vor dem Anrichten den Schnittlauch unterrühren.

Gedünstete Petersilienwurzeln
für 4 Personen

HERKUNFT Bayern
ZUBEREITUNGSZEIT 5 Minuten
GARZEIT 15 Minuten

Zutaten

- 750 g Petersilienwurzeln
- 80 ml Gemüsebrühe
- 1 EL gehackte Petersilie
- 1 EL kalte Butter
- 1 EL Nussbutter → S. 125
- Salz
- Pfeffer aus der Mühle
- frisch geriebene Muskatnuss

1 — Die Petersilienwurzeln schälen, die ab etwa der Wurzelmitte dünner auslaufende Spitze abschneiden und längs halbieren. Das dicke obere Wurzelstück längs in Spalten schneiden.

2 — Die Petersilienwurzelstücke mit der Brühe in einen Topf geben, einen Deckel leicht geöffnet anlegen und die Petersilienwurzeln am Siedepunkt 12 bis 15 Minuten weich dünsten. Falls nötig, zwischendurch etwas Wasser nachgießen. Zum Schluss die Petersilie mit der kalten und der Nussbutter unterrühren und mit Salz, Pfeffer und Muskatnuss würzen.

↓
Linsengemüse S. 363

Schwarzwurzelgemüse
für 4 Personen

HERKUNFT Alle Regionen
ZUBEREITUNGSZEIT 15 Minuten
GARZEIT 15 Minuten

Zutaten

800 g Schwarzwurzeln
30 g Butter
150 ml Kalbsfond (aus dem Glas)
Salz
Pfeffer aus der Mühle
frisch geriebene Muskatnuss
einige zerstoßene Korianderkörner
1 EL gehackter Kerbel

1 — Die Schwarzwurzeln gründlich waschen, mit einem Sparschäler dünn schälen und in etwa 2 cm breite Stücke schneiden. (Am besten mit Gummihandschuhen arbeiten, da der austretende Saft unschöne Flecken auf den Händen hinterlässt.)

2 — Schwarzwurzeln in der zerlassenen Butter andünsten. Mit Kalbsfond begießen und mit Salz, Pfeffer, Muskat und Koriander würzen. Zugedeckt bei schwacher Hitze 12 bis 15 Minuten garen. Mit Kerbel bestreuen.

Rosenkohl
für 4 Personen

HERKUNFT Alle Regionen
ZUBEREITUNGSZEIT 15 Minuten
GARZEIT 15 Minuten

Zutaten

1 kg Rosenkohl
Salz
1 Zwiebel
125 g durchwachsener Räucherspeck
1 TL Öl
100 g Sahne
½ TL Speisestärke
Pfeffer aus der Mühle
frisch geriebene Muskatnuss

1 — Den Rosenkohl putzen, die äußeren Blätter entfernen und den Strunk etwas abschneiden und kreuzweise einschneiden.

2 — Den Rosenkohl in kochendem Salzwasser 5 bis 10 Minuten blanchieren, abgießen, kalt abschrecken und abtropfen lassen.

3 — Die Zwiebel schälen und in kleine Würfel schneiden. Den Speck in kleine Würfel schneiden.

4 — Das Öl in einer tiefen Pfanne bei mittlerer Temperatur erhitzen und Zwiebeln und Speck darin einige Minuten andünsten.

5 — Den Rosenkohl hinzufügen, erhitzen, die Sahne mit der Speisestärke glatt rühren, zum Rosenkohl geben und 1 bis 2 Minuten leicht köcheln lassen. Mit Salz, Pfeffer und Muskatnuss würzen.

Spitzkohl
für 4 Personen

HERKUNFT Baden-Württemberg
ZUBEREITUNGSZEIT 5 Minuten
GARZEIT 15 Minuten

Zutaten

1 Kopf junger Spitzkohl (ca. 800 g)
150 ml Hühnerbrühe
70 ml Apfelsaft
1 Msp. abgeriebene unbehandelte Zitronenschale
1 TL gehackte Petersilie

1 EL Nussbutter → S. 125

Salz

Pfeffer aus der Mühle

1 — Den Spitzkohl putzen, die äußeren Blätter entfernen und den Strunk herausschneiden. Den Kohl in Rauten schneiden, waschen und abtropfen lassen.

2 — Den Spitzkohl in einen großen Topf geben und die Brühe angießen. Das Gemüse zugedeckt 10 bis 15 Minuten dünsten, dabei häufiger umrühren.

3 — Den Apfelsaft angießen und etwas einköcheln lassen. Zitronenschale, Petersilie und Nussbutter hinzufügen und mit Salz und Pfeffer würzen.

Spinat
für 4 Personen

HERKUNFT Alle Regionen
ZUBEREITUNGSZEIT 10 Minuten
GARZEIT 5 Minuten

Zutaten

500 g Blattspinat

1 Schalotte

1 EL Butter

50 ml Gemüsebrühe

Salz

Pfeffer aus der Mühle

frisch geriebene Muskatnuss

1 Msp. abgeriebene unbehandelte Zitronenschale

1 — Den Spinat verlesen, waschen und abtropfen lassen, grobe Stiele entfernen. Die Schalotte schälen und in feine Würfel schneiden.

2 — Die Butter in einer Pfanne erhitzen und die Schalotte darin bei mittlerer Hitze glasig dünsten. Die Brühe hinzufügen, den Spinat dazugeben und zusammenfallen lassen. Mit Salz, Pfeffer, Muskatnuss und Zitronenschale würzen.

Rahmspinat mit Spiegelei
für 4 Personen

HERKUNFT Alle Regionen
ZUBEREITUNGSZEIT 25 Minuten
GARZEIT 20 Minuten

Zutaten

2 mittelgroße, mehligkochende Kartoffeln (160 g)

Salz

800 g Blattspinat

250 g Sahne

4 EL Butter

Pfeffer aus der Mühle

frisch geriebene Muskatnuss

4 Eier

1 — Die Kartoffeln schälen, waschen und in ½ cm große Würfel schneiden. Die Kartoffelwürfel in Salzwasser 10 bis 15 Minuten weich kochen und in ein Sieb abgießen.

2 — Den Spinat verlesen, waschen und abtropfen lassen, grobe Stiele entfernen. Die Spinatblätter in Salzwasser etwa 3 Minuten blanchieren, in ein Sieb abgießen und kalt abschrecken. Den Spinat abtropfen lassen und mit den Händen das überschüssige Wasser ausdrücken. Die Spinatblätter etwas zerkleinern.

3 — Die Sahne in einem Topf erhitzen. Mit den Kartoffelwürfeln, dem Spinat und der Hälfte der Butter im Küchenmixer oder dem Stabmixer pürieren. Wieder in den Topf geben und den Spinat bei milder Hitze

erwärmen. Den Rahmspinat mit Salz, Pfeffer und Muskatnuss abschmecken.

4 — Die restliche Butter in einer großen Pfanne erhitzen. Die Eier aufschlagen und in die Pfanne gleiten lassen. Die Eier nebeneinanderliegend stocken lassen, bis das Eiweiß fest ist und das Eigelb noch glänzt. Das Eiweiß mit Salz und Pfeffer würzen. (Tipp: Nach Geschmack die Eier so lang braten, bis die Unterseite leicht gebräunt ist. Dazu Salzkartoffeln → S. 316 servieren. (Abbildung rechts)

Stielmus in Sahnesauce
für 4 Personen

HERKUNFT Rheinland
ZUBEREITUNGSZEIT 10 Minuten
GARZEIT 5 Minuten

Zutaten

- 500 g Rübstiel (Stielmus)
- 2 Schalotten
- 1 Knoblauchzehe
- 30 g Butter
- 200 g Sahne
- Salz
- Pfeffer aus der Mühle
- frisch geriebene Muskatnuss

1 — Das Gemüse verlesen, waschen und in etwa 3 cm lange Stücke schneiden (die Blätter können mitverwendet werden).

2 — Schalotten und Knoblauch schälen, in Würfel schneiden und in der Butter glasig dünsten. Das tropfnasse Gemüse hinzufügen und kurz mit anschwitzen. Mit Sahne aufgießen und mit Salz, Pfeffer und Muskat würzen. Etwa 4 bis 5 Minuten köcheln lassen.

3 — Stielmus passt gut zu Bratwürsten oder Frikadellen → S. 253.

Teltower Rübchen
für 4 Personen

HERKUNFT Berlin
ZUBEREITUNGSZEIT 15 Minuten
GARZEIT 15 Minuten

Zutaten

- 800 g Teltower Rübchen (mit Grün)
- 60 g Butter
- 1 EL Zucker
- Salz
- weißer Pfeffer aus der Mühle
- ¼ l Fleischbrühe

1 — Die Blätter der Rübchen bis auf die kleinen jungen Blätter entfernen. Die Rübchen schälen und waschen.

2 — Die Butter in einem Schmortopf erhitzen, die Rübchen dazugeben und mit Zucker, Salz und Pfeffer würzen. Einige Minuten unter vorsichtigem Umrühren mit einem Kochlöffel glasieren lassen. Mit der Fleischbrühe aufgießen und zugedeckt bei schwacher Hitze etwa 10 bis 15 Minuten garen.

3 — Den Deckel abnehmen und, falls nötig, die Flüssigkeit noch etwas einkochen lassen. Unter Schwenken des Topfs das Gemüse mit der eingekochten Sauce überziehen. Teltower Rübchen passen gut zu Gänse- oder Entenbraten → S. 198–202 und → S. 190/191.

↓
Rahmspinat mit Spiegelei S. 367

Wie Kraut und Rüben

„Wie Kraut und Rüben" ist ein deutscher Ausdruck für „heilloses Durcheinander". Oder für harmlosen Verhau. Denn das Klischee von der ordnungsliebenden deutschen Hausfrau in längst verflossenen Zeiten lässt auch diese Deutung zu: Wenn Kraut und Rüben durcheinander in der Küche lagen, wanderten sie demnächst in den Kochtopf. Als die Deutschen noch zu Recht die „Krauts" hießen, aßen sie oft und viel Kraut – es half ihnen, fettes Fleisch oder grobe Wurst bekömmlicher zu machen. Heute haben sich Geschmack und Vorlieben geändert: Anstelle von Sauerkraut steht an erster Stelle ein weit teureres Gemüse, das die Essgewohnheiten der Deutschen kennzeichnet: heimischer Spargel. Wem der zu teuer ist, greift zur Importware aus Griechenland oder Italien.

Wie Gott in Baden *– ein Gemüseparadies auf Erden*

01

02

Deutschland kennt nicht vier, sondern fünf Elemente: Feuer, Wasser, Erde, Luft und Spargel. Im Jahr 2015 wurde kein anderes Gemüse auf so großer Fläche in Deutschland angebaut.

Weil es den deutschen Spargel eben nicht das ganze Jahr über gibt, fallen die Feinschmecker in der Spargelzeit (Ende April bis Johanni am 24. Juni) über die Gemüsestände her. Beelitzer Spargel (Brandenburg), Schrobenhausener, Abensberger (beides Bayern), Nienburg (in Niedersachsen, dem größten Erzeuger unter den Bundesländern), Schwetzinger (Baden-Württemberg) und Walberg am Niederrhein sind die traditionellen Spargelmetropolen. Früher aßen Deutsche nur den weißen Spargel, aus Italien und Frankreich wurde dann aber auch der grüne übernommen. Spargelvarianten gibt es unzählige, und selbst der manchmal unglaublich hohe Preis für einheimischen weißen Spargel, frisch gestochen, kann die echten Freaks nicht abschrecken. Dass Deutsche eine Art Tick mit ihrem Spargel haben, entspricht durchaus der Wahrheit.

Dagegen ist schon lang nicht mehr wahr, dass die Menschen in Deutschland besonders oft oder viel Kohl essen. Vor allem nicht im Vergleich zum Balkan und anderen slawischen Ländern, wie etwa Russland oder Polen. Viele genießen ihr Sauerkraut oft nur noch in Gasthäusern, um sich den Geruch in den eigenen vier Wänden zu ersparen. Und auch wenn die Weihnachtsgans nach frischem, selbst gemachtem Rotkohl schnattert – richtig oft essen die „Krauts" ihr Kraut nicht mehr. Höchstens in der Schlachtplatten-Spielart mit Blut-, Leberwurst, Wellfleisch und Kartoffelpüree. Das aber ist vielen kalorien- und gesundheitsbewussten Essern heutzutage ohnehin ein Graus. Zumal auch das Kraut unter Zugabe eines Stücks Speck durchgedünstet wird, also auch selbst nicht gerade leicht daherkommt.

03

01 Jede Spargelregion kürt ihre Spargelkönigin.

02 Spargelstechen – mit Schinderei zur Kostbarkeit

03 Die Schwarzwurzel gilt als der Spargel des kleinen Mannes.

04 Der Schrebergarten – Eigenanbau ist „in".

04

05

Wie überall ist die nostalgische Küche der Rezepte „von alters her" auch in Deutschland für die gedacht gewesen, die stundenlang schwere körperliche Arbeit verrichten. Als Büroangestellter mit sitzender Tätigkeit wird man auf lange Sicht zu leichterer Küche neigen.

Vor diesem Hintergrund ein Segen, dass auf der Insel Reichenau im Bodensee gleich drei Freilufternten pro Jahr eingebracht werden können. Der warme Alpenfallwind Föhn und der Temperaturausgleich durch die große Wassermasse des Sees ergeben ein besonders mildes Klima. Tomaten, Salate und Gurken „von der Insel Reichenau" sind EU-geschützte geografische Angaben. Von der flächenmäßig größten Insel im Bodensee werden 160 Hektar als Anbaufläche genutzt, davon ein Viertel in Gewächshäusern. Wer an diesem Angebot teilhat, darf sich in Deutschland glücklich preisen. Anders als in Frankreich oder Italien kommen Obst und Gemüse aus der Region nicht in ausreichendem Angebot in die Läden, bzw. sind noch unreif, wenn sie zum Verkauf ausliegen, oder

06
07 | 08

05 Die Insel Reichenau – ein Obst- und Gemüseparadies im Ausnahmeklima

06 Mangold – interessante Neuzüchtungen beleben die Nachfrage.

07 Krautstampfen anno dazumal

08 Ohne feines Hobeln kein Krautsalat

09 Kohlfahrt – Grünkohl und Schnaps erst im Bollerwagen und spätestens am Ziel dann in den Magen

kosten viel zu viel. Das hängt mit Lebens- und Einkaufsgewohnheiten zusammen: Deutsche kaufen gern billig und auf Vorrat im Supermarkt, etwa am Samstagvormittag für die ganze folgende Woche. Italiener und zumindest Südfranzosen gehen lieber jeden Tag auf den Markt um die Ecke in ihrem eigenen Viertel, wo sie die Produkte aus heimischer Zucht jeden Tag frisch und reif vorfinden, zu noch nicht mal überhöhten Preisen.

09

Wirsing
für 4 Personen

HERKUNFT Alle Regionen
ZUBEREITUNGSZEIT 10 Minuten
GARZEIT 15 Minuten

Zutaten

1 kg Wirsing
1 Zwiebel
40 g Butter
125 ml Gemüsebrühe
Salz
Pfeffer aus der Mühle
frisch geriebene Muskatnuss

1 — Den Wirsing putzen, die äußeren welken Blätter entfernen. Den Wirsing achteln und den Strunk herausschneiden. Wirsing waschen, abtropfen lassen und in feine Streifen schneiden. Die Zwiebel schälen.

2 — Butter in einem Topf zerlassen und die Zwiebel darin kurz dünsten. Den Kohl dazugeben und mitdünsten. Die Brühe hinzufügen und den Wirsing zugedeckt etwa 15 Minuten garen. Mit Salz, Pfeffer und Muskatnuss würzen.

Rahmwirsing
für 4 Personen

HERKUNFT Alle Regionen
ZUBEREITUNGSZEIT 15 Minuten
GARZEIT 10 Minuten

Zutaten

1 kg Wirsing
Salz
80 ml Gemüsebrühe
120 g Sahne
Cayennepfeffer
frisch geriebene Muskatnuss

1 — Den Wirsing putzen, die äußeren Blätter ablösen, den Strunk herausschneiden und den Wirsing in einzelne Blätter teilen. Die Blattrippen entfernen und die Blätter waschen.

2 — Den Wirsing in kochendem Salzwasser etwa 10 Minuten garen. In ein Sieb abgießen, kalt abschrecken und abtropfen lassen. Das überschüssige Wasser ausdrücken. Die Wirsingblätter in etwa 2 cm große Stücke schneiden.

3 — Wirsing mit der Brühe und der Sahne in einem Topf erhitzen und mit Salz, Cayennepfeffer und Muskatnuss würzen. Nach Belieben zum Schluss noch 2 bis 3 EL Sahnemeerrettich aus dem Glas unterrühren oder frischen Meerrettich darüberreiben. (Abbildung → S. 357)

Erbsenpüree
für 4 Personen

HERKUNFT Berlin/Hunsrück
ZUBEREITUNGSZEIT 10 Minuten
GARZEIT 40 Minuten

Zutaten

200 g mehligkochende Kartoffeln
Salz
750 g Tiefkühl-Erbsen
150 ml Gemüsebrühe
3 EL Butter
30 g Sahne
frisch geriebenene Muskatnuss
4–6 Minzeblätter

1 — Die Kartoffeln waschen und in Salzwasser weich garen, abgießen, kurz ausdampfen lassen und pellen.

2 — Die Erbsen in der Brühe dünsten, abgießen und in einen hohen Rührbecher geben. Butter, Sahne dazugeben, mit Salz und Muskatnuss würzen und alles mit dem Stabmixer pürieren. Die Kartoffeln durch die Kartoffelpresse dazudrücken und unterrühren.

3 — Die Minzeblätter waschen, trocken tupfen, klein schneiden und unter das Erbsenpüree rühren.

Gelbes Erbspüree
für 4 Personen

HERKUNFT Berlin/Rheinland-Pfalz
ZUBEREITUNGSZEIT 10 Minuten
GARZEIT 45 Minuten

Zutaten

1 Zwiebel
je 30 g Möhren- und Selleriewürfel
250 g gelbe Schälerbsen
1 EL Butter
Salz
Pfeffer aus der Mühle

1 — Die Zwiebel schälen und in kleine Würfel schneiden. Die Erbsen knapp mit Wasser bedecken und zum Kochen bringen. Die Zwiebeln und die Gemüsewürfel dazugeben und alles etwa 45 Minuten kochen.

2 — Die Erbsen in einem Sieb abtropfen lassen und mit dem Stabmixer pürieren. Die Butter unterrühren und alles mit Salz und Pfeffer und nach Belieben mit Majoran abschmecken.

3 — Erbspüree zu Kasseler mit Sauerkraut servieren → S. 276.

Selleriepüree
für 4 Personen

HERKUNFT Alle Regionen
ZUBEREITUNGSZEIT 10 Minuten
GARZEIT 20 Minuten

Zutaten

350 g Knollensellerie
100 g Sahne
50 g Nussbutter → S. 125
Salz
Pfeffer aus der Mühle
frisch geriebene Muskatnuss

1 — Den Knollensellerie putzen, schälen und in kleine Würfel schneiden. Die Sahne in einem Topf erhitzen, die Selleriewürfel hineingeben und zugedeckt etwa 20 Minuten weich schmoren.

2 — Den Sellerie mit dem Schaumlöffel herausnehmen und im Blitzhacker pürieren, dabei so viel Kochflüssigkeit wie nötig hinzufügen. Die Nussbutter unterrühren. Das Selleriepüree mit Salz, Pfeffer und etwas Muskatnuss abschmecken.

Wurzelpüree
für 4 Personen

HERKUNFT Alle Regionen
ZUBEREITUNGSZEIT 10 Minuten
GARZEIT 20 Minuten

Zutaten

300 g Möhren
3 große Zwiebeln
300 g Knollensellerie
300–350 ml Gemüsebrühe
80 g Sahne

Salz

frisch geriebene Muskatnuss

3 EL Butter

1 EL Nussbutter → S. 125

1 — Die Möhren, die Zwiebeln und den Knollensellerie putzen, schälen und in 2 cm große Würfel schneiden. Die Gemüsewürfel mit der Brühe in einen Topf geben und zugedeckt bei milder Hitze gut 20 Minuten schmoren, bis das Gemüse sehr weich ist und die Flüssigkeit fast vollständig verdampft ist.

2 — Das Gemüse in ein Sieb abgießen und abtropfen lassen. Mit der Sahne im Blitzhacker oder mit dem Stabmixer fein pürieren. Das Wurzelpüree mit Salz und 1 Prise Muskatnuss kräftig abschmecken. Zum Schluss die Butter und die Nussbutter unterrühren.

Rotkohl
für 4 Personen

HERKUNFT Alle Regionen
ZUBEREITUNGSZEIT 15 Minuten
GARZEIT 1½ Stunden

Zutaten

800 g Rotkohl

1 EL Puderzucker

100 ml Portwein

200 ml kräftiger Rotwein

125 ml Gemüsebrühe

1 Lorbeerblatt

5 Pimentkörner

½ TL schwarze Pfefferkörner

1 Splitter Zimtrinde

2–3 EL Apfelmus

1 Streifen unbehandelte Orangenschale

20 g kalte Butter

Salz

Zucker

1 EL milder Rotweinessig

1 — Den Rotkohl putzen, die äußeren Blätter entfernen und den Strunk herausschneiden. Den Kohl auf dem Gemüsehobel in nicht zu feine Streifen hobeln. Den Puderzucker in einem Topf hell karamellisieren, den Port- und Rotwein angießen und auf ein Drittel einköcheln lassen. Rotkohl und Brühe hinzufügen und den Kohl zugedeckt bei schwacher Hitze etwa 1½ Stunden mehr ziehen als köcheln lassen, dabei öfter umrühren.

2 — Nach 1 Stunde das Lorbeerblatt einlegen. Den Piment, den Pfeffer und den Zimt in ein Gewürzsäckchen füllen. Das Säckchen verschließen und zu dem Blaukraut geben.

3 — Am Ende der Garzeit das Apfelmus unter den Kohl rühren, die Orangenschale einlegen, einige Minuten darin ziehen lassen und wieder entfernen. Das Lorbeerblatt und das Gewürzsäckchen ebenfalls entfernen und die Butter unterrühren. Den Rotkohl mit Salz, Zucker und Essig abschmecken. Der Rotkohl passt zu Wild, Ente, Gans und dunklen Schmorgerichten. (Tipp: Rotkohl, Rotkraut oder Blaukraut kann auch mit Zwiebeln und Apfel geschmort werden. Dann auf das Apfelmus verzichten.)

Sauerkraut
für 4 Personen

HERKUNFT Alle Regionen
ZUBEREITUNGSZEIT 10 Minuten
GARZEIT 45 Minuten

Zutaten

1 große Zwiebel

1 EL Öl

800 g Sauerkraut (aus der Dose)

100 ml trockener Weißwein
400 ml Gemüsebrühe
1 Stück Speckschwarte oder 1 dicke Scheibe durchwachsener Speck
5 schwarze Pfefferkörner
2 Wacholderbeeren (leicht angedrückt)
1 Lorbeerblatt
2 EL Apfelmus
1 EL Butter
Zucker

1 — Die Zwiebel schälen und in kleine Würfel schneiden. Das Öl in einem Topf erhitzen und die Zwiebelwürfel darin bei milder Hitze glasig andünsten. Das Sauerkraut dazugeben und kurz mitdünsten. Mit Weißwein ablöschen und diesen fast vollständig einköcheln lassen.

2 — Die Brühe angießen und die Speckschwarte hinzufügen. Das Sauerkraut bei milder Hitze etwa 45 Minuten schmoren lassen. Inzwischen Pfeffer, Wacholderbeeren und Lorbeerblatt in ein Gewürzsäckchen füllen und das Säckchen verschließen. Nach 30 Minuten Garzeit das Apfelmus und das Gewürzsäckchen zum Sauerkraut geben.

3 — Am Ende der Garzeit das Gewürzsäckchen und die Speckschwarte wieder entfernen. Die Butter unterrühren und das Sauerkraut mit 1 Prise Zucker und nach Belieben mit Salz abschmecken.

4 — Für Rahmkraut das Sauerkraut wie oben beschrieben zubereiten. Am Ende der Garzeit 50 g Sahne und 3 EL Butter unterrühren.

Bayerisch Kraut
für 4 Personen

HERKUNFT Bayern
ZUBEREITUNGSZEIT 15 Minuten
GARZEIT 30 Minuten

Zutaten

½ kleiner Kopf Weißkohl
1 Zwiebel
1 EL Öl
1 Schuss Apfelsaft
200 ml Gemüsebrühe
Salz
gemahlener Kümmel
1 EL gehackte Petersilie
1 EL Butter
1 Spritzer Apfelessig

1 — Den Weißkohl putzen, die äußeren Blätter entfernen und den Strunk herausschneiden. Den Kohl in Rauten schneiden.

2 — Die Zwiebel schälen und in kleine Würfel schneiden. Das Öl in einem Topf erhitzen und die Zwiebelwürfel darin bei mittlerer Hitze glasig dünsten. Die Kohlrauten dazugeben und etwas mitdünsten lassen. Mit dem Apfelsaft ablöschen. Die Brühe angießen und das Gemüse zugedeckt 20 bis 30 Minuten weich dünsten.

3 — Das Bayerisch Kraut mit Salz und 1 Prise Kümmel würzen, die Petersilie und die Butter unterrühren und das Kraut mit Apfelessig abschmecken. Nach Belieben 100 g durchwachsenen Bauchspeck in kleine Würfel schneiden und in einer Pfanne bei mittlerer Hitze in 1 EL Öl anbraten. Die Speckwürfel herausnehmen, auf Küchenpapier abtropfen lassen und unter das gegarte Kraut mischen.

↓

Spargel mit Butter und Schinken S. 381

Spargel mit Butter und Schinken
für 4 Personen

HERKUNFT Alle Regionen
ZUBEREITUNGSZEIT 10 Minuten
GARZEIT 10 Minuten

Zutaten

- 2 kg weißer Spargel
- Salz
- 1 EL Zucker
- 150–200 g Butter
- 200 g gekochter oder Schwarzwälder Schinken

1 — Die Spargelstangen schälen und die holzigen Enden entfernen. In einem breiten Topf 2 l Wasser zum Kochen bringen. 1–2 EL Salz und den Zucker hinzufügen. Die Spargelstangen darin je nach Dicke 15 bis 20 Minuten garen. Den Spargel aus dem Sud nehmen und kurz abtropfen lassen.

2 — Die Butter in einem Topf zerlassen. Die Spargelstangen mit dem Schinken auf Tellern anrichten. Die Butter dazu servieren. Dazu passen Kratzede → S. 345 oder Salzkartoffeln → S. 316. (Abbildung links)

Überbackener Blumenkohl
für 4 Personen

HERKUNFT Alle Regionen
ZUBEREITUNGSZEIT 15 Minuten
GARZEIT 25 Minuten

Zutaten

- 1 großer Blumenkohl
- Salz
- 350 g gekochter Schinken (am Stück)
- 30 g Butter
- 40 g Mehl
- je 200 ml kalte Gemüsebrühe und Milch
- 50 g Sahne
- 80 g fein geriebener Emmentaler oder anderer gut schmelzender Käse
- Pfeffer aus der Mühle
- frisch geriebene Muskatnuss

1 — Den Backofen auf 220 °C vorheizen. Den Blumenkohl putzen, in einzelne Röschen teilen und waschen. In Salzwasser 3 bis 4 Minuten knapp gar kochen, in ein Sieb abgießen und abtropfen lassen.

2 — Den Schinken in Würfel schneiden. Eine Auflaufform einfetten und Blumenkohl und Schinken darin verteilen.

3 — Die Butter in einem großen Topf zerlassen und das Mehl darin einige Minuten unter Rühren anschwitzen. Die Brühe und die Milch unter Rühren hinzufügen. Die Sauce 10 Minuten leicht köcheln lassen, dabei häufig umrühren. Den Topf vom Herd nehmen, Sahne und Käse unterrühren und mit Salz, Pfeffer und Muskatnuss würzen.

4 — Die Sauce gleichmäßig auf dem Blumenkohl verteilen und im vorgeheizten Backofen im unteren Drittel 10 bis 15 Minuten goldbraun überbacken. Dazu passt marinierter Kopfsalat und Brot.

Chicorée im Schinkenmantel
für 4 Personen

HERKUNFT Alle Regionen
ZUBEREITUNGSZEIT 10 Minuten
GARZEIT 30 Minuten

Zutaten

- 4 Chicorée
- 8 Scheiben Schinken
- 30 g Butter
- 40 g Mehl
- je 200 ml kalte Gemüsebrühe und Milch
- 50 g Sahne
- 80 g geriebener Emmentaler oder Gouda
- Pfeffer aus der Mühle
- etwas frisch geriebene Muskatnuss

1 — Den Chicorée putzen, falls nötig, die äußeren welken Blätter entfernen, die Kolben längs halbieren, waschen und abtropfen lassen. Den Strunk jeweils herausschneiden, sodass die Blätter noch zusammenhalten.

2 — Die Chicoréehälften mit je 1 Scheibe Schinken umwickeln. Mit der runden Seite nach oben nebeneinander in eine große Auflaufform legen. Den Backofen auf 180 °C vorheizen.

3 — Die Butter in einem großen Topf zerlassen und das Mehl darin einige Minuten unter Rühren anschwitzen. Die Brühe und die Milch unter Rühren hinzufügen. Die Sauce 10 Minuten leicht köcheln lassen, dabei häufig umrühren. Den Topf vom Herd nehmen, Sahne und Käse unterrühren und mit Salz, Pfeffer und Muskatnuss würzen.

4 — Die Sauce gleichmäßig auf dem Chicorée verteilen und im Backofen im unteren Drittel etwa 20 Minuten goldbraun backen.

Gefüllte Paprikaschoten
für 4 Personen

HERKUNFT Alle Regionen
ZUBEREITUNGSZEIT 20 Minuten
GARZEIT 40 Minuten

Zutaten

- 4 rote Paprikaschoten
- 1 Zwiebel
- 1 EL Öl
- 500 g gemischtes Hackfleisch (Rind und Schwein)
- 1–2 EL Tomatenmark
- 125 g Langkornreis
- 175 ml Hühnerbrühe
- Salz
- Pfeffer aus der Mühle
- Paprikapulver

1 — Von den Paprikaschoten einen Deckel abschneiden, den Stiel dranlassen. Die Paprika entkernen und waschen. Die Zwiebel schälen und in Würfel schneiden.

2 — Das Öl erhitzen und die Zwiebel darin glasig dünsten. Das Hackfleisch dazugeben und anbraten, bis es krümelig und hell geworden ist.

3 — Das Tomatenmark und den Reis unterrühren und etwas mitdünsten. 100 ml Brühe dazugeben und mit Salz, Pfeffer und Paprikapulver würzen.

4 — Die restliche Brühe in eine ofenfeste Form gießen. Die Hackfleischmasse in die Paprikaschoten füllen. Den Backofen auf 180 °C vorheizen.

5 — Die Paprika nebeneinander in die Form setzen und die „Deckel" auflegen. Die Paprika im Ofen auf der mittleren Schiene etwa 40 Minuten weich schmoren.

Gemüseauflauf
für 4 Personen

HERKUNFT Alle Regionen
ZUBEREITUNGSZEIT 20 Minuten
GARZEIT 1 Stunde

Zutaten

- 1 Zwiebel
- 1 rote Paprikaschote
- 3–4 EL Gemüsebrühe
- 100 g Brokkoli
- Salz
- 1 Zucchini (200–250 g)
- 500 g vorwiegend festkochende Kartoffeln
- 30 g Butter
- 40 g Mehl
- 200 ml kalte Gemüsebrühe
- 200 ml kalte Milch
- 150 g fein geriebener Bergkäse oder Emmentaler
- 1 TL gemischte getrocknete Kräuter (z.B. Thymian, Majoran, Oregano, Rosmarin, Bohnenkraut)
- 1 fein geriebene Knoblauchzehe
- ½ TL unbehandelte abgeriebene Zitronenschale
- Pfeffer aus der Mühle
- frisch geriebene Muskatnuss

1 — Die Zwiebel schälen und in etwa 1½ cm dicke Scheiben schneiden. Die Paprikaschote halbieren, putzen, entkernen und waschen. In etwa 2 cm dicke Stücke schneiden.

2 — Zwiebel und Paprika mit der Brühe in einen kleinen Topf geben. Mit Backpapier bedecken und am Siedepunkt 5 Minuten dünsten.

3 — Den Brokkoli waschen, in kleine Röschen teilen, in Salzwasser bissfest kochen, kalt abschrecken und abtropfen lassen.

4 — Die Zucchini putzen, waschen und in ½ cm dicke Scheiben schneiden. Die Kartoffeln schälen, waschen und in dünne Scheiben hobeln. Den Backofen auf 180 °C vorheizen.

5 — Die Butter in einem Topf bei milder Hitze zerlassen, das Mehl hineinrühren und unter weiterem Rühren einige Minuten leicht andünsten. Brühe und Milch unter ständigem Rühren langsam hineingießen. 10 Minuten leicht köcheln lassen, dabei häufig umrühren.

6 — Die Sauce mit der Zwiebel-Paprika-Mischung, den Brokkoliröschen, Zucchini- und Kartoffelscheiben vermischen. Die Hälfte des Käses untermischen. Die Kräutermischung, Knoblauch und Zitronenschale hinzufügen und mit Salz, Pfeffer und etwas frisch geriebener Muskatnuss würzen.

7 — Alles in eine gefettete Auflaufform füllen, den restlichen Käse daraufstreuen und auf der mittleren Schiene 45 bis 50 Minuten goldbraun backen.

Grünkohl mit Pinkel, Kassler und Mettenden
für 4 Personen

HERKUNFT Niedersachsen/Bremen
ZUBEREITUNGSZEIT 25 Minuten
GARZEIT 1½ Stunden

Zutaten

- 1½ kg Grünkohl
- Salz
- 2 Zwiebeln
- 2 EL Schweine- oder Gänseschmalz
- 1–2 TL Zucker
- ½ l Hühner- oder Gemüsebrühe
- 2 EL Haferflocken
- Pfeffer aus der Mühle

250 g geräucherter Bauchspeck (am Stück)
4 Scheiben Kassler
4 Mettenden
4 Pinkelwürste (Grützwürste)
100 g mittelscharfer Senf

1 — Den Grünkohl putzen und verlesen, die Blätter von den Stielen lösen und grobe Rippen herausschneiden. Die Blätter gründlich waschen und abtropfen lassen. Die Blätter in kochendem Salzwasser 2 Minuten blanchieren, kalt abschrecken und das Wasser ausdrücken. Die Blätter klein schneiden oder hacken.

2 — Die Zwiebeln schälen und in Würfel schneiden. Das Schmalz in einem großen Topf erhitzen und die Zwiebel darin andünsten. Zucker und Kohl hinzufügen und einige Minuten dünsten. Die Brühe angießen, sodass der Kohl leicht schwimmt, und mit angelegtem Deckel 1 Stunde knapp unter dem Siedepunkt köcheln lassen.

3 — Die Haferflocken unterrühren, mit Salz und Pfeffer würzen, Speck, Kassler, Mettenden und Pinkel auf den Kohl legen und mit leicht geöffnetem Deckel etwa 30 Minuten weitergaren, bis das Fleisch gar ist. Den Speck herausnehmen, in Scheiben schneiden und wieder zurück in den Topf geben.

4 — Den Grünkohl mit der Wurst und dem Fleisch auf vorgewärmten Tellern verteilen und Salzkartoffeln → S. 316 dazu servieren. Den Senf dazu reichen. (Tipp: Die Pinkelwürste können auch in Wasser separat gegart werden. In manchen Gegenden werden sie dann aufgeschnitten, der Inhalt aus der Haut gelöst und teilweise mit unter den Kohl gerührt.) (Abbildung → S. 393)

Kohlrouladen
für 4 Personen

HERKUNFT Berlin/Brandenburg
ZUBEREITUNGSZEIT 25 Minuten
GARZEIT 45 Minuten

Zutaten

1 Kopf Weißkohl
50 g Toastbrot
100 ml Milch
2 Zwiebeln
200 g Kalbshackfleisch
200 g Schweinehackfleisch
1 Ei
1 TL scharfer Senf
abgeriebene Schale von ½ unbehandelten Zitrone
Salz
Pfeffer aus der Mühle
getrockneter Majoran
frisch geriebene Muskatnuss
1 EL gehackte Petersilie
1 EL Nussbutter → S. 125
80 g Knollensellerie
½ Möhre
1 TL Puderzucker
1 EL Tomatenmark
150 ml Rotwein
¼ l Hühnerbrühe

1 — Vom Weißkohl die äußeren Blätter entfernen und den harten Strunk großzügig herausschneiden. In einem großen Topf reichlich Wasser aufkochen, sodass der ganze Kohlkopf von Wasser bedeckt ist. Mit einer Fleischgabel tief in die Aushöhlung des Kohlkopfs stechen und den Kohl 1 bis 2 Minuten in das kochend heiße Wasser tauchen, bis das äußere Blatt biegsam wird. Den Kopf aus dem Wasser heben und das Blatt abziehen. Auf die gleiche Weise weitere 3 Blätter abziehen. Den restlichen

↓
Kohlrouladen S. 384

Kohlkopf anderweitig verwenden (z.B. für Bayerisch Kraut → S. 379).

2 — Die abgelösten Kohlblätter trocken tupfen und die dicken Blattrippen herausschneiden. Die Blatthälften auf einem Küchentuch leicht überlappend aufeinanderlegen, mit einem Küchentuch bedecken und mit dem Nudelholz flach rollen.

3 — Das Toastbrot entrinden, in Würfel schneiden und in der Milch einweichen. 1 Zwiebel schälen, in kleine Würfel schneiden und 2 Minuten blanchieren. Beide Hackfleischsorten mit dem eingeweichten Brot, den Zwiebelwürfeln, dem Ei, dem Senf und der Zitronenschale gut mischen. Mit Salz, Pfeffer, Majoran und 1 Prise Muskatnuss und Petersilie würzen.

4 — Je ein Viertel der Hackfleischfüllung auf ein Kohlblatt setzen. Die Längsseiten der Blätter einschlagen und die Blätter von der schmalen Seite her aufrollen. Mit Küchengarn festbinden. Die Nussbutter in einer Pfanne erhitzen und die Kohlrouladen darin rundum anbraten.

5 — Die übrige Zwiebel schälen, den Sellerie und die Möhre putzen und schälen. Das Gemüse in ½ cm große Würfel schneiden. Den Puderzucker in einem Bräter bei mittlerer Temperatur hell karamellisieren. Das Gemüse dazugeben und darin andünsten. Das Tomatenmark unterrühren und kurz mitrösten. Mit einem Drittel des Weins ablöschen und sirupartig einkochen lassen. Den übrigen Wein auf zwei Mal hinzufügen und jeweils einkochen lassen. Die Brühe dazugießen, die Kohlrouladen in den Bräter legen und knapp unter dem Siedepunkt bei halb aufgelegtem Deckel etwa 45 Minuten ziehen lassen. Die Kohlrouladen mit der Sauce anrichten und servieren.
(Abbildung → S. 385)

Kalte Wirsingrouladen
für 4 Personen

HERKUNFT Süddeutschland
ZUBEREITUNGSZEIT 20 Minuten
KÜHLZEIT 1 Stunde

Zutaten

- 250 g gekochter Schinken
- 200 g Kalbsbrät
- 4 cl Weinbrand
- Salz
- Pfeffer aus der Mühle
- 4 Blatt weiße Gelatine
- 2– 3 EL Kalbsfond (aus dem Glas)
- 200 g halb steif geschlagene Sahne
- 16 große Wirsingblätter
- 8 Scheiben gekochter Schinken

1 — Das Schinkenstück zusammen mit dem Kalbsbrät durch den Fleischwolf drehen. Den Weinbrand dazugeben, mit Salz und Pfeffer würzen und im Blitzhacker zu einer glatten Farce verarbeiten.

2 — Die Gelatine in kaltem Wasser einweichen, gut ausdrücken und im erwärmten Kalbsfond auflösen. Vorsichtig unter die Farce rühren, dann die Sahne gleichmäßig unterziehen.

3 — Wirsingblätter in Salzwasser kurz blanchieren, dann in Eiswasser abschrecken. Nebeneinander auf ein Tuch legen und abtropfen lassen.

4 — Die Blattrippen flach schneiden und 8 Blätter mit je 1 Schinkenscheibe belegen. Darauf wieder 1 Wirsingblatt legen und mit der Farce bestreichen. Die seitlichen Ränder einschlagen und der Länge nach aufrollen. Die Rouladen mit Frischhaltefolie umwickeln, damit sie nicht aufgehen. Etwa 1 Stunde kalt stellen.

5 — Die Wirsingrouladen in Scheiben schneiden und z. B. auf marinierten Salatblättern anrichten.

Kartoffelgröstl
für 4 Personen

HERKUNFT Süddeutschland
ZUBEREITUNGSZEIT 30 Minuten
GARZEIT 40 Minuten

Zutaten

- 500 g festkochende Kartoffeln
- Salz
- 1 Zwiebel
- 100 g breite Bohnen
- 1–2 EL Nussbutter → S. 125
- ¼ TL gemahlener Kümmel
- ½ TL getrockneter Majoran
- Salz
- Pfeffer aus der Mühle
- ½ TL Öl
- 10 Nürnberger Rostbratwürstel oder 400 g gekochtes Rindfleisch
- 1 EL gehackte Petersilie
- 4 Eier

1 — Die Kartoffeln mit der Schale gründlich waschen und in Salzwasser weich garen. Die Kartoffeln abgießen, ausdampfen lassen und möglichst heiß pellen. Die Kartoffeln auskühlen lassen und in Scheiben schneiden.

2 — Die Zwiebel schälen und in 1 bis 1½ cm dicke Scheiben schneiden. Die Bohnen putzen, waschen und schräg in 1 bis 1½ cm breite Stücke schneiden. In kochendem Salzwasser fast weich garen. In ein Sieb abgießen, kalt abschrecken und abtropfen lassen.

3 — In einer Pfanne 1 EL Nussbutter erhitzen und die Zwiebel darin goldbraun rösten. Herausnehmen und die Kartoffeln in der Pfanne portionsweise anbraten. Mit Kümmel, Majoran, Salz und Pfeffer würzen. Die Zwiebel und die Bohnen dazugeben. Alles miteinander vermischen.

4 — In einer zweiten Pfanne das Öl erhitzen und die Rostbratwürstel darin rundum braten. Auf Küchenpapier abtropfen lassen und schräg halbieren. (Das Rindfleisch wird in 2 cm große Stücke schneiden, zu den Kartoffeln in die Pfanne gegeben und erhitzt.) Die Rostbratwürstel unter die Kartoffeln mischen. Alles mit Salz würzen und die Petersilie unterrühren. Nach Belieben mit etwas Nussbutter verfeinern.

5 — Die Eier in der Pfanne zu Spiegeleiern braten und zum Gröstl servieren.

Leipziger Allerlei
für 4 Personen

HERKUNFT Leipzig/Sachsen
ZUBEREITUNGSZEIT 1 Stunde

Zutaten

- 12 lebende Flusskrebse
- ½ TL ganzer Kümmel
- Salz
- 60 g Butter
- 30 g getrocknete Spitzmorcheln
- ½ kleiner Kopf Blumenkohl
- 1 Kohlrabi
- 300 g weißer Spargel
- 300 g kleine Möhren
- Zucker
- 300 g Tiefkühl-Erbsen
- 100 ml Gemüsebrühe
- Pfeffer aus der Mühle
- frisch geriebene Muskatnuss

↓
Leipziger Allerlei S. 387

1 — Den Backofen auf 120 °C vorheizen. Die Krebse mit dem Kümmel in kochendem Salzwasser 1 bis 2 Minuten garen. In ein Sieb abgießen und kalt abschrecken. Die Krebsschwänze und -scheren vom Körper trennen. Das Fleisch aus den Schwänzen lösen, die Krebse am Rücken entlang einschneiden und den Darm entfernen. Die Scheren knacken und das Fleisch herauslösen. Das gesamte Krebsfleisch kühl stellen.

2 — Die Krebskarkassen gründlich waschen und abtropfen lassen. Auf einem Backblech verteilen, im vorgeheizten Backofen 30 bis 40 Minuten rösten und zerbröseln.

3 — In einer Pfanne 50 g Butter zerlassen, 2 EL der zerbröselten Krebskarkassen hinzufügen und bei milder Hitze 15 Minuten ziehen lassen. Die Krebsbutter durch ein Sieb gießen.

4 — Morcheln in ½ l Wasser aufkochen, 5 Minuten quellen und auf einem Sieb abtropfen lassen. Blumenkohl putzen, in Röschen teilen und waschen. Kohlrabi putzen, schälen und in 1 cm breite Stifte schneiden. Spargel schälen und die holzigen Enden entfernen. Spargel in 5 cm lange Stücke schneiden. Möhren putzen, schälen und in dünne Stifte schneiden.

5 — In einem Topf reichlich Wasser erhitzen und mit Salz und Zucker kräftig würzen. Spargel, Möhren, Blumenkohl, Kohlrabi und Erbsen darin nacheinander bissfest blanchieren, mit der Schaumkelle herausheben, kalt abschrecken und abtropfen lassen.

6 — Das Gemüse mit der restlichen Butter in einem großen Topf in der Brühe bei mittlerer Hitze erwärmen und mit Salz, Pfeffer sowie Muskatnusswürzen. Das Krebsfleisch in der Krebsbutter bei milder Hitze erwärmen und mit dem Leipziger Allerlei auf vorgewärmten Tellern anrichten. (Abbildung links)

Linsen mit Spätzle
für 4 Personen

HERKUNFT Baden-Württemberg
EINWEICHZEIT 2 Stunden
ZUBEREITUNGSZEIT 20 Minuten
GARZEIT 25 Minuten

Zutaten für die Linsen

- 150 g Teller- oder Berglinsen (kleine grüne Linsen)
- je 30 g geschälte, geputzte Möhre, Lauch und Knollensellerie
- ½ Zwiebel
- 1 EL Öl
- 2 TL Tomatenmark
- 80 ml Rotwein
- 500 ml Hühnerbrühe
- 1 Lorbeerblatt
- Salz
- Cayennepfeffer
- ½–1 EL Rotweinessig

Zutaten für die Spätzle

- 400 g doppelgriffiges Mehl (Wiener Grießler)
- 8 Eier
- Salz
- 1 EL Öl
- 1 EL Butterschmalz
- Pfeffer aus der Mühle

1 — Die Linsen 2 Stunden in Wasser einweichen, danach abtropfen lassen. Das Gemüse in kleine Würfel schneiden, die Zwiebel schälen und in kleine Würfel schneiden.

2 — Zwiebel, Möhren und Sellerie in einem Topf im Öl bei schwacher Hitze glasig andünsten. Das Tomatenmark hineinrühren, etwas mitdünsten lassen, die eingeweichten Linsen dazugeben, mit Rotwein ablöschen und etwas einköcheln lassen. Mit der Brühe auffüllen und 20 bis 25 Minuten mehr ziehen als köcheln lassen.

3 — Nach 15 Minuten das Lorbeerblatt einlegen und zum Schluss entfernen. Zuletzt den Lauch dazugeben und mit Salz, 1 Prise Cayennepfeffer und Essig abschmecken.

4 — Für die Spätzle das Mehl mit den Eiern, 1 TL Salz und dem Öl in der Küchenmaschine oder mit den Knethaken des Handrührgeräts 3 bis 5 Minuten verkneten, bis der Teig Blasen wirft. Alternativ den Teig mit einem Kochlöffel verrühren.

5 — In einem großen Topf reichlich Salzwasser aufkochen. Den Spätzlehobel kurz in das Wasser tauchen, den Teig portionsweise hineinfüllen und in das siedende Salzwasser hobeln. Wenn die Spätzle an die Oberfläche steigen, jeweils einmal kurz aufkochen lassen. Die Spätzle mit dem Schaumlöffel herausheben, abtropfen lassen, in Butterschmalz etwas anbraten und mit Salz und Pfeffer würzen.

6 — Die Linsen mit den Spätzle auf Tellern anrichten. Nach Belieben Saitenwürstchen dazu servieren.

Gefüllte Schmorgurken mit Tomatensauce
für 4 Personen

HERKUNFT Alle Regionen
ZUBEREITUNGSZEIT 30 Minuten
GARZEIT 30 Minuten

Zutaten für die Füllung

120 g Toastbrot
1 kleine Zwiebel
150 g durchwachsener Räucherspeck
3 Eier
120 ml Milch
1 EL scharfer Senf
2 fein geriebene Knoblauchzehen
abgeriebene Schale von 1 unbehandelten Zitrone
Salz
Paprikapulver (edelsüß)
300 g Kalbshackfleisch
225 g Schweinehackfleisch
225 g Rinderhackfleisch
je ½–1 EL gehackter Dill und Petersilie

Zutaten für die Gurken und die Sauce

150 g Hühnerbrühe
300 g stückige Tomaten (aus der Dose)
½ gehackte Knoblauchzehe
½ TL getrockneter Oregano
Salz
Pfeffer aus der Mühle
Zucker
4 mittelgroße Schmorgurken (à ca. 200 g)

1 — Für die Füllung das Toastbrot in Würfel schneiden und in eine Schüssel geben. Die Zwiebel schälen, in feine Würfel schneiden und mit 100 ml Wasser in einer Pfanne einige Minuten weich dünsten, bis die Flüssigkeit verkocht ist. Den Speck in kleine Würfel schneiden und in einer Pfanne bei mittlerer Hitze knusprig braten und in ein Sieb abgießen.

2 — Die Eier mit der Milch in einen hohen Rührbecher geben. Senf, Knoblauch und Zitronenschale hinzufügen, mit etwas Salz und Paprikapulver würzen und mit dem Stabmixer pürieren. Die Eier-Gewürz-Milch mit den Brotwürfeln mischen und 5 Minuten ziehen lassen. Alle Hackfleischsorten mit dem eingeweichten Brot, den Zwiebelwürfeln, Dill und Petersilie vermischen.

3 — Den Backofen auf 220 °C vorheizen. Für die Sauce die Brühe mit den Tomaten und dem Knoblauch aufkochen, mit Oregano, Salz, Pfeffer und 1 Prise Zucker würzen, mit

dem Stabmixer durchrühren und in einem tiefen Backblech oder einer großen Auflaufform verteilen.

4 — Die Schmorgurken schälen, längs halbieren und die Kerne mit einem Löffel entfernen. Das Hackfleisch auf die Gurkenhälften verteilen und in die Sauce setzen. Mit Alufolie bedecken und im vorgeheizten Ofen auf der mittleren Schiene etwa 30 Minuten backen. Nach 20 Minuten die Folie entfernen.

5 — Die Schmorgurken mit der Sauce anrichten und nach Belieben Salzkartoffeln → S. 316 dazu reichen.

Gefüllte Zwiebeln
für 4 Personen

HERKUNFT Alle Regionen
ZUBEREITUNGSZEIT 20 Minuten
GARZEIT 1¼ Stunden

Zutaten

200 g grobes Salz
4 große Gemüsezwiebeln
1 Brötchen
50 g gekochter Schinken
30 g Mandelblättchen
125 g Sahne
Salz
Pfeffer aus der Mühle
20 g Butter
1 EL Paniermehl

1 — Den Backofen auf 150 °C vorheizen. Das grobe Salz in eine feuerfeste Form streuen. Von den Zwiebeln einen Deckel abschneiden und die Zwiebeln ungeschält auf das Salz setzen. Im Backofen 1 Stunde garen. Herausnehmen und die Backofentemperatur auf 220 °C erhöhen.

2 — Die Zwiebeln auskühlen lassen und bis auf die beiden äußeren Schichten aushöhlen. Die ausgelöste Zwiebelmasse im Mixer pürieren und in eine Schüssel geben.

3 — Das Brötchen und den Schinken in kleine Würfel schneiden und mit den Mandelblättchen zum Zwiebelmus geben. Mit der Sahne begießen, gut mischen und mit Salz und Pfeffer abschmecken. Die Zwiebeln damit füllen und auf das Salzbett stellen.

4 — Die Butter schaumig rühren, das Paniermehl untermischen und die Füllung damit bestreichen. Im vorgeheizten Ofen etwa 10 Minuten goldbraun überbacken.

Überbackenes Sellerieschnitzel
für 4 Personen

HERKUNFT Alle Regionen
ZUBEREITUNGSZEIT 15 Minuten
KÜHLZEIT 1 Stunde
GARZEIT 15 Minuten

Zutaten

125 g weiche Butter
1–2 TL scharfer Senf
je 1 EL gehackte Rosmarinnadeln und Petersilienblätter
1 TL geriebener Hartkäse
1 fein geriebene Knoblauchzehe
30 g Weißbrotbrösel (oder 60 g frische Toastbrotbrösel)
Salz
Pfeffer aus der Mühle
etwas Öl für das Backblech
4 große Scheiben Knollensellerie (ca. 1½ cm dick)

1 — Die weiche Butter schaumig rühren. Senf, Rosmarin, Petersilie, Käse, Knoblauch und Weißbrotbrösel unterrühren und alles

mit Salz und Pfeffer würzen. Die Masse mithilfe von Backpapier zu einer Rolle von etwa 3 cm Durchmesser formen und ½ bis 1 Stunde kühl stellen.

2 — Den Backofengrill vorheizen. Ein Backblech mit etwas Öl einfetten. Die Selleriescheiben schälen und in Salzwasser 10 bis 15 Minuten fast weich garen. Herausnehmen, auf Küchenpapier abtropfen lassen und den Sellerie nebeneinander auf das Backblech legen.

3 — Die gekühlte Gratiniermasse in dünne Scheiben schneiden und jeweils mehrere Scheiben überlappend auf die Selleriescheiben legen. Die Sellerieschnitzel unter dem Backofengrill auf der mittleren Schiene etwa 4 Minuten goldbraun überbacken.

4 — Alternativ die Selleriescheiben klassisch mit Mehl, Ei und Semmelbröseln panieren und anschließen frittieren oder in reichlich Fett in einer Pfanne braten.

Rahmschwammerl mit Semmelknödeln
für 4 Personen

HERKUNFT Bayern
ZUBEREITUNGSZEIT 30 Minuten

Zutaten

8 Semmelknödel → S. 351
½ l Gemüsebrühe
3 EL getrocknete Champignons
1 Zwiebel
½ Möhre
50 g Knollensellerie
200 g Sahne
1–2 TL Speisestärke
50 g kalte Butter
Salz
600 g frische Pilze (z.B. Steinpilze, Pfifferlinge oder Champignons)
1–2 EL Öl
gemahlener Kümmel
1 Msp. abgeriebene unbehandelte Zitronenschale
Pfeffer aus der Mühle
1 EL gehackte Petersilie

1 — Die Semmelknödel zubereiten. Die Brühe erhitzen, die getrockneten Pilze dazugeben und darin 20 Minuten knapp unter dem Siedepunkt ziehen lassen. In ein Sieb abgießen, dabei die Pilzbrühe auffangen. Die Pilze kurz abkühlen lassen und fein hacken. Zwiebel, Möhre und Sellerie putzen, schälen und in 3 mm große Würfel schneiden. In der Pilzbrühe 3 bis 4 Minuten köcheln lassen, in ein Sieb abgießen, die Brühe wieder auffangen.

2 — Die Pilzbrühe mit der Sahne erhitzen. Die Speisestärke mit wenig kaltem Wasser glatt rühren, in die Sauce geben und 2 Minuten darin köcheln lassen. 4 EL Butter mit dem Stabmixer untermixen. Die gehackten Pilze und die Gemüsewürfel zur Sauce geben und mit Salz abschmecken.

3 — Die frischen Pilze putzen, falls nötig, trocken abreiben und in Stücke schneiden. Das Öl in einer Pfanne erhitzen und die Pilze darin portionsweise bei mittlerer Hitze etwa 3 Minuten anbraten. Mit 1 Prise Kümmel, Zitronenschale, Salz und Pfeffer würzen. Die übrige Butter hinzufügen und die Petersilie unterrühren.

4 — Die gebratenen Pilze mit der Rahmsauce mischen und gegebenenfalls nachwürzen. Die Rahmschwammerl in vorgewärmte tiefe Teller verteilen und die Knödel darauf anrichten.

↓
Grünkohl mit Pinkel, Kassler und Mettenden S. 383

↓
Gebratene Steinpilze S. 395

Gebratene Steinpilze
für 4 Personen

HERKUNFT Alle Regionen
ZUBEREITUNGSZEIT 15 Minuten

Zutaten

400 g feste Steinpilze (oder z.B. Champignons, Pfifferlinge, Semmelstoppelpilze, Shiitake)
1–2 TL Öl
Salz
Pfeffer aus der Mühle
1 EL Butter
1 EL gehackte Petersilie

1 — Die Steinpilze trocken putzen. Dabei Schmutz an Hut und Stiel abreiben und wurmstichige Stellen wegschneiden. Von größeren Steinpilzen auch den Schwamm entfernen. Andere Pilzsorten ebenfalls trocken abreiben.

2 — Die geputzten Pilze in knapp ½ cm dicke Scheiben schneiden. Das Öl in zwei großen Pfannen verteilen und erhitzen. Die Steinpilzscheiben in beiden Pfannen verteilen und bei mittlerer Hitze etwa 2 Minuten braten.

3 — Die gebratenen Steinpilze mit Salz und Pfeffer würzen. Die Butter unterrühren und die Petersilie darüberstreuen. Nach Belieben mit Kräutern und kross gebratenen Speckwürfeln servieren. (Abbildung links)

Paprika-Zucchini-Gemüse
für 4 Personen

HERKUNFT Alle Regionen
ZUBEREITUNGSZEIT 15 Minuten
GARZEIT 10 Minuten

Zutaten

2 rote Paprikaschoten
1 gelbe Paprikaschote
1 Zwiebel
1 kleine Zucchini (ca. 200 g)
3 EL Olivenöl
1 Lorbeerblatt
100 ml Gemüsebrühe
1 Knoblauchzehe
100 g passierte Tomaten (aus der Dose)
1 Zweig Thymian
Salz
Pfeffer aus der Mühle
Cayennepfeffer

1 — Die Paprikaschoten längs halbieren und entkernen. In 1 ½ cm große Stücke schneiden. Die Zwiebel schälen und ebenfalls in 1 ½ cm große Stücke schneiden. Die Zucchini putzen, waschen, längs halbieren und in ½ cm breite Scheiben schneiden.

2 — In einem Topf 1 EL Olivenöl erhitzen und die Paprika- und Zwiebelstücke darin bei milder Hitze glasig dünsten. Das Lorbeerblatt dazugeben und die Brühe angießen. Das Gemüse zugedeckt bei schwacher Hitze etwa 8 Minuten dünsten. Den Knoblauch schälen und halbieren.

3 — Zucchini, Tomaten, Knoblauch und Thymian dazugeben und alles weitere 2 bis 3 Minuten dünsten. Das restliche Olivenöl unterrühren und das Gemüse mit Salz, Pfeffer und Cayennepfeffer würzen. Lorbeerblatt und Knoblauch zum Schluss wieder entfernen.

Desserts

Erdbeercreme
für 4 Personen

HERKUNFT Alle Regionen
ZUBEREITUNGSZEIT 20 Minuten
ABTROPFZEIT 4 Stunden

Zutaten

200 g Erdbeeren
125 g Speisequark
90 g Zucker
1 EL Zitronensaft
Mark von ½ Vanilleschote
2 Eiweiß
Salz
250 g Sahne

1 — Die Erdbeeren putzen und waschen. In einen hohen Rührbecher geben und mit dem Stabmixer pürieren. Das Erdbeerpüree durch ein Sieb in eine Schüssel streichen (ergibt etwa 130 g Erdbeermark).

2 — Den Quark mit 2 bis 3 EL Zucker, dem Zitronensaft, dem Vanillemark und dem Erdbeermark in einer Schüssel verrühren.

3 — Die Eiweiße mit 1 Prise Salz und einem Drittel des restlichen Zuckers cremig schlagen, nach und nach den übrigen Zucker einrieseln lassen und zu einem festen Schnee weiterschlagen. Die Sahne halb steif schlagen. Den Eischnee und die Sahne locker miteinander vermischen und vorsichtig unter die Quarkmasse heben.

4 — Ein Sieb in eine Schüssel hängen und mit einem Küchentuch auslegen. Den Quarkschaum in das Sieb geben, mit den überhängenden Tuchenden bedecken und in den Kühlschrank stellen. Den Quarkschaum 3 bis 4 Stunden abtropfen lassen.

5 — Die Erdbeercreme in eine Schüssel füllen oder auf Portionsförmchen verteilen und sofort servieren.

Rhabarber-Quark-Speise
für 4 Personen

HERKUNFT Niedersachsen
ZUBEREITUNGSZEIT 30 Minuten
ZIEHZEIT 1½ Stunden

Zutaten

500 g junger Rhabarber
120 g Zucker
1 Vanilleschote
abgeriebene Schale und Saft von ½ unbehandelten Zitrone
150 g Vollmilchjoghurt
250 g Sahnequark (40% Fett i. Tr.)
125 g Sahne
4 Stiele Zitronenmelisse

1 — Den Rhabarber waschen, schälen und in etwa 2 cm lange Stücke schneiden. In eine Schüssel geben, mit 80 g Zucker bestreuen und etwa 1½ Stunden ziehen lassen.

2 — Die Vanilleschote aufschneiden, das Mark herauskratzen und mit der Zitronenschale, dem -saft und dem restlichen Zucker unter den Joghurt rühren.

3 — Den Rhabarber mitsamt Saft und der Vanilleschote erhitzen und einige Minuten köcheln lassen. Der Rhabarber soll weich sein, darf aber nicht zerfallen. Auf ein Sieb geben und den Saft auffangen, die Vanilleschote entfernen.

4 — Den Quark in eine Schüssel geben und mit dem Joghurt und so viel Rhabarbersaft verrühren, bis eine weiche, geschmeidige Creme entstanden ist. Die Sahne steif schlagen und unter die Quarkspeise ziehen.

5 — Den Quark auf vier Schalen verteilen, mit den Rhabarberstückchen belegen und mit Zitronenmelisse garnieren.

Bayerische Creme
für 4 Personen

HERKUNFT Bayern
ZUBEREITUNGSZEIT 10 Minuten
KÜHLZEIT 2 Stunden

Zutaten

2 Blatt weiße Gelatine
300 g Sahne
3 Eigelb
50 g Puderzucker
Mark von 2 Vanilleschoten
1 EL Kirschwasser

1 — Die Gelatine in kaltem Wasser einweichen. Die Sahne in einem hohen Rührbecher mit dem Handrührgerät halb steif schlagen. Die Eigelbe mit dem Puderzucker und dem Vanillemark in eine Schüssel geben und mit dem Schneebesen zu einer hellschaumigen Masse aufschlagen.

2 — Das Kirschwasser in einem kleinen Topf erhitzen und vom Herd nehmen. Die Gelatine gut ausdrücken, in dem Kirschwasser unter Rühren auflösen und unter die Eigelbmasse rühren. Ein Drittel der geschlagenen Sahne mit dem Schneebesen unter die Creme mischen, die restliche Sahne vorsichtig unterheben.

3 — Die Bayerische Creme in Portionsförmchen (à 120 ml Inhalt) füllen und zugedeckt etwa 2 Stunden im Kühlschrank fest werden lassen.

4 — Zum Anrichten die Förmchen nach Belieben 7 bis 8 Sekunden bis unter den Rand in heißes Wasser tauchen und die Creme auf Dessertteller stürzen.

Berliner Luft
für 4 Personen

HERKUNFT Berlin
ZUBEREITUNGSZEIT 25 Minuten
KÜHLZEIT 2 Stunden

Zutaten

250 g Erdbeeren
je 80 g Himbeeren und Heidelbeeren
1 EL Puderzucker
2 cl Orangenlikör
1 ½ Blatt Gelatine
3 Eier
2 EL Weißwein
70 g Zucker
4 EL Zitronensaft
Salz

1 — Die Erdbeeren waschen und putzen. 80 g kleine Erdbeeren beiseitestellen, die restlichen Beeren in einen hohen Rührbecher geben, mit dem Stabmixer pürieren und durch ein Sieb streichen. Die Himbeeren und Heidelbeeren verlesen, waschen und vorsichtig trocken tupfen.

2 — Die beiseitegestellten Erdbeeren mit den Himbeeren und den Heidelbeeren mischen und etwa 2 EL Beeren für die Garnitur beiseitelegen. Die restlichen Beeren mit der Erdbeersauce mischen und mit dem Puderzucker und dem Likör abschmecken.

3 — Die Gelatine in kaltem Wasser einweichen. Die Eier trennen. Den Wein mit 45 g Zucker, dem Zitronensaft und den Eigelben in einen Topf geben und unter ständigem Rühren aufkochen. Die Gelatine gut ausdrücken und unter Rühren in der heißen Weinmischung auflösen.

4 — Die Eiweiße mit dem restlichen Zucker und 1 Prise Salz zu einem cremigen Schnee schlagen. Ein wenig Eischnee abnehmen

und unter die Zitronenmasse rühren. Dann die Zitronenmasse zum Eischnee geben und vorsichtig unterheben.

5 — Die marinierten Beeren auf Dessertgläser verteilen und mit der Creme bedecken, mit den beiseitegelegten Beeren und nach Belieben Minzeblättern garnieren.
(Abbildung → S. 435)

Rieslinggelee
für 4 Personen

HERKUNFT Rheinland-Pfalz
ZUBEREITUNGSZEIT 25 Minuten
KÜHLZEIT 3 Stunden

Zutaten

- 500 g helle Weintrauben
- 4 cl Tresterbranntwein
- 4 EL Puderzucker
- 6 Blatt weiße Gelatine
- 375 ml Riesling
- 200 g Sahne

1 — Die Trauben waschen, von den Stielen zupfen, häuten, halbieren und entkernen. Trauben mit Tresterbranntwein und Puderzucker mischen und zugedeckt 30 Minuten marinieren.

2 — Die Gelatine in kaltem Wasser einweichen. Den Riesling erwärmen, die Gelatine gut ausdrücken und darin auflösen.

3 — Trauben in eine Form geben, mit dem Wein auffüllen und mindestens 3 Stunden im Kühlschrank erstarren lassen.

4 — Die Sahne halb steif schlagen. Das Gelee mit einer Messerspitze vom Formrand lösen, die Form kurz in heißes Wasser tauchen und das Gelee stürzen. Die Sahne getrennt dazu reichen.

Weinschaumcreme
für 4 Personen

HERKUNFT Alle Regionen
ZUBEREITUNGSZEIT 20 Minuten

Zutaten

- 5 Eigelb
- 50 g Zucker
- 200 ml lieblicher Weißwein
- 1 EL Zitronensaft
- 1 TL Honig
- 1 Msp. Pimentpulver
- 200 g kleine, kernlose weiße Trauben
- 1 TL Puderzucker
- 80 ml weißer Portwein
- 30 g kalte Butter
- 1 Msp. frisch geriebene Muskatnuss
- 1 TL Grappa

1 — Die Eigelbe mit Zucker, Weißwein, Zitronensaft, Honig und Piment in einer Schüssel verrühren. Im Wasserbad zu einer dickschaumigen, luftigen Masse aufschlagen, wobei die Temperatur 80 °C nicht überschreiten darf.

2 — Die Trauben von den Stielen zupfen, waschen und abtropfen lassen. Den Puderzucker in einer Pfanne hell karamellisieren, mit Portwein ablöschen und den Karamell darin auflösen.

3 — Die Trauben dazugeben, darin schwenken und kurz erwärmen. Die Pfanne vom Herd nehmen und die Butter in Flöckchen hineinrühren. Mit Muskat und Grappa abschmecken.

4 — Die Trauben in Gläser verteilen und den Weinschaum hineinfüllen. Sofort servieren.

↓
Verschleiertes Bauernmädchen S. 405

↓

Milchreis mit Zimt und Zucker S. 411

Buttermilchcreme
für 4 Personen

HERKUNFT Alle Regionen
ZUBEREITUNGSZEIT 30 Minuten
KÜHLZEIT 3 Stunden

Zutaten

30 g Puderzucker
250 g Buttermilch
1 EL Zitronensaft
je ½ TL abgeriebene unbehandelte Zitronen- und Orangenschale
3½ Blatt Gelatine
120 g Sahne
1 Eiweiß
2 geh. EL Zucker
250 g Erdbeeren
einige Minzeblätter

1 — Den Puderzucker sieben und mit der Buttermilch, dem Zitronensaft sowie Zitronen- und Orangenschale verrühren. 3 Blätter Gelatine in kaltem Wasser einweichen. In einem kleinen Topf 5 EL Buttermilchmischung leicht erwärmen, die Gelatine ausdrücken und in der warmen Buttermilch auflösen. Anschließend die Gelatinebuttermilch in die restliche Buttermilch rühren.

2 — Die Sahne halb steif schlagen und kühl stellen. Das Eiweiß mit 1 gehäuften EL Zucker zu festem, cremigem Schnee schlagen. Den Eischnee locker unter die Sahne heben und kurz kühl stellen. Die Buttermilchmasse auf Eiswasser kalt rühren, bis sie leicht zu gelieren beginnt, dann die Eischnee-Sahne-Mischung unterheben.

3 — Für die Marmorierung die übrige Gelatine in kaltem Wasser einweichen. 150 g Erdbeeren waschen, putzen und mit 1 EL Zucker in einen hohen Rührbecher geben. Mit dem Stabmixer pürieren, das Erdbeerpüree durch ein Sieb streichen und 60 g davon abwiegen (den Rest kühl stellen). 30 g Erdbeerpüree leicht erwärmen, die Gelatine ausdrücken und im warmen Erdbeerpüree auflösen. Die Erdbeergelatine unter die übrige Hälfte des Erdbeerpürees rühren.

4 — Das mit Gelatine versetzte Erdbeerpüree auf Eiswasser kalt rühren, bis es leicht zu gelieren beginnt. Das Püree in die Buttermilchcreme träufeln und einen Kochlöffelstiel mehrmals durch beide Massen ziehen, sodass eine marmorierte Mousse entsteht. Die Mousse vorsichtig in Dessertgläser füllen und zugedeckt im Kühlschrank 2 bis 3 Stunden fest werden lassen.

5 — Die übrigen Erdbeeren waschen, putzen und je nach Größe vierteln oder achteln. Die Erdbeerstücke mit dem kühl gestellten Erdbeerpüree mischen und auf die Mousse-Gläser verteilen. Mit Minzeblättern garniert servieren.

Errötendes Mädchen
für 4 Personen

HERKUNFT Schleswig-Holstein
ZUBEREITUNGSZEIT 30 Minuten
KÜHLZEIT 1 Stunde

Zutaten

3 Blatt Gelatine
200 g Buttermilch
50 g Puderzucker
Salz
2 EL Limettensaft
½ TL abgeriebene unbehandelte Limettenschale
200 g Sahne
ca. 60 g Zucker
250 g Himbeeren
1 TL Zitronensaft

60 g gemischte Beeren (z.B. Himbeeren, Heidelbeeren)

einige Minzeblätter

1 — Die Gelatine in kaltem Wasser einweichen. Die Buttermilch mit dem Puderzucker und 1 Prise Salz in einer Schüssel verrühren.

2 — Die Gelatine ausdrücken und mit dem Limettensaft in einem Topf erwärmen, bis sich die Gelatine aufgelöst hat. Die Buttermilch unterrühren und die Mischung abkühlen lassen, bis sie zu gelieren beginnt.

3 — Die Sahne mit 25 g Zucker halb steif schlagen und vorsichtig unter die Buttermilch heben.

4 — Die Himbeeren verlesen und waschen. Mit dem Zitronensaft und 2 EL Zucker in einem hohen Rührbecher mit dem Stabmixer pürieren. Das Mark durch ein Sieb in eine Schüssel streichen.

5 — 130 g Himbeermark unter die Buttermilchmasse rühren. Ein Drittel dieser Masse abnehmen und mit dem restlichen Himbeermark verrühren.

6 — Die dunklere Masse auf Dessertgläser verteilen und die hellere Masse daraufgeben, sodass zwei Schichten entstehen. Im Kühlschrank etwa 1 Stunde fest werden lassen. Die Buttermilchmousse mit den Beeren und der Minze garnieren und servieren.

Welfenspeise
für 4 Personen

HERKUNFT Niedersachsen
ZUBEREITUNGSZEIT 25 Minuten
KÜHLZEIT 1 Stunde

Zutaten für die Vanillecreme

2 EL Speisestärke
150 ml Milch
½ Vanilleschote
100 g Sahne
3½ EL Zucker
2 Eiweiß
Salz

Zutaten für die Weinschaumcreme

125 ml trockener Weißwein
1 geh. TL Speisestärke
1 EL Zitronensaft
2 Eigelb
2 EL Zucker
2 EL gehackte Pistazien
einige Minzeblätter

1 — Für die Vanillecreme die Speisestärke mit etwas Milch glatt rühren. Die Vanilleschote längs aufschneiden und das Mark herauskratzen. Die restliche Milch und die Sahne in einem Topf mit 1 bis 2 TL Zucker, dem Vanillemark und der Vanilleschote bei mittlerer Hitze aufkochen. Die angerührte Speisestärke nach und nach unter die köchelnde Vanillemilch rühren. Die Mischung aufkochen lassen und den Topf vom Herd nehmen.

2 — Die Eiweiße mit dem restlichen Zucker und 1 Prise Salz zu einem cremigen Schnee schlagen. Den Eischnee unter die heiße Vanillecreme ziehen und die Creme auf Dessertgläser verteilen.

3 — Für die Weinschaumcreme den Wein mit der Speisestärke verrühren und mit dem Zitronensaft, den Eigelben und dem Zucker in eine Metallschüssel geben. Die Weinmischung im heißen Wasserbad mit dem Schneebesen oder den Quirlen des Handrührgeräts bis zum Siedepunkt aufschlagen. Dann die Weinschaumcreme auf die Vanillecreme verteilen und die Welfenspeise im Kühlschrank etwa 1 Stunde fest werden lassen. Mit gehackten Pistazien und Minzeblättern oder nach Belieben mit Früchten garniert servieren.

Zitronencreme mit Himbeeren für 6 Personen

HERKUNFT Alle Regionen
ZUBEREITUNGSZEIT 20 Minuten
KÜHLZEIT 2½ Stunden

Zutaten

200 ml Milch
400 g Sahne
150 g Zucker
4 Blatt Gelatine
1 TL abgeriebene unbehandelte Zitronenschale
Saft von 2 Zitronen (ca. 60 ml)
80 g kleine Himbeeren
einige Minzeblätter

1 — Die Milch mit 200 g Sahne und dem Zucker in einem Topf aufkochen lassen und vom Herd nehmen. Die Gelatine in kaltem Wasser einweichen, ausdrücken und unter die heiße Sahne-Milch-Mischung rühren. Zitronenschale untermischen und die Mischung auf Zimmertemperatur abkühlen lassen. Durch ein Sieb in eine Schüssel gießen.

2 — Die restliche Sahne cremig schlagen. Den Zitronensaft unter die Sahne-Milch-Mischung rühren und in Eiswasser oder im kalten Wasserbad kalt rühren, bis die Creme anfängt zu gelieren. Die geschlagene Sahne unterheben und die Creme in Portionsförmchen (etwa 150 ml Inhalt) füllen und mindestens 2 Stunden kühl stellen.

3 — Die Himbeeren verlesen, vorsichtig waschen und trocken tupfen. Die Förmchen mit der Zitronencreme am Rand entlang mit einem Messer einschneiden, bis zum oberen Rand in kochend heißes Wasser tauchen und die Creme auf Dessertteller stürzen. Mit Himbeeren und Minze garnieren.

Verschleiertes Bauernmädchen für 4 Personen

HERKUNFT Friesland/Holstein
ZUBEREITUNGSZEIT 25 Minuten
AUSKÜHLZEIT 1 Stunde

Zutaten für die Apfelwürfel

4 säuerliche Äpfel (z.B. Boskop, Elstar)
3 EL brauner Zucker
1 Zimtstange
1 EL Zitronensaft
4 EL Orangensaft
50–100 ml Apfelsaft
1 cl Calvados
Mark von ½ Vanilleschote
80 g Pumpernickel
¼ TL Zimtpulver
20 g Zucker
1 Msp. abgeriebene unbehandelte Orangenschale
200 g Sahne
4 EL Erdbeermark
4 EL gemischte Beeren (z.B. Himbeeren, Heidelbeeren)
einige Minzeblätter

1 — Die Äpfel schälen, vierteln, entkernen und in ½ cm große Würfel schneiden.

2 — Den braunen Zucker in einem Topf bei mittlerer Hitze leicht karamellisieren. Die Apfelwürfel, Zimtstange, den Zitronen-, Orangen- und Apfelsaft, Calvados und das Vanillemark hinzufügen und 10 bis 12 Minuten dünsten, bis die Äpfel weich sind und die Flüssigkeit verdampft ist. Den Topf vom Herd nehmen und das Apfelragout auskühlen lassen.

3 — Den Pumpernickel im Blitzhacker zu feinen Bröseln mahlen. Mit dem Zimtpulver, dem Zucker und der Orangenschale mischen.

4 — Die Sahne steif schlagen. Die Hälfte der Apfelwürfel auf Dessertgläser verteilen, je 1 Klecks Sahne daraufgeben und mit den Pumpernickelbröseln bestreuen. Den Vorgang nochmals wiederholen und mit Sahne und Bröseln abschließen. Je 1 EL Erdbeermark daraufgeben und mit Beeren und Minze garnieren. (Abbildung → S. 401)

Westfälische Herrencreme
für 4 Personen

HERKUNFT Westfalen/Münsterland
ZUBEREITUNGSZEIT 15 Minuten
AUSKÜHLZEIT 1 Stunde

Zutaten

1 Päckchen Vanillepuddingpulver
3 EL Zucker
½ l Milch
100 g dunkle Kuvertüre
300 g Sahne
2 EL Weizenkorn oder Rum

1 — Puddingpulver und Zucker mit etwas Milch glatt rühren. Die restliche Milch aufkochen, das angerührte Puddingpulver mit dem Schneebesen unterrühren und noch kurz köcheln lassen. In eine Schüssel füllen, mit einem Blatt Backpapier bedecken und abkühlen lassen.

2 — Die Kuvertüre fein hacken, 1 EL für die Garnitur beiseitestellen. Die Sahne steif schlagen.

3 — Den Pudding glatt rühren, Kuvertüre und Weizenkorn unterrühren und die Sahne unterheben. Die Creme auf Dessertgläser verteilen und mit der gehackten Kuvertüre bestreuen. (Tipp: Nach Belieben mit Waffelröllchen servieren.)

Rote Grütze
für 4 Personen

HERKUNFT Schleswig-Holstein
ZUBEREITUNGSZEIT 20 Minuten
ZIEHDAUER 20 Minuten

Zutaten

2 TL Speisestärke
150 ml Schwarzer-Johannisbeer-Saft
100 ml Kirschsaft
2 EL Zucker
½ Vanilleschote
1 Stück Zimtrinde
4 cl Cassislikör (Schwarzer-Johannisbeer-Likör)
500 g gemischte Beeren (Rote und Schwarze Johannisbeeren, Heidelbeeren, Himbeeren, Stachelbeeren, Erdbeeren)

1 — Die Speisestärke mit 3 EL Johannisbeersaft glatt rühren. Den restlichen Johannisbeersaft mit dem Kirschsaft und dem Zucker in einem Topf aufkochen lassen. Die angerührte Speisestärke unterrühren und bei milder Hitze 2 Minuten sanft köcheln lassen.

2 — Den Topf mit der Saftmischung vom Herd nehmen. Die Vanilleschote auskratzen und das Mark und die Schote mit dem Zimt zum Saft geben. Den Cassislikör unterrühren. Die Gewürze 10 Minuten ziehen lassen.

3 — Die Roten und Schwarzen Johannisbeeren, die Heidelbeeren, die Himbeeren und Stachelbeeren verlesen und waschen. Die Erdbeeren waschen, putzen und je nach Größe vierteln oder achteln. Die Saftmischung durch ein Sieb in eine Schüssel gießen. Die Beeren dazugeben und die Grütze 20 Minuten ziehen lassen.

4 — Die Rote Grütze mit Vanillesauce → S. 439 servieren. (Abbildung → S. 428)

Stachelbeergrütze
für 4 Personen

HERKUNFT Mecklenburg-Vorpommern
ZUBEREITUNGSZEIT 15 Minuten
KÜHLZEIT 4 Stunden

Zutaten

- 500 g vollreife grüne Stachelbeeren
- 200 g Zucker
- 1 Stückchen unbehandelte Zitronenschale
- 100 g Sago
- 200 g Sahne
- 1 EL Vanillezucker

1 — Von den Stachelbeeren die Stiele und die Blütenansätze entfernen und die Beeren waschen. 1 l Wasser mit Zucker und Zitronenschale zum Kochen bringen, die Beeren hineingeben und so lang kochen lassen, bis sie zerplatzen.

2 — Die Früchte durch ein Sieb oder eine Flotte Lotte streichen. Das Püree mit dem Sago vermischen und erneut zum Kochen bringen. Unter ständigem Rühren kochen lassen, bis eine dicke Creme entstanden ist.

3 — Die Fruchtcreme in vier kalt ausgespülte Förmchen füllen und für einige Stunden in den Kühlschrank stellen. Die Sahne mit dem Vanillezucker verrühren. Die Grütze auf Teller stürzen und mit der flüssigen Sahne umgießen.

Vanillepudding
für 4 Personen

HERKUNFT Alle Regionen
ZUBEREITUNGSZEIT 10 Minuten
AUSKÜHLZEIT 2 Stunden

Zutaten

- 800 ml Milch
- 3 EL Speisestärke
- 1 Vanilleschote
- 80 g Zucker
- 3 Eier

1 — Die Milch in einen Topf geben. 5 EL Milch abnehmen und mit der Speisestärke verrühren. Die Vanilleschote längs aufschneiden und mit der Milch und dem Zucker aufkochen. 10 Minuten köcheln lassen.

2 — Die Eier trennen. Die Vanilleschote aus der Milch entfernen und die angerührte Stärke unter Rühren zur kochenden Vanillemilch geben.

3 — Die Eigelbe mit dem Schneebesen nacheinander unterrühren und den Topf vom Herd nehmen.

4 — Die Eiweiße steif schlagen und mit dem Schneebesen vorsichtig unter die Vanillemilch rühren. Den Pudding abkühlen lassen.

Grießpudding
für 4 Personen

HERKUNFT Alle Regionen
ZUBEREITUNGSZEIT 30 Minuten
KÜHLZEIT 2 Stunden

Zutaten

- 2 Eigelb
- 4 EL Zucker
- 3 Blatt weiße Gelatine
- ½ Vanilleschote
- ¼ l Milch
- je 1 Msp. abgeriebene unbehandelte Zitronen- und Orangenschale
- 40 g Hartweizen- oder Weichweizengrieß
- 1 TL Rum
- 1 EL Orangenlikör (z. B. Grand Marnier)
- 1 Eiweiß
- Salz
- 200 g Sahne

1 — Die Eigelbe mit 1 EL Zucker in einer Schüssel hellschaumig schlagen. Die Gelatine in kaltem Wasser einweichen.

2 — Die Vanilleschote längs aufschneiden. Die Milch mit 2 EL Zucker, der Zitronen- und Orangenschale und der Vanilleschote in einem Topf aufkochen. Den Grieß unter Rühren einrieseln lassen. Unter ständigem Rühren bei milder Hitze 3 bis 5 Minuten zu einem Grießbrei kochen. Vom Herd nehmen und die Vanilleschote wieder entfernen.

3 — Den Grießbrei nach und nach unter die Eigelbmasse rühren. Die Gelatine gut ausdrücken und in der warmen Grießmasse auflösen. Den Rum und den Orangenlikör unterrühren und die Masse auf Zimmertemperatur abkühlen lassen.

4 — Das Eiweiß mit 1 Prise Salz und dem restlichen Zucker zu einem cremigen Schnee schlagen. Die Sahne halb steif schlagen. Den Eischnee mit der Sahne locker mischen und unter die Grießmasse heben.

5 — Die Grießmasse in Portionsförmchen (à 120 ml Inhalt) füllen und zugedeckt 2 Stunden in den Kühlschrank stellen.

6 — Zum Anrichten die Schälchen 7 bis 8 Sekunden bis unter den Rand in heißes Wasser tauchen und den Grießpudding auf Dessertteller stürzen. Nach Belieben mit weißen Schokoröllchen und Zitronenmelisseblättern garnieren.

Schokoladenpudding
für 4 Personen

HERKUNFT Alle Regionen
ZUBEREITUNGSZEIT 10 Minuten
KÜHLZEIT 2 Stunden

Zutaten

- 700 ml Milch
- 60 g Zucker
- Salz
- 55 g Speisestärke
- 2 EL Kakaopulver
- 2 Eigelb
- ca. 1 EL Zucker zum Bestreuen

1 — ½ l Milch, Zucker und 1 Prise Salz in einem Topf aufkochen.

2 — Die restliche Milch mit Speisestärke, Kakaopulver und den Eigelben glatt rühren und mit einem Schneebesen unter ständigem Rühren in die kochende Milch geben und etwas köcheln lassen.

3 — Den Schokoladenpudding in vier Portionsförmchen füllen, mit Zucker bestreuen, auskühlen lassen und 2 Stunden kühl stellen.

↓
Gebackene Grießnockerl S. 410

4 — Zum Servieren den Pudding auf Dessertteller stürzen und nach Belieben mit Früchten, Fruchtsauce oder Sahne servieren.

Gebackene Grießnockerl
für 4 Personen

HERKUNFT Süddeutschland
ZUBEREITUNGSZEIT 30 Minuten
GARZEIT 20 Minuten

Zutaten

- ¼ l Milch
- 2 EL Zucker
- Salz
- Mark von ½ Vanilleschote
- 75 g Hartweizengrieß
- je 1 TL abgeriebene unbehandelte Zitronen- und Orangenschale
- ½ TL Zimtpulver
- 2 Eier
- Öl zum Frittieren
- 50 g Mehl
- 50 g Weißbrotbrösel
- Puderzucker zum Bestäuben

1 — Die Milch mit dem Zucker, 1 Prise Salz und dem Vanillemark in einem Topf aufkochen lassen. Den Grieß mit dem Schneebesen unterrühren und etwa 2 Minuten unter Rühren köcheln lassen, bis ein dicklicher Brei entstanden ist. Den Topf vom Herd nehmen und den Grießbrei in eine Schüssel füllen. Die Zitronen- und Orangenschale sowie das Zimtpulver dazugeben und zuletzt 1 Ei untermischen. Den Grießbrei auskühlen lassen, dabei die Oberfläche mit Frischhaltefolie bedecken.

2 — Zum Frittieren in einen Topf 4 bis 5 cm hoch Öl gießen und auf etwa 170 °C erhitzen. Aus der Grießmasse mit zwei angefeuchteten Esslöffeln Portionen abstechen und zu Nockerln formen. Das restliche Ei in einem tiefen Teller verquirlen, das Mehl und die Weißbrotbrösel jeweils in tiefe Teller geben. Die Grießnockerl zuerst im Mehl, dann im Ei und anschließend in den Böseln wenden. Im heißen Öl rundum 3 bis 4 Minuten goldbraun frittieren und auf Küchenpapier abtropfen lassen.

3 — Ein Fruchtkompott (z.B. Rhabarberkompott → S. 444) auf vorgewärmte tiefe Teller verteilen und die gebackenen Grießnockerl daraufsetzen. Mit etwas Puderzucker bestäuben und nach Belieben mit Zitronenmelisse garniert servieren. (Abbildung → S. 409)

Grießschnitten
für 4 Personen

HERKUNFT Alle Regionen
ZUBEREITUNGSZEIT 15 Minuten
KÜHLZEIT 2 Stunden
GARZEIT 10 Minuten

Zutaten

- 1 l Milch
- Salz
- 50 g Zucker
- abgeriebene Schale von 1 unbehandelten Zitrone
- 200 g Weichweizengrieß
- 4 Eier
- 100 g Weißbrotbrösel
- 2 EL Milch
- 80 g Zucker
- ¼ TL Zimtpulver

1 — Milch mit 1 Prise Salz, Zucker und Zitronenschale aufkochen. Den Grieß unter Rühren mit einem Schneebesen nach und nach unterrühren. 2 Eier verquirlen und unter den heißen Brei rühren. Sofort ca. 1½ cm dick auf ein Backblech streichen und auskühlen lassen.

2 — Die Weißbrotbrösel auf tiefe Teller verteilen. Die übrigen Eier mit der Milch verquirlen. Zucker und Zimt vermischen und in einen tiefen Teller geben.

3 — Den Grießbrei mit einem Messer in Rechtecke von etwa 8 × 4 cm schneiden, zuerst im verquirlten Ei, dann in den Weißbrotbröseln wenden und nach und nach in einer großen Pfanne in Butterschmalz auf beiden Seiten goldbraun anbraten. Auf eine warme Platte setzen und mit dem Zimtzucker bestreuen. Bis zum Servieren warm halten.

Grießauflauf
für 4 Personen

HERKUNFT Sachsen-Anhalt
ZUBEREITUNGSZEIT 20 Minuten
BACKZEIT 20 Minuten

Zutaten

- ¾ l Milch
- 100 g Hartweizengrieß
- Salz
- 50 g Butter
- abgeriebene Schale von 1 unbehandelten Zitrone
- 6 Eier
- 50 g Zucker
- Butter und Zucker für die Form

1 — Die Milch zum Kochen bringen und den Grieß einlaufen lassen. 1 Prise Salz, Butter und Zitronenschale dazugeben und bei schwacher Hitze in etwa 15 Minuten ausquellen lassen. Den Brei kalt stellen.

2 — Die Eier trennen. Die Eiweiße mit 1 Prise Salz zu steifem Schnee schlagen, dabei nach und nach den Zucker einrieseln lassen. Die Eigelbe verrühren und unter die Grießmasse mischen. Den Eischnee locker und gleichmäßig unterziehen.

3 — Ein tiefes Backblech oder einen breiten großen Topf mit Wasser füllen und in den Backofen stellen. Den Backofen auf 250 °C vorheizen.

4 — Vier Auflaufförmchen von 8 cm Durchmesser mit Butter ausfetten und mit Zucker ausstreuen. Die Masse einfüllen und die Oberflächen glatt streichen. Die Förmchen in das Wasserbad stellen und den Auflauf etwa 20 Minuten fertig garen. Den Auflauf mit Früchtekompott servieren.

Milchreis mit Zimt und Zucker
für 4 Personen

HERKUNFT Alle Regionen
ZUBEREITUNGSZEIT 30 Minuten

Zutaten

- 1 Vanilleschote
- 700 ml Milch
- 130 g Milchreis
- Salz
- 2 EL Zucker
- je 1 Msp. abgeriebene unbehandelte Zitronen- und Orangenschale
- ¼ TL Zimtpulver

1 — Die Vanilleschote längs aufschneiden und das Mark mit einem spitzen Messer herauskratzen. Die Milch mit dem Milchreis in einen Topf geben und mit Vanillemark und -schote sowie 1 Prise Salz würzen.

2 — Alles langsam aufkochen und bei milder Hitze 25 bis 30 Minuten mehr ziehen als köcheln lassen, dabei immer wieder umrühren. Zum Servieren die Vanilleschote entfernen, den Zucker, die Zitrusschalen und den Zimt unterrühren. Dazu passen frische Früchte, Beeren, Fruchtkompotte oder Fruchtsaucen. (Abbildung → S. 402)

Frankfurter Pudding
für 4 Personen

HERKUNFT Frankfurt am Main/Hessen
ZUBEREITUNGSZEIT 30 Minuten
BACKZEIT 25 Minuten

Zutaten

80 g Toastbrot
6 EL Rotwein
3 EL Mandelblättchen
2 Eier
70 g weiche Butter
Zimtpulver
1 Msp. Nelkenpulver
1 TL frisch gemahlenes Kaffeepulver
20 g Orangeat
1 EL Orangenlikör
40 g Zartbitterschokolade
1 Msp. Vanillemark
Salz
60 g Zucker
Butter und Zucker für die Förmchen
Puderzucker zum Bestäuben

1 — Das Toastbrot in Würfel schneiden und mit dem Wein beträufeln. Die Mandelblättchen in einer beschichteten Pfanne ohne Fett anrösten. Den Backofen auf 190°C vorheizen.

2 — Die Eier trennen. Die Butter mit den Eigelben schaumig schlagen, 1 Prise Zimt sowie das Nelken- und Kaffeepulver unterrühren. Das Orangeat mit dem Likör beträufeln und hacken. Die Schokolade fein hacken. Die Brotwürfel, die gerösteten Mandeln, das Orangeat, die Schokolade und das Vanillemark zur Eigelbmasse geben und alle Zutaten gut verrühren.

3 — Die Eiweiße mit 1 Prise Salz zu einem cremigen Schnee schlagen, dabei nach und nach den Zucker einrieseln lassen. Den Eischnee unter die Eigelb-Butter-Mischung rühren.

4 — Vier Souffléförmchen (à 110 ml Inhalt) mit Butter einfetten und mit Zucker ausstreuen. Die Puddingmasse in die Formen füllen und diese nebeneinander in eine mit Küchenpapier ausgelegte ofenfeste Form setzen. So viel heißes Wasser angießen, dass die Förmchen 1 bis 2 cm hoch im Wasser stehen. Den Pudding im Ofen auf der untersten Schiene etwa 25 Minuten garen.

5 — Den Pudding aus den Förmchen stürzen und mit Puderzucker bestäuben.

Lübscher Plettenpudding
für 6 Personen

HERKUNFT Schleswig-Holstein
ZUBEREITUNGSZEIT 30 Minuten
KÜHLZEIT 2 Stunden

Zutaten

½ l Milch
1 Vanilleschote
100 g Zucker
60 g Vanillepuddingpulver
3 Eigelb
250 g gemischte Waldbeeren
2 EL Himbeergeist
250 g Sahne
150 g Biskuitkuchen oder Löffelbiskuits
2 EL Himbeerkonfitüre
4 cl halbtrockener Sherry
8 kleine Makronen

1 — Die Milch mit der aufgeschnittenen Vanilleschote erwärmen und etwa 15 Minuten bei schwacher Hitze ziehen lassen. Dann die Schote herausnehmen und das Mark mit einem spitzen Messer in die Milch schaben.

2 — 80 g Zucker, Puddingpulver und die Eigelbe in einer Schüssel verrühren. Unter ständigem Rühren mit einem Kochlöffel in

die kochende Milch einlaufen und einige Male aufwallen lassen. Mit etwas Zucker bestreuen und kalt stellen.

3 — Die Beeren waschen und putzen. Einige schöne Früchte zum Garnieren beiseitelegen, die übrigen Beeren mit dem restlichen Zucker und dem Himbeergeist marinieren.

4 — Die Sahne steif schlagen und zwei Drittel davon locker und gleichmäßig unter den abgekühlten Pudding ziehen.

5 — Den Biskuitkuchen oder die Löffelbiskuits mit Himbeerkonfitüre bestreichen, dann in Würfel schneiden und mit der Hälfte davon den Boden einer Glasschüssel auslegen. Mit der Hälfte des Sherrys tränken, die Hälfte der marinierten Früchte darübergeben und mit der Hälfte der Creme bedecken. Den Vorgang noch einmal wiederholen. Kalt stellen.

6 — Vor dem Servieren mit der restlichen Sahne verzieren und mit den zurückbehaltenen Beeren garnieren.

Reisauflauf mit Äpfeln
für 4 Personen

HERKUNFT Alle Regionen
ZUBEREITUNGSZEIT 20 Minuten
GARZEIT 1 Stunden 40 Minuten

Zutaten

180 g Milchreis
1 l Milch
120 g Zucker
Salz
Butter für die Form
2 säuerliche Äpfel
1 EL Zitronensaft
80 g weiche Butter
je 1 TL abgeriebene Orangen- und Zitronenschale
5 Eier
Puderzucker zum Bestäuben

1 — Den Reis in einem Topf mit der Milch, 40 g Zucker und 1 Prise Salz aufkochen lassen und unter gelegentlichem Rühren knapp unter dem Siedepunkt 20 bis 25 Minuten weich garen. Den Reis vom Herd nehmen und auskühlen lassen.

2 — Den Backofen auf 180 °C vorheizen. Eine ofenfeste Form (30 × 20 cm) mit Butter einfetten. Die Äpfel vierteln, schälen und entkernen. Das Fruchtfleisch in ½ cm große Würfel schneiden und in eine Schüssel geben. Mit Zitronensaft beträufeln.

3 — Die Butter mit der Orangen- und Zitronenschale schaumig schlagen. Die Eier trennen und die Eigelbe nach und nach unter die Butter rühren. 3 Eiweiße mit 1 Prise Salz und 50 g Zucker zu cremigem Schnee schlagen. Den Reis mit der Buttermasse mischen. Den Eischnee und die Äpfel unterheben und in die Form füllen. Den Auflauf im Ofen auf der untersten Schiene etwa 75 Minuten backen, die letzten 15 Minuten mit Alufolie abdecken.

4 — Die restlichen Eiweiße mit 1 Prise Salz und dem übrigen Zucker zu cremigem Schnee schlagen und auf dem Auflauf verteilen. Mit Puderzucker bestäuben und weitere 7 bis 8 Minuten goldbraun backen. Den Auflauf aus dem Ofen nehmen und nochmals mit Puderzucker bestäuben.

↓
Apfelküchle S. 416

Apfelpfannkuchen
für 4 Personen

HERKUNFT Alle Regionen
ZUBEREITUNGSZEIT 20 Minuten
BACKZEIT 20 Minuten

Zutaten

- 2 Eier
- 150 g Mehl
- ¼ l Milch
- ½ TL abgeriebene unbehandelte Zitronenschale
- 1 Msp. Zimtpulver
- Mark von ½ Vanilleschote
- 1 EL Rum
- 2 EL Zucker
- Salz
- 2 säuerliche Äpfel (z.B. Boskop oder Braeburn)
- 10 g Nussbutter → S. 125
- Puderzucker zum Bestäuben

1 — Den Backofen auf 200 °C vorheizen. Die Eier trennen. Das Mehl mit der Milch glatt rühren und die Eigelbe mit der Zitronenschale, dem Zimt, dem Vanillemark und dem Rum unterrühren.

2 — Die Eiweiße mit dem Zucker und 1 Prise Salz zu cremigem Schnee schlagen. Ein Drittel des Eischnees unter die Mehl-Milch-Masse rühren, den Rest unterheben.

3 — Die Äpfel vierteln, schälen, entkernen und das Fruchtfleisch in schmale Spalten schneiden.

4 — Die Nussbutter in zwei ofenfesten Pfannen (à 20 cm Durchmesser) bei milder Hitze erwärmen und jeweils die Hälfte des Teigs hineingießen. Jeweils die Hälfte der Apfelspalten gleichmäßig darauf verteilen und den Teig an der Unterseite beinahe farblos anbacken.

5 — Anschließend die Pfannkuchen nacheinander im Ofen auf der untersten Schiene an der Oberseite etwa 10 Minuten beinahe farblos backen. Dann herausnehmen und den Backofengrill einschalten. Die Pfannkuchen dicht mit Puderzucker bestäuben und unter dem Grill auf der untersten Schiene nacheinander je 2 bis 3 Minuten goldbraun karamellisieren. Herausnehmen und zum Anrichten in Stücke schneiden. Nach Belieben nochmals mit Puderzucker bestäuben und mit Haselnuss- oder Vanilleeis servieren.

Apfel im Schlafrock
für 4 Personen

HERKUNFT Alle Regionen
ZUBEREITUNGSZEIT 15 Minuten
GARZEIT 25 Minuten

Zutaten

- 300 g tiefgekühlter Blätterteig (in Scheiben)
- 4 mittelgroße Äpfel (z.B. Jonathan oder Elstar)
- 2 EL Zucker
- ¼–½ TL Zimtpulver
- 2 EL weiche Butter
- 2–3 EL Rosinen
- Mehl zum Ausrollen
- 1 Eigelb
- 1–2 EL Sahne

1 — Die Blätterteigscheiben nebeneinandergelegt auftauen lassen. Den Backofen auf 200 °C vorheizen.

2 — Die Äpfel schälen und die Kerngehäuse ausstechen. Zucker und Zimt mischen, mit der weichen Butter und den Rosinen verrühren und die Äpfel damit füllen.

3 — Die Teigscheiben aufeinanderlegen und auf etwa 3 mm ausrollen. 4 Quadrate (etwa 20 × 20 cm) ausschneiden, die Äpfel mittig daraufsetzen, die Teigecken darüberschlagen und etwas andrücken. Die Äpfel auf ein mit Backpapier belegtes Backblech setzen.

4 — Aus dem restlichen Blätterteig kleine Kreise ausstechen. Eigelb und Sahne verrühren, die Teigkreise damit bestreichen und mittig auf die übereinandergeschlagenen Teigecken kleben. Den Blätterteig rundum mit der restlichen Eigelb-Sahne bestreichen.

5 — Die Äpfel im Schlafrock im Ofen auf der mittleren Schiene 20 bis 25 Minuten goldbraun backen und heiß servieren. Dazu passt Vanillesauce → S. 439.

Apfelküchle
für ca. 18 Stück

HERKUNFT Süddeutschland
ZUBEREITUNGSZEIT 30 Minuten

Zutaten

- 170 ml Milch
- 3 EL Butter
- Salz
- 100 g Mehl
- 3 Eier
- 400 ml Fett zum Frittieren
- 80 g Zucker
- ½–1 TL Zimtpulver
- 3 säuerliche Äpfel (z.B. Boskop oder Braeburn)

1 — 70 ml Milch mit 70 ml Wasser, der Butter und 1 Prise Salz in einem kleinen Topf aufkochen. Das gesiebte Mehl unter ständigem Rühren dazugeben und die Masse etwa 1 Minute mit dem Kochlöffel weiterrühren, bis sich der Teig vom Topfboden löst. Den Teig in eine Schüssel geben, die Eier nach und nach unterrühren und die restliche Milch hinzufügen, sodass ein dickflüssiger Teig entsteht.

2 — Das Fett in einem Topf oder einer Fritteuse auf 180 °C erhitzen. Es ist heiß genug, wenn an einem ins Fett getauchten Holzlöffelstiel kleine Blasen aufsteigen.

3 — Den Zucker und den Zimt mischen. Die Äpfel schälen und das Kerngehäuse mit einem Apfelausstecher herausstechen. Die Äpfel quer in etwa 1 cm dicke Scheiben schneiden. Die Apfelscheiben durch den Teig ziehen, etwas abtropfen lassen und im Fett wenige Minuten goldbraun backen. Die Apfelküchle mit dem Schaumlöffel herausheben, kurz auf Küchenpapier abtropfen lassen und sofort im Zimtzucker wenden. (Abbildung → S. 414)

Kaiserschmarren
für 4 Personen

HERKUNFT Bayern
ZUBEREITUNGSZEIT 20 Minuten

Zutaten

- 120 g Mehl
- ¼ l Milch
- 4 Eier
- Mark von 1 Vanilleschote
- 1 Msp. abgeriebene unbehandelte Zitronenschale
- 1 EL Rum
- Salz
- 60 g Zucker
- 4 EL Butter
- 3 EL Rumrosinen → S. 445

1 — Den Backofengrill einschalten. Das Mehl mit der Milch glatt rühren. Die Eier trennen. Eigelbe, Vanillemark, Zitronenschale, Rum und 1 Prise Salz unterrühren. Die Eiweiße mit der Hälfte des Zuckers und 1 Prise Salz zu einem cremigen, festen Schnee schlagen und unter die Eigelbmasse heben.

2 — In zwei kleineren ofenfesten Pfannen (24 bis 26 cm Ø) jeweils 1 EL Butter erhitzen. Den Teig in den Pfannen verteilen und auf der Unterseite bei milder Hitze etwa 2 Minuten hell bräunen. Die Rumrosinen darüberstreuen und darauf achten, dass sie mit Teig bedeckt sind. Vom Herd ziehen und die Kaiserschmarren in den Pfannen nacheinander unter dem Backofengrill auf der untersten Schiene 3 Minuten goldbraun backen.

3 — Die Kaiserschmarren mit zwei Gabeln in mundgerechte Stücke zerteilen. Die restliche Butter mit dem übrigen Zucker hinzufügen und die Kaiserschmarren in den Pfannen unter Rühren auf dem Herd noch etwas nachbacken.

4 — Den Kaiserschmarren auf vorgewärmten Tellern anrichten und nach Belieben mit Apfelmus → S. 441, Zwetschgen- oder Aprikosenkompott servieren.

Pfitzauf
für 4 Personen

HERKUNFT Baden-Württemberg
ZUBEREITUNGSZEIT 10 Minuten
BACKZEIT 30 Minuten

Zutaten

- Butter für die Form
- 140 g Mehl
- ¼ l Milch
- 2 Eier
- 1 EL Zucker
- 1 Msp. Vanillepulver
- Salz
- Puderzucker zum Bestäuben

1 — Den Backofen auf 200 °C vorheizen. Vier Vertiefungen einer Pfitzaufform mit Butter einpinseln. Ersatzweise vier ofenfeste Tassen (etwa 125 ml Inhalt) verwenden.

2 — Das Mehl mit 100 ml Milch, den Eiern, Zucker, Vanille und 1 Prise Salz glatt rühren. Die übrige Milch bis knapp unter dem Siedepunkt erhitzen und unterrühren.

3 — Die Masse in die Formen füllen, diese sollten dabei maximal bis zur Hälfte gefüllt sein. Auf ein Backblech stellen und im unteren Drittel des vorgeheizten Ofens etwa 30 Minuten backen. Der Pfitzauf sollte dabei mindestens auf die doppelte Größe aufgehen und goldbraun und etwas knusprig sein. Aus dem Ofen nehmen, kurz ruhen lassen und heiß oder lauwarm servieren.

4 — Den Pfitzauf mit Puderzucker bestäuben, in der Form servieren und nach Belieben Kompott oder Vanillesauce → S. 439 dazu reichen.

Hollerküchèrl
für 4 Personen

HERKUNFT Süddeutschland
ZUBEREITUNGSZEIT 30 Minuten

Zutaten

- 200 g Mehl
- 300 ml Weißwein oder Bier
- 2 Eier
- 4 EL Nussbutter → S. 125
- 1 Msp. Vanillemark
- Zimtpulver
- Salz
- 70 g Zucker
- Fett zum Frittieren
- 12 Holunderblütendolden

1 — Das Mehl mit dem Weißwein oder Bier in einer Schüssel glatt rühren. Die Eier trennen. Die Eigelbe, die Nussbutter, das Vanillemark und 1 Prise Zimt unterrühren.

Das süße Leben

La dolce vita hat nicht nur in Italien Tradition. Weltweit agierende Lebensmittelkonzerne haben dafür gesorgt, dass die in Deutschland handelsüblichen Süßigkeiten denen in anderen Ländern gleichen wie ein Zuckerei dem anderen. Schokoriegel, Bonbons oder Nutella sind, vor allem bei Kindern, so beliebt wie überall, wo sie sonst noch erhältlich sind. Und doch gibt es einige Süßwaren, die typisch deutsch sind und hierzulande eine lange Tradition haben. Vor allem, wenn Obst ins Spiel kommt. Selbst gemachte Marmeladen, die eingeweckt jahrelang halten, oder Rote Grütze versüßen die Deutschen mit dem Süßstoff, der sie für ihren oft nüchternen Alltag brauchen. Dass Schokolade der Seele zu Höhenflügen verhelfen kann, ist bekannt. Die deutsche Küche kennt aber noch mehr Erbauliches auf der süßen Seite.

Wir lieben's süß! – *Industrieprodukt und Natursüße*

Über Geschmack lässt sich nicht streiten: Durch Deutschland ziehen sich zwei gastronomische Äquatoriallinien – der Weißwurst- und der Lakritz-Äquator.

Soll heißen: Nördlich des Mainflusses nimmt der Verzehr von Weißwürsten Münchner Art immer weiter ab, dafür essen die Norddeutschen aber leidenschaftlich gern Lakritz, das im Süden Deutschlands nur wenige Freunde findet. Daher kommt der süddeutsche Name für Lakritz – „Bärendreck" – aber nicht. Vielmehr hielt ein Hersteller namens Bär jahrzehntelang europaweite Patente auf viele Lakritz-Spezialitäten. Die schwarze Farbe wird künstlich verstärkt, der Wurzelextrakt aus Echtem Süßholz wäre von allein nicht so dunkel. In Skandinavien essen die Menschen viel Lakritz, entweder in der gesalzenen oder in der gezuckerten Variante. In Süddeutschland ist vielen Kindern das Lakritz zu bitter. Trotzdem ist sie unter die Süßigkeiten eingereiht, die sich sommers am Schwimmbadkiosk finden.

Unter all den Eissorten („am Stiel") in der dortigen Tiefkühltruhe hat eindeutig die „Fürst-Pückler-Schnitte" die längste und vornehmste Tradition. Der Leibkoch des Gartengestalters Hermann Fürst von Pückler-Muskau, ein gewisser Jungius, soll sie Mitte des vorletzten Jahrhunderts als dreifarbiges Halbgefrorenes

01

02

01 Marzipan-Schmuckstücke aus Mandeln und Rosenwasser

02 Lakritz: bei Norddeutschen beliebt, bei Süddeutschen immerhin auch bekannt

03 Wackelpudding ist nicht nur für Kinder ein Spaß auf dem Dessertteller.

04 Ein Bild, das Kinder lieben: Zuckerwerk in allen Varianten

05 Fürst-Pückler-Schnitte – noch immer eine der liebsten Eissorten der Deutschen

03

04

05

06

07

08

09

10

aus Vanille-, Schokolade- und Erdbeereiscreme ersonnen haben. Es gibt aber auch ganz andere Entstehungsgeschichten. Sommers kamen jedenfalls frische Früchte in die Sahneeismassen, winters entsprechende Konfitüren. Der farbliche und geschmackliche Dreiklang hat sich bis heute erhalten, zwischen zwei dünnen Waffelscheiben, sozusagen den Haltegriffen, leuchtet es mildbraun, hellgelb und zartrosa hervor.

Die Begeisterung der Deutschen für einheimische Beeren mündet aber nicht nur in die entsprechenden Speiseeissorten. Auch in ihrer natürlichen Form, in Kuchen und Kaltschalen oder Roter Grütze sind sie alle Jahre wieder beliebte Sommer-Highlights. Man sollte sie auch der Jahreszeit entsprechend verzehren. Denn Erdbeeren, die, über weite Strecken transportiert, in Deutschland im Januar serviert werden, sind nur ganz selten ihren hohen Preis wert. Wer ein wenig sparen muss, serviert eben ein Erdbeer-Rhabarber-Crumble mit Vanilleeis als sommerliches Dessert. Und dann erst die Zwetschgenzeit, die in Norddeutschland „Pflaumen" heißen. Als Belag auf Mürb- oder Hefeteig, mit Schlagsahne und Zimt sind sie unübertrefflich, und die besten wachsen im badischen Bühl, wo im September das Zwetschgenfest steigt, oder in Franken. Auch beliebt sind Holunderküchlein, wo ganze Blüten in einen Backteig getaucht und dann im Schmalz herausgebacken werden – eine Köstlichkeit! Leider sind dann weniger Blüten für den Sirup oder gar die Holleressenz übrig, die man für das neumodische Getränk namens „Hugo" braucht.

Wer ganzjährig Obst bester Güte essen möchte, kann unter Hunderten von deutschen Apfelsorten (viele wiederentdeckt

06 Rhabarber verleiht Süßem eine herbe Frische.

07 Zuckerrübenberge prägen mancherorts die Landschaft.

08 Auf Erdbeerfeldern laden viele Bauern zum Selberpflücken ein.

09 Das „Alte Land“ bei Hamburg ist Nordeuropas größtes zusammenhängendes Obstanbaugebiet.

10 Süße Ernte – Zeit für Konfitüre und Gelee

und neu aufgezogen) wählen. Ein Apfelstrudel, ein gedeckter Apfelkuchen oder schlicht Pfannkuchen mit Apfelmus schmecken umso köstlicher, gerade weil sie heutzutage eher selten auf den Tisch kommen. Und weil Selbstgepflücktes immer noch ein bisschen besser mundet, findet man in ganz Deutschland die Erdbeerfelder zum Selberpflücken vor – ein günstiger Kilopreis für das Pflückgut wird bezahlt, und nebenher die Früchtchen naschen ist auch erlaubt. In den letzten Jahren wieder beliebter geworden ist das Einkochen von Obst zu Konfitüren und Gelees, jetzt auch oft in exotischen Geschmackskombinationen. Vorteil: Man kann selbst über den Zuckeranteil bestimmen und findet gerade so zu fast zuckerfreien, aber umso fruchtigeren Mischungen. So bewahren Gaumen und Zunge eine Erinnerung daran, wie der vergangene Sommer duftete und schmeckte.

2 — Die Eiweiße mit 1 Prise Salz und 20 g Zucker steif schlagen und vorsichtig unter den Teig heben.

3 — Das Fett in einem breiten flachen Topf oder einer Fritteuse auf 180 °C erhitzen. Es ist heiß genug, wenn an einem ins Fett getauchten Holzlöffelstiel kleine Blasen aufsteigen.

4 — Den übrigen Zucker mit ½ TL Zimtpulver vermischen. Die Holunderblütendolden verlesen, nacheinander in den Teig tauchen, etwas abtropfen lassen und im heißen Fett goldbraun ausbacken. Die Hollerkücherl auf Küchenpapier abtropfen lassen und sofort in Zimtzucker tauchen.

Versoffene Jungfern
für 4 Personen

HERKUNFT Bayern
ZUBEREITUNGSZEIT 30 Minuten

Zutaten für den Gewürzsud

2–3 EL Puderzucker
300 ml trockener Weißwein
½ l Apfelsaft
2 Zacken Sternanis
einige Splitter Zimtrinde
1 TL grüne Kardamomkapseln
2 Gewürznelken
1 halbierte Vanilleschote
je 1 Streifen unbehandelte Zitronen- und Orangenschale
2–3 TL Speisestärke

Zutaten für das Gebäck

100 g weiche Butter
Mark von 1 Vanilleschote
abgeriebene Schale von 1 unbehandelten Zitrone
80 g Zucker
4 Eier
150 g Mehl
25 g Speisestärke
½ TL Backpulver
Salz
Öl zum Ausbacken

1 — Für den Gewürzsud den Puderzucker in einen Topf sieben und bei milder Hitze hell karamellisieren. Mit dem Wein ablöschen und den Apfelsaft hinzufügen. Sternanis, Zimt, Kardamom, Nelken, Vanilleschote, Zitronen- und Orangenschale hinzufügen. Die Speisestärke mit wenig kaltem Wasser glatt rühren und nach und nach in die köchelnde Flüssigkeit rühren, bis sie leicht sämig gebunden ist. Den Sud einige Minuten sanft köcheln lassen und durch ein Sieb gießen.

2 — Für das Gebäck die Butter mit dem Vanillemark, der Zitronenschale und der Hälfte des Zuckers hellschaumig schlagen. Die Eier trennen und die Eigelbe unterrühren. Das Mehl mit der Speisestärke und dem Backpulver in eine Schüssel sieben. Die Eiweiße mit dem restlichen Zucker und 1 Prise Salz cremig schlagen und mit der Mehlmischung unter die Buttermasse rühren.

3 — Zum Ausbacken das Öl 4 bis 5 cm hoch in eine tiefe Pfanne gießen und auf 165 bis 170 °C erhitzen. Aus der Teigmasse mit zwei Esslöffeln Nocken formen (dabei die Löffel zwischendurch in warmes Wasser tauchen) und die Nocken im heißen Fett portionsweise rundum goldbraun ausbacken. Mit dem Schaumlöffel herausheben und auf Küchenpapier abtropfen lassen. Mit dem Gewürzsud überziehen und nach Belieben mit Puderzucker bestäuben.

Apfelstrudel
für 4 Personen

HERKUNFT Süddeutschland
ZUBEREITUNGSZEIT 20 Minuten
BACKZEIT 25 Minuten

Zutaten

- 4 Äpfel (ca. 700 g; z.B. Boskop, Braeburn oder Elstar)
- 35 g Mandelblättchen
- 30 g Zucker
- ¼ TL Zimtpulver
- 30 g Rumrosinen → S. 445
- Saft von ½ Zitrone
- 50 g Biskuitbrösel
- 2 Strudelteigblätter (ca. 30×30 cm; aus dem Kühlregal)
- 2 EL flüssige Butter

1 — Die Äpfel schälen und bis auf das Kerngehäuse auf einem Gemüsehobel in Scheiben hobeln. Alternativ die Äpfel vierteln, schälen und entkernen. Die Viertel in ½ bis 1 cm große Würfel schneiden.

2 — Die Mandelblättchen in einer Pfanne ohne Fett unter Rühren hell rösten, herausnehmen und abkühlen lassen. Zucker und Zimt mischen und mit Rumrosinen, Zitronensaft, Biskuitbröseln und den Mandelblättchen unter die Äpfel mischen.

3 — Den Backofen auf 200 °C vorheizen. Ein Backblech mit Backpapier belegen. 1 Strudelblatt auf ein bemehltes Küchentuch legen und mit etwas flüssiger Butter bestreichen. Das zweite Strudelblatt darauflegen und ebenfalls mit Butter bestreichen.

4 — Die Apfelfüllung entlang einer Längsseite des Strudelteigs in einem Strang verteilen. Dabei an den beiden Teigenden jeweils einen 5 cm breiten Rand frei lassen und über die Füllung nach innen schlagen. Dann den Strudel mithilfe des Tuchs aufrollen, die Ränder andrücken und den Strudel auf der Nahtseite auf das Blech legen. Mit der restlichen flüssigen Butter bestreichen und den Strudel im Ofen auf der unteren Schiene 20 bis 25 Minuten goldbraun backen.

5 — Mit Vanillesauce → S. 439, Vanilleeis oder einfach nur mit Schlagsahne servieren. (Abbildung → S. 427)

Topfenstrudel mit Rhabarber
für 8–10 Personen

HERKUNFT Bayern
ZUBEREITUNGSZEIT 30 Minuten
BACKZEIT 30 Minuten

Zutaten

- 60 g weiche Butter
- 80 g Zucker
- 2 Eier (Zimmertemperatur)
- Mark von 1 Vanilleschote
- abgeriebene Schale von 1 unbehandelten Zitrone
- Salz
- 500 g Speisequark (Topfen; Zimmertemperatur)
- 125 g Sahne
- 125 g saure Sahne
- 1 EL gemahlene Mandeln
- 350 g Strudelteig (aus dem Kühlregal)
- Mehl zum Bestäuben
- 50 g flüssige Butter zum Bestreichen
- 200 g Rhabarberkompott → S. 444
- Butter für die Form
- 2 EL Zucker
- 125 ml Milch

1 — Die Butter mit 3 EL Zucker in einer Schüssel hellschaumig aufschlagen, die Eier nacheinander unterrühren. Vanillemark, Zitronenschale, 1 Prise Salz, restlichen Zucker und den Quark unter die Eiermasse rühren. Die Sahne halb steif schlagen, mit der sauren Sahne mischen und unter die Quarkmasse heben. Die Mandeln in einer Pfanne ohne Fett hell rösten und unterrühren.

2 — Den Backofen auf 200 °C vorheizen. 1 Strudelteigblatt mit Mehl bestäuben und auf einem bemehlten Küchentuch (etwa 40 × 40 cm) mit dem Nudelholz etwas ausrollen. Den Teig über den Handrücken vorsichtig zu einem hauchdünnen Rechteck ausziehen und mit flüssiger Butter bestreichen.

3 — Die Hälfte der Topfenmasse an der Längsseite des Teigs in einem 10 bis 15 cm breiten Strang verteilen. Dabei an den Schmalseiten je einen 5 cm breiten Rand frei lassen, nach innen einschlagen. Die Hälfte des abgetropften Rhabarbers darauf verteilen. Den Strudel mithilfe des Tuchs aufrollen und mit der Nahtseite nach unten in einen mit Butter gefetteten Bräter legen. Den zweiten Strudel auf die gleiche Weise herstellen. Strudel mit der restlichen flüssigen Butter besteichen und mit dem Zucker bestreuen.

4 — Die Strudel im Ofen auf der mittleren Schiene 10 bis 15 Minuten backen. Dann die Milch in den Bräter gießen und die Topfenstrudel weitere 25 bis 30 Minuten backen. Den Bräter herausnehmen und die Strudel darin etwa 15 Minuten abkühlen lassen. Zum Servieren die Strudel in Stücke schneiden.

Millirahmstrudel
für 8–10 Personen

HERKUNFT Bayern
ZUBEREITUNGSZEIT 35 Minuten
BACKZEIT 45 Minuten

Zutaten für den Strudel

120 g Butter
40 g Puderzucker
abgeriebene Schale von 1 unbehandelten Zitrone und ½ unbehandelten Orange
1 EL Vanillezucker
2 Eier
400 g Speisequark (Zimmertemperatur)
300 g saure Sahne (Zimmertemperatur)
50 g Zucker
Salz
25 g Mehl
50 g Rumrosinen → S. 445
4 Strudelteigblätter (aus dem Kühlregal)
50 g flüssige Butter zum Bestreichen
Butter für den Bräter

Zutaten für die Eiermilch

¼ l Milch
60 g Crème fraîche
2 Eier
3 EL Zucker
Mark von 1 Vanilleschote

1 — Für den Strudel die Butter mit dem Puderzucker, der Zitronenschale, der Orangenschale und dem Vanillezucker in einer Schüssel aufschlagen. Die Eier trennen und die Eigelbe unterrühren, den Quark und die saure Sahne nach und nach dazugeben.

2 — Die Eiweiße mit einem Drittel vom Zucker und 1 Prise Salz zu einem cremigen Schnee schlagen, dabei den restlichen Zucker einrieseln lassen. Das Mehl über die Buttermasse sieben und mit den abgetropften Rumrosinen vorsichtig unterrühren. Den Eischnee unterheben.

3 — Den Backofen auf 180 °C vorheizen. Die Strudelteigblätter auf einem großen bemehlten Küchentuch (etwa 40 × 40 cm) mit dem Nudelholz jeweils ausrollen. Die Teigblätter über den Handrücken vorsichtig zu einem hauchdünnen Rechteck ausziehen und sofort mit flüssiger Butter bestreichen.

↓
Apfelstrudel S. 425

↓
Rote Grütze S. 406

4 — Je ein Viertel der Füllung an der Längsseite der Teigblätter in einem Strang verteilen. Dabei an den Schmalseiten je einen 5 cm breiten Rand frei lassen und nach innen einschlagen. Die Strudel jeweils mithilfe des Tuchs aufrollen und mit der Naht nach unten in einen mit Butter gefetteten Bräter oder eine große Auflaufform (etwa 25 × 30 cm) legen. Alle 4 Strudel mit flüssiger Butter bestreichen und im Ofen auf der mittleren Schiene etwa 15 Minuten backen.

5 — In der Zwischenzeit für die Eiermilch die Milch mit der Crème fraîche, den Eiern, dem Zucker und dem Vanillemark in eine Schüssel geben, mit dem Stabmixer verrühren und durch ein Sieb gießen. Die Eiermilch in den Bräter gießen und die Strudel weitere 30 Minuten backen.

6 — Die Strudel herausnehmen und kurz abkühlen lassen. Zum Servieren die Millirahmstrudel in Stücke schneiden und nach Belieben mit Puderzucker bestäuben.

Arme Ritter
für 4 Personen

HERKUNFT Alle Regionen
ZUBEREITUNGSZEIT 30 Minuten

Zutaten

- ½ Hefezopf vom Vortag (ersatzweise 3 Rosinenbrötchen)
- 100 g Pflaumenmus
- 150 g Zucker
- ¼–½ TL Zimtpulver
- Nelkenpulver
- gemahlener Kardamom
- 3 Eier
- 150 ml Milch
- Mark von ½ Vanilleschote
- Butterschmalz zum Ausbacken

1 — Den Hefezopf in etwa ½ cm dicke Scheiben schneiden und die Hälfte der Scheiben komplett mit Pflaumenmus bestreichen. Die bestrichenen Scheiben mit den restlichen Scheiben bedecken.

2 — Den Zucker mit Zimt, je 1 Prise Nelkenpulver und Kardamom in einem tiefer Teller vermischen.

3 — Die Eier mit der Milch und dem Vanillemark verquirlen. Das Butterschmalz in einer Pfanne erhitzen. Die gefüllten Hefezopfscheiben kurz in die Eiermilch tauchen und im heißen Butterschmalz bei milder Hitze auf beiden Seiten goldbraun ausbacken. Die Armen Ritter auf Küchenpapier abtropfen lassen und noch heiß im Gewürzzucker wenden. Auf Tellern oder einer Platte anrichten.

Scheiterhaufen
für 4 Personen

HERKUNFT Altbayern
ZUBEREITUNGSZEIT 25 Minuten
BACKZEIT 55 Minuten

Zutaten für den Scheiterhaufen

- 2 EL Rosinen
- 1–2 EL Rum
- 1 Apfel
- 1 Birne
- 1 EL Butter
- 1–2 EL Zucker
- 2–3 EL Apfelsaft
- 2–3 Milchbrötchen (ersatzweise Rosinenbrötchen oder Brioche)
- Butter für die Form
- 2 EL geröstete Mandelblättchen
- Puderzucker zum Bestäuben

Zutaten für die Eiermilch

1 Ei
120 ml Milch
120 g Sahne
5 Eigelb
3 EL Zucker
1 EL Rum
Mark von ½ Vanilleschote
Zutaten für den Eischnee
5 Eiweiß
150 g Zucker
Salz

1 — Für den Scheiterhaufen Rosinen und Rum in einem Schälchen mischen. Den Apfel und die Birne schälen, vierteln, entkernen und in 3 bis 4 mm dicke Scheiben schneiden. Die Butter in einer Pfanne erhitzen, die Apfel- und Birnenscheiben darin bei milder Hitze mit dem Zucker und dem Apfelsaft auf beiden Seiten 2 Minuten dünsten. Den Backofen auf 170 °C vorheizen.

2 — Für die Eiermilch das Ei mit der Milch, der Sahne, den Eigelben, dem Zucker, dem Rum und dem Vanillemark verquirlen. Für den Eischnee die Eiweiße mit dem Zucker und 1 Prise Salz zu steifem Schnee schlagen.

3 — Für den Scheiterhaufen die Brötchen in ½ cm dicke Scheiben schneiden. Eine große ofenfeste oder vier Portionsförmchen (à 200 ml Inhalt) mit Butter einfetten. Die Form bzw. Förmchen mit der Hälfte der Brötchenscheiben auslegen und die Apfel-Birnen-Mischung darauf verteilen. Die Rumrosinen und die Mandelblättchen darübergeben und mit den restlichen Brötchenscheiben belegen. Nach und nach die Eiermilch darübergießen. Den Scheiterhaufen im Ofen auf der mittleren Schiene 35 Minuten anbacken (wenn man den Scheiterhaufen in Portionsförmchen zubereitet, reichen 15 Minuten zum Anbacken).

4 — Den Scheiterhaufen aus dem Ofen nehmen, den Eischnee darauf verteilen und mit dem Teigschaber Spitzen hochziehen. Den Scheiterhaufen zurück in den Ofen stellen und weitere 20 Minuten goldbraun backen.

5 — Den Scheiterhaufen aus dem Ofen nehmen und großzügig mit Puderzucker bestäuben. Mit Kompott nach Wahl auf Desserttellern anrichten.

Kirschenmichel
für 4 Personen

HERKUNFT Süddeutschland
ZUBEREITUNGSZEIT 25 Minuten
BACKZEIT 45 Minuten

Zutaten

1 kg Kirschen
4 cl Kirschwasser
6 altbackene Brötchen (ca. 250 g)
¼ l Milch
50 g gehackte Mandeln
100 g weiche Butter
80 g Zucker
1 Päckchen Vanillezucker
abgeriebene Schale von 1 unbehandelten Zitrone
3 Eier
Salz
½ TL Zimtpulver
Fett und Paniermehl für die Form
Puderzucker zum Bestäuben

1 — Die Kirschen waschen, entsteinen, mit dem Kirschwasser begießen und zugedeckt 15 Minuten marinieren.

2 — Die Brötchen in Scheiben oder Würfel schneiden. Die Milch lauwarm erhitzen und über die Brotwürfel gießen. 10 Minuten einweichen lassen. Mandeln in einer Pfanne ohne Fett goldbraun rösten.

3 — Die Butter, die Hälfte des Zuckers, Vanillezucker und Zitronenschale cremig rühren. Die Eier trennen. Die Eigelbe einzeln unterrühren. Brötchen und Mandeln ebenfalls unterrühren.

4 — Den Backofen auf 180 °C vorheizen. Die Eiweiße mit 1 Prise Salz zu sehr steifem Schnee schlagen, dabei den restlichen Zucker einrieseln lassen. Den Eischnee unter die Brötchenmasse heben. Die Kirschen mit dem Zimt gleichmäßig unterrühren.

5 — Eine Auflaufform ausfetten und mit Paniermehl ausstreuen. Den Teig hineinfüllen, die Oberfläche glatt streichen und den Auflauf im Backofen auf der mittleren Schiene etwa 45 Minuten backen. Vor dem Servieren dick mit Puderzucker bestäuben.

Aprikosenknödel/ Marillenknödel
für 4 Personen

HERKUNFT Süddeutschland
ZUBEREITUNGSZEIT 35 Minuten
KÜHLZEIT 12 Stunden
GARZEIT 15 Minuten

Zutaten für die Knödel

500 g mehligkochende Kartoffeln
Salz
50 g Speisestärke
50 g doppelgriffiges Mehl
50 g Hartweizengrieß
1 Ei
4 EL flüssige Nussbutter → S. 125
abgeriebene Schale von 1 unbehandelten Zitrone
Mark von ½ Vanilleschote
12 kleine Aprikosen (Marillen)
12 Stück Würfelzucker
Marillenschnaps zum Beträufeln

Zutaten für den Kochsud

2 EL Salz
80 g Zucker
1 ausgekratzte Vanilleschote
½ Zimtrinde
je 2 Streifen unbehandelte Zitronen- und Orangenschale

Zutaten für die Zimtbrösel

80 g Weißbrotbrösel
80 g Butter
2 EL Zucker
½ TL Zimtpulver
Puderzucker zum Bestäuben

1 — Für die Knödel die Kartoffeln in kochendem Salzwasser weich garen, abgießen, noch heiß pellen und durch die Kartoffelpresse drücken. Den Kartoffelschnee auf einem großen Teller oder einem Tablett ausbreiten, ausdampfen lassen und zugedeckt mehrere Stunden oder über Nacht kühl stellen.

2 — Den ausgekühlten Kartoffelschnee mit der Speisestärke, dem Mehl, dem Grieß, dem Ei, der Nussbutter, der Zitronenschale, dem Vanillemark und 1 Prise Salz zu einem glatten Teig verkneten.

3 — Die Aprikosen waschen, halb aufschneiden und entsteinen. In jede Frucht statt des Steins 1 Stück Würfelzucker geben und auf jedes Zuckerstückchen einige Tropfen Marillenschnaps träufeln.

4 — Den Kartoffelteig in 12 gleich große Portionen teilen und leicht flach drücken. In die Mitte jeder Teigscheibe 1 Aprikose geben, mit Teig umhüllen und mit angefeuchteten Händen zu glatten Knödeln drehen.

5 — Für den Kochsud in einem Topf 3 l Wasser mit dem Salz und dem Zucker aufkochen. Die Vanilleschote, den Zimt und die Zitrusschalen dazugeben. Die Marillenknödel darin knapp unter dem Siedepunkt etwa 15 Minuten mehr ziehen als köcheln lassen.

6 — Inzwischen für die Zimtbrösel die Weißbrotbrösel mit der Butter in einer Pfanne bei milder Hitze goldbraun rösten. Die Brösel mit Zucker und Zimt mischen und auf einen Teller geben.

7 — Die Aprikosenknödel mit dem Schaumlöffel herausheben, auf Küchenpapier abtropfen lassen, in den Zimtbröseln wälzen und mit Puderzucker bestäuben.

Dampfnudeln
für 6 Personen

HERKUNFT Süddeutschland
ZUBEREITUNGSZEIT 25 Minuten
GEHZEIT 1 Stunde 20 Minuten
GARZEIT 35 Minuten

Zutaten

- ½ l Milch
- 25 g Hefe
- 50 g Zucker
- 500 g Mehl
- 2 Eier
- Salz
- 80 g weiche Butter
- 3 EL Butter
- 30 g Butterschmalz
- Mehl für die Arbeitsfläche

1 — Die Hälfte der Milch lauwarm erwärmen, die Hefe darin auflösen und 2 TL Zucker hinzufügen. Das Mehl in eine Schüssel geben und in die Mitte eine Mulde drücken. Die Hefemilch hineingeben und mit etwas Mehl verrühren. Den Vorteig zugedeckt an einem warmen Ort 15 Minuten gehen lassen.

2 — Die Eier verquirlen und mit 1 Prise Salz, 20 g Zucker und der weichen Butter zum Vorteig geben und mit dem Mehl verrühren. Den Hefeteig in der Küchenmaschine oder mit den Knethaken des Handrührgeräts so lang kneten, bis ein glatter und elastischer Teig entstanden ist, der sich ganz leicht vom Schüsselrand löst. Den Hefeteig zugedeckt an einem warmen Ort mindestens 45 Minuten gehen lassen, bis sich das Volumen verdoppelt hat.

3 — Den Teig mit den Händen auf der leicht bemehlten Arbeitsfläche kräftig durchkneten und dann Rollen von 4 bis 5 cm Durchmesser formen. Die Rollen in etwa 5 cm große Stücke schneiden und jedes Stück zu einer glatten Kugel formen.

4 — Den Backofen auf 180 °C vorheizen. In einem großen, niedrigen ofenfesten Topf (etwa 30 cm Durchmesser) die übrige Milch mit dem restlichen Zucker erwärmen, Butter und Butterschmalz darin schmelzen und vom Herd nehmen. Die Teigkugeln mit der Nahtseite nach unten nebeneinander in die lauwarme Milch setzen, den Deckel auflegen und die Dampfnudeln 20 Minuten gehen lassen. Den Topf auf den Herd stellen und die Dampfnudeln bei mittlerer Hitze 10 Minuten garen.

5 — Den Topf in den Ofen geben und die Dampfnudeln zugedeckt etwa 35 Minuten garen. Den Deckel zwischendurch nicht abnehmen, die Dampfnudeln könnten dabei zusammenfallen. Sollte die Kruste am Boden noch zu hell sein, den Topf noch einmal auf den Herd stellen und bei mittlerer Hitze goldbraun nachbacken. Die Dampfnudeln noch warm und nach Belieben mit Vanillesauce → S. 439 servieren.

Buchteln/Rohrnudeln
für 4–6 Personen

HERKUNFT Sachsen/Bayern/Baden-Württemberg/Pfalz
ZUBEREITUNGSZEIT 20 Minuten
GEHZEIT 55 Minuten
BACKZEIT 20 Minuten

Zutaten

- 180 ml Milch
- 30 g Hefe
- 450 g Mehl
- 75 g Zucker
- 3 Eigelb
- 1 TL Mandellikör (z.B. Amaretto)
- 1 EL Rum
- Salz
- Mark von 1 Vanilleschote
- je 1 TL abgeriebene unbehandelte Zitronen- und Orangenschale
- 75 g weiche Butter
- Mehl für die Arbeitsfläche
- Butter für die Form
- 60 g flüssige Butter zum Bestreichen
- Puderzucker zum Bestäuben

1 — Die Milch lauwarm erwärmen. Die Hefe mit den Fingern zerbröckeln und in der Milch auflösen. Die Hefemilch mit Mehl, Zucker, Eigelben, Mandellikör, Rum, 1 Prise Salz, Vanillemark und der Zitronen- und Orangenschale verkneten. Die weiche Butter hinzufügen und einige Minuten weiterkneten, bis ein geschmeidiger Teig entsteht. Den Hefeteig in einer Schüssel mit Folie bedeckt knapp 30 Minuten an einem warmen Ort gehen lassen.

2 — Den Teig nochmals kurz durchkneten und mit etwas Mehl zu einer dicken Rolle formen. Die Rolle in gleichmäßige Scheiben schneiden und die Scheiben zu Kugeln formen. Einen Bräter oder eine Auflaufform (etwa 20 × 30 cm) mit Butter einfetten und die Teigkugeln darin zugedeckt 20 bis 25 Minuten an einem warmen Ort gehen lassen.

3 — Den Backofen auf 180 °C vorheizen. Die Buchteln vorsichtig mit flüssiger Butter bestreichen und im Ofen auf der untersten Schiene etwa 20 Minuten goldbraun backen.

4 — Die Form aus dem Ofen nehmen und die Buchteln darin etwas abkühlen lassen. Die Buchteln mit Puderzucker bestäuben und mit dem Holunder-Birnen-Kompott → S. 443 servieren. (Abbildung → S. 442)

Germknödel mit Mohnbutter
für 8 Personen

HERKUNFT Bayern
ZUBEREITUNGSZEIT 20 Minuten
GEHZEIT 50 Minuten
GARZEIT 8 Minuten

Zutaten

- 100 ml Milch
- 12 g Hefe (ca. ¼ Würfel)
- 1 EL Zucker
- 250 g Mehl
- 1 Ei
- Salz
- 25 g weiche Butter
- Mehl für die Arbeitsfläche
- 100 g Pflaumenmus
- 125 g zerlassene heiße Butter
- 4 EL Backmohn
- 4 EL Puderzucker
- Puderzucker zum Bestäuben

1 — Die Milch lauwarm erwärmen, die Hefe darin auflösen und 1 TL Zucker hinzufügen. Das Mehl in eine Schüssel geben und in die Mitte eine Mulde drücken. Die Hefemilch

hineingeben und mit etwas Mehl verrühren. Den Vorteig zugedeckt an einem warmen Ort 15 Minuten gehen lassen.

2 — Das Ei verquirlen und mit 1 Prise Salz, dem restlichen Zucker und der weichen Butter zum Vorteig geben und mit dem Mehl verrühren. Den Hefeteig in der Küchenmaschine oder mit den Knethaken des Handrührgeräts so lang kneten, bis ein glatter und elastischer Teig entstanden ist, der sich ganz leicht vom Schüsselrand löst. Den Hefeteig zugedeckt an einem warmen Ort etwa 30 Minuten gehen lassen.

3 — Inzwischen zwei breite Töpfe mit Salzwasser aufsetzen und erhitzen.

4 — Den Teig auf einer bemehlten Arbeitsfläche etwa 1 cm dick ausrollen und in 8 gleich große Stücke schneiden. Die Teigstücke etwas breit drücken, das Pflaumenmus mittig daraufsetzen und den Teig darüber zusammenschlagen. Die Nahtstellen gut zusammendrücken, die Teigstücke rund formen und mit etwas Abstand zueinander auf ein mit etwas Mehl bestäubtes Küchentuch setzen. Darauf achten, dass die Arbeitsfläche nicht zu kalt ist, deshalb das Küchentuch nach Bedarf auf ein Nudelbrett legen. Die Teiglinge mit einem Küchentuch bedecken und etwa 5 Minuten gehen lassen.

5 — Die Knödel in das köchelnde Salzwasser einlegen, den Deckel auflegen und bei gleichmäßiger Hitze am Siedepunkt zugedeckt 8 Minuten ziehen lassen. Den Deckel zwischendurch nicht öffnen und die Knödel auch nicht umdrehen.

6 — Die Knödel mit einer Schaumkelle herausheben, abtropfen lassen, auf warmen Tellern anrichten, die heiße Butter darüberträufeln, Mohn mit Puderzucker vermischen und darüber streuen. Nach Belieben mit Puderzucker bestäuben.

Süßer Klump mit Birnen
für 4 Personen

HERKUNFT Sachsen-Anhalt
ZUBEREITUNGSZEIT 20 Minuten
GARZEIT 25 Minuten

Zutaten

2 Eier
½ l Milch
Salz
5 EL Zucker
250 g Mehl
4 Birnen

1 — Die Eier mit 150 ml Milch, 1 Prise Salz und 1 ½ EL Zucker in einer Schüssel verrühren. Das Mehl unterrühren und den Teig mit einem Kochlöffel oder in der Küchenmaschine ein paar Minuten schlagen, bis der Teig schön zäh ist. Den Teig kurz beiseitestellen. In einem breiten Topf Salzwasser aufkochen.

2 — Die Birnen schälen, vierteln, entkernen und das Fruchtfleisch in etwa 1 ½ cm große Stücke schneiden. Mit 200 ml Wasser und 2 EL Zucker in einen Topf geben und am Siedepunkt je nach Reifegrad der Birnen 5 bis 15 Minuten weich ziehen lassen.

3 — Aus dem Klumpteig mit zwei nassen Esslöffeln Klößchen abstechen, in das siedende Salzwasser legen und einige Minuten ziehen lassen, bis „der Klump" oben schwimmt. Mit einer Schaumkelle herausheben und zu den Birnen geben.

4 — Den Topf zur Seite ziehen und die restliche Milch in die Suppe geben. Die Suppe darf nach der Milchzugabe nicht mehr kochen. Die Suppe mit restlichem Zucker nach Geschmack nachwürzen.

↓
Berliner Luft S. 399

↓
Bratäpfel S. 438

Sächsische Quarkkeulchen
für 4 Personen

HERKUNFT Sachsen
ZUBEREITUNGSZEIT 30 Minuten
GARZEIT 40 Minuten

Zutaten

- 500 g mehligkochende Kartoffeln
- Salz
- 375 g Speisequark
- 150 g Mehl
- 165 g Zucker
- 1–2 Eier
- je ½ TL abgeriebene unbehandelte Zitronen- und Orangenschale
- 50 g Rumrosinen → S. 445
- Mehl für die Arbeitsfläche und zum Wenden
- 4 EL Öl
- ½–1 TL Zimtpulver

1 — Die Kartoffeln waschen und in einem Topf in Salzwasser weich garen. Abgießen, kurz ausdampfen lassen, pellen und durch die Kartoffelpresse in eine Schüssel drücken. Den Kartoffelschnee auskühlen lassen. Mit dem Quark, dem Mehl, 65 g Zucker, den Eiern und 1 Prise Salz sowie der Zitronen- und Orangenschale zu einem glatten Teig verarbeiten. Die Rumrosinen unterkneten.

2 — Aus dem Kartoffelteig mit den Händen auf der bemehlten Arbeitsfläche eine 6 cm dicke Rolle formen und etwa 1½ cm dicke Scheiben abschneiden. Die Teigscheiben in Mehl wenden.

3 — Das Öl in einer beschichteten Pfanne erhitzen und die Quarkkeulchen darin auf beiden Seiten goldbraun braten. Den restlichen Zucker mit dem Zimtpulver mischen. Die Quarkkeulchen auf Küchenpapier abtropfen lassen und im Zimtzucker wenden.

Quarkauflauf
für 4 Personen

HERKUNFT Alle Regionen
ZUBEREITUNGSZEIT 25 Minuten
GARZEIT 1 Stunde

Zutaten

- 50 g Rosinen
- 2 EL Apfelsaft (ersatzweise Rum)
- 50 g Mandelblättchen
- 500 g Äpfel
- 1 EL Vanillezucker
- Saft von ½ Zitrone
- Butter für die Form
- 50 g weiche Butter
- 100 g Zucker
- 4 Eigelb
- abgeriebene Schale von ½ unbehandelten Zitrone
- 500 g Magerquark
- 50 g Grieß
- 4 Eiweiß
- Salz

1 — Die Rosinen in Apfelsaft einweichen. Die Mandeln in einer Pfanne ohne Fett goldbraun rösten. Die Äpfel schälen, vierteln, entkernen und in etwa ½ cm dicke Scheiben schneiden. Mit 1 TL Vanillezucker bestreuen, mit dem Zitronensaft beträufeln und vermischen. Eine große Auflaufform mit Butter einpinseln und die Äpfel darin verteilen.

2 — Ofen auf 175 °C vorheizen. Butter mit 50 g Zucker, Eigelben, restlichem Vanillezucker und Zitronenschale schaumig schlagen. Quark unterrühren, Grieß mit Mandeln und Rosinen untermischen. Eiweiße mit dem übrigen Zucker und 1 Prise Salz cremig schlagen und unter die Quarkmasse heben.

3 — Den Auflauf im unteren Drittel des Ofens etwa 1 Stunde goldbraun backen.

Bratäpfel
für 4 Personen

HERKUNFT Alle Regionen
ZUBEREITUNGSZEIT 20 Minuten
GARZEIT 35 Minuten

Zutaten

- 2 EL Rosinen
- 2 cl Orangenlikör
- 4 große aromatische Äpfel
- 30 g Marzipanrohmasse
- 1 EL Orangenmarmelade
- 30 g gehacktes Orangeat
- 50 g grob gehackte Haselnüsse
- Zimtpulver
- 125 ml halbtrockener Weißwein
- 40 g Butter

1 — Die Rosinen mit dem Orangenlikör begießen und mindestens 15 Minuten marinieren. Die Äpfel waschen und das Kerngehäuse mit einem Apfelausstecher entfernen. Den Backofen auf 200 °C vorheizen.

2 — Das Marzipan mit der Orangemarmelade verrühren und Orangeat, Haselnüsse sowie die Rosinen mitsamt der Einweichflüssigkeit unterrühren. Mit etwas Zimt würzen.

3 — Die Äpfel nebeneinander in eine feuerfeste Auflaufform setzen, mit der Marzipanmasse füllen und mit dem Wein begießen. Die Butter in kleinen Flocken über den Äpfeln verteilen und im Backofen auf der mittleren Schiene 30 bis 35 Minuten garen. Noch heiß entweder mit Vanillesauce oder Vanilleeis servieren. (Abbildung → S. 436)

Schokoladensauce
für ca. 500 g

HERKUNFT Alle Regionen
ZUBEREITUNGSZEIT 5 Minuten

Zutaten

- 250 g dunkle Kuvertüre
- 50 g Honig
- ¼ l Milch
- etwas Zimpulver
- 1 Msp. Vanillemark

1 — Die Kuvertüre klein hacken, in einer Schüssel mit dem Honig mischen.

2 — Die Milch mit Zimt und Vanillemark aufkochen, auf die gehackte Kuvertüre gießen und zu einer glatten Schokoladensauce verrühren. Schmeckt zu Eis und Cremes, Crêpes und Früchten.

3 — Diese Sauce wird kalt serviert, daher gut auskühlen lassen. Wer will, kann zum Schluss noch etwas sämig geschlagene Sahne untermischen. Ein Tropfen Rum, Orangen- oder Kaffeelikör rundet den Geschmack ab.

4 — Für eine schnelle warme Schokosauce in einem kleinen Topf 250 g Sahne aufkochen und mit 250 g klein gehackter Kuvertüre verrühren.

5 — Die Sauce kann auch mit weißer Kuvertüre hergestellt werden. Dann den Honig weglassen, da diese Schokoladensorte sehr süß ist. Die Sauce wird noch mit 1 EL gemahlenem Mohn und 2 cl Eierlikör verfeinert.

6 — Die Hälfte der Kuvertüre durch Nuss-Nougat-Masse ersetzen, als Aroma eignet sich ein guter Haselnuss- oder Mandellikör.

Vanillesauce
für ca. 500 ml

HERKUNFT Alle Regionen
ZUBEREITUNGSZEIT 20 Minuten

Zutaten

2 Vanilleschoten
200 ml Milch
200 g Sahne
40 g Zucker
3 Eigelb
2 Eier

1 — Die Vanilleschoten längs halbieren und das Mark herauskratzen. Milch, Sahne, die Hälfte des Zuckers, Vanillemark und die Vanilleschoten in einen Topf geben und aufkochen lassen, dann warm halten.

2 — In einer runden Metallschüssel Eigelbe, Eier und den übrigen Zucker mit einem Schneebesen hellschaumig aufschlagen. Die kochende Vanillemilch in die Eierschaummasse rühren.

3 — Über dem heißen Wasserbad mit einem Teigschaber die Eiermilch nun ständig, aber ruhig von der Kesselwand wegrühren. Die Flüssigkeit erreicht ihre optimale Bindung bei etwa 80 °C, dann sofort durch ein Sieb gießen. Dabei bleiben die Vanilleschoten zurück, und die Sauce kühlt gleichzeitig etwas ab. Vanillesauce schmeckt zu Roter Grütze → S. 406, Buchteln → S. 433 und Germknödeln → S. 433.

Obstsalat
für 4 Personen

HERKUNFT Alle Regionen
ZUBEREITUNGSZEIT 20 Minuten

Zutaten

1 Zitrone
40 g Zucker
½ Bund Minze
3 Pfirsiche
3 Nektarinen
100 g Himbeeren
150 g Brombeeren
150 g Rote Johannisbeeren

1 — Die Zitrone auspressen. 100 ml Wasser mit dem Zitronensaft und Zucker zum Kochen bringen. Die Minzeblättchen von den Stielen zupfen, waschen, trocken tupfen und 8 Blätter grob hacken. In den Sirup geben und abkühlen lassen.

2 — Pfirsiche und Nektarinen waschen, halbieren, entsteinen und in Scheiben schneiden. Himbeeren verlesen, Brombeeren und Johannisbeeren waschen und abtropfen lassen. Johannisbeeren von den Stielen zupfen.

3 — Die Beeren auf tiefe Teller oder Gläser verteilen. Pfirsich- und Nektarinenscheiben darauf anrichten. Mit dem Sirup übergießen und mit Minzeblättchen garnieren.

4 — Der Obstsalat kann natürlich auch mit anderen Früchten der Saison zubereitet werden, z.B. mit Äpfeln, Birnen, Orangen, Erdbeeren etc. Als Topping werden gehobelte Mandeln in einer Pfanne geröstet und die Früchte zum Schluss damit bestreut.

Früchtekaltschale
für 4 Personen

HERKUNFT Alle Regionen
ZUBEREITUNGSZEIT 15 Minuten
GARZEIT 5 Minuten
KÜHLZEIT 2 Stunden

Zutaten

- 15 g Speisestärke
- 1 l Milch
- 2 Eigelb
- ½ Vanilleschote
- 100 g Zucker
- 1 Orange
- 1 Banane
- 200 g Beeren (z.B. Erdbeeren, Himbeeren, Johannisbeeren, Brombeeren)
- 1 EL Zucker

1 — Die Speisestärke mit etwas kalter Milch und den Eigelben glatt rühren. Die Vanilleschote längs aufschneiden. Die Milch mit Zucker und Vanille aufkochen lassen, die angerührte Speisestärke mit einem Schneebesen unterrühren, noch kurz etwas köcheln lassen, vom Herd nehmen und unter häufigem Rühren abkühlen lassen. Anschließend die Vanilleschote entfernen und die Kaltschale gut durchrühren.

2 — Die Orange schälen, in Spalten teilen und diese in kleine Stücke schneiden, die Banane schälen und in Scheiben schneiden. Die Beeren waschen, putzen und trocken tupfen. Die Erdbeeren vierteln. Die Früchte mischen und etwas zuckern. Die Kaltschale in Suppenteller füllen und die Früchte mittig hineinsetzen.

Fliederbeersuppe
für 4 Personen

HERKUNFT Norddeutschland
ZUBEREITUNGSZEIT 30 Minuten
GARZEIT 15 Minuten

Zutaten für die Fliedersuppe

- 300 g Holunderbeeren (Fliederbeeren)
- 1 geschälte Birne (in kleinen Stücken)
- 4 eingelegte Pflaumen
- Salz
- 60–80 g Zucker
- 1 TL abgeriebene unbehandelte Zitronenschale
- 125 ml Rotwein
- 2 TL Speisestärke

Zutaten für die Schneeklößchen

- 2 Eiweiß
- 30 g Zucker

1 — Die Holunderbeeren von den Stielen streifen, waschen und abtropfen lassen. Die Birne mit den Beeren und den Pflaumen in einen Topf geben. 1 l Wasser, 1 Prise Salz, Zucker und Zitronenschale hinzufügen. Bei mittlerer Hitze 10 Minuten kochen.

2 — Das Kompott durch ein Sieb oder die Flotte Lotte streichen und erneut aufkochen. Rotwein und Speisestärke verrühren und unter Rühren in die Suppe geben. Kurz aufkochen und noch einmal abschmecken.

3 — Für die Schneeklößchen die Eiweiße zu steifem Schnee schlagen, dabei nach und nach den Zucker einrieseln lassen. Weiterschlagen, bis die Masse schnittfest und glänzend ist. Mit einem Teelöffel Klößchen abstechen und in leicht siedendem Wasser etwa 5 Minuten pochieren. Mit einem Schaumlöffel herausheben und auf die heiße Suppe setzen. Die Suppe kann auch gekühlt serviert werden.

Buttermilchsuppe mit Birnen und Backpflaumen
für 4 Personen

HERKUNFT Schleswig-Holstein
EINWEICHZEIT 12 Stunden
ZUBEREITUNGSZEIT 10 Minuten
GARZEIT 10 Minuten

Zutaten

150 g Backpflaumen
1 unbehandelte Zitrone
2 Birnen
2 Gewürznelken
1 Zimtsplitter
1 l Buttermilch
3 EL Speisestärke
ca. 50 g Zucker
Salz

1 — Die Backpflaumen in einer Schüssel in etwas Wasser über Nacht einweichen. Am nächsten Tag die Pflaumen auf einem Sieb abtropfen lassen und in Stücke schneiden.

2 — Die Zitrone heiß waschen, trocken reiben und 1 TL Schale fein abreiben. Die Zitrone auspressen. Die Birnen waschen, vierteln, entkernen und in kleine Stücke schneiden.

3 — 100 ml Wasser mit dem Zitronensaft, den Gewürznelken und dem Zimtsplitter in einem kleinen Topf aufkochen. Die Birnenstücke hineingeben, einmal kurz aufkochen lassen und aus dem Sud nehmen.

4 — Den Birnensud durch ein Sieb gießen, mit der Buttermilch, der Speisestärke, der Zitronenschale, dem Zucker und 1 Prise Salz in einem Topf verrühren. Die Buttermilchsuppe unter Rühren bei schwacher bis mittlerer Hitze aufkochen und kurz köcheln lassen. Die Suppe eventuell noch mit etwas Zucker abschmecken.

5 — Die Backpflaumen und die Birnen hineingeben und in der Suppe erwärmen. Die Buttermilchsuppe in tiefen Tellern anrichten, nach Belieben mit grob zerbröseltem Schwarzbrot oder Pumpernickel bestreuen.

Apfelmus
für 4 Personen

HERKUNFT Alle Regionen
ZUBEREITUNGSZEIT 10 Minuten
GARZEIT 15 Minuten

Zutaten

1 kg säuerliche Äpfel (z.B. Boskop oder Elstar)
1 Zitrone
80 g Zucker
½ Zimtstange

1 — Äpfel schälen, vierteln, entkernen und in Stücke schneiden. Die Zitrone auspressen. Die Apfelstücke mit 5 EL Wasser, Zitronensaft, Zucker und Zimt in einem Topf zum Kochen bringen. Zugedeckt bei schwacher Hitze etwa 10 bis 15 Minuten weich dünsten.

2 — Zimt entfernen und die Äpfel pürieren. Mit Zucker abschmecken.

Apfelkompott
für 4 Personen

HERKUNFT Alle Regionen
ZUBEREITUNGSZEIT 5 Minuten
GARZEIT 10 Minuten

Zutaten

750 g Äpfel
80 g Zucker

↓
Buchteln/Rohrnudeln S. 433

Saft von 1 Zitrone

2 Streifen unbehandelte Zitronenschale

½ Zimtstange

1 — Die Äpfel schälen, vierteln, entkernen und die Apfelviertel nach Belieben in Spalten oder etwa 2 cm große Stücke schneiden.

2 — Apfelstücke, ½ l Wasser, Zucker, Zitronensaft- und -schale sowie die Zimtstange in einen Topf geben und die Äpfel am Siedepunkt je nach Apfelsorte und Reifegrad etwa 5 bis 10 Minuten gerade weich dünsten. Zimtstange und Zitronenschale vor dem Servieren entfernen.

Birnenkompott
für 4 Personen

HERKUNFT Alle Regionen
ZUBEREITUNGSZEIT 10 Minuten
GARZEIT 10 Minuten

Zutaten

750 g Birnen (nicht zu reif)

80 g Zucker

Saft von 1 Zitrone

2 Streifen unbehandelte Zitronenschale

½ Zimtstange

1 — Die Birnen schälen, vierteln, entkernen und die Birnenviertel nach Belieben in Spalten oder etwa 2 cm große Stücke schneiden.

2 — Birnen, ½ l Wasser, Zucker, Zitronensaft- und -schale sowie die Zimtstange in einen Topf geben und die Birnen am Siedepunkt je nach Birnensorte und Reifegrad etwa 5 bis 10 Minuten gerade weich dünsten. Zimtstange und Zitronenschale vor dem Servieren entfernen.

Holunder-Birnen-Kompott
für 4 Personen

HERKUNFT Alle Regionen
ZUBEREITUNGSZEIT 25 Minuten

Zutaten

200 g Holunderbeeren

1 EL Speisestärke

300 ml kräftiger Rotwein

60 g Zucker

½ Vanilleschote

je 1 Streifen unbehandelte Zitronen- und Orangenschale

2 cm Zimtrinde

2 Birnen (ca. 30 g)

1 TL Zitronensaft

1 — Die Holunderbeeren verlesen und waschen. Die Speisestärke mit 2 EL Rotwein glatt rühren. Die Hälfte des Zuckers in einem Topf karamellisieren. Mit dem restlichen Rotwein ablöschen und den Sud auf zwei Drittel einköcheln lassen.

2 — Die angerührte Speisestärke unter den Rotweinsud rühren und den Sud bei milder Hitze 2 bis 3 Minuten köcheln lassen. Die Vanilleschote längs aufschneiden, mit der Zitronen- und Orangenschale, dem Zimt und den Holunderbeeren in den Topf geben und alles 5 Minuten knapp unter dem Siedepunkt ziehen lassen.

3 — Die Birnen vierteln, schälen, entkernen und das Fruchtfleisch in dünne Spalten schneiden. Die Birnenspalten in das Holunderkompott geben und bei milder Hitze 3 Minuten mitdünsten.

4 — Das Kompott vom Herd nehmen, mit dem Zitronensaft abschmecken und etwas abkühlen lassen. Die ganzen Gewürze entfernen.

Rhabarberkompott
für 4 Personen

HERKUNFT Alle Regionen
ZUBEREITUNGSZEIT 20 Minuten
GARZEIT 25 Minuten

Zutaten

- 600 g junger Rhabarber
- 2 EL Himbeeren
- 5 Erdbeeren
- 200 g Zucker
- je 2 Streifen unbehandelte Zitronen- und Orangenschale
- 2 Splitter Zimtrinde
- 1 aufgeschlitzte Vanilleschote
- 1 Sternanis
- 1–2 TL Speisestärke
- Puderzucker
- Zitronensaft

1 — Den Rhabarber putzen und waschen. Die Rhabarberstangen quer in etwa 1 cm breite Stücke schneiden und in eine ofenfeste Form legen. Die Himbeeren verlesen und waschen. Die Erdbeeren waschen, putzen und halbieren. Die Beeren auf dem Rhabarber verteilen. Den Backofen auf 180 °C vorheizen.

2 — Den Zucker in einem Topf mit 75 ml Wasser und Zitrusschalen, Zimt, Vanilleschote und Sternanis einige Minuten sirupartig einkochen lassen. Den Sirup über die Rhabarbermischung gießen, einen Deckel darauflegen oder mit Alufolie verschließen und im Ofen auf der mittleren Schiene etwa 25 Minuten garen.

3 — Den Rhabarber aus dem Ofen nehmen, den Deckel abnehmen und den Rhabarber etwas abkühlen lassen. Die Flüssigkeit vorsichtig durch ein Sieb in einen Topf gießen. Himbeeren und Erdbeeren aus dem Rhabarber nehmen und durch das Sieb zum Sud in den Topf streichen. Die Gewürze aus dem Rhabarber entfernen.

4 — Die Speisestärke mit wenig kaltem Wasser glatt rühren. Rhabarbersud aufkochen lassen, die Stärke unter Rühren hinzufügen und bei milder Hitze 2 Minuten köcheln lassen. Den Sud über den Rhabarber gießen und mit Puderzucker und Zitronensaft abschmecken.

Zwetschgenkompott
für 4 Personen

HERKUNFT Alle Regionen
ZUBEREITUNGSZEIT 10 Minuten
ZIEHZEIT 3 Stunden

Zutaten

- 500 g Zwetschgen
- ca. 70 g Zucker
- Saft von ½ Zitrone
- ½ Zimtrinde
- ½ Vanilleschote
- 50 ml kräftiger Rotwein
- 30 ml Portwein
- 1 TL Speisestärke

1 — Die Zwetschgen waschen, halbieren und entsteinen. Die Hälften nochmals halbieren. Die Zwetschgenviertel mit Zucker, Zitronensaft, Zimt und Vanilleschote mischen. Den Rotwein und den Portwein dazugießen.

2 — Den Weinsud durch ein Sieb in einen kleinen Topf gießen. Die Zwetschgenviertel wieder in die Form geben.

3 — Die Speisestärke mit wenig kaltem Wasser glatt rühren. Den Weinsud aufkochen lassen, die Stärke unterrühren und 2 Minuten sanft köcheln lassen. Den Sud auf die Zwetschgen gießen und mehrere Stunden ziehen lassen.

Rotweinzwetschgen
für 4 Personen

HERKUNFT Alle Regionen
ZUBEREITUNGSZEIT 20 Minuten

Zutaten

- 400 g Zwetschgen
- 1–2 EL Zucker
- 8 EL kräftiger Rotwein
- 5 EL Portwein
- ½ ausgekratzte Vanilleschote
- 1 Splitter Zimtrinde
- 1 Streifen unbehandelte Orangenschale
- 1 EL kalte Butter

1 — Die Zwetschgen waschen, vierteln und entsteinen. Den Zucker in einer Pfanne hell karamellisieren. Mit dem Rotwein und dem Portwein ablöschen und auf die Hälfte einköcheln lassen.

2 — Die Vanilleschote, den Zimt und die Orangenschale dazugeben. Die Butter unterrühren. Die Zwetschgenviertel dazugeben und je nach Reifegrad der Früchte 2 bis 5 Minuten darin garen. Die ganzen Gewürze zum Schluss entfernen.

Rumtopf
für 1 l

HERKUNFT Schleswig-Holstein
ZUBEREITUNGSZEIT 15 Minuten
ZIEHZEIT 1 Woche

Zutaten

- 1 Pfirsich
- 100 g Kirschen
- 3 Pflaumen
- 50 g Heidelbeeren
- 70 g Brombeeren
- 70 g kleine Erdbeeren
- 150 g brauner Zucker
- 400 ml Rum (54 Vol.-%)

1 — Den Pfirsich waschen, halbieren, entsteinen und in Spalten schneiden. Die Kirschen waschen, entstielen, halbieren und entsteinen. Die Pflaumen waschen, halbieren, entsteinen und in Spalten schneiden. Die Heidel- und Brombeeren verlesen, waschen und trocken tupfen, die Erdbeeren waschen und putzen.

2 — Alle Früchte mit dem Zucker und dem Rum mischen und in ein ausreichend großes und gut verschließbares Glas füllen. Den Rumtopf in den Kühlschrank stellen, am nächsten Tag einmal durchschütteln und 1 Woche im Kühlschrank ziehen lassen.

Rumrosinen
für 4 Personen

HERKUNFT Alle Regionen
ZUBEREITUNGSZEIT 10 Minuten
ZIEHZEIT 2 Stunden

Zutaten

- ½ TL schwarze Teeblätter
- 3 EL Rum
- 50 g Rosinen

1 — 100 ml Wasser in einem Topf zum Kochen bringen. Vom Herd nehmen und die Teeblätter dazugeben. Zugedeckt etwa 5 Minuten ziehen lassen.

2 — Den Tee noch heiß durch ein Sieb in eine Schüssel gießen und den Rum hinzufügen. Die Rosinen dazugeben und mindestens 2 Stunden ziehen lassen. Vor der Weiterverwendung abtropfen lassen.

Gebäck, Kuchen & Co.

Aachener Printen
für ca. 50 Stück

HERKUNFT Aachen/Nordrhein-Westfalen
ZUBEREITUNGSZEIT 45 Minuten
RUHEZEIT 12½ Stunden
BACKZEIT 16 Minuten

Zutaten

- 35 g Farinzucker
- 165 g Honig
- 200 g Mehl
- 25 g Speisestärke
- 2,5 g Hirschhornsalz
- 1 EL Milch
- 0,5 g Pottasche
- 80 g fein zerstoßener Kandiszucker
- 20 g fein gehacktes Zitronat
- 10 g fein gehacktes Orangeat
- 2 EL grob gehackte Walnüsse
- 1–2 TL Lebkuchengewürz
- Butter und Mehl für die Bleche

1 — Zucker und 50 ml Wasser mischen und mit dem Honig in einem Topf langsam auf 80 °C erhitzen. Auf Körpertemperatur (etwa 37 °C) abkühlen lassen und das Mehl nach und nach gründlich unterarbeiten. Zugedeckt über Nacht stehen lassen.

2 — Den Backofen auf 180 °C vorheizen. Die Speisestärke auf einem Backblech verteilen und im vorgeheizten Backofen etwa 15 Minuten mittelbraun rösten, zwischendurch etwas umrühren. Mit 125 ml heißem Wasser in einem Topf verrühren und aufkochen. Einige Minuten kochen lassen, bis die Flüssigkeit in einem Faden vom Löffel läuft. Etwas abkühlen lassen.

3 — Das Hirschhornsalz in einer Tasse mit der Milch verrühren, die Pottasche in einer Tasse mit 1 EL Wasser verrühren und beides zusammen mit Kandiszucker, Zitronat, Orangeat, Walnüssen und Lebkuchengewürz gleichmäßig unter den Vorteig kneten.

4 — Die Backofentemperatur auf 220 °C erhöhen. Zwei Backbleche mit Butter einfetten und fein mit Mehl bestäuben.

5 — Den Teig etwa ½ cm dick zu einem Rechteck ausrollen und in schmale, lange Rechtecke von 10 × 2,5 cm schneiden. Mit ein paar Zentimetern Abstand zueinander auf die Backbleche setzen und 15 Minuten bei Zimmertemperatur trocknen lassen.

6 — Die Printen nacheinander in der Mitte des Ofens etwa 8 Minuten backen. Mit der Stärkeglasur einpinseln und einige Minuten weiterbacken, bis das Gebäck mittelbraun ist und glänzt. Auskühlen lassen und in Blechdosen aufbewahren.

Anisplätzchen
für ca. 100 Stück

HERKUNFT Alle Regionen
ZUBEREITUNGSZEIT 25 Minuten
TROCKENZEIT 12 Stunden
BACKZEIT 30 Minuten

Zutaten

- 1 TL Anissamen
- Butter und Mehl für das Backblech
- 4 Eier
- 300 g Puderzucker
- 275–300 g Mehl

1 — Den Anis im Mörser fein zerstoßen. Zwei Backbleche mit Butter einfetten und mit Mehl bestäuben.

2 — Eier und gesiebten Puderzucker etwa 10 Minuten mit den Quirlen des Handrührgeräts zu einer feinporigen, hellen Schaummasse schlagen. Zum Schluss den Anis kurz unterrühren.

3 — Das Mehl sieben und erst mit dem Schneebesen, dann mit dem Teigschaber nach und nach unter die Schaummasse heben. Die Mehlmenge je nach Größe der Eier anpassen. Die Teigbeschaffenheit sollte so sein, dass der Teig beim Aufsetzen der Plätzchen zwar die Form behält, also nicht verläuft, die Oberfläche jedoch glatt fließt.

4 — Sofort mit einem Teelöffel kleine Häufchen auf die vorbereiteten Bleche setzen und dabei einen Abstand von etwa 3 cm lassen. Die Plätzchen über Nacht bei 15 bis 18 °C trocknen lassen.

5 — Den Backofen auf 150 °C vorheizen und die Plätzchen nacheinander im Ofen auf der mittleren Schiene etwa 15 Minuten hellgelb backen. Die Plätzchen sollten dabei unten „Füßchen" und eine „weiße Haube" bekommen. Auskühlen lassen.

Aprikosenringe
für ca. 30 Stück

HERKUNFT Alle Regionen
ZUBEREITUNGSZEIT 30 Minuten
KÜHLZEIT 30 Minuten
BACKZEIT 10 Minuten

Zutaten für den Teig

220 g Mehl
Salz
abgeriebene Schale von ½ unbehandelten Zitrone
Mark von ½ Vanilleschote
180 g gehäutete und gemahlene Mandeln
150 g Puderzucker
1 Ei
200 g kalte Butter
50 g Puderzucker
2 EL Vanillezucker
250 g Aprikosenkonfitüre

1 — Mehl, 1 Prise Salz, Zitronenschale, Vanillemark, Mandeln und Puderzucker, Ei und die Butter zu einem glatten Mürbeteig verkneten. Zu einer Kugel formen, in Frischhaltefolie wickeln und 30 Minuten kühl stellen.

2 — Den Backofen auf 180 °C vorheizen. Den Mürbeteig etwa 2 mm dick ausrollen und Kreise im Durchmesser von 6 cm ausstechen. Auf ein mit Backpapier ausgelegtes Backblech legen und aus der Hälfte der Plätzchen noch mal mit einem rundem Ausstecher kleine Kreise ausstechen, sodass Ringe entstehen. In 8 bis 10 Minuten hellgelb backen. Dann auf einem Kuchengitter abkühlen lassen.

3 — Puderzucker und Vanillezucker vermischen. Die Ringe dicht nebeneinanderlegen und dick mit der Zuckermischung bestäuben.

4 — Die restlichen Plätzchen dünn mit Konfitüre bestreichen und die Ringe daraufsetzen. Die restliche Konfitüre in einen Spritzbeutel füllen und jeweils in die Mitte noch etwas Konfitüre spritzen.

Dominosteine
für ca. 150 Stück

HERKUNFT Dresden
ZUBEREITUNGSZEIT 1½ Stunden
RUHEZEIT 24 Stunden
BACKZEIT 15 Minuten

Zutaten für den Lebkuchen

35 g Farinzucker
165 g Honig
200 g Mehl
2,5 g Hirschhornsalz
1 EL Milch
0,5 g Pottasche
80 g fein zerstoßener Kandiszucker

20 g fein gehacktes Zitronat
10 g fein gehacktes Orangeat
2 EL grob gehackte Walnüsse
1–2 TL Lebkuchengewürz
Butter für das Blech
Mehl zum Ausrollen
200 g Aprikosenkonfitüre
600 g Zartbitterkuvertüre
50 g Kakaobutter-Drops (ersatzweise festes Kokosfett)

Zutaten für die Geleeschicht

7 Blatt Gelatine
700 g Quittengelee
Saft von 1 Zitrone

Zutaten für die Marzipanschicht

175 g Marzipanrohmasse
175 g Puderzucker
Puderzucker zum Ausrollen

1 — Für den Lebkuchen Zucker, 50 ml Wasser und Honig in einem Topf mischen und langsam auf 80 °C erhitzen. Auf Körpertemperatur (etwa 37 °C) abkühlen lassen und das Mehl nach und nach gründlich unterarbeiten. Zugedeckt über Nacht bei Raumtemperatur stehen lassen.

2 — Das Hirschhornsalz in einer Tasse mit Milch verrühren, Pottasche in einer Tasse mit 1 EL Wasser verrühren und beides zusammen mit Kandiszucker, Zitronat, Orangeat, Walnüssen und Lebkuchengewürz gleichmäßig unter den Vorteig kneten.

3 — Den Backofen auf 180 °C vorheizen. 1 Backblech mit Butter einfetten und fein mit Mehl bestäuben. Den Teig auf der bemehlten Arbeitsfläche zu einer eckigen Platte von etwa 3 mm Dicke (etwa 25 × 40 cm) ausrollen, auf das vorbereitete Backblech legen und mit einem eckigen Backrahmen umstellen. Den Teig im Ofen auf der zweiten Schiene von unten 10 bis 15 Minuten mittelbraun backen.

4 — Inzwischen die Aprikosenkonfitüre erhitzen, einige Minuten einköcheln lassen und mit dem Stabmixer durchrühren. Den Lebkuchen aus dem Ofen nehmen, mit der Aprikosenkonfitüre bestreichen und auskühlen lassen.

5 — Für die Geleeschicht die Gelatine in kaltem Wasser einweichen. Das Quittengelee mit dem Zitronensaft erwärmen, sodass es flüssig wird, die Gelatineblätter ausdrücken, in das warme Quittengelee rühren und abkühlen lassen, bis es zu gelieren beginnt. Das sämige Quittengelee auf den Lebkuchenboden in den Backrahmen gießen, gleichmäßig verteilen und gekühlt fest werden lassen.

6 — Für die Marzipanschicht die Marzipanrohmasse mit dem Puderzucker zu einem glatten Teig verkneten und auf der Arbeitsfläche mit etwas Puderzucker zu einem Rechteck in Größe des Lebkuchens ausrollen. Den Backrahmen abnehmen, die Marzipandecke auf ein Nudelholz rollen und vorsichtig auf die Geleeschicht wieder abrollen. Das Ganze zugedeckt über Nacht durchziehen und fest werden lassen.

7 — Am nächsten Tag die Platte mit einem scharfen Messer in 2,5 × 2,5 cm große Würfel schneiden.

8 — Die Kuvertüre hacken und mit der Kakaobutter in einer tiefen Metallschüssel über dem heißen Wasserbad oder in der Mikrowelle schmelzen lassen. Die Dominosteine mit einer Pralinengabel oder einer Gabel nacheinander darin eintauchen, abtropfen lassen und auf Backpapier setzen. Bei kühler Zimmertemperatur fest werden lassen. Nebeneinander in gut schließenden Dosen bei kühl aufbewahren. Sie halten sich etwa 1 Woche.

Elisenlebkuchen
für ca. 20 Stück

HERKUNFT Alle Regionen
ZUBEREITUNGSZEIT 35 Minuten
RUHEZEIT 6 Stunden
BACKZEIT 30 Minuten

Zutaten für den Teig

- ½ TL Hirschhornsalz
- 3 TL Rum
- 30 g Zitronatwürfel
- 40 g Orangeatwürfel
- 200 g geriebene Mandeln
- 50 g geriebene Haselnüsse
- 40 g Mehl
- Salz
- 1 TL Lebkuchengewürz
- 4 Eiweiß
- 190 g Zucker
- 130 g Marzipanrohmasse
- 20 Oblaten (9 cm Durchmesser)
- 150 g geschälte Mandeln oder andere geschälte Nüsse

Zutaten für die Glasur

- 1 Eiweiß
- 100 g Puderzucker
- 1 EL Zitronensaft

1 — Das Hirschhornsalz mit 2 TL Rum in einem Schälchen verrühren. Zitronat und Orangeat mit dem restlichen Rum mischen und sehr fein hacken. Mit den Mandeln und Haselnüssen, dem Mehl, 1 Prise Salz und dem Lebkuchengewürz mischen.

2 — Die Eiweiße mit einem Drittel des Zuckers cremig schlagen, nach und nach den restlichen Zucker einrieseln lassen und zu festem Schnee weiterschlagen.

3 — Das Marzipan mit etwas Eischnee glatt rühren. Das aufgelöste Hirschhornsalz unterrühren und die Nussmischung abwechselnd mit dem Eischnee unter die Marzipanmasse heben.

4 — Den Teig kuppelförmig auf die Oblaten streichen. Mit Mandeln oder anderen Nüssen belegen und auf mit Backpapier ausgelegte Backbleche setzen. Die Lebkuchen 6 Stunden an einem trockenen Ort ruhen lassen.

5 — Den Backofen auf 170 °C vorheizen. Die Lebkuchen im Ofen auf der mittleren Schiene etwa 30 Minuten backen. Herausnehmen und lauwarm abkühlen lassen.

6 — Für die Glasur das Eiweiß mit dem gesiebten Puderzucker und dem Zitronensaft glatt rühren. Die lauwarmen Lebkuchen damit bestreichen. (Abbildung → S. 453)

Frankfurter Bethmännchen
für ca. 35 Stück

HERKUNFT Frankfurt am Main/Hessen
ZUBEREITUNGSZEIT 30 Minuten
BACKZEIT 30 Minuten

Zutaten

- 60–70 ungehäutete ganze Mandeln
- 1 Ei
- 250 g Marzipanrohmasse
- 100 g Puderzucker
- 100 g gemahlene blanchierte Mandeln
- 5 EL Rosenwasser (aus der Apotheke)
- 5 EL Milch

1 — In einem kleinen Topf Wasser aufkochen. Die ganzen Mandeln hineingeben und etwa 5 Minuten kochen. In ein Sieb abgießen, kalt abschrecken und die Mandeln aus den Häutchen drücken. Die Mandeln in zwei Hälften teilen.

2 — Das Ei trennen. Das Marzipan zerkleinern und mit dem Puderzucker und den gemahlenen Mandeln verkneten. 3 EL Rosenwasser hinzufügen und zuletzt das Eiweiß unterkneten. Nach Bedarf noch etwas Rosenwasser hinzufügen.

3 — Den Backofen auf 180 °C vorheizen und zwei Backbleche mit Backpapier belegen.

4 — Aus dem Marzipanteig kleine Kugeln von etwa 2½ cm Durchmesser formen und mit etwas Abstand auf die mit Backpapier belegten Bleche setzen. In jede Kugel seitlich 3 Mandelhälften eindrücken, sodass dabei die Spitzen nach oben zeigen und eine pyramidenähnliche Form entsteht.

5 — Das Eigelb mit der Milch und 1 EL Rosenwasser verrühren und die Bethmännchen damit bestreichen. Im vorgeheizten Ofen auf der zweiten Schiene von unten etwa 15 Minuten hell-goldbraun backen. Auskühlen lassen und in gut verschließbaren Dosen aufbewahren.

Heidesand
für ca. 50 Stück

HERKUNFT Niedersachsen
ZUBEREITUNGSZEIT 30 Minuten
KÜHLZEIT 30 Minuten
BACKZEIT 15 Minuten

Zutaten

160 g zimmerwarme Butter
120 g Puderzucker
Salz
1 Msp. Vanillemark
250 g Mehl
1 Eiweiß
100 g grober Kristallzucker oder Hagelzucker
2 unbehandelte Limetten
2 EL Aprikosenmarmelade

1 — Die Butter, den Puderzucker, 1 Prise Salz und das Vanillemark in einer Schüssel mit den Knethaken des Handrührgeräts zu einer glatten Masse rühren. Das Mehl darübersieben, mit den Fingern alles krümelig verarbeiten. Mit den Händen rasch zu einem festen Mürbeteig kneten. Den Teig zu Rollen von etwa 2 cm Durchmesser formen, in Frischhaltefolie wickeln und 30 Minuten kühl stellen.

2 — Den Backofen auf 170 °C vorheizen. Das Eiweiß mit einer Gabel verquirlen. Die Rollen rundum damit bestreichen und im Kristall- oder Hagelzucker wenden, dabei etwas andrücken. Die Rollen in ½ cm dicke Scheiben schneiden. Im Abstand von etwa 2 cm auf zwei mit Backpapier belegte Bleche setzen.

3 — Die Heidesandplätzchen im Ofen auf der mittleren Schiene etwa 15 Minuten hell backen und abkühlen lassen.

4 — Nach Belieben von 2 unbehandelten Limetten mit einem Zestenreißer dünne Fäden abziehen. Die Limettenstreifen in etwas Wasser 3 bis 5 Minuten köcheln lassen. Dann auf ein Sieb gießen, mit kaltem Wasser abschrecken und gut abtropfen lassen.

5 — 1 Limette auspressen. 2 EL Aprikosenmarmelade mit 1 EL Limettensaft 2 bis 3 Minuten köcheln lassen und die Limettenstreifen hineinrühren. Je 2 bis 3 Limettenstreifen herausnehmen und auf die Heidesandplätzchen legen. Mit Aprikosenmarmelade glasieren und trocknen lassen.

↓
Elisenlebkuchen S. 451

Kokosmakronen
für ca. 25 Stück

HERKUNFT Alle Regionen
ZUBEREITUNGSZEIT 30 Minuten
KÜHLZEIT 30 Minuten
BACKZEIT 10 Minuten

Zutaten

- 100 g Kokosraspel
- 150 g Zucker
- 3 Eiweiß
- 15 g Orangeat
- Salz
- 150 g dunkle Kuchenglasur

1 — Die Kokosraspel, den Zucker, die Eiweiße, das Orangeat und 1 Prise Salz in einer Metallschüssel mischen. Die Kokosmasse in der Schüssel über dem heißen Wasserbad unter ständigem Rühren auf 60 °C erhitzen, dabei wird die Masse zunächst flüssig und dann wieder fest. Die Schüssel aus dem Wasserbad nehmen und die Kokosmasse vollständig abkühlen lassen.

2 — Den Backofen auf 190 °C vorheizen. Die Kokosmasse in einen Spritzbeutel mit mittlerer Sterntülle füllen und auf ein mit Backpapier ausgelegtes Backblech als kleine Häufchen spritzen.

3 — Die Makronen im Ofen auf der untersten Schiene etwa 8 Minuten backen, bis der Boden zu bräunen beginnt. Die Makronen aus dem Ofen nehmen und auf einem Kuchengitter abkühlen lassen.

4 — Die Kuchenglasur grob zerkleinern und in einer Metallschüssel über dem heißen Wasserbad unter Rühren schmelzen lassen. Die Kokosmakronen mit der Unterseite ½ cm tief in die Glasur tauchen und auf Backpapier setzen, bis die Glasur fest geworden ist.

Mutzenmandeln
für ca. 40 Stück

HERKUNFT Rheinland
ZUBEREITUNGSZEIT 30 Minuten
KÜHLZEIT 3 Stunden
BACKZEIT 5 Minuten

Zutaten

- 2 Eier
- 20 g Marzipanrohmasse
- 100 g Zucker
- 200 g Mehl
- 2½ EL Speisestärke
- ½ TL Backpulver
- 1 EL gehackte Mandelblättchen
- 1 TL Rum
- 1 TL Rosenwasser (aus der Apotheke)
- 2 EL zerlassene Butter
- 1 EL Sahne
- Salz
- 1 Msp. abgeriebene unbehandelte Zitronenschale
- Mehl zum Ausrollen
- Öl zum Frittieren

1 — Für den Mürbeteig 1 Ei trennen. Die Marzipanrohmasse auf der Küchenreibe grob raspeln. Das Eigelb mit der Marzipanrohmasse in einer Schüssel verkneten. Das Eiweiß, das restliche Ei und die Hälfte des Zuckers hinzufügen und alles mit den Quirlen des Handrührgeräts einige Minuten schaumig rühren.

2 — Das Mehl, die Speisestärke und das Backpulver mischen. Mit den Mandeln, dem Rum, dem Rosenwasser, der zerlassenen Butter sowie der Sahne, 1 Prise Salz und der Zitronenschale hinzufügen und so lang kneten, bis der Teig glatt ist. Den Mürbeteig zu einem Ziegel formen, in Frischhaltefolie wickeln und im Kühlschrank etwa 3 Stunden ruhen lassen.

3 — Den Teig auf der bemehlten Arbeitsfläche etwa 1 cm dick ausrollen und mit einem Ausstecher in Mandelform etwa 40 Plätzchen ausstechen. Zum Frittieren in einem Topf reichlich Öl auf 160 bis 170 °C erhitzen und die Teigplätzchen darin etwa 5 Minuten goldbraun ausbacken, dabei einmal wenden. Herausnehmen und auf Küchenpapier abtropfen lassen. Die Mutzenmandeln im restlichen Zucker wenden.

Nussecken
für 40 Stück

HERKUNFT Alle Regionen
ZUBEREITUNGSZEIT 30 Minuten
KÜHLZEIT 40 Minuten
BACKZEIT 30 Minuten

Zutaten für den Mürbeteig

220 g Mehl
1 gestr. TL Backpulver
100 g Zucker
1 EL Vanillezucker
1 Ei
100 g weiche Butter
Salz
Butter für das Blech

Zutaten für den Belag

150 g Butter
150 g Zucker
2 EL Vanillezucker
100 g gemahlene Haselnüsse
200 g gehackte oder gehobelte Haselnüsse
3 EL Aprikosenkonfitüre
100 g dunkle Kuvertüre oder Zartbitterschokolade
20 g Kakaobutter oder festes Kokosfett

1 — Den Backofen auf 180 °C vorheizen. Ein tiefes Backblech (32 × 40 cm) mit Butter einfetten.

2 — Für den Mürbeteig Mehl und Backpulver in eine Rührschüssel sieben. Die übrigen Zutaten hinzufügen und mit den Knethaken des Handrührgeräts etwa 3 Minuten zu einem glatten Teig verarbeiten. Auf das gefettete Backblech setzen und mit dem Nudelholz gleichmäßig dick ausrollen.

3 — Für den Belag Butter mit Zucker, Vanillezucker und 3 EL Wasser in einem Topf unter Rühren zerlassen und vom Herd nehmen. Gemahlene und gehackte Haselnüsse unterrühren und etwa 10 Minuten abkühlen lassen.

4 — Den Teig mit Aprikosenkonfitüre bestreichen, den Belag gleichmäßig darauf verstreichen und im Ofen auf der mittleren Schiene 25 bis 30 Minuten backen. Auskühlen lassen, in 8 × 8 cm große Quadrate schneiden und diese diagonal halbieren, sodass Dreiecke entstehen.

5 — Für den Schokoguss die Schokolade grob hacken und mit Kakaobutter über dem heißen Wasserbad oder in der Mikrowelle schmelzen lassen. Die 2 spitzen Ecken des Gebäcks etwas in die Schokolade tauchen und auf einem Backblech fest werden lassen.

Schwarz-Weiß-Gebäck
für ca. 50 Stück

HERKUNFT Alle Regionen
ZUBEREITUNGSZEIT 40 Minuten
KÜHLZEIT 5 Stunden
BACKZEIT 12 Minuten

Zutaten

450 g Mehl
150 g Puderzucker
1 Msp. abgeriebene unbehandelte

Zitronenschale
1 Msp. Vanillemark
Salz
2 Eigelb
300 g weiche Butter
3 EL Kakaopulver
Mehl für die Arbeitsfläche

1 — Das Mehl auf die Arbeitsfläche sieben und in die Mitte eine Mulde drücken. Den Puderzucker mit der Zitronenschale, dem Vanillemark, 1 Prise Salz und den Eigelben in die Vertiefung geben. Die Butter in Stücken am Rand verteilen. Alles mit den Händen rasch zu einem glatten Teig verkneten, zu einem Rechteck formen, in Frischhaltefolie wickeln und 2 bis 3 Stunden kühl stellen.

2 — Den Mürbeteig halbieren und unter die Hälfte des Teigs das Kakaopulver kneten. Beide Teige in Frischhaltefolie wickeln und weitere 1 bis 2 Stunden kühl stellen.

3 — Den Backofen auf 190 °C vorheizen. Von beiden Teigen jeweils knapp ein Drittel zum Ummanteln abnehmen und kühl stellen. Die Teige nochmals durchkneten und auf bemehlter Arbeitsfläche jeweils zu einem 8 mm dicken Rechteck ausrollen und in 8 mm breite Streifen schneiden. Die einzelnen Streifen mit ganz wenig Wasser bestreichen und nach Belieben helle und dunkle zusammensetzen (insgesamt immer 9 Streifen). Noch einmal kühl stellen.

4 — Die beiseitegelegten Teige jeweils auf der bemehlten Arbeitsfläche 3 mm dick ausrollen, mit wenig Wasser bestreichen und die Stangen mal hell und mal dunkel einschlagen. Nochmals kühl stellen.

5 — Die Stangen in ½ cm breite Scheiben schneiden. Auf ein mit Backpapier belegtes Backblech legen und im Ofen auf der mittleren Schiene 10 bis 12 Minuten backen. Herausnehmen, abkühlen lassen und in gut verschließbaren Dosen aufbewahren. (Abbildung → S. 480)

Springerle
für ca. 50 Stück

HERKUNFT Süddeutschland
ZUBEREITUNGSZEIT 1½ Stunden
RUHEZEIT 25 Stunden
BACKZEIT 1 Stunde

Zutaten

4 Eier
500 g Zucker
Salz
abgeriebene Schale von 1 unbehandelten Zitrone
2 Msp. Pottasche
1–2 TL Kirschwasser
500 g Mehl
Speisestärke zum Verarbeiten

1 — Die Eier trennen. Den Zucker mit den Eigelben gut verrühren. Die Eiweiße mit 1 Prise Salz zu einem festen Schnee schlagen und sofort unter das Eigelb rühren. Die Zitronenschale unterrühren und die Masse mit den Quirlen des Handrührgeräts so lang rühren, bis sie cremig und relativ fest ist.

2 — Die Pottasche mit dem Kirschwasser verrühren. Das Mehl auf die Eigelbmasse sieben, etwas unterarbeiten, die angerührte Pottasche hinzufügen und sofort alles miteinander verkneten. Den Teig zugedeckt 1 Stunde ruhen lassen.

3 — Den Teig portionsweise auf der Arbeitsfläche (oder einem großen Nudelbrett) gleichmäßig 1 cm dick ausrollen, dabei kein Mehl verwenden. Die Teigstücke auf beiden Seiten mit etwas Speisestärke bepudern und mit den Händen glatt reiben. Die Holzmodel auf den Teig drücken (je nach Größe der Formen ergibt das unterschiedliche Stückzahlen) und wieder abnehmen. Überstehende Teigränder abschneiden oder mit dem Teigrädchen abtrennen. Die Plätzchen auf mit Backpapier belegte Tabletts oder

Backbleche legen und mit Küchentüchern bedeckt bei Zimmertemperatur 24 Stunden trocknen lassen.

4 — Am nächsten Tag den Backofen auf 140 °C vorheizen. Zur Probe 1 Springerle auf ein (nur an dieser Stelle) gebuttertes Backblech legen und im Ofen auf der zweiten Schiene von unten etwa 30 Minuten backen. Dabei gelegentlich die Backofentüre etwas öffnen, damit sich entwickelnder Dampf entweichen kann. Die Oberfläche der gebackenen Springerle soll weiß sein und die „Füßchen" leicht gelb. Sollte die gebackene Unterseite zu trocken sein, die angetrockneten, noch ungebackenen Springerle auf der Unterseite mit wenig Wasser bestreichen, bevor sie auf die gebutterten Bleche zum Backen umgesetzt werden.

5 — Die frisch gebackenen Springerle vom Blech nehmen und mit einem Tuch abdecken, dabei auskühlen lassen. Zum Weichwerden 4 Wochen in einer Blechdose aufbewahren.

Vanillekipferl
für ca. 80 Stück

HERKUNFT Süddeutschland
ZUBEREITUNGSZEIT 30 Minuten
KÜHLZEIT 30 Minuten
BACKZEIT 30 Minuten

Zutaten

250 g weiche Butter
100 g Puderzucker
Salz
Mark von 1 Vanilleschote
1 Ei
300 g Mehl
150 g geriebene Mandeln
50 g Zucker
2 EL Vanillezucker

1 — Die Butter mit dem Puderzucker, 1 Prise Salz und dem Vanillemark in einer Schüssel mit den Knethaken des Handrührgeräts oder mit einer Teigkarte zu einer glatten Masse verarbeiten. Das Ei dazugeben und mit der Teigkarte oder einem Gummischaber unterrühren.

2 — Das Mehl über die Butter-Ei-Masse sieben, die Mandeln darüberstreuen und den Teig mit den Fingern zu Krümeln verarbeiten. Dann rasch zu einem glatten Mürbeteig kneten. Den Teig zu 1 ½ cm dicken Rollen formen, in Frischhaltefolie wickeln und 30 Minuten kühl stellen.

3 — Den Backofen auf 175 °C vorheizen. Von den Teigrollen Scheiben abschneiden und mit den Händen daraus kleine Kipferl formen. Die Kipferl auf zwei mit Backpapier ausgelegte Backbleche setzen und im Ofen auf der untersten Schiene 12 bis 15 Minuten hell backen.

4 — Den Zucker mit dem Vanillezucker auf einem flachen Teller mischen. Die Kipferl aus dem Ofen nehmen, möglichst heiß in der Zuckermischung wenden und vollständig abkühlen lassen. Die Vanillekipferl gut verschlossen (am besten in einer Blechdose) kühl und trocken aufbewahren, so halten sie mehrere Wochen frisch.

Zimtsterne
für ca. 50 Stück

HERKUNFT Baden-Württemberg
ZUBEREITUNGSZEIT 40 Minuten
RUHEZEIT 12 Stunden
BACKZEIT 30 Minuten

Zutaten für den Teig

150 g Marzipanrohmasse
4 Eiweiß
30 g Orangeat

↓
Biskuitrolle mit Erbeersahne S. 473

20 g Zitronat
150 g gemahlene Mandeln
100 g gemahlene Haselnüsse
1 EL Zimtpulver
400 g Puderzucker
gemahlene Mandeln zum Ausrollen

Zutaten für die Glasur

2 Eiweiß
260 g Puderzucker

1 — Für den Teig das Marzipan mit 2 Eiweiß glatt rühren. Orangeat und Zitronat klein hacken und mit der Marzipanmasse, Mandeln, Nüssen, Zimt, Puderzucker und den restlichen Eiweißen mischen. Die Masse mindestens 30 Minuten, besser über Nacht, ruhen lassen.

2 — Die Arbeitsfläche mit Mandeln bestreuen und den Teig darauf 1 cm dick ausrollen.

3 — Für die Glasur die Eiweiße mit dem Puderzucker dickschaumig aufschlagen und die Teigplatte dünn damit bestreichen.

4 — Den Backofen auf 170 °C vorheizen. Mit einem Ausstecher von etwa 5 cm Durchmesser Sterne ausstechen, den Ausstecher dabei zwischendurch in Wasser tauchen. Die Sterne auf zwei mit Backpapier belegte Bleche setzen und im vorgeheizten Ofen 12 bis 15 Minuten hell backen. Vollständig abkühlen lassen und am besten in Blechdosen aufbewahren.

Franzbrötchen
für ca. 10 Stück

HERKUNFT Hamburg
ZUBEREITUNGSZEIT 1 Stunde
GEHZEIT 1 Stunde
BACKZEIT 20 Minuten

Zutaten

405 g Mehl
30 g frische Hefe
170 ml Milch
2 Eigelb
145 g Zucker
Salz
1 Msp. Vanillemark
1 Msp. abgeriebene unbehandelte Zitronenschale
45 g weiche Butter
300 g kalte Butter
Mehl für die Arbeitsfläche
½ TL Zimtpulver

1 — Für den Teig 375 g Mehl in eine Schüssel geben und eine Mulde hineindrücken. Die Hefe zerbröckeln und mit etwas Milch glatt rühren. Die angerührte Hefe mit der restlichen Milch, den Eigelben, 45 g Zucker, 1 Prise Salz, Vanillemark und Zitronenschale in die Mulde geben. Die weiche Butter auf dem Mehlrand verteilen. Von innen nach außen alles zu einem Teig verarbeiten, 5 bis 10 Minuten weiterkneten, bis ein geschmeidiger Teig entsteht. Mit Frischhaltefolie bedecken und 30 Minuten gekühlt ruhen lassen.

2 — Die kalte Butter in kleine Stücke schneiden und mit 30 g Mehl in der Küchenmaschine zu einer glatten, festen Masse verarbeiten und kühl stellen.

3 — Den Hefeteig zu einem Rechteck von etwa 1 ½ cm Dicke ausrollen. Die Mehlbutter auf der bemehlten Arbeitsfläche knapp halb

so groß ausrollen. Den Butterziegel so auf die Teighälfte legen, dass an 3 Seiten noch etwas Rand frei bleibt. Mit der anderen Teighälfte bedecken, die Ränder aneinanderdrücken und das Ganze zu einem Rechteck von 2 cm Dicke ausrollen.

4 — Ein Drittel der Teigplatte nach innen klappen und das übrige Drittel darüberschlagen. Auf einen großen bemehlten Teller legen, in Frischhaltefolie einschlagen und 10 Minuten im Kühlschrank ruhen lassen.

5 — Den Teig erneut ausrollen, bis ein Rechteck von 2 cm Dicke entsteht. Dabei gegen die vorherige Längsrichtung längs ausrollen. Die Teigplatte von 2 Seiten jeweils bis zur Mitte einschlagen und am Mittelfalz noch mal aufeinanderklappen. Den Teig in Frischhaltefolie gewickelt erneut mindestens 10 Minuten ruhen lassen. Diesen Vorgang noch einmal wiederholen und bis zur Verarbeitung kühl stellen.

6 — Den Teig zu einem großen Rechteck von etwa 20 cm Breite ausrollen. Übrigen Zucker und Zimt mischen und gleichmäßig auf die Teigplatte streuen. Von der langen Seite her zu einer festen Rolle einrollen. Nochmals 10 Minuten kühl stellen.

7 — Den Backofen auf 180 °C (Umluft) vorheizen. Die Rolle in 3 cm breite Scheiben schneiden. In jede Scheibe mit einem dicken Kochlöffelstiel der Länge nach in die Oberseite eine tiefe Kerbe drücken. Mit etwas Abstand auf zwei mit Backpapier belegte Backbleche legen und 15 Minuten bei Zimmertemperatur gehen lassen.

8 — Die Franzbrötchen im Ofen etwa 20 Minuten goldbraun backen.

Apfeltaschen aus Blätterteig
für 12 Stück

HERKUNFT Alle Regionen
ZUBEREITUNGSZEIT 45 Minuten
RUHEZEIT 12 Stunden
BACKZEIT 20 Minuten

Zutaten für den Teig

- 350 g Mehl
- 1 EL Backpulver
- Salz
- 350 g Magerquark
- 350 g eiskalte Butter
- Mehl zum Ausrollen
- 1 Eiweiß
- 1 Eigelb
- 3 EL Sahne
- 100 g Aprikosenkonfitüre
- 1 EL Aprikosengeist

Zutaten für die Füllung

- 1 kg aromatische Äpfel (z.B. Boskop)
- 40 g Butter
- 50 g Zucker
- 1 Msp. Vanillemark
- 1 Msp. Zimtpulver
- Saft und Schale von ½ unbehandelten Zitrone

1 — Mehl, Backpulver und 1 Prise Salz auf ein Backbrett sieben. In die Mitte eine Mulde drücken und den Quark hineingeben. Die Butter in kleinen Stücken darüber verteilen. Mit einem großen Messer alles zerhacken und rasch zu einem glatten Teig kneten.

2 — Auf einer bemehlten Arbeitsfläche zu einem gut 1 cm dicken Rechteck ausrollen, die Schmalseiten zur Mitte hin einschlagen, nochmals übereinanderschlagen. Erneut ausrollen und noch einmal auf die gleiche Weise zusammenfalten. Den Teig in Alufolie

wickeln und über Nacht im Kühlschrank ruhen lassen.

3 — Für die Füllung die Äpfel schälen, vierteln, entkernen und in Würfel schneiden. Butter in einem Topf aufschäumen lassen und die Apfelwürfel, Zucker, Vanillemark, Zimt, Zitronensaft und -schale dazugeben. Die Äpfel bissfest garen. Auf einem Sieb abtropfen und abkühlen lassen. Den Backofen auf 200 °C vorheizen.

4 — Den Teig auf einer bemehlten Arbeitsfläche etwa 3 mm dick ausrollen und Kreise von 10 bis 12 cm Durchmesser ausstechen. Die Ränder mit Eiweiß bestreichen, die Apfelfüllung auf eine Hälfte geben und die andere Hälfte des Teiges darüberschlagen. Die Ränder gut andrücken. Eigelb und Sahne verquirlen und die Taschen damit bestreichen.

5 — Die Apfeltasche auf ein gefettetes Blech legen und im Backofen in etwa 20 Minuten goldbraun backen. Aprikosenkonfitüre mit 2 EL Wasser und Aprikosengeist erhitzen und die heißen Taschen damit glasieren.

Waffeln
für ca. 8 Stück

HERKUNFT Alle Regionen
ZUBEREITUNGSZEIT 20 Minuten
BACKZEIT 15 Minuten

Zutaten

280 g Mehl
1½ TL Backpulver
50 g brauner Zucker
100 g Butter
3 Eier
Salz
500 g zimmerwarme Buttermilch
1 Msp. Vanillemark
½ TL Zimtpulver
1 Msp. abgeriebene unbehandelte Zitronenschale
Butter für das Waffeleisen
Puderzucker zum Bestäuben

1 — Den Backofen auf 80 °C vorheizen. Das Mehl mit dem Backpulver in eine Schüssel sieben und mit dem Zucker mischen. Die Butter in einem kleinen Topf bei schwacher Hitze zerlassen.

2 — Die Eier trennen. Die Eiweiße mit 1 Prise Salz zu steifem Schnee schlagen. Die Eigelbe mit Buttermilch, Butter, Vanillemark, Zimt, Zitronenschale sowie 1 Prise Salz glatt rühren, zur Mehl-Zucker-Mischung geben und rasch zu einem zähflüssigen Teig verrühren. Den Eischnee vorsichtig unterheben.

3 — Das Waffeleisen vorheizen und mit Butter einfetten. Aus dem Teig nach und nach etwa 8 Waffeln backen und im Ofen warm halten. Mit Puderzucker bestäuben und nach Belieben mit einem Kompott servieren. (Abbildung → S. 492)

Friesentorte
für 12 Stücke

HERKUNFT Nordfriesland/Schleswig-Holstein/Ostfriesland/Niedersachsen
ZUBEREITUNGSZEIT 30 Minuten
BACKZEIT 30 Minuten

Zutaten

450 g Tiefkühl-Blätterteig
Mehl für die Arbeitsfläche
40 g Zucker
250 g Pflaumenmus
1 Msp. Zimtpulver
500 g Sahne
2 EL Puderzucker

1 — Die Blätterteigscheiben nebeneinanderlegen und auftauen lassen. Den Backofen auf 210 °C vorheizen.

2 — Den Blätterteig halbieren. Die Teigscheiben jeweils aufeinanderlegen, dabei mit Wasser bestreichen und auf der leicht bemehlten Arbeitsfläche 30 × 30 cm groß ausrollen. 2 große Scheiben à 28 bis 30 cm Durchmesser ausschneiden, auf zwei mit Backpapier belegte Bleche legen und mehrmals mit einer Gabel einstechen. 1 Scheibe mit Wasser bestreichen und gleichmäßig mit 20 g Zucker bestreuen. Im Backofen 12 bis 15 Minuten goldbraun backen.

3 — Die andere Teigscheibe kurz vor dem Backen mit Wasser bestreichen, mit dem restlichen Zucker bestreuen und in 12 Kuchensegmente schneiden. Die Segmente etwas auseinanderlegen, sodass ein wenig Abstand zwischen ihnen ist. Wie den ersten Boden backen. Beide Teige auskühlen lassen.

4 — Kurz vor dem Servieren das Pflaumenmus mit dem Zimt verrühren und den Blätterteigboden gleichmäßig damit bestreichen. Die Sahne mit dem Puderzucker steif schlagen, in einen Spritzbeutel mit Sterntülle füllen und gleichmäßig und hoch auf das Pflaumenmus dressieren. Die Blätterteigsegmente als Deckel auf die Sahne legen. In Stücke schneiden und sofort servieren.

Auszogne
für 12 Stück

HERKUNFT Bayern
ZUBEREITUNGSZEIT 1 Stunde
GEHZEIT 65 Minuten

Zutaten

130 ml Milch
20 g Hefe
375 g Mehl
40 g Zucker
3 Eier
2 Eigelb
Mark von ½ Vanilleschote
½ TL abgeriebene unbehandelte Zitronenschale
Salz
3 EL weiche Butter
Mehl zum Formen
Öl für das Blech
Fett zum Frittieren
Puderzucker zum Bestäuben

1 — Die Milch lauwarm erwärmen. Die Hefe mit den Fingern zerbröckeln und in der Milch auflösen. Die Hefemilch mit etwa 150 g Mehl vermischen und zugedeckt an einem warmen Ort 20 Minuten gehen lassen.

2 — Den Vorteig mit dem restlichen Mehl, dem Zucker, den Eiern, den Eigelben, dem Vanillemark, der Zitronenschale und 1 Prise Salz mit den Knethaken des Handrührgeräts verkneten. Die Butter nach und nach unterkneten und 5 bis 10 Minuten weiterkneten, bis ein glatter Teig entstanden ist, der sich vom Schüsselrand löst. Den Hefeteig mit Frischhaltefolie zugedeckt bei Zimmertemperatur etwa 25 Minuten gehen lassen.

3 — Aus dem Teig 12 gleich große, glatte Kugeln formen. Auf ein geöltes Backblech setzen und mit etwas Öl bestreichen. Mit Frischhaltefolie bedecken und nochmals an einem warmen Ort 15 bis 20 Minuten gehen lassen, bis sich das Volumen verdoppelt hat.

4 — Das Fett in einem großen, flachen Topf oder einer Fritteuse auf 160 °C erhitzen. Die Teigkugeln mit leicht geölten Händen vorsichtig so ausziehen, dass ein flacher Fladen mit breitem, dickem Rand und dünnem Mittelteil entsteht. Die Auszognen in das Fett geben und auf beiden Seiten goldbraun backen. Mit dem Schaumlöffel herausheben und auf Küchenpapier abtropfen lassen. Vor dem Servieren mit Puderzucker bestäuben.

Gefüllte Krapfen/Berliner
für 15–18 Stück

HERKUNFT Alle Regionen
ZUBEREITUNGSZEIT 1 Stunde
GEHZEIT 1¾ Stunden

Zutaten

- 130 ml Milch
- 20 g Hefe
- 45 g Zucker
- 375 g Mehl
- 2 Eier
- 2 Eigelb
- Mark von ½ Vanilleschote
- ½ TL abgeriebene unbehandelte Zitronenschale
- Salz
- 1 TL Rum
- 4 ½ EL weiche Butter
- Mehl für die Arbeitsfläche und zum Fertigstellen
- Fett zum Frittieren
- Aprikosen- oder Johannisbeerkonfitüre
- Puderzucker zum Bestäuben

1 — Die Milch lauwarm (höchstens 40°C) erhitzen. Die Hefe mit den Fingern zerbröckeln, in der Milch auflösen und 1 Prise Zucker dazugeben. Die Hefemilch in einer Schüssel mit etwa 150 g Mehl verrühren. Den Vorteig mit Frischhaltefolie bedeckt an einem warmen Ort 20 Minuten gehen lassen.

2 — Den Vorteig mit dem restlichen Mehl und Zucker, den Eiern, den Eigelben, dem Vanillemark, der Zitronenschale, 1 Prise Salz und dem Rum in die Rührschüssel der Küchenmaschine geben und verkneten. Nach und nach die Butter unterkneten und 5 bis 10 Minuten weiterkneten, bis ein glatter Teig entstanden ist, der sich vom Schüsselrand löst. Den Teig mit Frischhaltefolie bedeckt bei Zimmertemperatur 25 Minuten gehen lassen.

3 — Den Teig nochmals durchkneten und weitere 15 Minuten gehen lassen. Den Teig in 15 bis 18 gleich große Portionen (à etwa 40 g) teilen und auf der leicht bemehlten Arbeitsfläche mit den Händen zu glatten Kugeln drehen. Die Kugeln mit der Naht nach unten in 5 cm Abstand auf ein bemehltes Tuch legen, dabei etwas flach drücken und leicht mit Mehl bestäuben. Mit einem Tuch zudecken und 1 Stunde gehen lassen, bis sich ihr Volumen um drei Viertel vergrößert hat. Das Frittierfett in einem großen, flachen Topf oder der Fritteuse auf 160°C erhitzen.

4 — Die Kugeln mit der glatten Seite nach unten in das heiße Fett geben und zugedeckt 2 Minuten darin frittieren. Die Krapfen mithilfe von zwei Holzkochlöffelstielen umdrehen. Die Unterseite der Krapfen hell bräunen, nochmals wenden und beide Seiten jeweils noch etwas nachbacken. Die Krapfen kurz untertauchen, mit dem Schaumlöffel herausheben und auf Küchenpapier abtropfen lassen.

5 — Die Krapfen mithilfe einer Krapfentülle (lange schmale Lochtülle) mit Aprikosen- oder Johannisbeerkonfitüre füllen und auf der Oberseite mit Puderzucker bestäuben.

Hefeschnecken
für ca. 20 Stück

HERKUNFT Alle Regionen
ZUBEREITUNGSZEIT 35 Minuten
GEHZEIT 45 Minuten
BACKZEIT 20 Minuten

Zutaten für den Teig

- 500 g Mehl
- 40 g Hefe
- ¼ l lauwarme Milch
- 60 g Zucker
- Salz

↓

Windbeutel mit Vanillecreme S. 472

1 T L abgeriebene unbehandelte Zitronenschale
60 g Butter
Mehl für die Arbeitsfläche
1 Eigelb
3 EL Milch
150 g Rosinen
200 g Aprikosenkonfitüre
1 EL Zitronensaft
2 EL Aprikosengeist

Zutaten für die Füllung

280 g Marzipanrohmasse
50 g Sahne
2 EL Rum
1 Ei
80 g gemahlene Mandeln
Mark von 1 Vanilleschote
1 Msp. Zimtpulver

1 — Das Mehl in eine Schüssel sieben und in die Mitte eine Mulde drücken. Die zerbröckelte Hefe in der Milch auflösen und in die Mulde gießen. Mit Zucker bestreuen, mit etwas Mehl verquirlen und zugedeckt an einem warmen Ort etwa 15 Minuten gehen lassen.

2 — 1 Prise Salz, Zitronenschale und Butter dazugeben und mit den Knethaken einer Küchenmaschine zu einem glatten Teig verkneten. Zugedeckt weitere 30 Minuten gehen lassen. Erneut kurz durchkneten und auf einer bemehlten Arbeitsfläche zu einem Rechteck von 30 × 40 cm ausrollen.

3 — Für die Füllung das Marzipan mit den übrigen Zutaten zu einer glatten Masse verrühren und gleichmäßig auf der Teigplatte verstreichen. Dabei an einer Längskante einen 2 bis 3 cm breiten Rand lassen. Eigelb und Milch verquirlen und mit einem Teil davon den Rand bestreichen. Backofen auf 180 °C vorheizen.

4 — Die Rosinen auf der Marzipanmasse verteilen und zur bestrichenen Teigkante hin aufrollen. Mit einem scharfen Messer etwa 20 dicke Scheiben abschneiden und auf ein mit Backpapier ausgelegtes Backblech legen. Mit der restlichen Eiermilch bestreichen und im heißen Backofen in etwa 20 Minuten goldbraun backen.

5 — Die Aprikosenkonfitüre mit 2 EL Wasser und Zitronensaft aufkochen und mit dem Stabmixer pürieren, dabei den Aprikosengeist dazugeben. Die heißen Hefeschnecken damit glasieren.

Kirchweihnudeln
für 15 Stück

HERKUNFT Bayern
ZUBEREITUNGSZEIT 20 Minuten
GEHZEIT 1 Stunde
BACKZEIT 45 Minuten

Zutaten

150 ml Milch
20 g Hefe
500 g Mehl
100 g Rosinen
100 g saure Sahne
50 g Zucker
2 Eier
1 TL abgeriebene unbehandelte Zitronenschale
Salz
60 g weiche Butter
Mehl zum Verarbeiten
750 g Butterschmalz zum Frittieren
Puderzucker zum Bestäuben

1 — Die Milch lauwarm erwärmen. Die Hefe zerbröckeln und in der Milch auflösen. Die Hefemilch mit etwa 150 g Mehl vermischen und mit Frischhaltefolie zugedeckt an einem warmen Ort 20 Minuten gehen lassen. Die Rosinen mit etwas Mehl bestäuben und locker vermischen.

2 — Den Vorteig mit dem restlichen Mehl, der sauren Sahne, dem Zucker, den Eiern, der Zitronenschale und 1 Prise Salz mit den Knethaken des Handrührgeräts verkneten. Die Butter nach und nach unterkneten und 5 bis 10 Minuten weiterkneten, bis ein glatter Teig entstanden ist, der sich vom Schüsselrand löst. Zum Schluss die Rosinen untermischen und den Hefeteig mit Frischhaltefolie zugedeckt bei Zimmertemperatur etwa 25 Minuten gehen lassen.

3 — Die Arbeitsfläche (oder ein großes Nudelbrett) mit Küchentüchern belegen, mit Mehl bestäuben und etwas in die Tücher einreiben. Den Teig mit einem Löffel in 15 gleich große Portionen teilen, mit wenig Mehl zu glatten Kugeln formen und mit der Naht nach unten mit etwas Abstand auf die Küchentücher legen. Mit Küchentüchern bedecken und weitere 15 bis 20 Minuten gehen lassen, bis sich das Volumen etwa verdoppelt hat.

4 — Das Butterschmalz in einem großen, flachen Topf oder einer Fritteuse auf 160 °C erhitzen. Die Teigkugeln an der Oberseite mit einer Schere über Kreuz einschneiden und die Kirchweihnudeln mit einer Schaumkelle portionsweise in das Fett geben. 8 bis 10 Minuten auf beiden Seiten gold- bis mittelbraun backen.

5 — Mit dem Schaumlöffel herausheben und auf Küchenpapier abtropfen lassen. Das Gebäck vor dem Servieren mit Puderzucker bestäuben und am besten lauwarm servieren. Dazu passt Kaffee.

Prilleken
für ca. 20 Stück

HERKUNFT Sachsen-Anhalt/Niedersachsen
ZUBEREITUNGSZEIT 30 Minuten
GEHZEIT 1 Stunde
BACKZEIT 30 Minuten

Zutaten

- 200 ml Milch
- 30 g frische Hefe
- 500 g Mehl
- 60 g Zucker
- 2 Eigelb
- 1 TL Salz
- 40 g weiche Butter
- 750 g Butterschmalz zum Frittieren
- Mehl zum Verarbeiten
- 150 g Zucker zum Wälzen

1 — Die Milch lauwarm erwärmen. Die Hefe zerbröckeln und in der Milch auflösen. Die Hefemilch mit etwa 150 g Mehl mischen und mit Frischhaltefolie bedeckt an einem warmen Ort 20 Minuten gehen lassen.

2 — Den Vorteig mit dem restlichen Mehl, dem Zucker, den Eigelben und 1 Prise Salz mit den Knethaken des Handrührgeräts verkneten. Die Butter nach und nach unterkneten und 5 bis 10 Minuten weiterkneten, bis ein glatter Teig entstanden ist, der sich vom Schüsselrand löst. Den Hefeteig mit Frischhaltefolie bedeckt bei Zimmertemperatur etwa 25 Minuten gehen lassen.

3 — Die Arbeitsfläche (oder ein großes Nudelbrett) mit Küchentüchern belegen, mit Mehl bestäuben und etwas in die Tücher einreiben. Den Teig mit einem Löffel in 18 bis 20 gleich große Portionen teilen, mit wenig Mehl zu glatten Kugeln formen und mit der Naht nach unten auf die Küchentücher legen. Mit Küchentüchern bedecken und weitere 15 bis 20 Minuten gehen lassen, bis sich das Volumen etwa verdoppelt hat.

4 — Das Butterschmalz in einem großen, flachen Topf oder einer Fritteuse auf 180 °C erhitzen. Die Teigkugeln vorsichtig in beide Hände nehmen, in die Mitte ein Loch drücken und, ohne den Teig unnötig auszuziehen, rasch zu Kringeln formen.

5 — Portionsweise mit der Oberseite nach unten in das Fett geben. Einen Deckel auflegen und 2 Minuten zugedeckt backen. Das Gebäck wenden und weitere 2 bis 3 Minuten backen, bis der Kringel gold- bis mittelbraun ist. Mit dem Schaumlöffel herausheben und auf Küchenpapier abtropfen lassen. Noch heiß in Zucker wälzen und am besten lauwarm servieren. Zum Kaffee servieren.

Spritzgebäck
für ca. 12 Stück

HERKUNFT Alle Regionen
ZUBEREITUNGSZEIT 20 Minuten
BACKZEIT 15 Minuten

Zutaten

220 g Butter
90 g Puderzucker
Salz
etwas abgeriebene unbehandelte Zitronenschale
Mark von 1 Vanilleschote
1 Ei
300 g Mehl
200 g dunkle Kuvertüre

1 — Butter, Puderzucker, 1 Prise Salz, Zitronenschale und Vanillemark cremig rühren. Das Ei hinzufügen und unterrühren. Das Mehl nach und nach dazugeben und unterrühren, sodass ein glatter, cremiger Rührteig entsteht.

2 — Den Teig in einen Spritzbeutel mit Sterntülle füllen. Den Backofen auf 190 °C vorheizen. Beliebige Formen auf das mit Backtrennpapier ausgelegte Backblech spritzen. Im Backofen 10 bis 15 Minuten goldgelb backen.

3 — Die Kuvertüre grob hacken und über dem heißen Wasserbad schmelzen. Das Spritzgebäck jeweils zur Hälfte in die Kuvertüre tauchen und trocknen lassen.

Strauben
für ca. 20 Stück

HERKUNFT Süddeutschland
ZUBEREITUNGSZEIT 25 Minuten
BACKZEIT 20 Minuten

Zutaten

125 ml Milch
100 g Butter
1 EL Zucker
Salz
150 g Mehl
5 Eier
Butterschmalz zum Ausbacken
Puderzucker

1 — Milch, 125 ml Wasser, Butter, Zucker und 1 Prise Salz in einen Topf geben und unter Rühren aufkochen lassen. Das gesiebte Mehl auf einmal hineinschütten und rasch mit einem Holzkochlöffel „abbrennen", das heißt, unter kräftigem Rühren bildet sich ein glatter, runder Kloß und am Topfboden setzt sich ein weißer Belag ab.

2 — Die Masse in eine Schüssel geben und sofort ein Ei unterrühren. Das nächste Ei erst dann hinzufügen, wenn der Teig wieder glatt und geschmeidig ist. Auf diese Weise alle Eier nacheinander einarbeiten.

Sonntags nur Kännchen!

„Sonntags nur Kännchen" – diese Café-Regel war zugleich der Hilfeschrei des „Fräuleins" im Service bei sonntäglichem Hochbetrieb. Wenn schon wieder zur Küche oder Theke rennen, dann wollte man nicht nur eine einzelne läppische Tasse zurück zum Gast tragen. Das deutsche Café war noch bis in die 60er-Jahre das einzige Lokal, das Frauen ohne Herrenbegleitung aufsuchen konnten, ohne scheel angesehen zu werden. Hier tagten „Kaffeekränzchen", Freundinnen schwatzten miteinander, und Eierlikör war das schwerste alkoholische Getränk, das man servieren ließ. Der Kaffee war Filterkaffee made in Germany. Aber je mehr Deutsche in Italien Ferien machten, desto mehr begeisterten sich für Cappuccino und Espresso. Vom „coffee to go" bei „Starbuck's" ganz zu schweigen.

01

Aber bitte mit Sahne! *— die deutsche Café- und Kaffeekultur*

Das herkömmliche deutsche Café wird mehr und mehr zur Seltenheit. Der Ort, wo Damen den Hut nicht abnahmen und „das Fräulein Kellnerin" die Parole „Sonntags draußen nur Kännchen!" ausgab, weicht immer weiter zurück vor dem Ansturm der italienischen Kaffeekultur.

Ein Cappuccino wird heute wie selbstverständlich mit Milchschaum serviert, während man vor ein paar Jahren durchaus noch gefragt wurde, ob man ihn nicht mit einer Haube aus Schlagsahne möchte. Was „Latte" zu bedeuten hat, weiß heute in Deutschland jedes Kind. Lädt das Wiener Kaffeehaus (immer auf den „ee"s betonen!) zum stundenlangen Verweilen mit Billard, Schach- und Zeitungslektüre ein und die italienische „Bar" zum eiligen Kaffeegenuss im Stehen, so liegt das deutsche „Café" in etwa in der Mitte: Wer ausgetrunken hat, wird vom Kellner sogleich nach weiteren Wünschen gefragt, aber setzen darf man sich wenigstens, ohne Aufpreis zu bezahlen. Die italienischen Brühmaschinen haben inzwischen den deutschen Filterkaffee fast ersetzt. Aber die klassisch-deutsche Variante des Filterkaffees ist immer noch sehr beliebt und bekommt gerade neuen Aufschwung durch die Perfektionierung des Filterzubehörs oder der Zubereitung – z.B. als kalt gebrühter Kaffee („Cold Brewed"), der mindestens 12 Stunden ziehen muss, bevor er dann heiß oder kalt getrunken wird.

Zumindest in Norddeutschland ist Tee ein fester und ernst zu nehmender Bestandteil des Getränke-Angebots in einem Café, gerade im hohen Norden kommt man ohne Tee nicht aus. Die meisten Cafés bieten Frühstück an, für den Mittag kleinere warme Küche wie Quiches und Salate und darüberhinaus natürlich Kuchen und Torten. Tradition haben in Deutschland schwere Sahnetorten, inzwischen aber nicht mehr allzu viele Fans – französische Tartes, Cakes nach US-Manier und Vollkorngebäck hat der guten, alten „Käsesahne" den Rang abgelaufen. In Frankfurt und Umgebung ist der „Frankfurter Kranz" immer noch ein Matador der Kühlregale in den Cafés. Aber Biskuit, Buttercreme, Haselnusskrokant und Cocktailkirschen in einem sind selbst den tortengewöhnten Deutschen oft zu viel. Angeblich soll der

02

03

01 Frankfurter Kranz – als Ganzes wohl der Kaiserkrone nachempfunden

02 Deutsches Café – Hochburg des „Kaffeekränzchens“

03 Kaffeeklatsch – seit jeher ein Austausch von Vertraulichkeiten

04 So soll's sein: prächtige Tortenauswahl

05 Der rumhaltige Pharisäer ist an der Nordsee beliebt

05

04

Frankfurter Kranz an die Krone auf dem Haupt der zu Frankfurt gewählten Kaiser des Heiligen Römischen Reiches Deutscher Nation erinnern. Aber was in den 50er- und 60er-Jahren noch der Gipfel deutscher Konditorenkunst war, wirkt heutzutage doch ein wenig altbacken.

Um deutschen Touristen ein einigermaßen vertrautes Dessert zu bieten, soll der italienische Fremdenverkehr einst die „zuppa romana“ entwickelt haben, ein Biskuitgebirge mit Maraschinokirschen unter Schlagsahnebedeckung. Damit hatte die „Schwarzwälder Kirschtorte“ sozusagen eine italienische Halbschwester. Aber auch wenn diese „Kalorienbombe“ internationale Beachtung gefunden hat – in Deutschland geraten Cremetorten immer stärker aus der Mode. Leichtere Kuchen sind „in“, vor allem Obst- und Apfelkuchen, einfache Rühr- und Mürbeteigkuchen und exotischere Kombinationen mit Gewürzen. Im Großen und Ganzen hat das deutsche Süßbackwerk (mit Ausnahme der Weihnachtsbäckerei) durch Einflüsse aus den EU-Nachbarländern stark gewonnen – und der in Deutschland angebotene Kaffee ist heute garantiert durchschnittlich besser als vor 50, 60 Jahren.

3 — Das Schmalz in einer Fritteuse auf 180 °C erhitzen. Den Brandteig in einen Spritzbeutel mit großer Sterntülle füllen. Backpapier in Quadrate von etwa 10 × 10 cm schneiden und dicke Ringe daraufspritzen.

4 — Das Backpapier umgedreht über das heiße Fett halten und die Strauben hineingleiten lassen. Die Strauben portionsweise goldbraun backen. Man kann die Ringe aber auch im 200 °C heißen Backofen in etwa 15 Minuten goldbraun backen.

5 — Die Strauben mit einem Schaumlöffel herausheben und auf Küchenpapier ab fetten lassen. Mit Puderzucker bestäuben.

Windbeutel mit Vanillecreme
für 12 Stück

HERKUNFT Alle Regionen
ZUBEREITUNGSZEIT 45 Minuten
KÜHLZEIT 2 Stunden
BACKZEIT 30 Minuten

Zutaten für die Vanillecreme

35 g Speisestärke
¼ l Milch
1 Vanilleschote
Salz
75 g Zucker
1 Blatt Gelatine
1 EL Orangenlikör (z.B. Grand Marnier)
400 g Sahne

Zutaten für die Windbeutel

flüssige Butter und Mehl für das Blech
100 ml Milch
45 g Butter
140 g Mehl
4 Eier
Puderzucker zum Bestäuben

Zutaten für die Erdbeeren

250 g Erdbeeren
2 EL Puderzucker
1 Spritzer Zitronensaft

1 — Für die Vanillecreme die Speisestärke mit etwas Milch glatt rühren. Die Vanilleschote der Länge nach aufschneiden. Die übrige Milch mit 1 Prise Salz, dem Zucker und der Vanilleschote aufkochen. Die Stärke hineinrühren, noch 2 Minuten köcheln lassen und die Vanilleschote wieder herausnehmen.

2 — Die Gelatine in kaltem Wasser einweichen, den Orangenlikör erhitzen, aber nicht kochen lassen. Die Gelatine gut ausdrücken, im Orangenlikör auflösen und unter die Vanillecreme rühren. Abkühlen lassen. Die Sahne steif schlagen, ein Drittel mit der abgekühlten Vanillecreme verrühren, den Rest vorsichtig unterheben. Die Vanillecreme zugedeckt im Kühlschrank 2 Stunden kühlen.

3 — Für die Windbeutel den Backofen auf 210 °C vorheizen. Ein Backblech mit Butter einfetten und mit Mehl bestäuben. Die Milch mit 100 ml Wasser und der Butter in einem Topf aufkochen. Das Mehl auf einmal dazugeben und mit einem Kochlöffel rühren, bis sich ein weißer Belag am Topfboden bildet (abbrennen). Die Masse in eine Schüssel geben und etwas abkühlen lassen.

4 — Die Eier nach und nach mit den Quirlen des Handrührgeräts unter den Brandteig rühren. Den Teig in einen Spritzbeutel mit großer Sterntülle füllen und 12 kleine Häufchen von etwa 5 cm Durchmesser auf das Backblech spritzen, dabei zwischen den Teighäufchen 5 bis 6 cm Abstand lassen. Etwas Wasser in den Backofen sprühen und die Windbeutel auf der untersten Schiene 25 bis 30 Minuten goldbraun backen. Herausnehmen und abkühlen lassen.

5 — Für die Erdbeeren die Beeren waschen, putzen, vierteln und in eine Schüssel geben.

Den Puderzucker darübersieben, den Zitronensaft dazugeben und alles mischen. Von den Windbeuteln das obere Drittel abschneiden. Die Vanillecreme in einen Spritzbeutel füllen und die Creme auf den Böden der Windbeutel verteilen. Die marinierten Erdbeeren mittig daraufgeben, die übrige Creme daraufspritzen und den Windbeuteldeckel wieder aufsetzen. Mit Puderzucker bestäuben. (Abbildung → S. 464)

Baumkuchen
für ca. 60 Stücke

HERKUNFT Sachsen(-Anhalt)/Brandenburg
ZUBEREITUNGSZEIT 20 Minuten
BACKZEIT 25 Minuten

Zutaten

- 90 g Mehl
- 90 g Speisestärke
- ½ TL Backpulver
- 120 g Marzipanrohmasse
- 1 Ei
- 230 g Butter
- 7 Eigelb
- 200 g Zucker
- 1 Msp. Zimtpulver
- 1 Msp. Vanillemark
- 7 Eiweiß
- Salz
- Butter für das Blech

1 — Das Mehl, die Speisestärke und das Backpulver mischen und eine Schüssel sieben.

2 — Die Marzipanrohmasse mit dem Ei glatt verkneten. Die Butter mit den Eigelben, einem Drittel des Zuckers, Zimt, Vanillemark und Marzipan mit den Quirlen des Handrührgeräts hellschaumig aufschlagen.

3 — Die Eiweiße mit dem restlichen Zucker und 1 Prise Salz zu einem festen, cremigen Schnee schlagen. Dann die Mehlmischung abwechselnd mit dem Eiweiß unter die Buttermasse heben.

4 — Ein Backblech einfetten und mit Alufolie belegen. Darauf einen Blechkuchenrahmen in der Größe eines halben Bleches stellen. Rahmen und Alufolie ebenfalls mit Butter bestreichen. Von der Baumkuchenmasse so viel in den Rahmen füllen, dass die Schicht etwa 2 mm hoch ist, und glatt streichen. Im Ofen auf der mittleren Schiene unter dem Grill gleichmäßig hell bräunen. Dann die nächste Teigschicht dünn darauf verteilen, wieder unter dem Grill bräunen und den Vorgang so lang wiederholen, bis die ganze Teigmasse aufgebraucht ist.

5 — Den Kuchen lauwarm aus dem Blech stürzen, umdrehen und auf einem Kuchengitter auskühlen lassen. Vor dem Servieren in etwa 3 cm große Würfel schneiden.

Biskuitrolle mit Erdbeersahne
für 8–10 Stücke

HERKUNFT Alle Regionen
ZUBEREITUNGSZEIT 30 Minuten
BACKZEIT 12 Minuten

Zutaten für den Biskuit

- 4 Eier (200 g)
- 100 g Zucker
- 1 EL Vanillezucker
- Salz
- ½ TL abgeriebene unbehandelte Zitronenschale
- 65 g Mehl
- 65 g Speisestärke
- 50 g flüssige Butter
- 2 EL Zucker zum Bestreuen

Zutaten für die Füllung

400 g Erdbeeren
2 Blatt Gelatine
400 g Sahne
50 g Zucker
1 TL Vanillezucker

1 — Den Backofen auf 210 °C vorheizen. Ein Backblech mit Backpapier belegen.

2 — Für den Biskuit Eier, Zucker, Vanillezucker, Salz und Zitronenschale mit den Quirlen des Handrührgeräts etwa 5 Minuten zu einer feinen Masse aufschlagen, die nicht mehr an Volumen gewinnt.

3 — Mehl und Speisestärke mischen, auf die aufgeschlagene Masse sieben, locker unterheben. Die Butter rasch unterheben. Den Teig gleichmäßig dick auf das Backpapier streichen und im Ofen auf der mittleren Schiene etwa 12 Minuten goldbraun backen.

4 — Ein Küchentuch auf die Arbeitsfläche legen, mit dem Zucker bestreuen und den Biskuitboden darauf stürzen. Das Backpapier abziehen und den Boden in das Küchentuch einrollen und auskühlen lassen.

5 — Für die Füllung die Erdbeeren waschen, putzen und vierteln. Die Gelatine in kaltem Wasser einweichen. Die Sahne mit Zucker und Vanillezucker steif schlagen. Die Gelatine tropfnass bei schwacher Hitze in einem kleinen Topf erwärmen, bis die Gelatine sich aufgelöst hat. Vom Herd nehmen, 2 bis 3 EL Sahne mit der warmen Gelatine verrühren und rasch und gleichmäßig unter die restliche Schlagsahne ziehen.

6 — Den Biskuit aus dem Küchentuch rollen, die Sahne gleichmäßig darauf verstreichen, dabei an der oberen Kante 2 cm frei lassen. Die Erdbeeren gleichmäßig daraufstreuen und die Roulade von unten nach oben dicht, aber nicht zu fest einrollen. Mit der Nahtseite nach unten 1 bis 2 Stunden kühl stellen.

7 — Die Biskuitrolle auf eine Kuchenplatte setzen, mit Puderzucker bestäuben und in etwa 2 cm dicke Stücke schneiden und mit Sahne garnieren. (Abbildung → S. 458)

Gedeckter Apfelkuchen
für 1 Springform (26 cm Ø)

HERKUNFT Alle Regionen
ZUBEREITUNGSZEIT 40 Minuten
KÜHLZEIT 2 Stunden
BACKZEIT 1 Stunde

Zutaten für den Mürbeteig

175 g weiche Butter
75 g Puderzucker
Mark von ½ Vanilleschote
abgeriebene Schale von ½ unbehandelten Zitrone
Salz
2 Eigelb
240 g Mehl
Mehl für die Arbeitsfläche
Butter für die Form
4 EL Biskuitbrösel (z. B. zerstoßene Löffelbiskuits oder heller Biskuitboden)
1 kleines Ei
2 EL Sahne

Zutaten für die Füllung

1 kg Äpfel
2 EL Butter
3 EL Zucker
1 EL Vanillezucker
½ TL Zimtpulver
½ TL abgeriebene unbehandelte Zitronenschale
1 EL Zitronensaft
50 g Mandelstifte
50 g Rosinen

↓
Apfel-Schlupfkuchen S. 476

1 — Für den Teig die Butter, den Puderzucker, das Vanillemark, die Zitronenschale und 1 Prise Salz in einer Schüssel mit den Knethaken des Handrührgeräts verkneten oder mit einer Teigkarte zu einer glatten Masse verarbeiten. Die Eigelbe nacheinander dazugeben, die Masse dabei aber nicht schaumig schlagen.

2 — Zuletzt das Mehl hinzufügen und nur so lang kneten, bis der Teig glatt ist. Zu einem flachen Rechteck formen, in Frischhaltefolie wickeln und 2 Stunden kühl stellen.

3 — Für die Füllung die Äpfel schälen, vierteln, entkernen und in 1 bis 1,5 cm große Würfel schneiden. Die Apfelwürfel in einer tiefen Pfanne mit der Butter, dem Zucker, dem Vanillezucker, dem Zimt und der Zitronenschale etwa 10 Minuten andünsten. Den Zitronensaft, die Mandelstifte und die Rosinen hinzufügen und alles auf einem Sieb abtropfen und auskühlen lassen.

4 — Den Backofen auf 180 °C vorheizen. Den Mürbeteig nochmals kurz durchkneten. Etwa ein Drittel des Teigs auf der bemehlten Arbeitsfläche 3 bis 4 mm dick ausrollen und einen Kreis in der Größe der Springform ausschneiden. Den Teigkreis auf Backpapier legen, mit einer Gabel einstechen und in das Tiefkühlfach geben. Die Springform mit Butter einfetten. Den restlichen Teig ebenfalls 3 bis 4 mm dick ausrollen, die Springform damit auslegen, dabei einen Rand formen. Den Mürbeteigboden mit den Biskuitbröseln bestreuen.

5 — Das Ei mit der Sahne verquirlen. Die Äpfel auf dem Teigboden verteilen, den überstehenden Teigrand über die Äpfel klappen und mit dem verquirlten Ei bestreichen. Den Teigkreis aus dem Tiefkühlfach nehmen und mithilfe des Backpapiers auf die Apfelfüllung legen, den Rand leicht andrücken. Mit dem restlichen Ei bestreichen und im vorgeheizten Ofen auf der untersten Schiene etwa 1 Stunde goldbraun backen.

Apfel-Schlupfkuchen
für 1 Springform (26 cm Ø)

HERKUNFT Süddeutschland
ZUBEREITUNGSZEIT 20 Minuten
BACKZEIT 50 Minuten

Zutaten

- 180 g weiche Butter
- 180 g Puderzucker
- 3 Eier (zimmerwarm)
- Salz
- ½ TL abgeriebene unbehandelte Zitronenschale
- 1 Msp. Vanillemark
- 1 EL brauner Rum
- 120 g Mehl
- 60 g Speisestärke
- 1 TL Backpulver
- 50 ml Milch
- 2 EL zerlassene Butter und 1–2 EL Mehl für die Form
- ca. 5 Äpfel
- Puderzucker zum Bestäuben

1 — Die Butter mit den Quirlen des Handrührgeräts in einer Schüssel cremig rühren. Puderzucker und die Eier unterrühren und einige Minuten zu einer sehr lockeren, hellen Masse rühren. 1 Prise Salz, Zitronenschale, Vanillemark und Rum unterrühren. Mehl, Speisestärke und Backpulver mischen, auf die Butter-Ei-Masse sieben und mit der Milch unterrühren, bis ein glatter Teig entsteht.

2 — Den Backofen auf 180 °C vorheizen. Die Springform mit zerlassener Butter bestreichen und mit Mehl ausstäuben. Den Teig in die Springform füllen und glatt streichen.

3 — Die Äpfel schälen, halbieren, entkernen und die Hälften auf der gewölbten Seite mehrmals einschneiden. Mit gleichmäßigem Abstand zueinander mit der Wölbung nach

oben auf den Teig legen und im Backofen im unteren Drittel etwa 50 Minuten goldbraun backen. Den Apfel-Schlupfkuchen aus dem Ofen nehmen, abkühlen lassen und mit Puderzucker bestäuben. (Abbildung → S. 475)

Birnenkuchen
für 1 Springform (28 cm Ø)

HERKUNFT Alle Regionen
ZUBEREITUNGSZEIT 45 Minuten
KÜHLZEIT 2 Stunden
BACKZEIT 1 Stunde 10 Minuten

Zutaten für den Mürbeteig

- 175 g weiche Butter
- 75 g Puderzucker
- Mark von ½ Vanilleschote
- abgeriebene Schale von ½ unbehandelten Zitrone
- Salz
- 2 Eigelb
- 240 g Mehl
- Mehl für die Arbeitsfläche
- Butter für die Form
- Hülsenfrüchte zum Blindbacken

Zutaten für den Belag

- 5 EL Aprikosenkonfitüre
- 400 g Birnenhälften (aus der Dose)
- 75 g Zartbitterkuvertüre
- 3 Eier
- 125 g Marzipanrohmasse
- 125 g weiche Butter
- 125 g Zucker
- Mark von 1 Vanilleschote
- Salz
- 75 g Mehl
- 1 TL Backpulver
- 1 EL Mandelblättchen

1 — Für den Mürbeteig die Butter, den Puderzucker, das Vanillemark, die Zitronenschale und 1 Prise Salz in einer Schüssel mit den Knethaken des Handrührgeräts verkneten oder mit einer Teigkarte zu einer glatten Masse verarbeiten.

2 — Die Eigelbe nacheinander dazugeben, die Masse dabei aber nicht schaumig schlagen. Zuletzt das Mehl hinzufügen und nur so lang kneten, bis der Mürbeteig glatt ist. Zu einem flachen Rechteck formen, in Frischhaltefolie wickeln und 2 Stunden in den Kühlschrank legen.

3 — Den Backofen auf 200 °C vorheizen. Den Mürbeteig nochmals kurz durchkneten, dann auf der bemehlten Arbeitsfläche 3 bis 4 mm dick ausrollen. Eine Springform mit Butter einfetten und mit dem Teig auslegen, dabei einen halbhohen Rand formen. Den Teigboden mit einer Gabel mehrmals einstechen. Boden und Rand mit Backpapier auslegen und die Form bis zum Teigrand mit getrockneten Hülsenfrüchten füllen.

4 — Den Teig im Ofen auf der mittleren Schiene etwa 20 Minuten backen. Herausnehmen, das Backpapier mit den Hülsenfrüchten entfernen. Die Backofentemperatur auf 180 °C herunterschalten.

5 — Für den Belag inzwischen die Aprikosenkonfitüre mit dem Stabmixer pürieren. Die Hälfte der Konfitüre in einem kleinen Topf leicht erwärmen und den noch heißen Mürbeteig damit bestreichen. Die Birnen in ein Sieb abgießen und abtropfen lassen. Die Kuvertüre fein hacken.

6 — 1 Ei trennen. Das Eiweiß mit dem Marzipan in einer Schüssel glatt rühren. Die Butter mit dem Zucker, dem Vanillemark und 1 Prise Salz in einer Schüssel verrühren, das Eigelb hinzufügen und hellschaumig aufschlagen. Die Marzipanmasse dazugeben und nacheinander die restlichen Eier unterrühren. Das Mehl mit dem Backpulver über die Masse sieben und mit der Kuvertüre locker unterheben.

7 — Den Marzipanteig auf den Mürbeteig geben und glatt streichen. Die Birnen nebeneinander mit der Wölbung nach oben auf den Kuchen setzen und etwas in den Teig drücken. Den Kuchen im Ofen auf der mittleren Schiene etwa 50 Minuten backen.

8 — Die Mandelblättchen in einer Pfanne ohne Fett hellbraun rösten. Den noch heißen Kuchen mit der restlichen Aprikosenkonfitüre glasieren und mit den Mandelblättchen bestreuen. Den Kuchen in der Form abkühlen lassen, dann herausnehmen und in Stücke schneiden.

Eierlikörtorte
für 1 Springform (24 cm Ø)

HERKUNFT Alle Regionen
ZUBEREITUNGSZEIT 30 Minuten
BACKZEIT 40 Minuten

Zutaten für den Rührteig

- 200 g fein geriebene Mandeln
- 5 Eier
- 80 g weiche Butter
- 80 g Zucker
- Mark von ½ Vanilleschote
- 1 TL Backpulver
- 100 g geraspelte Zartbitterschokolade
- Salz
- 2 EL Rum
- Butter für die Form

Zutaten für den Belag

- 300 g Sahne
- 2 EL Zucker
- 125 ml Eierlikör

1 — Für den Rührteig die Mandeln in einer Pfanne ohne Fett rösten und abkühlen lassen. Die Eier trennen.

2 — Die Butter mit 30 g Zucker und Vanillemark cremig rühren. Die Eigelbe nach und nach dazugeben und alles zu einer dickschaumigen Masse schlagen. Den Backofen auf 170 °C vorheizen.

3 — Backpulver, Mandeln und Schokolade vermischen. Die Eiweiße mit 1 Prise Salz und dem restlichen Zucker steif schlagen und zur Eigelbmasse geben. Die Mandelmischung darüberstreuen, den Rum hinzufügen und vorsichtig unterrühren.

4 — Die Springform mit Butter einfetten und die Masse hineingeben. Die Oberfläche glatt streichen. Auf der mittleren Schiene des Backofens etwa 40 Minuten backen.

5 — Den Kuchen aus der Form lösen und auf einem Kuchengitter abkühlen lassen.

6 — Für den Belag die Sahne mit dem Zucker steif schlagen und mit einem Drittel davon den Kuchen rundum dick bestreichen. Die restliche Sahne in einen Spritzbeutel füllen und den Rand dicht mit Sahnetupfen bespritzen. Den Eierlikör vorsichtig auf die Sahnefläche gießen und die Torte bis zum Servieren kühl stellen.

Erdbeerkuchen
für 1 Tortenboden- oder Springform (26 cm Ø)

HERKUNFT Alle Regionen
ZUBEREITUNGSZEIT 25 Minuten
BACKZEIT 30 Minuten

Zutaten

3 Eier
Salz
75 g Zucker
75 g Mehl
weiche Butter und Mehl für die Form
600 g Erdbeeren
1 Päckchen Tortenguss
2 EL Zucker
¼ l heller Fruchtsaft
ca. 200 g Sahne

1 — Den Backofen auf 180 °C vorheizen. Die Eier trennen. Die Eiweiße mit 1 Prise Salz und dem Zucker zu einem cremigen Schnee schlagen. Den Zucker dabei nach und nach einrieseln lassen. Die Eigelbe verrühren, auf den Eischnee geben, das Mehl darübersieben und alles vorsichtig unterheben.

2 — Eine Tortenbodenform oder eine Springform mit weicher Butter einfetten und mit Mehl bestäuben. Die Masse in die Form füllen und im vorgeheizten Backofen auf der zweiten Schiene von unten 20 bis 30 Minuten goldbraun backen. Einige Minuten abkühlen lassen, dann auf ein Kuchengitter stürzen.

3 — Die Erdbeeren putzen, waschen, halbieren und mit der Schnittseite nach unten von der Mitte beginnend dachziegelartig auf den Tortenboden legen.

4 — Den Tortenguss mit dem Zucker vermischen, mit dem Fruchtsaft in einem kleinen Topf verrühren, unter Rühren aufkochen lassen und mit einem Esslöffel zügig und gleichmäßig auf den Erdbeeren verteilen.

5 — Die Sahne steif schlagen. Den Erdbeerkuchen in Stücke schneiden, auf Kuchenteller setzen und nach Belieben die geschlagene Sahne dazu reichen.

Heidelbeer-Frischkäse-Torte
für 1 Springform (22 cm Ø)

HERKUNFT Alle Regionen
ZUBEREITUNGSZEIT 25 Minuten
KÜHLZEIT 1 Stunde

Zutaten

170 g Mandelkekse
125 g Butter
2 Blatt Gelatine
Saft von 1 Zitrone
150 g Vollmilchjoghurt
600 g Frischkäse
300 g Sahne
4 EL Weißwein
2 EL Zucker
1 TL Speisestärke
½ Zimtstange
100 g Heidelbeeren

1 — Die Kekse im Mixer oder mit einem Nudelholz zerbröseln. Die Butter schmelzen und unter die Brösel rühren.

2 — Die Springform mit Backpapier auslegen und die Bröselmasse darauf verteilen. Gut mit den Fingerkuppen festdrücken und kalt stellen.

3 — Die Gelatine in kaltem Wasser einweichen. Den Zitronensaft erhitzen. Die Gelatine mit den Händen gut ausdrücken und im Zitronensaft auflösen. 1 bis 2 EL Joghurt unterrühren, dann den restlichen Joghurt

↓
Träubleskuchen/Johannisbeerkuchen S. 484

und den Frischkäse hinzufügen und alles zu einer glatten, homogenen Masse verrühren.

4 — Die Sahne steif schlagen und etwa ein Drittel unter die Frischkäsemischung rühren, den Rest locker und gleichmäßig unterheben. Die Frischkäsemasse in die Springform füllen, glatt streichen und kalt stellen.

5 — Wein, 4 EL Wasser und den Zucker vermischen und mit einem Teil davon die Speisestärke anrühren. Die restliche Flüssigkeit mit der Zimtstange aufkochen lassen und mit der angerührten Speisestärke binden. Kurz aufkochen lassen und die Zimtstange wieder entfernen. Die Heidelbeeren dazugeben und abkühlen lassen.

6 — Die Mischung auf die Mitte der Tortenoberfläche geben und so verteilen, dass rundum ein 3 cm breiter weißer Rand bleibt. Erneut kalt stellen und gut gekühlt servieren.

Käsekuchen
für 1 Springform (26 cm Ø)

HERKUNFT Alle Regionen
ZUBEREITUNGSZEIT 30 Minuten
KÜHLZEIT 1 Stunde
BACKZEIT 2 Stunden 10 Minuten

Zutaten für den Mürbeteig

- 100 g Puderzucker
- 200 g weiche Butter
- 1 Ei
- 300 g Mehl
- Mehl für die Arbeitsfläche
- Butter für die Form
- getrocknete Hülsenfrüchte zum Blindbacken

Zutaten für die Füllung

- 400 g Magerquark
- 400 g saure Sahne
- 2 Eigelb
- 160 g Zucker
- 3 EL Mehl
- abgeriebene Schale von ½ unbehandelten Zitrone
- 4 Eiweiß
- Salz

1 — Für den Mürbeteig den Puderzucker mit der Butter kurz mit den Knethaken des Handrührgeräts verkneten. Das Ei dazugeben, weiterkneten. Zuletzt das Mehl hinzufügen und so lang weiterkneten, bis ein glatter Teig entsteht. Den Teig zu einem flachen Ziegel formen, in Frischhaltefolie wickeln und im Kühlschrank 1 Stunde ruhen lassen.

2 — Den Backofen auf 200 °C vorheizen. Den Teig auf der bemehlten Arbeitsfläche etwa 3 mm dick ausrollen, den Boden und den Rand der gefetteten Springform damit auskleiden. Mit Backpapier belegen und die Hülsenfrüchte darauf verteilen. Den Teig im Ofen auf der mittleren Schiene etwa 20 Minuten blindbacken. Dann die Hülsenfrüchte samt Backpapier entfernen und den Teig weitere 7 Minuten backen, bis der Boden zu bräunen beginnt. Die Backofentemperatur auf 160 °C reduzieren.

3 — Für die Füllung den Quark mit der sauren Sahne, den Eigelben, 40 g Zucker, dem Mehl und der Zitronenschale verrühren. Die Eiweiße mit 1 Prise Salz steif schlagen, dabei nach und nach den restlichen Zucker einrieseln lassen. Den Eischnee unter die Quarkmasse ziehen und die Füllung auf dem vorgebackenen Mürbeteig verteilen.

4 — Den Käsekuchen im Ofen auf der untersten Schiene 15 Minuten backen. Dann mit einem geölten Messer zwischen der Füllung und dem Teigrand rundum 2 cm tief einschneiden. Den Käsekuchen weitere 75 Minuten backen, dabei die Form alle 15 bis 20 Minuten für 10 Minuten aus dem Backofen nehmen. Den Käsekuchen lauwarm auskühlen lassen, in Stücke schneiden und servieren.

Versunkener Kirschkuchen
für 1 Springform (26 cm Ø)

HERKUNFT Alle Regionen
ZUBEREITUNGSZEIT 25 Minuten
BACKZEIT 45 Minuten

Zutaten

- 140 g weiche Butter
- 140 g Zucker
- Mark von 1 Vanilleschote
- 4 Eier
- 80 g grob geraspelte Zartbitterkuvertüre
- 50 g Semmelbrösel
- 150 g geriebene Haselnüsse
- 500 g Sauerkirschen
- Salz
- Butter für die Form
- 50 g Aprikosenkonfitüre
- 30 g geröstete Mandelblättchen

1 — Die Butter mit der Hälfte des Zuckers und mit dem Vanillemark cremig rühren. Die Eier trennen. Nach und nach die Eigelbe dazugeben und schaumig schlagen.

2 — Den Backofen auf 175 °C vorheizen. Kuvertüre, Semmelbrösel und Nüsse vermischen. Die Kirschen waschen und entsteinen.

3 — Die Eiweiße mit 1 Prise Salz und dem restlichen Zucker steif schlagen und zur Schaummasse geben. Die Bröselmischung darüber verteilen und alles locker und gleichmäßig miteinander vermischen.

4 — Die Springform mit Butter einfetten und die Masse hineinfüllen. Die Oberfläche glatt streichen, die Kirschen darüber verteilen und ganz leicht in den Teig drücken. Auf der mittleren Schiene des Backofens 40 bis 45 Minuten backen.

5 — Den Kuchen auf einem Kuchengitter abkühlen lassen. Die Aprikosenkonfitüre mit 2 EL Wasser erhitzen und mit dem Stabmixer glatt rühren. Den heißen Kuchen damit glasieren und mit den gerösteten Mandelblättchen bestreuen.

Prinzregententorte
für 16 Stücke

HERKUNFT Bayern
ZUBEREITUNGSZEIT 45 Minuten
KÜHLZEIT 24 Stunden
BACKZEIT 1 Stunde

Zutaten für die Schokoladencreme

- 500 g Sahne
- 250 g Zartbitterschokolade
- 2 EL Rum

Zutaten für die Böden

- 250 g Butter
- 250 g Zucker
- 4 Eigelb
- 1 Msp. abgeriebene unbehandelte Zitronenschale
- Mark von ½ Vanilleschote
- 4 Eiweiß
- Salz
- 180 g Mehl
- 70 g Speisestärke
- 1 TL Backpulver
- Zucker für die Böden
- 100 g Aprikosenkonfitüre
- 200 g Kuvertüre
- 100 g Kondensmilch
- 3 TL Honig

1 — Für die Schokocreme die Sahne aufkochen und die Schokolade klein hacken. Die Sahne vom Herd nehmen, die Schokolade darin auflösen und den Rum unterrühren.

Mit dem Stabmixer kurz durchrühren und 1 Tag kühl ruhen lassen.

2 — Für die Böden die Butter mit 100 g Zucker cremig rühren, nach und nach Eigelbe, Zitronenschale und Vanillemark hineinrühren. Die Eiweiße mit 1 Prise Salz steif schlagen, den übrigen Zucker dabei einrieseln lassen. Mehl mit Stärke und Backpulver sieben und mit dem Eischnee unter die Eigelbmasse heben. Den Backofen auf 180 °C vorheizen. 8 Bögen Pergament- oder Backpapier nebeneinanderlegen. Den Teig darauf gleichmäßig portionieren. Kreisförmig (28 cm Ø) auseinanderstreichen und die Böden nacheinander 7 Minuten im Ofen goldbraun backen. Mit Zucker bestreuen.

3 — Die Schokosahne cremig aufschlagen. Einen Boden in einen Tortenring geben und mit etwas Schokocreme bestreichen. Die übrigen Böden abwechselnd mit der Creme darauf schichten, zwischendurch andrücken.

4 — Die Konfitüre erhitzen, durch ein Sieb passieren, auf die Torte streichen. Die Kuvertüre über dem Wasserbad schmelzen. Kondensmilch und Honig hineinrühren und die Torte damit glasieren.

Rhabarber-Quark-Kuchen
für 1 Springform (26 cm Ø)

HERKUNFT Alle Regionen
ZUBEREITUNGSZEIT 35 Minuten
KÜHLZEIT 1 Stunde
BACKZEIT 45 Minuten

Zutaten für den Mürbeteig

- 10 g Marzipan
- 120 g weiche Butter
- 1 Eigelb
- 60 g Puderzucker
- Salz
- 190 g Mehl
- Mehl für die Arbeitsfläche
- Butter für die Form
- 50 g Kuvertüre (dunkel oder weiß)

Zutaten für den Belag

- 400 g Rhabarber
- 150 g Zucker
- 10 g Vanillepuddingpulver (ersatzweise Speisestärke)
- Zimtpulver
- Salz
- 250 g Magerquark
- 2 Eier
- abgeriebene Schale von ½ unbehandelten Zitrone
- ½ TL abgeriebene unbehandelte Orangenschale
- 150 g Sahne

1 — Für den Mürbeteig alle Zutaten mit den Knethaken des Rührgeräts zu einem glatten Teig verkneten. Zu einem Ziegel formen, in Frischhaltefolie wickeln und mindestens 30 Minuten kühl stellen.

2 — Für den Belag den Rhabarber putzen, waschen und in ½ cm große Würfel schneiden. Mit 100 g Zucker mischen und 10 Minuten ziehen lassen. Anschließend nochmals kurz vermischen und abtropfen lassen.

3 — Übrigen Zucker, Vanillepuddingpulver und je 1 Prise Zimt und Salz mischen. Den Quark mit der Zuckermischung, den Eiern sowie Zitronen- und Orangenschale glatt rühren. Die Sahne halb steif schlagen und unterheben.

4 — Den Mürbeteig auf der leicht bemehlten Arbeitsfläche dünn ausrollen, die gefettete Springform damit auslegen und nochmals 30 Minuten kühl stellen.

5 — Den Backofen auf 180 °C vorheizen. Den Mürbeteigboden darin 15 bis 20 Minuten goldbraun vorbacken. Die Backofentemperatur auf 200 °C erhöhen.

6 — Die Kuvertüre grob hacken und über dem warmen Wasserbad oder in der Mikrowelle schmelzen lassen. Den Mürbeteigboden damit bestreichen. Die abgetropften Rhabarberstücke gleichmäßig daraufstreuen, die Topfenmasse darauf verteilen und glatt streichen. 20 bis 25 Minuten hell backen, bis die Quarkmasse leicht zu soufflieren beginnt. Lauwarm abkühlen lassen und servieren.

Träubleskuchen/ Johannisbeerkuchen
für 1 Springform (26 cm Ø)

HERKUNFT Baden-Württemberg/Bayern
ZUBEREITUNGSZEIT 30 Minuten
KÜHLZEIT 1 Stunde
BACKZEIT 50 Minuten

Zutaten

- 300 g Mehl
- 100 g Zucker
- 200 g Butter
- 1 Ei
- 4 Eiweiß
- 150 g Zucker
- 50 g gemahlene geröstete Mandeln
- 25 g Speisestärke
- 30 g Hartweizengrieß
- 500 g Rote Johannisbeeren
- Fett für die Form

1 — Mehl, Zucker, Butterflocken und Ei mit den Knethaken des Handrührgeräts zu einem Mürbeteig verkneten. In Frischhaltefolie wickeln und im Kühlschrank 1 Stunde ruhen lassen.

2 — Den Backofen auf 180 °C vorheizen. Die Eiweiße steif schlagen, dabei nach und nach den Zucker einrieseln lassen. So lang weiterschlagen, bis die Masse glänzend und schnittfest ist. Mandeln, Speisestärke und Grieß locker und gleichmäßig unterziehen. Die Johannisbeeren von den Rispen streifen, waschen und untermischen.

3 — Den Teig auf einem bemehlten Backbrett ausrollen und Boden und Rand der gefetteten Springform damit auskleiden. Den Teig mit einer Gabel mehrmals einstechen. Die Johannisbeermasse einfüllen, die Oberfläche glatt streichen und 45 bis 50 Minuten backen. (Abbildung → S. 480)

Schwarzwälder Kirschtorte
für 1 Springform (26 cm Ø)

HERKUNFT Baden-Württemberg
ZUBEREITUNGSZEIT 45 Minuten
BACKZEIT 50 Minuten
KÜHLZEIT 3 Stunden

Zutaten für den Biskuit

- Butter und Mehl für die Form
- 6 Eier
- 150 g Zucker
- Salz
- 120 g Mehl
- 40 g Kakaopulver

Zutaten für die Kirschen

- 500 g Sauerkirschen (aus dem Glas)
- 1 TL Puderzucker
- 180 ml Rotwein
- 70 ml Portwein
- 1 geh. EL Speisestärke
- 3 EL Zucker
- Zimtpulver
- 1 Msp. Nelkenpulver

½ TL abgeriebene unbehandelte Orangenschale

1 TL Honig

Zutaten für die Sahne

3 Blatt Gelatine

800 g Sahne

80 g Zucker

8 EL Kirschwasser

4 EL Schokoladenspäne, bzw. Borkenschokolade

1 — Eine Springform mit Butter einstreichen und mit Mehl bestäuben. Den Backofen auf 175 °C vorheizen.

2 — Für den Biskuit die Eier trennen und in zwei verschiedene Schlagschüsseln geben. Eigelbe und 1 bis 2 EL Zucker mit den Quirlen des Handrührgeräts oder dem Schneebesen der Küchenmaschine hellschaumig aufschlagen. Die Eiweiße mit 1 Prise Salz und dem übrigen Zucker zu einem cremigen Schnee schlagen.

3 — Mehl und Kakao sieben und abwechselnd mit dem Eischnee unter die Eigelbmasse heben. In die Springform füllen, glatt streichen und im vorgeheizten Ofen etwa 50 Minuten backen. Aus dem Ofen nehmen, ein paar Minuten abkühlen lassen, aus der Form lösen, auf ein Kuchengitter stürzen und auskühlen lassen.

4 — Für die Kirschen die Sauerkirschen in ein Sieb abgießen, dabei den Saft auffangen. Von dem Kirschsaft ¼ l abmessen. Den Puderzucker in einem Topf bei schwacher Hitze hell karamellisieren. Mit dem Rotwein und dem Portwein ablöschen und auf die Hälfte einköcheln lassen.

5 — Die Speisestärke mit etwas Kirschsaft glatt rühren. Den Zucker und 1 Prise Zimtpulver, Nelkenpulver und Orangenschale hinzufügen und einmal aufkochen lassen. Die glatt gerührte Speisestärke unterrühren und alles weitere 2 Minuten köcheln lassen.

6 — Die Kirschen in den Sud geben und mit Honig abschmecken. Die Kirschen auf Zimmertemperatur abkühlen lassen und 16 Kirschen für die Deko beiseitelegen.

7 — Den Tortenboden quer in 3 gleich dicke Böden schneiden. Den unteren Boden auf eine Tortenplatte legen und mit 2 EL Kirschwasser tränken. Die Hälfte der Kirschen darauf verteilen.

8 — Für die Sahne die Gelatine in kaltem Wasser einweichen. Die Sahne mit dem Zucker steif schlagen. In einem Topf 4 EL Kirschwasser erwärmen. Die Gelatine gut ausdrücken, darin auflösen und mit einigen Esslöffeln Schlagsahne verrühren. Die restliche Sahne nach und nach vorsichtig unterrühren.

9 — Ein Viertel der Sahnemenge auf den Kirschen verteilen und glatt streichen. Den mittleren Boden darauflegen, mit dem übrigen Kirschwasser tränken, die übrigen Kirschen darauf verteilen und ein weiteres Viertel der Sahne darauf verteilen und glatt streichen. Den letzten Boden darauflegen und leicht andrücken.

10 — Von der übrigen Sahne etwa ein Viertel in einen Spritzbeutel mit Sterntülle füllen. Die Torte mit der restlichen Sahne rundum einstreichen und 16 Stücke markieren. Jedes Segment mit etwas Sahne aus dem Spritzbeutel garnieren. Je 1 Kirsche in einen Sahnetupfen setzen und die Mitte der Torte mit den Schokoladenspänen bestreuen. Einige Stunden im Kühlschrank durchziehen lassen und in Stücke schneiden.
(Abbildung → S. 519)

Schokotorte
für 1 Springform (26 cm Ø)

HERKUNFT Alle Regionen
ZUBEREITUNGSZEIT 40 Minuten
KÜHLZEIT 24 Stunden
BACKZEIT 1 Stunde

Zutaten für die Schokocreme

600 g Sahne
150 g dunkle Schokolade
150 g Krokant oder gehackte, geröstete Nüsse

Zutaten für den Boden

100 g dunkle Kuvertüre
5 Eier
100 g weiche Butter
30 g Puderzucker
125 g Zucker
1 TL Backpulver
100 g Mehl
6 EL Preiselbeerkonfitüre
4 cl Himbeergeist
Schokoladenspäne

1 — Die Sahne zum Kochen bringen und die Schokolade klein hacken. Die Schokolade in der Sahne auflösen. Mit dem Stabmixer kurz durchrühren und zugedeckt 24 Stunden ruhen lassen.

2 — Für den Boden die Kuvertüre über dem heißen Wasserbad schmelzen lassen und anschließend auf 30 °C abkühlen lassen.

3 — Die Eier trennen. Die weiche Butter mit dem Puderzucker cremig rühren und nach und nach die Eigelbe und die Kuvertüre dazugeben und unterrühren. Den Backofen auf 180 °C vorheizen.

4 — Die Eiweiße mit dem Zucker steif schlagen und zur Schaummasse geben. Backpulver und Mehl vermischen und darübersieben. Gleichmäßig unterziehen. Die Masse in eine mit Backpapier ausgelegte Springform füllen. Die Oberfläche glatt streichen und auf der mittleren Schiene des Backofens 50 bis 60 Minuten backen. Aus der Springform lösen und auf einem Kuchengitter abkühlen lassen.

5 — Die Schokoladensahne mit den Quirlen des Handrührgeräts cremig aufschlagen und den Krokant oder die Nüsse untermischen.

6 — Den Boden mit einem scharfen Messer dreimal quer durchschneiden. Preiselbeerkonfitüre mit Himbeergeist verrühren und mit der Hälfte davon die untere Teigplatte bestreichen. Ein Drittel der Schokoladencreme darauf verteilen und erneut mit 1 Biskuitplatte belegen. Zuerst mit der Preiselbeermischung, dann mit der Schokosahne bestreichen und mit der dritten Teigplatte bedecken. Rundum dick mit Schokosahne bestreichen, die restliche Schokosahne in einen Spritzbeutel füllen und die Oberfläche dekorativ garnieren. Mit Schokoladenspänen bestreuen.

Frankfurter Kranz
für 1 Kranzform (22 cm Ø)

HERKUNFT Frankfurt am Main/Hessen
ZUBEREITUNGSZEIT 45 Minuten
BACKZEIT 1¼ Stunden
KÜHLZEIT 1 Stunde

Zutaten für den Teig

250 g weiche Butter
Salz
1 EL Vanillezucker
1 TL abgeriebene unbehandelte Zitronenschale
250 g Zucker
5 Eier (zimmerwarm)

↓
Schwarz-Weiß-Gebäck S. 455

2 EL Rum
400 g Mehl
100 g Speisestärke
1 TL Backpulver
Butter und Mehl für die Form

Zutaten für die Buttercreme

50 g Speisestärke (oder 1 Päckchen Vanillepuddingpulver)
½ l Milch
3 Eigelb
Salz
50 g Zucker
250 g weiche Butter
125 g Puderzucker

Zutaten für den Mandelkrokant

100 g gehackte Mandeln
20 g Butter
60 g Zucker

1 — Den Backofen auf 180 °C vorheizen. Für den Teig die Butter mit 1 Prise Salz, Vanillezucker und Zitronenschale schaumig rühren. Abwechselnd Zucker und jeweils 1 Ei nach und nach unterrühren und etwa 5 Minuten hellschaumig und cremig aufschlagen. Den Rum unterrühren. Mehl mit Speisestärke und Backpulver sieben und nach und nach unter die Buttermasse heben.

2 — Die Form mit Butter einfetten und mit Mehl bestäuben. Den Teig einfüllen, etwas flach klopfen und im Ofen auf der zweiten Schiene von unten 1 bis 1¼ Stunden backen. Etwas abkühlen lassen, auf ein Kuchengitter stürzen und auskühlen lassen.

3 — Für die Buttercreme die Speisestärke mit etwas Milch und den Eigelben glatt rühren. Die übrige Milch mit 1 Prise Salz und Zucker aufkochen. Die angerührte Speisestärke mit dem Schneebesen unterrühren und 2 Minuten köcheln lassen. Den Pudding in eine Schüssel umfüllen, direkt mit Frischhaltefolie bedecken und auf Zimmertemperatur abkühlen lassen.

4 — Die Butter mit dem Puderzucker hellschaumig aufschlagen. Den erkalteten Vanillepudding löffelweise unterschlagen, bis eine feine Creme entsteht. Butter und Vanillepudding sollten dabei etwa die gleiche Temperatur haben.

5 — Für den Mandelkrokant die Mandeln mit Butter und Zucker in einer Pfanne bei mittlerer Hitze unter ständigem Rühren zu hellem Krokant rösten und sofort auf Backpapier verteilen und auskühlen lassen.

6 — Den Kuchen zweimal waagerecht durchschneiden und zwei Schichten jeweils mit etwa einem Drittel der Buttercreme bestreichen. Den letzten Ring daraufsetzen und den Kranz rundum mit der restlichen Creme bestreichen. Mit dem zerkleinerten Mandelkrokant bestreuen. Typisch sind auch mit Belegkirschen besetzte Buttercremehäubchen.

Hefegugelhupf
für 1 Gugelhupfform (2 l Inhalt)

HERKUNFT Alle Regionen
ZUBEREITUNGSZEIT 30 Minuten
GEHZEIT 1¼ Stunden
BACKZEIT 50 Minuten

2–3 EL Rosinen
2 EL Rum
300 g Mehl
125 ml Milch
15 Hefe
50 g Zucker
120 g weiche Butter
1 gestr. TL Salz
1 Msp. Vanillemark
1 TL abgeriebene unbehandelte

Zitronenschale
3 Eigelb
40 g Mandelstifte
120 g flüssige Butter für die Form
70 g Mandelblättchen für die Form
Mehl zum Bearbeiten
Puderzucker zum Bestäuben

1 — Rosinen mit dem Rum mischen. Das Mehl in eine Schüssel sieben, in die Mitte eine Mulde drücken. Die Milch lauwarm erhitzen. Die Hefe zerbröckeln und in der Milch auflösen. Die Hefemilch in die Mehlmulde gießen, mit 1 TL Zucker bestreuen und mit etwas Mehl verrühren. Den Vorteig mit Frischhaltefolie bedeckt an einem warmen Ort etwa 15 Minuten gehen lassen.

2 — Die Butter mit restlichem Zucker, dem Salz, Vanillemark und Zitronenschale cremig rühren. Die Eigelbe dazugeben und weiterschlagen, bis die Masse hellschaumig ist. Die Buttermasse zum Mehl geben. Den Hefeteig in der Küchenmaschine mit den Knethaken des Handrührgeräts so lang kneten, bis ein glatter und elastischer Teig entstanden ist, der sich vom Schüsselrand löst. Die Rosinen abgießen, mit den Mandelstiften kurz unterkneten und den Teig zugedeckt an einem warmen Ort etwa 20 Minuten gehen lassen.

3 — Die Gugelhupfform mit 2 EL flüssiger Butter einpinseln und mit den Mandelblättchen ausstreuen. Den Teig kurz durchkneten, mit etwas Mehl zu einer Kugel formen, in die Mitte ein Loch drücken und in die Form legen. Den Teig zugedeckt an einem warmen Ort nochmals 30 bis 40 Minuten gehen lassen. Den Backofen auf 175 °C vorheizen.

4 — Den Gugelhupf im Ofen auf der untersten Schiene etwa 50 Minuten backen. Den Kuchen herausnehmen, kurz abkühlen lassen und vorsichtig aus der Form lösen. Den Gugelhupf mit der übrigen flüssigen Butter bepinseln und auf einem Kuchengitter abkühlen lassen. Zum Servieren mit Puderzucker bestäuben.

Marmorkuchen
für 1 Gugelhupfform (2 l Inhalt)

HERKUNFT Alle Regionen
ZUBEREITUNGSZEIT 25 Minuten
BACKZEIT 1 Stunde 10 Minuten

Zutaten

200 g weiche Butter
150 g Puderzucker
1 EL Vanillezucker
½ TL abgeriebene unbehandelte Zitronenschale
6 Eier
2 EL Rum
200 g Mehl
1 TL Backpulver
100 g geschälte gemahlene Mandeln
1 ½ EL Kakaopulver
70 g Zartbitterkuvertüre
Salz
150 g Zucker
weiche Butter und Mehl für die Form
Puderzucker zum Bestäuben

1 — Die Butter mit dem Puderzucker, dem Vanillezucker und der Zitronenschale in einer Schüssel schaumig rühren. Die Eier trennen. Die Eigelbe nach und nach unter die Buttermasse rühren. Den Rum hinzufügen und die Masse hellschaumig aufschlagen.

2 — Das Mehl mit dem Backpulver in eine Schüssel sieben. Die Mandeln hinzufügen und untermischen. Den Kakao in eine weitere Schüssel sieben. Die Kuvertüre fein reiben und mit dem Kakao vermischen.

3 — Die Eiweiße mit 1 Prise Salz und einem Drittel des Zuckers cremig schlagen, nach und nach den restlichen Zucker einrieseln lassen und zu einem festen Schnee weiterschlagen. Den Eischnee abwechselnd mit der Mehlmischung unter die Buttermasse heben.

4 — Den Backofen auf 175 °C vorheizen. Die Gugelhupfform mit Butter einfetten und mit Mehl bestäuben. Etwas mehr als die Hälfte des Teigs in die Form füllen. Die Kakao-Kuvertüre-Mischung unter den restlichen Teig rühren und den Schokoladenteig auf dem hellen Teig in der Form verteilen. Eine Gabel spiralförmig durch beide Teigschichten ziehen, sodass eine Marmorierung entsteht.

5 — Den Marmorkuchen im Ofen auf der untersten Schiene etwa 70 Minuten backen. Den Kuchen herausnehmen, 10 Minuten in der Form abkühlen lassen und vorsichtig stürzen. Den Marmorkuchen vollständig auskühlen lassen und zum Servieren mit Puderzucker bestäuben. (Abbildung → S. 509)

Rotweinkuchen
für 1 Gugelhupfform (2 l Inhalt)

HERKUNFT Alle Regionen
ZUBEREITUNGSZEIT 25 Minuten
BACKZEIT 55 Minuten

Zutaten

- Butter und Mehl für die Form
- 280 g weiche Butter
- 240 g Zucker
- 1 EL Vanillezucker
- 6 Eier
- 280 g Mehl
- 1 TL Backpulver
- je 1 gestr. TL gemahlener Kardamom und Zimtpulver
- je ½ TL gemahlener Piment, frisch geriebene Muskatnuss und Nelkenpulver
- 100 g Zartbitterschokolade
- Salz
- 150 ml Rotwein
- Puderzucker zum Bestäuben

1 — Den Backofen auf 175 °C vorheizen. Die Gugelhupfform (2 l Inhalt) mit Butter einfetten und mit Mehl bestäuben.

2 — Die Butter mit der Hälfte des Zuckers und dem Vanillezucker in einer Schüssel mit den Quirlen des Handrührgeräts cremig rühren. Die Eier trennen. Nach und nach die Eigelbe unter die Buttermasse rühren und die Masse hellschaumig schlagen.

3 — Das Mehl mit dem Backpulver mischen und in eine Schüssel sieben. Kardamom, Zimt, Piment, Muskatnuss und Nelkenpulver hinzufügen und untermischen. Die Schokolade grob hacken und ebenfalls mit der Mehlmischung vermengen.

4 — Die Eiweiße mit 1 Prise Salz zu einem cremigen Schnee schlagen, dabei den restlichen Zucker einrieseln lassen. Die Mehlmischung nach und nach abwechselnd mit dem Wein und dem Eischnee unter die Buttermasse ziehen.

5 — Den Teig in die Form füllen, glatt streichen und im Ofen auf der untersten Schiene 50 bis 55 Minuten backen. Den Gugelhupf herausnehmen und einige Minuten in der Form ruhen lassen. Vorsichtig stürzen und auskühlen lassen. Zum Servieren mit Puderzucker bestäuben und in Stücke schneiden.

Bremer Klaben
für 1 Kastenform (30 cm Länge)

HERKUNFT Bremen
EINWEICHZEIT 12 Stunden
GEHZEIT 2 Stunden
ZUBEREITUNGSZEIT 30 Minuten
BACKZEIT 1 Stunde

Zutaten für die Früchtemischung

- 100 g Mandeln
- 50 g Zitronat

50 g Orangeat
500 g Rosinen
100 ml brauner Rum

Zutaten für den Hefeteig

150 ml Milch
1 Würfel Hefe (42 g)
40 g Zucker
400 g Mehl
Salz
1 TL abgeriebene unbehandelte Zitronenschale
1 TL Vanillezucker
1 Msp. gemahlener Kardamom
250 g weiche Butter
Mehl zum Bestäuben
Butter für die Form

1 — Für die Früchtemischung am Vortag die Mandeln grob hacken und rösten. Zitronat und Orangeat fein hacken. Mandeln mit Rosinen, Zitronat, Orangeat und Rum in einer Schüssel mischen und zugedeckt ziehen lassen.

2 — Für den Teig am nächsten Tag die Milch lauwarm erwärmen. Die Hefe zerbröckeln und in der Milch auflösen. Die Hefemilch mit 1 Prise Zucker und 200 g Mehl zu einem zähen Teig vermischen. Zugedeckt an einem warmen Ort etwa 20 Minuten gehen lassen.

3 — Das restliche Mehl, den übrigen Zucker, 1 Prise Salz, Zitronenschale, Vanillezucker und Kardamom zum Vorteig geben und mit den Knethaken des Handrührgeräts oder der Küchenmaschine verkneten. Dabei nach etwa 1 Minute die Butter nach und nach unter den Teig kneten.

4 — Den Hefeteig etwa 10 Minuten kneten, bis er geschmeidig ist. Den Teig mit Mehl bestäuben und mit Frischhaltefolie abdecken. Bei Zimmertemperatur etwa 1 Stunde gehen lassen, bis sich sein Volumen verdoppelt hat.

5 — Eine Kastenform dick mit weicher Butter einfetten. Die eingeweichten Früchte kurz unter den Teig kneten. Den Teig auf der leicht bemehlten Arbeitsfläche etwas auseinanderdrücken und die Seiten zur Mitte hin einschlagen, dabei länglich formen. Auf Größe der Backform rollen, in die Form legen und weitere 30 Minuten gehen lassen.

6 — Backofen auf 190 °C (Umluft) vorheizen. Ein Stück Backpapier zuschneiden und direkt auf den Teig legen. Die Form mit einem Deckel oder mit Alufolie verschließen und im vorgeheizten Backofen im unteren Drittel 1 Stunde backen. Nach 45 Minuten die Temperatur auf 175 °C reduzieren.

7 — Den Klaben aus dem Ofen nehmen, die Form öffnen, etwas abkühlen lassen, den Kuchen aus der Form lösen und auf ein Kuchengitter stürzen. Den Klaben lauwarm auskühlen lassen, in Alufolie wickeln und idealerweise 1 bis 2 Wochen in einem kühlen Raum ziehen lassen.

Bremer Wickelkuchen
für 1 Kastenform (30 cm Länge, ca. 2 l Inhalt)

HERKUNFT Bremen
ZUBEREITUNGSZEIT 25 Minuten
GEHZEIT 1 ¾ Stunden
BACKZEIT 35 Minuten

Zutaten für den Hefeteig

100 ml Milch
½ Würfel Hefe (21 g)
300 g Mehl
40 g Zucker
1 Ei
½ TL Salz
½ TL abgeriebene unbehandelte Zitronenschale
60 g Butter

↓
Waffeln S. 461

Zutaten für die Füllung

50 g Marzipanrohmasse
50 g Apfelmus (aus dem Glas)
150 g grob gemahlene, geröstete Haselnüsse
40 g Zucker
½ TL Zimtpulver
1 EL Zitronensaft
je 1 TL abgeriebene unbehandelte Zitronen- und Orangenschale
Mark von ½ Vanilleschote
1 EL Rum
Butter für die Form
80 g Aprikosenkonfitüre
Puderzucker zum Bestäuben

1 — Für den Hefeteig die Milch in einem kleinen Topf lauwarm erwärmen und die Hefe darin auflösen. Das Mehl mit der Hefemilch, dem Zucker, dem Ei, dem Salz und der Zitronenschale langsam verkneten. Dann die Butter nach und nach dazugeben und alles zu einem glatten Teig verkneten. Zugedeckt an einem warmen Ort 1 bis 1½ Stunden gehen lassen.

2 — Für die Füllung die Marzipanrohmasse auf der Küchenreibe grob raspeln und mit dem Apfelmus glatt verkneten. Die Haselnüsse mit der Marzipan-Apfelmus-Masse, dem Zucker, dem Zimtpulver, dem Zitronensaft, der Zitronen- und Orangenschale, dem Vanillemark und dem Rum mischen.

3 — Den Backofen auf 190 °C vorheizen. Die Kastenform mit Butter einfetten. Die Aprikosenkonfitüre leicht erwärmen und mit dem Stabmixer pürieren.

4 — Den Teig zu einem 30 × 40 cm großen Rechteck ausrollen. Mit der Aprikosenkonfitüre bestreichen und die Füllung gleichmäßig darauf verteilen. Von der kürzeren Seite links und rechts zur Mitte hin aufrollen und mit der Öffnung nach oben in die Kastenform setzen. Den Teig zugedeckt nochmals 15 Minuten gehen lassen.

5 — Den Wickelkuchen im Ofen auf der untersten Schiene etwa 35 Minuten goldbraun backen. Falls die Oberfläche zu schnell bräunt, die Form mit Backpapier abdecken. Den Wickelkuchen herausnehmen, abkühlen lassen, zum Servieren in Scheiben schneiden und mit Puderzucker bestäuben.

Honigkuchen
für 1 Kastenform (30 cm Länge, ca. 2 l Inhalt)

HERKUNFT Alle Regionen
ZUBEREITUNGSZEIT 30 Minuten
RUHEZEIT 12 Stunden
BACKZEIT 50 Minuten

Zutaten

35 g Farinzucker
165 g Honig
200 g Mehl
25 g Speisestärke
1 gestr. TL Hirschhornsalz
1 EL Milch
1 gestr. TL Pottasche
1 Eigelb
20 g Zitronat
20 g Orangeat
1–2 TL Lebkuchengewürz
Butter und Mehl für die Form

1 — Zucker, 50 ml Wasser und Honig mischen und in einem Topf langsam auf 80 °C erhitzen. Auf Körpertemperatur (etwa 37 °C) abkühlen lassen und das Mehl nach und nach gründlich unterarbeiten. Zugedeckt über Nacht bei Zimmertemperatur ruhen lassen.

2 — Den Backofen auf 180 °C vorheizen. Die Speisestärke auf einem Backblech verteilen und im Ofen etwa 15 Minuten mittelbraun rösten, zwischendurch etwas umrühren. Mit 125 ml heißem Wasser in einem Topf verrühren, aufkochen, einige Minuten kochen lassen, bis die Flüssigkeit in einem Faden vom Löffel läuft. Etwas abkühlen lassen.

3 — Das Hirschhornsalz in einer Tasse mit der Milch verrühren, die Pottasche in einer Tasse mit dem Eigelb verrühren und beides zusammen mit grob gehacktem Zitronat, Orangeat und dem Lebkuchengewürz gleichmäßig unter den Vorteig kneten.

4 — Den Backofen auf 200 °C vorheizen. Die Kuchenform mit Butter fetten und mit Mehl bestäuben. Den Teig hineinfüllen und im Ofen auf der zweiten Schiene von unten etwa 50 Minuten backen. Die Oberfläche gegen Ende der Backzeit mit der Stärkeglasur bepinseln.

5 — Sobald der Honigkuchen mittelbraun ist und glänzt, aus dem Ofen nehmen, etwas abkühlen lassen und aus der Form stürzen. Auskühlen lassen und in Alufolie wickeln.

Kalter Hund
für 1 Kastenform (30 cm Länge, ca. 2 l Inhalt)

HERKUNFT Alle Regionen
ZUBEREITUNGSZEIT 20 Minuten
KÜHLZEIT 12 Stunden

Zutaten

250 g festes Kokosfett
4 Eier
250 g Puderzucker
125 g Kakaopulver
300 g Butterkekse
Öl für die Form

1 — Das Kokosfett in einer Schüssel über dem heißen Wasserbad oder in der Mikrowelle zerlassen, dabei nur so warm wie nötig machen.

2 — Eier, Puderzucker und Kakaopulver mit den Quirlen des Handrührgerätes schaumig rühren, dann das warme Kokosfett löffelweise unterrühren.

3 — Eine Kastenkuchenform mit Öl einfetten und mit Backpapier auskleiden. Die Kakaomasse mit den Butterkeksen abwechselnd in die Form schichten, dabei mit der Kakaomasse beginnen, sodass der Kuchen beim Stürzen mit einer Kakaomasse umhüllt ist.

Königskuchen
für 1 Kastenform (30 cm Länge, ca. 2 l Inhalt)

HERKUNFT Alle Regionen
ZUBEREITUNGSZEIT 20 Minuten
BACKZEIT 1 Stunde

Zutaten

250 g Butter
200 g Puderzucker
abgeriebene Schale von 1 unbehandelten Orange
2 cl Orangenlikör
6 Eier
200 g Mehl
100 g Speisestärke
1 TL Backpulver
50 g Zucker
150 g Sultaninen
50 g gehacktes Orangeat
100 g grob gehackte Mandeln
Butter und Zucker für die Form

1 — Den Backofen auf 180 °C vorheizen. Butter, Puderzucker, Orangenschale und -likör cremig rühren. Die Eier trennen und die Eigelbe nach und nach hinzufügen.

2 — Mehl, Speisestärke und Backpulver vermischen und unter die Eigelbmasse rühren. Die Eiweiße zu steifem Schnee schlagen, dabei nach und nach den Zucker einrieseln lassen. Den Eischnee auf die Eigelbmasse geben. Sultaninen, Orangeat und Mandeln darüberstreuen und alles locker und gleichmäßig vermischen.

3 — Die Kastenform mit Butter ausfetten und mit Zucker ausstreuen. Den Teig hineinfüllen und die Oberfläche glatt streichen. Auf der mittleren Schiene im vorgeheizten Ofen gut 1 Stunde goldbraun backen. Nach etwa 15 Minuten mit einem Messer der Länge nach in der Mitte 1 cm tief einschneiden, damit der Kuchen besser aufgeht. Den Kuchen etwas abkühlen lassen und aus der Form stürzen.

Schokoladenkuchen für 1 Kastenform (30 cm Länge)

HERKUNFT Alle Regionen
ZUBEREITUNGSZEIT 25 Minuten
BACKZEIT 45 Minuten

Zutaten für den Teig

180 g geriebene Haselnüsse
150 g Zartbitterkuvertüre
150 g weiche Butter
70 g Puderzucker
1 EL Vanillezucker
8 Eigelb
100 g Biskuitbrösel (z.B. zerstoßene Löffelbiskuits oder heller Biskuitboden)
1 TL Backpulver
8 Eiweiß
Salz
Butter für die Form

Zutaten für die Glasur

150 g Zartbitterkuvertüre
80 ml Kondensmilch
1 EL Honig

1 — Den Backofen auf 175 °C vorheizen. Für den Teig die Haselnüsse auf einem Backblech verteilen und im Ofen auf der mittleren Schiene 5 bis 10 Minuten goldbraun rösten, dabei öfter durchrühren. Die Nüsse herausnehmen und abkühlen lassen.

1 — Die Kuvertüre grob hacken und in einer Metallschüssel über dem heißen Wasserbad unter Rühren schmelzen lassen.

2 — Die Butter mit 30 g Puderzucker und dem Vanillezucker in einer Schüssel mit dem Handrührgerät cremig rühren. Nach und nach die Eigelbe unterrühren und die Masse hellschaumig aufschlagen. Die flüssige Kuvertüre unter Rühren hinzufügen.

3 — Die gerösteten Haselnüsse mit den Bröseln und dem Backpulver vermischen. Die Eiweiße mit 1 Prise Salz cremig schlagen, nach und nach den restlichen Puderzucker einrieseln lassen und zu einem festen Schnee weiterschlagen. Den Eischnee mit der Nussmischung abwechselnd unter die Schokoladenmasse heben.

4 — Die Kastenform mit Butter einfetten und mit Backpapier auslegen. Die Schokoladenmasse hineingeben und im Ofen auf der untersten Schiene 40 bis 45 Minuten backen. Den Kuchen 10 Minuten in der Form abkühlen lassen, vorsichtig auf ein Kuchengitter stürzen und vollständig auskühlen lassen.

5 — Für die Glasur die Kuvertüre fein hacken, mit der Kondensmilch und dem Honig in einer Metallschüssel über dem heißen Wasserbad unter Rühren schmelzen lassen.

Morgen, Kinder, wird's was geben

„Morgen, Kinder, wird's was geben!" Dieses Weihnachts- oder Adventslied für Kinder spielt mit der Vorfreude und Anspannung der Kleinen vor dem wichtigsten deutschen Familienfest. Selbst Nichtgläubige oder Nichtchristen feiern. Zu keiner Zeit im Jahr kaufen Deutsche so viel ein: Geschenke natürlich, aber auch Essen. Kaum ein Betrieb, der ohne (meist feucht-fröhliche) Weihnachtsfeier für die Belegschaft auskommt. Und was wäre Deutschland ohne seine Weihnachtsmärkte? Dort wie zu Hause verbreitet der Duft der entzündeten Kerzen, der Tanne oder Fichte und der frisch gebackenen Plätzchen seinen Zauber. Kein Kommerzterror der Adventszeit, kein Umtauschgerenne nach den Feiertagen kann den Kindheitserinnerungen an Weihnachten etwas anhaben.

Advent, Advent — *Lebkuchen, Printen & Co.*

01

02

Die Vorweihnachtszeit stellt besondere Anforderungen an die Deutschen: Sie werden sentimental, träumen von „Weißen Weihnachten" (also mit Schnee), schimpfen auf den Konsumterror und möchten doch, dass ihr Weihnachtsfest so innig und andächtig ausfällt, wie sie es noch aus ihrer Kindheit in Erinnerung haben.

In dies Nervenkostüm gekleidet, eilen sie auf den nächstgelegenen Weihnachtsmarkt und holen tief Luft: Bratwurstrauch, Duftkerzen, Lebkuchen in vielen Sorten, Schmalzgebackenes wie Krapfen, Bratäpfel, Punsch und Plätzchen. Das Reizvolle an diesem Sortiment ist vielleicht, dass es das meiste davon das ganze Jahr über nicht gibt – die oft hausgebackenen Weihnachtsplätzchen etwa, die selbst zuzubereiten zwar Spaß macht, aber auch Stress.

Die besten Lebkuchen gibt es in Nürnberg, der deutschen Lebkuchenstadt schlechthin. Dort isst man sie jahrein, jahraus, nicht so aber im Rest des Landes. Als freie Reichsstadt hatte Nürnberg weniger Steuern auf Gewürze zu entrichten, die man für die Herstellung guter Lebkuchen braucht – mag sein, dass die Lebkuchenstadt also schon seit Jahrhunderten einen Wettbewerbsvorteil genoss. Die enthaltenen Gewürze machen Lebkuchen auch zu einem in der Sterneküche gern eingesetzten Grundstoff für hochwertige, dicke Saucen. Jedenfalls sind immer noch die edlen Zutaten der Grund dafür, dass gute Lebkuchen (es gibt auch unendlich viel Industrieware) teuer sind – ähnlich wie beim weltbekannten Dresdner Christstollen, dessen Teig fast zu schwer zum Schlagen sein muss, eben übervoll mit Zitronat, Orangeat, Rosinen, Nüssen oder Mandeln und Butter. Dieses so köstliche wie kalorienreiche Gebäck ist seit der deutschen Wiedervereinigung eine EU-geschützte und zertifizierte regionale Spezialität. Den Christstollen gab es während der deutschen Teilung auch in der BRD, aber seit er wirklich wieder aus Dresden kommt, essen ihn die Deutschen mit ungleich höherem Genuss.

Aachener Printen sind ein Konkurrenzgebäck zum herkömmlichen Lebkuchen. In Aachen werden sie etwa seit 1820 gebacken und waren

03

04

ursprünglich als Bildgebäck in Nordfrankreich bzw. Belgien beheimatet. Nach einigen Veränderungen der Rezeptur entstehen sie heute ohne Fett und mit verschiedenen Süßungsmitteln. Wie viele und welche Gewürze beigegeben werden, bleibt das Geheimnis des jeweiligen Betriebs. Die Printenbäcker verwenden die verschiedensten Glasuren, oft auch mit Nuss- oder Mandelsplittern. Auch Printen ergeben, wenn unter Hitze gelöst, eine hochwertige Sauenbasis.

Gebrannte Mandeln und Zuckerwatte gibt es auf jeder Kirmes das ganze Jahr über, Currywürste und Bier ebenso, und doch findet auch all dies auf den Weihnachtsmärkten reißenden Absatz, genauso wie Schupfnudeln mit Sauerkraut. Für ein wenig Weihnachts-Feeling nehmen Deutsche vieles in Kauf. Im Kalten zu stehen und sich am Glühwein wärmen zu können gehört zur Vorfreude auf Weihnachten. Im Allgemeinen trifft es sicher zu, dass das deutsch(-sprachig)e Weihnachten eine ganz bestimmte Atmosphäre ausstrahlt, die massenweise Touristen aus Italien zumindest nach Südtirol, wenn nicht gleich nach Sa zburg, Wien, München und Nürnberg lockt, und in den nördlichen Bundesländern aus Frankreich, den Beneluxstaaten und Skandinavien. In ihrem Begriff von Weihnachten sind die Deutschen ein wenig „eigen" und stauner dann bei längeren Auslandsaufenthalten, wie fröhlich die Party ausfällt, die zum Beispiel Briten am „Christmas Eve" feiern.

05

01 Dresdner Stollen – Prachtstück barocker Backkunst

02 Lebkuchen – vielsortiges Angebot aus Oblate, Nuss- und Mandelkern

03 Nussknacker – Dekoration und Werkzeug in einem

04 Weltberühmt: der Nürnberger Christkindlesmarkt

05 Christbaumschmuck – vielen Familien kostbar wie Erbstücke

Die Schokomasse mit einem Pinsel auf dem Kuchen verteilen und fest werden lassen. Den Kuchen in Stücke schneiden, dabei das Messer öfter mit heißem Wasser anfeuchten.

Butterkuchen/Zuckerkuchen für 1 Backblech (ca. 30×40 cm)

HERKUNFT Alle Regionen
ZUBEREITUNGSZEIT 15 Minuten
GEHZEIT 50 Minuten
BACKZEIT 20 Minuten

Zutaten für den Hefeteig

ca. 150 ml Milch
30 g frische Hefe
400 g Mehl
50 g Zucker
1 Ei
Salz
70 g weiche Butter
flüssige Butter und Mehl für das Blech
Mehl für die Arbeitsfläche

Zutaten für den Belag

150 g kalte Butter
50 g Mandelblättchen
100 g Zucker

1 — Für den Hefeteig die Milch in einem kleinen Topf lauwarm erwärmen. Die Hefe zerbröckeln und darin auflösen. Die Hefemilch mit dem Mehl, dem Zucker, dem Ei und 1 Prise Salz mit den Knethaken des Handrührgeräts zu einem Teig verkneten. Die Butter hinzufügen und den Teig einige Minuten weiterkneten, bis er geschmeidig ist.

2 — Den Teig zu einer Kugel formen und in einer Schüssel mit Frischhaltefolie bedeckt an einem warmen Ort etwa 30 Minuten gehen lassen.

3 — Ein Backblech mit flüssiger Butter bestreichen und mit Mehl bestäuben. Den Teig auf der bemehlten Arbeitsfläche dünn ausrollen und das Blech damit auslegen. Mit einem Küchentuch bedecken und weitere 20 Minuten gehen lassen.

4 — Den Backofen auf 220 °C vorheizen. Mit einem Finger oder einem Kochlöffelstiel in die gesamte Teigplatte im Abstand von etwa 2 cm Vertiefungen eindrücken. Die kalte Butter in kleine Würfel von etwa 1 cm schneiden und je 1 Würfelchen in eine Vertiefung stecken, die restliche Butter dazwischen verteilen. Mit den Mandelblättchen bestreuen, den Zucker darüberstreuen.

5 — Den Butterkuchen im Ofen auf der mittleren Schiene etwa 5 Minuten vorbacken, die Temperatur auf 200 °C reduzieren und weitere 12 bis 15 Minuten fertig backen. Das Blech herausnehmen und auf einem Ofengitter auskühlen lassen. In Stücke schneiden und am besten frisch gebacken und lauwarm zum Kaffee servieren.

Apfel-Streusel-Kuchen für 1 Backblech (ca. 30×40 cm)

HERKUNFT Alle Regionen
ZUBEREITUNGSZEIT 30 Minuten
BACKZEIT 45 Minuten

Zutaten für den Belag

2 kg aromatische Äpfel (z.B. Boskop)
Saft von 1 Zitrone
50 g Zucker
½ TL Zimtpulver

Zutaten für die Streusel

- 150 g Mehl
- 120 g Zucker
- ½ TL abgeriebene Zitronenschale
- 1 Msp. Zimtpulver
- 120 g flüssige Butter
- 80 g Mandelstifte

Zutaten für den Rührteig

- 250 g weiche Butter
- 250 g Zucker
- Salz
- 1 Msp. Vanillemark
- 5 Eier
- 350 g Mehl
- 1 Päckchen Backpulver
- Butter für das Blech
- Puderzucker zum Bestäuben

1 — Die Äpfel schälen, vierteln, entkernen und in Scheiben schneiden. Mit Zitronensaft beträufeln. Zucker und Zimt vermischen.

2 — Für die Streusel Mehl, Zucker, Zitronenschale und Zimt vermischen. Die flüssige Butter dazugeben und zwischen den Fingern alles krümelig verreiben. Die Mandelstifte locker untermischen. Kalt stellen.

3 — Den Backofen auf 180 °C vorheizen. Für den Teig die Butter mit Zucker, 1 Prise Salz und Vanillemark cremig rühren. Nach und nach die Eier dazugeben und mit den Quirlen des Handrührgeräts schlagen, bis die Masse dickschaumig ist. Mehl und Backpulver darübersieben und untermischen.

4 — Ein Backblech mit Butter einfetten und den Rührteig darauf verteilen. Glatt streichen und die Äpfel gleichmäßig darauf verteilen. Zum Schluss mit den Streuseln belegen und auf der mittleren Schiene des Backofens in etwa 40 bis 45 Minuten goldbraun und knusprig backen. Mit Puderzucker bestäuben und in Stücke schneiden.

Aprikosen-Schichtkäse-Schnitten
für 1 Backblech (ca. 30 × 40 cm)

HERKUNFT Alle Regionen
ZUBEREITUNGSZEIT 40 Minuten
KÜHLZEIT 2 Stunden
BACKZEIT 50 Minuten

Zutaten für den Mürbeteig

- 175 g weiche Butter
- 75 g Puderzucker
- Mark von ½ Vanilleschote
- abgeriebene Schale von ½ unbehandelten Zitrone
- Salz
- 2 Eigelb
- 240 g Mehl

Zutaten für den Belag

- 1 kg Schichtkäse oder Speisequark (20% Fettgehalt)
- 200 g Zucker
- ½ TL abgeriebene unbehandelte Zitronenschale
- Salz
- 1 EL Vanillezucker
- 3 Eier
- 160 g Sahne
- 30 g Speisestärke
- 100 g Mandelstifte
- 1 kg Aprikosen
- Fett für die Form
- 250 g Aprikosenmarmelade

↓
Bienenstich S. 503

1 — Für den Teig die Butter, den Puderzucker, das Vanillemark, die Zitronenschale und 1 Prise Salz in einer Schüssel mit den Knethaken des Handrührgeräts verkneten oder mit einer Teigkarte zu einer glatten Masse verarbeiten. Die Eigelbe nacheinander dazugeben, die Masse dabei aber nicht schaumig schlagen.

2 — Zuletzt das Mehl hinzufügen und nur so lang kneten, bis der Teig glatt ist. Zu einem flachen Rechteck formen, in Frischhaltefolie wickeln und 2 Stunden in den Kühlschrank legen.

3 — Für den Belag den Schichtkäse mit der Hälfte des Zuckers, Zitronenschale, 1 Prise Salz und Vanillezucker verrühren. Eier und Sahne hinzufügen, den übrigen Zucker mit der Speisestärke vermischen und mit den Mandelstiften unterrühren.

4 — Die Aprikosen waschen, halbieren, entsteinen und in Spalten schneiden. Den Backofen auf 200 °C vorheizen.

5 — Den Mürbeteig auf einer leicht bemehlten Arbeitsfläche etwas größer als ein Backblech ausrollen und ein gebuttertes, tiefes Blech damit auskleiden. Mit einer Gabel mehrmals einstechen. Die Quarkmasse gleichmäßig darauf verteilen und mit den Aprikosen belegen.

6 — Auf der untersten Schiene des heißen Backofens etwa 50 Minuten goldbraun backen. Die Aprikosenmarmelade erhitzen, mixen und den Kuchen damit bestreichen.

7 — Je nach Jahreszeit können Sie diesen saftigen Blechkuchen auch mit frischen Kirschen, Pfirsichen oder Zwetschgen belegen. Die Mandeln bekommen einen besonders nussigen Geschmack, wenn sie ohne Fettzugabe in einer Pfanne bei mittlerer Hitze goldbraun geröstet werden.

Bienenstich
für 1 Backblech (ca. 30 × 40 cm)

HERKUNFT Alle Regionen
ZUBEREITUNGSZEIT 1 Stunde 5 Minuten
GEHZEIT 1 Stunde
BACKZEIT 25 Minuten

Zutaten für den Hefeteig

- 160 ml Milch
- ½ Würfel Hefe (21 g)
- 370 g Mehl
- 45 g Zucker
- 1 TL Vanillezucker
- ½–1 TL Salz
- 1 Ei
- 1 Eigelb
- abgeriebene Schale von ½ unbehandelten Zitrone
- 50 g Butter
- zerlassene Butter für das Blech
- Mehl für die Arbeitsfläche

Zutaten für die Mandelmasse

- je 125 g Butter und Zucker
- 40 g Honig
- 75 g Glukosesirup (vom Konditor)
- 75 g Sahne
- 250 g Mandelblättchen

Zutaten für die Vanillecreme

- ½ l Milch
- 120 g Zucker
- Mark von 1 Vanilleschote
- Salz
- 1 Päckchen Vanillepuddingpulver
- 6 Blatt Gelatine
- 750 g Sahne

1 — Für den Hefeteig die Milch lauwarm erwärmen. Die Hefe mit den Fingern zerbröckeln und in der Milch auflösen. Die Hefemilch mit etwa 90 g Mehl zu einem glatten Teig verrühren und zugedeckt an einem warmen Ort 15 Minuten gehen lassen.

2 — Den Vorteig mit dem restlichen Mehl, dem Zucker, dem Vanillezucker, dem Salz, dem Ei, dem Eigelb und der Zitronenschale verkneten. Die Butter nach und nach hinzufügen und einige Minuten weiterkneten, bis ein geschmeidiger Teig entstanden ist. Den Hefeteig in einer Schüssel mit Frischhaltefolie bedeckt an einem warmen Ort erneut etwa 30 Minuten gehen lassen.

3 — Ein Backblech mit zerlassener Butter bestreichen. Den Teig nochmals kurz durchkneten, auf der bemehlten Arbeitsfläche dünn ausrollen und das Blech damit auslegen. Den Teig mit einer Gabel mehrmals einstechen und, falls möglich, im Tiefkühlschrank oder der Gefriertruhe, ansonsten im Kühlschrank etwa 20 Minuten durchkühlen lassen.

4 — Für die Mandelmasse die Butter mit dem Zucker, dem Honig und dem Glukosesirup zum Kochen bringen. Mit der Sahne ablöschen und die Mandeln unterrühren. Alles nochmals aufkochen, in eine Schüssel geben und abkühlen lassen.

5 — Die Mandelmasse auf dem angefrorenen Hefeteig verstreichen. Den Teig an einem warmen Ort nochmals etwa 15 Minuten gehen lassen. Dann den Backofen auf 200 °C vorheizen und den Hefeteig im Ofen auf der zweiten Schiene von unten 20 bis 25 Minuten hellbraun backen.

6 — Für die Vanillecreme 400 ml Milch mit Zucker, Vanillemark und 1 Prise Salz in einem Topf aufkochen. Das Puddingpulver mit der restlichen Milch glatt rühren, unter ständigem Rühren in die heiße Milch geben und aufkochen lassen. Den Vanillepudding in eine flache Form füllen, mit Frischhaltefolie bedecken und auskühlen lassen.

7 — Die Gelatine in kaltem Wasser einweichen und ausdrücken, mit 2 EL Pudding in einem Topf erhitzen und auflösen. Mit dem restlichen Vanillepudding mischen. Die Sahne steif schlagen und unterheben. Den Bienenstich quer halbieren und mit der Creme füllen, die obere Mandelhälfte vorab in Stücke schneiden. Im Kühlschrank fest werden lassen und zum Servieren in Stücke schneiden. (Abbildung → S. 502)

Donauwellen
für 1 Backblech (ca. 30 × 40 cm)

HERKUNFT Alle Regionen
ZUBEREITUNGSZEIT 40 Minuten
BACKZEIT 30 Minuten
KÜHLZEIT 30 Minuten

Zutaten für den Rührteig

- 250 g Butter
- 250 g Zucker
- 1 TL abgeriebene unbehandelte Zitronenschale
- 6 Eigelb
- 350 g Mehl
- 1 Päckchen Backpulver
- 2 EL Kakaopulver
- 3 EL Milch
- 6 Eiweiß
- 250 g entsteinte Sauerkirschen
- Butter für das Blech

Zutaten für den Belag

- 70 g Speisestärke
- 3 Eigelb
- 1 Vanilleschote
- ¼ l Milch
- Salz

80 g Zucker
100 g weiche Butter
4 cl Orangenlikör
250 g Kuvertüre

1 — Für den Teig die Butter mit 100 g Zucker und der Zitronenschale cremig rühren. Nach und nach die Eigelbe dazugeben und alles zu einer dickschaumigen Masse schlagen. Mehl und Backpulver vermischen. Kakaopulver mit der Milch verrühren und die Eiweiße mit dem restlichen Zucker steif schlagen. Den Eischnee und die Mehlmischung unter den Rührteig heben.

2 — Den Backofen auf 180 °C vorheizen. Ein Backblech mit Butter einfetten und die Hälfte des Rührteigs darauf verteilen. Die andere Teighälfte mit dem angerührten Kakao vermischen und ebenfalls daraufgeben, dabei den Teig glatt streichen. Die Sauerkirschen darauf verteilen und den Kuchen auf der mittleren Schiene des Ofens etwa 30 Minuten backen.

3 — Für den Belag die Speisestärke mit Eigelben und etwas Milch verrühren. Die Vanilleschote längs aufschneiden. Restliche Milch mit Vanilleschote, 1 Prise Salz und Zucker aufkochen und die Stärkemischung unter Rühren einlaufen lassen. Kurz aufkochen lassen, in eine Schüssel füllen und mit Pergamentpapier bedeckt abkühlen lassen. Die Masse durch ein Sieb streichen und so lang rühren, bis sie wieder bindet.

4 — Die Butter nach und nach unterrühren, mit Likör abschmecken und den abgekühlten Kuchen gleichmäßig damit bestreichen. Kalt stellen.

5 — Die Kuvertüre über dem heißen Wasserbad schmelzen. Etwas abgekühlt auf den Kuchen gießen und mit einer Palette gleichmäßig verstreichen. Sobald die Glasur fest wird, mit einer gezackten Palette kleine Wellen daraufzeichnen. Zum Servieren den Kuchen in Stücke schneiden.

Dresdner Eierschecke
für 1 Backblech (ca. 30 × 40 cm)

HERKUNFT Sachsen/Dresden/Thüringen
ZUBEREITUNGSZEIT 40 Minuten
GEHZEIT 40 Minuten
BACKZEIT 1 Stunde

Zutaten für den Hefeteig

½ Würfel Hefe (21 g)
125 ml lauwarme Milch
300 g Mehl
50 g Zucker
2 Eigelb
1 EL Mandellikör
Salz
1 Msp. Vanillemark
1 Msp. abgeriebene unbehandelte Zitronenschale
50 g weiche Butter
zerlassene Butter und Mehl für das Blech

Zutaten für die Quarkmasse

100 g Butter
200 g Zucker
2 Eier
1 kg Quark
1 Päckchen Vanillepuddingpulver
½ l Milch
Salz
100 g Rumrosinen → S. 445

Zutaten für die Eiercreme

½ l Milch
1 Päckchen Vanillepuddingpulver
150 g Zucker
200 g Butter
6 Eier

1 — Für den Hefeteig die zerbröckelte Hefe in der Milch auflösen. Die Hefemilch mit Mehl, Zucker, Eigelben, Likör, 1 Prise Salz, Vanillemark und Zitronenschale verkneten. Die weiche Butter hinzufügen und einige Minuten weiterkneten, bis ein geschmeidiger Teig entstanden ist. Zugedeckt an einem warmen Ort etwa 30 Minuten gehen lassen.

2 — Ein Backblech mit zerlassener Butter bestreichen und mit Mehl bestäuben. Den Teig auf der bemehlten Arbeitsfläche dünn ausrollen und das Blech damit auslegen. Den Teig mit einer Gabel mehrmals einstechen und nochmals kurz gehen lassen.

3 — Für die Quarkmasse die Butter mit der Hälfte des Zuckers schaumig rühren. Die Eier und den Quark nach und nach unterrühren. Das Vanillepuddingpulver mit etwas Milch glatt rühren, die restliche Milch mit dem übrigen Zucker und 1 Prise Salz zum Kochen bringen. Das angerührte Puddingpulver unter ständigem Rühren in die heiße Milch geben und aufkochen lassen. Den Pudding nach und nach unter die Quarkmasse rühren. Die Masse auf dem Hefeteig verstreichen und mit den Rumrosinen bestreuen. Den Backofen auf 175 °C vorheizen.

4 — Für die Eiercreme nochmals, wie oben beschrieben, einen Pudding mit der Hälfte des Zuckers zubereiten. Die Butter schaumig schlagen, die Eier trennen und die Eigelbe nach und nach unter die Butter rühren. Die Eiweiße mit dem restlichen Zucker steif schlagen, mit dem Pudding verrühren und unter die Schaummasse heben. Die Eiercreme gleichmäßig auf der Quarkschicht verteilen. Die Eierschecke im Ofen auf der untersten Schiene etwa 1 Stunde backen und vor dem Servieren einige Stunden ruhen lassen.

Hefezopf
für ca. 500 g

HERKUNFT Alle Regionen
ZUBEREITUNGSZEIT 25 Minuten
GEHZEIT 1 Stunde 20 Minuten
BACKZEIT 30 Minuten

Zutaten für den Teig

- 150 ml Milch
- 20 g Hefe
- 300 g Mehl
- 50 g Zucker
- 2 Eigelb
- 1 EL Mandellikör (z.B. Amaretto)
- Salz
- 1 Msp. Vanillemark
- 1 Msp. abgeriebene unbehandelte Zitronenschale
- 50 g weiche Butter
- 2 EL Rosinen
- 1 EL Rum
- flüssige Butter und Mehl für das Blech
- 1 Ei

Zutaten für die Glasur

- 50 g Puderzucker
- 1 TL Rum
- 1 EL Mandelblättchen

1 — Für den Teig die Milch lauwarm erwärmen und in eine Schüssel geben. Die Hefe mit den Fingern zerbröckeln und darin auflösen. Mehl, Zucker, Eigelbe, Mandellikör, 1 Prise Salz, Vanillemark und Zitronenschale dazugeben und mit den Knethaken des Handrührgeräts oder der Küchenmaschine zu einem Teig verkneten. Die Butter hinzufügen und den Hefeteig so lang kneten, bis ein glatter, elastischer Teig entstanden ist, der sich vom Schüsselrand löst.

2 — Den Hefeteig zugedeckt an einem warmen Ort knapp 30 Minuten gehen lassen, bis sich das Volumen verdoppelt hat. Die Rosinen mit dem Rum in einem Schälchen mischen. Den Teig kurz durchkneten und weitere 30 Minuten zugedeckt gehen lassen.

3 — Den Backofen auf 180 °C vorheizen. Ein Backblech mit flüssiger Butter bestreichen und mit Mehl bestäuben.

4 — Die Rosinen abgießen und in den Teig geben. Den Teig nochmals kurz durchkneten, in 3 Portionen teilen und diese jeweils zu Strängen formen. Aus den 3 Teigsträngen einen Zopf flechten. Auf das Backblech setzen und an einem warmen Ort zugedeckt nochmals 20 Minuten gehen lassen.

5 — Das Ei verquirlen, den Hefezopf damit bestreichen und im Ofen auf der mittleren Schiene 25 bis 30 Minuten goldbraun backen. Den Zopf herausnehmen und vollständig abkühlen lassen.

6 — Für die Glasur den Puderzucker mit 1 EL Wasser und dem Rum verrühren. Die Mandelblättchen in einer Pfanne ohne Fett goldbraun rösten. Den Hefezopf mit der Puderzuckerglasur bestreichen und mit den gerösteten Mandelblättchen bestreuen.

Mohnstrudel
für 8–10 Personen

HERKUNFT Alle Regionen
ZUBEREITUNGSZEIT 40 Minuten
GEHZEIT 30 Minuten
BACKZEIT 25 Minuten

Zutaten für den Hefeteig

- 125 ml Milch
- ½ Würfel Hefe (21 g)
- 300 g Mehl
- 50 g Zucker
- 2 Eigelb
- 1 EL Mandellikör (z.B. Amaretto)
- Salz
- 1 Msp. Vanillemark
- 1 Msp. abgeriebene unbehandelte Zitronenschale
- 50 g weiche Butter
- flüssige Butter für das Blech
- Mehl zum Ausrollen
- 1 Ei
- 1 EL Sahne
- Puderzucker zum Bestäuben

Zutaten für die Füllung

- 4 Äpfel (ca. 500 g; z.B. Braeburn)
- 200 g Mohn
- 200 ml Milch
- 80 ml Kaffee
- ½ ausgekratzte Vanilleschote
- 1 Splitter Zimtrinde
- 2 Eier
- Salz
- 40 g Zucker
- 2 EL Puderzucker
- 1 TL abgeriebene unbehandelte Zitronenschale

1 — Für den Teig die Milch in einem kleinen Topf lauwarm (etwa 30 °C) erhitzen. Die Hefe mit den Fingern zerbröckeln und in der Milch auflösen. Die Hefemilch mit dem Mehl, dem Zucker, den Eigelben, dem Likör, 1 Prise Salz, dem Vanillemark und der Zitronenschale mit den Händen oder mit den Knethaken des Handrührgeräts zu einem Teig verkneten. Die weiche Butter hinzufügen und den Teig einige Minuten weiterkneten, bis er geschmeidig ist. Den Teig zu einer Kugel formen und in einer Schüssel mit Frischhaltefolie bedeckt an einem warmen Ort etwa 30 Minuten gehen lassen.

2 — Für die Füllung die Äpfel schälen, vierteln, entkernen und in ½ bis 1 cm große

Würfel schneiden. Den Mohn in der Mohnmühle oder im Blitzhacker fein mahlen. Mit Milch und Kaffee in einem Topf erhitzen und bei milder Hitze 10 Minuten sanft köcheln. Die Äpfel mit der Vanilleschote und dem Zimt dazugeben, einmal aufkochen, vom Herd nehmen und 10 Minuten abkühlen lassen. Vanille und Zimt wieder entfernen.

3 — Die Eier trennen. Die Eiweiße mit 1 Prise Salz und dem Zucker zu einem festen, cremigen Schnee schlagen. Die Eigelbe mit dem Puderzucker und der Zitronenschale schaumig schlagen. Mohn- und Eigelbmasse verrühren, den Eischnee unterheben.

4 — Den Backofen auf 180 °C vorheizen. Ein Backblech mit flüssiger Butter bestreichen. Den Hefeteig auf der bemehlten Arbeitsfläche dünn zu einem 40 × 40 cm großen Quadrat ausrollen und halbieren. Ein Teigrechteck auf ein sauberes Küchentuch legen.

5 — Die Hälfte der Füllung in einem breiten Streifen auf der Längsseite des Teigs verteilen. Dabei an den Schmalseiten je einen 5 cm breiten Rand frei lassen und diesen nach innen einschlagen.

6 — Den Strudel mithilfe des Tuchs aufrollen und mit der Naht nach unten auf das Backblech legen. Den zweiten Strudel auf die gleiche Weise herstellen.

7 — Das Ei und die Sahne verquirlen. Beide Strudel mit der Ei-Sahne-Mischung bestreichen und im Ofen auf der mittleren Schiene etwa 25 Minuten goldbraun backen.

8 — Die Strudel aus dem Ofen nehmen und etwa 30 Minuten abkühlen lassen. In Stücke schneiden und mit Puderzucker bestäuben.

Nusszopf
für 1 Zopf

HERKUNFT Alle Regionen
ZUBEREITUNGSZEIT 30 Minuten
GEHZEIT 1½ Stunden
BACKZEIT 30 Minuten

Zutaten für den Teig

- 150 ml Milch
- 20 g frische Hefe
- 300 g Mehl
- 50 g Zucker
- 2 Eigelbe
- 1 EL Mandellikör (z. B. Amaretto)
- Salz
- 1 Msp. Vanillemark
- 1 Msp. abgeriebene unbehandelte Zitronenschale
- 50 g weiche Butter
- Mehl zum Verarbeiten
- 50 g flüssige Butter
- 100 g Aprikosenkonfitüre

Zutaten für die Füllung

- 200 g gemahlene Haselnüsse
- 150 g Zucker
- 1 TL Vanillezucker
- abgeriebene Schale von ½ unbehandelten Zitrone
- Saft von 1 Zitrone
- 5 EL Sahne
- 1 Eiweiß
- Salz

1 — Für den Teig die Milch lauwarm erwärmen und in eine Schüssel geben. Die Hefe zerbröckeln und darin auflösen. Mehl, Zucker, Eigelbe, Mandellikör, 1 Prise Salz, Vanillemark und Zitronenschale dazugeben und mit den Knethaken des Handrührgeräts zu einem Teig verkneten. Die

↓
Marmorkuchen S. 489

Butter hinzufügen und alles so lang kneten, bis ein glatter, elastischer Teig entstanden ist, der sich vom Schüsselrand löst.

2 — Den Hefeteig zugedeckt an einem warmen Ort etwa 30 Minuten gehen lassen, bis sich das Volumen verdoppelt hat. Den Teig kurz durchkneten und weitere 30 Minuten zugedeckt gehen lassen.

3 — Für die Füllung die Haselnüsse mit 100 g Zucker, Vanillezucker, Zitronenschale, Zitronensaft und Sahne mischen. Das Eiweiß mit 1 Prise Salz und dem restlichen Zucker zu einem festen Schnee schlagen und unter die Nüsse mischen.

4 — Den Backofen auf 190 °C vorheizen. Den Teig auf der bemehlten Arbeitsfläche zu einem Rechteck (etwa 30 × 40 cm) ausrollen. Mit der flüssigen Butter bestreichen und die Füllung gleichmäßig darauf verteilen, dabei einen 1 bis 2 cm breiten Rand frei lassen.

5 — Den Teig von der langen Seite her aufrollen, auf die Nahtseite legen und längs halbieren. Die beiden Stranghälften mit der offenen Schnittseite nach außen liegend vorsichtig ineinander zu einem Zopf verschlingen und die Enden andrücken.

6 — Den Zopf vorsichtig auf ein mit Backpapier belegtes Backblech setzen und an einem warmen Ort zugedeckt weitere 20 bis 30 Minuten gehen lassen.

7 — Den Zopf im Ofen auf der zweiten Schiene von unten 30 bis 35 Minuten goldbraun backen. Inzwischen die Aprikosenkonfitüre in einem kleinen Topf aufkochen und mit dem Stabmixer verrühren. Den Zopf herausnehmen, mit Aprikosenmarmelade bestreichen und auskühlen lassen.

Schmand-Mohn-Kuchen
für 1 Backblech (ca. 30 × 40 cm)

HERKUNFT Thüringen//Hessen/Niedersachsen
ZUBEREITUNGSZEIT 35 Minuten
GEHZEIT 40 Minuten
BACKZEIT 50 Minuten

Zutaten für den Hefeteig

- 125 ml Milch
- ½ Würfel Hefe (21 g)
- 300 g Mehl
- 50 g Zucker
- 2 Eigelb
- 1 EL Mandellikör
- Salz
- 1 Msp. Vanillemark
- 1 Msp. abgeriebene unbehandelte Zitronenschale
- 50 g weiche Butter
- zerlassene Butter und Mehl für das Blech
- Mehl für die Arbeitsfläche

Zutaten für die Mohnmasse

- 675 ml Milch
- 150 g Zucker
- 90 g Butter
- Salz
- ½ Vanilleschote
- 200 g gemahlener Mohn
- 50 g Hartweizengrieß
- 30 g Rosinen
- 1 Ei
- 1 TL abgeriebene unbehandelte Zitronenschale

Zutaten für die Schmandmasse

- 1 Päckchen Vanillepuddingpulver
- 150 g Zucker
- Salz

1,4 kg Schmand
2 Eier
2 Eigelb
1 TL abgeriebene unbehandelte Orangenschale
450 g Aprikosen (aus der Dose)

1 — Für den Hefeteig die Milch lauwarm erwärmen. Die Hefe mit den Fingern zerbröckeln und in der Milch auflösen. Die Hefemilch mit Mehl, Zucker, Eigelben, Likör, 1 Prise Salz, Vanillemark und Zitronenschale verkneten. Die weiche Butter hinzufügen und einige Minuten weiterkneten, bis ein geschmeidiger Teig entstanden ist. Den Hefeteig in einer Schüssel mit Frischhaltefolie bedeckt an einem warmen Ort etwa 30 Minuten gehen lassen.

2 — Ein Backblech mit zerlassener Butter bestreichen und mit Mehl bestäuben. Den Teig auf der bemehlten Arbeitsfläche dünn ausrollen und das Blech damit auslegen. Den Teig mit einer Gabel mehrmals einstechen und nochmals kurz gehen lassen.

3 — Für die Mohnmasse die Milch in einem Topf mit dem Zucker, der Butter und 1 Prise Salz aufkochen. Die Vanilleschote längs aufschneiden und das Mark herauskratzen. Die Schote und das Mark zur Milch geben. Den Mohn und den Grieß unterrühren und die Mischung 3 bis 4 Minuten köcheln lassen, bis ein dicklicher Brei entstanden ist. Den Topf vom Herd nehmen und den Brei etwas abkühlen lassen. Die Rosinen, das Ei und die Zitronenschale untermischen, die Vanilleschote wieder entfernen.

4 — Für die Schmandmasse das Puddingpulver mit dem Zucker und 1 Prise Salz in einer Schüssel mischen und mit dem Schmand, den Eiern und den Eigelben zu einer glatten Masse verrühren. Zuletzt die Orangenschale unterrühren. Die Aprikosen in ein Sieb abgießen und gut abtropfen lassen.

5 — Den Backofen auf 175 °C vorheizen. Die Mohnmasse auf dem Hefeteig verteilen und glatt streichen. Die Schmandmasse mit einer Schöpfkelle vorsichtig darauf verteilen. Die Aprikosenhälften mit der gewölbten Seite nach oben auf der Schmandmasse verteilen.

6 — Den Schmandkuchen auf der mittleren Schiene im Ofen etwa 50 Minuten goldbraun backen. Zum Servieren in Stücke schneiden.

Versunkener Stachelbeerkuchen
für 1 Backblech (ca. 30 × 40 cm)

HERKUNFT Alle Regionen
ZUBEREITUNGSZEIT 30 Minuten
BACKZEIT 30 Minuten

Zutaten

1 kg Stachelbeeren
150 g weiche Butter
Salz
1 TL Vanillezucker
abgeriebene Schale von ½ unbehandelten Zitrone
150 g Zucker
3 Eier
375 g Mehl
2 ½ TL Backpulver
ca. 3 EL Milch
Butter und Mehl für das Blech
40 g zerlassene Butter
2–3 EL Zucker zum Bestreuen

1 — Die Stachelbeeren putzen, waschen und gut abtropfen lassen. Den Backofen auf 200 °C vorheizen.

2 — Die Butter mit 1 Prise Salz, Vanillezucker und Zitronenschale mit den Quirlen des Handrührgeräts hellschaumig schlagen. Abwechselnd Zucker und die Eier nacheinander unterrühren. Es sollte sich eine glänzende Creme entwickeln. Falls die Butter die Eier nicht bindet, die Schlagschüssel, falls nötig, in warmem Wasser etwas anwärmen und weiterschlagen. Das Ganze zu einer feinen, hellen Schaummasse schlagen.

3 — Das Mehl mit Backpulver sieben und nach und nach mit dem Teigschaber unter die Buttermasse heben, dabei bei Bedarf die Milch hinzufügen.

4 — Ein Backblech mit Butter einfetten und mit Mehl bestäuben, den Teig darauf verteilen und glatt streichen, falls nötig, mit dem Nudelholz gleichmäßig ausrollen. Mit zerlassener Butter bestreichen und die Stachelbeeren darauf verteilen.

5 — Den Stachelbeerkuchen im Ofen auf der zweiten Schiene von unten etwa 30 Minuten goldbraun backen. Herausnehmen, mit Zucker bestreuen und auskühlen lassen.

Zwetschgendatschi
für 1 Backblech (ca. 30 × 40 cm)

HERKUNFT Süddeutschland
ZUBEREITUNGSZEIT 30 Minuten
GEHZEIT 50 Minuten
BACKZEIT 40 Minuten

Zutaten für den Teig

125 ml Milch
20 g Hefe
300 g Mehl
50 g Zucker
2 Eigelb
1 EL Mandellikör (z.B. Amaretto)
Salz
1 Msp. Vanillemark
1 Msp. abgeriebene unbehandelte Zitronenschale
50 g weiche Butter
flüssige Butter und Mehl für das Blech
Mehl für die Arbeitsfläche

Zutaten für den Belag

2 kg Zwetschgen
50 g Biskuitbrösel (z.B. zerstoßene Löffelbiskuits)
50 g Zucker
½ TL Zimtpulver

Zutaten für die Streusel

125 g Mehl
90 g Zucker
1 EL Vanillezucker
100 g flüssige Butter
Salz
Zimtpulver
75 g Mandelblättchen

1 — Für den Hefeteig die Milch in einem kleinen Topf lauwarm (etwa 30 °C) erhitzen. Die Hefe mit den Fingern zerbröckeln und in der Milch auflösen. Die Hefemilch mit dem Mehl, dem Zucker, den Eigelben, dem Mandellikör, 1 Prise Salz, dem Vanillemark und der Zitronenschale mit den Händen oder in der Küchenmaschine zu einem Teig verkneten. Die Butter hinzufügen und den Teig einige Minuten weiterkneten, bis er geschmeidig ist.

2 — Den Teig zu einer Kugel formen und in einer Schüssel mit Frischhaltefolie bedeckt an einem warmen Ort etwa 30 Minuten gehen lassen.

3 — Ein Backblech mit flüssiger Butter bestreichen und mit Mehl bestäuben. Den Teig auf der bemehlten Arbeitsfläche dünn ausrollen und das Blech damit auslegen. Den Teig mit einer Gabel mehrmals einstechen.

4 — Für den Belag die Zwetschgen waschen, halbieren, entsteinen und jede Zwetschgenhälfte längs etwa bis zur Mitte einschneiden. Den Teig mit den Biskuitbröseln bestreuen und dicht mit den Zwetschgenhälften belegen. Den Zucker und den Zimt in einer kleinen Schüssel vermischen und über die Zwetschgen streuen.

5 — Für die Streusel das Mehl mit dem Zucker, dem Vanillezucker, der flüssigen Butter und je 1 Prise Salz und Zimt mit den Fingern zu Krümeln verreiben. Die Mandelblättchen locker daruntermischen und die Streusel gleichmäßig auf dem Zwetschgendatschi verteilen. Den Kuchen nochmals 20 Minuten gehen lassen.

6 — Den Backofen auf 175 °C vorheizen. Den Zwetschgendatschi im Ofen auf der mittleren Schiene 30 bis 40 Minuten goldbraun backen. Herausnehmen, auskühlen lassen und den Kuchen in Stücke schneiden. Den Datschi nach Belieben mit einem Klecks Schlagsahne servieren. (Abbildung → S. 514)

Dresdner Christstollen
für 2 Stollen à 1,3 kg

HERKUNFT Sachsen/Dresden
EINWEICHZEIT 12 Stunden
ZUBEREITUNGSZEIT 30 Minuten
GEHZEIT 1½ Stunden
BACKZEIT 1 Stunde

Zutaten für die Früchtemischung

100 g gehackte Mandeln
250 g Korinthen
250 g Rosinen
50 g Zitronat (fein gehackt)
100 g Orangeat (fein gehackt)
120 ml Rum
2 Tropfen Bittermandelaroma
Mark von 1 Vanilleschote
abgeriebene Schale von je ½ unbehandelten Zitrone und Orange

Zutaten für den Hefeteig

150 ml Milch
90 g Hefe
80 g Honig
520 g Mehl (Type 405)
300 g Mehl (Type 550)
2 Eier
2 Eigelb
400 g weiche Butter
Mehl zum Bestäuben
6 g Salz
Butter und Mehl für die Form
250 g flüssiges Butterschmalz
200 g Vanillezucker

1 — Am Vortag für die Früchtemischung Mandeln, Korinthen, Rosinen, Zitronat, Orangeat, Rum, Bittermandelaroma, Vanillemark, abgeriebene Zitronen- und Orangenschale in einer Schüssel vermischen und mit Frischhaltefolie bedeckt bei Zimmertemperatur ziehen lassen.

2 — Für den Teig am nächsten Tag die Milch lauwarm erwärmen. Die Hefe mit den Fingern zerbröckeln und in der Milch auflösen. Die Hefemilch mit dem Honig und 200 g Mehl (Type 405) zu einem zähen Teig vermischen. Zugedeckt an einem warmen Ort etwa 15 Minuten gehen lassen.

3 — Das restliche Mehl, die Eier, Eigelbe und 100 g Butter zum Vorteig geben und mit den Knethaken des Handrührgeräts oder der Küchenmaschine verkneten. Die restliche Butter nach und nach unter den Teig kneten. Den Hefeteig so lang kneten, bis er geschmeidig ist und Blasen wirft. Den Teig mit Mehl bestäuben und mit Frischhaltefolie abdecken. Bei Zimmertemperatur etwa 1 Stunde gehen lassen, bis sich sein Volumen verdoppelt hat. Die eingeweichten Früchte, Mandeln und Salz kurz unterkneten.

↓
Zwetschgendatschi S. 512

4 — Zwei Stollenformen mit Butter einfetten und mit Mehl bestäuben. Den Backofen auf 220 °C vorheizen. Den Teig halbieren und zu dicken ovalen Rollen formen. Mit einem Nudelholz in der Mitte vorsichtig etwas flacher rollen und den dünneren Teigboden wieder zur Mitte hin umschlagen. Den Stollenteig mit der Nahtseite nach oben in die Formen legen und die Form schließen. Die Stollen weitere 15 Minuten gehen lassen.

5 — Die Stollen auf die mittlere Schiene in den Ofen geben, die Temperatur auf 175 °C herunterschalten und die Stollen 50 bis 60 Minuten backen. Die Christstollen aus der Form nehmen, leicht abkühlen lassen und noch warm rundum mit Butterschmalz bestreichen. Mit Puderzucker bestreuen, vollständig abkühlen lassen. In Alufolie wickeln und im Kühlschrank mindestens 1 Woche durchziehen lassen.

Kletzenbrot
für ca. 2 ½ kg

HERKUNFT Süddeutschland
MARINIERZEIT 24 Stunden
ZUBEREITUNGSZEIT 25 Minuten
BACKZEIT 70–90 Minuten

Zutaten

300 g getrocknete Birnen (Kletzen)
100 g getrocknete Feigen
300 g getrocknete Zwetschgen (entsteint)
150 g getrocknete Datteln (entsteint)
150 g getrocknete Aprikosen (entsteint)
250 g Rosinen
50 g Orangeat
20 g Zitronat
1 TL Zimtpulver
gemahlener Sternanis
½ TL Nelkenpulver
8 cl Rum
8 cl Zwetschgenwasser
200 g Haselnusskerne
1 kg Mischbrotteig (halb Sauerteig und halb Hefeteig; vom Bäcker)
Mehl zum Formen

1 — Am Vortag die getrockneten Birnen in kaltem Wasser über Nacht einweichen.

2 — Am nächsten Tag die Birnen mit dem Einweichwasser etwa 10 Minuten weich kochen. Die Birnen in ein Sieb abgießen, abtropfen lassen und in grobe Würfel schneiden. Feigen, Zwetschgen, Datteln und Aprikosen ebenfalls in Würfel schneiden. Alles mit den Birnen, den Rosinen, dem Orangeat, dem Zitronat, dem Zimt, 1 Prise Sternanis, dem Nelkenpulver, Rum und Zwetschgenwasser in einer Schüssel gut vermischen und die Früchte-Gewürz-Mischung zugedeckt bei Zimmertemperatur ½ Tag ziehen lassen.

3 — Die Haselnüsse fein hacken. Die Früchte-Gewürz-Mischung mit den Haselnüssen und dem Brotteig verkneten und mit etwas Mehl zu 2 oder 3 ovalen Broten formen. Die Kletzenbrote auf ein mit Backpapier ausgelegtes Backblech setzen und 30 Minuten an einem warmen Ort gehen lassen. Den Backofen auf 180 °C vorheizen.

4 — Die Kletzenbrote im Ofen auf der mittleren Schiene je nach Größe 70 bis 90 Minuten backen, dabei alle 10 Minuten mit Wasser bepinseln. Durch das Bepinseln mit Wasser erhält das Brot eine schöne Kruste. Das Kletzenbrot ist fertig, wenn es beim Klopfen auf die Unterseite hohl klingt.

5 — Die Brote herausnehmen und auf dem Blech abkühlen lassen. Die Kletzenbrote in Alufolie gewickelt mehrere Tage durchziehen lassen. Kletzenbrot schmeckt ausgezeichnet zu Käse oder einfach nur mit Butter bestrichen.

Osterbrot
für ca. 500 g

HERKUNFT Alle Regionen
ZUBEREITUNGSZEIT 30 Minuten
GEHZEIT 1 Stunde 5 Minuten
BACKZEIT 30–40 Minuten

Zutaten

- 30 g Orangeat
- 3 EL Rum
- 80 g Rosinen
- 250 g Mehl
- 75 ml Milch
- 20 g Hefe
- 3 Eigelb
- 2 EL Zucker
- Mark von ½ Vanilleschote
- Salz
- 1 Msp. abgeriebene unbehandelte Zitronenschale
- 75 g weiche Butter
- Mehl zum Verarbeiten
- flüssige Butter zum Bestreichen
- 80 g Aprikosenkonfitüre
- 50 g Puderzucker
- 1 EL Zitronensaft

1 — Das Orangeat mit 1 TL Rum vermischen und fein hacken. Die Rosinen mit dem restlichen Rum in ein Schälchen geben.

2 — Das Mehl in eine Schüssel geben und in die Mitte eine Mulde drücken. Die Milch in einem kleinen Topf lauwarm erhitzen. Die Hefe mit den Fingern zerbröckeln und in der Milch auflösen. Die Hefemilch in die Mehlmulde geben, mit etwas Mehl zu einer zähen Masse verrühren und ein wenig Mehl darüberstäuben. Den Vorteig zugedeckt an einem warmen Ort etwa 15 Minuten gehen lassen, bis sich an der Oberfläche leichte Risse bilden.

3 — Inzwischen die Eigelbe mit dem Zucker, dem Vanillemark, 1 Prise Salz und der Zitronenschale in einer Schüssel hellschaumig aufschlagen. Die Butter in einer zweiten Schüssel ebenfalls cremig schlagen.

4 — Den Eierschaum zum Vorteig in die Schüssel geben und kurz mischen. Die Butter hinzufügen und alles mit den Knethaken des Handrührgeräts oder in der Küchenmaschine zu einem glatten, geschmeidigen Teig verkneten. Die Rumrosinen abtropfen lassen und mit dem Orangeat rasch unter den Hefeteig kneten. Den Teig zugedeckt etwa 20 Minuten gehen lassen.

5 — Den Hefeteig mit etwas Mehl zu einem runden Laib kneten und mit der Naht nach unten auf ein mit Backpapier ausgelegtes Backblech setzen. Die Teigkugel mit Butter bestreichen, rautenförmig einschneiden und mit einem Küchentuch bedeckt an einem warmen Ort 20 bis 30 Minuten gehen lassen.

6 — Den Backofen auf 170 °C vorheizen. Das Osterbrot im Ofen auf der mittleren Schiene 30 bis 40 Minuten hellbraun backen. Herausnehmen und auskühlen lassen.

7 — Die Aprikosenkonfitüre mit 2 EL Wasser aufkochen, mit dem Stabmixer pürieren und das Osterbrot damit bestreichen. Den Puderzucker in eine kleine Schüssel sieben und mit dem Zitronensaft und 1 bis 2 EL Wasser glatt rühren. Das Osterbrot mit dem Guss bestreichen.

Gebackenes Osterlamm
für 1 Stück

HERKUNFT Alle Regionen
ZUBEREITUNGSZEIT 20 Minuten
BACKZEIT 45 Minuten

Zutaten

- 100 g weiche Butter
- 100 g feiner Kristallzucker oder Puderzucker
- 1 Msp. Vanillemark
- 1 Msp. abgeriebene unbehandelte Zitronenschale
- 2 Eigelb
- 100 g Mehl
- 1 TL Backpulver
- 2 Eiweiß
- Salz
- weiche Butter und Mehl für die Form
- Puderzucker zum Bestäuben

1 — Den Backofen auf 180 °C vorheizen. Die Butter mit der Hälfte des Zuckers, dem Vanillemark und der Zitronenschale mit den Quirlen des Handrührgeräts schaumig schlagen, bis sich der Zucker aufgelöst hat. Dann die Eigelbe nach und nach unter die Butter rühren.

2 — Das Mehl mit dem Backpulver sieben. Die Eiweiße mit dem restlichen Zucker und 1 Prise Salz zu einem cremigen Schnee schlagen. Mehl und Eischnee abwechselnd unter die Buttermasse ziehen.

3 — Eine Osterlamm-Backform dick mit Butter einfetten und mit Mehl bestäuben. Die Kuchenmasse durch die Öffnung hineinfüllen und die Form vorsichtig auf die Arbeitsfläche klopfen, damit sich die Masse überall gut verteilt. Im vorgeheizten Ofen etwa 45 Minuten backen.

4 — Aus dem Ofen nehmen, das Lämmchen noch ein paar Minuten in der Form abdämpfen lassen, dann vorsichtig aus der Form lösen. Ganz auskühlen lassen und dick mit Puderzucker bestäuben.

Struwen
für ca. 20 Stück

HERKUNFT Westfalen/Münsterland
ZUBEREITUNGSZEIT 20 Minuten
GEHZEIT 50 Minuten
BACKZEIT 20 Minuten

Zutaten

- 200 g Rosinen
- 375 ml Milch
- 1 Würfel Hefe (42 g)
- 500 g Mehl
- 60 g Zucker
- 1 Ei
- 1 gestr. TL Salz
- Butterschmalz zum Braten
- Puderzucker zum Bestäuben
- 200 g Preiselbeerkompott

1 — Die Rosinen in einer Schüssel mit warmem Wasser bedecken und 15 Minuten quellen lassen. In ein Sieb abgießen, gut abtropfen lassen und trocken tupfen.

2 — In einem Topf 200 ml Milch lauwarm erwärmen. Die Hefe zerbröckeln und in der Milch auflösen. Die Hefemilch mit etwa 150 g Mehl mischen und mit Frischhaltefolie bedeckt an einem warmen Ort 20 Minuten gehen lassen.

3 — Den Vorteig mit dem restlichen Mehl, der übrigen lauwarmen Milch, dem Zucker, dem Ei und dem Salz mit den Knethaken des Handrührgeräts verkneten. Einige Minuten kneten, bis der Teig Blasen wirft und ein zäher, weicher Teig entstanden ist.

4 — Zum Schluss die Rosinen kurz unterarbeiten und den Hefeteig mit Frischhaltefolie bedeckt bei Zimmertemperatur weitere 30 Minuten gehen lassen.

5 — Eine große Pfanne bei mittlerer Temperatur erhitzen, 1 EL Butterschmalz darin zerlassen, sodass der Pfannenboden gut benetzt ist. Je 1 gehäuften EL Teig abnehmen, mithilfe eines zweiten Löffels in die Pfanne setzen und etwas flach drücken (1 bis 1 ½ cm). Weitere Teiglinge einsetzen, dabei etwas Abstand zueinander lassen. Auf jeder Seite 2 bis 3 Minuten goldbraun backen. Aus der Pfanne nehmen und auf Küchenpapier abtropfen lassen.

6 — Die Struwen auf vorgewärmten Tellern anrichten, mit Puderzucker bestäuben und das Preiselbeerkompott dazu reichen. Möglichst frisch verzehren.

Stutenkerl
für 4 Stück

HERKUNFT Westfalen/Münsterland
ZUBEREITUNGSZEIT 20 Minuten
GEHZEIT 1 Stunde 20 Minuten
BACKZEIT 20 Minuten

Zutaten für den Teig

- 150 ml Milch
- 100 g weiche Butter
- 500 g Mehl
- 1 Päckchen Trockenhefe (ersatzweise 25 g frische Hefe)
- 75 g Zucker
- 1 gestr. TL Salz
- 1 TL abgeriebene unbehandelte Zitronenschale
- 1 Ei
- 1 Eiweiß

Zutaten für das Gebäck

- Mehl zum Bearbeiten
- 1 Eigelb
- 2 EL Milch
- ca. 20 Rosinen für Augen und Knöpfe
- 4 Gips- oder Tonpfeifen (aus dem Bastelgeschäft)

1 — Die Milch erwärmen und die Butter darin schmelzen lassen. Das Mehl mit der Hefe in einer Rührschüssel gut vermischen. Die restlichen Zutaten hinzufügen und mit dem Knethaken der Küchenmaschine oder des Handrührgeräts zuerst auf niedrigster Stufe, danach auf starker Stufe etwa 5 Minuten zu einem glatten Teig verarbeiten. Mit Frischhaltefolie bedecken und an einem warmen Ort etwa 1 Stunde gehen lassen.

2 — Den Teig auf einer bemehlten Arbeitsfläche nochmals kurz durchkneten, vierteln, die Teigstücke zu Rollen von 20 cm Länge formen. Auf einer leicht bemehlten Arbeitsfläche etwas ausrollen, sodass eine ovale Platte von etwa 1 cm Dicke entsteht. Für die Arme und Beine den Teig seitlich einschneiden und Gliedmaßen formen. Den Kopf rund formen. Wahlweise das Gebäck mit einem Teigausstecher in Stutenkerlform ausstechen.

3 — Die Stutenkerle auf zwei mit Backpapier belegte Backbleche setzen. Eigelb und Milch verrühren, die Stutenkerle damit einpinseln und mit den Rosinen je 2 Augen und einige Knöpfe eindrücken. Die Pfeifen auf Mundhöhe anlegen und am Körper seitlich etwas eindrücken und die Hefeteile nochmals 20 Minuten gehen lassen.

4 — Den Backofen auf 180 °C vorheizen. Die Stutenkerle im Ofen etwa 20 Minuten goldbraun backen und auskühlen lassen.

↓
Schwarzwälder Kirschtorte S. 484

Kulinarisches Glossar *– von A bis Z*

Arme Ritter
Einfache Süßspeise, bei der Weißbrotscheiben oder Zwieback in einer süßen Eiermilch getränkt, paniert und in der Pfanne gebacken werden. Dann werden sie mit Zimt und Zucker bestreut oder mit Vanille- bzw. Weinschaumsauce serviert. Die Namensgebung kommt vermutlich daher, dass sich arme Ritter kein Fleisch leisten konnten und ihr altes Brot mit Milch und Ei aufgewertet haben.

Auszogne
Traditionelles bayerisches Hefegebäck, das in Butterschmalz ausgebacken und mit Puderzucker bestäubt wird. Der Teig wird vor dem Backen so weit auseinandergezogen, dass man fast hindurchschauen kann.

Backerbsen
Erbsengroße Brandteigkugeln, die vor allem als Suppeneinlage dienen.

Baeckerofen/Baeckeoffa
Elsässischer Eintopf mit Fleischwürfeln, Zwiebel- und Kartoffelscheiben, der mit Riesling bei schwacher Hitze im Backofen („Bäckerofen") gegart wird. Dabei wird der Topf mit einem Graubrotteig verschlossen.

Baumkuchen
An einer langen, rotierenden Walze schichtweise an offenem Feuer gebackener, sehr feiner Kuchen aus Biskuitteig. Der Name lässt sich von dem Ringmuster ableiten, das sichtbar wird, sobald der Kuchen aufgeschnitten wird: Es erinnert an einen Baumstamm mit Jahresringen. Er wird entweder frisch in Stücke geschnitten serviert oder zu kleinen Blöckchen aufgeteilt, die dann mit Kuvertüre oder mit Glasur überzogen werden.

Berliner Luft
Schaumige Süßspeise aus Ei, Zucker, Zitrone und Gelatine, die mit Himbeersauce angerichtet wird. Das Dessert ist rot-weiß und hat damit die typischen Farben Berlins.

Bismarckhering
Heringsfilet, eingelegt in einer Marinade aus Essig und verschiedenen Gewürzen. Der Hering wurde nach dem Reichskanzler Otto von Bismarck benannt, dem die eingelegten Filets so gut schmeckten, dass er dem Fischhändler das Privileg erteilte, sie als „Bismarckhering" zu verkaufen.

Blaufelchen
Beliebter Speisefisch aus dem Bodensee. Er hat ein helles, festes Fleisch und wird gebraten, gedämpft oder geräuchert.

Bockwurst
Brühwurst aus Rind- und Schweinefleisch, gut gewürzt, manchmal auch mit Knoblauch; meist warm gegessen mit Senf zu Kartoffelsalat oder Brötchen. Wurde ursprünglich zu Bockbier serviert.

Böfflamott
Ein in Rotwein oder Weißwein eingelegter Rinderbraten. Der Name leitet sich vom französischen „bœuf à la mode" (Rindfleisch nach der Mode) ab.

Brathering
In Essig, Zwiebeln und Gewürzen eingelegter gebratener Hering.

Bratwurstbrät
Grobes oder feines, rohes, ungebrühtes Brät, das zur Füllung von Bratwürsten verwendet wird.

Bremer Klaben
Beliebtes Bremer Weihnachtsgebäck: ein süßes Hefeweißbrot mit Mandeln, Rosinen und Korinthen.

Bries
Thymusdrüse des Kalbs oder Lamms. Bries besteht aus einem weißen, weichen Gewebe und kann sehr vielfältig verarbeitet werden: Gegrillt, geschmort, gedünstet – und vor allem gebacken ist es sehr populär.

Bubespitzle
Schwäbischer Ausdruck für Schupfnudeln: Ein Teig aus gestampften Kartoffeln, Mehl und Eiern wird zu kleinen, spitz zulaufenden Röllchen geformt und in Fett knusprig gebraten.

Butterschmalz
Geklärtes, reines Butterfett, das lang haltbar ist und zum Kochen und Backen verwendet wird.

Deie
Schwäbische Brotspezialität; ein rustikaler Brotfladen, der mit verschiedenen süßen sowie herzhaften Belägen angeboten wird: klassisch mit Sauerrahm, Zwiebeln und Speck, aber auch mit Lauch, Kartoffeln, Käse oder mit Äpfeln und Zimt.

Dibbelabbes
→ Döbbekuchen

Dicke Bohnen
Auch als Acker-, Sau- oder Puffbohnen bekannt; sie gehören zur Gattung der Wicken. Die großen Bohnenkerne schmecken angenehm süßlich und sehr zart.

Diebchen mit Duckefett
Gericht aus Nordhessen; Kartoffelklöße, die mit Mettwurstwürfeln gefüllt sind.

Dinnete
→ Deie

Dippehaas
Küchenklassiker aus Rheinhessen. Dabei werden zerlegter Hase und Schweinefleisch im Topf geschichtet, mit Zwiebeln, Knoblauch und Wacholderbeeren bestreut und mit Wein übergossen. Der Name ist Mundart für „Topfhase".

Döbbekuchen
Kartoffelgericht aus Rheinland-Pfalz. Der Auflauf aus Kartoffeln, Zwiebeln, Dörrfleisch und einfachen Gewürzen wird in einem Topf im Ofen gebacken. Der Name bedeutet im Hochdeutschen so viel wie „Topfkuchen".

Donauwelle
Fruchtiger Blechkuchen mit Kirschen, Buttercreme und Schokolade. Das Wellenmuster aus dunklem und hellem Teig sowie auf der Schokoladenglasur soll an die Wellen der Donau erinnern.

Eierstich
Beliebte Suppeneinlage aus mit Milch oder Brühe verrührtem Ei, das man im Wasserbad fest werden lässt und dann in kleine Würfel schneidet.

Eisbein
Auch unter Schweinshaxe bekannt. Gepökeltes und gekochtes Teil des Schweinebeins, das auf verschiedene Arten zubereitet werden kann.

Errötendes Mädchen
Traditionelle norddeutsche Dessertcreme aus Buttermilch, Gelatine und Preiselbeeren, die ursprünglich aus Schleswig-Holstein stammt und ihren Namen der rötlichen Farbe zu verdanken hat.

Essiggurken
Kleine Gürkchen, eingelegt in Essig mit Kräutern und Gewürzen.

Falscher Hase
Hackbraten, gefüllt mit hart gekochten Eiern. Falscher Hase gilt als kostengünstiger Ersatz für einen echten Hasenbraten.

Fliederbeersuppe
Fruchtsuppe aus Norddeutschland, die aus dem Saft der Beeren des Schwarzen Holunders hergestellt und heiß serviert wird. Nach Belieben werden noch Grießklößchen hinzugefügt.

Fingernudeln
→ Bubespitzle

Franzbrötchen
Gebäckspezialität aus Hamburg. Süße Hefeteilchen mit Zimt und Zucker gefüllt, ähnlich wie Zimtschnecken.

Fürst-Pückler-Eis
Eiskreation aus Vanille-, Schokoladen- und Erdbeereis. Die Komposition erinnert an die Farben des Familienwappens von Fürst Pückler (Schwarz, Gelb, Rot).

Gaisburger Marsch
Nach einem Stuttgarter Stadtteil benannte schwäbische Eintopfspezialität aus Gemüse, Kartoffelschnitzen, Spätzle und Rindfleisch, die in einer kräftigen Brühe gekocht werden.

Gänseweißsauer
Gericht aus Norddeutschland. Dabei wird Gänsefleisch mit Kalbsfüßen, Wurzelwerk, Kräuterbündel und Gewürzen in Wasser gegart; die Brühe passiert, mit Essig gewürzt, über das ausgelöste Gänsefleisch gegeben und zum Gelieren kalt gestellt.

Gefillde
Saarländische Spezialität: mit Hackfleisch oder grober Leberwurst „gefüllte" Kartoffelklöße. Serviert werden die Gefillde mit Sauerkraut und einer Speck-Sahne-Sauce.

Geheirate
Saarländisches Traditionsgericht. Seinen Namen hat das Gericht daher, dass zwei verschiedene Produkte (Kartoffeln und Mehlklöße) zusammen in einem Topf gegart werden. Dazu werden Salat und Apfelkompott gereicht.

Götterspeise
Traditionelle geleeartige Süßspeise, auch bekannt als Wackelpudding, bestehend aus Gelatine, Zucker und Aromastoffen. Meist serviert mit Schlagsahne oder Vanillesauce.

Graupen
→ Perlgraupen

Grieben
Ausgebratene Speckstücke oder die knusprigen Reste beim Auslassen von Schmalz.

Gröstl
Pfannengericht aus Österreich, das aus Kartoffeln und in Stücke geschnittenem Rind- oder Schweinefleisch besteht und zusammen mit Zwiebel in einer Pfanne gebraten, also „geröstet" wird.

Grüner Speck
Frischer, unbehandelter Rückenspeck vom Schwein.

Grünkohl/Braunkohl
Wintergemüse mit gekräuselten Blättern, das als Beilage zu Wild und Wurst verwendet wird.

Hackepeter
Grob gemahlenes Schweinefleisch, pikant gewürzt. Der Name kommt von „Gehacktes mit Petersilie".

Hackus und Knieste
Harzer Begriff für Gehacktes vom Schwein (Hackus) mit kleinen Kartoffeln (Knieste), dazu wahlweise Gurken und Zwiebeln.

Halve Hahn
Kleines Gericht aus dem Rheinland, bestehend aus einer halben Scheibe Grau- oder Schwarzbrot, dazu gibt es einen weichen Bierkäse (meistens Harzer oder Mainzer Käse).

Handkäse
Ursprünglich „von Hand" geformter Sauermilchkäse. Innen in unreifem Zustand von bröckelig-weißer Konsistenz, teilweise mit Kümmel; als Spezialität: Harzer Roller oder auch Mainzer Handkäse, bekannt als „Handkäs mit Musik" mit Zwiebeln, oft auch mit Essig und Öl angemacht.

Harzer Roller
→ Handkäse

Hasenpfeffer
Mittelalterliches Gericht aus Kleinfleisch und Innereien des Hasen mit frischem Hasenblut und Rotwein als Ragout. Der Zusatz „Pfeffer" ist gleichbedeutend mit scharf oder würzig.

Hering
Seefisch aus dem Atlantik, beliebt als Bratfisch und mariniert (Grüner bzw. Brathering), geräuchert (Bückling), gesalzen (Salzhering) und als Fischkonserve. Am wohlschmeckendsten sind die 25 bis 30 cm großen Fische.

Himmel un Ääd
Traditionelles westfälisches Gericht aus Kartoffeln („Früchte der Erde") und Äpfeln („Früchte des Himmels"), dazu gibt es gebackene Zwiebelringe und Blutwurst.

Kalter Hund
Schnell zubereiteter Kuchen aus Fertigkeksen, der schichtweise mit einer Masse aus zerlassenem Kokosfett, Kakao, Eiern und Zucker in eine Kastenform gefüllt, gekühlt, gestürzt und in Scheiben aufgeschnitten wird. Er muss „kalt wie eine Hundeschnauze sein".

Kastenpickert
Kulinarische Spezialität aus Ostwestfalen-Lippe. Im Kasten zubereiteter Pfannkuchen aus einem Kartoffel-Hefe-Teig, der wahlweise zusätzlich mit Rosinen hergestellt wird. Vor dem Servieren wird er in Scheiben geschnitten und in Butter goldgelb gebraten. Dazu werden Rübenkraut und Leberwurst serviert.

Katenschinken
Norddeutsche Schinkenspezialität aus Schleswig-Holstein. Trocken gepökelt, dann zum „Durchbrennen" einige Wochen unter Tüchern gelagert, wobei sich Zartheit, Aroma und Farbe entwickeln. Anschließend wird er vier Wochen kalt geräuchert. Ursprünglich wurde er in kleinen Bauernhäusern (Katen) über der Feuerstelle mitgeräuchert.

Kletzenbrot
Bäuerliches Weihnachtsgebäck aus bayerischer und schwäbischer Küche. Kleine Früchtebrote mit Dörrobst, hauptsächlich Kletzen (getrocknete Birnen), Nüssen, Zimt, Anis und Fenchel.

Klöße/Knödel
Meist zu Kugeln geformte Beilage in verschiedenen Varianten, z. B. aus Kartoffeln, Mehl, Grieß. Die Klöße werden in Salzwasser gekocht oder gedämpft.

Klump
Norddeutsche Bezeichnung für Kartoffelklößchen.

Köthener Schusterpfanne
Spezialität aus Sachsen-Anhalt. Schweinebraten, mit Kartoffeln und Birnen überbacken.

Krabben
→ Nordseekrabben

Kratzede
Baden-württembergische Mehlspeise, bei der es sich um in der Pfanne zerrupfte („zerkratzte") Eierkuchen handelt. Das Gericht wird meistens als Spargelbeilage mit Schinken serviert.

Kroketten (aus Kartoffeln)
Rollen oder Plätzchen aus Kartoffelteig, paniert und in Fett schwimmend ausgebacken.

Labskaus
Norddeutsches Seemannsgericht. Kartoffeln, gekochte Rote Bete und Pökelfleisch werden zusammen mit einem Schuss Rinderkraftbrühe und Gewürzgurkenwasser zerstampft. Anschließend wird das Gericht mit Spiegelei, Rollmops und Gewürzgurken serviert.

Laugengebäck
Vor dem Backen in Natronlauge getunktes Hefeteiggebäck, meist mit grobkörnigem Salz bestreut und dann gebacken. Wird oft pur mit Butter gegessen und ist vor allem in Form von Brezeln oder Stangen in Süddeutschland beliebt.

Leinöl
Hochwertiges Öl, kalt aus Leinsamen gepresst. Wird für Salate verwendet.

Löwenzahn
Eine auf Wiesen wachsende Pflanze mit länglichen gelben Blüten und hohlen, Milchsaft führenden Stängeln. Man kann ihn andünsten, roh als Salat verzehren oder für eine Suppe verwenden.

Lübecker Schwalbennester
Norddeutsche Spezialität, bei der ein Kalbs- oder Putenschnitzel mit Schinken und gekochtem Ei zu einer Roulade gerollt, angebraten und in der Pfanne fertig gegart wird. Anschließend wird die Roulade auf dem Teller quer zerteilt und nach Belieben mit Kartoffelpüree serviert.

Lübscher Plettenpudding
Süßspeise aus Biskuitkuchen, Himbeeren, Himbeermarmelade, Makronen, einer Eiersahnecreme, Gelatine und Sherry oder Himbeergeist. Der Name Plettenpudding setzte sich dank Thomas Manns „Buddenbrooks" durch.

Martinsgans
Traditionsgericht, das am Sankt-Martins-Tag (11. November) zubereitet wird: Als St. Martin von seiner Bischofswahl erfuhr, versteckte er sich in einem Gänsestall. Durch ihr Geschnatter verrieten sie ihn allerdings, weshalb sie noch heute am Martinstag dafür büßen müssen.

Die Gans wird knusprig gebraten, gewürzt und wahlweise mit Rotkohl, Äpfeln und Kartoffelklößen serviert.

Matjeshering
Eingesalzener junger Hering, der noch nicht gelaicht hat. Matjes ist enzymatisch gereift und wird roh, entgrätet und enthäutet gegessen. Der Name kommt aus dem holländischen „Meisjes" (Mädchen) oder „maagdelijk" (jungfräulich).

Merziger Viezsuppe
Saarländische Suppe aus Apfelwein (Viez). Zwiebeln und Äpfel fein gewürfelt zusammen mit Knoblauch und Ingwer in Butter andünsten und mit dem Viez aufgießen. Anschließend wird Sahne hinzugefügt und die Suppe püriert.

Mettenden
Geräucherte Mettwürste aus Schweinefleisch. Sie sind vor allem im nordwestlichen Teil Deutschlands bekannt. Mettenden kann man sogar kalt essen oder zur Suppe/Eintopf hinzufügen.

Millirahmstrudel
Wiener Mehlspeise. Die Füllung des Strudels besteht aus klein geschnittenen, mit Milch angefeuchteten Semmeln, Eigelb, Puderzucker, Butter, Vanille, geriebener Zitronenschale, Sauerrahm, Quark und Rosinen. Mit Zucker steif geschlagener Eischnee wird untergehoben. Der Überguss besteht aus Milch, Zucker und Ei.

Münsterländer Töttchen
Klassiker aus dem Münsterland. Früher wurden Innereien, heutzutage meist Kalbfleisch und Kalbszunge mit Essig und Zwiebeln zu einem pikanten Ragout verkocht. Zu Töttchen werden kräftiges Schwarzbrot und Petersilienkartoffeln gereicht.

Muskatkürbis
Kürbis mit dunkelgrüner, gerippter Schale und orangefarbenem Fruchtfleisch. Aufgrund seines fruchtig-säuerlichen Geschmacks wird er meist für Süßspeisen verwendet. Doch auch für die Verwendung in Suppen oder Salaten ist er geeignet. Der Muskatkürbis kann roh und gegart verwendet werden.

Nordseekrabben (Garnelen)
Fingerlange Seekrebse, die in aller Regel bereits auf den Fangschiffen gekocht werden, wodurch sie ihre rötliche Farbe erhalten. Sie kommen in verschiedenen Arten in allen Meeren vor und werden frisch, als Konserve oder tiefgekühlt im Handel angeboten.

Nussbutter
Butter wird erhitzt, durch ein Tuch passiert und weiter erhitzt, bis sie eine goldbraune Farbe annimmt. Den Namen hat sie von dem nussigen Geschmack, der dabei entsteht.

Obatzda
Traditionelle bayerische Käsezubereitung, bei der Camembert mit Pfeffer, Paprika, Kümmel, Zwiebeln und Butter angemacht („angebatzt", „angedrückt") wird.

Orangeat
Zum Backen verwendete, in Würfel geschnittene kandierte Orangenschale.

Panhas
Typisch westfälisches Gericht, auch Blutkuchen genannt. Eine gebratene Scheibe Wurst, gepaart mit Rübenkraut, zu Sauerkraut und Gemüse.

Perlgraupen
Kleine, kugelig geschälte und geschliffene Gerstenkörner. Sie eignen sich besonders als Beigabe zu Suppen und Eintöpfen und haben eine Garzeit von 30 bis 40 Minuten.

Pfefferpotthast
Traditionelles Gericht aus der westfälischen Küche. Große Würfel vom Rippenstück des Rindes (Hast) mit viel Zwiebelstücken, Wurzelgemüse und Lorbeerblatt werden in einem Topf (Pott) Brühe gekocht. Stark gepfeffert, mit Paniermehl gebunden; dazu werden Salz- oder Pfeffergurke, Preiselbeerkompott und Kartoffelklöße serviert.

Pfifferling
Feiner Speisepilz mit trichterförmigem Hut. Er wird gern in Butter mit gehackten Schalotten gedünstet.

Pfitzauf
Traditionelles, zartes Eierteiggebäck aus der schwäbischen Küche mit knuspriger Kruste, das in speziellen Formen gebacken wird und im Ofen aufgeht (hoch-„pfitzt"). Anschließend wird das Gebäck meist mit Vanillesauce oder Kompott serviert.

Pichelsteiner Eintopf
Deutsches Eintopfgericht, wobei der Topf schichtweise mit Rind-, Kalb-, Schweine- und Hammelfleischscheiben, Ochsenmark, Zwiebel-, Möhren-, Sellerieknollen und Kartoffelscheiben sowie Weißkohlstreifen gefüllt, mit Brühe aufgegossen und schließlich gedünstet wird.

Pillekuchen/Pillekouken/ Pillekooken
Spezialität aus dem Bergischen Land. Kartoffelpfannkuchen aus Eierkuchenteig, gebratenen rohen Kartoffelraspeln und Speck. Nach Belieben mit Apfelmus serviert. Der Name „Pille" stammt vom urbergischen Dialekt und steht für klein geschnittene Stifte.

Pinkel
Norddeutsche Wurstspezialität aus Bremen. Die Wurst wird aus Schweinefleisch, Speck, Hafer- oder Gerstengrütze, Zwiebeln und anderen Gewürzen hergestellt. Früher wurde die Wurstmasse in den sogenannten Pinkeldarm des Schweines gefüllt, daher der Name.

Pluckte Finken
Beliebter Eintopf aus Bremen, bestehend aus weißen Bohnen, Speck, Möhren, Kartoffeln und Äpfeln. Walspeckstücke wurden Vinken genannt. Der Name „gepflückte Vinken" blieb, auch wenn heute kein Walspeck mehr für den Eintopf verwendet wird.

Plumm un Tüffel
Hochdeutsch: Pflaumen und Kartoffeln. Ein Kartoffeleintopf aus Mecklenburg-Vorpommern mit geräuchertem Schweinefleisch, Zwiebeln und Backpflaumen.

Portwein
Weltbekannter roter oder weißer Likörwein aus der Região Demarcada do Douro, Portugal.

Pottasche
Backtriebmittel, das dafür sorgt, dass besonders schwere Teige (Lebkuchen, Honigkuchen) aufgehen.

Potthucke
Traditioneller Kartoffelauflauf aus dem Sauerland mit Mettwurst, Speck und Zwiebeln verfeinert. Der Name bedeutet so viel wie „das, was im Topf hockt".

Prilleken
Braunschweiger Karnevalsdelikatesse. Hefeteig wird als Kugel- oder als auch Ringform in Fett gebacken und anschließend mit Zucker bestreut. Der Name geht auf die Zubereitungsart zurück. Prilleken bedeutet so viel wie „mit den Händen rollen". In anderen Regionen ist die Spezialität unter dem Namen Krapfen bekannt.

Pumpernickel
Sehr dunkles Roggenschrotbrot ohne Kruste, das in geschlossenen Blechformen 16 bis 24 Stunden im Dampf gebacken wird.

Räucheraal
Gepökelter, heiß geräucherter Aal. Er wird in Stücke geschnitten, mit Madeirageleewürfeln, Zitronenspalten und Petersilie garniert.

Rübstiel
→ Stielmus

Sauerkraut
Gehobelter Weißkohl, eingesalzen: Mit dem einsetzenden Gärungsprozess entwickelt sich Milchsäure, die dem Kraut den angenehmen Geschmack gibt und es leicht verdaulich macht. Für Weinsauerkraut wird der Kohl zusätzlich mit etwas Wein zur Gärung gebracht. Das Sauerkraut ist vitaminhaltig. Es eignet sich zum Rohessen, für Salat, gedünstet oder geschmort als Beilage zu herzhaften Gerichten.

Saumagen
Bratwurstmasse, mit Würfeln von Schweinebauch, Vorderschinken, Kartoffeln, altbackenen Brötchen und Gewürzen in einen Schweinemagen gefüllt und in Salzwasser siedend gegart; dazu wird Sauerkraut serviert.

Saure Zipfel
Auch „blaue Zipfel": Gericht aus der Oberpfälzer Küche. Rohe Bratwürste mit viel Zwiebelringen und Gewürzen werden in siedendem Wasser gegart, bis sie fest und bläulich werden, und anschließend mit Schwarzbrot und Wein oder Bier serviert.

Schaufelbug
Beliebtes Bratenstück vom jungen Rind. Ideal für kräftige Rinderbraten, aber auch zum Kochen für eine kräftige Suppe ist das Stück perfekt geeignet.

Schäufele
Schulterstück vom Schwein. Da dieses schaufelförmig aussieht, nannte man es ebenso wie den gleichnamigen Braten Schäufele.

Scheiterhaufen
Bayerische Mehlspeise aus einer Semmel-Eier-Masse und Apfelschnitzen, gewürzt mit Zimt, Rosinen und Mandeln und im Ofen gebacken. Wird mit Vanillesauce serviert.

Schlachtplatte
Eine Platte aus verschiedenerlei frisch hergestellter Wurst und Fleisch.

Schlesisches Himmelreich
Schlesisches Fleischgericht, das aus geräuchertem Schweinebauch hergestellt und zusammen mit Trockenobst, Zimt und Zitronenschale in Wasser gekocht wird. Als Beilage werden traditionell Kartoffelklöße serviert.

Schnüsch
Der Name bedeutet so viel wie „querbeet": traditionelle Suppe aus Schleswig-Holstein, bestehend aus jungen Gemüsesorten, in Milch und Butter oder Sahne gekocht. Dazu wird Holsteiner Katenschinken serviert.

Schupfnudeln
→ Bubespitzle

Schwäbische Kalbsvögerl
Flach geklopfte Kalbsschnitzel, mit Senf, Speck und Kalbsbrät bestrichen und zu Rouladen gerollt. In Weißwein und Fleischbrühe geschmort. Die Kalbswade hat die Größe eines kleinen Vogels, daher die Namensgebung.

Schweinepfeffer
Ragout aus Schweinefleisch, in Rotwein geschmort. Die dazu passende Sauce wird aus Brühe, Mehlschwitze und Blut gemacht. Dazu gibt es traditionell Kartoffelklöße und Sauerkraut.

Soljanka
Traditionelle Wurstsuppe, ursprünglich aus der Ukraine mit Paprika, sauren Gurken und Zwiebeln. Nach Belieben kann sie auch mit Fisch, Wurst oder Pilzen zubereitet werden.

Spargel
Spargel gedeiht vor allem auf sandigem Boden. Er wird in angehäuften, glatt gestrichenen Beeten gezüchtet und gestochen, bevor die Spitze an die Oberfläche kommt.

Spundekäs
Hessische Frischkäsezubereitung aus Frischkäse und Quark, gewürzt mit Paprika. Mit Brezel oder Graubrot serviert.

Steckerlfisch
Ausgenommener Weißfisch, auf einen Holzstab oder Bratspieß gesteckt und gegrillt, original mit der Hand über der Glut haltend.

Steckrübe
Gemüserübe mit gelblichem Fleisch und pikantem Geschmack. Die Rübe wird in Stifte geschnitten, mit Butter gedünstet oder geschmort, mit einer Sauce gebunden oder zu Püree verarbeitet.

Steinpilz
Großer, wohlschmeckender Waldpilz mit braunem Hut.

Stielmus
Gemüse aus jungen Rübenstielen und -blättern. Die Kohlart ist eine Spezialität in Nordrhein-Westfalen.

Strammer Max
Butterbrot mit Schinken und Spiegelei. Stammt ursprünglich aus der sächsischen Küche und ist heutzutage in ganz Deutschland als Hausmannskost verbreitet.

Struwen
Münsterländer Hefepfannkuchen mit Rosinen, die meist an Karfreitag gegessen werden. Ihr Name leitet sich vom altsächsischen Wort „Struva", übersetzt „etwas Krauses", ab.

Stutenkerl
Traditionelles Adventsgebäck. Der Name Stutenkerl, auch unter Weckmann bekannt, bezieht sich auf die Form des Gebäcks: ein Männchen aus Mehl, Zucker, Fett und Hefe.

Suppengemüse
Kombination aus Wurzelgemüse, Lauchgewächsen und Kräutern, vor allem zur Aromatisierung von Brühen verwendet.

Süßer Senf
Speisesenf aus Bayern mit deutlich süßem Geschmack. Zur Herstellung sind Zuckerarten, Zuckeraustauschstoffe und mit Süßstoff gesüßter Essig zulässig. Der Zusatz von braunen und schwarzen Senfkörnerschalen ist handelsüblich. Er wird gern zur Münchner Weißwurst gegessen.

Teltower Rübchen
Kleine, schmackhafte Zuchtform der weißen Rübe, ursprünglich bei Berlin angebaut; wächst auf leichten Böden. Sie werden geschabt, dann gedünstet und häufig auch glasiert.

Toast Hawaii
Überbackenes Toastbrot mit je einer Scheibe Schinken, Ananas und Käse.

Topfen/Quark
Ungereifter Frischkäse aus pasteurisierter Milch, Sahne oder entrahmter Milch. Aus Quark lassen sich herzhafte wie süße Gerichte herstellen.

Tuert
Fleischtorte aus dem Münsterland, bestehend aus Schweinefleisch und Blätterteig.

Verschleiertes Bauernmädchen
Holsteiner Dessert aus karamellisierten Schwarzbrotkrümeln, Apfelmus und Zimt, schichtweise auf Gläser verteilt und mit Schlagsahne und Früchten garniert.

Versoffene Jungfern
Klassische Süßspeise aus der oberfränkischen Küche: Eine locker geschlagene Eiweißmasse wird zu kleinen Klößchen geformt und in heißem Fett gebacken. Übergossen mit einer gewürzten Rotweinsauce, erinnern die vollgesogenen Klöße an die durch Alkohol geröteten Wangen junger Mädchen.

Weggla
Nürnberger Ausdruck für Brötchen. Traditionell werden „Drei im Weggla" serviert, d.h. drei Nürnberger Rostbratwürstchen im Brötchen (manchmal auch mit Sauerkraut).

Weinbergschnecke
Landschnecke, die in allen gemäßigten Zonen Europas anzutreffen ist. Sie war früher ein Volksnahrungsmittel, gilt heute als Delikatesse, die meist in besonderen Schneckengärten gezüchtet wird.

Weißwurst
Eine Münchner Spezialität. Brühwurst aus Kalb-, Rind- und Schweinefleisch, Speck und Bindegeweben, die mit üblichem Kochsalz gewürzt wird und daher eine helle weißgraue Farbe besitzt. Sie wird gebrüht serviert und heiß gezuzelt, d.h. man saugt das Brät aus der Wursthaut.

Welfenspeise
Niedersächsische Süßspeise: eine Vanillecreme mit einer Schicht aus Weißweinmousse. Benannt ist das Gericht nach den Farben des Adelsgeschlechts der Welfen.

Westfälisches Blindhuhn
Traditionelles Eintopfgericht aus weißen und grünen Bohnen, Möhren, Kartoffeln, Äpfeln, Birnen und durchwachsenem Speck. Der Name geht auf die Bauernweisheit „Auch ein blindes Huhn findet mal ein Korn" zurück und bedeutet, dass in diesem Eintopf jeder etwas finden kann, das ihm schmeckt.

Wiener Wurst
Dünnes, langes Brühwürstchen aus fein zerkleinertem Rind-, Kalb- und Schweinefleisch, gewürzt und geräuchert.

Zitronat
Zum Backen verwendete, in Würfel geschnittene kandierte Zitronenschale.

Zwieback
Geröstete Scheiben aus süßem Hefeteig, die „zwie"mal gebacken werden.

A

B

C

D

E

F

G

H

L

M

N

S

W

BILDNACHWEIS

akg-images: 39 u., 471 o.; **Braun, Stefan:** 38 o.; **ddp images:** Tomasz Jakusz: 39 o.; **dpa – Report:** 233 / Sebastian Kahnert: 372 o.; **Fotolia:** andrea lehmkuhl: 374 u. / Christian Jung: 12 o.r., 420 m. / Gabriele Rohde: 156 / Gundolf Renze: 157 o.r. / Juergen Wiesler: 21 / ruzi: 18 m. / schmid_al: 13 m. / Thomas Otto 422 l.u. / victoria p. 421 / ptnphotof 16 u.; **Getty Images:** adele: 499 r. / De Agostini Picture Library: 194 u. / Muriel de Seze: 9 o. / Peter Adams: 12 l.o. / Tim Bieber: 233 o.; **Gollnek, Olaf:** 154 (o., m.), 155, 157 (m.l., u.l.); **Haselhoff, Alexander:** 2, 4, 18 (o., u.), 157 u.r.; **Huber Images:** R. Schmid: 10 o.; **Istockphoto:** BasieB: 373 / BradCalkins: 498 u. / Coqrouge: 16 m. / DieterMeyrl: 17 / filmfoto: 8 m. / FcoTToo: 8 u. / Jomerci: 195 m. / Juergen Sack: 498 m. / Meinzahn: 470 u. / Nikada: 14 o. / Noppasin: 15 u. / pidjoe: 372 m. / PPAMPicture: 16 o. / Steve-Oehlenschlager: 194 o. / ZU_09: 19 u. / lappes: 336 u.r.; **Lookphotos:** travelstock44: 15 o. / Brigitte Merz: 9 u. / Daniel Schoenen: 273 / Franz Marc Frei: 10 u. / Heinz Wohner: 19 o. / Ingrid Firmhofer: 15 m.; **Masterfile:** Moritz Schönberg: 232 o.r.; **mauritius images:** Brigitte Protzel: 12 u. / Christian Bäck: 11 o.r. / Christina Czybik: 471 u.r. / imageBROKER (Helmut Meyer zur Capellen): 195 u. / imageBROKER – Martin Siepmann: 11 o.l. / imageBROKER – Michael Dietrich: 11 u. / Jochen Tack – Alamy: 337 / Josef Nový – Alamy: 375 u.l. / Manfred Habel: 39 m. / pa – Arno Burgi: 20 m.l. / pa – Wolfgang Kumm: 20 m.r. / Screen Prod: 20 u. / Stuart Forster Europe – Alamy: 195 o. / Werner Dieterich – Alamy: 12 m.l. / Westend61 – Holger Spiering: 374 o. / Westend61 – Lisa und Wilfried Bahnmüller: 8 o.; **picture-alliance:** Becker & Bredel: 233; DUMONT Bildarchiv: 13 u.; **Pixabay:** Free-Photos river: 14 u. / Pexels: 20 o.; **Russok, Jan:** 10 m.; **Schütz, Anke:** 375 o., 422 u.; **Shotshop.com:** Harald Biebel: 422 o.m.; **StockFood:** Bonisolli, Barbara 422 o.l. / Brachat, Oliver: 420 o.l. / Braun, Stefan: 38 u. / Castilho, Rua: 157 m.r. / Eising Studio - Food Photo & Video 272 o., 498 o. / Foodcollection: 336 m. / FoodFoto Köln: 272 m. / Godt, Nicole: 471 u.l. / Gräfe & Unzer Verlag: Hoersch, Julia 232 o.l.; Knezevic, Silvio: 375 u.r. / Hempel, Shawn: 372 u. / Hoffmann, Matthias: 272 u.l. / JUICE Images Ltd.: 336 u.l. / McKenna, Monica: 232 u. / Peters, Ina: 272 u.r. / PhotoCuisine – Boivin, Eric: 39 u.; Gaurier, Pierre- Alexandre: 420 o.r. / Pixtal: 420 u. / Wischnewski, Jan: 157 o.l.; **Wikipedia_Friedrich_ii_campenhausen.jpg:** 336 o.; **YOUR PHOTO TODAY:** Andreas Rose: 423 / EAD – Bernd_Ducke: 499 l.; / **ZS Verlag:** 470 o.

ALFONS SCHUHBECK

Alfons Schuhbeck, geboren 1949 in Traunstein/Oberbayern, hat unter anderem bei Eckart Witzigmann gelernt. Nach Stationen in Salzburg, Genf, Paris und London übernahm er das »Kurhausstüberl« in Waging am See und erlangte schnell einen exzellenten Ruf als Modernisierer der bayerischen Küche. 1983 wurde er erstmals mit einem Michelin-Stern ausgezeichnet, 1989 kürte ihn der Gault Millau zum Koch des Jahres. Seit 2003 kocht er in München und ist auch dort seinen bayerischen Wurzeln immer treu geblieben. Doch trotz seiner Liebe zur bayerischen Küche beschäftigt er sich auch intensiv mit den Aromen und der Heilkraft von Kräutern und Gewürzen und wurde ein Meister in der Kunst, exotische Gewürze raffiniert und ideenreich mit traditionellen deutschen Gerichten zu kombinieren. Im Jahr 2015 war er zudem Kulinarikbotschafter der Expo in Mailand.

Kaiserstraße 14 b
D-80801 München

ISBN 978-3-89883-697-5
1. Auflage 2017

Projektleitung: Ines Alms
Rezepte: Alfons Schuhbeck (unter Mitarbeit von Monika Reiter und Gerlinde Hans)
Texte: ZS Verlag & Team
Redaktionelle Mitarbeit: Martina Solter, Regina Rautenberg
Lektorat: Edelgard Prinz-Korte
Grafische Gestaltung: seidldesign, Catharina Burmester, Irene Schulz
Foodfotografie: Susie Eising, Katrin Winner (Eising Studio GmbH | Food Photo & Video)
Foodstyling: Gerlinde Hans
Reportagefotos: siehe Bildnachweis S. 535
Bildredaktion: Henrike Schechter
Herstellung: Frank Jansen
Producing: Jan Russok
Druck & Bindung: optimal media GmbH, Röbel

Im Buch enthaltene Rezeptfotos können zur eigenen Nutzung erworben werden unter www.stockfood.com

Die ZS Verlag GmbH ist ein Unternehmen der Edel AG, Hamburg.
www.zsverlag.de | www.facebook.com/zsverlag